인민 3부작 · 3

문화 대혁명

인민 3부작 • 3

문화 대혁명

중국 인민의 역사

1962~1976

프랑크 디쾨터 지음 ǀ 고기탁 옮김

일러두기
• 각주는 옮긴이주다.

이 책은 실로 꿰매어 제본하는 정통적인 사철 방식으로 만들어졌습니다.
사철 방식으로 제본된 책은 오랫동안 보관해도 손상되지 않습니다.

누가 동지이고 누가 적인가?
이는 혁명에서 가장 중요한 문제다.
── 마오쩌둥

차례

머리말

1963년 8월, 베이징 중난하이(中南海)의 중심부에 위치해 있으며 목재로 벽을 댄 우아한 국무원 접견실에서 중국 지도부가 모인 가운데 마오 주석이 일단의 아프리카계 게릴라 전사를 맞이했다. 젊은 손님들 중에서 덩치가 크고 어깨가 떡 벌어진 남(南)로디지아 출신 남자가 물었다. 그는 크렘린 궁전 위에서 빛나던 붉은 별이 떨어졌다고 믿는 사람이었다. 한때 혁명가를 돕던 소련은 이제 혁명가의 적들에게 무기를 판매하느라 정신이 팔려 있었다. 「내가 우려하는 바는 이렇습니다.」 남자가 말했다. 「톈안먼 광장에 떠 있는 중국의 붉은 별도 언젠가 사라질까? 당신들도 마찬가지로 우리를 버리고 압제자들에게 무기를 판매하진 않을까?」 마오쩌둥이 담배를 문 채 골똘히 생각에 잠겼다. 잠시 후 담담한 어조로 말했다. 「그런 의문을 갖는 것도 당연하오. 맞소, 소련은 수정주의자가 되었고 혁명을 배신했지. 중국은 혁명을 배신하지 않을 거라고 자네에게 장담할 수 있을까? 지금 당장은 불가능하오. 우리는 중국이 부패나 관료주의, 수정주의에 물들지 않도록 최선을 다해서 방법을 모색하는 중이오.」[1]

3년 뒤인 1966년 6월 1일 『인민일보』에 실린 한 선동적인 사설이 독자에게 〈모든 괴물과 악마를 척결하라!〉라고 촉구했다. 문화 대혁명의 신호탄이 된 이 글은 〈반동적인 기득권을 강화하기 위해 노동자를 속이고, 기만하고, 무력하게 만들려는〉 부르주아 계급의 앞잡이들을 고발하라고 요구했다. 아직 충분하지 않다는 듯이 얼마 뒤에는 당내 최고 지도자 중 네 명이 체포되었고 주석에 반대하여 음모를 꾸민 혐의로 고발되었다는 발표가 나왔다. 베이징 시장도 그중 한 명이었다. 시민들 바로 코앞에서 수도를 수정주의자들의 본거지로 만들려고 했다. 이들 반동분자들은 당은 물론이고 정부 조직과 군대에 잠입해서 중국을 자본주의 노선으로 이끌려고 했다. 이제 중국에는 새로운 혁명의 바람이 불기 시작했고 인민들은 봉기하여 프롤레타리아 독재 정권을 부르주아 정권으로 교체하려는 모든 시도를 척결하도록 요구되었다.

이들 반동분자들이 정확히 누구인지, 어떻게 당에 스며들었는지 알 수 없었지만 현대 수정주의를 대표하는 최고의 인물은 소련의 지도자이며 당 서기인 니키타 흐루쇼프였다. 사회주의 진영을 뿌리째 뒤흔든 1956년 비밀 연설에서 흐루쇼프는 전임자 이오시프 스탈린의 공포 정치를 고발하고 개인 숭배를 비난하면서 그에 대한 평가를 뒤집었다. 2년 뒤에는 서방과의 〈평화적 공존〉을 제안했다. 남로디지아 출신의 젊은 게릴라 전사를 포함하여 전 세계의 광신적 공산주의자들은 이 같은 발상을 혁명적인 공산주의 원칙에 대한 배신으로 여겼다.

스탈린을 닮고자 했던 마오쩌둥(毛澤東)은 비(非)스탈린화 움직임에 개인적으로 위협을 느꼈다. 아울러 세계 최초의 사회주의 국가인 위대한 소련에서 흐루쇼프가 어떻게 그처럼 단독으로 완전한 정책적 반전을 꾀할 수 있었는지 의아했다. 어쨌거나 소련 건국의 아버지로 불린

블라디미르 레닌은 1917년 볼셰비키 집권 이후에 외국 열강의 연합 공격을 성공적으로 버텨 냈고 25년 뒤 스탈린은 나치 독일의 공격에서 살아남은 터였다. 답은 소련에서 사람들의 사고방식을 개조하는 작업이 거의 이루어지지 않은 데 있었다. 부르주아는 사라졌지만 부르주아 이데올로기가 여전히 세력을 떨치면서 소수의 고위층 인사들이 체제 전반을 좀먹고 종국에는 체제 전체를 뒤집을 수 있었던 것이다.

공산주의 논리에 따르면 생산 수단의 소유 문제를 둘러싼 사회주의식 개혁이 일단락된 다음에는 개인주의적인 사고부터 민간 시장에 이르기까지 부르주아 문화의 모든 흔적을 영원히 제거할 새로운 혁명이 필요했다. 자본주의에서 사회주의로 넘어가는 데 혁명이 필요한 것처럼 사회주의에서 공산주의로 넘어갈 때도 혁명이 필요했다. 마오쩌둥은 이를 문화 대혁명이라고 불렀다.

문화 대혁명은 과거의 흔적을 전부 지우려고 한 대담한 계획이었다. 그럼에도 정당화를 위한 수많은 이론적인 시도 뒤에는 세계사에서 자신의 위치를 강화하려는 한 늙어 가는 독재자의 결심이 숨어 있었다. 마오쩌둥은 자신을 위대한 인물이라고 믿었고 끊임없이 그렇게 주장했으며 자신이 공산주의 진영의 등불이라고 생각했다. 완전히 틀린 생각은 아니었다. 마오 주석은 전 인류의 4분의 1을 해방으로 이끌었을 뿐 아니라 나중에 가담한 한국 전쟁에서 휴전을 이끌어 내며 제국주의 진영과의 싸움에서도 성공적인 결과를 이끌어 냈다.

소련을 능가하기 위한 마오 주석의 첫 번째 시도는 1958년 대약진 운동이었다. 이 기간에 농민들은 인민공사로 불리는 거대한 집단 농장에 배속되었다. 마오쩌둥은 노동력으로 자본을 대체하고 대중의 막대한 잠재력을 이용한다면 중국이 다른 경쟁국들보다 앞서 나가게 만들

수 있다고 생각했다. 그런 이유로 자신이 공산주의로 나아갈 황금 다리를 찾았다고 확신했다. 자신이 인류를 누구나 풍족한 삶을 누리는 세상으로 이끌어 갈 구세주가 될 거라고 확신했다. 하지만 대약진 운동은 결국 수천만 명이 목숨을 잃는 끔찍한 실험으로 끝났다.

문화 대혁명은 사회주의 진영의 역사에서 중심축이 되고자 한 마오쩌둥의 두 번째 시도였다. 레닌은 10월 혁명을 성공시키면서 전 세계 프롤레타리아에게 위대한 선례를 남겼다. 하지만 당을 장악한 흐루쇼프 같은 현대 수정주의자들은 소련을 자본주의 재건의 길로 이끌었다. 프롤레타리아 문화 대혁명은 이런 수정주의에 대항하여 프롤레타리아 정권을 방어하면서 국제 공산주의 운동사의 제2막을 장식했다. 마오 주석이 전 세계의 억압받고 짓밟힌 자들을 해방으로 인도하는 동안 중국 내에서는 공산주의의 미래를 위한 기초가 다져지고 있었다. 마오쩌둥은 마르크스·레닌주의를 계승하고 방어하고 발전시키는 데 그치지 않고 마르크스·레닌주의 마오쩌둥 사상이라는 새로운 단계로 나아간 인물이었다.

많은 독재자가 그렇듯이 마오쩌둥은 자신의 역사적 사명과 관련하여 거창한 생각을 가지고 있었지만 동시에 쉽게 원한을 품는 남다른 재주도 있었다. 뒤끝이 길었던 그는 쉽게 상처받고 분노했다. 인명을 경시한 탓에 사람들을 겁박하려고 벌인 정치적 운동에서 태연하게 살인 할당량을 부과했다. 나이가 들어 갈수록 점점 더 동료와 부하를, 특히 오랜 세월 자신의 곁을 지켜 준 전우를 공격하면서 공개적으로 모욕하거나, 투옥하거나, 고문했다. 요컨대 문화 대혁명에는 한 늙은 남자가 말년에 이르러 개인적인 원한을 해결하려는 목적도 존재했다. 문화 대혁명의 이 같은 두 가지 측면, 즉 수정주의에 오염되지 않은 사회주의 세계를 지향하는 비전과 실재하거나 상상 속에 존재하는 가상의 적을 겨냥한 추잡하고 앙심에 찬 음모는 별개가 아니었다. 마오쩌둥은 자신과 혁명을 동일시했다. 자신이 곧 혁명이었다. 자신의 권위에 불만족스러운 기미만 보여도 프롤레타리아 정권에 대한 직접적인 위협으로 간주했다.

마오쩌둥은 실제로도 많은 위기를 겪었다. 1956년에는 최측근 인사들이 흐루쇼프의 비밀 연설을 계기로 당헌에서 마오쩌둥 사상이 언급된 부분을 삭제하고 개인 숭배를 비난했다. 마오쩌둥으로서는 속이 부글부글 끓었지만 묵인할 수밖에 없었다. 최악의 위기는 대약진 운동의 여파로 유례 없는 대규모 재앙이 발생했을 때였다. 그가 고집한 정책들이 직접적인 원인으로 작용한 터였다. 마오쩌둥은 많은 동료가 자신의 퇴진을 원하고 있으며 자신에게 일반 시민들이 굶주리게 된 책임을 묻고자 한다고 생각했다. 그리고 이는 혼자만의 과대망상이 아니었다. 온갖 소문이 난무하는 가운데 그가 착각에 빠져 있으며 간단한 산수도 할 줄 모르고 위험 인물이라는 말이 나돌았다. 그의 업적 전체가 도마에 올랐다. 마오 주석은 자신이 사후에 비난 대상이 된 스탈린과 똑같은 운명이 되지 않을까 노심초사했다. 그렇다면 누가 중국의 흐루쇼프가 될까?

1959년 여름에 대약진 운동을 비난하는 편지를 쓴 펑더화이(彭德懷) 사령관부터 시작해서 후보는 차고 넘쳤다. 가장 그럴듯한 후보는 당의 2인자이면서 1962년 1월 수천 명의 당 지도부 인사들이 모인 자리에서 기근을 인재라고 비판한 류사오치(劉少奇)였다. 회의가 끝나자마자 마오쩌둥은 숙청 준비에 돌입했다. 1964년 12월 그는 다음과 같이 말했다. 〈우리는 지금의 이런 우리 당을 응징해야 한다.〉[2]

하지만 신중했던 마오쩌둥은 자신의 전략을 비밀로 했다. 문화 대혁명과 관련해서는 의도적으로 모호한 수사적 표현과 막연한 말을 사용하며 〈계급의 적〉, 〈주자파(走資派)〉, 〈수정주의자〉 등을 비난했다. 1965년 즈음에는 당 지도부 내에 실질적인 〈주자파〉가 없었던 까닭에 당 지도부 인사들은 누구도 위협을 느끼지 않았다. 류사오치와 총서기인 덩샤오핑(鄧小平)도 마찬가지였다. 그들은 주석의 분노가 향한 주된 대상이었지만 다가올 일을 까맣게 모르고 있었다. 류사오치는 1962년부터 1965년 사이에 현대사에서 가장 지독했던 공산당 정화 운동 가운데 하나를 주도하면서 500만 명의 당원을 처벌했다. 그는 주석의 후계자로서 자신의 가치를 증명하고자 안달했다. 덩샤오핑은 소련의 수정주의를 가장 요란스레 비난한 인물이었다. 1964년에 집권한 레오니트 브레즈네프가 그를 〈반(反)소비에트 난쟁이〉라고 불렀을 정도였다. 류사오치와 덩샤오핑은 주석의 지지자 중에서도 목소리가 가장 큰 인물들이었고 주석을 도와서 상황 인식이 부족했던 베이징 시장을 포함하여 문화 대혁명의 초기 희생자들을 숙청했다.

마오쩌둥은 마치 사냥꾼처럼 적을 상대로 교묘하게 덫을 파기 시작했다. 하지만 일단 무대가 준비되어 1966년 여름 시작된 문화 대혁명은 자생력을 가졌고 최고의 전략가조차 예상치 못한 의외의 결과를 불러왔다. 마오쩌둥은 고위 권력자들을 숙청하고자 했기 때문에 목적한 바를 이루기 위해 당 내부 세력을 이용할 수 없었다. 그는 대신에 젊고 급진적이며 일부는 채 열네 살도 되지 않은 학생에게로 눈을 돌렸고 그들에게 지도부 전체를 비난하고 〈사령부를 포격〉하도록 허락했다. 하지만 정치적 내분이 이어진 수십 년 동안 생존 기술을 갈고닦은 당 관료들은 소리만 요란하고 독선적인 홍위병의 공격에 끄덕도 하지 않았다. 많은 당 관료들이 사회의 낙오자로 낙인 찍힌 계급의 적들을 공격하도록 어린 학생들을 부추겨서 자신들에 대한 공격을 무마시켰다. 일부 관료들은 자신들이 직접 홍위병을 조직하기도 했는데 하나같이 마오쩌둥 사상과 문화 대혁명을 명분으로 내세웠다. 당시의 표현을 빌리자면 그들은 〈붉은 깃발을 든 자들과 싸우기 위해서 붉은 깃발을 치켜들었다〉. 홍위병들은 서로 싸우기 시작했고 누가 당 내부의 진짜 〈주자파〉인지를 놓고 분열했다. 일부 지역에서는 당의 행동 대원들과 공장 노동자들이 수세에 몰린 각자의 지도자를 지지하며 세 싸움을 벌이기도 했다.

상황이 여기에 이르자 주석은 일반 대중에게 혁명에 동참하라고 요구하면서 모두에게 〈권력을 잡을 것〉과 〈부르주아 실권자들〉을 끌어내릴 것을 촉구했다. 공산당 지배하에서 다년간 억눌렸던 불만이 일시에 폭주하며 전례가 없는 규모의 사회적 폭발이 일어났다. 당 관료에게 불만이 없는 사람이 없을 정도였다. 하지만 〈혁명 대중〉도 〈부르주아 반동 세력〉의 추종자들을 깔끔하게 쓸어 버리지 못했다. 오히려 여러 파벌로 나뉘어 권력을 잡으려 경쟁하고 싸우기 시작하면서 또 분열되었다. 마오쩌둥이 문화 대혁명 중에 대중을 이용한 것과 마찬가지로 대중들도 자신의 목적 달성을 위해 혁명을 이용했다.

1967년 1월에는 〈진정한 프롤레타리아 좌파〉를 지원함으로써 혁명을 달성하고 상황을 통제하기 위해 군대를 투입해야 할 만큼 혼란이 가중되었다. 군 지도자들이 서로 다른 파벌을 지지하고 하나같이 자신이 마오쩌둥의 진정한 목소리를 대변한다고 확신하면서 중국은 내전을 향해 치달았다.

그럼에도 주도권은 주석에게 있었다. 그는 냉정하고 계산적인 동시에 변덕스럽고 종잡을 수 없었으며 즉흥적이었고 의도적으로 혼란을 초래했다. 매사를 즉흥적으로 처리했으며 그 과정에서 수백만 명을 굴복시키거나 끝장냈다. 매사를 자신의 통제 아래 두지는 못했을지 모르지만 늘 주도했으며 끊임없이 규칙을 바꾸어 가면서 게임을 즐겼다. 그는 주기적으로 직접 개입해서 자신의 충신을 구제하거나 반대로 가까운 동료를 늑대들에게 던져 주었다. 그의 단순한 말 한마디로 수많은 사람의 운명이 결정되었다. 특정 파벌에 대해 〈반혁명적〉이라는 평가를 내리기만 하면 되었다. 평가는 하룻밤 만에 번복되어 끝이 보이지 않는 폭력의 악순환을 부채질하기도 했고 그럼에도 사람들은 앞다투어 주석에 대한 충성심을 증명하고자 했다.

1968년 여름에 소위 〈당 혁명 위원회〉가 당과 중앙 정부를 장악하면서 문화 대혁명의 첫 번째 단계가 일단락되었다. 당 혁명 위원회는 주로 군 장교들의 지배를 받았고 군인들의 손에 실권이 집중되었다. 그들은 주석이 선호하는 대로 간소한 명령 체계를 유지했으며 주석이 명령하면 아무런 이의 없이 즉각 시행했다. 이후 3년 남짓한 기간 동안 당 혁명 위원회는 군인들이 학교와 공장, 정부 기관을 감시하는 군사 국가로 중국을 바꾸어 놓았다. 처음에는 주석의 말을 곧이곧대로 믿은 이들과 학생들을 포함하여 수많은 불순분자들이 농촌으로 보내져서 〈농부들에게 재교육〉을 받았다. 이후에는 잔혹한 숙청이 잇따랐다. 당 혁명 위원회는 숙청을 통해 문화 대혁명 중에 자기 목소리를 낸 사람들을 뿌리 뽑았다. 화두는 더 이상 〈주자파〉가 아니었다. 〈반역자〉와 〈변절자〉, 〈스파이〉였고 일반인과 왕년의 지도자를 대상으로 적과의 연결 고리로 의심되는 것을 색출하기 위한 특별 위원회가 꾸려졌다. 전국적인 마녀사냥이 끝나자 대중을 겁박해서 더욱 순종하게 만들 목적으로 전면적인 부패 척결 운동이 뒤따랐으며 거의 모든 행동과 발언이 잠재적인 범죄 행위로 간주되었다. 일부 지역에서는 쉰 명 중 한 명꼴로 이런저런 숙청의 대상이 되었다.

마오쩌둥에게는 군부도 경계 대상이었다. 특히 1959년 여름에 펑더화이의 뒤를 이어 국방부를 맡고 군 내에서 마오쩌둥 사상 연구를 이끈 린뱌오(林彪)는 요주의 인물이었다. 마오쩌둥이 문화 대혁명을 시작하고 지속하기 위해 린뱌오를 이용했다면 린뱌오는 불안한 시국을 이용해서 자신의 세력 기반을 넓히고 심복들을 군부 요직에 배치했다. 1971년 9월에 그가 의문의 비행기 사고로 사망하면서 민간인 사회에 대한 군부의 영향력도 사라졌다.

이 무렵 문화 대혁명의 광기는 거의 모든 사람들의 진을 빼놓았다. 심지어 문화 대혁명이 절정에 이르렀을 때조차 일당 독재 국가를 경계하는 수많은 일반인은 속마음과 개인 감정을 묻어 둔 채 표면상 복종을 약속했다. 이제는 문화 대혁명으로 당이 심각한 타격을 입은 것이 분명했다. 집권 말기의 주석이 파벌을 이용해 다른 파벌을 견제하는 동안 대중은 조용히 그 기회를 이용해서 각자의 생활에 매진했다. 특히 농촌의 경우에는 앞서 대약진 운동으로 당의 신뢰성이 떨어졌다면 문화 대혁명으로 당 조직이 붕괴되었다. 수백만 명의 농민들이 암시장을 열고, 공동 재산을 나누고, 토지를 분배하고, 몰래 공장을 운영하는 등 조용한 혁명을 통해서 은밀하게 전통적인 관습을 되살렸다. 마오쩌둥이 사망한 1976년 9월 이전부터도 이미 많은 농촌에서 계획 경제를 포기했다.

10년여에 걸친 혼란과 뿌리 깊은 공포는 역사에 영원한 발자취를 남길 터였다. 혹시라도 조직화된 대결 구도였다면 공산당은 절대로 용인하지 않았을 테지만 일상의 무수한 은밀하고 대담한 저항과 끝없는 속임수 앞에서는 농촌의 당 간부들도 속수무책이었다. 대중은 국가의 경제 장악력을 악화시켜서 자신들의 주도권과 창의성으로 대체하고자 했다. 마오쩌둥이 사망하고 몇 년 뒤에 정권을 잡은 덩샤오핑은 서둘러 계획 경제를 부활하고자 했지만 곧 대세를 따르는 것 말고는 선택권이 없다는 사실을 깨달았다. 1982년에 집산 경제의 근간이라 할 수 있는 인민공사들이 해체되었다.[3]

계획 경제의 점진적인 붕괴는 문화 대혁명에서 파생된 의도치 않은 결과 중 하나였다. 마르크스·레닌주의와 마오쩌둥 사상의 잔재가 사라진 것도 마찬가지였다. 마오쩌둥이 사망했을 즈음에는 농민들이 보다 많은 경제적 기회를 요구하고 있었다. 여기에 더해서 대중은 수십 년째 그들을 구속해 오던 마오쩌둥주의라는 이념의 굴레에서 벗어나 있었다. 끝없는 사상 개조 운동의 결과로 심지어 당원들 사이에서도 회의론이 만연해 있었다.

훨씬 암울한 유물도 존재했다. 인명 손실 측면에서 특히 마오의 대기근 같은 재앙처럼 앞선 많은 정치적 운동의 결과에는 미치지 못했지만 문화 대혁명은 황폐해진 삶과 문화적 유린이라는 흔적을 남겼다. 종합해 보면 문화 대혁명이 진행된 10년 동안 150만에서 200만 명에 달하는 사람이 목숨을 잃었고 끝없이 계속된 비난과 허위 자백, 투쟁 대회, 박해 운동 등으로 그보다 훨씬 많은 사람의 삶이 파괴되었다. 앤 서스턴의 호소력 있는 글에 따르면 문화 대혁명은 갑작스러운 재난이나 대참사가 아니라 다양한 계층의 상실, 〈문화와 정신적 가치 상실, 지위와 명예 상실, 경력 상실, 존엄성 상실〉, 서로가 서로에게 등을 돌리면서 당연하지만 인간에 대한 신뢰와 기대의 상실 등을 특징으로 하는 극단적

인 상황이었다.[4]

상실의 크기는 개개인마다 매우 다양했다. 어떤 삶은 완전히 붕괴되었고 어떤 삶은 고된 일상임에도 상대적으로 큰 탈 없이 계속되었다. 몇몇은 문화 대혁명 마지막 몇 년 동안에 더욱 잘살게 되었다. 이론적으로 완전한 설명이 불가능한 마오쩌둥 시대의 마지막 10년에 나타난 이런 개별적 경험의 순전한 다양성은 권력의 회랑에서 눈을 돌려 사회 각계각층의 사람들에게 집중할 때 더욱 분명해진다. 이 책의 소제목이 암시하는 것처럼 대중을 무대 중심에 놓는 것이다.

문화 대혁명 당시에 대중의 역사란 자료 대부분이 여전히 당의 공식 문서와 홍위병 간행물이 전부이던 몇 년 전만 하더라도 상상도 할 수 없는 주제였다. 하지만 지난 몇 년에 걸쳐 중국의 당 기록 보관소는 부쩍 많은 중요 자료를 사학자들에게 공개했다. 이 책은 삼부작의 세 번째이고 앞서 발간된 두 권처럼 기록 보관소에서 공개한 수백 건의 문서를 참고하고 있는데 처음 공개되는 내용이 대부분이다. 홍위병에게 희생된 이들에 관한 세부적인 내용, 정치적 숙청을 둘러싼 통계, 농촌의 실태 탐구, 공장이나 작업장에 관한 조사, 경찰의 암시장 보고서, 심지어 농민들이 쓴 탄원서를 비롯하여 많은 것이 들어 있다.

당연하지만 문화 대혁명을 다룬 회고록은 이미 많이 출간되어 있으며 이 책은 그런 회고록에 소개된 이야기들도 다룬다. 나는 예컨대 정녠의 『상하이의 삶과 죽음』이나 장융(張戎)의 『대륙의 딸』처럼 대중적인 책에서 부족한 부분을 보완하기 위해 자비로 출판된 수십 권의 자서전을 읽었다. 자비 출판은 비교적 최근에 등장한 출판 현상으로 중국어로 쯔인수라고 불리는데 지하 출판물을 의미하는 러시아어 사미즈다트самиздáт를 직역한 말이다. 물론 이런 자서전은 소련의 반체제 인사들이 돌려 보던 금서(禁書)와는 사뭇 차이가 있다. 상당수가 일반 당원이 심지어 일반인이 쓴 책들이며 공식 설명만으로는 알 수 없는 것들을 알려 준다. 마찬가지로 인터뷰도 중요한데 일반에게 이미 공개된 것도 있고 이 책에 필요해서 특별히 수집한 것도 있다.

문화 대혁명에 관심 있는 독자라면 풍부한 보조 자료를 이용할 수도 있다. 홍위병은 역사 무대에 등장한 순간부터 중국 연구가를 비롯하여 폭넓은 대중의 상상력을 사로잡았다. 문화 대혁명을 다룬 신뢰할 만한 참고 문헌은 영어로 된 논문과 서적만 현재 수천 편에 달하며 이처럼 방대한 연구 자료는 우리가 마오쩌둥 시대를 이해하는 데 커다란 도움을 주었다.[5] 그럼에도 일반인은 대체로 이런 연구를 접하기가 쉽지 않다. 이 책은 문화 대혁명이라는 보다 광범위한 역사적 사건을 이 휴먼 드라마의 중심에 있던 사람들 이야기로 풀어낸다. 권력의 정점에 있는 지도자들부터 빈곤에 허덕이던 농민들까지 그들은 지극히 힘든 상황에 직면했고 그들이 내린 결정의 복잡성 때문에 흔히 마오쩌둥 시대 마지막 10년의 특징으로 알려진 완전한 복종 구도가 붕괴된다. 그들 하나하나의 선택은 복합적으로 작용하여 결국 마오 주석이 의도한 것과 정반대 방향으로 중국을 몰아붙였다. 그들은 부르주아 문화의 잔재와 싸우는 대신에 계획 경제를 뒤엎고 공산당의 이념을 도려냈다. 요컨대 마오쩌둥주의를 묻었다.

연대표

1956년 2월 25일
제20차 소련 공산당 대회에서 니키타 흐루쇼프가 스탈린 정권 때 재판 없이 행해진 잔인한 숙청과 대대적인 추방, 처형을 비난함.

1956년 여름
제8차 중국 공산당 전국 대표 대회 중 당헌에서 〈마오쩌둥 사상〉에 대한 부분이 삭제되고 개인 숭배가 비난받음.

1956년 겨울 ~ 1957년 봄
마오쩌둥이 대다수 동료들의 조언을 무시한 채 백화제방 운동을 통해 보다 열린 정치 풍조를 부추김. 중국 전역에서 시위와 저항 운동, 파업이 일어남.

1957년 여름
비난 공세가 거세지면서 당의 지배권 자체에 문제를 제기하는 등 백화제방 운동이 역화를 일으킴. 방침을 바꾼 마오쩌둥이 비판적인 목소리를 낸 이들을 향해 당을 무너뜨리려는 〈불순분자〉라고 비난함. 덩샤오핑을 책임자로 임명한 반우파 투쟁에서 50만 명이 박해를 받음. 당은 주석을 중심으로 결집하고 몇 개월 뒤 대약진 운동이 시작됨.

1958년 ~ 1961년
대약진 운동 기간 중 모든 농민이 인민공사라고 불리는 거대한 집단 농장에 소속됨.
이후 몇 년 간 고문과 과로, 질병, 굶주림 등으로 수천만 명이 사망함.

1962년 1월
수천 명의 당 간부들이 참가한 베이징에서 열린 확대 회의에서 류사오치가 기근을
인재(人災)로 서술. 마오쩌둥에 대한 지지가 사상 최저 수준에 이름.

1962년 여름
마오쩌둥이 집단 농장의 토지가 재분할되는 상황을 비난하고 〈계급 투쟁을 잊지 말
라〉라는 슬로건을 내세움.

1962년 가을
사회주의의 장점을 대중에게 교육하고 계획·경제 테두리 밖에서 일어나는 경제 활
동을 탄압하기 위해 사회주의 교육 운동이 시작됨.

1963년 ~ 1964년
류사오치가 사회주의 교육 운동에 가세하고 자신의 아내 왕광메이(王光美)를 시골
로 보내 공작대를 이끌게 함. 거의 모든 성(省)이 〈자본주의 노선〉을 택했다는 비난
을 받음. 500만 명이 넘는 당원이 처벌받음.

1964년 10월 16일
중국 최초 핵실험이 성공함.

1964년 10월 ~ 11월
모스크바에서 일어난 무혈 쿠데타로 흐루쇼프가 실각함. 몇 주 뒤 크렘린 궁전 환
영 연회에서 만취한 소련 장관이 저우언라이(周恩來)가 이끄는 대표단에게 마오쩌
둥을 제거하라고 조언함.

1965년 1월
마오쩌둥이 사회주의 교육 운동의 지침을 개정하고 〈자본주의 노선을 취하는 당내
고위 인사들〉을 겨냥함.

1965년 11월 10일

야오원위안(姚文元)이 저명한 사학자이자 베이징 부시장인 우한(吳晗)의 희곡 「하이 루이의 파면」을 대약진 운동에 대한 간접적인 비판이라고 주장하는 논설을 발표함.

1965년 12월 8일 ~ 15일

마오쩌둥이 린뱌오의 조언에 따라 뤄루이칭(羅瑞卿)을 인민 해방군 참모 총장직에서 해임함.

1966년 5월 7일

마오쩌둥이 린뱌오에게 보낸 편지에서 군과 인민이 구별 없이 융화되는, 요컨대 군사적 조직과 정치적 세뇌를 아우르는 유토피아적 전망을 제시함. 이 편지는 후에 5·7 지시라고 불림.

1966년 5월 4일 ~ 27일

우한의 상관인 베이징 시장 펑전(彭眞)과 뤄루이칭, 루딩이(陸定一)와 양상쿤(楊尙昆)이 반(反)당 범죄로 고발됨. 당과 국가의 고위층에 침투해 있는 〈부르주아의 대표적인 인물들〉이 5·16 통지문으로 알려진 당 내부 문서를 통해 고발됨.

1966년 5월 25일

녜위안쯔(聶元梓)가 베이징 대학교의 수뇌부를 〈흐루쇼프 같은 수정주의자 집단〉이라고 고발하는 대자보를 교내에 붙임.

1966년 5월 28일

천보다(陳伯達)가 이끌고 마오 부인(장칭[江靑])과 캉성(康生), 야오원위안과 장춘차오(張春橋)가 참여하는 중앙 문화 혁명 소조가 구성됨.

1966년 6월 1일

전 국민에게 〈모든 괴물과 악마를 척결하라!〉라고 촉구하는 글이 『인민일보』에 발표됨. 전국 곳곳에 휴교령이 내려짐.

1966년 6월 ~ 7월

류사오치와 덩샤오핑이 중등학교와 대학교에 공작대를 파견해 문화 대혁명을 이끌게 함. 공작대는 곧 보다 급진적인 학생들과 충돌하면서 학생들을 〈우파〉라고 비난함.

1966년 7월 16일
마오쩌둥이 양쯔 강에서 수영을 하며 문화 대혁명을 완수하겠다는 투지를 드러냄.

1966년 8월 1일
5·7 지시에 고무된 일단의 학생들이 중국을 자본주의로 되돌리려고 공모한 자들과 싸울 것을 다짐하면서 자칭 홍위병이라는 조직을 만들고 마오쩌둥이 그들에게 지지 서한을 보냄. 중국 전역에서 학생들이 홍위병을 조직하고 출신 성분이 불량한 사람들을 공격함.

1966년 8월 5일
마오쩌둥 본인이 직접 쓴 대자보 〈사령부를 포격하라〉가 『인민일보』에 실림. 마오쩌둥은 공작대를 파견한 〈지도자 동지들〉이 〈반동적인 부르주아 노선〉을 취하고 조직적인 〈백색 테러〉를 가했다고 비난함. 〈우파〉로 낙인 찍힌 학생들이 구제를 받음.

1966년 8월 12일
중앙 위원회 전체 회의에서 린뱌오가 류사오치를 대신해 2인자 자리에 오름.

1966년 8월 18일
군복을 입고 홍위병 완장을 두른 마오쩌둥이 톈안먼 광장에서 100만 명의 학생들을 사열함. 마오쩌둥은 이후 수 개월에 걸쳐 총 1200만 명의 홍위병을 사열함.

1966년 8월 23일
『인민일보』가 홍위병의 폭력성과 그들이 벌이는 구(舊)사회의 모든 잔재를 파괴하려는 운동에 찬사를 보냄.

1966년 9월 5일
홍위병에게 교통과 숙박이 무료로 제공됨. 많은 홍위병이 마오 주석의 사열을 받고자 베이징을 찾는 가운데 다른 홍위병들은 혁명적인 조직망을 수립하기 위해 전국을 종횡하며 지역의 당 권력자들을 〈주자파〉라고 공격함.

1966년 10월 3일
홍위병에게 공격을 받은 당내 조직들의 지원 요청에 천보다를 주간으로 둔 당 기관지 『붉은 깃발(紅旗)』이 그들을 두둔하기는커녕 오히려 사설을 발표하고 〈부르주아 반동 노선〉을 따르는 당 내부의 〈반혁명 수정주의자들〉을 비난함.

1966년 11월 1일
〈대중을 마치 무지하고 무능력한 존재처럼 취급한다〉라며 고위 당원들을 비난하는 사설이 또다시 『붉은 깃발』에 발표되면서 일반 대중에게 당 지도자들에 대한 반감을 촉발하고 저항 조직 결성을 부추김.

1966년 12월 26일
마오 부인이 새로 결성된 전국 임시 노동자 연맹 대표단을 접견한 자리에서 문화 대혁명이 시작된 이래 당 지도자를 비난했다는 이유로 해고된 사람들을 모두 복직시키라고 요구함. 일흔세 번째 생일을 맞은 마오쩌둥이 그날 저녁에 〈내전의 전국적인 확산〉을 환영하며 축배를 듦.

1967년 1월 6일
장차 〈1월 폭풍〉으로 불리게 될 사건에서 100만 명의 조반파(造反派) 노동자들이 상하이 당 위원회의 권력을 박탈함. 마오 주석이 다른 지역의 조반파도 〈탈권(奪權)〉하라고 촉구함.

1967년 1월 23일
〈혁명 대중〉을 지원하라는 명령이 군에 하달됨.

1967년 2월 11일과 16일
저우언라이의 주재로 열린 정치국 회의에서 원로 사령관들이 중앙 문화 혁명 소조원을 비판함. 마오쩌둥은 곧장 이들 사령관들을 맹렬히 비난하고 나서면서 린뱌오와 중앙 문화 혁명 소조가 보다 막강한 힘을 갖게 됨.

1967년 4월 6일
〈프롤레타리아 좌파〉를 지원하라는 명령에도 불구하고 일부 지역에서 군이 오히려 당 지도자들 편에 섬. 4월 6일 군에 하달된 새로운 지시에 따라서 조반파에 대한 발포가 금지되고 군 사령부를 습격한 이들에 대한 보복이나 대중 조직을 해산시키는 것이 금지됨.

1967년 5월

대개는 군까지 개입된 파벌 간의 폭력 사태가 전국으로 확산됨.

1967년 7월 20일

우한의 두 대립 세력을 중재하기 위해 파견된 중앙 문화 혁명 소조원 두 명이 조반
파를 편드는 듯한 태도를 보였다는 이유로 지역 군인들에게 납치됨. 린뱌오는 이 사
건을 지역 군 사령관의 반란으로 규정하고 비밀리에 우한을 방문 중이던 마오 주석
에게 즉시 상하이로 떠날 것을 권유함.

1967년 7월 25일

우한에 억류되었던 중앙 문화 혁명 소조원들이 환영을 받으며 베이징으로 귀환하
고 베이징 시민들이 해당 사건을 〈반혁명 폭동〉이라며 규탄함. 린뱌오가 군에 대한
장악력을 더욱 공고히 하는 계기가 됨.

1967년 8월 1일

린뱌오를 마오 주석의 가장 충직한 부하로 묘사하며 군대에서 〈주자파〉를 제거해
야 한다고 주장하는 사설이 『붉은 깃발』에 실림. 서로 다른 파벌의 무력 충돌이 여
름 내내 전국으로 확산됨.

1967년 8월 22일

저우언라이에 비판적인 조반파가 외교부를 장악하고 베이징 소재 영국 공관에 불
을 지름.

1967년 8월 30일

마오 주석이 폭력을 제지하고 나서면서 중앙 문화 혁명 소조원 몇 명에 대한 체포를
명령함. 며칠 뒤 대중 조직이 군대의 무기를 탈취하는 행위가 재차 금지됨.

1967년 9월

마오쩌둥이 전국을 순회하며 모든 혁명 세력의 위대한 동맹을 촉구함.

1968년 3월 22일

린뱌오가 군 지도자 여러 명을 체포하도록 명령하며 자신의 군대 장악력을 더욱 확
고히 함.

1968년 7월 27일
칭화 대학교에 파견된 마오쩌둥 사상 선전대가 홍위병들을 굴복시키고 징계함으로써 홍위병 시대가 막을 내림.

1968년 9월 7일
모든 성(省)과 주요 도시에 혁명 위원회가 수립되고 저우언라이가 전면적인 승리를 선언함.

1968년 여름 ~ 1969년 가을
새로운 혁명 위원회가 〈당원 정화〉 운동을 기회 삼아서 그들의 적을 〈스파이〉와 〈반역자〉라고 고발함.

1968년 12월 22일
도시 학생들에게 시골로 내려가 재교육을 받으라는 마오 주석의 지시가 『인민일보』에 발표됨. 1968년과 1980년 사이에 모두 1700만 명에 달하는 학생들이 도시에서 추방됨.

1969년 3월
제9차 중국 공산당 전국 대표 대회가 개최되기 몇 주 전 중국과 소련 군대가 우수리 강 유역에서 충돌함. 린뱌오가 중국을 더욱 무장시키는 계기가 됨.

1969년 4월
제9차 중국 공산당 전국 대표 대회에서 린뱌오가 마오쩌둥의 후계자로 지명됨.

1970년 2월 ~ 11월
〈일타삼반(一打三反)〉이라는 같은 이름으로 전개된 두 개의 운동이 〈반혁명 활동〉과 〈경제 범죄〉를 공격 대상으로 삼고 쉰 명 중 한 명꼴로 관련 행위에 연루되었다며 대중을 겁박함.

1970년 여름
마오쩌둥이 국가 주석직을 둘러싼 쟁점을 이용해서 린뱌오의 충성심을 시험함.

1971년 4월
마오 주석이 미국 탁구 대표팀을 중국에 초대함.

1971년 여름
남부 지방 순회에 나선 마오 주석이 린뱌오의 이름을 한 번도 거명하지 않음으로써 그의 권위를 약화시킴.

1971년 9월 12일
마오쩌둥이 베이징으로 돌아옴. 자정이 막 지난 시간에 린뱌오와 그의 아내와 아들이 베이다이허(北戴河) 여름 휴양지 외곽에서 서둘러 비행기에 탑승함. 비행기가 몽골에서 추락하면서 탑승자 전원이 사망함.

1972년 2월 21일 ~ 28일
닉슨 대통령이 중국을 방문함.

1972년 8월
군대가 병영 복귀함. 이후 수 개월 동안 다수의 정부 관리자와 당 간부가 복권됨.

1973년 11월 ~ 1974년 1월
마오 부인과 장춘차오, 왕훙원(王洪文)과 야오원위안이 단결하여 저우언라이에 대항하면서 얼마 뒤 〈사인방〉이라는 이름을 얻게 됨. 저우언라이를 겨냥한 전국적인 규모의 정치 운동이 시작됨.

1974년 4월
마오 주석이 덩샤오핑을 승진시켜 유엔에서 중국 대표단을 이끌게 함.

1975년 1월
마오 주석의 승인 아래 저우언라이가 중국의 농업과 산업, 국방과 과학 기술을 개선하기 위한 〈4대 현대화〉 계획에 착수함.

1975년 11월 ~ 1976년 1월
마오쩌둥이 자신이 죽고 나면 덩샤오핑이 자신의 유산을 훼손할 거라는 두려움에 사로잡힘. 덩샤오핑이 여러 당 대회에서 비판을 받으면서 맡고 있던 대부분의 공직에서 해임됨.

1976년 1월 8일
저우언라이 총리 사망.

1976년 4월 4일 ~ 5일
저우언라이에 대한 대중의 폭발적인 지지가 톈안먼 광장의 대규모 시위로 이어지고
경찰과 군대가 폭력으로 진압함.

1976년 9월 9일
마오쩌둥 사망.

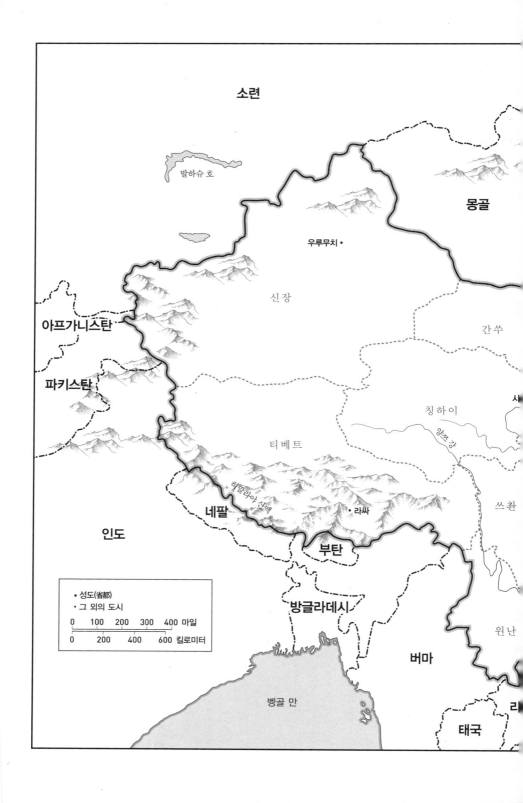

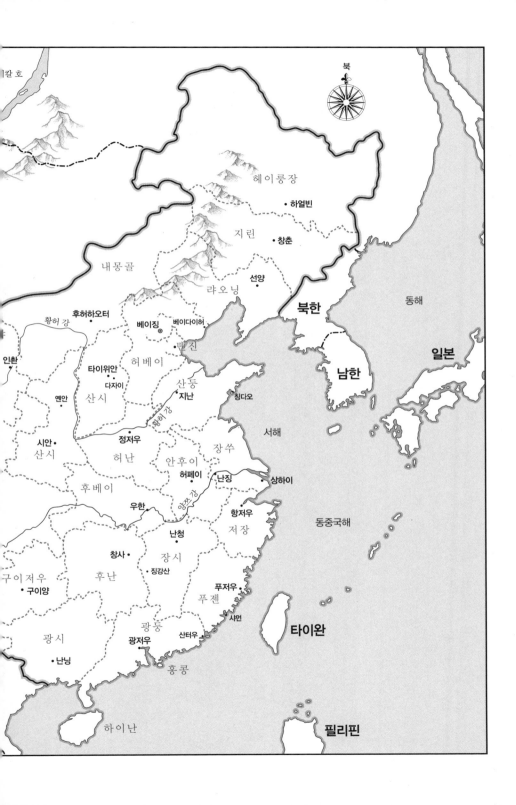

1부

초기

1962~1966

1장
두 명의 독재자

베이징 중심부에 대리석 기둥으로 된 거대한 단일 건물이 톈안먼 광장에 그림자를 드리운다. 그 모습이 마치 이 나라의 정계를 지배하는 중국 공산당을 보는 듯하다. 인민 대회당은 1959년 10월 화려하게 치러진 중국 혁명 10주년 기념식에 맞추어 기록적인 단기간에 완공되었다. 웅장하고 위압적인 이 건물은 소련 건축 양식의 영향을 많이 받았으며 한 번에 1만여 명의 대의원이 앉을 수 있는 대형 강당을 갖추었다. 천장에는 수많은 조명에 둘러싸인 거대한 붉은 별이 내리비친다. 연단의 현수막과 커튼부터 회랑이나 발코니를 덮은 두툼한 양탄자까지 온통 붉은색 일색이다. 중국의 각 성(省) 이름을 딴 십여 개의 휑뎅그렁한 방들도 보이는데 이런 방들까지 더해진 인민 대회당은, 톈안먼 광장에 접해 있으며 명나라와 청나라 황제들의 거처로 사용되었고 각종 별관과 중정(中庭), 궁전 등이 불규칙하게 뻗어 있는 자금성보다 넓은 연면적을 자랑한다.

1962년 1월, 약 7,000명의 당 간부들이 인민 대회당에서 역대 최대 규모로 열린 대회에 참석하기 위해 전국 각지로부터 도착했다. 그들의 지지가 필요한 지도부의 부름을 받고 베이징에 모인 것이다. 마오 주석이 어느 때보다 강철 산출량과 곡물 생산량의 목표를 높게 설정한 탓에 그들은 수년째 엄청난 압박감 속에서 임무를 수행해 온 터였다. 할당량을 채우지 못한 간부에게는 우파라는 꼬리표가 붙었고 당에서 축출되었다. 그들을 대신해서 베이징에서 불어오는 급진적인 바람을 기회 삼아 이득을 취하려는 열성적이고 물불을 가리지 않는 인물들이 자리를 채웠다. 개중에는 상관에게 보고되는 생산량을 부풀려서 실적을 속이는 간부들도 허다했다. 일부는 자신이 감독하는 농민을 상대로 공포 정치를 펴서 죽도록 일을 시켰다. 이제 그들은 마오쩌둥의 대약진 운동으로 촉발된 재앙의 주범으로 비난을 받고 있었다.

4년 전이던 1958년에 마오쩌둥은 중국을 광란의 도가니로 내몰았다. 사회주의에서 공산주의로의 대약진을 알리는 거대 인민공사에 농민들을 귀속시켰다. 그들은 끝이 보이지 않는 혁명에 동원되어 싸웠으며 하나의 임무가 끝나면 또 다른 임무를 강요받았다. 겨울 농한기에는 대규모 치수 사업에 동원되었고 여름에는 뒷마당 화덕에서 강철을 생산해야 했다. 〈3년 동안 열심히 싸워 중국의 얼굴을 바꾸자. 풍족한 세상이 저 앞에서 손짓한다.〉 이것이 대약진 운동의 표어 중 하나였다. 〈영국을 따라잡고 미국을 앞지르자〉라는 표어도 있었다. 하지만 자본주의 경제를 따라잡자는 선전에도 불구하고 마오쩌둥의 진짜 목표는 소련이었다. 즉 중국이 소련을 앞지르는 것이었다. 1953년에 스탈린이 사망한 이래로 마오쩌둥은 내내 사회주의 진영의 대표가 되고자 했다.

스탈린의 생전에도 마오쩌둥은 자신이 스탈린보다 훌륭한 혁명가라고 생각했다. 1949년에 전체 인류의 4분의 1을 사회주의 진영으로 이끈 주인공은 스탈린이 아니라 바로 자신이었다. 1년 뒤에 한국 전쟁에서 미국과 싸워 휴전을 이끌어 낸 주인공도 스탈린이 아니라 자신이었다. 그럼에도 마오쩌둥은 모스크바에 있는 이 스승의 충실한 추종자였으며 충분한 이유도 있었다. 중국 공산당은 처음부터 소련의 재정적 도움과 정치적 조언에 의지했다. 스탈린은 개인적으로 마오쩌둥의 집권을 도운 사람이었다. 이들 두 사람의 관계는 자주 삐걱거렸지만 1949년 베이징 하늘에 붉은 깃발이 게양된 뒤로 마오쩌둥은 한 치의 망설임도 없이 소련을 본뜬 무자비한 공산주의 정권을 수립했다. 마오쩌둥은 농업 집산화, 무한정한 지도자 숭배, 사유 재산제 폐지, 일반 시민들의 삶에 대한 전방위적인 통제, 막대한 국방비 지출 등에 매료된 스탈린주의자였다.[1]

중국의 스탈린화를 가로막은 것은 얄궂게도 자신의 권세를 위협할지 모를 이웃 강대국의 등장에 긴장한 스탈린 본인이었다. 1929년과 1930년 사이에 스탈린은 부농을 상대로 무자비한 탄압을 실시했고 그 결과 〈부농〉으로 분류된 수천 명이 처형되었으며 200만에 육박하는 사람들이 시베리아와 중앙아시아의 노동 수용소로 추방되었다. 그럼에도 1950년에 마오쩌둥에게는 부농에 의존하는 경제 체제를 온전히 유지함으로써 수년에 걸친 내전 끝에서 중국이 빨리 회복할 수 있도록 하라고 조언했다. 마오쩌둥은 스탈린의 조언을 무시하고 시골의 전통적인 지도자들을 비난하고 때로는 살해하도록 농민을 사주했다. 희생자의 재산은 전부 대중에게 넘어갔다. 토지는 구획 정리 후 가난한 사람에게 분배되었다. 신중하게 선별된 소수의 죽음에 다수를 연루시킴으로써 대중과 당을 영속적인 관계로 묶었다. 딱히 신뢰할 만한 통계가 나와 있지 않지만 토지 재분배 과정에서 목숨을 잃은 희생자 수는 1947년부터 1952년까지 최소 150만에서 200만 명에 이를 것으로 추정된다. 이외에도 수백만 명에 달하는 사람들에게 착취자나 계급의 적이라는 낙인이 찍혔다.

마오쩌둥은 1952년에 토지 개혁이 완료되자 중국을 산업화하는 데 필요한 거액의 차관을 요구하며 스탈린에게 손을 내밀었다. 그렇지 않아도 내내 반대를 일삼던 스탈린은 중국에서 목표한 성장률이 〈무모하다〉라는 판단 아래 마오쩌둥의 요구를 거절했다. 그는 차관 액수를 대폭 삭감하고 방위 산업에 관련된 몇몇 사업에 대해 거부권을 행사했으며 소련의 원조로 건설될 산업 단지의 숫자를 줄였다. 하지만 정작 스탈린 자신은 1929년부터 1933년까지 소련의 농업 집산화를 주도하면서 농촌의 집단 농장에서 징발한 양곡으로 갈수록 늘어나는 산업 인력을 먹여 살리고 서방에서 수입한 기계 대금을 치렀다. 그리고 그 여파로 우크라이나를 비롯한 소련 곳곳에서 대기근이 발생했다. 사망자만 500만에서 1000만 명에 달하는 것으로 추산되었다.

스탈린은 마오쩌둥을 통제할 수 있는 유일한 인물이었다. 1953년 3월 모스크바의 이 유일한 스승이 사망하자 마오쩌둥은 집산화에 더욱 박차를 가했다. 그해 말 도입된 양곡 전매 제도는 농민에게 국가에서 정한 가격으로 곡물을 팔도록 강요했다. 1955년과 1956년에는 소련의 국영 농장과 유사한 합작사가 등장했다. 합작사의 등장으로 농민들은 토지를 다시 빼앗기고 국가가 마음대로 부릴 수 있는 농노로 전락했다. 정부가 소규모 점포나 대기업 할 것 없이 모든 민영 기업을 징발하면서 도시의 상공업도 전부 국가에 귀속되었다. 마오쩌둥은 이를 사회주의 고조(高潮)라고 지칭했다.

마오쩌둥의 집중적인 집산화 프로그램은 1956년 거대한 역화에 직면했다. 제20차 소련 공산당 대회의 마지막 날인 2월 25일, 니키타 흐루쇼프가 스탈린 정권하에서 재판도 없이 행해진 무자비한 숙청과 대규모 추방, 처형을 비판했다. 한때 러시아 황제들이 기거했던 크렘린 궁전에서 아무런 방해 없이 몇 시간에 걸쳐 진행된 연설에서 흐루쇼프는 스탈린을 둘러싼 개인 숭배를 비난하고 1930년대 초에 농업을 망친 주범으로 왕년의 스승을 고발했다. 흐루쇼프는 스탈린이 〈생전 어디를 간 적도 없고 노동자나 집단 농장의 농부를 만난 적도 없으며〉 단지 〈농촌의 실상을 치장하고 미화한 영화들〉에 나오는 어떤 나라를 알았을 뿐이라고 주장했다. 마오쩌둥은 이를 자신의 권위에 대한 공격으로 받아들였다. 어쨌거나 그는 중국의 스탈린이었고 흐루쇼프의 연설은 마오쩌둥 자신의 지도력에, 특히 자신을 둘러싼 개인 숭배에 대한 의문을 조장할 터였다. 몇 개월 뒤 총리인 저우언라이를 비롯한 일단의 인물들이 국영 농장을 비판한 흐루쇼프를 인용하며 집산화 속도를 견제하고 나섰다. 바야흐로 마오쩌둥이 권력의 중심에서 밀려나는 듯 보였다.

1956년 4월 25일에 비스탈린화를 둘러싼 마오쩌둥의 대응이 시작되었다. 한 정치국 회의 연설에서 그는 일반 시민들 편을 들고 나섰다. 당에서 도덕적인 지도자라는 자리를 되찾기 위해 자신이 마치 민주주의 가치의 수호자인 듯한 태도를 취했다. 마오쩌둥은 흐루쇼프를 이겨 냈다. 불과 두 달 전만 하더라도 마오쩌둥은 수세에 몰렸다. 현실을 제대로 직시하지 못하고 실패한 과거 모델에 집착하는 늙어 가는 독재자처럼 보였다. 그러나 이제 주도권을 되찾았고 모스크바에 있는 경쟁자보다 훨씬 관대하고 회유적인 인상을 주었다. 일주일 뒤 5월 2일에는 당에 〈백 가지 꽃이 일시에 개화하고 백 가지 학문이 서로 논쟁하게 하라〉라고 지시하며 지식인들 사이에 표현의 자유를 보장하도록 부추겼다.

그럼에도 불구하고 마오쩌둥은 동료들에게 많은 것을 양보해야 했다. 1945년 이래 처음으로 새로운 중앙 위원회 선출을 위해 그해 9월에 소집된 제8차 전국 대표 대회에서 사회주의 고조가 흐지부지되었고 당헌에서 마오쩌둥 사상을 언급한 부분이 모두 삭제되었으며 개인 숭배가 비난의 화살을 맞았다. 대신 집단 지배 체제가 찬양되었다. 흐루쇼프의 비밀 연설로 입지가 좁아진 마오쩌둥은 이러한 조치들을 묵인하는 것 외에 선택의 여지가 없었다. 그는 당수의 지위는 유지하되 자신이 좋아하지 않을뿐더러 대체로 형식적인 지위에 불과한 국가 주석 자리를 양도하고 싶다는 뜻을 내비쳤다. 동료들의 충성심을 시험하고자 건강 문제로 자리에서 물러날 수 있음을 넌지시 시사했다. 류사오치와 덩샤오핑은 그런 그에게 자리를 지켜 달라고 애원하는 대신 당수에서 물러나는 대로 맡아 달라며 명예 주석이라는 새로운 지위를 신설했다. 격분한 마오쩌둥은 사적인 자리에서 분노를 감추려고 하지 않았다.[2]

　헝가리 폭동을 계기로 마오쩌둥은 다시 우위를 점할 수 있는 기회를 얻었다. 11월 초 부다페스트에서 소련 군대가 저항 세력을 무자비하게 진압하자 마오 주석은 헝가리 공산당이 대중의 불만에 귀를 기울이지 않은 채 문제가 곪아 터지도록 방치해서 화를 자초했다고 비난했다. 더불어 중국의 위험 요소는 대중의 불만이 아니라 당의 정책을 엄격하게 고수하는 것이라는 견해를 내놓았다. 〈중국 공산당은 더 배워야 한다. 학생들이 반대 시위를 하는 것은 바람직한 현상이다.〉 그는 학식 있는 외부인의 비판적인 관점을 공산당이 기꺼이 수용하길 원했다. 〈대중을 모욕하는 자들은 대중의 손에 제거되어야 한다.〉[3]

　사회 각계각층의 불만을 품은 사람들이 5월부터 보다 허심탄회한 토론을 부추긴 마오쩌둥의 외침에 고무되어 목소리를 내기 시작했다. 헝가리 폭동이 대중의 불만을 부채질하면서 학생들과 노동자들은 국가에 대한 대담한 저항의 표시로 부다페스트를 언급하기 시작했다. 수백 명의 학생들이 난징(南京) 시청 앞에 모여서 민주주의와 인권을 요구하는 표어를 연호했다. 전국의 도시 노동자들은 파업을 벌이며 실질적인 수입 감소와 열악한 주거 환경, 점점 축소되는 복리 후생 정책에 대해 불만을 쏟아 냈다. 상하이에서는 몇몇 시위에 수천 명의 지지자들이 가담하기도 했다.

소요는 도시에만 국한되지 않았다. 1956년에서 1957년으로 넘어가는 겨울에는 농민들이 집단 농장을 이탈하여 당에 반대하는 목소리를 높이고 그들을 가로막는 지방 당 간부를 폭행하기 시작했다. 홍콩과 국경이 맞닿은 광둥 성의 일부 지역에서는 3분의 1이 넘는 농민들이 강제로 땅을 돌려받아서 각자 농사를 짓기 시작했다. 전국의 다른 지역에서도 농민들의 집단 이탈이 이어졌고 그들은 원래 자신의 소유였던 가축과 종자, 농기구를 요구하며 각자의 땅을 경작하기로 했다.[4]

주석 본인이 대중의 대변자임을 자처하고 의사 표현과 관련하여 대중의 민주적 권리를 보호하는 척했기 때문에 당의 입장에서는 대중의 저항을 엄격하게 단속할 수 없었다. 1957년 2월에도 마오쩌둥은 자신의 목소리를 내는 데 소극적인 지식인들을 계속 부추겼다. 당이 저지른 그동안의 실수를 열거하고 〈교조주의〉나 〈관료주의〉, 〈주관주의〉와 같은 과격한 표현을 사용해 가며 당을 비난하는 그의 목소리에는 진지함이 넘쳐 났다. 그는 대중에게 당 관료의 업무 능력을 개선해서 사회적 불평등이 해소될 수 있도록 기탄없이 불만을 털어놓아 도와 달라고 호소했다. 장차 문화 대혁명 기간 중에 어떤 일이 일어날지 미리 보여 주기라도 하듯이 마오쩌둥은 학생과 노동자를 이용해서 동료들에게 경고를 보내고 있었다.

곧 대중의 비난이 봇물 터지듯 터져 나왔는데 마오쩌둥의 당초 기대와는 매우 다른 양상을 보였다. 그는 대중의 찬사 속에서 행동주의자들이 자신의 지시를 따르고, 그들이 자신을 밀어내고 당헌에서 마오쩌둥 사상을 삭제한 당을 처벌해 줄 것으로 기대한 터였다. 하지만 시민들은 민주주의와 인권 운동을 옹호하는 간단명료한 표어를 들고 나왔을 뿐이었다. 개중에는 공산당에 권력을 포기하라고 요구하는 사람도 있었다. 1956년 여름부터 꾸준히 산발적인 파업과 시위를 벌여 오던 학생들은 이제 수만 명씩 거리로 쏟아져 나왔다. 1957년 5월 4일에는 약 8,000명에 달하는 학생들이 베이징에 모여서 비록 실패하기는 했지만 학생들이 주도했던 1919년의 5·4 운동을 기념했다. 그들은 〈전국의 모든 교육 현장에서 자유와 민주주의를 억압하는〉 공산당을 비난하며 관련 포스터와 구호로 뒤덮인 〈민주주의의 벽〉을 만들었다. 상하이에서는 지방 관리들이 성난 군중에게 욕설과 모욕과 조롱을 당했다. 3만 명이상의 노동자가 연루된 역대 최대 규모의, 심지어 국민당 정권이 전성기를 구가하던 1930년대보다 큰 규모의 노동 쟁의들이 수백 개의 기업에서 발생했다.[5]

대중의 불만이 너무 크자 마오쩌둥은 격분했다. 그는 덩샤오핑을 책임자로 임명하고 50만 명에 달하는 학생과 노동자에게 당을 무너뜨리려는 〈우파〉라고 비난하는 운동을 벌였다. 수많은 사람들이 만주와 신장의 오지로 유배되었고 고된 육체 노동에 시달렸다.

비록 역화를 일으켰지만 마오쩌둥의 도박은 적어도 그와 그의 전우들을 다시 결속시켰고 단호하게 대중을 억압하도록 만들었다. 당의 실세로 복귀한 마오쩌둥은 농촌의 완전한 집산화를 향한 열의에 불탔다. 1957년 11월 모스크바에서 열린 10월 혁명 40주년 기념식에 전 세계 다른 공산당 지도자들과 함께 초대된 그는 흐루쇼프를 사회주의 진영의 지도자로 인정함으로써 표면상 충성을 서약했다. 하지만 동시에 자신의 모스크바 경쟁자에게 도전장을 내밀기도 했다. 흐루쇼프가 1인당 육류와 우유, 버터 생산량에서 미국을 따라잡을 거라고 공언하자 마오쩌둥은 15년 안으로 철강 생산 부문에서 중국이 당시 여전히 주된 산업 강국으로 여겨지던 영국을 능가할 거라고 호언했다. 대약진 운동은 그렇게 시작되었다.

중국으로 돌아온 마오쩌둥은 바로 몇 해 전 사회주의 고조에 충분한 열정을 보이지 않았던 저우언라이 같은 지도자들에게 사적인 모임이나 전당 대회에서 힐난과 모욕을 가했다. 요란한 선전 속에서 몇몇 성(省)의 당 지도자와 그들 아래의 많은 부하 직원들이 숙청되었다. 그들을 대신한 마오쩌둥의 열렬한 추종자들은 농민들을 거대 인민공사에 귀속시키며 사회주의에서 공산주의로의 약진을 선포했다. 농민들은 집과 토지, 재산, 생계 수단을 잃었다. 단체 급식소에서 실적에 따라 배급되는 소량의 음식은 당의 명령에 무조건 복종하도록 농민들을 강제하는 무기가 되었다. 사유 재산제 폐지와 이윤 동기의 부재와 맞물려서 이러한 실험은 곡물 생산량이 급감하는 결과로 이어졌다. 그럼에도 상관의 압박에 지방의 당 간부들은 경종을 울리는 대신 그 어느 때보다 생산량이 많다고 거짓 보고를 했다. 그들의 자리 보전을 위해 부풀린 생산량에 비례하는 많은 양의 곡물이 세금으로 징수되면서 농민들은 기아에 허덕였다.

1959년 여름 당 지도층 인사들이 루산의 산속 휴양지에 모였을 때 펑더화이 사령관을 비롯한 몇몇 인물이 조심스럽게 대약진 운동을 비난했다. 같은 시기에 폴란드 포즈난을 방문 중이던 흐루쇼프가 스탈린의 집단 농장을 공개적으로 비난했다. 마치 마오쩌둥을 겨냥해서 신중하게 계획된 일련의 공격처럼 보였다. 마오 주석은 자신을 끌어내리려는 음모라고 의심하면서 펑더화이와 그의 지지자들을 향해 국가와 국민을 상대로 음모를 획책하는 반(反)당 파벌이라고 비난했다.

〈우경〉세력에 대한 마녀 사냥이 계속되면서 300만 명 이상의 당 간부들이 의욕적인 집행자들로 대체되었다. 새로운 인사들은 주석이 제시한 목표를 달성하기 위해 무슨 일이든 할 준비가 된 사람들이었다. 주석의 계획을 완성하고 초과 달성하라는 지속적인 압박에 직면하여 그들은 그 어느 때보다 강압적인 수단에 의존했다. 그 결과 폭력이 난무했는데 노동 유인이 사라진 가운데 폭력에 대한 탐닉은 더욱 극단적인 양상으로 치달았다. 일부 지역에서는 농민과 당 간부 모두가 노골적으로 잔인성을 드러내며 사사건건 충돌하면서 폭력 사태를 더욱 부채질했다. 열심히 일하지 않는 사람은 형구에 묶인 채 매질을 당했다. 어떤 사람은 연못에서 익사체로 발견되었고 어떤 사람은 오줌을 뒤집어쓰거나 강제로 배설물을 먹어야 했다. 팔이나 다리를 잃고 불구가 된 사람들도 있었다. 마오 주석과 최고위 지도자들에게 회람된 한 보고서에 따르면 왕쯔유라는 남성은 감자 한 알을 파내어 훔친 벌로 한쪽 귀를 잘리고, 두 다리를 철사로 결박당하고, 등에 10킬로그램짜리 돌을 떨어뜨리는 고문을 당한 뒤 마지막에는 몸에 낙인까지 찍혔다.[6] 생매장도 행해졌다. 후난 성의 한 마을에서 어린 소년이 쌀 한 줌을 훔치는 사건이 발생하자 슝더창이라는 그 마을의 지도자는 소년의 아버지에게 아들을 산 채로 묻도록 지시했다. 그 아버지는 비탄에 못 이겨 불과 며칠 뒤 세상을 떠났다.[7]

그럼에도 가장 보편적인 무기는 먹을 것이었고 굶주림은 가장 우선적으로 시도하는 처벌이 되었다. 아파서 일하지 못하는 사람들이 식량을 배급받지 못하는 경우가 전국적으로 비일비재했다. 환자들과 노약자들이 급식소 출입을 금지당해 굶어 죽어 나가는 상황에서 당 간부들은 레닌의 격언을 들먹였다. 〈일하지 않는 자 먹지도 말라.〉 방치에 따른 간접적인 여파로 무수한 사람들이 목숨을 잃는 가운데 지역의 당 간부들은 사람보다 숫자에 집중해서 베이징의 정책 입안자들이 내놓은 목표를 차질 없이 달성하도록 강요받았다. 이 실험은 최소 4500만 명 이상이 과로나 굶주림, 폭행으로 사망한 역사상 최대 규모의 살인 사건으로 끝이 났다.[8]

1960년 말에 이르러 재앙이 너무 확대되자 마오쩌둥은 저우언라이를 비롯한 인물들에게 농촌에서 인민공사의 권한을 축소하는 조치를 도입하도록 허락할 수밖에 없었다. 또다시 지역 시장이 복구되고 사유지가 인정되었다. 외국에서 양곡도 수입되었다. 대기근의 끝이 보이기 시작하는 순간이었다. 하지만 양곡과 석탄을 비롯한 그 밖의 물자를 국가에 넘기도록 하는 압력이 약해지면서 일부 대도시에서 대대적인 부족난이 발생하기 시작했다. 1961년 여름에는 당이 직면한 가장 시급한 문제가 정부의 텅 빈 곡물 창고라는 재정부장 리셴녠의 발표가 나왔다.[9] 농촌이 베이징과 톈진, 상하이로부터 사실상 떨어져 나가면서 당 중앙은 오히려 농촌의 소리에 귀를 기울여야 했다.

———

1962년 1월 참석자 숫자에서 이름을 딴 7,000인 대회가 열리는 동안 마오쩌둥의 운은 바닥을 드러냈다. 혹시라도 그를 물러나게 할 기회가 존재했더라면 바로 이 대회가 열렸을 때일 것이다. 전국 각지의 당 간부들이 마침내 한자리에 모여 의견을 교환하고 대약진 운동이 불러온 재앙을 비판했다. 대회가 열리기 두 달 전 장신에 마르고 한쪽 손이 불편한 베이징 시장 펑전이 자신의 부하인 동시에 당내에서 지식인으로 알려진 덩튀(鄧拓)라는 인물에게 기근과 그에 관련된 마오쩌둥의 책임을 비난하는 일체의 서류를 수집하라고 지시했다는 소문도 나돌았다. 관련 조사는 류사오치와 덩샤오핑의 묵인 아래 이루어졌으며 대중의 눈을 피하기 위해 베이징 동물원 안에 서태후를 위해 지어진 바로크 양식의 궁전에서 수차례에 걸쳐 회의가 진행되었다. 일설에 의하면 펑전은 주석과 대결을 벌이려는 의도가 분명했다.[10]

수십 년 전 스탈린도 비슷한 도전에 직면했다. 1934년 크렘린 대궁전에서 열린 일명 승자들의 대회라고 불리는 제17차 소련 공산당 전당대회에 약 2,000명에 달하는 대의원이 모였다. 성공적인 농업 집산화와 빠른 산업화를 자축하기 위해서였다. 그들은 열렬한 박수로 스탈린을 맞이했지만 등 뒤에서 그의 방식을 불평하고 그가 지닌 야심에 우려를 나타냈다. 스탈린을 둘러싼 지나친 개인 숭배 움직임에 비판적이던 몇몇 당 지도자들은 비밀리에 회합을 갖고 스탈린 교체를 논의했다. 소문에 의하면 자신에게 반대표가 너무 많아서 스탈린은 투표 용지 중 일부를 파기해야 할 정도였다. 공산당 진영의 반대표 중 상당수는 스탈린에게 책임이 있는 기근이 원인이었다. 그럼에도 스탈린을 직접적으로 비난하는 사람은 아무도 없었다.[11]

박수를 받은 것은 베이징의 마오쩌둥도 마찬가지였다. 많은 대의원이 주석과 함께 사진 찍을 수 있는 기회를 만끽했다.[12] 고위급 인사들조차 마오쩌둥과 직접적으로 부딪치려고 하지 않았다. 그런데 류사오치가 대회장을 채운 청중에게 공식적인 보고를 하면서 기근 문제에 많은 시간을 할애했다. 그는 완고하고 엄격한 남자였으며 자주 밤을 새워 일하느라 얼굴이 수척하고 주름이 많았다. 대다수 지도급 인사들이 모자를 쓰지 않았음에도 그는 노동자들이 쓰는 납작한 모자를 즐겨 썼다. 1년 전인 1961년 4월, 류사오치는 마오쩌둥의 지시로 다른 지도급 인사들과 함께 기근을 조사하기 위해 농촌을 방문했었다. 그리고 자신의 고향이 처한 끔찍한 상황에 진심으로 충격을 받았다. 이제 그는 보고문에서 후난 성 농민들이 재앙의 70퍼센트는 인재(人災)이며 30퍼센트는 자연 재해라고 생각한다고 설명했다. 인재를 의미하는 〈런훠〉라는 단어가 사용되자 그 자체로 기폭제가 되어 청중들 사이에서 한숨이 흘러나왔다. 류사오치는 또 마오쩌둥이 실패 대비 성공률을 강조할 때 가장 즐겨 사용한 문구인 〈아홉 손가락 대 한 손가락〉이라는 표현을 일축했다. 긴장감이 손에 만져질 듯한 분위기였다. 〈지역마다 모두 다르기는 하지만 우리는 대체로 성공과 실패 비율을 7대 3으로 이야기할 수 있을 것 같다. 아홉 손가락 대 한 손가락이 모든 지역에 적용되지는 않는다. 실수가 한 손가락이고 성공이 아홉 손가락에 해당하는 지역은 소수의 몇몇에 불과하다.〉 마오쩌둥이 류사오치의 말을 끊고 끼어들었다. 못마땅한 기색이 역력했다. 〈절대로 소수의 몇몇 지역에만 해당하는 말이 아니다. 예컨대 허베이 성에서는 20퍼센트 지역에서만 생산량이 감소했고 장쑤 성에서는 전체의 30퍼센트 지역에서 해마다 생산량이 증가했다!〉 류사오치는 주눅 들지 않고 발언을 계속 이어 갔다. 〈보통은 이런 경우에 한 손가락이 아닌 세 손가락이라고 말할 수 있으며 일부 지역에서는 세 손가락도 부족하다.〉[13]

그 와중에도 류사오치는 자신이 대약진 운동을 옹호한다는 점을 분명히 했다. 30여 년 전 모스크바에서 그랬던 것처럼 대의원들도 모두 서둘러 〈총노선〉은 잘못된 게 없다는 입장을 내놓았다. 문제는 총노선을 이행하는 과정에 있었다는 태도였다.

특히 한 사내가 전력으로 주석을 두둔하고 나섰다. 린뱌오는 국공 내전에서 활약한 가장 명석한 전략가 중 한 명으로 많은 사람에게 인정받는 인물이었다. 백묵처럼 흰 피부에 수척한 외모를 지닌 그는 물, 바람, 추위 등과 관련된 다수의 공포증을 앓았다. 물이 흐르는 소리만 들려도 설사를 할 정도였다. 액체로 된 것은 일절 마시지 않았고 수분 섭취는 아내가 물을 적셔서 주는 찐빵에 의존했다. 거의 언제나 군모를 쓰고 다녔는데 앙상한 대머리를 감추기 위해서였다. 자주 병가를 냈지만 1959년 여름에는 두더지 같은 생활을 벗어나 루산 회의에서 마오 주석을 옹호하는 데 헌신적인 모습을 보였다. 그 보상으로 그는 공로를 인정받아 펑더화이의 뒤를 이어서 군사령관이 되었다. 그런 그가 이제 대약진 운동을 중국 역사상 유례를 찾을 수 없는 업적이라며 치켜세우며 주석을 칭송하고 나섰다. 〈마오 주석의 생각은 늘 옳다 (……) 그는 절대로 현실과 동떨어진 생각을 하는 법이 없다 (……) 나는 우리가 과거에 승승장구했던 시절이 마오 주석의 생각을 철저히 실행에 옮기면서 의심하지 않던 바로 그 시절이라는 사실을 절감한다. 주석의 생각이 충분히 존중되지 않거나 방해를 받을 때마다 항상 문제가 발생했다. 지난 수십 년간 우리 당의 역사를 돌아보면 명확히 알 수 있다.〉[14]

마오쩌둥은 린뱌오를 반기면서도 다른 모든 사람에 대해서는 의심을 늦추지 않았다. 그는 최대한 호의적인 표정으로 아버지처럼, 자애로운 연장자처럼 행세했다. 〈중국 역사를 읊고 고전 소설을 인용하는 관대한 거인 같은, 자신도 실수할 수 있다고 기꺼이 인정하고자 하는 올

림포스 신 같은 태도를 보였다.〉[15] 마오쩌둥은 대의원들이 경계심을 풀고 방심하도록 만들려고 애썼다. 대의원들 모두가 보복에 대한 두려움 없이 이야기할 수 있는 자유롭고 민주적인 분위기를 유도했다. 그들이 어떤 생각을 가졌는지 파악하기 위함이었다. 주요 전당 대회와 별개로 열린 소규모 토론 회의에서 일부 대의원들이 위험할 정도로 비판적인 견해를 내놓았다. 성(省)을 대표하는 어떤 지도자들은 기근이 전적으로 인재라고 생각했다. 어떤 지도자들은 각 성에서 보고된 문서를 비교해 가면서 얼마나 많은 사람이 목숨을 잃었는지 궁금해했다. 심지어 주석이 비난을 피할 수 없다는 견해도 제기되었다. 〈이처럼 엄청난 문제에 직면하여 주석은 책임을 져야 한다.〉[16] 한 대의원은 인민공사가 주석의 생각이었다는 사실을 지적했다. 마오쩌둥은 이런 회의록들을 읽으면서 엄청난 치욕을 느꼈다. 〈그들은 하루 종일 불평만 늘어놓다가 밤이 되면 연극을 보러 간다. 하루 세 끼니를 꼬박꼬박 챙겨 먹으며 방귀만 뀐다. 그들에게 마르크스·레닌주의란 그런 것이다.〉[17]

그럼에도 마오쩌둥은 당의 주석으로서 자신에게도 일말의 책임이 있음을 인정하며 비록 시늉에 불과했지만 사과를 했다. 다른 지도부 인사들에게 자신을 따라 사과하고 실수를 인정하도록 압박하려는 교묘한 행보였다. 여기저기서 고백이 잇따랐다. 예컨대 저우언라이는 지나치게 많은 양곡을 징발하고, 산출량을 부풀리고, 지방민을 굶주리게 만들고, 식량 수출을 늘린 데 대한 개인적인 책임을 인정했다. 짙은 눈썹과 커다란 눈, 약간은 사내답지 못한 몸가짐 등 특징이 매우 뚜렷한 충실하고 유능한 이 조력자는 지금껏 최고 관리자로서 나름의 입지를 구축해 온 터였다. 그는 혁명가의 길로 들어선 뒤 일찍이 절대로 마오쩌둥에게 대항하지 않기로 결심했다. 1958년 들어 초반 몇 개월 동안 그가 농업 집산화에 충분한 열정을 보이지 않는다며 책망할 때처럼 주석은 다른 지도자들 앞에서 수시로 그를 깎아내렸지만 그의 결심은 흔들리지 않았다. 저우언라이는 대약진 운동을 기회로 자신을 증명하고자 부단히 노력했다. 그리고 이제 〈지난 몇 년간의 과오와 실수는 우리가 총노선과 마오 주석의 훌륭한 지침을 위반했을 때 일어났다〉[18]라고 선언했다. 마오쩌둥을 따르는 아첨꾼이자 후베이 성의 당 서기인 왕런중(王任重)도 성의 생산량을 부풀려 베이징을 속였다고 고백했다. 류쯔허우는 자신의 관할인 허베이 성 내에서 특히 베이징 정부가 모범 사례로 꼽은 성 내의 몇몇 현에서 수확량이 부풀려진 사실을 시인했다. 구이저우 성의 성장(省長) 저우린은 한발 더 나아가 자신의 지휘 아래 억울한 농민들이 곡식을 숨겼다는 의혹만으로 기소된 사실을 인정했다.[19]

지난 과오를 자백하는 발언이 잇따르면서 당초 마오쩌둥을 향했던 관심은 흐지부지되었다. 보다 중요한 측면은 주석에 대한 신임을 무너뜨리려 했던 펑전의 시도는 무산되었다는 점이었다. 베이징 시장인 그가 수개월 전부터 준비했다는 장문의 보고서는 끝내 햇빛을 보지 못했다. 실제로 당은 그들의 지도자가 다시는 재앙을 일으키지 못하게 하기보다 오히려 위신을 세워 주었다.

마오쩌둥은 7,000인 대회에서 살아남았다. 하지만 당에 대한 주도권을 상실하게 될까 봐 그 어느 때보다 전전긍긍했다. 1934년 당시 소련에서 열린 일명 승자들의 대회 즉 제17차 소련 공산당 전당 대회는 결국 희생자들의 대회였던 것으로 드러났다. 이후 4년여에 걸쳐 2,000명의 대의원 중 절반 이상이 처형되거나 강제 노동 수용소로 보내졌다. 스탈린은 대공포 정치를 통해 자신의 적을 사냥하는 데 더욱 박차를 가했다. 사학자 로버트 서비스의 말처럼 〈스탈린의 잔인성은 마치 오소리 덫처럼 기계적으로 작동했다〉.[20] 마오쩌둥의 경우는 변덕스러운 쪽에 훨씬 가까웠다. 그는 자신의 주도적인 지위를 유지하고자 일부러 사회를 뒤집어엎고 수많은 사람에게 폭력을 부추겼다.

2장
계급 투쟁을 잊지 말라

더 이상 대기근을 부정할 수 없게 되었을 때 마오쩌둥이 취한 첫 번째 행보는 기근의 책임을 계급의 적에게 돌리는 것이었다. 그는 1960년 11월에 쓴 글에서 〈불순분자들이 폭력과 살인, 식량 부족과 굶주림 등을 야기해 권력을 잡았다. 민주주의 혁명은 아직 완료되지 않았다. 사회주의에 대한 증오심으로 가득 찬 봉건 세력이 문제를 일으키고 생산적인 사회주의 세력을 방해하고 있다〉라고 주장했다.[1] 몇 개월 뒤에는 반혁명 세력의 규모가 놀라울 정도라는 반응을 내놓았다. 〈농촌에 그토록 많은 반혁명 분자들이 숨어 있을지 누가 알았으랴? 그들이 농촌 마을을 장악하고 계급의 복수를 위해 잔악한 행위를 일삼다니 우리도 예상치 못한 일이다.〉[2]

충분히 예측 가능한 행보였다. 수십 년 전에 스탈린도 집산화의 성공이 〈몰락한 계급에 아첨하려는 자들을 극도로 화나게 만들었다〉라고 공표한 바 있었다. 스탈린은 그의 저서 『모든 연방 공산당의 역사: 단기 과정』에서 다음과 같이 말한다. 〈그들은 그들 자신의 실패와 파산에 직면하여 당과 국민에게 앙갚음을 시작했다. 노동자와 집단 농장 농부에게 복수하기 위해 광산을 폭파하고, 공장에 불을 지르고, 집단 농장이나 국유 농장을 파괴하는 등 범죄와 방해 공작에 의존하기 시작했다.⟩[3]

스탈린의 『단기 과정』은 러시아에서만 4200만 부 이상이 발행되었고 67개 언어로 번역되었다.[4] 중국어도 그중 하나였다. 당시 빨간 책으로 알려진 『단기 과정』은 ⟨소련의 오늘이 우리의 내일이다⟩라는 말이 모토가 된 1949년 이후로 수년에 걸쳐 성서처럼 연구되었다. 마오쩌둥의 비서 중 한 사람에 따르면 ⟨스탈린의 아이디어는 마오쩌둥에게 유용한 지름길을 제공했다⟩. 『단기 과정』의 핵심 메시지는 모든 의미 있는 발전이란 레닌과 스탈린으로 대표되는 올바른 노선과 사회주의로 나아가는 과정에서 성공적으로 제거된 일련의 반당 집단들이 채택한 잘못된 입장 사이에서 벌어진 정치적 투쟁의 결과물이라는 것이었다. 이 책은 비록 공식적으로 버림을 받은 것은 아니었지만 흐루쇼프가 스탈린을 비난한 뒤로 인기가 사그라들었다.[5]

마오쩌둥은 1956년 이후에도 이 책을 숭배했다. ⟨사회주의 혁명이 무르익을수록 계급 투쟁은 더욱 격렬해진다⟩라는 스탈린의 개념에 특히 주목했다. 『단기 과정』에 따르면 ⟨우리가 강해질수록 적은 더욱 유순해지고 고분고분해질 것이다⟩라고 가정하는 것은 ⟨안일한 자기만족⟩이었다. 실제로는 정반대 현상이 일어났고 이는 경계심을, ⟨진짜 볼셰비키 혁명가들의 경계⟩를 촉구했다. 적은 더 이상 외부에 있지 않다. 오히려 잘 보이는 곳에 바로 당원들 사이에 숨어 있었다.

1962년 1월 7,000인 대회에서 마오쩌둥은 계급 투쟁을 단순히 암시하는 수준에 그쳤다. ⟨겉으로만 공산당원인 체하는 자들이 있다. 그들은 결코 노동자 계급을 대변하지 않는다. 부르주아를 대변하는 자들이다. 당 내부라고 해서 모든 것이 순수한 것은 아니다. 우리는 이 점을 직시해야 하며 그렇지 않을 경우 곤경에 처할 것이다.〉[6] 그는 수세에 몰려 있었고 이 문제를 더욱 강하게 밀어붙일 입장은 아니었다.

1년 전 지도부가 수백만 명의 목숨을 앗아 간 대기근에서 벗어날 탈출로를 필사적으로 모색하는 가운데 몇몇 성(省)의 지도자들이 공동 경작되는 토지 중 일부를 농민에게 돌려주는 방안을 채택했다. 안후이 성은 가장 먼저 기근이 발생한 지역 중 하나였지만 성위(省委) 서기 쩡시성(曾希聖)이 농민에게 토지를 임대하도록 허락하면서 가장 먼저 기근에서 탈출한 지역 중 하나이기도 했다. 유력한 정치국 위원 타오주도 쩡시성이 취한 조치를 지지했다. 그는 〈이런 방법이라면 국민들이 더는 굶어 죽지 않을 것이다〉라고 말하며 다음과 같이 덧붙였다. 〈혹시라도 이것을 자본주의적이라고 규정한다면 나는 자본주의를 마다하지 않을 것이다. 우리는 사회주의라는 이름 아래 진정 모든 사람이 가난하게 살기를 바라는가?〉[7] 반면 저우언라이를 비롯한 다른 사람들은 과거에 집산화 속도를 늦추려다가 주석의 분노를 산 적이 있는 까닭에 자신들의 속내를 드러내지 않았다.

7,000인 대회가 끝난 뒤에도 류사오치와 덩샤오핑을 비롯한 소수의 조언자들 사이에서 경제를 바로잡기 위한 논의는 계속되었다. 마오쩌둥은 수도를 나와 화남 지역을 순방하면서 멀리 수도에 있는 동료들을 예의 주시했다. 이제는 1962년 1월 당 대회에서 나오지 않았던 많은 이야기가 보다 노골적으로, 때로는 과격한 논조로 흘러나왔다. 〈우리가 일을 그토록 엉망으로 그르친 것은 겸양의 부재와 경험의 부재가 주된 원인이다〉라고 한 류사오치의 말도 들려왔다. 〈우리는 시장을 그 어떤 것보다 위에 두어야 한다.〉 류사오치와 주변 인물들은 경작의 책임을 집단 농장이 아닌 개별 농가에 직접 위임할 것을 제안했다. 이름만 아

닐 뿐이지 실질적으로 개인 농장이었다.[8] 몇 개월 뒤인 5월에는 농민 중 일부에게 집단 농장에서 완전히 탈퇴할 권리를 주어야 한다고 압박했다. 〈나는 전체 농민 중 20퍼센트에게는 독립적으로 농사를 짓도록 해야 하며 그렇게 하지 않으면 공동 경제를 유지할 수 없다고 생각한다.〉[9]

어쩌면 가장 결정적인 순간은 7월의 어느 무더운 날 오후에 찾아온 듯했다. 마오쩌둥은 베이징에 있는 자신의 수영장 주변에서 휴식을 취하며 불편한 심기를 억누르고 있었다. 류사오치가 그에게 중요한 일 때문에 수도로 돌아와 달라고 요청한 터였다. 마오 주석이 설명을 요구했다. 류사오치는 대약진 운동을 가장 노골적으로 비판하는 두 사람 천원과 톈자잉이 농민에게 토지를 재분배하는 문제를 둘러싸고 자신들의 입장을 전하고 싶어 한다는 보고로 말문을 열었다. 주석이 화를 내자 류사오치가 서둘러 말했다. 「수많은 사람이 굶어 죽었습니다!」 그런 다음 대뜸 〈역사가 나와 주석을 심판하고 식인 행위가 책에 기록될 겁니다!〉라고 말했다. 마오쩌둥은 이제 몹시 격분했다. 「삼면홍기(三面紅旗, 대약진 운동에서 인민공사를 포함한 주된 요소를 상징함)가 비난받은 것도 모자라 이제는 토지를 다시 분할한다는 거요?」 주석이 소리쳤다. 「이 지경이 되도록 당신은 무엇을 했소? 내가 죽은 뒤에는 또 어떻게 되겠소?」 두 사람은 곧 냉정을 되찾았지만 이 사건을 계기로 마오쩌둥은 류사오치가 자신에게 복수할지 모른다는, 자신이 죽고 나면 자신을 비난하고 비(非)마오쩌둥화 운동을 전개할 중국의 흐루쇼프가 될지 모른다는 의심을 품게 되었을 게 분명했다.[10]

뒤이어 8월 1일에는 류사오치가 1939년에 쓴 수필 『훌륭한 공산주의자가 되는 법』이 그동안 당 기관지인 『인민일보』에 연재되다가 개정판이 출간되면서 마오쩌둥의 불편한 심기를 더욱 자극했다.[11] 류사오치는 1959년 이래로 국가 주석을 맡아 왔는데 마오쩌둥의 이 확실한 후계자는 독립적이고 독창적인 사상가로서 자신의 이미지를 구축하려는 게 분명했다.

닷새 뒤 마오 주석은 이제 반격할 때가 되었다고 판단했다. 그리고 중국 지도부가 매년 피서를 겸해 해변 휴양지인 베이다이허에서 개최하는 회의에서 계급 투쟁을 주제로 회심의 연설을 진행했다. 1956년에 구성된 강력한 중앙 위원회가 그로부터 한 달 뒤 베이징에서 회의를 개최했을 때 〈계급 투쟁을 잊지 말라〉라는 말은 그날의 표어가 되었다. 마오쩌둥의 첫 번째 표적은 공동 경작되는 토지를 분할하자는 주장이었다. 그는 류사오치의 부하 덩쯔후이(鄧子恢)에게 집중했다. 수년 전에 이미 주석은 집산화로 나아가는 길에서 〈마치 전족한 여자처럼 비틀거린다〉라고 덩쯔후이를 강력하게 비난한 바 있었다. 덩쯔후이는 생산을 개인에게 위임할 것을 가장 큰 목소리로 주장하는 인물이었다. 마오쩌둥은 그 같은 행동을 〈자본주의적〉이라고, 덩쯔후이를 〈우경 세력〉이라고 비난했다. 아울러 그러한 체제를 옹호하는 일부 성(省)의 지도자들을 체포했다. 토지를 농민에게 돌려줄 것을 제창한 안후이 성의 지도자 쩡시성은 이제 〈주자파〉라는 공격을 받았다.

여기에 더해서 1959년 여름 루산 회의에서 이미 숙청된 펑더화이가 또다시 비난을 받았다. 7,000인 대회가 끝난 뒤 덩샤오핑은 루산 회의가 직접적인 계기가 된 정화 작업으로 희생된 당 간부들의 복직을 추진했다. 이에 펑더화이도 자신의 정치적 복권을 요구하면서 구제를 요구했지만 마오쩌둥은 오히려 그를 둘러싼 혐의를 더욱 확대하여 전 세계 반동 세력과 공모했다고 그를 비난했다.[12]

주도권은 다시 마오쩌둥에게 돌아갔다. 누가 보더라도 명백한 상황이었다. 지도층 인사들 중 몇몇은 바람이 어느 쪽으로 부는지 두고 보자는 입장을 취했다. 그리고 바람이 바뀌었음을 감지한 그들 중 대다수는 주석을 중심으로 결집했다. 처음에 침묵하던 류사오치도 대세에 순응했다.[13] 주석에게 이의를 제기하는 것은 또다시 위험한 짓이 되었다. 7,000인 대회로 잠깐 반짝했던 나날이 끝났다.

이삼 주 뒤 회의가 최종 결론에 도달할 즈음 마오쩌둥은 동료들의 전폭적인 지지를 등에 업었다. 그리고 다음과 같이 선언했다. 〈우리는 계속해서 다양한 계급이 존재할 거라는 사실을 인정해야 한다. 계급 간 투쟁이 계속되고 반동 계급이 부활할 가능성이 있다는 사실도 인정해야 한다. 우리는 우리의 경계를 강화하는 한편 당 간부들과 일반 대중, 중·하급 관료들뿐 아니라 젊은이들을 올바르게 가르쳐야 한다. 그렇게 하지 않으면 우리나라 같은 경우에는 오히려 반대 방향으로 나아갈 수 있다.〉[14]

몇 개월 뒤 사회주의에 초점을 맞추어 혁명적 경계심을 고취하고 일반 대중을 교육하기 위한 사회주의 교육 운동이 〈계급 투쟁을 잊지 말라〉라는 표어와 함께 시작되었다. 빈농과 중산층 농민들로 이루어진 다양한 위원회가 활용되었다. 허베이 성 싱타이 지구에서는 수천 명의 농민들이 조직되어 〈자본가〉와 〈독자적으로 농사를 지으려는 사람들〉을 공격했다. 그들은 1960년 이후 개인에게 허락된 소량의 땅을 제외한 모든 소작지를 반납하라고 외쳤다. 안후이 성에서는 반년 만에 다시 농촌 집산화가 추진되면서 무수히 많은 생산대(隊)가 토지를 인민공사에 양도해야 했다. 인민공사의 사각지대에서 독자적으로 농사를 짓던 농민들은 공동 경제를 좀먹는다는 이유로 고발되었다. 성장 저우린이 쩡시성이 채택한 것과 유사한 노선을 따르던 구이저우 성에서도 개별

농가의 토지가 회수되었다.[15]

집단 농장 밖에서 이루어지는 행위는 이유 여하를 막론하고 의심을 받았다. 심지어 부수입을 올리고자 닭을 키우거나 저녁에 바구니를 짜는 행위도 의심을 받았다. 투기꾼은 사방에 존재하는 듯했다. 산시 성성도 시안에는 2,000명이 넘는 상인들이 독자 노선을 취했는데 그들 중일부가 경쟁 관계에 있는 국영 업체보다 높은 이윤을 취하기 시작했다. 위쪽으로 올라가서 만주 선양에는 개인 사업자가 놀랍게도 2만 명에 달했다. 양쯔 강 중류에 자리한 상공업 중심지 우한은 계획 경제의 허점을 악용해서 폭리를 취해 먹고사는 상인이 3,000명에 달했다. 그들은 관료와 공모해서 배급된 농산물을 국가가 지정한 가격에 구매한 다음 암시장에 되팔아 이익을 챙겼다. 많은 상인이 어느 한 성(省)에 머물지 않고 여러 성으로 상권을 확대했다. 그 결과 농산물은 물론이고 금과 은까지 거래하는 광범위한 사설 유통망이 조직되었다. 남부 아열대 지역에 위치한 광둥 성에서는 일부 인민공사들이 비행기를 이용해 지역 특산물인 희귀 농산물과 대리인을 전국으로 파견했다. 집산주의 사회체제의 틈새를 비집고 지하 경제가 번창하고 있었다. 지하 공장과 지하의 건설 노동자 단체, 지하 수송 단체까지 존재했다.[16] 심지어 제국주의 침략의 상징인 아편도 다시 등장했다. 우아하게 솟은 꽃줄기 끝에서 핀 하늘하늘한 꽃들이 헤이룽장 성에서부터 산시 성에 이르기까지 온 들판을 분홍색과 붉은색, 보라색으로 뒤덮고 있었다. 1935년 대장정 중에 공산주의자들이 마오쩌둥을 지도자로 선출하려고 행진을 멈추었던 구이저우 성 쭌이 현에서는 수십 개의 아편굴이 공공연하게 운영되고 있을 정도였다.[17]

지도층 인사들이 보기에는 마오의 대기근으로 초래된 폐허에서 완전히 새로운 부르주아 계급이 등장하는 것 같았다. 실제로 이런 은밀한 행위 중 상당 부분은 정부의 압력이 느슨해진 그 이전 해를 전후해서 갑자기 활발해진 터였다. 하지만 대약진 운동 중 개인적인 보상을 도덕적 유인으로 대체하려던 당의 시도는 기이하게도 중국을 진작에 상인들의 나라로 만든 터였다. 인민들은 손을 놓고서 굶어 죽기만 기다리지 않았다. 붕괴된 사회 속에서 살아남기 위해 가능한 모든 방법을 썼다. 급진적인 집산화가 너무나 파괴적이었던 까닭에 사회 각계각층의 시민들은 당이 없애려 하는 이윤 동기를 암암리에 최대한 발휘해서 당 차원의 기본 계획을 피해 가거나 약화시키거나 역이용하려 애썼다. 수천만 명의 희생자를 요구하는 대참사가 일어나면서 일반인의 생존은 거짓말하고, 아첨하고, 감추고, 훔치고, 속이고, 도용하고, 약탈하고, 밀수하고, 기만하고, 조작하는 능력에 의해 결정되거나 국가보다 한발 앞서 생각하는 능력에 의해 결정되었다.

도둑질은 일상이 되었다. 기근에서 살아남은 한 생존자는 이렇게 정리했다. 〈도둑질을 못하는 사람은 죽어야 했다. 어떻게든 음식을 훔치는 데 성공한 사람은 죽지 않았다.〉[18] 때때로 마을 주민 전체가 단합해서 곡식을 숨기고 두 개의 장부를 작성하기도 했다. 하나는 실제 수치를 기록하는 장부였고 다른 하나는 곡물 조사관에게 보여 줄 거짓 수치를 기록하는 장부였다. 사람들은 거래하는 법을 배웠다. 팔지 못할 것은 없다라는 주의는 대약진 운동이 낳은 많은 모순 중 하나였다. 그에 따라 벽돌이나 옷가지, 연료 등이 먹을 것과 거래되었다. 이주의 자유를 제한하는 공식적인 규제에도 불구하고 지하 공장에서 일하려고 농촌을 떠나는 사람도 부지기수였다. 고향에 남은 가족들은 그들이 송금하는 돈으로 생계를 유지했다.

사회적 위계의 상층부에 자리한 지방 관료들도 국가 재산을 사취하면서 기발한 꼼수를 고안하여 비범한 기업가적인 능력을 선보였다. 국영 기업은 경직된 공급 체계를 우회하기 위해서 구매 대리인들을 내세웠다. 난징에서만 이런 대리인들 수백 명이 정부 방침과 별개로 부족한 농산물을 자기들끼리 직접 거래하는 일에 연루되었다. 그들 중 일부는 선적 허가증을 위조하거나, 가짜 이름을 사용하거나, 증명서를 날조했으며 심지어 일정한 이득을 확보하기 위해 군대 이름으로 선적이 진행되기도 했다.[19]

소속 관료들이 사회주의 경제를 약화시키는 데 주도적 역할을 한 정부 기관이나 국영 기업, 인민공사 등이 한두 군데가 아니었다. 어쩌면 사회주의 교육 운동이 수많은 정치적 우여곡절을 겪으며 전개된 탓에 더욱 그렇게 보이는 듯했다. 어쨌든 그들은 사회주의 교육 운동의 주된 표적이 되었다. 특히 농촌 지역의 당원들 기록을 세밀하게 조사하기 위한 팀이 꾸려졌다. 그리고 인민공사 내의 회계와 식량 배급, 토지 분배를 둘러싼 부패와 인민공사 회원들에게 월급 대신 부여된 노동 점수가 배분된 방식이 꼼꼼하게 조사되었다.

류사오치는 사회주의 교육 운동을 지원하기 위해 전력을 다했다. 1963년 2월에는 도시의 부패 실태를 고발하는 평전의 보고를 중간에서 가로막고 사회주의 교육 운동이 〈우리 당의 생사〉를 결정할 수 있을 정도로 〈매우 중대한 계급 투쟁〉이라는 사실을 엄중하게 경고하기도 했다.[20] 그는 자신이 결연한 혁명가이며 주석을 계승할 자격이 충분하다는 사실을 증명하기 위해 마오쩌둥 본인보다도 더 극단적인 좌파의 길로 노선을 선회하고 있었다. 1963년 말에 이르러서는 공작대를 이끌도록 자신의 아내를 농촌으로 보냈다. 열렬한 환호 속에서 왕광메이가 베이징을 출발했다. 베이다이허 해변 휴양지와 바로 인접한 푸닝 현에 도착해서 도원이라는 이름의 작은 마을에 거점을 마련하고 〈계급의 적들로부터 힘을 되찾겠다〉는 굳은 의지를 다졌다. 그녀는 당의 적으로 알려진 세력을 겨냥하여 전례 없는 강력한 징벌적 폭력을 선동하면서 계급 투쟁 전면에 나선 사나운 투사로서의 모습을 보여 주었다. 용의자들은 폭행을 당하거나 추위 속에서 알몸으로 서 있어야만 했거나 처형 위협을 받았다. 그녀가 제트기 자세라는 새로운 고문 방법을 고안했다는 소문도 등장했다. 피로감을 가중시킬 목적으로 희생자에게 무릎을 구부리고 양팔을 뒤로 쭉 뻗은 채 몇 시간이고 계속 서 있게 하는 방식이었다. 이삼 년 뒤면 이 제트기가 홍위병들 사이에서 큰 인기를 끌게 될 터였다. 이 일련의 조사를 끝으로 그녀가 내린 결론은 관료들이 〈지위 고하를 막론하고〉 모두 문제가 있으며 아무도 믿을 수 없다는 것이었다.[21]

전국에서 공작대가 대대적으로 부패를 폭로했다. 후난 성에서는 농촌의 전체 관료 중 80퍼센트가 출신 계급이 불순한 사람들, 다시 말해서 앞선 몇 번의 정치적 운동에서 지주나 부농, 반동이나 불순분자로 고발된 적이 있는 사람들과 공모해서 부패를 저지른 것으로 나타났다. 이 즈음에는 표어가 〈계급 투쟁은 죽을 때까지 싸워야 하는 사투다〉였다. 공작대가 폭력적인 숙청 작업을 진행하면서 부패한 관료와 불순분자 등은 대중 집회에서 공개적으로 비난을 받거나, 거리를 끌려다니거나, 자신의 과오를 고백하도록 강요받았다. 인민공사마다 매질을 견디지 못하고 목숨을 잃는 희생자들이 발생했다.[22]

적은 사방에 있었고 그들은 자신의 실제 신분인 지주나 반동분자가 아닌 가난한 소작농이나 중산층 농민으로 신분을 세탁하기 위해 지방 관료들을 매수했다. 완전히 반혁명적인 조직들이 당 내부에도 침투해 있었다. 오렌지 과수원과 온천이 어우러져 아름다운 자연 풍광을 자랑하는 다오 현에서는 관료들이 열 명 중 한 명꼴로 자본주의 노선을 택했다. 〈많은 사람이 계급이나 계급 투쟁의 의미를 알지 못하고 착취하는 자와 착취당하는 자 간의 계급적 차이를 인식하지 못한다.〉 일견하기에 해당 지역은 씨족이나 혈연이 미신에 의존하는 주민들을 지배하는 가운데 마을 전체가 봉건적 관계라는 진창에서 아직 헤어나오지 못하고 있는 듯했다.[23]

　나라 구석구석이 너무 썩어서 더 이상은 공산당이 권력을 잡았다고 말할 수조차 없을 정도였다. 간쑤 성 황토 고원에 위치한 매우 건조한 바이인 현의 사례에서 이 같은 문제가 특히 극명하게 드러났다. 7,000인 대회를 계기로 1962년 3월에 이 지역 당 위원회는 기근이 지속되는 동안 수백만 명의 죽음을 초래한 성장(省長) 장중량뿐 아니라 류사오치와 저우언라이를 비롯해 주석까지 비난하고 나섰다. 〈마오 주석을 조사해서 책임을 묻지 않는다면 만년의 스탈린처럼 그는 다시금 똑같은 잘못을 저지를 것이다.〉 그러자 누군가가 이들 당 위원회를 수정주의자 집단으로 고발했다. 1963년 3월에 베이징에서 1,500명으로 구성된 조사단이 파견되었다. 그들은 바이인 은·비철금속 회사를 면밀히 조사했고 공청회에서 2,000명 안팎의 직원들을 심문하고, 고발하고, 고문했다. 수백 명이 〈투기〉부터 〈도덕적 타락〉에 이르기까지 이런저런 죄목으로 기소되었고 열네 명이 스스로 목숨을 끊었다. 뒤이어 〈반동분자들이 권력을 장악하고 있었다〉라는 발표가 나왔다. 마오쩌둥은 조사 결과에 만족했고 바이인 현의 모든 자치 기관을 대상으로 조사를 확대했다. 그러자 현의 주임과 당 서기부터 경찰서장에 이르기까지 권력

을 가진 자리에 있는 인물들치고 깨끗한 사람이 거의 아무도 없었다.[24]

바이인은 어떤 현이든 현 전체가 적의 수중에 떨어질 수 있음을 보여 주는 증거였다. 1964년 7월 8일, 류사오치가 우려를 나타냈다. 〈우리는 이 문제를 진지하게 고민해야 한다. 중국에서 수정주의가 발흥하는 날이 올까? 우리가 주의를 기울이지 않는다면 그럴 것이다.〉

마오쩌둥이 응수하고 나섰다. 〈수정주의는 이미 모습을 드러냈다!〉 그는 바이인 사례를 상기시켰다. 〈내가 보기에 이 나라 권력의 3분의 1은 더 이상 우리의 손에 있지 않다. 이미 적의 수중에 있다.〉

류사오치가 동의를 표했다. 〈지금 당장은 비교적 아래 단계에서 문제가 나타나는데 이는 우리가 고위층 인사들을 추궁하지 않기 때문이다. 문제는 바로 그 고위층에 있다. 푸닝 현 농부들은 [난관에 부닥쳤을 때 자신을 보호해 줄] 유력한 인맥이 있으면 쉽게 공무원이 될 수 있다고 말한다.〉

마오쩌둥은 다음과 같은 견해를 피력했다. 〈중국에 흐루쇼프 같은 인물이 등장할 경우 우리는 어떻게 해야 할 것인가? 당 중앙에 수정주의자가 등장할 경우 우리는 그들을 막아야 할 것이다.〉[25]

이제 흐루쇼프는 수정주의의 대명사가 되었다. 이 소련의 지도자가 1959년 11월에 미국 대통령 별장인 캠프 데이비드를 방문하고 미국과의 관계 개선을 위해 100만 명의 군인을 감축하기로 약속한 뒤에 베이징은 갈수록 강도 높은 독설로 흐루쇼프를 〈제국주의자들과 협상〉하려 한다고 비난하면서 모스크바가 사회주의 진영을 이끄는 것에 노골적으로 반기를 들기 시작했다.[26] 화가 난 흐루쇼프는 보복의 의미로 1960년 7월에 소련 고문관 수천 명에게 딸린 식구들을 데리고 짐을 싸서 중국을 떠나라고 지시했다. 양국의 경제적 유대는 붕괴되었고 수십

건에 달하는 대규모 프로젝트가 취소되었으며 고급 군사 기술의 이전도 중지되었다. 1962년 쿠바 미사일 위기 당시 세계가 핵전쟁 일보 직전까지 갔던 경험을 계기로 소련과 영국, 미국은 다른 나라들이 핵무기를 생산하지 못하도록 제한하고자 했다. 앞서 수년 전에 흐루쇼프로부터 핵폭탄 개발 지원을 약속받았던 마오쩌둥은 이를 중국을 고립시키려는 시도로 받아들였다. 1963년 9월부터 1964년 7월까지 중국 정부는 소련을 자본주의로 나아가는 나라로, 흐루쇼프를 가장 확고한 혁명의 적으로 묘사하는 일련의 논평을 『인민일보』에 발표했다.[27] 마오쩌둥은 자신이 공산주의 진영의 지도자라고 주장함으로써 알바니아부터 쿠바에 이르기까지 전 세계 공산당 사이에서 파문을 일으켰다. 그는 또한 중국 내부에 실재하거나 상상 속에 존재하는 자신의 적을 무력화시키기 위해 이 같은 갈등을 이용하기도 했다.

1964년 여름부터 류사오치는 공식적으로 사회주의 교육 운동을 지휘하기 시작했다. 이제 그는 자신의 열정을 증명하고자 하는 의지가 단호했다. 전국을 순회하면서 지역 지도자들에게 수정주의 세력에 맞선 국제적 투쟁이 국내에서 수정주의가 고개를 들지 못하도록 억누르는 작업과 어떻게 연계되어야 하는지 설명했다. 전체 권력 중 3분의 1이 적의 손에 들어갔다는 마오쩌둥의 추산이 너무 소극적이었을지 모른다는 의혹도 제기했다. 〈어쩌면 3분의 1보다 훨씬 많을지 모른다.〉 장쑤 성 지도자 장웨이칭이 반혁명적 세력의 규모에 대해 감히 의심을 나타내자 오히려 신랄한 자기비판을 하도록 그를 다그쳤다. 마오쩌둥을 추종하는 아첨꾼이자 7,000인 대회에서 앞장서 고백에 나섰던 왕런중은 이제 충성의 대상을 교체하여 자신 또한 류사오치에게 철저히 비난받아 마땅하다고 선언했다.[28] 당 고위층 인사들을 상대로 자신의 개인적 권위를 강조함으로써 류사오치는 마오쩌둥의 지분을 가로채고 있었다.

1964년 8월 1일에 사람들로 꽉 찬 베이징의 한 회의장에서 류사오치가 조사 보고를 했다. 고위 간부들도 참석한 회의였다. 저우언라이가 국가 주석을 연단으로 안내하는 사이 청중석에 기이한 침묵이 흘렀다. 류사오치는 연설대에서 연설을 하는 대신 뒷짐을 진 채로 그 주변을 서성거렸다. 그는 사람들에게 자신의 아내가 한 일을 따라 하라고, 즉 농촌의 공작대에 합류해서 사회주의 교육 운동에 동참하라고 요구했다. 〈서둘러 가시오!〉 그 같은 요구를 거부하는 사람은 중앙 정치국에 근무할 자격이 없다는 뜻을 넌지시 내비쳤다. 행사는 통틀어 한 시간도 걸리지 않았다. 회의장을 벗어나면서 많은 지도층 관리들이 방금 무슨 일이 일어났는지 의아해했다. 일부는 〈도대체 뭐지? 우리가 질책을 당한 것인가?〉라고 투덜거렸다. 몇몇 군 장교들은 작은 소리로 류사오치를 욕했다. 그들은 마오 주석을 제외한 누구에게도 명령을 받고 싶어 하지 않았고 류사오치가 공공연하게 자신의 아내를 승격시킨 사실을 달가워하지 않은 것이 분명했다.[29]

이즈음 사회주의 교육 운동은 궁벽한 마을과 현까지 확산되고 있었다. 자본주의 정책을 채택했다는 이유로 고발당하지 않은 성(省)이 없을 정도였다. 구이저우 성도 그중 하나였다. 지도부에는 〈우파〉라는 비난이 쏟아졌고 성도인 구이양에는 〈반혁명 운동가들의 소굴〉이자 제국주의 간첩들이 득실거리는 〈작은 타이완〉이라는 꼬리표가 붙었다. 구이저우 성을 담당하던 공작대는 사냥에 돌입했다. 그들은 모든 당원에 관한 서류 일체와 출신 배경을 조사하고 혐의를 입증할 증거를 찾아 집안 내력을 조사했다. 서로를 비난하도록 대중을 선동하고 사람들이 알 만한 희생자를 군중 앞으로 끌고 나가 공개 재판을 진행했다. 구이저우

성의 당 서기 저우린이 숙청되었고 부하들은 성 곳곳에서 핍박을 받았다. 1964년 9월에 류사오치의 측근이던 해당 공작대의 수장이 성을 인수했다. 뒤이은 2개월여 동안 일부 현에서는 전체 당원의 4분의 1이 대중의 시선에서 사라졌다. 누구는 공식적인 경고장을 받았고 누구는 체포되거나 강제 노동 수용소로 보내졌다.[30]

구이저우 성이 극단적인 사례이기는 했지만 다른 지역의 상황도 크게 다르지 않았다. 정확한 숫자를 산출하기 어렵지만 한 역사가는 류사오치가 이끈 사회주의 교육 운동 기간에 500만 명 이상의 공산당원이 처벌되고 7만 7,000여 명이 핍박당해서 목숨을 잃은 것으로 추산했다. 압도적 대다수가 무고한 사람들이었고 그들을 둘러싼 판결 중 상당수가 1980년대에 번복되었다. 류사오치는 인민 공화국 역사상 가장 길고 가장 악질적인 숙청 작업 중 하나를 강행했다.[31]

류사오치로 인해 모든 성이 휘청거리고 있을 때 1964년 10월 모스크바에서 일련의 극적인 사건이 발생했다. 자신의 직속 부하 중 한 명인 레오니트 브레즈네프가 주도한 치밀하고 신속한 무혈 쿠데타에서 흐루쇼프가 동료들 손에 축출되고 10년에 걸친 통치가 막을 내렸다. 저우언라이를 수장으로 대표단이 모스크바에 파견되었다. 양국의 관계가 개선될지 모른다는 희망은 금방 낙담으로 변했다. 11월 7일 크렘린 궁전에서 개최된 환영 연회에서 만취한 소련 국방 장관이 허룽 사령관에게 비틀거리며 다가가 다른 사람이 모두 들을 수 있는 목소리로 말했다. 〈우리는 진즉에 흐루쇼프를 제거했다. 당신들도 우리를 본받아서 마오쩌둥을 제거해야 한다. 그래야만 양국의 관계가 나아질 수 있다.〉[32]

일주일 뒤 베이징 공항에서는 소련에 대한 항의의 표시로 마오 주석이 단호한 얼굴로 동료들을 대동한 채 직접 마중을 나와 복귀하는 대표단을 맞이했다. 『인민일보』는 〈흐루쇼프 없는 흐루쇼프주의〉를 행하려 한다며 모스크바를 비난했다. 마오쩌둥으로서는 자신의 동료들이 마오쩌둥 없는 마오쩌둥주의를 계획할지 모른다는 의심을 품을 수밖에 없었다.

마오 주석은 이제 자신의 명백한 후계자에게 거리를 두기 시작했다. 당내에서 부쩍 권위를 내세우는 류사오치가 심히 의심스러웠다. 그리고 11월 말에 이르러 이 야심찬 차기 후계자를 몰아붙였다. 〈자, 나와 자리를 바꾸자. 당신이 주석을 하라. 진시황제(마오쩌둥이 자주 비유되던 무자비한 황제)가 되어라. 나는 결점이 많은 사람이다. 사람들을 꾸짖어 봐야 아무런 소용이 없다. 당신은 아직 혈기 왕성하니 사람들을 꾸짖는 역할을 맡아 달라.〉[33] 몇 주 뒤부터는 〈자본주의 정책을 채택한 지도자〉를 언급하면서 그들이 노동자의 피를 빨아먹는 관료 계급임을 은근히 암시하기 시작했다. 얼마 뒤 12월 26일에는 자신의 일흔한 번째 생일을 맞아 인민 대회당에서 열린 만찬에 일단의 당 지도부 인사들을 불러 놓고 수정주의에 관한 이야기만 자꾸 되풀이하면서 당 중앙에 존재하는 〈독립적인 왕국〉을 공격했다. 냉랭한 분위기였다.[34]

이튿날 마오쩌둥은 당내에 두 개의 파벌이 존재하는데 하나는 사회주의파이고 다른 하나는 자본주의파라는 수수께끼 같은 말을 했다. 〈베이징에는, 베이징 당 위원회를 말하는 것이 아니라, 독립된 두 개의 왕국이 존재한다. 나는 충분히 말했으니 추측은 여러분에게 맡기겠다.〉[35] 12월 28일 덩샤오핑이 사회주의 교육 운동과 관련한 회의에 주석이 참석할 필요가 없다는 의사를 밝히자 마오쩌둥이 당헌과 국헌 사본을 격하게 흔들어 보이면서 시민과 당원의 한 사람으로서 자신의 발언권을 큰 소리로 주장했다. 〈(덩샤오핑을 넌지시 암시하면서) 어떤 사람은 내게 회의에 참석하지 말라고 이야기하고 (류사오치를 지목하면서) 어떤 사람은 내가 연단에 서지 않기를 원했다.〉 회의장 밖에서 그는 이렇게 불만을 토로했다. 〈누군가가 나를 능멸하려 하고 있다.〉[36]

뒤이은 몇 주 동안 마오쩌둥은 동료들이 하는 일을 사사건건 방해하면서 사회주의 교육 운동이 진행되는 방식에 지속적으로 불만을 표시했다. 1965년 1월에는 단호한 태도로 구이저우 성의 성장 저우린에 대한 고발을 철회하라고 요구했다. 류사오치가 자신의 심복들을 구이저우 성 요직에 배치하고 있다는 사실에 주석은 당황했다. 그들 중에는 1949년 이전, 즉 공산주의자들이 아직 지하에서 활동하던 시절에 모스크바에서 훈련받고 비밀경찰로 일했던 인물들도 포함되어 있었다. 대공포 시대의 스탈린처럼 류사오치는 공안과 당 산하의 조직들을 이용하여 자신의 숙청 작업을 강행하려 하였다.[37]

무엇보다 사회주의 교육 운동은 농촌의 일반 서민에게 초점이 맞추어져 있었다. 그런데 수정주의가 중국을 장악하지 못하도록 하려면 요직에 있는 권력자들을 공격해야 했다. 류사오치는 민초를 조사하도록 자신의 아내를 파견하고 다른 사람들에게 전국의 대규모 공작대에 합류해서 그녀를 따르라고 요구했다. 마오쩌둥은 이 같은 하향식 접근 방식을 마음에 들어 하지 않았다. 공작대를 이끄는 지도자가 일반인의 표적이 되는 상향식 운동을 선호했다. 그리고 1965년 1월에 사회주의 교육 운동 지침을 새로 만들었다. 핵심 내용 중 하나는 〈당내 요직에 있는 주자파를 바로잡아라〉라는 것이었다.[38] 바로 1년여 뒤에 홍위병은 문화 대혁명에서 이 구절을 철저히 이용하고 문화 대혁명은 사회주의 교육 운동을 계승하게 될 터였다.

3장
문화 전쟁

스탈린은 승자들의 대회, 즉 제17차 소련 공산당 전당 대회에서 장차 치열한 싸움이 있을 거라고 공표했다. 『단기 과정』에는 다음과 같이 설명되었다.

그는 당의 적들과 기회주의자들, 국수주의적 성향을 지닌 온갖 유형의 이탈자들을 패배시켰음에도 그들이 남긴 이념이 일부 당원들 마음속에 여전히 잔존해 있으며 자주 본색을 드러낸다고 경고했다. 경제 부문과 특히 사람들 마음속에 잔존하는 자본주의의 유물이 패배한 반(反)레닌주의 집단의 이념이 부활하도록 우호적인 환경을 제공했다. 사람들의 사고방식은 꼭 그들의 경제적 상태와 보조를 같이해서 발전하지 않는다. 그런 이유로 경제 영역에서 자본주의가 사라진 뒤에도 부르주아적 사고의 유물은 여전히 사람들 마음속에 남아 있었고 앞으로도 그러할 터였다.[1]

스탈린은 사회주의를 완성하려면 그야말로 과거의 태도와 사고방식을 완전히 버려야 한다고 믿었다. 승자들의 대회 이후에 전통 문화를 상대로 전쟁이 선포되었다. 민영 인쇄소가 폐쇄되었다. 종교 의식이 금지되었고 지식인들은 〈두들겨 맞고 복종하거나 버림받았다〉. 문화를 상대로 한 전쟁에 가담한 사람들은 〈영적 기술자〉라고 불렸다. 스탈린은 고급 문화를 결정하는 결정권자를 자청하며 몇몇 소설가를 위대한 프롤레타리아 지식인이라고 찬양하면서 이외의 많은 사람을 죽음으로 내몰았다. 그는 대중 위주의 문화를 원했다.[2]

이미 1942년에 마오쩌둥은 예술이 단순히 예술 자체를 위해 존재할 수 있다는 발상을 일축했다. 수만 명의 학생과 교사, 예술가, 작가, 언론인 등이 공산당 본부가 들어선 외지고 고립된 산악 지대인 산시 성 옌안으로 모여들자 마오 주석은 이들 젊은 지원자들에게 남아 있을 자유 사상의 흔적을 지우기 위한 캠페인을 실시했다. 지원자들은 군중 앞에 나가서 심문을 당하고 세뇌 모임에서 자백을 강요받았으며 자구책의 일환으로 서로를 비난해야 했다. 어떤 사람들은 동굴에 투옥되었고 어떤 사람들은 모의 처형을 당했다. 마오쩌둥은 지식인들에게 절대적인 충성을 주문했다. 그는 〈모든 문학과 예술은 특정 계급의 소유이며 특정한 정치적 노선에 맞추어져야 한다〉라고 선언했다.

1949년 이후로 중국 공산당은 독립적 사상을 괴멸시키고자 노력을 아끼지 않았다. 해방되고 몇 개월 지나지 않아 민영 신문사들이 문을 닫았고 수천 건에 달하는 출판물이 유통 금지되었다. 도서관은 송두리째 불태워졌다. 북소리와 혁명가가 부르주아의 전유물이라고 여겨지는 고전 음악을 대체했다. 재즈도 금지되었다. 계급 투쟁을 찬양하는 새로운 연극이 유랑단을 통해 농촌에 소개되었다. 외국 영화는 대부분 반동적인 것으로 간주되었고 예컨대 스탈린이 가장 좋아했던 「10월의 레닌」 같은 러시아 영화들로 대체되었다. 종교 집단도 공격을 받았으며 수도원과 절, 교회, 회교 사원 등이 병영이나 감옥으로 바뀌었다. 종교 지도자들은 박해를 받았고 신도들은 공청회에서 강제로, 엄청난 압박에 더해 자신은 물론이고 가족들에 대한 노골적인 위협을 받아서 믿음을 철회해야 했다. 성물은 녹여서 재활용했다.[3]

공산주의 세계에서 〈지식인〉으로 지칭되는 교사와 과학자, 작가 등 수백만 명은 새로운 정권에 충성심을 증명해야 했다. 다른 모든 사람들과 마찬가지로 그들도 세뇌 수업에 참가해서 정통 마르크스·레닌주의 이론을 배우고 공식적으로 배포된 소책자와 신문, 교과서를 공부했다. 마녀 사냥을 통해 당 노선이 주기적으로 강요되면서 수천 명이 〈부르주아적 이상주의〉라는 비난을 받고 노동 수용소로 유배되었다. 이런 일들이 일어난 1955년에는 사람을 멍청하게 만드는 당의 문학적 이론을 두고 작가의 뇌에 칼을 찌르는 짓이라고 비꼬았던 유명 작가 후평(胡風)이 공격을 받은 뒤로 초등학교 교사부터 당의 선도적인 이론가에 이르기까지 100만 명이 넘는 지식인이 반역죄로 고발되어 자신을 변호해야 했다. 그 과정에서 많은 사람이 스스로 목숨을 끊었다. 그리고 그들보다 훨씬 많은 사람들이 나날이 확장되는 강제 노동 수용소로 보내졌다. 2년 뒤 백화제방 운동이 비극적인 결말에 도달할 즈음에는 덩샤오핑에 의해서 추가로 50만 명에게 〈우경 세력〉이라는 꼬리표가 붙었다.

마오쩌둥은 지식인을 폄하하면서도 스탈린처럼 때때로 그들과 동반자적 관계를 유지하고자 했다. 스탈린과 마찬가지로 그는 아주 사소한 의견 차이만 보여도 그들을 철저히 응징했다. 1918년 스물네 살의 나이로 베이징 대학교 철학과 교수에 임용된 주목받는 사상가 량수밍의 사례도 그중 하나였다. 당시의 마오쩌둥은 아직 아무도 알아주지 않는 학교 교사였다. 1938년에 잠깐 옌안을 방문했을 때 량수밍이 주석에게 자신의 저서를 선물했다. 마오쩌둥은 우쭐해졌고 1949년 이후에는 때때로 자신의 차를 보내서 공산당 본부인 중난하이로 해당 교수를 모셔와 친분을 쌓았다. 하지만 1952년에 량수밍이 개인 기업가들을 옹호하는 편지를 쓴 뒤로 두 사람의 관계는 냉랭해졌다. 1년 뒤 량수밍은 민주주의를 가장하기 위해 설립된 고문단인 정치 협상 회의 모임에서 토지 개혁의 여파로 농민들이 〈지옥의 아홉 번째 층에서 살고 있다〉라고 주장했다. 대의원들의 거센 항의가 그를 집어삼켰고 준엄한 마오쩌둥은 장문의 〈량수밍의 반동 사상에 관한 평론〉을 발표하여 항변함과 동시에 해당 철학자에게 호된 비난을 가했다. 〈사람을 죽이는 방식에는 두 가지가 있다. 하나는 총을 이용하는 방식이며 다른 하나는 펜을 이용하는 방식이다. 훨씬 교활하게 위장되고 피를 볼 필요도 없는 방식은 펜을 이용하는 것이다. 바로 당신 같은 살인자들이 사용하는 방식이다.〉 마오쩌둥이 먼저 구애했다가 믿음이 가지 않는다고 내쳐 버린 지식인은 량수밍이 처음도, 마지막도 아니었다.[4]

———

1962년 1월에 열린 7,000인 대회에서 마오쩌둥은 몸을 사릴 수밖에 없는 처지였고 그래서 조언자의 말을 듣지 않아 실정한 역대 황제들의 사례를 들며 대약진 운동과 관련해 관대하게도 최소한의 부분적 책임을 인정했다. 그는 항우를 예로 들었다. 〈자신과 다른 의견을 듣기 싫어한〉 황제 항우는, 열린 사고를 가졌을 뿐 아니라 조언을 받아들이고 흐르는 강물처럼 관대했던 경쟁자 유방에게 결국 패배했다.[5]

하지만 8개월 뒤 사회주의 교육 운동의 선봉에 나선 마오쩌둥은 1959년 루산 회의에서 자신을 가장 강력하게 비판했던 펑더화이 사령관에 대한 복권 요청을 묵살했다. 당의 사상 지도 위원회를 이끌던 캉성이 거의 비슷한 시기에 당을 상대로 한 고위층의 음모설을 내놓았다. 키가 크고 자세가 살짝 구부정하며 콧수염을 듬성듬성 기르고 음흉해 보이는 캉성은 모스크바에서 비밀경찰의 수장인 니콜라이 예조프에게 훈련을 받았다. 그는 스탈린이 1934년에 실시한 대숙청 기간 중 소련의 비밀경찰과 긴밀한 공조를 통해 모스크바에서 수백 명의 중국인 학생들을 제거했다. 몇 년 뒤에는 스탈린이 제공한 특별 비행기를 타고 옌안으로 왔다. 그는 곧바로 마오쩌둥의 편에 섰고 소련에서 배운 전문적인 지식을 이용하여 보안과 정보를 감독했다. 옌안의 지식인들에 대한 박해를 암중 지휘했는데 그 방식이 너무 잔혹해서 1945년에 강제 해임되었다. 1950년대에 들어서는 간질과 정신병에 시달리면서 내내 주목받지 못했으며 마오쩌둥 사상이 당헌에서 사라진 1956년 제8차 중국 공산당 전국 대표 대회에서는 지위가 더욱 강등되었다.[6]

마오쩌둥은 그럼에도 이 계략의 대가를 보호했고 이제는 그를 이용해서 당을 다시 장악하려 하고 있었다. 캉성은 전사한 당 지도자 류즈단을 소재로 한 역사 소설이 사실은 펑더화이에게 면죄부를 주려는 시도라고 주장했다. 그가 마오쩌둥에게 슬쩍 쪽지를 건넸다. 〈반당 행위를 위해 소설을 이용하는 전략은 완전히 새로운 시도다.〉 마오쩌둥이 큰 소리로 쪽지를 낭독하자 캉성은 음모에 가담한 몇몇 지도층 인사를 고발해도 좋다는 허락으로 받아들였다. 그가 강력히 주장한 주동자는 저우언라이의 부재 시 때때로 총리직을 수행하고 루산 회의에서 펑더화이를 편들었던 당 원로 시중쉰이었다. 마오쩌둥의 경계심 어린 시선

을 받으며 시중쉰이 숙청되었다.[7]

마오쩌둥은 이제 이념적인 영역에서 계급 투쟁의 중요성을 역설했다. 〈요즘은 소설을 쓰는 것이 유행이다. 그렇지 않은가? 반당 행위를 위해 소설을 이용하는 전략은 완전히 새로운 시도다. 정치 제도를 뒤엎으려는 자는 누구나 먼저 여론을 조성하고 이런저런 이데올로기 작업을 선행해야 한다. 이는 혁명에 반대하는 세력뿐 아니라 혁명을 지지하는 계급에도 그대로 적용된다.〉[8]

사회주의 교육 운동을 통해 이념적인 부패가 얼마나 심각한지 집중 조명되었다. 1963년 6월에 지도부는 〈지금 이 순간 전국에서 이념을 비롯한 교육, 공리(公理), 과학, 예술, 신문, 잡지, 방송, 출판, 복지, 체육 등 다양한 분야에서 엄중하고 중대한 계급 투쟁이 진행 중이며 따라서 이들 모든 분야에 세심한 주의가 필요하다〉라고 경고했다. 시중쉰의 고향인 산시 성 같은 경우 서양의 영향을 받은 연극이 공연되던 도시와 달리 농촌에서는 봉건 시대의 가극이 다시 유행하고 있었다. 흔히 문명의 발상지로 언급되는 기름진 웨이허 강 유역을 따라 산재한 일부 농촌에서는 사립 학교 교사들이 고전적인 공자의 가르침으로 회귀하고 있었다. 한때 성벽 안에만 수백 개에 달하는 불당과 탑, 수도원을 보유했던 고도(古都) 시안에서는 반혁명 단체들의 반동적 견해를 담은 출판물이 중앙로를 중심으로 몰려 있는 가판대에서 공공연히 판매되었다. 후펑을 지지하는 의견도 있었고 1949년에 공산주의자들에게 패배해서 타이완으로 도망친 국민당 대표 장제스를 찬양하는 의견도 있었다. 해외에 읽을거리를 주문하는 정부 산하 기관도 있었다. 1950년대에 러시아인 졸업생을 대량 배출한 시안 외국어 학원은 수십 종의 외국 잡지와 신문을 구독했다. 한중 대학교에서는 영어 시간에 맨 처음 배우는 말이

〈미국의 오늘이 우리의 내일이다〉였다. 1949년 이후로 널리 알려진 이른바 〈소련의 오늘이 우리의 내일이다〉라는 공식 표어를 빗대어 바꾼 말이었다.[9]

시안이 유별난 경우는 아니었다. 양쯔 강 유역의 상업 중심지 우한에서는 1961년 이래로 수백 명의 무허가 행상이 서적을 대여하거나 판매하면서 호황을 누렸다. 이들 서적 중 상당수는 예컨대 『국민당원을 위한 지침서』처럼 반동적인 내용을 담은 것들이었다. 대중 민요를 소개하는 책도 판매되었는데 재활용품 처리 공장에서 빼돌려진 것만 족히 수십 권에 달했다. 약 1만 5,000개의 오페라 대본 중 절대 다수는 내용이 〈봉건적, 미신적, 유교적, 비합리적, 외설적〉이라는 비난을 받았다. 여행자들은 기차역이나 항구에서 외국 여배우 사진은 물론이고 〈정치적으로 옳지 못한 지도자들〉 사진을 구할 수 있었다. 농촌에서 봉건적인 문학을 흔히 접할 수 있게 되면서 부패는 더 이상 후베이 성의 한 복잡한 항구 도시만의 문제가 아니었다. 궁안 현에서는 수백 개의 초등학교가 해방 전 학생들에게 유교적 가치관을 가르칠 때 이용하던 삼자경(三字經)을 다시 꺼내 들었다.[10]

농촌에 만연한 미신은 쉬이 사라질 기미가 아니었다. 허베이 성 싱타이 지구에서는 관리들이 〈자본가〉와 〈독자 노선을 가기로 결심한 농민〉과 맞서 싸우도록 가난한 농민들을 부추기는 한편으로 반동분자들과 결탁해서 절을 짓고, 연극을 상연하고, 향을 피우고, 귀신을 불러냈다. 장시 성에서도 독자적으로 농사를 지으려는 농부들을 상대로 계급 투쟁이 일찍부터 진행되었지만 종교의 부활이라는 보다 뿌리 깊은 현상을 막는 데는 실패했다. 취장 지구에서만 100여 개의 불교 사원이 재건되었다. 전국에서 우상 숭배가 나타났다. 게다가 공산주의자들이 농민을 해방시키기 이전 상태로, 즉 과거의 봉건주의 시대로 농촌 곳곳이 회귀하는 양상을 보이면서 매우 상서롭지 못한 관습이 다시 고개를 쳐들고 있었다. 수백 명의 여성이 매매혼에 의해 팔려 갔다. 쉬룽다는 2,200위안을 내고 신부를 샀다. 심지어 그가 속한 인민공사의 당 서기는 돈을 주고 열다섯 살짜리 소녀를 아내로 맞이했다. 전국에서 공산주의에 환멸을 느낀 농민들이 그들의 오랜 풍습을 되살렸다. 〈해가 바뀌어도 재앙은 매년 반복된다. 날이 바뀌어도 늘 어렵다는 말만 나돈다. 도대체 언제 끝날 것인가?〉 홍콩과 그다지 멀지 않은 순더에서도 전망은 밝지 못했다. 〈우리가 정말 사회주의로 나아가는 올바른 길을 걸어왔을까?〉[11]

심지어 15년에 걸쳐 모진 박해를 받은 기독교조차 건재한 듯 보였다. 산둥 성 이두 현에서는 부활절을 맞이해 수백 명의 기독교 신자들이 예수의 부활을 축복했다. 창웨이의 한 교회는 신자가 수천 명에 달했는데 대다수가 대약진 운동을 겪고 개종한 사람들이었다. 산둥 성의 항구 도시 칭다오에서는 크리스마스를 전후하여 교회에 발디딜 틈이 없었다.[12]

개종한 상당수가 아이들과 청소년이라는 점에서 젊은 세대가 반혁명적인 독에 특히 취약해 보였다. 칭다오의 전체 아이들 중 3분의 1이 종교 활동에 참여할 정도였다. 반동적인 노래도 흔했다. 많은 사람들이 익히 알려진 선전 노래를 개사해서 당을 조롱했다. 학교나 공장, 사무실 등에서 때마다 큰 소리로 불리던 「공산당이 없으면 새로운 중국도 없다」라는 노래는 「공산당이 없으면 말린 고구마도 없다」로 바뀌었다. 잘게 잘라서 햇빛에 말린 고구마는 기근의 상징이었다. 「해방구의 하늘은 화창하고 대중은 행복하다」라는 노래는 어쩌면 예상 가능하겠지만 「해방구의 하늘은 어둡고 대중은 불행하다」라는 노래로 바뀌었다. 이

와 비슷한 노래들이 100곡이 넘었다.[13]

당 원로들이 버티고 있는 베이징에서는 일부 학생들이 그들의 바로 면전에서 〈티토〉나 〈흐루쇼프〉를 당당히 자처하면서 대담한 저항을 표시했다. 몇몇은 노골적으로 공산당을 끌어내려야 한다고 주장했다. 베이징 대학교 생물학과에 재학 중이던 스물일곱 살의 대학원생 왕추이원은 줄곧 기근 문제를 제기하고 당을 최악의 독재 정권으로 규정했다. 1962년 봄에 그와 동료들은 홍콩으로 망명을 시도했다. 그는 실패했지만 다른 많은 사람들이 망명에 성공했다. 그해 5월에는 탈출 행렬이 하루에 5,000명에 달했다.[14]

사회주의 교육 운동은 대중을 교육해서 사회주의의 이점을 이해시키기 위한 취지였다. 아울러 당 내부의 부패를 근절하고 실재하거나 상상 속에 존재하는 반혁명적 세력을 색출하는 용도로도 이용되었다. 앞서 확인했듯이 이런저런 명목으로 처벌된 당원이 500만 명을 넘었다. 하지만 대약진 운동 이후로 힘을 얻어 온 반동적인 이데올로기에 대응하려면 탄압만으로 부족했다. 마오 주석은 혁명의 계승자인 젊은이들을 교육하는 데 특히 관심을 기울였다. 레이펑은 그가 찾은 해법 중 하나였다.

1963년 3월 마오쩌둥은 국민을 위해 봉사하는 데 일생을 바친 젊은 군인 레이펑을 본받으라고 전 국민에게 지시했다. 레이펑은 쓰러진 전신주에 깔려 그 이전 해에 스물한 살의 나이로 사망한 터였다. 그의 이념적 추이를 기록한 일기가 사후에 책으로 출간되었고 전국에서 연구되었다. 과거에도 다른 롤모델이 있었지만 그들은 1949년 이전에 일본 군이나 국민당과의 싸움에서 전사한 전쟁 영웅이 대부분이었다. 레이펑은 달랐다. 해방 이후에 군에 입대한 그는 평화로운 시대에 자란 젊은 독자들의 마음을 사로잡기 위해 내세워진 인물이었다. 일기를 통해 주석의 정치적 금언이 일상생활에서 문제를 해결할 때도 도움이 될 수 있다는 사실이 알려지면서 마오쩌둥은 만인의 철학자가 되었다. 레이펑은 선전부에서 만들어 낸 가공의 인물이었다.

레이펑은 일기에서 〈당과 마오 주석에게 받은 피가 자신의 몸에 있는 세포 하나하나까지 스며들었다〉라고 설명했다. 심지어 꿈에도 마오쩌둥이 등장했다. 〈나는 어제 꿈을 꾸었다. 마오 주석을 만나는 꿈이었다. 마치 너그러운 아버지처럼 그가 내 머리를 쓰다듬었다. 그리고 미소를 지으며 내게 말했다. 《열심히 공부하거라. 영원토록 당에 충성하고 인민에게 충성하거라!》 나는 너무 기뻤다. 너무 기뻐서 아무 말도 할 수 없었다.〉[15]

공장 노동자들과 농장 일꾼들에게서 답지한 열렬한 찬사를 담은 추천 글들이 중국 전역에서 신문 투고란을 통해 소개되었다. 젊은이들을 대상으로 레이펑을 이상적인 공산주의자로 찬양하는 수만 건의 대회가 개최되었다. 연극과 영화도 제작되었다. 노래도 만들어졌는데 일부는 노래 한 곡의 가사가 수십 절에 달했다. 이야기꾼들은 농촌을 돌면서 글을 모르는 농민들을 레이펑이 보여 준 영웅적 행위와 주석에 대한 사랑으로 매료시켰다. 베이징 군사 박물관 안에는 레이펑 전시관이 별도로 마련되었다. 전시관 입구에는 마오쩌둥의 붓글씨가 새겨진 거대한 현판이 방문객들에게 〈레이펑 동지를 본받으라!〉라고 촉구했다. 유리 아래로 레이펑의 단벌 군복과 모자, 가방, 손수건 등이 전시되어 있었다. 벽은 일기에서 발췌된 표어들이 장식했다. 커다란 실물 크기의 레이펑 사진들이 여기저기에 비치되어 있었는데 사진 속 통통한 젊은 군인은 환하게 웃는 다른 군인이나 농민들, 아이들과 섞여 한없이 미소를 짓고 있었다. 한 예리한 관찰자가 지적했듯이 레이펑은 가난한 자의 마오쩌둥이었고 대중의 입장에서 보다 쉽게 접근할 수 있는 소박한 마오쩌둥이었다. 무엇보다도 젊은이들의 마오쩌둥이었고 〈열정적인 젊은 세대의 언어를 사용하는 젊어진 마오쩌둥〉이었다. 그는 마오의 대기근으로 촉발된 무관심에서 사람들을 일깨우고 계급의 적들에 대한 증오를 키워 줄 것으로 여겨졌다.[16]

이외에도 본받을 여러 영웅들이 소개되었다. 1963년에는 어우양하이가 등장했다. 그 또한 군인 영웅이었고 주석에 대한 헌신을 드러내는 일기를 남겼다. 머지않은 1965년 11월에는 레이펑의 화신이 등장했다. 이번에는 왕제라는 이름의 남자였다. 마찬가지로 그도 일기를 썼으며 지역 민병대원에 의해 우발적으로 폭발한 지뢰에 몸을 던져서 열두 명의 목숨을 구했다. 1963년의 표어가 〈레이펑을 본받으라〉였다면 이제는 〈왕제를 본받으라〉로 바뀌었다. 앞서와 똑같은 포스터가 제작되었고 똑같은 기사가 발표되었다. 다른 젊은 롤모델들은 금방 다른 인물로 대체되었다. 예컨대 1965년에는 치명적인 부상을 당한 수병 마이셴더가 있었고, 다칭 유전을 개척한 노동자이면서 〈무쇠 남자〉라는 별명으로 불린 왕진쓰가 있었고, 달아난 말 무리에게서 아이들을 구하고 스물한 살에 세상을 달리한 군인 류잉쿼이 있었다. 그들 모두는 일시적으로 죽음에서 부활하여 짧은 시간 무대에 올라 그들보다 어린 세대가 주석을 친밀하게 느끼도록 도와 주었다. 하지만 오직 마오쩌둥만이 영원히 기억되어야 할 터였다.[17]

헌신적인 공산당원 부부의 딸 자이전화는 열두 살 때 그녀와 반 친구들이 레이펑을 본받아야 한다는 말을 들었다. 〈학생들은 모두 『레이펑의 일기 발췌집』을 갖고 있었다. (……) 《레이펑을 본받으라》라는 운동은 내가 5학년일 때 시작되어 문화 대혁명 때까지 계속되었다. 사람들은 그를 닮도록 선동되었다. 즉 명령에 복종하고, 열심히 일하고, 착한 일을 하고, 이기심을 버리고, 마오 주석의 글을 공부해야 했다.〉[18] 열 살의 쉬샤오디는 레이펑에게 너무 동화되어 그를 위해 울기도 했다.[19] 쓰촨 성에서는 장융이 〈레이펑처럼 착한 일을 하기 위해서〉 오후마다 같은 반 친구들과 함께 학교를 나섰다. 운동이 본격화되기 시작하면서 일부 학생들은 〈위대한 지도자에게 무조건적으로〉 헌신할 준비가 완료되었다.[20]

학생들은 레이펑처럼 기차역에서 노부인을 돕는 행위는 괜찮지만 계급의 적을 도우면 안 된다는 주의를 들었다. 어쨌거나 사회주의 교육 운동의 모토가 〈계급 투쟁을 잊지 말라〉였기 때문이다. 학생들에게 계급적 증오심을 주입하기 위한 〈쓰라린 과거를 상기하는〉 수업이 주기적으로 기획되었고 그 자리에는 연로한 노동자나 농부가 나와서 해방 이전의 혹독하고 비참한 시절에 대해 들려주었다. 〈우리는 굶주림에 찌든 어린 시절이나 신발도 없이 버텨야 했던 추운 겨울, 이른 나이의 고통스러운 죽음에 관한 이야기를 들었다. 그들은 목숨을 구해 주고 음식과 옷을 준 마오 주석에게 자신들이 얼마나 한없이 고마움을 느끼는지 이야기했다.〉 이런 수업을 듣고 나올 때면 장융은 국민당 정권이 저지른 잔인한 짓에 참담한 심정이 되었고 더불어서 마오쩌둥에게 보다 열렬히 헌신해야겠다는 생각을 했다.[21] 난징 같은 도시에서는 은퇴한 노동자들이 사악한 자본가에게 고문이나 강간을 당했던 개인적인 기억을 수많은 사람들 앞에서 공개했다. 사람들로 꽉 찬 대회장은 이내 울음바다로 변해서 노동자들의 증언이 거의 들리지 않을 정도였다.[22]

학생들은 자본가의 착취 행태가 고스란히 전시된 계급 교육 전시관도 방문했다. 대중이 빈곤에 허덕일 때 계급의 적들이 얼마나 사치를 누리고 있었는지 보여 주기 위해서였다. 전시관 안에는 터무니없이 높은 소작료를 지불해야 하는 굶주린 농부들의 동상이 전시되어 있었다. 철창까지 구비된 지하 감옥과 고문실도 있었는데 하나같이 과거 봉건 시대에 대한 두려움을 심어 주기 위해 재현된 것이었다. 학생들이 들은 설명에 따르면 이제 계급의 적들은 프롤레타리아 독재 정권을 무너뜨리고 착취가 난무하던 예전 봉건 시대로 나라를 되돌리고자 위협하고 있었다. 그들에게서 겨울 신발을 빼앗고, 먹을 것을 도둑질하고, 그들을 노예로 만들려 하고 있었다.[23]

레이펑의 뒤에는 군대가 있었고 그들은 마오쩌둥 사상을 전파하기 위한 조직적 운동을 전개했다. 1959년 여름 루산 회의에서 린뱌오는 마오 주석을 옹호하는 대열에 합류해서 특유의 가늘고 높은 목소리로 펑더화이를 〈야심차고 음모가 있으며 위선적〉이라고 비난했다. 그러고는 의기양양하게 이렇게 말했다. 〈오직 마오쩌둥만이 위대한 영웅이며 그 같은 위치는 그를 제외한 누구도 감히 탐낼 수 있는 자리가 아니다. 우리 모두는 그보다 한참 부족하니 아예 넘볼 생각도 하지 말라!〉[24] 린뱌오 개인적으로는 자신의 비밀 일기장에 대약진 운동이 〈환상에 기초하고 있으며 완전한 실패〉라고 털어놓았을 정도로 사실상 펑더화이보다 훨씬 비판적인 입장이었다.[25] 그럼에도 주석을 최대한 추켜세우는 것이 권력을 유지하는 최선의 방법임을 알고 있었다. 그는 이미 오래전에 마오쩌둥을 우상화하는 것이 얼마나 중요한지 깨달은 터였다. 〈그는 자기도취가 심하고 자신에 대한 맹목적인 믿음을 가졌으며 자신을 매우 사랑한다. 성공한 일에 대해서는 자신이 공을 차지하려 하지만 실패한 일에 대해서는 다른 사람에게 책임을 돌리려 한다.〉[26]

펑더화이에게서 국방부를 넘겨받은 직후부터 린뱌오는 마르크스·레닌주의 이론을 마스터하는 지름길로써 마오쩌둥 사상을 학습하도록 장려하기 시작했다. 군인들은 마오쩌둥 전집에 나오는 짧은 구절들을 암기하라는 요구를 받았다. 1961년 4월부터 『인민일보』는 가장 눈에 잘 띄는 1면에 주석의 말을 인용해서 게재하기 시작했다. 독자들은 인용구를 잘라 내 차곡차곡 수집하기 시작했다. 1964년 1월 그동안 게재된 인용구를 등사판으로 인쇄한 요약집이 출간되었고 5월에는 개정판이 인민 해방군에 배포되었다. 개정판은 조야한 빨간색 비닐 표지가 적용되었고 일반적인 군복 주머니에 쉽게 들어가도록 손바닥만 한 크기로 제작되었다. 헌사에는 린뱌오가 레이펑의 일기에서 고른 문구가 들어갔다. 〈마오 주석의 책을 읽고, 마오 주석의 말을 듣고, 마오 주석의 지시에 따라 행동하고, 마오 주석의 훌륭한 투사가 되자.〉 1965년 8월에 개정판이 나왔을 즈음에는 일명 〈작은 붉은 책〉으로도 알려진 『마오쩌둥 어록』이 군인을 비롯한 수많은 사람들에게 수백만 권이나 배포된 상태였다.[27]

추종자들의 아부를 받으며 마오쩌둥은 전국에 린뱌오와 인민 해방군을 본받으라고 지시했다. 그는 〈인민 해방군의 장점은 정치적 이념이 올바르다는 것이다〉라고 말했다.[28] 이에 화답해서 군은 정부 산하 조직에 마오쩌둥 사상을 고취하기 위한 정치 부서를 설립하는 등 민간인 사회에서 더욱 눈에 띄는 역할을 수행하기 시작했다. 아울러 사회주의 교육 운동과 보조를 맞추어서 보다 전투적인 분위기도 조성했다. 농촌에는 학생과 노동자를 대상으로 군에서 운영하는 〈여름 캠프〉가 조직되었다. 초등학생들이 장제스와 미 제국주의자들 초상화에 사격을 하면서 공기총 사용법을 배웠다. 원래는 쑨원의 부인이 유럽에서 수입된 대리석을 이용해 지은 상하이 소년궁에서는 특별 고문관들이 언제나 붉은 스카프를 매고 있어서 쉽게 알아볼 수 있는 소년 선봉대를 위한 군사 게임을 개발했다. 출신 성분이 확실한 고학년을 위한 군사 훈련소도 설립되었는데 참가한 학생들은 여기에서 수류탄을 투척하는 법과 실탄 사격술을 배웠다. 1965년 여름 상하이에서는 1만 명 이상의 대학생과 5만 명 이상의 중·고등학생이 훈련소에서 일주일간 훈련을 받았다. 군이 조직한 〈국방 운동부〉는 초등학교와 중·고등학교에서 수업을 제공했다. 〈제일 중요한 교육은 사격과 통신이었다.〉 소총부와 무선 통신부 외에도 항법부, 전기 공학부, 깃발 신호부, 낙하산부 등이 있었다. 출신 성분이 의심스러운 학생은 교육에서 제외되었다.[29]

1964년 10월 1일에 군은 국경절을 기념하기 위해 톈안먼 광장에서 군복을 입은 다수의 합창단과 발레단이 참여한 축하 행사를 마련했다. 「마오 주석이여, 우리 마음속 태양이여」라는 곡에 맞추어서 거대한 마오 주석 초상화가 행렬을 이끌며 서서히 전진했다. 펑전 베이징 시장이 〈마오쩌둥 사상으로 무장한〉 중국 인민은 〈자본가와 봉건 세력의 부활 시도는 물론이고 나라 안팎에 존재하는 적들의 공격을 이겨 낼 수 있다〉라고 공언했다.[30]

군사적 모델을 향한 열정은 정식 교육에 대한 경시로 이어졌다. 린뱌오의 표어는 〈정치가 최우선〉이었다. 내내 지식인을 헐뜯어 왔던 마오쩌둥은 이제 교육 제도 전체에 대한 의구심을 나타내기 시작했다. 1963년 2월 13일 온 국민이 중국 설날을 기념하는 춘절 행사에서 그는 고등학교와 대학교 시험을 팔고문(八股文)에 비유했다. 팔고문이란 청나라 때 과거에 응시한 지원자들이 논증을 펼치기 위해 익혀야 했던 문체였다. 〈나는 이 방식을 인정하지 않는다. 이런 방식은 완전히 바뀌어야 한다. 문제를 사전에 공개하고 학생들에게 관련 내용을 공부하게 한 다음 책을 참고해서 답을 적도록 하는 편이 더 낫다고 생각한다.〉 심지어 더욱 도발적인 견해를 내놓기도 했는데 커닝에도 장점이 있다는 주장이었다. 〈만약 당신이 올바른 답을 적고 내가 그 답을 베낀다면 내가 쓴 답도 옳은 것으로 간주될 것이다.〉 교사가 지루한 강의 내용을 장황하게 이야기할 때 조는 학생들의 손을 들어 주기도 했다. 〈허튼소리는 들을 필요가 없다. 그 시간에 차라리 머리를 식히는 편이 낫다.〉[31]

마오쩌둥은 여기서 멈추지 않고 교육 제도가 자본가나 지주 등 출신 계급이 불량한 학생들에게 유리다고 비난했다. 이들 학생들이 프롤레타리아나 소작농 출신의 학생들보다 상대적으로 좋은 조건에서 보다 나은 교육을 받는다고 주장했다. 다른 무엇보다 〈혁명의 계승자〉를 길러 내야 함에도 맡은 바 임무를 완수하지 못하는 부르주아 지식인에 의해 학교가 운영되는 것이 특히 문제라고 지적했다.[32]

일부 학생들은 곧장 마오쩌둥의 메시지를 받아들였다. 침식 작용으로 생긴 구릉이 푸른 초원 여기저기에 불쑥불쑥 솟아 있는 광시 성의 아름다운 도시 구이린에 살던 아직 어린 소년 화린산도 마오쩌둥의 춘절 연설을 기꺼이 받아들였다. 〈구구절절이 보석 같은 말씀이었다.〉 다른 많은 학생처럼 그는 교사에 대한 맹목적인 복종, 생각이 필요 없는 이론 교육, 암기에 의한 학습 등을 중시하는 억압적인 교육 제도에 짓밟힌 기분이 들었다. 그런 그들을 위해 마오쩌둥이 편을 들고 있었다. 또 다른 미래의 홍위병 말처럼 〈수업은 내 시간을 낭비했고 선생님들도 내 시간을 낭비했다.〉[33] 많은 학생들이 주석이 불러 줄 때를 기다렸다.

마오쩌둥은 문학계와 예술계를 향해서도 비난을 쏟아 냈다. 1963년 11월에 봉건적 사고와 미신적 사고, 수정주의가 확산되는 것을 막지 못했다며 문화부를 공격했다. 문화부가 〈재능 있는 학자들과 미녀들을 위한 부서〉로 이름이 바뀌어야 한다고 비꼬았다. 심지어 〈외국 망자들을 위한 부서〉라는 이름이 더 잘 어울린다고 주장했다. 한 달 뒤에는 다시 〈망자들이 여전히 권력을 휘두른다〉라고 불만을 토로했다. 중국 문학 예술계 연합회가 수정주의의 언저리를 서성거린다는 비난도 내놓았다. 〈지난 15년간 그들은 당의 정책을 따르지 않고 있다.〉[34]

주석의 자극에 힘입어서 1964년 여름에 전국적인 운동이 시작되었다. 이 운동은 처음에 농촌에서 가장 인기 있는 예술 형식 중 하나인 전통 가극을 겨냥했다. 저우언라이의 주최로 열린 경극 축제에 지도층 간부와 예술가 5,000명이 초대되었다. 펑전 베이징 시장이 강력한 어조로 수정주의를 비난하면서 청중을 향해 경극이 사회주의를 위해 존재하는지 아니면 자본주의를 위해 존재하는지 물었다. 〈경극은 마르크스·레닌주의의 길을 가고 있는가? 아니면 수정주의의 길을 가고 있는가?〉 마오쩌둥은 흡족했다. 그렇지만 이 축제의 진정한 스타는 그의 아내였다. 장칭은 젊은 시절에 상하이에서 활동하던 전도 유망한 배우였는데 1937년에 상하이가 일본에게 공격당하자 옌안으로 가서 혁명에 일생을 바치려고 하는 수만 명의 다른 열정적인 지원자들과 합류했다. 그녀는 살결이 희고 큰 눈을 가진 젊고 매력적인 여성이었다. 야망도 있었는데 권력을 위해서라면 자신의 성(性)까지 이용할 준비가 되어 있었다. 그녀는 이내 주석의 관심을 끌었다. 그녀보다 스무 살 많은 마오쩌둥은 세 번째 부인과 별거 중이었다. 불륜 사실이 알려지자 전우들 사이에서 동요가 일었다. 그들은 상하이 출신의 여배우와 결혼하려고 오랫동안 자신의 곁을 지켜 준 아내를 버리는 것에 반대했다. 그녀의 과거에 대한 소문이 나돌았고 그녀가 장제스의 첩자로 의심된다는 조사 보고서까지 등장했다. 보안 책임자 캉성이 나섰고 그녀가 회비까지 낸 정당한 당원임을 확인해 주었다. 그는 그녀와 주석의 교제를 지지하는 입장이었다. 캉성과 장칭은 산둥에서부터 알고 지내던 오랜 친구 사이였고 마오쩌둥과의 관계를 공고히 하기 위해서 서로를 이용했다. 주석의 본처가 치료를 위해 소련에 보내지자 곧이어 이혼이 발표되었다. 마오쩌둥은 1938년에 네 번째 아내를 맞아들였다. 새로운 마오 부인은 정치 활동을 삼가기로 약속해야 했으며 그 때문에 앞으로 상당 기간 분노로 속이 부글부글 끓을 터였다.[35]

처음의 격정은 금방 시들었다. 마오쩌둥은 성욕이 왕성했으며 해방 이후에는 따로 자신의 욕정을 채워 줄 일련의 젊은 여성들도 모집했다. 〈마치 음식처럼 주문만 하면 여성들이 제공되었다.〉 마오쩌둥이 갈수록 대놓고 바람을 피우는 사이 장칭은 점점 더 건강이 악화되었고 외로워졌으며 실제 또는 가상의 질병에 시달렸다. 아주 많은 약을 복용했으며 자신을 둘러싼 이런저런 음모를 의심했고 하루 종일 소음과 바람, 눈부신 빛에 대해서 불만을 늘어놓았다. 핑크색과 갈색에 예민한 반응을 보였고 가구를 포함하여 자신의 거처에 있는 모든 것을 연두색으로 칠하도록 고집을 부렸다. 지속적인 관심을 요구하면서도 주위에 있는 사람들과 사사건건 다툼을 벌였다. 원대한 정치적 야망을 가지고 정치

적으로 활발한 역할을 갈망했지만 현실의 그녀는 마오쩌둥에게 부속된 무력한 존재에 불과했다.[36]

　1961년에 마오쩌둥은 자신이 중국을 여행할 때 이용하는 특별 기차의 한 여자 승무원에게 완전히 매료되었다. 장위펑(張玉鳳)은 열여덟 살이었고 빼어난 미모와 독설을 겸비한 여성이었다. 그녀는 이내 마오쩌둥의 가장 가까운 여성 동지가 되었다. 장칭이 공적인 역할을 대가로 남편의 잦은 외도를 눈감아 주기로 동의했는지 알려진 바는 없다. 그럼에도 마오쩌둥은 그 이듬해에 자신의 아내를 정치계에 데뷔시켰다. 마오쩌둥이 〈계급 투쟁을 잊지 말라〉라는 표어를 내놓았던 공산당 대회 며칠 뒤인 1962년 9월 29일에 장칭이 처음으로 대중 앞에 모습을 나타냈다. 수카르노 대통령의 방문을 받았을 때였는데 이 인도네시아 대통령의 아내 하르티니와 함께 서 있는 장칭의 사진이 『인민일보』를 통해 공개되었다. 류사오치와 그의 아내 왕광메이도 다른 사진에서 카메라를 향해 포즈를 취했다. 이 사진들은 심지어 『타임』지까지 하르티니 옆에 선 〈베이징의 기혼 여성들이 세간의 관심을 끌기 위해서 얼마나 노골적으로 경쟁하는지〉 주목하면서 중국 안팎으로 뜨거운 관심을 불러일으켰다. 장칭은 말끔한 서양식 정장 차림이었지만 호화로운 벨벳 드레스를 차려입은 왕광메이에게 적수가 되지 못했다.[37]

　해당 사건은 마오 부인의 앞서 20년 넘게 금지당해 온 당 정치 입문을 알리는 신호탄이었다. 마오쩌둥은 장칭이 문화계와 예술계에 손을 뻗치는 것을 묵인했다. 마오쩌둥의 주치의가 언급한 것처럼 〈그녀는 정치에 점점 깊이 개입할수록 건강 염려증과 신경 쇠약증이 호전되었다〉.[38]

　1963년 들어서 장칭은 질투에 사로잡힌 잔인한 군주에게 처형당한 첩에 관한 이야기를 다룬 사극(史劇)에 관심을 쏟았다. 사극은 늙은 주

군이 근처에서 듣고 있다는 사실을 모른 채 첩이 무심결에 자신은 젊고 잘생긴 어떤 학자를 존경한다고 털어놓고 그 말을 들은 군주가 그녀를 사형시키기로 결심하면서 극적인 반전을 맞았다. 중난하이에서 모든 고위층 지도자들이 참석한 가운데 연극이 무대에 올려졌지만 마오쩌뚱은 표정이 좋지 못했다. 연극이 끝나자 그는 느릿느릿하게 서너 번 손뼉을 쳐주고는 말없이 나가 버렸다. 너무나 노골적인 내용에 주석은 해당 연극이 자신의 외도를 빈정거리기 위해 만들어졌다고 생각했다.[39]

이제 본격적인 행동에 나선 장칭은 전국에서 공연단이 무대에 올린 수많은 연극 가운데 봉건 시대를 배경으로 하는 연극과 외국 연극을 조사하기 시작했다. 그리고 머지않아 자칭 문화 감시자로서 연극과 음악, 영화 등의 제작에 관련된 지침을 내놓기 시작했다.[40]

이와 같은 행보를 보인 것은 그녀 혼자만이 아니었다. 마오쩌둥의 〈계급 투쟁을 잊지 말라〉라는 슬로건 아래 단결한 류사오치도 문화 전쟁을 지원하기 위해 힘을 보탰다. 1964년 1월에는 마오쩌둥을 불쾌하게 만들었던 연극의 저자 톈한을 비난하면서 톈한의 작품이 〈공산당을 겨냥했다〉라고 주장했다. 그 또한 문화계의 근간에 정화의 불길이 타오르길 원했다. 그는 농촌의 모든 권력 중 3분의 1 이상이 적의 손에 넘어갔다고 주장했던 것처럼 대학교부터 시골 학교에 이르기까지 모든 예술계와 문화계의 3분의 1 이상이 수정주의에 물들었고 따라서 혁명을 통해 타도되어야 한다고 제안했다.[41]

펑전도 지식인의 자유를 보장하는 것에 반대했으며 문화계에 혁명 사상을 고취하고자 당이 조직한 문화 혁명 오인소조(五人小組)라는 단체를 이끌었다. 그가 경극 축제에서 수정주의의 위험성에 관한 핵심 연설을 한 것도 오인소조의 수장이었기 때문이었다. 캉성 역시 오인소조의 일원이었다.

장칭은 2년 전에 시중쉰을 숙청하는 데 앞장섰던 예전 멘토인 캉성의 편을 들었다. 그들 두 사람은 경극 축제에서 톈한을 비난했다. 캉성은 눈부신 마오 부인 앞에서 심한 산둥 사투리로 〈당과 사회주의에 반대하는 독초〉라며 톈한의 작품을 비난했다. 해당 희곡 작가는 종잇장같이 창백한 얼굴로 자신의 신발을 응시했다. 그는 장칭이 상하이에서 배우로 활동할 때 그녀의 원한을 산 많은 적 가운데 한 명이었다.[42]

1964년 하반기 들어서 숙청은 연극계 밖으로 확대되었다. 순수 예술부터 역사와 경제, 철학에 이르기까지 지적 활동 영역 전반에서 전쟁이 계속되었다. 〈펑더화이의 앞잡이들〉과 〈작은 흐루쇼프들〉이 끝없이 색출되었다. 1965년 4월 해당 운동이 공식적으로 종료될 즈음에는 문화부장까지 불명예의 나락에 떨어졌다.[43]

그럼에도 마오쩌둥이 아내를 정치판으로 끌어들인 것은 단지 희곡 작가 몇 명을 공격하기 위함이 아니었다. 그는 문화부보다 더 높은 곳을 겨냥한 훨씬 중요한 임무를 믿고 맡길 수 있는 누군가가 필요했다. 1965년 2월 그가 비밀 임무를 위해 장칭을 상하이로 보내면서 문화는 다음 단계의 혁명을 시작할 무대가 될 터였다.

4장
4인의 공모자

1965년 1월 에드거 스노는 인민 대회당의 넓은 방에서 함께 식사하자는 마오쩌둥의 초대를 받았다. 두 사람은 1936년으로 거슬러 올라갔다. 그 당시에 미주리 출신의 젊고 이상주의적인 기자 스노는 옌안을 찾은 최초의 외국인 중 한 명이었다. 마오쩌둥이 그에게 자신의 이야기를 들려주었고 스노는 열심히 귀담아들었다. 1년 뒤에 발간된 『중국의 붉은 별』은 세기의 특종이 되어 마오 주석을 세상에 알렸을 뿐 아니라 공산주의자들을 위대한 민주주의의 태동기에 소작농과 밀착된 삶을 사는 토지 개혁자들로 그리면서 그들에게 우호적인 여론을 이끌어 냈다.

주석은 이제 스노를 이용하여 바깥 세상에 또 다른 메시지를 전달하고 있었다. 이번에는 베트남에 관련된 메시지였다. 미국이 중국을 공격하지 않는 한 중국 군대가 국경을 넘는 일은 절대로 없을 거라는 내용이었다. 이 인터뷰는 중국에서 공개되지 않았지만 인터뷰를 접한 사람들에게 뜨거운 관심을 불러일으켰다.[1]

두세 달 전인 1964년 10월 16일에 중국에서 가장 서쪽 지역인 신장의 로프 노르 염수호 위에서 거대한 버섯구름이 하늘로 치솟은 터였다.

히로시마 폭격 이후로 방사선 감시가 국가적인 취미가 된 일본에서 옥상에 설치되어 있던 가이거 계수기들이 터질 정도로 강력한 폭발이었다. 중국이 이제 막 첫 번째 핵 폭탄을 터뜨린 것이었고 그들은 미국과 소련, 영국과 프랑스에 이어서 배타적인 어떤 클럽의 다섯 번째 회원국이 되었다. 중국의 핵 실험은 미 의회가 결의안을 채택하여 린든 B. 존슨 대통령에게 베트남에서 공산주의자들의 공격에 대응할 수 있는 권한을 부여한 지 불과 두 달 뒤에 일어난 사건이었다. 핵을 보유한 중국이 과연 미국과의 전면적인 충돌을 감수하며 군대를 동원해서 동남아시아를 침공할까?

한국은 끔찍한 선례를 만들었다. 14년 전인 1950년 10월 18일에 18만 명이 넘는 중국군이 야음을 틈타서 한국 국경을 넘었다. 한 사학자가 〈근대 전쟁사에서 가장 큰 규모의 매복〉이라고 명명한 작전에서 그들은 유엔군에게 완벽한 기습 공격을 가해 후퇴하도록 만들었다.[2]

마오쩌둥은 한국 전쟁을 계기로 하나부터 열까지 소련의 지원을 받아 최고의 군수 산업을 육성했다. 한편 스탈린은 더 많은 미군 부대가 한반도에서 괴멸되길 바랐고 잠재적인 경쟁자가 소모전에 발목이 붙잡힌 상황에 대해서도 아마도 그다지 불만이 없을 터였다. 마오쩌둥이나 스탈린 중 어느 누구도 전쟁을 끝낼 의사가 없었기 때문에 한국 전쟁은 3년간이나 계속되었다. 전쟁으로 인한 인명 손실은 엄청났다. 중국은 최전방에 대략 300만 명의 군인을 파병했고 그들 중에서 약 40만 명 정도가 목숨을 잃었으며 추가로 수십만 명의 한국인 사상자가 발생했다. 미국은 한반도에서 3만여 명의 군인을 잃었다. 마오쩌둥은 베트남이 한국과 똑같은 전철을 밟지 않을 것임을 분명히 했다.

스노의 방문 한 달 뒤에 또 다른 손님이 베이징을 찾았다. 끔찍했던

1962년 쿠바 미사일 위기 이후에 흐루쇼프는 미국과 관계를 개선하기 위해 부단한 노력을 기울였다. 그는 베트남전에 휘말리고 싶지 않았다. 흐루쇼프의 뒤를 이은 브레즈네프는 보다 강경한 노선을 취해야 한다는 생각이 강했다. 1965년 2월 미국이 베트남전에 보다 적극적으로 개입하기로 결정하자 브레즈네프는 코시긴 총리를 하노이로 보내서 혁명 지도자인 호치민에게 대대적인 재정 지원과 군사 장비, 기술 고문관 등을 제공하는 방위 조약을 체결하도록 했다. 모스크바로 돌아가는 길에 코시긴이 베이징에 들렀다. 베트남전에서 공동 전선을 취하도록 압박하기 위해서였다. 꽃을 든 소년 선봉대가 공항에 나와 그를 환영해 주었다. 하지만 정작 마오쩌둥은 지도부가 모두 모인 자리에서 몇 시간에 걸쳐 코시긴을 훈계하고 그의 공동 전선 요구를 거부했다.[3]

마오쩌둥은 자국의 혁명에 집중하길 원했다. 그러나 모든 동료가 내부의 계급 투쟁이 세계 혁명보다 우선이라는 생각에 동의한 것은 아니었다. 남베트남에서 미군 숫자가 늘어나기 시작하자 인민 해방군 참모 총장 뤄루이칭은 미국을 나치 독일에 비유하면서 동아시아가 또 다른 뮌헨이 될 수 있음을 경고했다. 1965년 5월 5일에 그는 한국 전쟁을 연상시키는 〈적극적 방어〉 개념을 언급하면서 확전이 〈한국 전쟁 형태의 또 다른 국지전〉으로 번질 수 있다고 경고했다. 그의 주장대로라면 공산당은 〈베트남 국민이 원할 경우 그들과 함께 싸우기 위해 파병할〉 준비가 되어 있었다.[4]

국방부장 린뱌오가 주석을 구하기 위해 나섰고 〈인민의 전쟁〉이라는 개념을 제안함으로써 주석에게 정당성을 제공했다. 그는 6월 들어 인민 해방군 내에서 형식적인 경례와 견장, 단단한 챙이 달린 정모, 훈장, 계급장, 맞춤 제복 등 장교를 위한 이런저런 특전들을 폐지했다. 장군부터 맨 아래 사병에 이르기까지 모든 군인은 이제 하나의 붉은 별이 달린 동일한 모자를 착용해야 했다. 몇 달 뒤인 9월 3일에는 한편으로 미국과 마찰을 피하면서 다른 한편으로 소련과 협력하지 않는 전략에 대해 상세히 설명했다. 그가 제시한 비전은 전적으로 하나의 단어에 근거했다. 장차 문화 대혁명 기간 중에 내내 강조될 단어이기도 했다. 바로 자립이었다. 아시아에서 아프리카까지 전 세계의 혁명 세력은 전적으로 그들 자신의 군사력에 의지해서 미 제국주의를 무너뜨려야 했다. 〈혁명을 불러일으키고 인민의 전쟁을 수행하고 또 승리하기 위해서는 반드시 자립 정책을 고수해야 한다. 그 나라 인민의 힘에 의지해야 한다. 외부로부터 물질적인 지원이 완전히 차단되더라도 독립적으로 싸울 준비를 해야 한다.〉[5]

뤄루이칭은 자신의 연설을 위해서 소련이 나치 독일에게 승전한 기념일을 골랐다. 린뱌오는 중국이 일본에게 승리한 지 20주년 되는 날에 성명을 발표했다. 린뱌오의 성명이 『인민일보』에 실린 바로 그날에 뤄루이칭은 인민 대회당에서 열린 정치 회의에서 양옆에 류사오치와 덩샤오핑을 세워 둔 채로 자신이 봄에 했던 이야기의 핵심 내용을 되풀이했다.[6]

린뱌오와 뤄루이칭의 악연은 두 사람이 군사 요직에 발탁된 1959년 루산 회의 때까지 거슬러 올라갔다. 공식적으로는 린뱌오가 뤄루이칭의 상관이었지만 참모 총장이던 뤄루이칭은 자주 상관을 무시한 채 마오쩌둥에게 직접 보고를 했다. 두 사람은 생각이 너무 달랐다. 1960년 여름에 소련 고문관들이 중국에서 철수하면서 항공유를 비롯한 비행기 예비 부품부터 탄도 미사일에 이르기까지 군사 기술 부문에서 소련의 지원이 갑작스레 중단되었다. 린뱌오가 내놓은 해결책은 무기보다 사람이 더 중요하다는 생각이었다. 뤄루이칭은 시큰둥했다. 이념을 제일 중요한 요소로 생각한 린뱌오는 1964년에 군인들에게 『마오쩌둥 어록』을 배포하고 〈정치가 최우선〉이라는 슬로건을 내걸었다. 뤄루이칭으로서는 어안이 벙벙할 뿐이었다.

과묵한 중년 여성인 린뱌오의 아내 예췬(葉群)이 1965년 11월에 마오쩌둥을 만나러 갔다. 그 자리에서 참모 총장이 남편의 힘을 약화시키고 군대를 장악하려 음모를 꾸민다고 고발했다. 마오쩌둥은 뤄루이칭보다 린뱌오에게 더 많이 의지하고 있던 까닭에 쉽게 흔들렸다. 몇 달에 걸쳐 무자비한 압박이 계속되는 가운데 뤄루이칭에 대한 조사와 심문, 질책이 이어졌고 결국에는 한때 그의 지지자였던 류사오치와 덩샤오핑을 포함하여 아흔다섯 명으로 이루어진 비판 대회에 회부되었다. 뤄루이칭은 충실한 당원이었고 매우 건장한 인물이었다. 1959년에 참모 총장이 되기 전에는 공안부장으로 일하면서 노동 수용소 제도를 확립하여 수백만 명에 달하는 일반 시민들을 죽음에 이르게 한 터였다. 그런 그조차 압박감을 견디지 못했고 창문 밖으로 몸을 던졌다. 하지만 고작 다리만 부러졌고 자살 시도는 그가 죄를 지었다는 결정적인 증거로 받아들여졌다. 류사오치는 그의 자살 소동을 이렇게 폄하했다. 〈그는 머리부터 뛰어내렸어야 했는데 살고 싶은 마음에 발을 앞으로 모으고 떨어졌다.〉 덩샤오핑도 〈그가 얼음과자처럼 몸을 던졌다〉라는 말로 사건을 일축했다.[7]

─────────

뤄루이칭이 자신의 운명을 결정 지으려고 마음먹기도 전에 혁명의 길에 걸림돌이 되는 또 다른 장애물이 제거되었다. 1956년에 흐루쇼프가 스탈린을 비난했을 즈음에 주요 당 대회에서는 필기록의 정확성을 높이기 위해 서기들이 테이프 리코더를 사용하기 시작했다. 그로부터 2년 뒤 자신이 지역 지도자들을 만날 때도 녹음이 되기 시작하자 마오쩌둥은 불만을 표시했다. 그리고 1961년에 냉난방 장치를 한 자신의 동독제 기차 안에서 장위펑이라는 여성 승무원과 바람을 피운 사실이 녹음되어 들통나자 마침내 불만이 폭발했다. 기술 및 물류 업무를 담당하는 중앙 판공청 주임 양상쿤은 살아남았지만 몇몇 부하들은 그럴 수 없었다. 한편 마오쩌둥은 자신의 평판을 흐리기 위해 동료들이 자료를 수집하는 것일지 모른다고 의심했다. 심지어 흐루쇼프가 그의 옛 상관에 대해 내놓았던 것 같은 보고서가 준비되고 있을지도 모를 일이었다.[8]

1964년 10월에 흐루쇼프에게 대항하여 쿠데타가 발생한 뒤로 주석의 피해망상은 더욱 심해졌다. 무엇보다 그는 혁명을 준비하며 틀을 갖추어 가고 있었다. 당 조직 전반에서 진행되는 서류 작업을 믿고 맡길 수 있는 누군가가 필요한 시점이었다. 1965년 11월 양상쿤이 직위에서 해임되고 주석이 가장 신뢰하는 경호원 중 한 명인 왕둥싱이 그 자리를 넘겨받았다.

———

1957년 초 주석이 지식인들을 향해 불만을 표출하며 당원들이 업무 능력을 향상시킬 수 있도록 도와 달라고 호소했을 때 펑전은 베이징 시장으로서 자신의 영향력을 이용해 이 운동을 저지했다. 베이징에 본사를 둔 『인민일보』는 백화 운동과 관련한 마오쩌둥의 가장 중요한 연설을 몇 주가 지난 다음에야 보도했다. 이 공식 당 기관지의 편집장 덩퉈가 시장의 지시를 따른 까닭이었다. 마오쩌둥의 동료들도 상당수가 백화 운동에 불안을 느끼는 중이었다. 대표적으로 류사오치를 꼽을 수 있었는데 그는 분노를 터뜨리도록 대중을 부추길 경우 자칫 통제 불능의 상황이 될 수 있음을 우려했다. 그럼에도 펑전만큼 대담하게 저항한 사람은 아무도 없었다. 책이나 신문을 거의 보지 않는 건장하고 다부진 체격의 혁명가 펑전은 1940년대에 옌안에서 지식인들을 박해할 때 핵심적인 역할을 수행했다. 해방 후에는 베이징을 생기 없는 후미진 도시에서 600만 명이 살아 가는 중국 공산당의 수도로, 자신의 동의 없이는 어떤 일도 일어날 수 없는 도시로 바꾸어 놓았다.[9]

펑전도 결국 협력하기는 했지만 수년 뒤 주석은 펑전의 수도에 대한 장악력이 너무 단단해서 〈바늘구멍을 내거나 물 한 방울 통과시킬 만한 빈틈도 만들 수 없을 정도다〉라고 불평했다.[10]

당연하지만 펑전과 류사오치가 옳았던 것으로 밝혀졌다. 1957년 봄이 되자 사람들은 공산주의 체제에 대한 불만을 표출하고자 거리로 쏟아져 나왔고 당은 어쩔 수 없이 기존의 방침을 철회해야 했다. 이내 무자비한 탄압이 시작되었고 펑전은 수도에서 가능한 모든 수단을 동원하여 탄압에 나섰다. 얼마 뒤부터는 기차역에서 두꺼운 솜옷을 입고 투박한 겨울 신발을 신은 학생과 교사, 예술가, 작가 등이 목격되었다. 일부는 거친 양가죽 외투까지 겨드랑이에 낀 채였는데 하나같이 북대황에 있는 노동 수용소로 떠나기에 앞서 대기하는 중이었다.[11]

펑전은 당이 1964년 7월에 문학계와 예술계에 대한 정화 임무를 맡기기 위해 조직한 오인소조도 이끌고 있었다. 펑전이 1942년과 1957년에 지식인들을 박해하는 데 기꺼이 앞장섰던 인물이라는 사실을 감안하면 적절한 선택이었다. 그러나 문화계의 수석 검찰관으로서 그의 역할은 수도에 대한 장악력과 더불어 주석의 입장에서 제거하고 싶은 장애물이었다.

마오쩌둥은 당초 오인소조의 일원인 캉성을 이용해서 그의 권세를 약화시키려 했다. 사회주의 교육 운동 중에 공작대가 전국에 파견될 때 캉성은 베이징 대학교에 집중하기로 결정했다. 그가 원한 것은 바이인 현에서 그랬던 것처럼 기관 한 곳을 면밀히 조사함으로써 도시 전체를 무너뜨리는 것이었다. 1964년 7월에 공작대가 파견되었고 철학과의 당 서기인 녜위안쯔라는 자발적인 협력자도 생겼다. 공작대는 비밀리에 모든 간부들의 파일을 조사한 다음 베이징 대학교의 당 위원회가 〈속속들이 썩었다〉라고 발표했다. 펑전은 격분했다. 재조사가 시작되었고 이번에는 수백 명의 조사관들이 투입되어 해당 대학과 베이징 시 당 위원회의 관계를 포함하여 베이징 대학교의 모든 활동 내역을 샅샅이 조사했다. 그들은 베이징 대학교와 베이징 시 당국이 〈부르주아 노선〉을 취하기로 공모했다고 결론을 내렸다. 1965년 1월에 펑전은 몇몇 베이징 시 당 위원회 소속 위원들의 지원을 받으며 공작대의 〈터무니없는 비판〉을 비난했다. 두 달 뒤 덩샤오핑이 펑전 시장을 방어하고 나섰는데 그는 공작대가 도를 넘었다고 비난했다. 직접 이름이 거론된 것은 아니지만 사실상 캉성에게 비난이 쏟아졌다. 〈당에 반하는〉 행위로 고발되었던 60명 이상의 간부들이 복권되었다.[12]

캉성의 전략이 역화를 일으키기 시작하자 마오쩌둥은 보다 정교한 접근법을 선택했고 1965년 2월에 자신의 아내에게 비밀 임무를 맡겨서 상하이에 보냈다. 장칭은 이미 연극 분야에서 한 번 경험을 쌓은 터였다. 이제 계획은 하이루이라는 이름의 강직한 관료가 폭군에게 맞서고 너무 정직해서 파면된다는 내용의 또 다른 사극을 고발하는 것이었다. 희곡을 쓴 작가는 유명한 역사가이자 펑전 밑에서 근무하는 부시장 우한이었다.

역사적 암시를 정치적인 공격의 수단으로 사용하는 것은 중국의 오랜 전통이었지만 이번 경우에는 주석이 직접 1959년 상반기에 당 지도층 인사들에게 하이루이라는 인물에게 배우라고 강력히 촉구한 터였다. 마오쩌둥은 이 명나라 시대 관료에게 깊이 매료되었다. 그는 황제에게 직언할 만큼 용감했을 뿐 아니라 진심으로 황제에게 충성했다. 무엇보다 하이루이는 황제 본인을 비난한 것이 아니라 잘못된 판단을 한 대신들을 질책했다. 마오쩌둥은 이 역사적 인물을 이용하여 대약진 운동으로 초래된 갈수록 악화되는 재앙의 책임을 당 지도부에게 돌렸다. 마오쩌둥 자신은 부하들의 거짓말에 속고 곡물 생산량과 관련하여 부풀려진 자료를 보고 받았을 뿐이라는 논리였다. 하이루이의 용기를 널리 알리기 위해 연극이 상연되고 관련 기사들이 발표되었으며 일대기가 출간되었다.[13]

그런데 1959년 여름에 펑더화이가 숙청된 뒤로 정치적 기류가 완전히 바뀌었다. 이제는 루산 회의에서 직언을 마다하지 않았던 그 장군이 하이루이인 것처럼 보였다. 「하이루이의 파면」이라는 제목으로 알려진 우한의 희곡이 매우 다른 관점에서 읽힐 수 있게 된 것이다. 〈당신은 일찍이 한두 가지 착한 일을 했을 수 있다. 하지만 지금은 어떤가? 국민들은 오랫동안 당신을 불만스럽게 여겨 왔다. 궁궐 내부나 외부의 모든 관료들이 아는 사실이다. 도를 닦는 데 너무 전념한 나머지 당신은 정신이 이상해졌다. 독재적인 방식에 너무 치중한 나머지 독단적이고 편향적이 되었다.〉[14]

1961년 2월 베이징에서 수정된 우한의 희곡이 무대에 올려졌다. 일부 당 지도층 인사들에게 해당 연극에 내포된 우화적인 의의가 분명하게 전달된 게 틀림없었다. 1962년 1월에 운명의 7,000인 대회가 진행되는 동안 막후에서는 그들 중 몇 사람이 펑더화이를 하이루이에 비유하기 시작했다. 연극은 두 번 다시 무대에 올려지지 않았지만 인쇄물로 배포되어 계속해서 인기를 누렸다. 기근의 여파로 직접적인 타격을 입은 주석이 할 수 있는 일은 거의 없었다.[15]

장칭은 배우 시절부터 상하이를 잘 알았다. 항구 도시인 상하이는 오랜 노동 투쟁의 역사에서 공산주의자들에게 요새와 같은 곳이었고 주석의 신임을 받는 커칭스라는 강력한 시장이 버티고 있는 곳이기도 했다. 시장의 심복 두 명이 마오 부인을 돕고 나섰다. 두 사람 모두 나중에 이른바 〈사인방(四人幇)〉의 일원이 될 터였다. 한 명은 상하이의 당 조직에서 선전부를 이끌던 말수가 적고 음침한 장춘차오(張春橋)였다. 다른 한 명은 1955년에 정부의 독단적인 주장을 혹평한 유명 작가 후펑에 반대하는 운동에 열정적으로 가담했던 둥그스름한 얼굴의 뚱뚱한 젊은 남자 야오원위안이었다. 일단의 지식인들이 〈후펑 일당〉의 일원이라고 지탄을 받고 중노동 선고를 받았을 때 크게 기뻐했던 야오원위안은 주석을 돕기 위해서 다시 펜을 꺼내 들 준비가 완료되었다.

그는 일종의 청부업자가 되었다. 장칭의 조언에 따라 그해 여름에 병을 핑계로 일선에서 물러나 요양원에 들어간 그는 우한이 농업 집산화에 반대하고 대약진 운동을 간접적으로 비판했다고 고발하면서 그의 희곡에 대해 장문의 비난 글을 썼다. 야오원위안이 쓴 글은 아홉 차례에 걸쳐 교정되었는데 그중 세 번은 마오쩌둥이 직접 교정을 보았다. 이미 당시에도 야오원위안의 글은 1만 단어가 넘는 장황하고 따분한 글이었다.

1965년 11월 10일 양상쿤이 해임된 바로 그 날에 마오쩌둥은 문화 대혁명의 시작을 알리며 두 개의 지역 신문에 동시에 발표된 첫 번째 공격을 감독하기 위해서 상하이에 머물고 있었다.

펑전은 선택을 해야 했다. 만약 친구이자 동료이면서 존경받는 지식인인 우한을 비호할 경우 수정주의 세력 중 최고위 인사들을 수도에 숨겨 주었다는 비난을 받을 수 있었다. 그렇다고 그를 등질 경우에는 애초에 위험 요소를 알아채지 못했다는 사실이 부각될 수 있었다. 펑전 시장은 『인민일보』를 비롯한 베이징의 신문사들이 해당 기사를 실어 나르지 못하게 금지함으로써 쟁점을 피해 보려 했다. 저우언라이가 전화해서 주석 본인이 우한에 대한 비난을 지지하고 있다는 사실을 알려 준 뒤에야 펑전은 뒤로 한발 물러났지만 그럼에도 하이루이가 펑더화이를 암시한다는 논쟁은 순전히 학문적인 논란일 뿐이라고 주장했다. 1966년 2월에 펑전은 오인소조를 이끌고 조언을 구하기 위해서 이제 우한 등후 호수 주변의 한적한 저택에 웅크리고 있는 주석을 찾았다. 그 자리에서 오인소조의 일원인 캉성은 우한의 희곡을 〈독초〉라며 비판했지만 펑전은 고집스럽게 그 모든 사건이 학문적인 논쟁일 뿐이라고 설명했다. 마오쩌둥은 모른 척 두 사람 사이의 갈등을 외면하면서 이렇게 덧붙였다. 〈여러분이 알아서 할 일이오.〉[16]

마오쩌둥은 자신은 안전하다고 생각하도록 펑전을 안심시켰다. 한 달 뒤 덫이 가동되었고 마오쩌둥은 〈독립적인 왕국을 운영했다〉라고 시장을 고발했다. 주석은 캉성에게 베이징 시 당 위원회가 악인을 보호하고 혁명에 반대했기 때문에 해체되어야 한다고 말했다. 캉성은 베이징으로 달려가서 저우언라이에게 주석의 메시지를 전했다. 저우언라이는 자신의 정치적 본능을 따르고 주석과 운명을 같이하기로 결심했다. 당 원로들이 한자리에 모인 수뇌부 회의에서 저우언라이와 덩샤오핑은 예전의 동료가 〈마오쩌둥 사상에 반대하고 주석에게 반기를 들고 있다〉라고 비난하면서 펑전에게 최후의 일격을 날렸다.[17]

———————

마지막 네 번째 장애물은 선전부를 맡고 있던 루딩이였다. 그 역시 오인소조의 일원이었는데 상관인 펑전의 추락은 곧 그의 몰락으로 이어졌다. 사극 「하이루이의 파면」을 둘러싼 논쟁에서 펑전의 편에 선 인물이기도 했다. 펑전처럼 문학계와 예술계를 엄격히 통제하는 데 열정을 쏟은 루딩이는 1964년 12월에 문화부가 〈완전히 썩었으며〉 자본주의와 봉건주의의 합작 세력에 의해 운영되었다고 발표했다.[18] 그는 문화부를 상대로 위에서부터 아래까지 철저한 숙청 작업을 단행했지만 결과적으로 충분하지는 않은 듯했다. 이 무렵에 부쩍 서로 협력하던 장칭과 린뱌오가 1966년 2월 상하이에서 군대 내부의 문학과 예술을 논의하기 위한 회의를 소집했다. 회의록에 의하면 그들은 인민 공화국이 설립된 이래로 〈문학 영역과 대다수 교수들이 우리의 정치적 견해를 지배하려는 흑방(黑幇) 역할을 해왔다〉라는 결론에 도달했다. 이제는 루딩이가 숙청될 차례였다. 그는 그해 3월에 마오쩌둥 사상을 〈비방〉한 혐의로 권력에서 밀려났다.[19]

마오쩌둥은 펑전과 뤄루이칭, 루딩이와 양상쿤 네 사람 모두가 쿠데타를 모의해 온 〈반당 파벌〉에 속해 있다고 주장했다. 당 원로들 앞에서 린뱌오가 그들의 죄상을 낭독했다. 캉성이 주석의 명령을 받아 준비해 준 내용이었다. 〈기회를 노리면서 때를 기다리는 수많은 위선자들이 있다. 그들이 우리의 죽음을 원하는 이상 우리는 그들을 박살 내야한다! 그들은 가짜 혁명가고 가짜 마르크스주의자다. 거짓으로 마오쩌둥 사상을 따르는 배신자다. 마오 주석이 여전히 건재함에도 그를 배신하려 하고, 앞에서는 주석과 뜻을 같이하는 척하면서 뒤에서는 반대한다. 출세 제일주의자들이며, 속임수를 쓰고, 바로 이 순간에도 사람들을 죽이고 싶어 한다. 그들은 온갖 속임수를 동원해서 사람들을 죽이려 한다!〉

린뱌오는 네 명의 공모자를 수정주의적이고 반혁명적인 파벌의 지도자라고 비난했다. 주석에 대한 격찬도 쏟아냈다. 〈마오 주석은 혹시 천재가 아닐까? 마오 주석이 없으면 새로운 중국도 없지 않을까? 왜 다른 사람은 안 되고 마오 주석이어야만 할까? 마오쩌둥 사상은 정말 창의적이지 않은가? 만일 창의적이지 않다면 왜 우리가 마오쩌둥 사상의 기치를 높이 들겠는가?〉 저우언라이는 린뱌오와 같은 배를 타기로 했다. 〈나는 린뱌오 동지의 생각에 전적으로 동의한다. 그가 정말 잘 이야기해 주었다.〉

1966년 5월 23일, 네 명의 지도층 인사가 해임되었다. 저우언라이는 그들의 몰락이 〈마오쩌둥 사상의 승리〉라고 떠들면서 이렇게 덧붙였다. 〈마오 주석은 레닌처럼 타고난 지도자다. 그는 세계 모든 인민의 지도자다!〉[20]

2부

적색 시대

1966~1968

5장
대자보 전쟁

1966년 5월 잦은 비를 내리던 봄이 끝나 갈 무렵 양저우(揚州)의 한 가위 공장에서 일하던 스물세 살의 노동자가 내륙으로 50킬로미터를 걸어 들어가 자금산(紫金山)에 도착했다. 그곳은 역사적인 장소로서, 혼령들이 나온다는 얘기도 있었다. 지금은 사방에 녹음이 우거져 있었고 석양을 받아서 금색과 자주색으로 물든 신비로운 구름 사이로 산봉우리가 자주 모습을 숨겼다가 드러내기를 반복했다. 산 아래로 예전 명나라 때 수도인 난징이 내려다보였다. 그 주변은 몇몇 황제들과 고관들이 사후에 영면을 취하고 있는 장소이기도 했다. 명나라를 건국한 홍무제의 거대한 무덤이 만든 그늘 아래서 자란 대나무 숲과 오래된 떡갈나무에 둘러싸인 채 천즈가오는 청산가리가 담긴 작은 병을 단숨에 들이켰다. 어떤 한 아이가 그의 집 대문에 〈덩튀 신봉자!〉라고 휘갈겨 쓴 대자보를 붙인 뒤로 도무지 버틸 수 없을 정도로 압박에 시달려 온 참이었다. 천즈가오는 문화 대혁명의 제물이 된 첫 번째 민간인 희생자가 되었다.[1]

1965년 11월에 야오원위안의 논평은 우한을 비난하는 회오리바람을 일으켰다. 당시 펑전은 덩튀에게 우한을 옹호하는 글을 써달라고 요청했다. 덩튀는 몇 년 전 백화 운동에 관련된 마오쩌둥의 주요 연설에 대해서 일부러 보도를 지연시킨 적도 있었다. 펑전과 우한이 권력에서 밀려나자 덩튀가 바로 다음 표적이 되었다. 1966년 5월 6일, 이제는 마오쩌둥에게 완전히 장악된 『인민일보』가 덩튀와 그의 몇몇 추종자들을 비난하고 나섰다. 대약진 운동이 끝난 이후로 그들은 수백 편에 달하는 논평을 썼고 베이징 시 당 위원회에서 관리하는 잡지들을 통해 소개되어 왔는데 이제 그 글들이 역사적 비유와 풍자를 이용해서 주석을 공격했다는 의혹을 받고 있었다. 열흘 뒤 5월 16일에 『인민일보』는 피를 요구했다. 〈덩튀는 어떤 사람인가? 현재 조사를 통해서 그가 반역자라는 사실이 드러나고 있다.〉[2] 이틀 뒤에 덩튀는 다량의 수면제를 복용하고 방대한 양의 진귀한 고서화 수집품에 둘러싸인 채 집에서 숨을 거두었다. 하나같이 그동안 펑전 밑에서 유능한 일꾼으로 일하면서 수집한 것들이었다.

『인민일보』가 당의 대변자였기에 여기에 실리는 사설은 전국에서 신중히 정독되었고 각종 회의에서 낭독되었으며 라디오를 통해 방송되거나 사람들 왕래가 많은 교차로에서 진열 상자에 전시되었다. 중학교에서는 당 서기들이 전교생을 모아 놓고 우한과 덩튀를 비롯한 그들의 추종자를 비난했다. 수년 간 학생들은 〈계급 투쟁〉이라는 공격적인 원칙에 따른 교육을 받았고 사회주의 교육 운동은 그들에게 사회 구석구석에 둥지를 틀고 당을 전복하려는 계급의 적들에 대해 경고했다. 모범적인 군인 레이펑처럼 수많은 학생들이 마오 주석의 충직한 투사가 되길 열망했다.

이제 그들에게 하나의 임무가 주어졌다. 학생들은 대자보를 써달라는 주문을 받았고 작업에 착수했다. 작업에 필요한 다량의 붓과 잉크, 낡은 신문지 뭉치가 제공되었다. 고구마 전분으로 풀을 쑤기 위해서 커다란 솥도 설치되었다. 그들은 신문지에 크고 굵은 글씨로 글자들을 써넣었다. 때로는 종이 한 장에 한 글자만 써넣기도 했으며 그런 다음에는 빗자루를 들고 다니면서 벽보를 붙였다. 곧 전국에 다음과 같은 표어들이 도배되었다. 〈흑방 분자를 박살 내자!〉〈반사회주의 도당은 물러가라!〉〈끝까지 혁명을 완수하자!〉[3]

정치적으로 기민한 몇몇 학생들은 우한과 그의 추종자들이 무슨 잘못을 했는지 알아내고자 도서관에서 『인민일보』를 비롯한 여러 신문에 실린 논평과 사설을 공부하며 시간을 보냈다. 그들은 유죄를 암시하는 증거에 주목했으며 매일 새로운 대자보를 통해 그들이 가장 최근에 발견한 사실을 전파했다. 대여섯 개의 불교 학교가 설립되어 운영되는 정딩(正定)이라는 도시에서는 마오 주석이 톈안먼 광장 연단에 서 있는 한 장의 사진에서 주석의 머리 위로 칼이 보인다는 주장이 제기되기도 했다. 학생들의 조사는 계속 확대되었고 곧 단편과 장편 소설, 영화, 희곡 등에서 문제가 발견되었다. 이들 어린 행동주의자들 중에는 펜 하나로 우한을 끌어내린 야오원위안의 산문체를 본받고자 하는 학생들이 많았다. 정딩에서 의혹을 제기했던 학생 중 한 명인 가오위안은 이렇게 설명했다. 〈그의 방식은 다음과 같다. 첫째, 자신이 마르크스·레닌주의와 마오쩌둥 사상의 옹호자라고 선언한다. 둘째, 표적에게 일련의 질문을 던져서 혐의를 제기한다. 셋째, 반동 세력이 당에 침투한 또 다른 사례라고 폭로한다.〉[4]

여전히 행동하길 갈망하는 학생들과 달리 교사들은 상당수가 혼란스러워했다. 일부는 사실상 우한을 두둔했다. 지난(濟南)의 한 중학교에서는 야오원위안의 주장을 전면 반박하는 글이 발표되기도 했다. 그럼에도 대다수는 조심스러운 입장이었고 충분히 그럴 만한 이유가 있었다. 학생들과 달리 그들은 백화 운동을 기억하고 있었던 것이다. 1957년에 우파라는 꼬리표가 붙은 적 있는 한 교사는 문화 대혁명이 오히려 더 심할 수 있음을 간파했다. 〈이번에는 문화 대혁명으로 우리 교사들이 재판을 받고 있다. 1957년의 반우파 운동 때와는 비교도 안 될 만큼 상황이 훨씬 심각해질 것이다.〉 바람이 어느 방향으로 불지 기다려 보자는 입장도 많았다. 〈말을 아끼는 게 최선이다. 말실수를 하는 순간 문제에 휘말릴 것이다.〉 몇몇 교사들은 너무 걱정된 나머지 학교의 당 서기에게 자신들의 이념적 실수를 자발적으로 고백하고 용서를 구하는 방안을 고민했다. 일부 교사들의 출신 배경에 의문을 제기하는 대자보가 나붙었다.[5]

베이징 시 당 위원회가 전면 재편성되면서 동요는 더욱 커졌다. 공모자 사인방을 겨냥한 비난이 아직 공론화되기 이전인 5월 16일에 당 고위층 인사들 사이에서는 펑전이 수도인 베이징을 수정주의의 요새로 탈바꿈시켰다는 공지문이 회람되었다. 마오쩌둥은 당 전체에 〈당과 정부 기관, 군대를 비롯한 문화계 전반에 스며든 이런 부르주아의 대변인들과 연을 끊어라〉라고 요구했다. 그들은 〈혁명에 반대하는 수정주의 세력〉이었다. 정권을 잡고 조건이 무르익는 대로 프롤레타리아 독재를 부르주아 독재 체제로 바꾸려는 자들이었다. 마오쩌둥은 끔찍한 경고를 내놓았다. 〈그들 중 일부는 우리가 이미 파악했고 일부는 그렇지 못하다. 일부는 우리가 여전히 신뢰하고 우리 후계자로 훈련시키고 있는 사람들이다. 요컨대 여전히 우리 곁에 바싹 달라붙어 있는 흐루쇼프 같은 자들이다.〉[6]

마오쩌둥의 메시지는 당내 고위층 인사들의 등골을 오싹하게 만들었다. 유력한 베이징 시장이 실각할 수 있다는 것은 다른 사람도 이내 그의 뒤를 따를 수 있다는 말이었다. 당원들은 주석의 발언을 놓고 회의하는 자리에서 테이블 너머로 서로를 감시하기 시작했다. 몇몇은 주석을 제외하고는 아무도 믿지 않는 것이 자신의 안위를 지킬 수 있는 유일한 방법이라고 생각하기 시작했다. 〈지금 당장은 우리가 신뢰할 수 있는 인물이 마오 주석밖에 없다는 생각이 든다. (……) 우리는 주석을 제외한 모두를 의심해야 한다. 주석의 지시를 따르지 않는 사람은 모두 의심해야 한다.〉[7]

『인민일보』를 읽는 일반인들은 권력의 회랑에서 모종의 일이 일어나고 있음을 직감했다. 근거도 없는 뜬소문이 나돌기 시작했다. 펑전이 수도에 군대를 투입했다는 의혹을 제기하는 사람들도 있었고 최후의 결전을 위해서 베이징 교도소에 수감된 범죄자를 대상으로 병사를 모집하고 있다고 수군대는 사람들도 있었다. 마오쩌둥이 한동안 공개 석상에 모습을 드러내지 않는 것도 의혹을 더욱 부추겼다.[8]

그사이 마오쩌둥은 펑전이 이끌던 오인소조의 해체를 위해 움직였다. 오인소조 대신 마오쩌둥의 심복들로 구성된 중앙 문화 혁명 소조가 등장했다. 중앙 문화 혁명 소조는 곧 문화 대혁명의 전 과정을 지휘하면서 모든 상위 결정이 내려지는 가장 중요한 정치 기구가 되었다. 황제가 대신들의 반대를 우회하기 위해 만든 내부 조직처럼 중앙 문화 혁명 소조는 당과 정부와 군대 위에 군림할 터였다.

중앙 문화 혁명 소조의 우두머리는 비열하고 옹졸하고 야심으로 가득 찬 남성 천보다였다. 심한 푸젠 성 사투리를 쓰는 그는 1930년대에 모스크바에서 교육을 받은 인물이었다. 옌안 시절에 주석의 대필 작가가 되었고 해방 이후에는 주석의 정치적 비서들 중 한 명으로 일했다. 1958년에 그는 공산주의의 새벽이 밝았다며 대약진 운동을 환영했다. 불과 2년 뒤에는 수백만 명의 죽음에 대해 〈우리가 앞으로 나아가기 위해서는 어쩔 수 없는 일이었다〉라고 주장하면서 재앙의 직접적인 책임자인 자신의 주인에게 면죄부를 주었다.[9]

중앙 문화 혁명 소조에는 장칭과 캉성, 야오원위안과 장춘차오를 비롯한 주석의 몇몇 심복들이 포함되었다. 세력 균형이 바뀔 때마다 그 구성원은 달라지겠지만 문화 대혁명이 지속되는 대부분의 기간 동안 중앙 문화 혁명 소조는 계속해서 태풍의 눈으로 남을 터였다. 그들은 자금성에서 서쪽으로 몇 킬로미터 떨어진 복합 단지 댜오위타이 국빈관 안에 있는 두 개의 건물에 입주했다. 호수와 정원으로 둘러싸인 그 지역은 12세기에 장중 황제가 가장 좋아했던 낚시터였다. 건물 자체는 인민 대회당과 마찬가지로 1959년에 지어진 것이었다. 얼마 뒤에는 교환원과 타자수, 기록원을 비롯해서 매일 전국 각지에서 들어오는 대여섯 자루 분량의 전보와 편지를 처리해 줄 보조 직원들이 증원되면서 추가로 네 채의 건물을 더 인수했다. 마오 부인은 본부 안에서도 시끌벅적한 외부와 차단된 안락한 공간에 아예 영구적인 거처를 마련했다.[10]

국제 어린이날이기도 한 6월 1일에 중앙 문화 혁명 소조가 첫 번째 폭탄을 투하했다. 천보다는 『인민일보』엔 발표한 선동적인 논설에서 시민들을 향해 〈모든 괴물과 악마를 척결하라!〉라고 강력히 촉구했다. 〈자신들의 반동적인 공권력을 강화하기 위해 노동자를 속이고 기만하고 멍청하게 만들려 하는〉 부르주아의 대변자들을 척결하라는 외침과 함께 문화 대혁명이 공식적으로 시작되었다. 천보다의 논설은 〈사상계와 문화계〉 전반에 자리 잡고 있는 〈부르주아 출신의 전문가들〉, 〈학술계의 권위자들〉, 〈신망 있는 대가들〉을 콕 찍어서 지목했다.[11]

마치 천보다의 논설만으로는 충분히 극적이지 않다는 듯 바로 그날 저녁에 중앙 인민 방송국에서 녜위안쯔가 일주일 전에 쓴 대자보 내용이 방송되었다. 녜위안쯔는 철학과의 당 서기였고 1년 전쯤에 캉성과 그의 공작대 편에서 베이징 대학교 수뇌부가 〈자본주의 노선을 택했다〉라고 폭로할 수 있도록 도움을 준 인물이었다. 당시에는 펑전이 자신의 강력한 정치적 영향력을 이용해 1965년 3월 캉성의 공작대를 해산시키면서 캉성의 전략이 역풍을 맞았었다. 이후에 녜위안쯔는 혹독한 비난에 휩싸였고 직장까지 잃을 뻔했지만 1966년 5월 초 우한과 덩퉈가 몰락하는 모습을 보면서 자신을 비난했던 바로 그 사람들이 머지않아 곤경에 처하게 될 거라는 사실을 눈치챘다. 캉성은 자신의 아내를 보내 대학교 안에서 혁명을 선동하도록 녜위안쯔를 부추겼다. 5월 25일 녜위안쯔는 부르주아 세력이 베이징 대학교를 장악했다고 주장하는 대자보를 붙였다. 대학 수뇌부가 〈흐루쇼프 같은 수정주의자 집단〉이라는 주장이었다. 대자보 내용은 순식간에 퍼져 나갔다. 이튿날이 되자 유사한 내용으로 수천 장의 대자보가 나붙었다. 캉성이 보내온 대자보 사본을 받고서 주석은 해당 대자보가 〈파리 코뮌의 선언문보다 훨씬 의미심장하다〉라는 의견을 내놓았다. 대자보에 주석의 승인 도장이 찍혔다.[12]

전국의 라디오 방송국이 녜위안쯔의 대자보 전문을 보도한 다음 날인 6월 2일에는 『인민일보』가 똑같은 내용을 보도했다. 베이징에 휴교령이 내려졌다. 그다음 날이 되자 마침내 펑전의 실각 사실이 공표되었고 새로운 베이징 시 당 위원회가 발족했다. 당사 정문 위에 망치와 낫이 그려진 붉은 깃발을 좌우 양쪽에 둔 마오쩌둥의 초상화가 게양되었다. 아크등(燈)이 당사를 환하게 비추는 가운데 대형 트럭이 새로운 지도부에 지지를 표명하려는 대표단을 연신 실어 날랐다. 빨간색으로 볼을 칠한 초등학생들에게서 환호가 터져 나왔다. 폭죽이 터지고 북과 심벌즈 소리가 울렸다. 축하 행사는 다음 날 오전 여덟 시가 되어서야 마침내 한풀 잦아들었다.[13]

긴장을 고조시키기 위한 한 방편으로 6월 13일에 군중 재판이 열렸다. 재판이 열린 베이징 공인 체육장은 인민 대회당과 댜오위타이 국빈관과 함께 중국 혁명 10주년을 기념해서 1959년에 지어진 거대한 콘크리트 건축물이었다. 베이징 출신의 열아홉 살 청년 양궈칭은 한 달 전 외국인 두 명을 칼로 찌른 혐의로 기소되었다. 방송 카메라들이 지켜보는 가운데 양궈칭이 약간 높은 연단 위로 세 명의 경찰들 손에 이끌려 나왔다. 그는 1만 3,000명의 분노하는 군중 앞에서 고개를 숙인 채 순종적인 태도를 보였고 군중은 매번 연호할 때마다 주먹을 치켜들면서 한 목소리로 다음과 같은 구호를 외쳤다. 〈계급 투쟁을 잊지 말라.〉〈반동분자들은 물러가라.〉[14]

이제 중국은 곳곳에서 발견되는 반혁명적인 음모에 맞선 공격적인 정치 운동에 휘말려 있었다. 모든 마을과 도시에 주석의 전신 초상화가 들어간 커다란 현수막이 내걸렸다. 주석의 발언은 공장과 사무실과 학교 벽을 통해서 빠르게 확산되었다. 증인의 말에 따르면 거리에 수정주의의 반란을 독자들에게 경고하는 표어의 숫자가 〈열 배로 많아진 것 같았다〉. 전국에서 민병대가 경계 태세에 들어갔다. 그들은 모스 부호를 연습하고 공습에 대비했으며 총검술을 훈련했다. 여섯 살 정도의 어린 소녀들도 훈련에 동참해서 앞으로 돌진하며 앙칼진 목소리로 〈죽여〉라고 외쳤다. 산둥 성 성도인 지난의 몇몇 공장에서는 대공 사격 훈련을 위해서 건물과 건물 사이에 철사줄로 모형 비행기를 매달아 놓았다. 같은 산둥 성 내의 주요 항구 도시인 칭다오에서는 여러 분대로 나뉜 민병대가 소총과 경기관총으로 무장한 채 거리를 가득 메웠다. 중국을 침략하려는 외국 열강들이 산둥 성을 교두보로 이용하려 할 수 있음을 걱정한 탓이었다.[15]

내륙 안쪽에서도 상황은 비슷했다. 베이징에서 다년간 주중 영국 대사로 근무한 앨런 도널드는 양쯔 강을 따라 여행하면서 이렇게 썼다. 〈비행기까지 동원하여 시각적, 청각적으로 그토록 공격적인 선전 활동을 벌이는 모습은 여태 중국에 머물면서 한 번도 본 적이 없었다.〉 혁명 전사들에게 반(反)당 세력을 조심하라는 경고는 예컨대 벽에 부착되거나, 신문에 활자로 인쇄되거나, 확성기를 통해 방송되는, 시골의 경우에는 심지어 이동식 게시판에 게시되는 각종 표어를 통해 어디서나 접할 수 있었다.[16]

주석이 어떤 생각을 가졌는지 가장 분명하게 드러난 것은 옌안에서였다. 수십 년 전 제2차 세계 대전 당시에 공산주의자들이 숨어 지낸 그곳은 혁명가들에게는 호된 시련의 장소이기도 했다. 중국의 나머지 다른 지역과 격리되고 간헐적인 무선 접촉을 제외하면 모스크바와도 연락이 두절된 상태에서 그들은 자립이라는 원칙 아래 검소한 생활을 미덕으로 삼았다. 그들의 통제 아래 있는 전체 주둔지에서는 조직의 몸통을 구성하는 기층 조직이 전체 구성원의 생계를 책임져야 했다. 이상적인 공산주의자란 군인인 동시에 노동자이며 학생이어야 한다는 이유로 전문화는 금지되었다. 전쟁에서든 일에서든 하나의 공동체로 움직여야 한다는 논리였다. 따라서 학생들은 육체 노동을 통해 혁명에 기여하도록 요구되었고 반대로 군인들은 정치 학습에 매진하도록 요구되었다.

1966년 여름에 옌안이 홍색 관광의 성지가 되면서 옌안을 찾은 많은 방문객들이 개간 사업을 주제로 한 다큐멘터리 영화를 관람했다. 영화에는 길게 줄지어 서서 거친 산비탈을 개간하는 군인들이 등장했으며 그들은 자신들의 사심 없는 인내와 집단 행동이 자연의 일부를 바꿀 수 있다는 확신에 차 있었다. 옌안의 인민공사와 공장에서 가장 인기 있는 교재는 〈어리석은 노인이 산을 옮긴다〉라는 전통 설화를 1945년에 마오쩌둥이 새롭게 변형한 이야기였다.[17] 원래의 설화 내용은 이랬다. 아흔 살 된 한 노인이 살았는데 그는 풍경을 해친다는 이유로 산 하나를 없애 버리기로 했다. 연장은 괭이와 바구니가 전부였다. 생전에 어떻게 일을 끝낼 수 있겠냐는 질문을 받자 그는 만약 자신의 자식들과 그 자식들의 자식들이 그리고 그들의 후대들이 포기하지 않고 계속한다면 종국에는 산을 옮길 수 있을 거라고 대답했다. 마오쩌둥은 이 설화를 재해석하여 인민을 억압하는 제국주의와 봉건주의라는 두 개의 산이 존재하는데 불굴의 의지력과 부단한 노력으로 얼마든지 제거할 수 있다고 설명했다. 이 이야기는 문화 대혁명 기간에 『마오쩌둥 어록』에서 가장 많이 읽히는 세 개의 이야기 중 하나가 될 터였다.

한 달 전에도 옌안 시절의 정신을 찬양한 마오쩌둥은 5월 7일 린뱌오에게 보낸 편지에서 〈군과 인민을 하나로 묶기 위해서는〉 군이 〈군대식 교육과 군대식 농업 활동, 군대식 산업 활동, 군대식 민간 업무를 수행해야 한다〉라고 주장했다. 마찬가지로 노동자들은 〈군 내부의 일과 정치, 문화를 배워야 했고〉 학생들은 〈교실에서 행해지는 학습에 더해서 산업 현장의 일과 농사일, 군 내부의 일을 배워야 했다〉. 마오쩌둥의 편지는 이후 몇 주 동안 널리 회람되었다. 주석의 계획은 군사 조직과 정치적 세뇌를 맹신하는 광적인 환상에 불과했고 그 안에서는 남자든 여자든 모두 군인이 되어야 했다. 이제 중국은 과거를 향해서 나아가고 있었다.[18]

————

　1966년 6월 1일 베이징 대학교를 고발하는 녜위안쯔의 글이 전파를 타자마자 전국의 사무실과 공장과 학교에 대자보가 붙기 시작했다. 어떤 대자보는 대문짝만 한 종이에 검은색 잉크로 글씨를 쓰고 중요한 고발 내용 밑에 빨간색으로 밑줄을 그었다. 어떤 대자보는 지역 지도자들을 향해서 당을 배반하고 사람들을 타락시키고 혁명을 방해했다고 심지어는 자본주의를 부활시키려 했다고 장황하게 비난하는 내용을 담고 있었다. 한편 녜위안쯔가 자신의 글을 붙인 장소는 10년 전 백화 운동 때 대자보들이 붙었던 바로 그곳이었다. 게시물을 보려고 몰려든 사람들은 이 상황을 어떻게 이해해야 할지 몰라서 아리송할 따름이었다. 1956년에 당은 사람들에게 솔직한 속내를 털어놓으라고 부추기고 불과 1년 뒤 비평가들에게 역공을 가했었다. 이런 대자보를 쓴 사람들이 혁명에 헌신하는 정예 당원일까? 아니면 베이징 외국 어학원에 다닌 어떤 사람의 말처럼 〈이기적인 사람이거나 말썽꾼 또는 당에 반대하고 사회주의에 반대하는 불순분자이거나 자칭 반혁명주의자〉일까? 어떤 냉소자들은 그들이 단순히 당의 대리인들이며 사람들을 꼬드겨서 도끼

가 떨어질 때까지 목을 길게 내 빼도록 부추긴다고 주장했다.[19]

지도부도 혼란스럽기는 마찬가지였다. 5월 16일 자신의 메시지로 당을 한바탕 휘저어 놓은 마오쩌둥은 수도를 벗어나 칩거에 들어갔다. 〈다른 사람들은 바쁘게 정치하도록 내버려 두어라.〉 알아서 하도록 내버려진 류사오치와 덩샤오핑은 당이 늘 하던 대로 나아가기로 했다. 두 사람은 그동안 써왔던 가장 확실하고 안정적인 방법을 사용하는 데 합의했다. 요컨대 공작대를 파견해서 문화 대혁명을 이끌게 한 것이다. 그럼에도 여전히 주석의 동의가 필요했고 그래서 항저우로 날아갔다. 주석은 계속 애매한 태도를 보이면서 명확한 입장을 내놓지 않았다. 두 지도자가 돌아가자 주석은 자신의 주치의에게 〈정치적 운동에 따른 문제는 그들 스스로 해결하게 해야 한다〉라고 말했다. 이제 주석은 편안히 앉아서 중국이 혼돈의 나락으로 떨어지는 과정을 지켜볼 참이었다.[20]

수만 명에 달하는 당 간부들이 중학교부터 출판사에 이르기까지 수도 전역의 교육 기관 내 공작대에 합류하도록 보내졌다. 6월 9일에 칭화 대학교에 파견된 최대 규모의 공작대는 류사오치의 아내 왕광메이를 포함하여 구성원이 500명에 달했다. 전국의 다른 지역들도 수도와 경쟁에 나섰고 서둘러 공작대를 파견했다. 공작대가 어디를 가든 그들의 관리 아래 있는 학교나 대학은 온통 대자보로 도배되어 있었다.

공작대는 〈괴물과 악마〉를 비난하도록 학생들을 부추겼다. 앞서 『인민일보』에 발표된 논설에 따르면 그들은 문화계를 독점해서 노동자들을 억압하려 했다. 학생들은 따로 부추길 필요가 없을 정도였다. 그들은 몇 주에 걸쳐 우한과 덩튀의 추종자들을 추적해 오고 있었고 그들 가운데 보다 급진적인 일부 학생들은 이미 자신들을 가르치는 교수들 중 몇몇의 출신 배경에 대해 면밀한 조사를 시작한 터였다. 계급의 적들은 더 이상 과거의 추상적인 그림자가 아니라 실존하는 존재였고 나라를 온갖 착취가 난무하던 봉건 시대로 퇴보시키려 위협하고 있었다. 우한을 고발한 대자보는 얼마 안 있어 교수를 비난하는 새로운 대자보에 덮여 버렸다.

공작대의 자극에 고무된 학생들은 초기에 교사들을 비난했다. 과거에 자신을 모욕한 적 있는 교사들이 표적이 되었다. 베이징의 명문 중학교 중 한 곳에 다니던 열다섯 살의 양레이는 다른 학생들 앞에서 자신을 호되게 꾸짖었던 여교사를 맹비난했다. 여교사는 양레이가 육체노동에 대한 불만을 토로하자 프롤레타리아적 감성이 결여되어 있다고 앙칼진 목소리로 그녀를 질책했다. 주석의 말에 따르면 그 여교사는 〈학생들을 자신의 적처럼 대하는〉 사람이었다. 양레이는 자신의 붓에 검정색 잉크를 묻혀 여교사가 자신을 질책할 때 썼던 수사적 기교들을 그대로 이용하여 대자보를 써 내려갔다. 내용은 다음과 같았다. 그 여교사는 학생에 대한 프롤레타리아적 감성이 결여되어 있고 자신과 다른 의견을 가진 학생을 억압했다. 그녀의 같은 반 친구 중 한 명은 쉬는 시간에 학생들 책상을 뒤져서 그들이 쓴 일기를 읽다가 들킨 교사를 고발했다. 학생들이 교과서와 교수법, 심지어 교직원에 대해서도 샅샅이 조사하기 시작하면서 더러운 비밀들이 속속 드러났고 그때마다 새로운 대자보가 나붙었다.[21]

일부 학생들은 그동안 좋은 관계를 맺어 온 교사들에게 맞서야 하는 운동에 동참하길 보다 조심스러워하고 꺼려 했다. 청두의 장융은 일체의 공격적인 행위에 대해서 본능적으로 반감을 가졌고 벽보의 악다구니를 통해 감지되는 폭력성에 두려움을 느꼈다. 열네 살이던 그녀는 학교에 무단결석하기 시작했다. 하지만 방관자를 위한 자리는 없었다. 그녀는 끝없이 계속된 여러 대회에서 〈가족을 먼저 챙긴다〉라는 비난을 받았다.[22]

청두에서 약 1,500킬로미터 떨어져 있고 아직 타이완령인 작은 진먼섬을 내려다보는 항구 도시 샤먼(廈門)에서는 공작대가 의심스러운 교사들을 대상으로 블랙리스트를 만들었다. 어떤 교사는 장제스의 당원이었다는 혐의로 기소되었고 또 다른 교사는 제2차 세계 대전 당시 민족 청년단에 연루된 혐의를 받았다. 〈이제 자네 앞에 블랙리스트가 있네.〉 공작대가 해당 학교의 학생 중 한 명인 링컨에게 말했다. 〈자네가 어떤 태도를 취하는지 한번 보세.〉[23]

머지않아 교사들은 스스로를 지키기 위해 서로를 고발하기 시작했고 그 결과 격렬한 대자보 전쟁이 벌어졌다. 그들은 학생들이 알아낼 수 있는 것보다 서로에 대해 더 많은 것을 알았다. 비밀 기록을 열람하거나 권력의 사다리에서 훨씬 위쪽에 위치한 유력한 인맥을 과시하는 이들도 있었다. 서로의 명성을 깎아내리면서 상대방의 과거를 점점 더 깊이 파헤쳤고 반동분자들과 공모했거나 비밀 조직에 가입했거나 프롤레타리아 동지를 성적으로 학대했다고 서로를 고발했다. 관용을 기대하며 자기비판서를 쓰거나 거짓 자백서를 쓰는 교사도 있었다. 고발 목록은 갈수록 길어졌다. 예컨대 정딩에는 〈무뢰한과 악당, 부도덕한 부농과 비열한 지주, 서민의 피를 빨아먹는 자본가와 신중산층, 역사적 반혁명가와 적극적 반혁명가, 우파와 극우파, 이질적인 계급과 타락한 계급, 반동분자와 기회주의자, 반혁명적인 수정주의자, 제국주의자의 앞잡이와 스파이〉 등이 있었다.[24]

증오로 가득한 분위기가 고조되자 설전(舌戰)은 공작대에 의해 지목된 표적을 향한 물리적인 공격으로 확대되기 시작했다. 어떤 희생자는 바보 모자*를 쓰고 다녀야 했고 어떤 희생자는 목에 〈자본주의의 앞잡이〉나 〈흑방 분자〉, 〈제국주의의 스파이〉 또는 그 밖의 죄목이 적힌 팻말을 매달고 다녀야 했다. 학생들에게 떠밀려서 때로는 잉크까지 뒤집어쓴 채 학교 안에서 이리저리 끌려다니는 교사들도 상당수 목격되었다. 시간이 지날수록 바보 모자는 더욱 길고 무거워졌고 목에 매다는 팻말도 더욱 크고 묵직해졌다. 때로는 팻말이 돌멩이를 가득 채운 바구니로 대체되기도 했다. 링컨이 다니던 학교의 교장에게 실제로 일어난 일이었다. 그 무게가 너무 무거워서 줄이 교장의 목에 깊은 상처를 냈을 정도였다. 교장과 다른 교사들은 부서진 징이나 냄비를 치면서 그리고 자신의 죄를 외치면서 맨발로 학교 안을 행진해야 했다. 〈나는 흑방(黑帮) 분자다!〉[25]

머지않아서 구타도 시작되었다. 결국 계급 투쟁이란 회유가 불가능한 적에게 맞서 죽을 때까지 싸우는 것이었다. 학생들이 혁명적 열정을 증명하고자 경쟁하며 서로를 부추기는 형국이 되면서 학대는 점점 더 심해졌다. 고발된 피의자 중에는 머리를 빡빡 깎이는 사람도 생겨났고 머리의 반쪽만 깎는 일명 음양 스타일로 머리를 깎인 사람들도 있었다. 뜨거운 여름 햇살 아래 몇 시간씩 세워 놓는 경우도 있었다. 샤먼에서는 깨진 유리 위에서 강제로 무릎을 꿇리기도 했다. 이런 고문 방식은 대부분 해방 이후에 그리고 가장 최근에는 사회주의 교육 운동 기간에 계급의 적에게 예사로 행해졌던 것이었다. 새로운 고문 기술도 등장했다. 왕꽝메이가 2년 전에 완성했다는 제트기 자세라는 이름의 기술이

---

* 원래는 공부를 못하는 학생에게 씌운 원추형의 종이 모자.

었다. 푸젠 성 전체로 보면 6월 한 달과 7월 초에 학생들에게 괴롭힘을 당해서 목숨을 잃거나 자살한 교사가 수십 명에 달했다.[26]

반혁명적인 괴물과 악마는 사회와 격리되어야 했고 많은 용의자들이 밤이 되면 급조된 임시 감옥에 수감되었다. 이런 감옥은 〈외양간〉이라는 조롱 섞인 이름으로 불렸으며 이외에도 창고나 교실, 기숙사 등이 임시 감옥으로 사용되었다. 보초는 공작대가 가장 믿을 수 있는 학생들 중에서 선발했다. 그들은 즉석에서 만든 무기로 무장하기도 했지만 체육 용품실을 뒤져서 펜싱 칼이나 목검, 쇠로 된 투창으로 무장하기도 했다. 가오위안은 〈초등학교에서 스파이 게임을 하면서 느꼈던 것과 똑같은 흥분을 느꼈다〉라고 회상했다.[27]

이와 같이 문화 대혁명 초기 단계에서 폭력은 중등학교에 지극히 한정되어 나타났으며 그 와중에도 폭력의 범위와 강도는 무척 다양한 양상을 보였다. 레이펑을 본받고자 했던 어린 소녀 자이전화는 의무감에서 자신의 교사들을 비난했지만 그녀가 다니던 베이징의 명문 중학교가 대자보로 벽이 도배된 뒤로는 혁명의 속도가 주춤하기 시작했다.[28]

그런데 자본주의 노선을 선택한 당내 권력자에 대해서는, 다시 말해서 주석이 그토록 관심을 보인 〈우리들 사이에 숨은〉 적에 대해서는 왜 공격하지 않을까? 중등학교나 대학교에 파견된 공작대는 대부분의 분노가 〈흑방 분자〉라고 생각되는 교사와 학생을 향하도록 선동했다. 그들을 희생양으로 이용하거나 지역 간부 몇 명을 희생시켜서 고위 관료들을 보호하기 위해서였다. 공작대는 당과 관련해 비판적인 목소리를 냈다고 판단되는 사람은 누구를 막론하고 엄중 단속했다. 예컨대 정딩에서 가오위안의 친구 한 명이 교내의 당 서기를 비난하는 대자보를 썼을 때 공작대는 그 학생에게 공개 사과를 강요함으로써 해당 공격을 무력화했다. 전국의 다른 중등학교에서도 비슷한 일들이 벌어졌다.

어쩌면 가장 의미 있을 충돌이 칭화 대학교에서 발생했다. 안경을 쓴 단단한 체격의 화학 공학과 학생 콰이다푸가 〈공작대의 손에 든 권력이 과연 우리를 대변하는가〉라며 공개적인 의혹을 제기했다. 이제 막 공작대에 합류한 왕광메이는 〈우경 학생인 콰이다푸가 권력을 잡으려 한다〉라고 주장했다. 며칠 뒤 콰이다푸(蒯大富)에게 반혁명적이라는 비난이 쏟아졌다. 그는 운집한 수많은 학생들 앞에서 자신을 지지하는 다른 수십 명과 함께 굴욕을 당하고 자신의 기숙사에 감금되었다.[29]

왕광메이는 9년 전 백화 운동에 뒤이은 반우파 운동의 새로운 버전으로 문화 대혁명을 이해했다. 당에 반대하는 콰이다푸 같은 학생이나 교사를 색출하는 것이 자신의 임무라고 생각했다. 그 같은 신념을 가진 사람은 그녀 혼자가 아니었다. 산업 분야에 대한 전반적인 책임을 맡은 유력한 부총리 보이보는 공작대 대원들에게 묘하게 백화 운동을 상기시키는 말투로 지시를 내렸다. 그는 〈뱀을 유혹해서 굴에서 끌어내라〉, 그리고 그들이 속내를 털어놓고 진짜 색깔을 드러내면 그때 진압하라고 지시했다. 류사오치 역시 베이징 사범 대학교 산하의 명문 중학교에서 자신이 직접 지휘하는 공작대 대원들에게 비슷한 지시를 내렸다. 〈지도자란 적절한 때를 선택할 줄 알아야 한다. 대부분의 괴물들이 정체를 드러낼 때까지 기다리고 적절한 시점에 반격할 줄 알아야 한다. 반당 및 반사회주의 분자들은 학교에서 반드시 축출되어야 한다.〉 그는 심지어 학생과 교사를 모두 합친 숫자의 1퍼센트에 해당하는 인원이 우경 세력으로 비난을 받아야 한다며 할당량도 정해 주었다. 중국 전체를 놓고 따지면 총 30만 명에 달하는 엄청난 숫자였다.[30]

몇 주가 지나지 않아 수도인 베이징에서만 1만 명이 넘는 학생들에게 〈우경〉이라는 꼬리표가 붙었다. 베이징 대학교에서도 지난 6월 18일에 총장을 사람들 앞에서 끌고 다니고 모욕을 주었다는 이유로 수십 명이 〈반동분자〉로 비난을 받았다. 공작대에 노골적으로 저항하는 반항적인 분위기가 확산되었다. 전문학교와 대학교 수십 곳에서 급진적인 학생들에게 떠밀려 공작대가 퇴출되었지만 류사오치의 지시로 저항을 진압하라는 임무와 함께 재투입되었다.

동요는 베이징에만 국한되지 않았다. 대자보에서 시안교통대학교 총장을 〈주자파〉라고 언급했다는 이유로 학우 중 한 명이 우경 세력으로 매도되자 시안 학생들은 당사 맞은편에 앉아서 3일 연속으로 침묵 시위와 단식 투쟁을 벌였다. 당국이 입장을 바꾸지 않자 다른 대학교 학생들까지 시위에 가세했다. 머지않아 시위 현장에서는 일대 혼란이 벌어졌다. 간호사들은 한여름 무더위 속에서 탈수 증세로 정신을 잃은 학생들에게 정맥 주사를 놓느라 정신이 없었고 응급 치료가 필요한 학생들이 병원으로 긴급히 후송되었다. 학생들은 베이징에 대표를 보내서 저우언라이에게 난국 타개를 위해 나서 줄 것을 촉구했다.[31]

척박한 간쑤 성 내에서도 황허 강 상류에 황토 언덕으로 둘러싸인 도시 란저우에서는 공작대가 학생들을 향해 경고 메시지를 방송했다. 베이징의 고위층 인사들에게 전보를 보내 불만을 토로하는 사람은 누구를 막론하고 반동분자로 간주될 거라는 내용이었다. 박해가 너무 심해 학생들이 달리는 기차에 뛰어들거나 건물에서 뛰어내리는 일도 발생했다.[32]

공작대는 공장도 엄하게 단속했다. 상하이 제17방적 공장에서는 조만간 사인방 중 한 사람으로 영전할 왕훙원이라는 젊고 잘생긴 보안 책임자가 문화 대혁명에 앞장서고 있었다. 그는 생산량을 늘릴 목적으로 고정급이 아닌 능률급을 지불하는 행태를 비난했다. 그와 그의 추종자들은 8,000명의 공장 노동자에게 불만을 부추겼다. 6월 말이 되자 반격을 위한 공작대가 파견되었고 불만을 제기했던 사람들을 핍박했다. 수백 명의 노동자들이 〈반당 분자〉라는 비난을 받았고 왕훙원에게는 〈이기적인 출세주의자〉라는 꼬리표가 붙었다.[33]

류사오치는 단시간에 중국에서 가장 미움받는 지도자로 전락했다. 휘하의 공작대들은 수많은 사람을 순교자로 만들었다. 마오쩌둥이 베이징으로 돌아갈 준비를 마쳤다.

6장
붉은 8월

마오쩌둥은 세간의 이목을 피해 몇 달 동안 연속으로 아주 은밀하게 전국을 여행하는 등 수수께끼 같은 행보를 보였다. 동료들조차 그가 어디에 있는지 항상 알지는 못할 정도였다. 사회주의 교육 운동 기간에는 〈아버지는 가깝다, 어머니도 가깝다, 그래도 마오 주석이 제일 가깝다〉라는 짧은 노래가 인기를 끌기도 했다. 하지만 현실 속의 그 지도자는 먼 사람이었다. 라디오에서 목소리를 들을 수도 없었고 공개된 자리에 좀처럼 모습을 나타내지도 않았다.

1966년 7월 16일 주석은 양쯔 강에서 그 유명한 수영을 함으로써 공적인 생활에 복귀할 거라는 신호를 보냈다. 그는 양쯔 강의 거센 물살을 타고 하류로 떠내려가다가 한 시간 뒤 강 건너편에서 모습을 드러냈다. 〈붉게 상기되고 잔뜩 들뜬 얼굴〉이었다. 이 소식은 전국에 방송되어 주석의 건강을 둘러싼 소문들을 불식시켰다. 신문에서는 〈주석이 지친 기색이 전혀 없었다〉라는 취지의 기사를 쏟아 냄과 동시에 양쯔 강의 거센 바람과 물결을 제국주의자들과 수정주의자들, 반동분자들이 일으킨 검은 폭풍우에 비유했다. 중국은 계속 의기양양하게 버티면서 앞으로 나아갈 터였다. 예복 차림의 주석이 배 위에서 손을 흔들며 서 있는 사진도 공개되었다. 마오쩌둥은 이 일을 기념하기 위해서 시를 썼다. 〈바람이 나를 때리고 파도가 나를 쳐도 나는 상관하지 않는다, 나는 왕궁의 정원을 거니는 것보다 더 느긋하게 그 모든 것에 맞선다.〉[1]

제등과 북, 폭죽 등을 동원한 축하 행진이 곳곳에서 열렸다. 뒤이어 수영 열풍도 불었다. 달리 어떻게 바람과 물에 용감하게 맞서고 주석을 본받을 수 있겠는가? 베이징에서는 정복을 갖추어 입은 군인들까지 포함된 8,000명에 달하는 사람들이 이화원 호수에서 수영을 했다. 이화원은 그 안에 호수와 정원과 정자 등을 갖춘 방대한 면적의 황실 소유지였다. 상하이에서는 점심 시간을 이용해서 수영을 하고 싶어 하는 부두 노동자들을 위해 양쪽을 부교에 연결해서 사실상 물에 떠 있도록 만든 야외 풀장이 등장했다. 정딩의 가오위안은 친구들과 인근에 있는 강을 찾았고 반바지 차림으로 물에 뛰어들었다. 그들은 수심이 얕은 곳에서 물장구만 쳤지만 다른 곳에서는 사상자가 발생했다. 난징에서는 매일 수천 명이 쉬안우 호수에 몰려들었다. 호수 한쪽이 출입 금지되었다가 7월 17일에 야외 수영장으로 문을 연 뒤부터였다. 그리고 매일 몇 명씩 익사자가 발생했다.[2]

양쯔 강에서 수영을 한 다음 이틀 뒤 마오쩌둥은 베이징으로 복귀했다. 그럼에도 계속해서 상징적인 행보를 이어 갔는데 중난하이로 돌아가기를 거부하고 중앙 문화 혁명 소조가 사무실을 차린 댜오위타이 국빈관에 임시로 거처를 마련했다. 이튿날 류사오치가 댜오위타이 국빈관에 호출되자 마오쩌둥이 포문을 열었다. 〈나는 베이징에 돌아온 뒤로 정말 마음이 아팠다. 이곳의 춥고 을씨년스러운 모습 때문이다. 어떤 학교는 문을 닫았고 심지어 어떤 학교는 학생 운동을 탄압하고 있

다. 도대체 누가 학생 운동을 탄압하는 것인가?〉³

마오쩌둥은 공작대를 견제하기 위해서 중앙 문화 혁명 소조원들을 파견했다. 베이징으로 복귀하는 길에 난징에 들른 마오쩌둥의 부인은 공작대를 지지하는 수뇌부가 꼭 주석을 지지하는 사람들은 아니라고 경고했다. 그녀는 〈공작대를 맹신하지 말라〉라고 설명했다. 〈근본적으로 우리 편인 이들 공작대의 지휘자들은 권한이 강화되어야 하지만 근본적으로 우리에게 반대하는 지휘자들의 권한은 몰수되어야 한다.〉⁴

얼마 뒤인 7월 21일에 천보다는 중앙 문화 혁명 소조원 두 명을 보내서 여전히 칭화 대학교 기숙사에 감금되어 있던 콰이다푸를 방문하도록 했다. 앞서 콰이다푸를 〈우경〉 세력이라고 비난했던 왕광메이를 대놓고 무시하는 처사였다. 이틀 뒤 천보다와 나란히 베이징 대학교에 모습을 나타낸 마오 부인은 자신들이 〈학생들에게 배우라〉라는 주석의 명령으로 그곳에 왔다고 강조했다. 그들은 득의만면한 군중의 환호 속에서 성명을 발표하고 불과 한 달 전에 소란을 피운 학생들을 가리켜 〈반동분자〉라고 비난했던 공작대의 평가를 뒤집었다.⁵

7월 24일에는 하얀색 잠옷을 입은 마오쩌둥이 거처로 사용하는 댜오위타이 국빈관 1층에서 당 지도층 인사들을 맞이했다. 그는 〈대중을 두려워하고 학생들을 탄압한다〉라며 그들을 질책했다. 주석은 공작대를 해체하라고 요구했다.⁶

공작대는 사과 성명을 내고 해산했다. 자이전화가 다니던 명문 중학교에서도 공작대는 〈작별 인사 한마디 없이〉 물러났다. 반역자로 몰렸던 학생들은 혐의를 벗었다. 그들은 하나같이 마오쩌둥을 그들의 해방자로 여겼다.⁷

1966년 7월 29일 인민 대회당에서 공식 발표가 이루어졌다. 몇 년 전에 대략 7,000명에 달하는 고위 관료들이 대약진 운동으로 초래된 재앙의 해법을 논의하기 위해서 모였던 바로 그곳이었다. 이제 그곳에는 중등학교와 대학교에서 참가한 1만여 명의 학생들이 북적거리고 있었다. 기숙사 방에서 해방되어 특별히 제공된 자동차를 타고 대회장에 도착한 칭화 대학교의 콰이다푸는 영웅으로 칭송되었다. 새로 선출된 베이징 대학교 혁명 위원회에서 회장직을 맡은 녜위안쯔도 영광을 누렸다. 류사오치와 덩샤오핑은 주석이 자리를 비운 동안 공작대를 조직한 책임을 지고 공개적으로 자기비판을 해야 했다. 무대 뒤편에 설치된 커튼 뒤에 앉아서 마오쩌둥은 그들 두 사람이 하는 말에 열심히 귀를 기울였다. 그리고 자신들이 〈새로운 문제에 직면한 늙은 혁명가들〉이라서 프롤레타리아 문화 대혁명을 어떻게 수행할지 당시에 잘 알지 못했다고 류사오치가 고백하는 대목에서 코웃음을 쳤다. 〈늙은 혁명가라고? 그보다는 늙은 반동분자라는 말이 더 가깝겠지.〉 대회 막바지에 커튼이 갈라지면서 마치 마술처럼 마오 주석이 불쑥 무대 위로 등장했다. 흥분한 군중에게서 함성이 터져 나왔다. 나중에 한 학생은 일기장에 〈나는 도무지 내 눈을 믿을 수가 없었다!〉라고 썼다. 주석이 무대 위를 거닐면서 무표정한 얼굴로 천천히 손을 흔들자 환호하던 군중이 우레와 같은 소리로 리듬에 맞춘 구호를 외치기 시작했다. 〈마오 주석 만세! 마오 주석 만세!〉 류사오치와 덩샤오핑은 어리둥절한 표정으로 그저 바라만 볼 뿐이었다. 객석 전체에 구호가 울려 퍼지는 가운데 마오쩌둥이 의기양양하게 퇴장했다. 〈마치 충실한 개처럼〉 저우언라이가 그 뒤를 따랐다.[8]

몇 달 전에 부시장 우한이 공격을 받았을 때 불가능한 선택을 강요받았던 펑전처럼 류사오치는 마오쩌둥의 교묘한 술책에 휘말려서 곤경에 빠졌다. 먼저, 당에 반대하는 중등학교나 대학교의 시위를 그대로 묵인할 경우 반혁명 세력이 미쳐 날뛰도록 방치한다고 마오쩌둥이 자신을 책망할 수 있었다. 반대로 가장 노골적인 비평가들에게 재갈을 물릴 경우에도 이번에는 주석이 태도를 바꾸어서 〈대중을 억압한다〉라고 비난할 수 있었다.

주석의 계획을 홍보하고 지지하기 위한 총회가 8월 초에 급하게 소집되었다. 곤란한 상황을 직감한 다수의 중앙 위원회 위원들이 불참했다. 회의 이틀째 날 마오쩌둥은 자신이 베이징에 없는 동안 류사오치가 〈독재를 휘두르고 부르주아 계급과 제휴했다〉라고 비난하면서 분위기를 이끌었다. 〈하루 종일 민주주의에 대한 이야기만 하다가 막상 민주주의가 다가오면 두려워하는 이유가 무엇인가?〉 그럼에도 여전히 많은 당 원로들이 주석을 적극적으로 지지하지 않았고 그렇게 주석의 분노를 부채질했으며 마오쩌둥은 그런 원로들을 향해서 〈괴물과 악마〉라고 비난했다. 8월 6일에 그는 1959년 여름 운명의 루산 회의 때 그랬던 것처럼 증원군을 요청했다. 명령을 받고 수도로 돌아온 린뱌오에게 류사오치를 끌어내리라는 지시가 내려졌다. 린뱌오는 문화 대혁명이 〈향후 6개월 동안〉 부르주아든 프롤레타리아든 잠을 잘 수 없을 정도로 〈폭풍을 만들고 거대한 파도를 만들어서 세상을 뒤집어엎을 것〉이라고 장담하며 전략을 다해서 주석을 지원했다. 총회 마지막 날에 중앙 위원회가 비밀 투표로 열한 명으로 구성되고 전능한 권력을 갖는 새로운 중앙 정치국 상무 위원회를 선출하면서 린뱌오는 류사오치로부터 2인자와 명백한 차기 후계자의 지위를 넘겨받게 되었다.[9]

총회 중에 중앙 위원회가 내놓은 가장 주목할 만한 성명은 8월 8일에 대대적으로 홍보된 〈프롤레타리아 문화 대혁명에 관한 결정문〉이었다. 결정문은 주된 공격 목표가 〈자본주의 노선을 선택한 당내 권력자들〉이라고 선포했다. 그럼에도 진짜 권력은 지도부가 문화 대혁명을 재가하자마자 중앙 문화 혁명 소조에게로 넘어갔다. 마오쩌둥은 중국의 의사 결정 기관들을 사실상 완전히 장악했다.

———

〈프롤레타리아 문화 대혁명에 관한 결정문〉은 순식간에 〈16조〉로 알려졌다. 결정문이 열여섯 개의 항목으로 이루어진 까닭이었고 문화 대혁명을 어떻게 실행할 것인가에 관한 지침이 그 첫 번째였다. 결정문은 라디오를 통해서 신중하고 엄숙한 어조로 낭독되었다. 〈대중을 신뢰하고 대중에게 의지하고 대중의 주도권을 존중하라. 대자보와 대토론회를 적극 활용하여 문제를 논의함으로써 대중이 무엇이 올바른 견해인지 명확히 인식하고 모든 괴물과 악마를 적발할 수 있게 하라.〉 공장과 사무실과 학교에서는 사람들이 충격으로 할 말을 잃었다. 그들은 확성기를 통해 방송되는 내용을 한마디도 놓치지 않기 위해 애썼다. 〈혁명적인 대중에게 《반동분자》라는 낙인을 찍는 자들을 조심하라〉라는 말도 들리는 가운데 발표가 계속되었다. 방송을 듣는 사람들은 하나같이 조류가 막 바뀌었음을 알아차렸다. 여름 내내 자신들을 비난하는 사람들을 〈반동분자〉로 몰아서 대자보를 통해 쏟아진 비난을 모면하고자 했던 당원들은 이제 바로 그 당의 목소리가 오히려 자신들을 향해 쏟아내는 비난에 직면했다.[10]

그 방송이 나오기 3일 전에 주석은 〈사령부를 포격하라〉라는 제목으로 직접 대자보를 휘갈겨 썼다. 간결하고 선동적인 말로 〈반동적인 부르주아의 편에 서서 거센 파도처럼 일어난 프롤레타리아 문화 대혁명 운동을 억누르는 지도자 동지들〉을 비난했다. 마오쩌둥은 그들이 〈백색 테러를 통해 혁명가들을 포위하고 억압했다〉라고 고발했다. 이 대자보는 향후 1년 동안 공개되지 않았지만 거의 작성과 동시에 유출되었다.[11]

여름 동안 〈우경 세력〉과 〈반동분자〉로 고발되었던 사람들이 이제 주석을 중심으로 뭉쳤다. 공작대의 손에 명예가 훼손되고 감금을 당했던 사람들은 한때의 가해자들을 향해 복수에 나섰다. 마오쩌둥의 고향인 후난 성의 성도 창사에서는 공작대가 철수하자마자 공장 노동자들이 대자보를 붙였다. 문화 대혁명을 기회로 삼아 과거에 어떤 식으로든 잘못을 저지른 상사들에게 복수하자는 내용이었다. 그들은 표현의 자유를 억압했다며 당내 지도자들을 공격했다. 또 정부 재산을 사유화하고 희귀한 상품과 특혜를 얻기 위해서 영향력을 행사했다며 지도층 인사들을 고발했다. 여성과 이야기할 때 어깨를 만지면서 모욕감을 준 지도자를 비난했고 슬리퍼를 신고 출근하는 것도 모자라 사무실에서 웃통을 벗고 지내는 지도자를 비난했다. 〈범죄 목록은 날이 갈수록 길어졌고 보기에 만만한 대상은 전부 포함되었다.〉[12]

모든 공작대가 철수한 것은 아니었다. 경우에 따라서는 문화 대혁명으로 촉발될 혼란을 우려한 노동자들이 공작대를 지지하기도 했다. 왕홍원과 그 지지자들에게 〈반당 분자〉라는 낙인이 찍힌 제17방적 공장에서는 상당수 노동자들이 지도부의 편을 들었고 그 결과 공작대가 계속 문화 대혁명을 이끌었다.[13]

문화 대혁명 운동에 뒤처지지 않고 가장 최근의 상황을 파악하기 위해서는 대자보를 읽는 것이 무엇보다 중요해졌다. 얼마 안 있어 대자보는 사무실과 공장, 학교 복도에서 벗어나 눈에 띄는 모든 장소를 점령했다. 현관과 주요 건물의 낮은 벽면부터 나중에는 인도와 바닥까지, 종국에는 커다란 표어의 형태로 처마 밑에도 등장했다. 그해 여름이 끝나 갈 무렵에는 자금성을 둘러싼 주홍색 벽까지 호전적인 글들로 뒤덮였다. 〈어떤 글은 엄청난 폭발력으로 한 방에 상황을 정리하며 폭탄에 버금가는 위력을 발휘했다. 갑옷과 두꺼운 장갑을 꿰뚫는 바주카포 포탄 같은 글도 있었다. 수류탄이나 심지어 폭죽 같은 글도 있었고 교묘한 연막탄 같은 글도 있었다.〉

많은 기관이 자체적으로 회보나 신문을 발행하고 가장 최근 소식을 전하기 시작했다. 톈안먼 광장에서는 스무 종류가 넘는 보통 크기의 신문이 유포되거나 판매되었다. 이 신문들 중에는 중앙 문화 혁명 소조의 지도부와 직접적인 연관이 있어서 공식 기관지에서는 볼 수 없는 비밀 정보를 다룬 신문도 있었다. 수도를 배회하는 사람들도 등장했다. 가장 중요한 정부 기관들의 담장을 샅샅이 훑으면서 문화 대혁명이 어느 방향으로 나아가는지 알려 줄 새로운 정보를 찾는 사람들이었다. 문화 대혁명이 시작되면서 미공개 연설문과 기밀 자료, 비밀 보고서와 정부 내부 문건 등이 거리에 쏟아져 나왔고 사람들은 처음으로 당 내부 사정을 살짝 들여다볼 수 있었다.[14]

한편 특정한 한 집단은 나머지 다른 집단보다 훨씬 많은 특혜를 받았다. 8월 8일에 문화 대혁명 지침을 방송하면서 라디오는 초등학교와 중등학교를 비롯한 전문학교와 대학교 학생들에게 불리한 어떠한 조

치도 없을 거라고 강조했다.

　마오쩌둥은 학생들에게 직접 다가갔고 그들에게서 가장 신뢰할 수 있는 협력자의 모습을 발견했다. 그들은 쉽게 외부의 영향을 받았고 조종하기가 쉬웠으며 싸우고 싶어 했다. 무엇보다 보다 능동적인 역할을 열망했다. 주석은 자신의 주치의에게 〈반란을, 혁명을 시작하기 위해서는 그들에게 의존해야 한다. 그렇게 하지 않으면 우리는 이들 악마와 괴물을 굴복시킬 수 없을지도 모른다〉라고 털어놓았다.[15]

　8월 1일 마오쩌둥은 칭화 대학교의 한 부설 중학교에 다니는 일단의 어린 학생들에게 친전을 보내서 그들을 지지한다는 뜻을 전했다. 그들에게 〈저항은 정당한 행위다〉라고 조언했다. 해당 학생들은 두 달 전에 자체적으로 조직을 결성하고 홍위병이라는 이름을 지은 터였다. 그들만이 아니었다. 베이징 곳곳에서 학생들이 함께 뭉쳐서 홍기(紅旗)나 동풍(東風)과 같은 단체를 결성했다. 그들 모두는 마오쩌둥이 린뱌오에게 쓴 뒤로 널리 알려진 편지에 고무되어 있었다. 편지에서 주석은 대중이 본연의 일상적인 업무를 수행하는 것에 더해서 군의 기술을 배워 군과 하나가 되어야 한다고 주장했다. 다시 말해서 수십 년 전의 옌안 모델을 따라야 한다고 주장했다. 반면에 공작대는 공식적인 승인을 받지 않고 설립된 어떠한 단체에 대해서도 그 존재를 용납하려 하지 않았다. 당은 해방 이후로 오랫동안 시민 사회에 대한 지배력을 서서히 강화해 온 참이었다. 독립적 정당과 자선 단체, 종교 단체, 상공 회의소를 비롯하여 노동조합까지 모든 단체는 제거되든지 아니면 공식적으로 당의 감독을 받아야 했다. 중등학교에서 그리고 대학교에서도 유일하게 지위가 인정되는 단체는 공산당과 공산주의 동맹, 소년 선봉단이 전부였다. 공작대는 이제 막 부화한 홍위병에 해산을 명령했다.

이제 주석의 허락까지 얻자 홍위병이 다시 등장하기 시작했다. 그들은 죽을 때까지 마오 주석과 혁명을 지키겠다고 맹세했다. 아울러 충실한 투사를 자청한 까닭에 사복을 버리고 군복을 입기 시작했다. 몇몇은 가족 중에서 나이 든 구성원이 입었던 군복을 찾아 입었다. 예컨대 장융은 홍위병에 등록하자마자 곧장 집으로 달려가서 낡은 여행용 가방 밑바닥에 들어 있던 옅은 회색 재킷을 꺼내 입었다. 그녀의 어머니가 1950년대에 입었던 군복이었다. 다른 학생들은 노동자들이 입는 바지와 면 재킷을 단순한 형태의 헐렁한 군복으로 개조했다. 일부러 낡고 오래되어 보이게 만드는 경우도 있었다. 지나치게 딱 맞는 군복이나 때깔이 좋은 옷은 부르주아적이라는 이유로 못마땅하게 여겨졌기 때문이다. 언제든 계급의 적에게 쉽게 채찍으로 사용할 수 있다는 점에서 가죽 허리띠는 필수였다. 붉은 면직물에 황금색으로 〈홍위병〉이라고 적힌 완장까지 더해지면 모든 준비가 완료되었다.[16]

모든 사람이 홍위병이 될 수 있는 것은 아니었다. 최초로 홍위병 지대(支隊)를 조직해서 마오쩌둥에게 칭찬을 받았던 청소년들은 칭화 대학교에서 운영하는 한 명문 중학교의 학생들이었다. 그들은 고위 관료와 군 장교의 자녀들이었고 당 내부의 수정주의자들이 주석에게 반대하고 있다는 사실을 부모를 통해 알았다. 다른 중학교에서도 주석을 지지하고 홍위병을 조직하는 데 핵심적인 역할을 한 학생들은 당 간부의 자녀들이었다. 그들은 정치적 음모가 지배하는 환경에서 자랐고 비밀 정보에 접근할 수 있는 특권이 있었다. 무엇보다도 사회주의 교육 운동 당시에 여름 캠프에서 군사 훈련을 했던 것부터 소총부에서 사격을 했던 것까지 다양한 활동에 참여함으로써 이미 충분한 준비가 되어 있었다. 끝없는 계급 투쟁이라는 관점에서 세상을 바라보는 정치적 기후에서 그들은 혁명 계급에 속한 자신들이 선천적으로 우월하다고 생각했다.

그들 중 상당수는 순수한 혈통을 가진 사람들만이 홍위병이 될 수 있다고 믿었다. 원로 혁명가의 자식인 그들만이 문화 대혁명을 이끌기 위해 꼭 필요한 계급적 배경을 가졌다고 생각했다. 말하자면 그들은 애초 공산주의자로 태어난 사람들이었다. 〈우리는 부르주아에게 저항하고 위대한 프롤레타리아 혁명을 지지하기 위해 이 땅에 태어났다. 아버지의 권력은 아들에게로 이어져야 한다. 이른바 권력의 세습이라는 것이다.〉 출신 배경이 나쁜 사람은 누구든 배제할 것을 요구하는 한 쌍의 대구(對句)가 빠르게 퍼져나갔다. 〈아버지가 영웅이면 그 아들도 영웅이다. 아버지가 반동이면 그 아들도 잡종이다.〉 혈통을 바탕으로 한 이 배타적인 조직의 회원 자격을 갖춘 중학생은 베이징에서 다섯 명 중 한 명꼴도 되지 않았다.[17]

홍위병은 마오쩌둥의 〈저항은 정당한 행위다〉라는 선전 포고를 듣자마자 교사들과 관리자들을 향해 물리적인 공격을 시작했다. 마오쩌둥의 격려문을 받은 지 3일 뒤인 8월 4일에 칭화 대학교 부설 중학교 학생들은 그 학교 교장과 교감을 〈흑방의 우두머리〉라고 비난하며 억지로 죄를 뒤집어씌웠다. 뒤이은 며칠 동안 홍위병들이 돌아가면서 그들을 폭행했다. 어떤 학생은 곤봉을 사용했고 어떤 학생은 채찍이나 구리 버클이 달린 허리띠를 선호했다. 누군가가 교감의 머리에 불을 질렀다.[18]

베이징 사범 대학교에서 운영하는 어떤 여학교에서 첫 번째 사망자가 발생했다. 볜중원 교감은 이미 6월 말에 공작대가 지켜보는 가운데 한차례 고문을 당한 적이 있었다. 학생들은 그녀의 얼굴에 침을 뱉고, 흙을 먹이고, 머리에 바보 모자를 씌우고, 손을 등 뒤로 묶은 채 피멍이

들도록 때렸다. 공작대가 물러난 뒤로 홍위병은 부르주아 세력을 학교에서 몰아내기로 결심했다. 8월 5일 오후가 되자 홍위병은 〈흑방〉을 조직했다는 이유로 학교 관리자 다섯 명을 고발했다. 그들에게 잉크를 뿌리고 무릎을 꿇린 다음에 대못을 박은 곤봉을 휘둘렀다. 벤중원은 몇 시간에 걸친 고문을 견디지 못하고 결국 기절했다. 그리고 그대로 쓰레기차에 버려졌다. 두 시간 뒤에 마침내 길 건너편 병원으로 옮겨졌을 때는 그녀에게 사망 진단이 내려졌다.

중앙 문화 혁명 소조원들은 내내 홍위병들을 만나고 돌아다녔다. 이 학교에서 한 팀을 만난 다음에 저 학교에 가서 또 다른 팀을 만나는 식이었다. 이미 7월 28일에 마오 부인은 베이징 대학교를 방문해서 군중을 향해 〈우리는 사람을 때리는 행위를 옹호하지 않는다. 하지만 설령 사람을 때린다고 하더라도 그게 무슨 대수인가!〉라고 말했다. 여기서 더 나아가서 다음과 같은 견해를 피력하기도 했다. 〈악한 사람이 선한 사람에게 맞으면 맞을 만하기 때문이다. 선한 사람이 악한 사람에게 맞으면 칭찬은 선한 사람에게 돌아간다. 선한 사람이 선한 사람을 때리면 그것은 오해 때문이며 반드시 풀어야 한다.〉[19]

8월 13일이 되자 베이징 공인 체육장에 군중 집회가 준비되면서 부추김은 더욱 심해졌다. 수만 명의 학생들이 운집한 가운데 몇 주 전에 홍위병을 위협했다는 일반인 다섯 명이 무대 위로 끌려 나와서 〈무뢰한〉이라는 비난을 받았다. 구타와 허리띠를 이용한 채찍질도 가해졌다. 투쟁 대회를 지켜보던 저우언라이와 왕런중은 폭력을 중단시키려는 어떠한 시도도 하지 않았다.[20]

다음 며칠 동안 테러 공세는 베이징의 다른 학교로 확산되었다. 마오쩌둥을 비롯한 핵심 지도층의 자녀가 다니던 일류 학교인 베이징 제

101중학교에서는 10여 명의 교사들이 무릎과 손바닥이 까맣게 탈 때까지 뜨거운 석탄재를 깐 길을 기어야 했다. 도로를 사이에 두고 중난하이 맞은편에 위치한 베이징 제6중학교에서는 홍위병들이 취조실 벽에 〈적색 테러 만세〉라고 써놓았다. 이 구호는 나중에 희생자들의 피로 다시 칠해졌다.

가장 큰 지지 행사는 8월 18일에 열렸다. 100만 명이 넘는 어린 학생들이 톈안먼 광장에 쏟아져 나온 날이었다. 홍위병은 자정이 약간 넘은 시각에 여러 무리로 나뉘어 출발해서 동트기 전에 광장에 도착했다. 몇몇 학생들에게 비단으로 만든 붉은색 완장이 지급되었고 그들은 면직물로 된 조악한 완장 대신에 새로 지급받은 완장을 착용했다. 홍위병들은 어둠 속에서 초조하게 대기했다. 마침내 광장 동쪽 끝에서 해가 떠오르기 시작하자 마오쩌둥이 헐렁한 군복 차림으로 연단에서 내려왔다. 그리고 잠깐 동안 군중과 섞여서 악수를 나누었다. 몇 시간 뒤 소수의 학생들이 선발되어 주석과 중앙 문화 혁명 소조에서 나온 주석의 동료들을 만날 수 있는 영광이 주어졌다. 린뱌오는 장황한 연설을 통해서 흥분한 어린 학생들에게 〈착취 계급의 모든 낡은 사고와 낡은 문화, 낡은 전통, 낡은 관습〉을 타도하라고 호소했다.

그날 행사의 절정은 쑹빈빈이라는 한 여학생이 주석의 소매에 홍위병 완장을 채워 주는 특별한 영광을 누린 순간이었다. 그녀는 한 원로 장군의 딸이었고 2주 전에 볜중원이 고문으로 사망한 학교의 학생이었다. 쑹빈빈을 비롯하여 홍위병을 이끄는 지도부 학생들은 베이징 시 당위원회에 해당 사실을 개인적으로 보고한 터였다. 카메라 플래시가 터지는 가운데 마오쩌둥이 그녀에게 빈빈이라는 이름이 무슨 뜻인지 물었다. 그녀가 〈우아하다〉라는 뜻이라고 대답하자 주석은 〈군인답다〉

라는 의미의 야오우가 더 잘 어울릴 것 같다고 제안했다. 쏭야오우는 단박에 유명 인사가 되었다.[21]

───────

톈안먼 광장에서 지지 대회가 열린 이후로 폭력 사태가 수도를 집어삼켰다. 베이징 제3여자 중학교에서는 교장이 맞아 죽었고 학생 주임은 스스로 목을 맸다. 베이징 사범 대학교와 가까운 또 다른 중학교에서는 홍위병들이 뜨거운 태양 아래에 교장을 세워 놓고 그에게 끓는 물을 들이부었다. 베이징 교육 대학 산하의 한 중학교에서는 차원이 다른 공포를 선보였다. 생물을 가르치는 한 여교사가 바닥에 내동댕이쳐진 채 구타를 당한 다음에 다리를 잡혀 밖으로 질질 끌려 나갔다. 정문을 통과하고 계단을 내려가면서 그녀의 머리가 콘크리트 바닥에 부딪쳤다. 그녀는 이후로도 몇 시간에 걸쳐 고문을 당한 뒤에 사망했다. 그녀가 사망하자 괴물과 악마라는 이유로 잡혀온 일단의 교사들은 그녀의 시신에 번갈아서 매질을 해야 했다. 학생들의 나이가 최대 열세 살을 넘지 않는 초등학교에서도 어떤 교사들은 못이나 배설물을 삼켜야 했고 어떤 교사들은 머리를 빡빡 밀고 서로의 따귀를 때려야 했다.[22]

홍위병은 또 학교 친구들에 대해서도 적대적인 태도를 취했다. 그들은 출신 성분이 불량하지만 대체로 좋은 성적을 기록하고 물려받은 신분보다 성적에 의지해야 하는 학생들에게 오랫동안 깊은 분노를 품어온 터였다. 겨우 2년 전에야 주석이 나서서 〈착취 계급〉 출신 아이들의 입학을 제한해야 한다고 요구하면서 위험할 정도로 능력주의를 지향한다고 판단된 교육 제도에 반대의 목소리를 냈을 뿐이었다.[23] 이제 홍위병은 이들을 영구적으로 차별하는 제도를 요구했다. 그들은 붉은색 즉 공산주의자로 태어났고 그들의 적은 검은색 즉 불량한 존재로 태어났다는 주장이었다. 출신 성분이 불량한 학생들은 감금되어야 마땅했고 학교 내에서 중노동을 해야 했으며 모욕당하고 때로는 죽을 때까지 고문을 당해야 했다. 서기나 사무실 노동자, 기술자, 기사처럼 〈붉은색〉도 아니고 그렇다고 〈검정색〉도 아닌 집안에서 태어난 학생들은 홍위병을 돕는 것이 허락되었다.[24]

폭력이 거리로 번지기도 했다. 홍위병의 주요 표적 중 하나는 사회주의 제도에 대해 독설을 쏟아 낸 혐의를 받는 〈부르주아 지식인〉이었다. 수개월 동안 학생들은 우한과 덩퉈 그리고 그 추종자들의 뒤를 캐면서 수정주의 이념과 관련된 아주 사소한 단서라도 찾기 위해서 그들이 쓴 평론과 단편, 희곡, 소설 등을 꼼꼼하게 조사했다. 그리고 이제 드디어 그들을 비난할 수 있게 되었다. 덩퉈는 이미 사망했고 우한은 감옥에 있었지만 그들 말고도 표적은 얼마든지 많았다. 첩을 주제로 한 희곡을 써서 주석을 언짢게 만들었던 희곡 작가 톈한은 번번이 목에 무거운 팻말을 두른 채 조악한 무대로 끌려 나왔고 〈톈한을 타도하라!〉라고 외치는 군중 앞에서 무릎을 꿇고 폭행을 당했다.

다른 유명한 지식인들도 마찬가지로 폭력 사태의 표적이 되었다. 유명한 작가 중 한 명이며 소설 『낙타샹즈(駱駝祥子)』의 저자 라오서(老舍)는 1920년대에 런던 대학교 동양 아프리카 연구 학원에서 강사로 재직한 인물이었다. 다른 많은 사람처럼 그 역시 1949년 이후의 새로운 정권을 위해서 봉사하기를 열망했지만 그의 출신 배경 때문에 곤경에 직면했다. 군중 집회가 열린 며칠 뒤에 그는 다른 스무 명과 함께 대형 트럭에 실려 공묘(孔廟)로 끌려갔다. 공묘는 과거 시험에 합격한 역대 학자들의 이름이 사이프러스 나무 그늘 속에 위치한 수백 개의 돌 비석에 새겨져 있는 조용한 사원이었다. 그곳에 도착하자 제8중학교에서 나온 수십 명의 여학생이 두 줄로 인간 띠를 만들고 있었다. 희생자들이 인간 띠로 된 통로로 떠밀려 들어가자 홍위병들이 〈흑방을 쳐부수자!〉라고 외치면서 그들을 향해 주먹질을 퍼부었다. 잠시 후 희생자들의 목에는 각자의 이름과 추정되는 죄목이 적힌 팻말이 걸렸고 공식 사진사 한 명이 기록을 위해 사진을 찍었다. 폭행은 몇 시간 동안 계속되었다. 이튿날 라오서가 어릴 때 살았던 집 근처의 얕은 호숫가에서 그의 시체가 발견되었다. 주머니에는 주석의 시집이 들어 있었다.[25]

출신 성분이 불량하다고 여겨지는 일반인도 공공연한 박해를 받았다. 일주일 전 베이징 공인 체육장에서 〈무뢰한〉이라는 비난을 받은 희생자들 중 한 명의 가족이 홍위병에게 추적을 당했다. 라오서의 시체가 발견된 호수 근처에 거주하는 가족이었다. 난바오산이라는 이름의 늙고 가난한 그 집 가장은 거리로 끌려 나가서 곤봉에 맞아 죽었다. 둘째 아들은 폭행당한 뒤 자신의 집에 감금되었는데 며칠 뒤 극심한 탈수로 숨진 채 발견되었다.[26]

앞서 그 지역 주민 자치 조직인 가도 거민 위원회가 난바오산과 그의 가족을 홍위병에 고발했다. 이즈음 수도 곳곳의 담장에는 지역 당 위원회나 경찰서의 서명이 들어간 명단들이 등장했다. 명단에는 특정인의 이름과 함께 나이와 출신 배경이 공개되었다. 가끔은 그들이 저지른 죄가 공개되는 경우도 있었다. 〈해방 이후로 내내 비협조적인 태도를 보임.〉 그럼에도 간단히 〈지주〉나 〈반동분자〉나 〈불순분자〉라는 꼬리표가 붙는 경우가 더 많았다. 홍위병이 특정한 표적을 사냥하면서 〈수배〉 전단도 등장했다. 공원과 황실 정원, 고대 사원 같은 곳에서는 환호하는 군중 앞에서 희생자가 태형을 당하거나 곤봉으로 맞거나 아니면 모욕을 당하거나 고문을 당하는 광경을 어렵지 않게 만날 수 있었다. 한 영국 영사관 직원은 홍위병이 임시 감옥으로 개조한 지붕 덮힌 시장에서 나이 든 어떤 남성이 발을 질질 끌면서 나오는 모습을 목격했다. 그 노인의 죄를 적은 팻말이 무릎까지 늘어져 있었고 얼굴에는 멍이 들어 있었으며 셔츠 등짝에는 피가 낭자했다. 〈두 명의 노부인이 아이들에게 돌팔매질을 당하는 광경도 보았는데 둘 다 막상막하로 끔찍한 광경이었다.〉[27]

자이전화는 명문 중학교에 다니면서 홍위병에 가입한 여학생 중 한 명이었다. 친구가 허리띠를 풀고 희생자의 옷이 피로 흥건해질 때까지 매질하는 모습을 처음 보았을 때 그녀는 움찔했다. 하지만 낙오하고 싶지 않았고 그래서 인내심을 가지고 버텼다. 처음에는 매질을 정당화하기 위해서 표적이 된 사람들이 어떻게 사회를 옛날로 되돌리려 음모를 획책했는지만 생각하면서 그들과 눈을 마주치지 않으려고 노력했다. 하지만 몇 번 매질을 해보자 요령이 생겼다. 〈나는 마음을 모질게 먹었고 피에 익숙해졌다. 기계적으로 허리띠를 휘둘렀으며 무감정하게 채찍질을 했다.〉 또 다른 홍위병은 자신이 다니던 학교에 폭력 사태가 폭발한 것에 깜짝 놀랐으나 머지않아 자신도 피를 밝히게 되었다고 회상했다. 〈처음에 사람을 때리기 시작했을 때 나는 어떻게 해야 할지 잘 몰랐다. 나약했기 때문이다. 하지만 곧 다른 누구보다 더 세게 때릴 수 있게 되었다. 다른 친구가 아무리 세게 때려도 나는 마치 야수처럼 주먹에 상처가 날 때까지 그 친구보다 더 세게 때릴 것이다.〉 어린 학생들일수록 더 악랄했다. 누군가에게는 계급의 적을 늘신하게 패주는 것이 가장 좋아하는 취미가 되었다.[28]

가도 거민 위원회나 경찰이 작성한 명단에 오른 표적들 상당수가 체포되어 유배되었다. 홍위병은 수도에서 계급의 적을 깨끗이 청소하여 도시를 〈보다 순수하고 보다 붉게〉 만들려고 했다. 나이 든 사람들이 목에 표찰을 달고 두 팔을 끈으로 꽁꽁 묶인 채 거리를 행진했다. 대략 7만 7,000명에 달하는 또는 도시 전체 인구의 2퍼센트에 가까운 희생자들이 지방으로 보내지면서 베이징 시내의 여러 기차역에 후줄그레한 행색을 한 사람들이 속속 모습을 나타냈다.[29]

최악의 살인 사건이 도시 외곽에서 발생했다. 사질 토양에서 달콤한 수박을 생산하는 다싱 현에서 지역 당 간부들이 지주와 그 밖의 불순분자들을 그들 자식까지 포함해서 모두 제거하라는 명령을 내렸다. 그들이 제시한 명분은 계급의 적들이 복수에 나서서 해당 지역의 당 지부를 전복시키고 예전에 자신들을 괴롭힌 자들을 처형하려 한다는 소문이 전부였다. 뒤이어 몇몇 인민공사들이 동참한 가운데 신중하게 조율된 학살의 밤이 찾아왔다. 당의 행동 대원들까지 가세한 지역 민병대가 희생자들을 그들의 집이나 급조한 감옥에 감금했다. 그리고 한 명씩 밖으로 데려갔다. 어떤 사람은 곤봉에 맞아 죽었고 어떤 사람은 작두칼에 베이거나 철사 줄에 목이 졸려 죽었다. 전기에 감전되어 죽은 사람들도 있었다. 아이들은 거꾸로 매달린 채 채찍질을 당했다. 여덟 살짜리 한 소녀와 그녀의 할머니는 생매장을 당했다. 300명이 넘는 사람들이 죽임을 당했는데 살인자들은 나중에라도 복수할 수 있는 사람을 남겨 놓지 않으려고 했기 때문에 자식을 포함한 일가족이 몰살된 경우도 허다했다. 대부분의 시체는 사용되지 않는 우물이나 공동묘지에 버려졌다. 어떤 곳에서는 악취가 너무 심해지자 주민들이 시체를 파내서 연못에 버리기도 했다.[30]

인민 해방군 소속의 장교가 베이징에 전화해서 다싱 현의 살인 사건을 보고했다. 중앙 인민 혁명 소조에도 즉시 보고서가 보내졌다. 하지만 그 누구도 손가락 하나 까딱하지 않았다.[31] 이미 일주일 전에 공안부장 셰푸즈(謝富治)가 일단의 경찰관에게 〈우리는 홍위병을 지지해야 한다〉라고 지시한 까닭이었다. 그는 경찰에 〈홍위병과 대화하고 그들과 친구가 되어라. 그들에게 명령하지 말라. 그들에게 악한 사람을 때리는 것이 잘못이라고 말하지 말라. 그들이 흥분해서 누군가를 때려 죽인다면 그렇게 하도록 내버려 두어라〉라고 명령했다. 그의 지시는 널리 전파되었다.[32]

베이징에서 얼마나 많은 희생자가 발생했는지 정확한 통계는 없지만 그해 8월 말에 이르러서는 매일 100여 명의 사람들이 목숨을 잃었다. 당 내부 문건에 따르면 8월 26일에는 126명이 홍위병의 손에 목숨을 잃었다. 이튿날에는 228명, 그다음 날에는 184명, 8월 29일에는 200명이었다. 그 뒤로도 목록은 계속된다. 한 줄잡은 추산에 따르면 수도 외곽에서 발생한 대량 학살을 제외하고도 첫 번째 폭력 사태가 누그러진 9월 말까지 최소 1,770명이 목숨을 잃었다.[33]

7장
낡은 세상을 타파하다

살인은 중앙 문화 혁명 소조원과 홍위병 간의 접촉이 일상적으로 이루어진 베이징에서 주로 발생했다. 이와는 별개로 학생들이 마오쩌둥의 〈저항은 정당한 행위다〉라는 선전 포고를 마음속 깊이 새기게 되면서 나머지 다른 지역에서도 폭력 사태가 끊이지 않았다. 1966년 8월 18일에 군중 집회가 열리기 이전에도 상하이의 화둥 사범 대학교 학생들은 150명이 넘는 교수들을 그들의 집에서 체포한 다음 학교로 끌고 가 바보 모자를 씌우고 〈반동적인 학교 관계자〉라고 적힌 무거운 팻말을 목에 매달았다. 〈진리를 추구하라〉라는 좌우명을 가진 간호사이자 선교사였던 엘리자베스 매케크니가 1886년에 설립한 푸싱 중학교에서는 학생들이 망치로 교사를 공격했다. 일부 피해자는 머리에 골절상을 입기도 했다.[1]

톈안먼 광장에서 열린 군중 집회는 전국의 학생들을 행동에 나서도록 더욱 부추겼다. 창사에서는 톈안먼 광장에서 생전 처음으로 마오쩌둥을 만나고 돌아온 홍위병들이 〈출신 성분이 불량한〉 학생과 교사를 폭행하기 시작했다. 보다 남쪽으로 내려가서 광저우에서는 교사에게 강제로 잉크를 마시게 한 경우도 있었다. 배에 반복해서 발길질을 당한 그 교사가 마셨던 잉크를 토하자 피가 섞여 나왔다. 그는 얼마 뒤 자살했다. 시안에서는 한 〈적색 테러단〉이 교사에게 기름을 붓고 불을 질렀다.[2]

그럼에도 이런 사건들은 산발적인 행동에 불과했다. 이 문화 대혁명의 초기 단계에서 수도를 제외한 대다수 지역의 많은 학생들은 아직 어느 수준의 폭력까지 용인될 것인지 확신이 없는 상태였다.

홍위병이 진정한 조직으로서 행동에 나선 것은 구(舊)사회의 유물을 파괴하려는 운동을 통해서였다. 8월 18일에 마오 주석과 나란히 연단에 모습을 드러낸 린뱌오는 학생들에게 〈착취 계급의 모든 낡은 사고와 낡은 문화, 낡은 전통, 낡은 관습〉을 타파하며 앞으로 나아가라고 촉구했다. 봉건적 이념이 수천 년 동안 사람들의 생각을 구속해 온 상황에서 이제 중국의 혁명적인 색깔이 결코 바래지 않도록 확실히 하려면 이런 문화적 유물이 청산되어야 했다. 전통이란 산 사람에게 계속 영향력을 행사하려는 과거의 죽은 손이었고 완전히 박살 내야 할 어떤 것이었다. 해방 전부터 공산당과 운명을 같이하기로 결심했고 당 지도층 인사들과도 많이 알고 지내던 미국인 시드니 리튼버그는 이런 분노 섞인 메시지에 깜짝 놀랐다. 〈온통 박살 낸다는 말뿐이었다. 나는 내 귀를 의심했다. 가장 높은 자리에 있는 바로 그 사람들이 지난 20년 동안 이룩한 모든 것을 정말로 파괴하려는, 산산이 부수고 새로운 어떤 것을 건설하려는 계획을 세우고 있었다.〉[3]

린뱌오의 호소는 널리 퍼져 나갔고 이튿날이 되자 베이징의 홍위병은 낡은 세상에 전쟁을 선포한다는 대자보를 당당히 내걸었다. 〈우리는 모든 낡은 사고와 낡은 문화, 낡은 관습과 낡은 습성을 비난하고 박살 내고자 한다. 이발사와 재단사, 사진사와 거리에서 책을 판매하는 행상을 비롯해서 부르주아 계급에 봉사하는 누구도 예외일 수 없다. 우리는 낡은 세상을 상대로 반란을 일으키고자 한다!〉 홍위병은 하이힐과 화려한 헤어스타일, 짧은 치마, 청바지, 불온 서적이 즉시 사라져야한다고 선언했다. 당의 공식 후원을 받는 『중국청년보』는 8월 19일에 이런 선동적인 발언이 실린 신문 수천 부를 찍어 유포했다. 8월 20일 저녁이 되자 홍위병들이 여러 무리로 나뉘어 베이징 거리를 배회하면서 구(舊)체제의 냄새를 풍기는 대상을 닥치는 대로 공격하기 시작했다. 그들이 기존의 표지판 위에 새로운 혁명적인 이름을 써 붙이면서 거리이름도 바뀌었다. 양복점이나 이발소처럼 서비스 업종에 속하는 가게들이 공격받으면서 가게 주인들도 모욕을 당하거나 때로는 폭행까지당했고 강제로 가게를 닫아야 했다. 8월 22일 오전이 되자 분위기는 더욱 험악해졌다. 홍위병이 강제로 머리를 깎고 바지통을 찢거나 하이힐굽을 자르면서 일반인을 공격하기 시작했다. 같은 날 신화 통신은 〈마오쩌둥의 어린 장수들〉이라며 홍위병을 열렬히 지지하고 나섰고 낡은 문화를 청산하려는 그들의 노력을 칭송했다. 중앙 인민 방송국은 특집방송을 통해 전국에 관련 뉴스를 보도했다. 그 결과 8월 23일부터 26일까지 전국에서 폭력 사태가 일어났다. 홍위병은 과거를 상기시키는 모든 대상을 향해서 폭력을 휘둘렀다. 그로 인한 여파는 장차 수개월 동안 지속될 터였다.[4]

———

가오위안과 학교 친구들이 교사를 학대하며 이미 흥미진진한 여름을 보낸 정딩에서는 『인민일보』를 통해 톈안먼 광장에서 개최된 군중 집회 기사를 접하자마자 각 학급별로 홍위병이 조직되었다. 출신 계급이 좋지 못해서 가입 자격을 얻지 못한 학생들은 부끄러워하며 자리를 떠났다. 가입에 성공한 학생들은 붉은색 천에 노란색 페인트로 글씨가 적혀 있고 다 해진 완장을 찼다. 신문에서 본 마오 주석이 찼던 것처럼 세련된 모습은 아니었음에도 그들은 완장에 새롭게 의미를 부여했다. 하루나 이틀 뒤 그들은 홍위병이 베이징에서 옛날 간판들을 박살 냈다는 뉴스에 귀를 기울였다. 곧 정딩에 남아 있는 낡은 세상의 흔적을 모조리 근절하기로 의견을 모았고 행렬 선두에 〈홍위병〉이라고 적힌 붉은 깃발을 펄럭이면서 구시가를 향해 출발했다. 그들은 베이징의 홍위병에 대해서 보고 들은 그대로 따라했다. 거리 이름을 바꾸었고 조그만 상점들에 걸린 옻칠 간판을 부수었다. 거리에서 물건을 판매하는 행상들을 〈자본주의자〉라고 부르면서 강력히 비난했다. 전족을 한 노부인이 해코지를 당하기도 했다. 그녀는 자신을 〈매춘부〉라고 욕하는 팻말을 매단 채로 네 시간 동안이나 뜨거운 태양 아래서 꼼짝도 하지 않고 서 있어야 했다. 그럼에도 가장 중요한 표적은 봉건 시대의 억압을 상징하는 아치 형태의 오래된 구조물이었다. 꼭대기에 굵은 밧줄을 묶고 쇠지렛대로 기반을 흔들어 놓자 구조물이 무너졌고 부서진 돌이 나뒹굴면서 한 무더기의 돌무덤만 남았다. 동네에 있던 회교 사원의 양파형 돔을 부수는 일은 더욱 큰 도전이었고 완전히 허물기까지 수백 명의 홍위병이 달라붙어야 했다. 수염이 듬성듬성 난 나이 든 회교도 경비가 말리려고 나섰지만 도리어 동네 푸줏간에서 가져온 돼지 꼬리를 목에 둘러야 하는 신세가 되었다.[5]

전국에서 비슷한 장면들이 연출되었다. 링컨이 불량한 출신 성분에도 불구하고 어찌어찌하여 홍위병에 가입한 샤먼에서는 여러 조로 나 뉜 홍위병이 거리로 퍼져 나가서 장식용 황동 문고리와 골동품 상점의 간판부터 사원의 용 모양 처마 장식까지 눈에 띄는 모든 옛날 것들을 파괴했다. 각각의 조는 고유한 붉은 깃발을 가지고 있었고 줄을 지어서 행진했다. 일부 학생들이 북과 징을 치는 가운데 나머지 학생들은 신중 하게 준비되고, 가도 거민 위원회가 일일이 주소를 표시해 준 방문지 리스트에 따라 조용하고 조직적으로 자기 할 일을 했다. 그들은 외국 유학에서 돌아온 학생들의 머리를 깎고 길게 땋은 머리를 발견하면 그 자리에서 잘라 버렸다. 해외 유학파 학생들을 통해 유입되어 유행을 탄 직선 형태의 홀쭉한 바지를 발견하면 간단한 실험을 실시했다. 실험을 통해서 병 두 개를 집어넣을 수 있을 만큼 바지통이 충분히 넓지 않으 면 솔기 부분을 칼로 뜯어서 넓혀 주었다. 뾰족 구두는 압수했고 하이 힐은 잘라 버렸다. 일반인이 할 수 있는 일은 아무것도 없었다. 앞서 8월 8일에 문화 대혁명에 관한 지침이 일명 〈16조〉라는 이름으로 전국 에 방송되었을 때 당은 초등학교와 중등학교를 비롯한 전문학교와 대 학교 학생들에게 불리한 어떠한 조치도 없을 거라고 구체적으로 명시 한 터였다. 홍위병은 〈저항은 정당한 행위다〉라고 외쳤다.[6]

정딩과 샤먼은 그나마 작은 도시였지만 해방 전까지 외국 열강의 지 배를 받았고 그동안에도 타락한 부르주아의 본거지라는 이미지를 그 다지 성공적으로 벗어 던지지 못한 도시 상하이에서는 훨씬 격렬한 대 규모의 파괴 행위가 일어났다. 과거의 제국주의를 떠올리게 하는 모든 것들이 공격 대상이 되었다. 홍위병은 이제는 혁명 대로라고 이름을 바 꾼 해안 길을 따라 쭉 늘어선 단단한 화강암 건물들의 장식물을 자르 거나 거기에 구멍을 내고 불을 질렀다. 골동품이나 꽃을 판매하는 가게

들도 박살 났다. 매트리스와 비단, 벨벳, 화장품과 화려한 옷 등 부르주아적인 사치품으로 비난받는 모든 것들이 밖으로 던져졌고 치워졌다.[7]

위에서는 이들을 더욱 부추겼다. 8월 23일에 린뱌오의 대변인이나 다름없는 『해방군보』가 홍위병을 칭찬하고 나섰다. 〈여러분은 옳은 일을 했으며 게다가 아주 잘했다!〉 그들은 이튿날 신문에도 문화 대혁명을 열렬히 찬양하는 논설을 발표했고 군이 한 치의 흔들림 없이 홍위병을 지지할 거라는 엄숙한 맹세가 뒤따랐다. 〈홍위병을 본받아라! 홍위병을 존중하라!〉[8]

이제 군까지 나서서 그들이 낡은 세상을 뒤집어엎는 것을 전폭적으로 지지하자 홍위병은 그야말로 광분했다. 도서관은 만만한 표적이었고 그들은 학교 내에서 서고를 누비며 봉건주의나 부르주아와는 좀처럼 상관이 없어 보이는 책들까지 모두 몰수했다. 책을 불태우는 것은 흔한 광경이었다. 단지 몇 권만 상징적으로 모닥불에 던져지는 경우도 있었고 너무나 많은 책을 태워서 며칠 동안 내내 화광이 충천할 정도로 큰 불이 이는 경우도 있었다. 샤먼에서는 링컨과 그의 동지들이 60리터에 달하는 석유를 들이부어 불길이 3층 높이까지 솟구쳐 오르기도 했다. 사람들은 의자까지 들고 나와서 그 같은 장관을 구경했다. 하늘이 붉은색으로 물든 가운데 주변의 건물 옥상에도 구경꾼들이 몰려들었다.[9]

상하이의 홍위병은 1847년 한 예수회 선교단이 설립한 이래로 20만 권 이상의 서적들이 보관되어 온 학문의 보고(寶庫) 쯔카웨이 도서관에서 수천 권의 책을 불태웠다. 홍위병 가입을 거부당한 이 지역 학생 원광중은 외국 서적이 질긴 가죽 표지로 보호되어 있어서 불에 잘 타지 않는 모습을 흥미롭게 지켜보았다. 상점가인 난징로가 홍위병에게 초토화된 황푸 구에서는 대형 트럭들이 밤낮으로 책을 인근의 제지용 펄

프를 생산하는 공장으로 실어 나르고 있었다.[10]

공공 기념물도 습격을 받았다. 상하이에서는 홍위병이 문화재로 지정된 역사적 기념물을 열여덟 개나 파괴하는 데 불과 며칠밖에 걸리지 않았다. 상하이 최초로 기독교로 개종하고 이탈리아인 예수회 선교사 마테오리치와 함께 일했던 서광계(1562~1633)의 묘도 그중 하나였다. 상하이에서 가장 오래된 사원이면서 높이가 44미터에 달하는 룽화탑도 홍위병이 휘두른 망치와 밧줄의 제물이 되었고 사원에 보관되어 있던 고대 경전 3,000점도 재로 변했다. 조용한 공원 내부에 위치해 있고 고대 건축술로 지어진 복합 단지 공묘 역시 완전히 쑥대밭이 되었다. 홍위병들은 쯔카웨이 도서관 옆에 있는 성 이냐시오 대성당에도 달라들어서 첨탑과 천정을 부수고 스테인드글라스 창을 산산조각 내었다. 상하이에는 유난히 교회가 많았는데 후에 확인된 한 보고서에 따르면 〈천주교 교회 안의 신앙과 관련된 물품이 전부 파괴되었다.〉[11]

전국 대부분의 도시에서 홍위병이 외국 교회의 첨탑을 쓰러뜨리거나 오래된 탑을 불태우는 장면이 목격되었다. 마오의 대기근 이후로 수년간 교회가 성황을 이룬 칭다오에서는 성 미카엘 대성당의 오르간이 망치질로 박살 났고 창문들도 차례로 산산조각이 났다.[12] 도교와 불교 신도들 모두 신성시하는 다섯 개의 성스러운 산 중 하나인 형산 산(山)에서는 지방 당 간부들과 홍위병들이 합심해서 사원과 동상을 철거했고 사흘 밤 사이에 모든 것을 태워 버렸다.[13]

몇몇 지역에서는 전통에 맞선 공격이 좌절을 겪기도 했다. 공자가 태어나고 묻힌 취푸 시에는 전국에서 규모가 가장 큰 축에 드는 공동묘지인 동시에 가족 묘지가 있었다. 특히 공림(孔林)에는 수만 명에 달하는 공자의 후손들이 묻혀 있었다. 수십 채의 건물이 지어져 있고 아주 오래된 벽과 우거진 고목들로 둘러싸인 신성한 묘군(墓群)이었다. 이 지역 홍위병은 공림을 습격하려고 몇 번을 시도했지만 취푸 시 당국에 가로막혀 번번이 좌절을 맛보았다. 베이징에서 보내온 200여 명의 홍위병이 이 도시를 기습한 뒤에야 마침내 무덤을 훼손할 수 있었다. 그들은 잘 보존된 다섯 구의 여자 시신을 하나로 묶어 나무에 매달았다. 천보다는 전보로 친히 무덤을 파헤쳐도 좋다는 지침을 전달했는데 대전당만큼은 〈계급 교육을 위한 박물관〉으로 보존할 것을 지시했다.[14]

다른 공동묘지들, 특히 외국인이 묻힌 묘지들은 상대적으로 만만한 표적이었다. 해방 전 상하이는 모스크바보다 1.5배나 큰 대도시였고 뉴욕을 제외하고는 전 세계 어디보다 외국인이 많은 도시였다. 공동묘지 예순아홉 곳에 있는 무덤이 40만 개에 달했으며 그중 2만 개가 외국인의 무덤이었다. 묘비가 조직적으로 훼손되고 십자가가 부서졌으며 기념 명판과 헌사가 시멘트로 지워지거나 페인트를 뒤집어썼다. 얼마 뒤에 지방 당국은 〈혁명 열사들의 묘를 제외하고는 모든 묘비가 기본적으로 완전히 거꾸로 뒤집혔거나 산산조각 났다〉라고 자랑스럽게 보고했다. 딱 한 곳 예외가 있었는데 1951년에 상당수의 외국인들이 재매장된 지안 공동묘지였다. 근무 중인 경비들이 성공적으로 일부 무덤을 지켜 낸 까닭이었다. 그러자 이번에는 당이 개입해서 〈제국주의의 상징물〉이라며 해방 전부터 있던 묘비들을 싹 밀어 버리기로 결정했다.[15]

화장을 선호하는 혁명 법령에 의해 다른 곳과 마찬가지로 상하이에서도 매장 관습이 거의 즉각적으로 폐지되었다. 몇 주 안에 완전히 새로운 시설이 도시 외곽에 등장했고 소각조는 화장터를 돌리느라 24시간 내내 일했다. 난징에서도 당국이 매장 풍습을 금지하자 홍위병이 장례식장에서 몰수한 관들을 박살 냈다.[16]

1966년에 외국인의 묘는 전국적으로 대략 5만 개에 달했다. 그중 절반 이상이 문화 대혁명 기간에 파괴되었다. 나머지 중에서도 상당수가 훼손되었고 열 개 중 한 개꼴로 겨우 온전한 상태를 유지했다.[17]

내국인의 무덤도 몸살을 앓기는 마찬가지였다. 명나라 때 황제에 의해 관직에서 파면된 하이루이 역시 제물이 되었다. 홍위병은 하이난 섬에 있는 그의 무덤을 파괴했다.[18]

8월 23일에 홍위병은 상하이에서 약 서른여섯 개에 달하는 꽃 가게를 공격했다. 관상용 식물과 꽃은 낭비이며 부르주아적인 것으로 여겨졌고 뒤이은 며칠 동안 홍위병은 도시 곳곳에서 공원 화단과 온실을 휘젓고 다녔다. 공들여 제작된 암석 정원과 금붕어 연못이 파괴되었다. 장례식에서 꽃을 사용하는 것도 금지되었다. 태생적으로 착취적인 화훼 농업의 특징을 강조하기 위해 복잡한 경제 계산이 이루어졌으며 당의 한 충실한 일꾼은 1965년에 상하이에서 판매된 300만 다발의 생화를 재배하려면 프롤레타리아 계급 3,000명이 1년 동안 먹을 양곡을 생산할 수 있는 면적이 필요하다는 결론에 도달했다.[19]

개는 1950년대 초반에 공중 위생을 위협한다는 이유로 사냥당해서 전국의 도시에서 이미 오래전부터 씨가 마른 터였다.[20] 홍위병이 순찰을 돌며 타락한 부르주아의 상징인 고양이를 죽이면서 이제는 고양이를 상대로 한 대대적인 학살이 진행되었다. 베이징에서 자신의 교사를 맹비난했던 열다섯 살짜리 학생 양레이는 자신이 기르던 애완용 고양이를 몰래 집 밖으로 빼돌리려고 했다. 그녀가 든 가방 안에서 무언가가 꿈틀거리는 것을 발견한 홍위병이 안에 무엇이 들었는지 이내 눈치 챘다. 그들은 가방을 거머쥐고 붕 휘둘러서 벽돌 담장에 내리쳤다. 고양이가 날카로운 비명 소리를 냈다. 〈소년들이 큰 소리로 웃었다. 재미있는 모양이었다. 그들은 고양이가 든 가방을 계속해서 벽에 내리쳤다.〉 그녀의 남동생이 울기 시작했고 그들에게 제발 그만하라고 애걸했지만 아무도 듣지 않았다. 8월 말이 되자 베이징의 거리에서는 앞쪽 두 발이 묶인 채 길가에 죽어 있는 고양이들을 심심치 않게 볼 수 있었다.[21]

비둘기 경주를 공격한 것은 성과가 별로였다. 비둘기 경주는 19세기에 외국인을 통해 유입된 취미였다. 1929년에 상하이에서 최초의 전서구 클럽이 문을 열었으며 머지않아 이 지역의 열광적인 애호가들은 방향 감각과 지구력, 속도에서 차별화된 비둘기 품종을 개발하기 시작했다. 상하이가 해방되었을 즈음에는 아홉 개의 서로 다른 비둘기 클럽이 존재했는데 1964년에 정부의 엄격한 통제를 받는 하나의 협회로 모두 통합되었다. 영국에서 그랬던 것처럼 회원의 절대 다수는 노동자였고 그들이 기르는 비둘기가 대략 3만 마리였다. 그들과 별개로 독자적인 애호가들이 허가를 받지 않고 기르는 비둘기가 추가로 2만여 마리에 달했다. 비둘기를 키우는 사람들이 비난을 받았는데 수천 명의 노동자를 부양할 수 있는 소중한 곡식을 낭비한다는 이유였다. 홍위병은 먼저 이틀 안에 비둘기를 모두 죽이라는 최후통첩을 발표했다. 그런 다음 순찰을 돌면서 상하이 곳곳의 건물 옥상에 산재하는 비둘기장을 파괴했다. 시 당국도 이후 몇 달 동안 수백 명의 비둘기 사육사를 체포하며 홍위병을 도왔다. 하지만 이러한 압박에도 사람들의 눈에 띄지 않는 곳으로 그 장소를 옮겼을 뿐 비둘기 사육은 계속 명맥을 이어 갔다.[22]

단연코 가장 끔찍한 전개는 8월 23일에 시작하여 이후 며칠 동안 절정으로 치달은 가택 수색이었다. 표적이 된 사람들의 이름, 나이, 신분, 주소 등 세부 사항이 적힌 서류들이 때로는 지역 경찰을 통해서, 때로는 가도 거민 위원회를 통해서 홍위병에게 넘겨졌다. 홍위병은 출신 배경이 불량한 사람들을 대상으로 가택 수색을 벌이면서 갈수록 길어지기만 하는 의심 대상 목록에 포함된 물건들이 있는지 조사했다. 예컨대 신앙과 관련된 물품이나 사치품, 반동 서적, 외서, 숨겨진 무기, 은닉된 황금, 외국 돈, 퇴폐적인 생활을 암시하는 흔적, 장제스의 초상화, 옛날 땅문서, 국민당 정권 시대의 문서, 지하 공작에 가담한 흔적, 현 정권의 적과 내통했음을 암시하는 증거 등이었다.

희생자들은 상당수가 해방 이후로 진작부터 조직적인 박해에 시달려 오던 사람들이었다. 그들은 자주 정권에게 비난을 받았고 중요한 정치적 운동이 있을 때마다 길거리에 끌려다녀야 했으며 직장에서 억울하게 쫓겨났고 어떻게든 자신과 자신에게 의지하는 사람들을 먹여 살리기 위해서 가진 것을 팔아야 했다. 쯔카웨이 도서관을 수색한다며 난장판으로 만들었던 그 홍위병들은 모닥불이 외국 서적을 무더기로 집어삼키는 과정을 지켜보았던 소년 원광중의 집을 방문했을 때 그들 눈앞에 펼쳐진 모습에 적잖이 충격을 받았다. 장제스 휘하의 장군이었던 원광중의 아버지는 베이징 감옥에 있었다. 그의 어머니는 1955년에 죽음으로 내몰렸다. 가족처럼 지내던 어머니의 유모가 원광중과 두 남동생을 돌보고 있었다. 홍위병은 텅 빈 맨벽 말고는 아무것도 발견하지 못했다. 가져갈 수 있는 것이 아무것도 없었다. 그런 것들은 이미 전당을 잡혔거나 식량과 맞바꾼 뒤였다.[23]

한편 정녠(鄭念)은 외국계 정유 회사 쉘의 상하이 지사에서 관리자로 일했던 남편과 사별한 뒤로 매우 안락한 생활을 하고 있었다. 8월 30일

저녁 그녀가 서재에서 윌리엄 시러의 『제3제국의 흥망』을 읽고 있을 때 홍위병이 나타났다. 서른 명에서 마흔 명에 달하는 인원이었고 나이가 들어 보이는 두 명의 남성과 한 명의 여성이 그들을 이끌고 있었다. 한 호리호리한 젊은이가 그녀에게 〈우리는 홍위병이다. 당신에게 혁명적인 조치를 취하러 왔다!〉라고 외치는 사이 다른 홍위병들이 여러 조로 흩어져서 그녀의 2층짜리 주택을 약탈하기 시작했다. 사람들이 계단을 오르내리는 소리가 들렸고 뒤이어 유리가 깨지는 소리와 벽을 두드리는 육중한 소리가 들려왔다. 저장실에 보관된 나무 상자들이 펜치로 열렸고 커튼이 찢어졌으며 거울이 박살나고 진귀한 골동품이 산산조각 났다. 〈바닥에 도자기 파편이 나뒹굴었다. 적갈색과 황실을 상징하는 임피리얼 옐로, 비색 파편들이 보였고 청화백자 조각도 보였다.〉 침실에서는 홍위병들이 망치로 가구를 때려 부수었다. 옷가지가 갈기갈기 찢기면서 천장에 달린 선풍기 아래로 비단과 모피 조각들이 여기저기 흩날렸다. 겁에 질려서 벌벌 떨고 있던 정녠은 말리려고 나섰다가 도리어 가슴에 발길질을 당했다. 바깥 잔디밭에서는 홍위병들이 모닥불을 피워 놓고 화염 속으로 책을 던져 넣고 있었다. 동네 곳곳에서 홍위병들이 몰수한 수많은 물건들을 불태우면서 피어오른 연기가 마당 담장을 넘어 하늘을 자욱하게 뒤덮었다.

그녀의 고난은 이제 막 시작된 것에 불과했다. 몇 주 뒤에 베이징에서 가죽 채찍으로 무장한 홍위병들이 도착했다. 그들은 정녠의 집에서 숨겨진 보물을 찾고자 하면서 훨씬 악질적인 행보를 보였다. 〈그들은 매트리스를 찢고, 의자와 소파 쿠션을 찢어발기고, 화장실 벽에서 타일을 뜯어내고, 벽난로 안에 기어들고, 굴뚝을 쑤시고, 마룻바닥을 들추고, 지붕에 올라가고, 천장 속에 있는 물탱크를 뒤지고, 마룻바닥 밑을 기어서 파이프를 조사했다.〉화단을 파헤치고 화분에서 식물을 뽑아내는 통에 마당이 온통 진흙탕으로 변해 있었다.[24]

홍위병이 대문을 두드리기 전에 의심받을 수 있는 물건을 서둘러 처리하려는 사람들 때문에 전국의 많은 마을과 도시에서 비슷한 광경들이 연출되었다. 베이징의 양레이 부모는 가족들의 편지와 예전 사진들을 태우고 재를 변기에 버린 다음 물을 내렸다. 문학에 대한 열정이 대단했던 캉정궈라는 시안의 한 젊은 남성은 자신이 가장 좋아하는 책 중 일부를 커다란 항아리에 숨겼다. 홍위병은 남은 책들을 갈기갈기 찢고 가구들을 가져갔다.[25]

문화 대혁명의 표적이 된 사람들 가운데 일부는 자신이 다음 차례가 될 것이라는 예상에 옷을 갖추어 입은 채 잠자리에 들면서 자신의 차례가 오길 기다렸다. 요란하게 대문을 두드리는 소리와 물건 깨지는 소리, 학생들 고함 소리, 아이들 우는 소리가 밤마다 울려 퍼졌다. 그럼에도 대다수 일반인들은 언제 홍위병이 나타날지, 어떤 무해한 물건이 의심을 사게 될지 전혀 알 수 없었다. 그들의 삶은 공포의 연속이었다.[26]

공포나 원한이나 야망에 이끌려서 이웃을 밀고하는 사람들이 등장했다. 그녀 자신도 홍위병이었던 양레이는 그녀와 친구들이 한 유명한 화교의 집을 습격해야 한다고 주장하는 노부인을 만났다. 청두에서는 가도 거민 위원회 위원 두 명이 장융의 학교를 찾아와서 마치 대단한 임무를 수행 중인 사람처럼 심각하고 은밀한 말투로 자신들의 이웃을 고발했다. 홍위병은 이미 완전히 엉망이 된 방 한가운데에서 사실상 발가벗다시피 한 여성을 발견했다. 대소변 냄새가 방 안에 진동했다. 희생자의 눈은 공포심과 절망으로 가득했고 절박한 목소리로 용서해 달라고 빌고 있었다. 홍위병은 그녀에게서 아무런 혐의도 발견할 수 없었다. 문 밖에서는 밀고자 중 한 명이 흡족하게 웃고 있었다. 〈그녀는 앙심을 품고 그 가난한 여성을 고발한 터였다.〉[27]

전국에서 예술품과 다양한 악기, 리넨 수납장을 비롯하여 부르주아의 소유물을 잔뜩 실은 대형 트럭들이 때로는 교통 혼잡을 야기할 정도로 도시를 누비고 다녔다.[28] 압수품은 각 도시의 중심부로 옮겨져 보관되었다. 나치가 파리에서 압수한 예술품을 주드폼 경기장으로 옮겨 보관한 것과 비슷했다. 광저우에서는 이 중요한 역할을 할 장소로 구시가 한가운데에 자리한 예수 성심 대성당이 낙점되었다. 쌍둥이 첨탑이 있는 파리의 성 클로틸드 성당을 본따서 지은 예수 성심 대성당을 시 당 위원회가 분류 창고로 징발하기로 결정한 것은 홍위병이 이미 한바탕 해당 성당을 공격한 다음이었다. 넓고 휑뎅그렁한 공간에 가구와 책과 옷가지 등이 산처럼 수북이 쌓였다. 보다 귀중한 물건들은 문지기들이 사용하는 두 개의 방에 보관되었다. 은반지와 팔찌, 목걸이, 귀걸이, 장식품, 펜던트 등이 한쪽 구석에 작은 산을 이루고 있었고 한쪽 벽에는 따로 금괴가 쌓여 있었다. 그럼에도 손수레로 금을 성당 안으로 옮기는 일을 맡았던 한 홍위병에게 정작 가장 깊은 인상을 남긴 것은 다양한 뮤직 박스들이었다. 〈나는 뮤직 박스를 그때 처음 보았는데 백 개도 넘을 정도로 엄청나게 쌓여 있었다.〉[29]

노획물은 꼼꼼하게 목록이 작성되었고 상당수가 기록 보관소에 여전히 실물이 보관되어 있다. 후베이 성의 성도인 우한에서는 2만 가구에 달하는 집들이 습격을 받았는데 노획물 내역을 살펴보면 1달러짜리

은화 31만 9,933개, 은행 예금 300만 위안 이상, 현금 56만 130위안, 골동품 679점, 가구 3,400점, 밀봉된 상자 8,439개, 은 제품 9,428점, 도자기 9만 1,000점 이상, 시계 798개, 라디오 340대, 국민당 깃발 8개, 소총 22정, 금 971.1킬로그램, 은 1,717킬로그램 등이 포함되었다. 총가구의 1퍼센트가 습격당한 후베이 성 전체를 놓고 따지면 노획된 자산 가치가 2억 위안에 이를 것으로 추정되었다. 홍위병들이 끌어모은 금만 하더라도 4톤이 넘었다.[30]

노획물 규모로 따지자면 홍위병이 25만 가구 이상을 수색한 상하이가 아마도 가장 많을 것이었다. 6억 위안에 상당하는 보석과 화폐를 제외하고도 창고로 옮겨진 수집 가치가 있는 골동품과 예술품만 300만 점에 이르렀다.[31]

물론 이런 목록은 전체 노획물의 극히 일부만 보여 줄 뿐이었다. 정녠은 홍위병에게 자신의 진귀한 도자기 수집품을 제발 부수지 말고 나라에 기증하라고 애걸해야 했다. 홍위병은 낡은 세상을 박살 내라는 명령을 받았고 망치와 도끼, 쇠 지렛대, 펜치, 방망이 등을 휘두르면서 진심으로 즐기고 있었다. 책 외에도 많은 것들이 불살라졌다. 샤먼에서 화염 속에 던져진 물품 목록에는 〈조상의 위패, 오래된 지폐, 화려한 색상의 중국 전통 의상, 남성용 정장, 옛날 간판, (지금은 이름이 바뀐) 영화관의 이전 이름으로 발행된 영화표, 대나무로 제작된 마작 패, 트럼프 카드, 외제 담배, 미술품, 골동품, 족자, 경극에 사용되는 현악기, 서양의 바이올린〉 등이 포함되었다.[32]

노획품은 너무나 많은 도둑에게 노출되었다. 그 시작은 홍위병이었다. 그들은 돈과 보석, 손목시계로 사리사욕을 채우고 대의명분을 핑계로 공공연히 라디오나 자전거를 전용했다. 〈학교 기숙사가 갑자기 호화롭게 변했다. 많은 기숙사 학생들이 노획물로 풍족한 생활을 즐겼다.〉 홍위병을 가장하여 순찰을 돌면서 노획물 중 일부를 자기 몫으로 챙기는 좀도둑도 있었다. 노획된 물품들이 일단 중앙 창고에 도착한 다음에는 목록이 작성되기도 전에 상당수가 증발했다. 시안에서는 중앙 창고인 성황묘에 압수품을 맡기면 달랑 몇 글자 끄적거린 종이 한 장이 압수품을 맡긴 홍위병에게 건네질 뿐이었다.³³

가장 큰 도둑은 중앙 문화 혁명 소조원들이었다. 헤르만 괴링이 주드폼에서 가장 좋은 물건들만 골라 자신의 개인 소장품으로 삼기 위해 스무 차례나 파리에 들락거렸던 것처럼 캉성은 전국의 주요 창고들을 돌면서 방대한 양의 인상적인 예술품들을 수집했다. 개중에는 갑골 문자가 새겨진 선사 시대의 뼈도 있었고 옛날 청동 제품과 상아 도장, 값비싼 그림도 있었으며 1만 2,000권이 넘는 장서도 있었다. 세련된 학자이자 뛰어난 서예가이면서 고전에 매우 정통한 캉성은 희귀한 비석 탁본과 족자, 골동품 벼루 등에 특히 관심이 많았다. 덩퉈가 모은 공예품 중 일부도 종국에는 캉성의 차지가 되었다. 이외에도 문화 대혁명 기간에 하나같이 박해를 받았던 거의 100명에 이르는 다른 학자들의 소장품도 결국에는 캉성의 소유가 되었다. 캉성은 혼자서만 그런 것이 아니었다. 캉성과 천보다, 린뱌오의 아내 예췬 그리고 그녀의 수행원 네 명은 1970년 5월에 딱 한 번의 방문으로 창고 하나를 거의 비워 버리다시피 했다. 캉성은 장칭과 희귀한 도장이나 벼루를 나누어 갖기도 했다.³⁴

나치는 불태우지 않고 남긴 것들을 소중히 보관했지만 홍위병은 딱히 그렇지도 않았다. 대부분의 노획물을 썩도록 방치했다. 상하이에서는 몰수된 피아노 약 600대가 유치원에 분배되었지만 다른 많은 물건들은 그다지 잘 관리되지 않았다. 불살라지는 것을 간신히 면한 500만

권의 책들이 특히 그랬다. 여러 권이 한 다발로 묶인 채 상당수가 한때는 서점들이 번창했던 푸저우로(路)의 생물 시장 다락방에 방치되었다. 1874년 영국인이 지은 상하이 박물관을 기리기 위해 한때 박물관로(路)라고 불렸던 후추로(路)에는 100만 권에 달하는 희귀 서적들이 해충의 공격과 악천후 속에서 천장 높이까지 쌓여 있었다. 교외로 나가면 상황은 더 심각했다. 1966년 9월에 새로운 화장터가 문을 연 펑셴에서는 골동품 족자와 그림이 급조된 창고 바닥에 여기저기 널브러져 있었고 대부분이 물에 젖거나 찢어지거나 곰팡이가 핀 상태였다.[35]

청동으로 제작된 골동품 종(鐘)이나 제기, 동상 등을 재활용하거나 파괴하는 것을 금지해서 이런 노획물을 보존하려는 때늦은 시도가 1966년 말에 이루어졌다.[36] 일단의 베이징 출신 전문가들에게 남은 것이라도 보존하라는 임무가 맡겨졌고 그들은 지난한 싸움에 직면했다. 값을 매길 수 없는 수많은 골동품 청동 제품들이 이미 주물 공장에서 녹여졌거나 암시장에 팔린 뒤였다. 도자기는 상당수가 산산조각 난 터였다. 그럼에도 그들은 공예품 28만 1,000점과 책 36만 8,000권을 지켜 내는 데 성공했다.[37]

상하이의 상황이 나빴다고 치면 내륙의 상황은 더욱 나빴다. 우한에서는 창고에 아예 경비조차 없었고 1968년에 이르러서는 대부분의 압수품이 이미 도난을 당했거나 해충과 습기로 인해 복원이 불가능할 정도로 파손된 상태였다.[38]

———————

홍위병이 휩쓸고 간 다음 날 당 간부 한 명이 정녠을 방문했다. 그가 손으로 집 전체를 가리키며 과장되게 물었다. 〈상하이에 주택난이 그토록 심각한데 방이 아홉 칸에 화장실이 네 개나 딸린 집에 당신과 당신 딸 단 둘이서 사는 것이 맞다고 보시오? 다른 사람들은 기본적인 가구는 고사하고 장작도 없어서 난리인데 바닥에 양탄자까지 깔고 방마다 자단이나 흑단으로 된 가구를 채워 놓고 사는 것이 옳다고 생각하시오? 비단옷과 모피옷을 입고 솜털 이불을 덮고 자는 것이 옳다고 보시오?〉 매트리스와 의자 두 개를 제외하고는 가구를 모두 들어낸 자신의 방에 갇히기 전 정녠에게 허락된 짐은 여행 가방 한 개가 전부였다. 머지않아 그녀는 정식으로 체포되었고 인근 감옥에 수감되었다. 그녀의 집에는 대여섯 세대의 노동자 가족이 들어와 살았다.[39]

출신이 불량한 사람은 자신의 집을 다른 사람과 공유해야 했다. 비록 자신도 홍위병이었지만 양레이는 가족을 지킬 수 없었다. 당뇨병에 걸려서 거의 누워만 지내던 그녀의 숙모는 창문도 없는 식료품 저장실로 옮겨졌다. 〈혁명가 출신 배경〉을 가진 다른 여섯 가구가 그녀의 집으로 들어왔고 자기들끼리 공간을 나누어 가졌다. 그들은 정원을 파헤치고 장미 화단을 밀어 버렸으며 부서진 벽돌이나 합판 조각, 몇 장의 아스팔트 펠트 등 잡다한 재료들로 복도를 창고로 개조하고 마당에 임시 부엌을 설치했다.[40]

희생자들 대다수는 일반인이었지만 실각한 지도자들과 연관이 있는 부패한 당원들도 마찬가지로 수난을 겪었다. 베이징 대학교 교정에서 덩퉈와 펑전 두 사람과의 연줄을 자랑했던 한 충실한 당원은 자신의 집 담장에 대자보가 붙어 있는 것을 발견했다. 그가 자신의 집을 프롤레타리아에게 양보해야 한다는 내용이었다. 그 당원 가족은 다른 두 가구가 들어와서 살 수 있도록 물건들을 치우고 공간을 마련하느라 밤새 부지

런을 떨어야 했다.[41]

지역마다 상황이 다르기는 했지만 상하이 기록 보관소에 남아 있는 증거들을 보면 징발 규모를 알 수 있다. 관련 자료에 따르면 총 3만 가구가 자신들의 부동산 권리증을 국가에 넘겨야 했다. 대체로 한 가족당 총 3~5제곱미터의 생활 면적을 계속 점유할 수 있는 권리는 보장되었는데 물론 집세는 내야 했다. 대부분의 희생자들은 지식인도 아니고 그렇다고 당을 위해서 일하는 관리도 아닌 〈프롤레타리아를 착취하는 불순분자〉로 분류된 사람들이었다.[42]

마을에서 쫓겨난 사람들은 그보다 훨씬 많았다. 물론 그 전에 하나같이 먼저 매를 맞거나 침을 맞거나 그도 아니면 모욕을 당했다. 홍위병은 도시에서 계급의 적을 몰아내는 임무에서 베이징에 있는 그들의 경쟁자에게 지지 않으려고 애썼다. 상하이 곳곳에서 나이가 지긋한 사람들이 맨발로 넝마나 다름없는 옷을 입고 목에는 자신들의 죄가 적힌 팻말을 매단 채 시내를 거쳐 기차역으로 끌려가는 참혹한 광경이 펼쳐졌다. 전국에서 이런 식으로 추방당한 희생자들 숫자는 줄잡아도 약 40만 명 정도로 추산된다.[43]

8장
마오쩌둥의 숭배자들

낡은 세상을 파괴하려는 폭력 사태는 이삼 주 남짓하게 지속되었지만 그 파장은 오래갔다. 유행하는 옷차림을 한 여성들이 대중 앞에서 홍위병에게 머리를 깎이고 립스틱으로 얼굴에 낙서를 당하는 등 제재를 당한 직후부터는 획일적인 단조로움을 지향하려는 성향이 등장했다. 봉건적이라고 여겨진 길게 땋은 머리가 사라졌고 화장은 아무리 조심스럽게 하더라도 과거의 유물로 간주되었다. 남녀를 불문하고 모두 검소한 옷차림을 선호했으며 파란색이나 회색 면으로 된 군복과 검은색 헝겊신을 주로 선택했다.

이발소는 여전히 문을 열었지만 오직 (뒷머리와 옆머리를 짧게 자르는) 프롤레타리아 헤어스타일만 깎을 수 있었다. 식당에서는 싸고 간소한 음식만 제공되었다. 과일과 야채, 사탕, 견과류, 옷, 그릇, 석탄부터 등나무 바구니까지 온갖 물건을 판매하는 노점과 행상은 또다시 금지되었다. 서점에는 『마오쩌둥 어록』을 비롯한 주석의 저서들을 제외하면 판매하는 책이 없다시피 했다. 거의 모든 범주의 사람들이 실업자가 되었다. 난징의 경우에는 구직자의 수가 열 배로 증가했다. 꽃 장수나

청과물 상인, 과일 판매상, 구두 수선공, 무두장이, 구리 세공가, 제지공, 인쇄공, 사진사, 화가, 재봉사, 자수업자, 장의사 같은 사람들이었다. 상당수가 강제로 가게 문을 닫아야 해서 파산한 사람들이었고 계속되는 적자를 더 이상 감당할 수 없었던 사람들도 있었다. 절대다수가 가난한 사람들이었다.[1]

예술과 공예, 산업 부문이 완전히 전멸했다. 광둥 성에서만 약 2만 명에 달하는 사람들이 공예품을 만드는 일에 종사했는데 이제는 〈미신에 관련된〉 직업이라는 비난을 받았다. 그들이 생산하는 공예품은 연간 4000만 위안 가치의 규모였고 종류도 선향(線香)부터 전통 장례식에서 망자에게 저승에 가더라도 돈 걱정 없이 지내라는 의미로 불태우는 영혼의 돈까지 다양했다. 그들은 극빈자로 전락했음에도 다른 산업 분야로 이직한 사람이 전체 노동력의 3분의 1에 불과했다. 기껏 이직해 봤자 새로운 직무를 수행하는 데 필요한 도구도 제공되지 않은 채 정상 임금의 절반만 받기 일쑤였기 때문이다. 많은 사람이 나중에는 옷가지와 가구를 포함해서 가진 모든 것을 팔아야 했다. 해방 이전까지 중국 남쪽에서 두 번째로 큰 항구 도시였고 한때 자수가 주요 수출 품목이었던 산터우 외곽의 한 작은 마을에서는 다섯 명 중 한 명이 3위안도 안 되는 돈으로 한 달을 살아남아야 했다.[2]

문화 대혁명은 산업 분야 곳곳에서 파장을 일으켰다. 장난감이나 원단, 화장품, 가정용품부터 도자기까지 모든 제품은 상표와 포장, 내용에서 봉건적인 과거의 흔적을 지울 필요가 있었다. 선녀나 금탑 같은 상표가 붙은 양말이나 치약, 유약을 바른 세면대는 프롤레타리아 계급에 대한 모욕이었다. 국무원은 문화 대혁명의 요구를 엄격히 준수하라고 지시했지만 상하이 한 곳에서만 과거를 떠올리게 하는 상표나 디자인을 포함한 제품이 6,000가지에 육박했다.[3] 철저한 점검으로 지시를 따르도록 하는 데는 몇 년이라는 세월이 걸렸다. 예를 들어 중국 원단 회사라는 이름의 기업은 2년이 지난 뒤에도 여전히 1만 5,000미터의 비단은 물론이고 2만 장의 이불잇 재고를 그대로 보유하고 있었다. 하나같이 〈봉건적인〉 디자인 때문에 쓸 수 없는 것들이었다.[4]

많은 경우에 손쉬운 해결책이 동원되었다. 눈살을 찌푸리게 하는 제품에는 경고 스티커를 붙이고 장난감이나 인형부터 트럼프 카드에 이르기까지 봉건적이거나 부르주아적인 상표명에는 커다란 붉은색 〈×〉자 표시로 가리는 식이었다.[5] 하지만 이런 방법이 홍위병에게 비난받을 소지가 있는 물품을 가까이하지 않기 위해서 조심하는 소비자들을 항상 만족시킨 것은 아니었다. 매출이 급격히 떨어진 것도 당연했다. 젓가락을 담는 용도로 신화 속 유니콘이 장식된 도자기 단지는 더 이상 구매자를 유혹하지 못했다. 반면에 혁명적인 표어로 장식된 제품은 시세보다 두 배가 비싸도 부리나케 팔려 나갔다.[6]

다른 문제도 있었다. 펑전이나 루딩이와 같은 몰락한 지도자들의 저서는 이미 8월부터 파기되어야 했지만 〈정치적 실수〉를 저질러서 블랙리스트에 추가되는 책들이 시간이 흐를수록 늘어났다. 더욱 난감한 문제는 류사오치였다. 도자기를 비롯하여 포스터부터 온갖 형태의 문방구에 이르기까지 무수히 많은 물건에 그가 국가 주석으로 있을 때 쓴 글귀가 들어 있었다. 문화 대혁명이 시작되자 그의 필체로 표어가 인쇄되어 있는 일기장을 쓰려는 홍위병은 아무도 없었다. 1967년 3월에 중앙 위원회가 변절자인 류사오치의 흔적을 모두 제거하라는 명령을 내렸지만 그로 인해 정부는 더욱 심각한 문제에 봉착했다. 예컨대 정부는 출생 증명서와 연금 수령장 같은 일반 문서는 둘째 치더라도 모범적인 시민에게 수여하는 수많은 표창장과 상장을 발행했다. 그리고 그런 문서들 중 상당수에 이전 국가 주석의 흔적이 남아 있었다. 상이용사들은 그들이 받은 공문서가 정면에는 류사오치의 사진이 들어 있고 뒤에는 그의 손 글씨가 들어 있다며 불만을 토로했다. 내무부는 관련 문제로 민원이 폭발하자 지방의 대리인들에게 문제가 되는 페이지를 모두 제거할 수 있도록 권한을 위임해야 했다.[7]

프롤레타리아 문화의 풍경 자체는 어디가 어딘지 알아볼 수 없게 되었다. 상점들이 이름을 바꾸면서 홍기(紅旗)나 홍위병, 동양은 붉은색이라는 의미의 동방홍(東方紅), 노동자와 농민과 군인을 의미하는 공농병(工農兵), 해방, 대중, 인민, 옌안 같은 가게 이름이 정말 흔해졌다. 상하이에서는 100개가 넘는 상점들이 홍위병이라는 이름으로 불렸다. 총 230개의 약국 중에서 200개가 똑같은 이름을 내걸었다. 상점 유리창도 하나같이 똑같은 모습이었다. 〈마오쩌둥의 초상화가 중앙에 위치하고 그 주위를 붉은 깃발과 그의 저서에서 가져온 인용구, 중요한 뉴스가 적힌 포스터가 둘러싸고 있었다.〉 천편일률적인 상점 모습에 보는 사람마다 헷갈려 했다.[8]

―――――

린뱌오는 1966년 8월 16일에 열린 군중 집회에서 흥분한 어린 학생들에게 〈착취 계급의 모든 낡은 사고와 낡은 문화, 낡은 전통, 낡은 관습〉을 타도하라고 촉구하면서 동시에 〈새로운 사고와 새로운 문화, 새로운 전통, 새로운 관습〉을 만들라고 요구했다. 물론 그 모든 것은 철저하게 프롤레타리아다워야 할 터였다. 정확이 무엇이 〈낡은 문화〉인지 매우 막연했지만 〈새로운 문화〉를 어떻게 정의해야 할지에 비하면 차라리 나은 편이었다. 곧 사람들은 주석 숭배가 유일하게 용인되는 프롤레타리아 문화라는 사실을 깨달았다.

주석 숭배를 가장 분명하게 보여 주는 한 단면은 표어의 남발이었다. 말 그대로 사방이 표어 천지였다. 당시 상황을 가까이서 지켜본 한 증인에 따르면 〈과거에도 표어는 항상 많았지만 지금은 이전 기록을 모두 갈아 치울 정도이다. 텅 빈 벽이 있는 곳이면 어디든 세심하게 인용된 마오쩌둥의 어록이나 그에 대한 헌사로 채워져야 했다.〉 사람들이 가장 좋아한 표어는 〈우리의 위대한 선생님, 위대한 지도자, 위대한 사령관, 위대한 조타수〉와 〈마오 주석 만세!〉였다. 그리고 이런 표어들이 상점과 공장, 학교를 도배했으며 경우에 따라서는 건물 지붕 전체를 가로지르기도 했다. 베이징의 요소요소에 표어와 위대한 지도자의 어록을 전시하기 위한 거대한 벽돌 구조물도 세워졌다. 그중에는 거대한 그림을 전시하기 위한 구조물도 있었다. 모든 주자파를 박살 내겠다는 단호한 의지로 냉혹한 눈을 빛내는 노동자와 농부의 그림이었다. 주석의 어록은 버스와 대형 트럭, 승용차, 승합차 외부에도 등장했다. 기차들은 선두의 기관차 전면에 마오쩌둥 사진을 설치했다. 심지어 자전거도 주석의 어록을 적은 작은 카드를 전면에 붙이고 다녔다. 대형 트럭들이 홍위병을 태우고 위태롭게 거리를 질주하는 가운데 홍위병들은 붉은색 비닐 표지로 둘러싼 『마오쩌둥 어록』을 들고 마치 혁명 여권이라도 되는 양 서로를 향해 흔들고 있었다.[9]

붉은색에 푹 빠진 이 새로운 세상에서는 모든 감각이 폭격을 당했다. 임시 연단에 선 홍위병들은 격한 목소리로 대중에게 혁명에 동참하라고 촉구했다. 구경꾼들은 주석의 말씀이 곳곳에 인용된 신랄하고 장황한 설교를 들어야 했다. 하늘 위에서는 중국 내에서 운항되는 항공기의 여승무원들이 으레 승객들에게 『마오쩌둥 어록』을 낭독해 주었다.

가장 무서운 무기는 확성기였다. 이미 오래전부터 선전 활동에 이용되어 온 확성기였지만 이제는 24시간 내내 쉬지 않고 가동되면서 늘 볼륨을 최대한 높인 상태로 똑같은 말을 되풀이했다. 홍위병들이 거리의 확성기와 연결된 파출소에서 『마오쩌둥 어록』에 나오는 내용을 낭독했다. 청소년들은 떼 지어 도시를 행진하면서 주석과 주석의 사상을 찬양하며 큰 소리로 혁명가를 불렀다. 똑같은 노래가 라디오에서도 흘러나왔으며 이 라디오들은 하나하나가 넓은 공터나 학교, 공장, 관공서 등에 설치된 확성기와 연결되어 있었다. 가장 인기 있는 노래는 「우리는 조타수만 믿으면서 바다를 항해한다」였고 「마오쩌둥의 사상이 금빛으로 반짝인다」라는 곡도 인기를 끌었다. 한 외국인은 그가 〈소리의 지옥〉이라고 언급한 현상에 깜짝 놀라면서도 그로 인해 사람들이 들리는 것을 듣지 않는 법을 터득했다고 예리하게 지적했다.[10]

이 같은 전에 없던 열정의 상당 부분은 위로부터 특히 인민 해방군에 의해 유도된 것이었다. 『마오쩌둥 어록』을 장려한 것도 그들이었다. 예컨대 8월 27일에 베이징에서 내려진 지시에 따르면 공개 행사에서는 오로지 주석의 초상화만 전시할 수 있었다.[11]

주석을 숭배하는 데 뒤처지고 싶은 사람은 아무도 없었다. 봉건적이라거나 부르주아적이라고 비난받는 물건이 늘어나면서 일반인은 갈수록 마오쩌둥 사진이나 마오쩌둥 배지, 마오쩌둥 포스터, 마오쩌둥 저서 같은 정치적으로 안전한 상품만 찾게 되었다.

수요가 제공되는 공급량을 크게 앞질렀다. 『마오쩌둥 작품 전집』이 여기에 딱 어울리는 사례였다. 당초 이 책은 일반 대중에게 두 개의 판형으로 제공되었다. 고급 독자를 겨냥한 판형이 하나였고 제한된 교육을 받은 사람들을 위한 판형이 다른 하나였다. 문화부는 1966년에 이두 가지 판형을 합쳐서 인쇄 부수를 4000만 부에서 6000만 부로 늘리기로 결정했지만 계획을 실행하기에는 종이가 턱없이 부족했다. 이에여가 잡지를 포함한 모든 〈불필요한 책들〉의 생산이 축소되었고 예컨대 레이펑의 일기처럼 정치적으로 중요한 책을 증쇄하는 것만 허락되었다. 하지만 대중의 수요를 감당하기에는 여전히 부족했다. 그러자 기계로 생산되는 종이의 공식적인 생산 목표가 급증해서 1967년에만 500톤에 이르렀다. 한편 경제의 균형을 맞추기 위해서 전국의 비누 생산량은 15퍼센트나 축소되었다.[12]

상하이에 축구 경기장 세 개를 합친 것과 같은 총 1만 6,400제곱미터의 면적에 새로운 공장이 일곱 개나 지어졌다. 사진과 초상화, 포스터, 책의 수요를 따라잡기 위해서였다. 장쑤 성에서는 『마오쩌둥 어록』 인쇄를 위해서 산업용 공장들이 개조되었다. 붉은색 잉크를 생산하는 공장들은 24시간 내내 일했음에도 여전히 재고 부족에 허덕였다.[13]

책에는 표지도 필요했다. 특히 세련되고 선명한 붉은색의 표지가 필요했다. 『마오쩌둥 어록』 하나에만 소요되는 비닐의 양이 1968년 기준으로 4,000톤에 육박했다. 이미 1966년 8월부터 상무부가 비닐 신발과 비닐 슬리퍼, 플라스틱 장난감 생산을 줄이면서 전국의 공장들은 마오쩌둥 사상에 기여할 준비를 완료했다.[14]

포스터는 특히 인기가 많았다. 게다가 아이들이 매우 좋아했다. 홍위병 민안치는 〈마오 주석과 보다 가깝게 느끼기 위해서 나는 집을 포스터로 가득 채웠다〉라고 회상했다.[15] 하지만 여기에서도 소비자들은 쉽게 만족하지 않았다. 앞서 우한과 덩퉈를 비난하는 운동이 일었을 때

풍자의 중요성을 배운 그들은 포스터에서 정치적인 함의를 내포하는 것일지 모를 흠결을 찾아내기 위해서 모든 제품을 면밀히 조사했다. 그리고 그들이 주석의 어깨 위에 작고 희미하게 인쇄된 〈소매치기〉라는 글씨가 보인다는 불만을 제기하자 주석을 주인공으로 한 100만 장에 가까운 포스터의 판매가 보류되었다. 공안국은 즉시 수사에 착수했지만 기계적인 결함에 의한 것으로 결론지었다. 베이징에서 홍위병 대회에 참석한 주석의 모습을 담은 또 다른 포스터는 주석의 머리카락 한 올에 두 개의 〈×〉 표시가 되어 있는 것처럼 보였다. 소문이 나돌기 시작했다. 도처에 존재하는 반동분자를 항상 조심해야 했던 소비자들은 포스터를 상점에 반품했다.[16]

다른 문제도 있었다. 조금이라도 자본주의의 냄새를 풍기면 무조건 비난하던 정부가 어떻게 주석의 얼굴이 담긴 물건에 값을 매길 수 있단 말인가? 이는 단순한 철학적 난제 그 이상의 문제였다. 심지어 국가가 모든 것을 결정하는 계획 경제라는 한 테두리 안에서도 비슷한 물건들이 저마다 커다란 가격 차이를 보였다. 석고로 단순하게 제작된 높이 18센티미터의 주석 흉상을 예로 들어 보자. 고객들은 상하이에 있는 백화점마다 가격이 다 다르다고 불평했다. 0.37위안의 정찰 가격이 도입되었지만 일부 상점이 할인을 해주기 시작하면서 시장 경제의 그것과 의심스러울 정도로 유사한 가격 차등이 재차 등장했다.[17]

마오쩌둥 배지가 등장한 시점에는 이윤 동기가 사회 곳곳에 더욱 만연해 있었다. 마오쩌둥 배지는 엄청난 인기를 누렸고 그마저도 없으면 완전히 획일적일 수 있는 복장에 개성을 주기 위해서 홍위병도 자주 이용했다. 하지만 여기에서도 계획 경제는 대중의 요구를 따라잡기 위해 씨름해야 했다. 상하이에서는 일흔다섯 개의 공장이 잔업까지 하면서 한 달에 1500만 개의 배지를 찍어 냈다. 우한은 대략 600만 개를 생산했고 난징은 간신히 100만 개 정도를 생산했다. 1967년에는 생산량을 세 배로 늘리기 위해서 추가로 90톤의 순수한 알루미늄이 투입되었다. 1968년이 되자 전국의 배지 생산량은 한 달에 5000만 개를 상회했다.[18]

이러한 노력은 충분하지 않았고 암시장이 번창하면서 정부와 경쟁을 벌였다. 정부 산하의 몇몇 조직들은 직원이 사용할 배지를 자체적으로 생산했는데 이윤 동기에 현혹되어 합법의 경계가 불분명한 영역까지 사업을 확대했다. 암시장에 납품하는 데만 전념하는 지하 공장들이 탄생한 것이다. 이런 공장들은 알루미늄으로 된 양동이와 주전자, 냄비, 팬 등을 도둑질하면서 부족한 자원을 놓고 국영 기업과 경쟁했다. 공장에 설치된 고가의 기계에서 알루미늄 보호막까지 벗겨 갈 정도로 배지 열풍으로 인한 수요는 대단했다.[19]

불법 시장은 오히려 눈에 띄지 않는 것이 거의 불가능했다. 몇몇은 1만 명이 넘는 손님들을 끌어모으면서 도로까지 점령하고 교통 흐름을 방해하기도 했다. 상하이 시 당국은 이런 불법 시장이 서른 곳이 넘고 기차역와 부두 근처에 주로 몰려 있는 것으로 파악했다. 인기 있는 제품들은 다른 재화와 물물 교환되거나 가장 높은 가격을 제시하는 구매자에게 판매되었다. 지역 관료들은 이런 자본주의적인 행태를 〈위대한 지도자에 대한 지극히 무례한 짓〉이라고 비난하면서도 홍위병을 비롯한 다른 혁명 조직들이 시장 관리를 담당했기 때문에 딱히 할 수 있는 일이 없었다. 마침내 상하이에 500명의 요원들로 특수 임무 부대가 꾸려졌고 수백 명의 투기꾼이 기소되었다. 비록 대다수가 경고만 받고 풀려났지만 20명 남짓한 기업인들이 체포되었고 저우아바오도 그중 한 명이었다. 그는 수백 킬로그램의 알루미늄을 10여 개의 정부 산하 조직

에 판매한 혐의를 받은 범죄 조직을 총지휘한 인물이었다.[20]

마오쩌둥 배지는 그 종류가 수천 가지에 달했다. 투명한 아크릴 수지나 플라스틱, 심지어 대나무를 이용해서 조잡하게 만들어진 것도 있었고 자기를 이용해서 수작업으로 색을 칠한 매우 공들인 작품도 있었다. 대다수는 알루미늄이 주재료였고 늘 왼쪽을 향하고 있는 주석의 얼굴에는 금이나 은이 사용되었다. 『마오쩌둥 어록』과 마찬가지로 마오쩌둥 배지는 주석에 대한 충성심의 상징이 되었고 심장 바로 윗부분에 착용되었다. 출신 성분이 불량한 사람들은 배지를 착용할 수 없었다.[21]

배지는 문화 대혁명 초기에 사유 재산 중에서 가장 활발하게 거래된 품목이었고 자본주의적인 온갖 형태의 투기에 연루되었다. 홍위병은 다양한 배지의 상대적인 가치를 알아보는 데 선수가 되었고 자기들끼리 배지를 거래하거나 중국 내에서 여행할 때 돈처럼 사용했다. 쉬샤오디는 100개 이상의 배지를 모았다. 그럼에도 베이징의 혼잡한 버스에서 가장 소중한 배지 중 하나를 도둑맞았을 때 도저히 위로가 통하지 않을 정도로 펑펑 흐느껴 울었다. 가장 큰 수집가는 고위층에 포진하고 있었다. 린뱌오의 아내 예췬은 수천 개에 달하는 배지를 모았는데 주석의 일흔세 번째 생일인 1966년 12월 26일에 그에게 모두 선물했다.[22]

워낙에 많은 배지가 불법적으로 제작된 탓에 정확한 숫자를 가늠하기는 불가능하지만 혁명이 절정에 달했을 때 전국적으로 약 20억 개에서 50억 개가 생산되었을 것으로 짐작된다. 다른 산업 활동을 포기한 채 유용되는 알루미늄의 양이 너무 많아지자 1969년에 마오쩌둥이 직접 개입하고 나섰다. 〈내 비행기들을 돌려 달라.〉 열풍은 빠르게 잦아들었고 1971년에 린뱌오가 사망한 뒤로는 거의 자취를 감추었다.[23]

9장
연합

1966년 8월 말부터 폭력 사태가 진정되었다. 상하이에서는 시 당국이 홍위병을 좋아하지 않으며 시 차원에서 홍위병을 진정시킬 거라는 소문이 퍼졌다. 학생들은 여전히 무리를 이루어 거리를 행진하면서 혁명가를 부르고 심벌즈를 울렸지만 불 같은 열정은 이미 죽어 있었다. 많은 표어들이 담장과 창문에서 떨어져 나가기 시작했다. 상점들은 다시 문을 열었다. 집을 습격당했던 다른 많은 희생자들처럼 정녠은 엉망이 되어 버린 자신의 집을 멍하니 바라보았다.[1]

대부분의 살인 사건이 집중되어 발생한 베이징에서는 9월 초부터 홍위병의 공공연한 폭력 행위가 감소하기 시작했고 어느 순간부터는 완전히 중단된 듯 보였다. 경찰도 다시 본연의 임무에 복귀했다. 시민들은 10월 1일 국경절 행사에 맞추어 도시를 단장하느라 바빴다.[2]

그럼에도 소강상태는 오래가지 않았다. 혁명의 불꽃은 계속해서 불타올라야 했으며 8월 31일에 베이징에서 또 다른 군중 대회가 열렸다. 이번에는 주석이 홍위병을 향해 그들의 혁명적 경험을 중국의 다른 지역에서도 발휘해 달라고 요구했다. 9월 5일, 국무원이 홍위병에게 교통

비와 숙식비를 받지 않겠다고 발표했다.[3]

몇 달 전 『인민일보』가 전국에 〈모든 괴물과 악마를 척결하라!〉라고 촉구했을 때 이미 주석은 학생들이 베이징에 와서 문화 대혁명에 동참할 수 있게 해야 한다고 주장했다. 하지만 류사오치의 사주를 받은 공작대가 정국을 장악하면서 베이징 시 당국과 연합을 꾀하는 모든 시도에 대해서 부정적인 시선이 쏟아졌다. 란저우에서는 정부에 불만을 표시하는 사람은 누구를 막론하고 〈반동분자〉로 취급될 거라고 경고함으로써 공작대가 기선을 제압했다. 반면에 학생들이 〈우경 세력〉으로 매도된 학교 친구를 지지하며 산시 성 당 위원회 앞에서 단식 투쟁을 벌인 시안에서는 학생 대표단이 몰래 베이징을 찾아가 저우언라이에게 도움을 요청했다.

8월 초가 되자 공작대가 가결시킨 평결을 뒤집을 방법을 찾아서 삼삼오오 베이징으로 향하는 민원인들이 봇물을 이루었다. 매일 1,000명이 넘는 학생들이 중난하이의 당사를 찾아와서 지도자를 만나게 해달라고 요구했다. 베이징 현지 학교에서 온 학생들도 있었지만 다른 지역에서 온 학생들도 있었다. 초기에 수도를 찾아가서 구제책을 강구하려고 한 학생들 중에는 베이징에서 남동쪽으로 100킬로미터 넘게 떨어진 큰 항구 도시 톈진에서 온 학생들도 있었다. 톈진을 출발한 그들은 나란히 행진하면서 혁명가를 부르고 『마오쩌둥 어록』 속의 구절을 읽었다. 자신들의 행진 소식이 중앙 문화 혁명 소조에 전해질 때까지 비바람과 싸워 가면서 행진을 끈질기게 이어 갔다. 마침내 그들을 수도로 데려오기 위한 특별 기차가 보내졌다. 다른 학생들도 그들의 뒤를 따랐다. 톈안먼 광장에서 첫 번째 군중 대회가 열리기 이틀 전인 8월 16일에 천보다는 톈진 학생들을 만나서 〈세찬 바람과 폭우에 용감히 맞서면서 프롤레타리아 혁명의 수도〉까지 온 학생들을 칭찬했다. 그리고 집으로 돌아갈 때 문화 대혁명을 가져가라고 주문했다.[4]

―――――――――

홍위병에게 무료 여행을 제안한 데는 어쩔 수 없는 이유가 있었다. 앞서 마오쩌둥은 수도에서 펑전의 장악력을 무력화하기 위해 1년 넘게 정치적인 계략을 꾸며야 했다. 그럼에도 다른 많은 당 지도층 인사들이 전국에 유사한 〈독립적인 왕국〉을 세웠을 것으로 여전히 의심했다. 주된 표적들, 즉 〈당내 요직을 차지한 주자파들〉이 베이징에서 멀리 떨어진 그들의 왕국 안에서 안전하게 보호받는다면 어떻게 문화 대혁명이 성공할 수 있겠는가? 그들은 하나같이 치열한 정치판에서 수십 년 동안 생존 기술을 터득한 교활한 자들이었다. 상당수는 홍위병을 부추겨 출신 성분이 불량하고 인생의 낙오자로 낙인이 찍힌 일반인의 집을 습격하게 함으로써 폭력 사태가 자신들을 피해 가도록 만들었다.

심지어 홍위병으로 하여금 그들의 적에게서 등을 돌리게 만든 지도자도 있었다. 일례로 창사의 시장은 평소 제2의 주석을 자처하며 군복을 입고 나와서 지역 홍위병을 직접 사열했다. 이들 홍위병 중에는 지역 당원들의 아들이나 딸도 포함되어 있었는데 중학생인 그들은 홍오류(紅五類)*로 태어난 것을 자랑스러워했으며 당의 적을 공격하고자 하는 의욕이 넘쳤다. 대학생들이 〈주자파〉를 숨겨 주었다며 창사 당 위원회를 공격하고 자체적으로 시위를 벌이자 창사 시장은 그들을 가리

* 계급적 배경이 좋은 사람들, 즉 빈농, 노동자, 혁명 간부, 군인, 혁명 유가족의 자제를 말하는 것으로, 〈홍오류〉 혹은 이들이 아니면 홍위병이 될 수 없다는 주장이다.

켜 당을 전복시키려는 〈우경 세력〉이라고 비난했다. 결국 시장이 홍위병으로 하여금 다른 홍위병을 공격하게 하면서 머지않아 폭력 충돌이 일어났다.

혁명가 학생들이 방어 조직으로 변질되면서 비슷한 대립이 다른 지역에서도 발생했다. 푸젠 성의 성장은 필리핀에서 중국인 아버지와 필리핀인 어머니 사이에서 태어난 퇴역 장군인 예페이(葉飛)였다. 그는 시선을 확 잡아끄는 붉은 완장을 차고 2만 명에 달하는 홍위병 앞에 나서서 8월 21일 푸저우에서 열린 군중 대회를 주재했다. 한편 보다 남쪽인 샤먼에서는 링컨과 동료 홍위병들이 낡은 사원을 때려 부수는 일에 이내 진저리를 치고 있었다. 그들은 당내 〈주자파〉를 사냥하는 데 일조하고 싶었다. 그리고 마침내 푸젠 성 교육청의 수뇌부 중에서 표적을 발견했다. 공작대가 해체된 뒤로 계속 그들과 함께해 왔던 한 선임자의 조언 덕분이었다. 표적의 이름은 왕위경이었다. 단신에 통통하고 이중턱과 불그레한 얼굴이 특징인 왕위경은 공교롭게도 예페이의 아내였다. 도저히 건드릴 수 없는 인물처럼 보이던 찰나에 예의 선임 홍위병이 유죄를 입증할 증거를 내놓았다. 그녀와 정면 대결하기로 결심한 링컨과 대략 300명의 다른 홍위병들이 푸저우에 모여들었다. 왕위경이 푸저우에서 열리는 한 군중 대회에서 연설을 한다고 했다.

대회가 열린 경기장 안이 푸젠 성 당 위원회를 지지하는 수천 명의 지지자들로 가득 차 있었기 때문에 그들은 수적으로 너무 불리했다. 링컨의 동료 한 명이 마이크를 잡고 그 대회를 은폐 공작이라고 비난하자 난투극이 벌어졌다. 왕위경이 보안 요원의 안내를 받으며 서둘러 무대 아래로 내려가자마자 그녀를 지지하는 지역민들이 링컨과 동료들을 공격하면서 험악한 주먹싸움이 벌어졌다. 링컨과 동료들은 황급히 달아

나야 했다. 3일 뒤인 8월 29일에 링컨을 비롯한 반란군이 인원을 보강해서 다시 푸저우를 찾았다. 무려 1,000명이 넘는 시위대가 푸젠 성 당 위원회 앞 광장에서 단식 투쟁을 벌였다. 개중에는 멀리 베이징에서 온 홍위병들도 끼어 있었다. 그들은 푸젠 성 당 위원회, 즉 성위를 지지하는 〈보황파 홍위병〉의 상대 개념으로 자신들을 〈조반파 홍위병〉이라고 지칭했다.

스스로를 지키기 위해 성 당 위원회는 약 2만 명에 달하는 그 지역 당 행동 대원과 공장 노동자의 지지를 이끌어 냈다. 노동자들은 홍위병 가입이 금지되었기 때문에 대신 적위병을 조직해서 며칠이고 계속 그들의 적을 괴롭혔다. 지역 간부들은 적위병에게 물과 음식을 제공했다. 노동자들이 시위에 동참할 수 있도록 공장 생산이 중단됐기 때문에 노동자들이 성위로부터 특별 수당과 안전모를 지급받는다는 소문이 돌았다.

홍위병에게 교통비와 숙식비가 면제된 날과 같은 날인 9월 5일 오후에 예페이의 파면을 요구하면서 전국 각지에서 푸저우에 몰려든 3만여명의 조반파 홍위병이 링컨을 비롯한 반란 시위대에 가세했다. 두 파벌이 거리에서 서로 싸우면서 도시는 혼돈의 나락에 빠졌다.[5]

전국의 여러 다른 지역에서도 비슷한 장면들이 연출되었다. 상하이에서는 8월 26일에 조성된 소강상태가 이틀 만에 깨졌다. 베이징과 톈진의 홍위병까지 상하이로 몰려들면서 이전보다 더욱 극심한 혼돈과 폭력 사태가 발생했다. 그들은 9월 4일과 5일에 당사를 포위하고 갑작스럽게 사망한 커칭스의 뒤를 이어 시장이 된 차오디추를 만나게 해달라고 요구했다. 차오디추를 〈주자파〉로 규정하면서 기필고 그를 만나야겠다는 의지를 드러냈다.[6]

마오쩌둥은 자신의 어린 투사들이 혁명의 불꽃을 전국 구석구석까지 확대해 주기를 바랐다. 불길은 두 방향으로 전개되었다. 베이징과 톈진 출신의 홍위병은 전국을 종횡하면서 폭력 사태를 선동하고 〈주자파〉가 숨어 있는 당사들을 포위했다. 한편에서는 여러 성(省) 출신의 혁명가 학생들이 베이징으로 향했다. 그곳에서 문화 대혁명을 공부하고 중앙 문화 혁명 소조 위원들을 만나면서 감을 잡아 갔다. 주석은 수백만 명의 홍위병을 직접 사열했다. 매번 사열이 끝날 때마다 급진론자로 거듭난 학생들이 혁명의 불꽃을 고향에 전파할 준비가 완료되어 수도를 떠났다.

　　9월 초에 전국의 홍위병들이 베이징으로 몰려들었다. 상당수가 버스를 타고 왔는데 한때 번창했던 조약항 원저우처럼 베이징에서 1,400킬로미터나 떨어진 먼 도시에서 온 학생들도 있었다. 상하이 한 곳에서만 한꺼번에 서른 대의 버스가 도착해서 주요 대로에 동시에 주차해 있는 풍경이 목격되기도 했다. 기차를 타고 오는 학생들은 더 많았는데 여러 량의 객차가 어린 승객들로 가득 찰 정도였다.[7]

　　전국의 학교에서 수도로 파견할 대표단을 선출했다. 선출된 대표단은 어깨에 메는 무명 가방과 알루미늄 보온병, 찻잔, 칫솔, 수건 등으로 무장한 채 그리고 당연하지만 언제 어디서나 등장하는『마오쩌둥 어록』을 주머니에 넣거나 누비이불 속에 말아 넣은 채 열렬한 환호를 받으면서 기차를 타러 출발했다. 그들의 소지품 중에서 단연코 가장 중요한 품목은 문화 대혁명을 담당한 지역 위원회의 정식 소인이 찍힌 공식 소개장이었다. 홍위병은 그들이 앞으로 머물게 될 각각의 도시에서 이 소개장을 해당 도시의 안내소에 제출해야 했다. 일부 대표단에게는 급할 때 사용할 수 있도록 내용은 없고 공식 소인만 찍힌 서류가 제공되기도 했다.

이런 여행은 출신 성분이 좋은 학생들에게만 허락되었다. 어쨌거나 중국에서 가장 먼저 묻는 질문은 〈출신 성분이 어떻게 되는가?〉였으며 묻는 형식도 언제나 대동소이했다. 이 같은 그물에서 성공적으로 빠져나간 사람도 있었다. 상하이의 쯔카웨이 도서관 근처에 사는 원관중이라는 남학생도 그중 한 명이었다. 그는 평소에 학교에서 몇몇 홍위병과 원만한 관계를 유지했다. 홍위병은 그를 놔주기로 의견을 모았고 여행 증명서에 〈혁명 대중〉의 일원으로 소개했다.[8]

홍위병들은 들뜬 마음으로 출발했다. 기차 안에서 혁명가를 부르거나 카드를 치거나 서로에 대한 이야기를 나누었다. 흥분한 학생들이 서로를 향해 오렌지 껍질과 달걀 껍데기를 던지면서 떠들썩한 음식 싸움도 일어났다.

하지만 점점 더 많은 대표단들이 기차에 탑승하면서 금방 공간이 부족해졌다. 학생들은 아주 좁은 곳까지 이용 가능한 모든 장소를 점령했다. 다른 학생의 무릎에 앉은 학생도 있었고 좌석 등받이나 마주보는 한 쌍의 좌석 중간에 설치된 작은 테이블에 앉은 학생도 있었다. 〈어떤 학생은 통로에 웅크리고 앉았고 어떤 학생은 짐을 올려놓는 선반에 드러누웠으며 어떤 학생은 화장실에 비집고 들어가서 자리를 잡았다.〉 기차가 시골 역에 정차하자 동네 건달들이 혁명 단체에 관심 있는 척하면서 창가로 다가왔다. 잠시 뒤 기차가 막 움직이기 시작하자 그들은 학생들의 손목시계를 낚아채고, 창문에 매달린 가방을 가로채고, 심지어 쓰고 있는 안경까지 잡아채 갔다. 몇몇은 칼을 꺼내 들기도 했다. 링컨과 학교 친구들이 상하이에 갈 때는 저장 성의 작은 기차역에서 수백 명의 거지가 강제로 기차를 멈추어 세웠다. 그들은 쇠막대기로 문을 비집어 열거나 유리창을 깨뜨리면서 막무가내로 진입을 시도했다. 일부는 기차가 다시 출발하는 순간까지 창문에 매달리거나 안쪽의 승객을 붙잡으려 발버둥치면서 〈같이 죽자!〉라고 악을 썼다.[9]

먹을 것이 곧 바닥났다. 어쨌거나 최소한의 필요한 양보다 더 먹거나 마시려는 사람도 없었다. 화장실은 항상 〈사용중〉이었고 제시간에 기차로 돌아올 수 없을지 모른다는 두려움에 중간 기착지에서 기차를 벗어나고 싶은 마음도 없었기 때문이다. 남학생의 경우에는 기차가 움직이는 동안 바지춤을 내리고 창문으로 소변을 보기가 그나마 수월했다. 반면 여학생의 경우에는 그런 고역도 없었다. 소변 냄새가 땀 냄새와 토사물 냄새, 대변 냄새와 뒤섞이면서 악취가 진동했다. 일부 객차에서는 바닥이 너무 축축해지자 홍위병들이 칼로 바닥에 구멍을 뚫었다. 어느새 기차는 움직이는 감옥으로 변했다.

객실 내부의 긴장이 고조되었다. 여정이 긴 경우에는 더욱 그랬는데 기차들이 달팽이처럼 느리게 움직인 탓에 남쪽에서 출발해 수도인 베이징까지 도착하는 데 꽤나 여러 날이 소요되었다. 나무로 만들어진 짐 선반이 수십 명의 몸무게를 버티지 못하고 무너지는 사고도 심심치 않게 발생했다. 문이 잠긴 채로 고장나는 바람에 병나거나 부상당한 환자들이 승강장에서 창문으로 경비대에 인계되어야 했다. 홍위병은 자리를 놓고 서로 싸우기 시작했다. 경쟁 관계에 있는 학생들이 집단으로 주먹싸움을 벌였으며 혼란한 틈을 타서 일반 승객들이 무임 승차를 감행했다.

베이징에서는 매일 수천 명의 학생 여행자들이 기차에서 쏟아져 내렸다. 하나같이 붉은 완장을 차고 알아듣기 힘든 사투리로 자기들끼리 떠드는 학생들 때문에 기차역은 거대한 임시 수용소를 방불케 했다. 〈마오 주석의 어린 손님들〉이라고 적힌 거대한 현수막이 그들을 맞이했다. 한밤중에도 탐조등이 역전 광장을 환하게 비추었다. 새로 도착한 학생들을 기차역 한켠에 위치한 대합실로 안내하는 방송이 확성기를 통해 흘러나왔다. 기차역은 두 개의 시계탑 사이에 반짝이는 기와로 곡선 형태의 지붕을 얹은 소련식 건물이었다. 대합실에서는 학생들이 개별적으로 가져온 이불을 덮고 자고 있었다. 홍위병들은 여러 조로 나뉘어 대학교와 중등학교, 호텔, 심지어 관공서까지 베이징에서 동원 가능한 모든 장소에 마련된 임시 숙소로 보내졌다.

가오위안과 그의 친구들은 베이징의 명문 학교인 제101중학교로 보내졌다. 그리고 한 시간도 채 안 되어 소중한 교훈을 깨달았다. 몇 주 전에 교사들에게 뜨거운 석탄재 위를 기도록 강요했던 그 학교의 홍위병들이 그들을 시골 무지렁이 취급하면서 아무것도 함께하려 하지 않는다는 사실이었다. 가오위안 일행은 다시 차에 올라탔고 결국 드럼 타워 근처의 한 초등학교에 도착해서 강당 바닥에 멍석을 깔고 잠을 청했다.[10]

전국에서 가장 유명하다는 칭화 대학교에 배정된 장융은 운이 좋은 편이었다. 링컨과 그 친구들도 같은 칭화 대학교에 숙소를 배정받고 8층에 위치한 커다란 강의실에서 잠을 잤다. 악취가 정말 지독했다. 상당수의 홍위병이 갈아입을 옷도 없었거니와 몇 주째 씻지도 못한 터였다. 대표단 내에서 대대로 물려받은 이불깃도 세탁된 적이 거의 없었고 아래층 화장실에서는 타일 바닥에 오수가 흘러 넘쳐 홍수가 났다. 장융은 〈지금도 그때 맡았던 임시 화장실 냄새가 나는 것 같다〉라고 회상했다.[11]

베이징은 한계점에 이르렀다. 홍위병의 방문이 절정에 달했을 때는 기존에 거주하는 770만 명의 상주 인구에 더해서 300만 명의 방문객이 베이징을 찾았다. 수도에 있는 인원을 먹여 살리기 위해서 인근 농촌에서 식량이 징발되었다. 혼돈이 시작되었다. 강력한 영향력을 가진 중화 전국 총공회의 베이징 사무실을 방문한 상하이 출신의 한 조반파 노동자는 사무실 바닥이 쓰레기와 추위로 딱딱하게 굳은 다량의 배설물로 뒤덮인 것을 보면서 충격에 휩싸였다. 〈이 꼴이 무언가? 여기가 혁명의 성지인가? 아니면 지옥인가?〉[12]

홍위병은 불평만 늘어놓을 뿐 엉망이 되어 버린 임시 숙소를 정리하고 오물로 막힌 변기에 팔을 집어넣어서 뚫어야 하는 청소부를, 공산주의 용어로 〈프롤레타리아〉라고 불리는 이들을 아무도 배려하지 않는 듯했다. 상하이로 가면 서양식 변기에 익숙하지 않아서 그 위에 올라가 쪼그려 앉는 방문객들 때문에 상황이 더욱 나빴다. 몇몇 청소부는 악취 때문에 구역질이 난다고 불평하면서 청소하기를 거부했다가 〈구린내를 풍기는 것은 잔뜩 쌓인 배설물이 아니라 당신의 썩어 빠진 정신이다〉라는 말을 들어야 했다.[13]

싸움도 자주 일어났는데 딱히 이념적인 이유만은 아니었다. 전국의 서로 다른 지역에서 모인 홍위병들 사이에는 뿌리 깊은 갈등이 존재했고 따라서 음식이나 숙소, 도난 문제로 툭하면 싸움을 벌였다. 수십만에 달하는 학생들을 건사해야 하는 병참 업무 지원을 위해서 군에서 많은 장교들이 파견되었는데 그중 한 명은 학생들이 엄격한 감독을 받을 때는 얌전하게 행동하지만 마음대로 하도록 내버려 두면 곧바로 서로를 공격하는 경향이 있다고 지적했다. 몇몇 싸움에서는 수십 명의 홍위병들이 연루되어 서로에게 주먹질을 하고 허리띠를 휘둘렀다. 칭화 대학교에서 첫 아침을 맞은 링컨은 길에서 머리가 깨진 어떤 학생을 지나쳤다. 그 학생은 4층에서 내던져지며 부상을 입은 터였다. 하지만 누구도 그에게 신경 쓰지 않는 듯했다.[14]

대중 교통을 무료로 이용할 수 있었기 때문에 많은 학생이 수도 여기저기를 순회하면서 정부 건물의 외벽과 대학교 교정에 붙은 대자보를 읽고 그 내용을 그대로 공책에 옮겨 적었다. 일부 정부 부처에서는 매트 스크린을 설치해서 보다 많은 대자보를 붙일 수 있도록 공간을 마련했다. 그리고 모든 스크린 앞에는 전등을 설치하여 사람들이 밤에도 와서 볼 수 있도록 했다.

홍위병도 마오쩌둥 배지를 사기 위해서 때로는 몇 시간 동안 줄을 섰다. 암시장이 번창하면서 사면초가의 상점들과 경쟁을 벌였다. 톈안먼 광장 남쪽에 위치한 소나무 숲에서는 작은 주석 사진 열 장을 가져가면 배지 한 개와 교환할 수 있었다. 하지만 11월로 접어들면서 날씨가 점점 추워지자 많은 학생이 오전 동안은 따뜻한 방 안에서 꼼짝도 하지 않으려고 했다. 개중에는 용돈도 없거니와 혁명에도 거의 관심이 없는 학생들도 있었다. 그들이 그곳에 머무는 이유는 먹고, 자고, 가끔씩 싸움을 걸기 위해서였다.[15]

단체로 중앙 문화 혁명 소조 위원들과 만나는 자리가 주선되었고 수차례에 걸친 인민 해방군 고위 장교의 연설이 있었으며 군사 교육을 받는 수업도 제공되었다. 하지만 홍위병들이 베이징을 찾은 이유는 무엇보다 주석을 만나기 위해서였다. 8월 18일과 31일에 두 번의 군중 대회가 열린 이후로 베이징에서는 추가로 여섯 번의 홍위병 사열이 더 열렸다. 1966년 11월 26일에 열린 행사를 마지막으로 마오쩌둥은 총 1200만 명의 홍위병을 사열했다.

주석이 홍위병을 사열하기 시작한 것은 혁명에 불을 지피기 위함이었다. 하지만 10월에 접어들면서 사열은 하나의 의무가 되었다. 홍위병들은 그들이 수도에 영원히 머무를 수는 없다는 거듭된 경고에도 불구하고 주석을 만날 때까지 떠나기를 거부했다. 마오쩌둥은 한 번에 100만 명 단위의 홍위병을 사열해야 했다. 종국에는 자금성 앞에 있는 거대한 광장으로도 그들을 전부 다 수용하는 것이 더 이상 불가능해지자 지붕이 없는 지프차를 타고 도시 곳곳을 돌아가면서 일거에 200만 명의 학생들을 사열했다.

사열 대회 준비는 매번 일찍부터 시작되었다. 홍위병은 한밤중에 여러 무리로 나뉘어 행진하거나 6,000대에 달하는 대형 트럭을 타고 광장으로 이동했다. 대회는 절대로 사전에 공지되는 법이 없었기 때문에 단 한 벌뿐인 옷을 하필 세탁해 버린 학생들은 물이 뚝뚝 떨어지는 옷을 그대로 입고 길을 나서야 했다. 일부 학생들은 몇 시간씩 행진했다. 공안 요원이 학생들을 상대로 혹시 칼이나 열쇠, 그 밖의 금속성 물체 같은 위험한 물건이 있는지 수색했다. 주석을 암살하는 데 이용될 수 있다고 주장하면서 머리핀을 압수하는 군인도 있었다. 학생들은 지시에 따라 열을 맞추어 앉았다. 각각의 무리마다 별도로 자리가 배정되었다. 시간이 흐르면서 많은 학생이 서로에게 머리를 기댄 채 잠이 들었다. 화장실을 찾을 수 없었기 때문에 소변에 젖은 땅이 이내 질퍽거리기 시작했다.[16]

한없이 멈추어 있을 것 같은 시간이었지만 몇 시간의 기다림이 끝나자 사람들 사이에서 웅성거리는 소리가 들렸다. 〈그분이야! 그분이 오셨어!〉홍위병들은 벌떡 일어나서 까치발로 목을 길게 잡아 뺀 채 주석을 찾아 두리번거렸다. 어느 순간 그들은 〈마오 주석 만세!〉를 외치면서 앞으로 몰려들었다. 그럼에도 모두가 위대한 조타수를 볼 수는 없었다. 젖은 옷을 어깨에 걸친 채 광장까지 걸어온 한 학생은 저 멀리에 있는 주석을 겨우 알아보았다. 주석은 그가 생각했던 것만큼 키가 크지 않았다. 다른 한쪽에서는 앞서 광저우에서 압수된 금을 성당 안으로 옮기는 일을 한 바로 그 홍위병이 주석을 아주 명확히 보고 있었다. 그의 손에는 한 달 전에 부르주아 가족을 습격했을 때 훔친 쌍안경이 들려 있었다.[17]

많은 학생이 세상을 다 가진 듯한 기분을 느꼈다. 어떤 학생들은 주석을 만난 그 순간을 그들의 인생에서 가장 중요한 사건으로 기억할 터였다. 시종일관 오른손을 흔들고 있는 주석의 뒷모습만 잠깐 본 것이 못내 아쉬운 장융이었지만 그녀는 옆에 선 소녀가 무슨 말을 하려는지 이미 알고 있었다. 베이징에서 홍위병 사열이 끝날 때마다 신문과 라디오, 텔레비전에서도 똑같은 말이 끊임없이 흘러나왔기 때문이다. 〈오늘은 내가 이 세상에서 가장 행복한 사람이다. 마침내 나는 위대한 지도자 마오 주석을 만났다!〉[18]

홍위병 사열을 다룬 선전용 기록물은 이를테면 홍위병이 『마오쩌둥어록』을 흔들면서 광적으로 흥분해 있는 믿기 어려울 정도로 획일적인 모습만 보여 주었다. 외국어 학원의 독일어과 학생이던 왕롱펀은 8월 18일 톈안먼 광장에서 열린 최초의 홍위병 사열 대회에 참가했다. 그리고 린뱌오의 기조 연설이 아돌프 히틀러의 뉘른베르크 궐기 대회 연설과 비슷하다는 생각을 떨칠 수가 없었다. 한 달 뒤 그녀는 주석에게 편지를 보내서 〈문화 대혁명은 대중 운동이 아니다. 총을 찬 한 남자가 대중을 조종하고 있다〉라고 지적했다. 결국 이 열아홉 살짜리 여학생은 체포되었고 13년의 징역형에 처해졌다.[19]

그런 생각을 한 사람이 그녀만은 아니었다. 류원중의 가족은 상하이에서 〈반동분자〉라는 이유로 배척당했다. 그는 학교에 다니는 대신 집에서 형에게 교육을 받았다. 다른 학생들이 사회주의 교육 운동에 참여할 때 인권을 존중하고 민주주의를 소중히 여기도록 배웠다. 그 결과 문화 대혁명이 시작되기 이전부터 주석을 폭군으로 지칭했다. 톈안먼 광장에서 류원중은 마오쩌둥과 불과 30미터 남짓 떨어진 곳에 서 있었다. 마오쩌둥의 아래턱에 난 사마귀까지 보일 정도로 가까운 거리였다. 환호하는 학생들에게 둘러싸인 채 그는 두려움이 엄습했다.[20]

한편 부쩍 냉소적으로 변한 링컨은 뚱뚱한 체구에 약간은 무시하는 듯한 표정으로 멀리 앞을 응시하면서 뻣뻣하게 손을 들고 있는 남성이 혹시 대역 배우일지 모른다는 의심이 들었다. 그는 극장에서 홍위병들이 환호하고, 껑충껑충 뛰고, 눈물까지 흘리는 장면을 본 적이 있었다. 하지만 자신은 아무리 노력해도 그들처럼 흥분되지가 않았다. 〈그 모든 것이 서로를 흉내 내는 짓처럼 보였다.〉 그는 약간 구역질이 났다.[21]

기자들은 본대회의 풍경만 카메라에 담을 뿐 그 이후의 일에는 관심을 주지 않았다. 홍위병은 신발 끈을 단단히 매라는 주의를 들었지만 사열 대회가 열릴 때마다 수많은 인원이 앞으로 쏠리면서 으레 수천 명씩 신발을 잃어 버렸다. 주인을 잃은 신발은 수거되어 근처의 대형 경기장에 수북하게 쌓였으며 신으나 마나한 양말을 신은 학생들이 그곳에서 발에 맞는 신발을 구하려고 여기저기 헤집고 다녔다.[22]

마지막 사열 대회는 재앙이었다. 11월 26일 수도 외곽의 비행장에서 열린 대회는 일대 소동으로 끝났다. 유일한 출구를 향해 우르르 몰려든

200만 명의 군중이 밀밭을 완전히 초토화시키고 나무를 헤집었으며 길을 막는 움막들을 박살 냈다. 떨어진 소지품을 집거나 신발 끈을 매려고 몸을 수그렸던 사람들이 발에 짓밟혔다. 개울을 가로지른 나무 다리가 무너지면서 날카로운 비명이 잇따랐다. 공포감이 확산되면서 사람들이 계속해서 개울 안으로 떠밀렸고 얕은 물을 헤치며 반대편으로 나아갔다. 사람들이 입은 면 바지가 얼마 되지 않는 개울물을 흡수하면서 그들 뒤로 넓은 진흙 바닥이 모습을 드러냈다. 개울을 건너간 홍위병들은 흩어지기 시작했는데 상당수가 맨발이었다. 모든 것을 얼려 버릴 것 같은 겨울의 혹한 속에서 그야말로 한발 한발을 내딛는 것이 고문이었다. 링컨은 간신히 낡은 면 운동화 한 켤레를 구했다. 혼란이 한창인 가운데 옷가지와 양말, 신발 등을 가득 실은 군용 트럭들이 유일한 도로 위를 빠르게 오갔다. 개중에는 무참히 훼손된 시신을 실은 차도 보였다.[23]

––––––

수도에 머무르는 동안 홍위병은 많은 교훈을 얻었다. 그중에서도 특히 정부의 관대함을 발견했다. 베이징에서 학생들은 줄 서서 돈과 배급 표를 빌렸다. 필요한 것은 이름과 학생 신분이 전부였다. 신분을 증명할 어떠한 것도 필요하지 않았기 때문에 수많은 홍위병이 가짜 이름을 사용했으며 대회에 참가하고 난 뒤에는 곧바로 뿔뿔이 흩어졌다. 그리고 혁명의 불꽃을 고향으로 가져가는 대신에 전국을 여행하기 시작했다. 안후이 성 출신의 홍위병 리스화가 간단명료하게 이런 상황을 정리해 주었다. 〈전국 방방곡곡에 홍위병을 위한 안내소가 있었기 때문에 먹고 자고 돌아다니는 것이 모두 공짜였다. 그처럼 좋은 기회가 언제 또 찾아오겠는가?)[24]

리스화와 그 친구들은 정치에 별로 관심이 없었다. 톈안먼 광장에서 주석에게 갈채를 보낸 뒤 그들은 곧장 우한으로 출발했다. 우한의 대형 경기장에서 열리는 군중 대회에 참가하라는 지시를 받은 터였다. 대회 장에는 푸저우에서 예페이가 그랬던 것처럼 성장 장티셰가 군복을 입고 나와서 후베이 성 당 위원회를 두둔했다. 베이징에서 열린 최초의 홍위병 대회에서 주석의 소매에 완장을 채워 주면서 단박에 유명 인사가 된 쑹야오우도 나란히 모습을 드러냈다. 리스화 일행은 떠나도 좋다는 허락이 떨어지자마자 둥후 호수로 출발했다. 마오쩌둥이 양쯔 강에서 그 유명한 수영을 하기 전에 칩거한 장소였다. 그들은 양쯔 강 변에 위치해 있으며 홍위병의 사나운 공격에도 여전히 건재한 도교의 성지 황학루로 향했다. 양쯔 강 대교의 위용에 혀를 내두르며 2층으로 분리된 대교를 따라 강을 횡단하는 기차와 자동차를 경외심 가득한 눈으로 바라보았다. 그들은 전국의 안내소에서 옷가지와 때로는 비상금까지 빌리면서 계속 창사와 난창, 항저우, 상하이, 난징으로 이동했다. 일부는 집에 돌아올 때 가족과 친구에게 줄 선물까지 잔뜩 챙겨 왔다. 이삼 년 뒤에 고지서가 날아올 거라는 사실은 까맣게 모른 채였다. 그들이 다니던 학교에서 전국을 여행할 때 순진하게 진짜 이름을 알려 준 사람은 그들을 포함해서 몇 명에 불과했다. 빌려 쓴 돈은 그들이 재교육 수용소에서 일하며 받는 쥐꼬리만 한 월급에서 차곡차곡 차감되어 나갔다.[25]

몇 개월씩 전국을 종횡하는 학생들이 있었는가 하면 2주 만에 향수병에 걸려서 가족에게 돌아오는 학생들도 있었다. 자이전화와 그녀의 친구들은 베이징을 향해 출발했다. 양쯔 강이 가파른 절벽과 높은 산 사이를 가로지르면서 형성된 협곡인 삼협을 구경하기 위해서였다. 그런데 상하이에서 우한으로 가는 배가 물살을 거슬러 이동하느라 속도가 너무 느렸다. 우한에 도착하는 데 꼬박 3일이 걸렸다. 그동안 그녀 일행은 둥근 창을 통해 바깥 풍경을 바라보며 3등 칸의 2단 침대에 갇혀 지냈다. 보이는 거라고는 흙탕물과 단조로운 강가의 풍경이 전부였다. 자이전화는 삼협 구경을 포기하고 우한에서 기차를 타고 돌아갔다.[26]

리스화와 자이전화는 친구들과 함께 여행하며 깊고 영원한 우정을 쌓았다. 반면 혼자서 길을 나선 이들도 있었다. 홍위병에게서 간신히 소개장을 얻은 상하이의 원광중은 수도를 답사한 뒤 전국을 여행했다. 잠깐씩 친구도 사귀었지만 금방 헤어졌다. 여행 중에 사귄 동료가 혹시라도 자신의 진정한 출신 계급을 알아낼까 봐 두려웠기 때문이다.[27]

대부분의 학생은 학교에서 그토록 자주 읽었던 혁명의 성지를 방문할 수 있는 기회를 잡은 홍색 관광객이었다. 옌안에 홍위병의 행렬이 이어졌고 학생들은 마오쩌둥과 혁명 동지들이 대장정 이후에 피난처로 이용했던 동굴 속 거주지를 탐험하고 싶어 했다. 후난 성 사오산에 있는 주석의 출생지에도 마찬가지로 홍위병의 발길이 잇따랐다. 그들은 주석이 자란 황토 벽돌집과 주석이 다녔던 학교, 주석이 젊었을 때 일광욕을 즐겼다는 오렌지 나무들로 뒤덮인 길고 좁은 형태의 오렌지 섬을 보려고 줄을 서서 기다렸다.

또 다른 혁명의 성지로 징강산도 있었다. 마오쩌둥과 1,000명으로 이루어진 그의 오합지졸 군대가 1927년에 처음으로 농민 평의회를 설립한 곳이었다. 장시 성 징강산의 고원은 외지고 가난하며 나무가 우거진 지역이었다. 혁명의 요람에 도착했다는 사실에 하나같이 기세등등하고 신이 난 얼굴로 학생들이 연달아 찾아왔다. 지역 주민들로서는 도무지 감당이 되지 않았다. 12월부터는 매일 6만여 명의 홍위병이 찾아왔다. 한 달 뒤에는 원주민보다 방문객이 서른 배나 더 많아졌다. 머지 않아서 성지는 재난 지역으로 변했고 인민 해방군까지 나서서 헬리콥터로 음식과 약품 상자를 투하해야 했다. 사람들을 해당 지역에서 이동시키기 위해 100여 대의 호송 트럭이 파견되었다.[28]

1934년과 1935년 사이에 징강산에서 후퇴하여 북쪽의 옌안까지 쭉 행군해야 했던 홍군의 대장정에 영감을 받은 홍위병들이 대장정 팀을 조직해서 걸어다니기 시작했다. 1966년 10월 22일에 중앙 문화 혁명 소조가 거의 붕괴 직전까지 몰린 수송 체계에 대한 압력을 해소하고자 그들을 독려했다. 학생들은 홍군의 발자취를 쫓으며 선배들이 겪었던 고생을 하나하나 직접 체험함으로써 혁명의 계승자로서 자신들의 가치를 증명하고자 노력했다. 때로는 대열의 선두에서 걸어가는 홍위병이 대장정 팀의 이름이 적힌 붉은 깃발을 들고 다니기도 했다. 작은 판자에 주석의 말씀을 적고 자신의 배낭에 부착해서 뒤따라오는 학생이 읽을 수 있도록 한 어린 순례자들도 있었다.[29]

징강산의 사례가 재앙스럽기는 했지만 본의 아니게 가장 인기 있는 경로 안에 포함된 다른 작은 마을들의 사정도 크게 다르지 않았다. 해당 지역의 인민공사에 소속된 접대 부서에서 음식과 쉴 곳을 제공해야 했기 때문이다. 후난 성에서는 보온병에 뜨거운 물도 채우고 나무로 된 쌀통에서 쌀도 얻을 수 있는 간단한 구조물을 길가에 설치했다. 반면에 장시 성에서는 마을 주민들이 갈수록 늘어나는 홍위병에게 더 이상 편의를 제공할 수 없었다. 학생과 주민 사이에 언쟁이 벌어졌고 문화 대혁명을 지원하지 않는다는 이유로 접대 부서의 근무자들이 고발당했다. 독선적인 학생들이 너무 오래 머물자 열심히 일하는 사람들이 분노

하면서 도시에서도 긴장감이 느껴졌다. 청두에 사는 가난한 여성 리정
안은 마오의 대기근 당시에 너무 가난해서 네 살짜리 딸을 어쩔 수 없
이 다른 집으로 보내야 했다. 입양 가정에서는 그녀의 딸을 좋아하지
않았다. 어린 소녀에게 일을 시키는 것도 모자라서 그녀 몫으로 나오는
식량 배급표를 대부분 가로챘다. 딸이 굶주릴 뿐 아니라 몸에 이까지
득실거린다는 사실을 알게 된 뒤에 리정안은 그녀를 다시 집으로 데려
왔다. 7년이 지나고 나서 리정안 딸은 접대 부서에서 일손을 돕도록 차
출되었고 홍위병이 사용한 침구를 세탁하는 일을 맡았다. 열한 살짜리
소녀가 하기에는 너무나 고된 일이었다. 더욱이 그 소녀는 몸이 몹시
허약했고 중증 류머티즘까지 앓았다. 평생을 아끼고 절약하며 살았음
에도 가족을 먹여 살리기도 힘들었던 리정안은 왜 정부가 학생들에게
공짜로 숙식과 교통을 제공하느라 그토록 많은 돈을 낭비하는지 도무
지 이해할 수 없었다. 그녀와 비슷한 생각을 가진 사람은 한둘이 아니
었다. 베이징에서는 1200만 명의 방문객을 건사하는 임무를 맡은 장교
가 일반인들 때문에 발생하는 엄청난 비용에 놀라고 있었다. 더구나 그
비용은 궁극적으로 해당 비용을 발생시킨 당사자들이 부담해야 할 터
였다. 무료 숙식과 여행은 1966년 12월 21일이 되어서야 폐지되었다.[30]

———

홍위병들은 공짜로 여행을 다녔다. 다수의 병원균과 바이러스, 박테
리아도 마찬가지였다. 어린 혁명가들에 의해 초래된 것과 같은 으레 혼
잡하고 불결한 환경에서 창궐하는 많은 질병 중에서 뇌수막염은 가장
치명적이었다. 뇌와 척수를 감싸고 있는 보호막에 염증이 생기는 이 질

병은 기침과 재채기를 통해서 전염되었다. 환기가 되지 않는 혼잡한 기차와 기숙사가 뇌수막염의 급속한 확산을 더욱 부채질했다.

1966년 8월 베이징에서 뇌수막염이 처음 발병했다. 불과 두세 달 뒤에 베이징은 최악의 상황을 맞았다. 경계령이 발령되고 중앙 위원회가 적절한 절차에 따라 상황을 전파했지만 어떠한 예방 조치도 취해지지 않았다. 혁명에 방해가 되는 어떠한 행위도 허락되지 않았기 때문이다. 처음에는 수도에서 뇌수막염에 감염된 학생들이 철도망을 따라 위치한 대도시에 병을 옮겼고 11월에 들어서 유행병으로 발전했다. 이후 학생들이 걸어서 혁명을 전파하도록 독려되면서 뇌수막염은 도시에서 시골로 확산되었다. 12월 들어서 무료 여행이 폐지되었음에도 많은 홍위병이 계속해서 새로 발견한 자유를 즐기고 있었다. 1966년 12월부터 중앙 문화 혁명 소조가 마침내 모든 홍위병에게 집으로 돌아갈 것을 명령한 1967년 2월까지 전국의 모든 주요 철도 노선을 따라 뇌수막염이 창궐했다. 그럼에도 이 시기에는 전국이 문화 대혁명에 매달리느라 심지어 마스크 같은 기본적인 의료 용품도 공급이 부족한 실정이었다. 그결과 뇌수막염 환자를 치료하던 수많은 간호사와 의사가 차례로 감염되었다.[31]

대부분의 병원은 뇌수막염을 치료할 약은 고사하고 마스크도 살 수 없는 형편이었다. 가뜩이나 부족한 재원은 문화 대혁명을 추진하는 데 투입되었고 홍위병은 홍위병대로 정부의 일상적인 업무를 마비시켰다. 마오쩌둥이 시민보다 지도부를 더 챙긴다며 보건부를 비난한 1964년부터 이미 보건부는 혼란에 빠져 있었다. 1966년 가을에 이르러서는 내부에 숨은 〈주자파〉에게 책임을 물으려는 홍위병에게 보건부가 포위되었다.

미국이 의료 지원을 제안했지만 중국은 응하지 않았다. 1967년 2월 들어 항생제가 너무 부족해지자 정부는 마지못해 서유럽과 아시아의 제약 회사에 손을 내밀었고 수백 톤의 의약품을 구입했다. 뇌수막염을 예방하고 치료하는 전국적인 업무를 조직적으로 관리할 목적으로 통제 센터도 설립되었다. 하지만 너무나 보잘것없고 때늦은 조치였다. 상황이 진정되었을 무렵에는 이미 16만 명이 넘는 사람들이 목숨을 잃은 터였다.

10장
조반파와 보황파

    홍위병은 출신 계급에 대한 자부심이 있었기에 그 순수성을 계속 유지하려고 노력했다. 1966년 8월 마지막 주에 학생들이 수도로 쏟아져 들어오기 시작하자 단속반이 기차역에 나가서 그들을 맞이했다. 혈통이 나쁜 수천 명의 학생들이 거부되었다. 〈자본주의 집안〉 출신임에도 혁명을 전국에 전파하라는 주석의 외침에 적극적으로 부응한 베이징 제6중학교 학생 왕광화는 9월 말에 집으로 돌아온 뒤 그가 다니는 학교의 홍위병에게 허락을 받지 않고 여행했다는 이유로 단속반에게 납치되어 고문을 받다가 사망했다.[1]

    하지만 시간이 흐를수록 문화 대혁명에서 이전 홍위병들의 주도권은 약해졌다. 홍위병 가입 자격을 놓고 시작부터 열띤 논쟁도 있었다. 가장 문제가 된 문건 중 하나는 탄리푸라는 이름의 홍위병이 발표한 연설문이었다. 고위 공무원의 아들인 그는 홍오류로 태어나지 않은 학생들을 홍위병 조직에서 축출해야 한다고 열렬히 주장했다. 8월 20일에 베이징에서 발표된 이 연설문은 전국의 모든 정부 기관에서 수백만 부가 인쇄되었고 곧 전국의 모든 대학에 유포되었다. 그럼에도 지방 간부의 아들이나 딸이 소수에 불과한 학교도 있었다. 예컨대 샤먼의 제8중학교에서 홍위병이 된 학생들은 상당수가 〈흑오류(黑五類)〉*였다. 그들은 혁명적 출신 배경을 가진 학생들의 강력한 반대에 부딪쳤다. 링컨과 그 친구들은 혁명을 타락시키고 프롤레타리아에게 〈계급 보복 행위〉를 하려 한다는 비난을 받았다. 하지만 이런 반대자들은 수적으로 불리했다.[2]

푸젠 성에서는 바로 이들 샤먼 제8중학교 출신 홍위병들이 성 당 위원회를 공격하는 데 선봉에 섰다. 그들은 푸저우까지 쫓아가서 예페이와 그의 아내 왕위칭에 대항했다. 창사에서는 〈우파〉라는 꼬리표가 붙은 대학생들이 지역 당 기관에 맞서 대항했다. 전국 곳곳에서 지역의 지도자들에게 용감하게 이의를 제기하는 학생들과 반대로 그들을 옹호하는 학생들 사이에서 분열이 생겼다. 머지않아서 한쪽은 〈조반파(造反派)〉, 다른 한쪽은 〈보황파(保皇派)〉 또는 〈보수파〉라는 이름으로 불렸다. 조반파의 상당수는 〈흑오류〉로 태어난 사람들이었다.[3]

10월 들어서 힘의 균형이 깨지기 시작했다. 조반파 학생들이 푸젠 성 당 위원회 앞에서 시위를 벌이자 푸저우에서 베이징에 있는 중앙 위원회로 전보가 발송되었다. 단식 투쟁을 타이완으로부터 지원받는 불량배들의 조직적인 반혁명적 행위라고 고발하는 내용이었다. 이외에도 많은 당 기관들이 비슷한 이유로 중앙 당국에 지원을 요청했다. 10월 3일 이런 요청들에 대한 베이징의 대답이 나왔다. 천보다가 주간으로 있는 『붉은 깃발』이라는 당 기관지의 논설을 통해서였다. 〈자본주의 노선을 선택한 당 내부의 권력자들은 소수의 반동적인 수정주의자들에 불과하다. 그들은 붉은 깃발과 싸우기 위해서 붉은 깃발을 들고 있다.

---

* 구지주 계급, 구부농 분자, 반혁명 분자, 악질 분자, 우파 분자 등 홍위병이 될 자격이 없는 출신 성분이 나쁜 부류를 이른다.

흐루쇼프 같은 자들이며, 기회만 생기면 당과 군대와 정부를 전복시키려는 음모를 꾸밀 것이다. 우리가 싸워야 할 가장 위험한 주적들이다.〉 해당 논설은 이어서 〈부르주아적인 반동 노선〉을 따르는 사람들을 비난했다.[4]

2주 뒤 천보다가 문화 대혁명의 주요한 표적으로 류사오치와 덩샤오핑을 처음으로 거명했다. 그는 이들 두 사람이 따르고 있는 〈부르주아적인 반동 노선〉을 마오쩌둥의 〈프롤레타리아 혁명 노선〉과 비교했다. 모든 대중이 스스로를 교육하고 해방시켜야 한다고 설명했다. 천보다는 탄리푸의 혈통 이론을 정조준하여 반동적이라고 비난했다. 〈아버지가 영웅이면 그 아들도 영웅이다〉라는 유명한 대구(對句)를 공격하면서 그 같은 발상이 봉건적일 뿐 아니라 〈마르크스주의와 마오쩌둥 사상에 정면으로 위배된다〉라고 주장했다. 몇 개월 전 일약 유명 인사가 된 탄리푸에게 이제 문화 대혁명을 방해한다는 비난이 쏟아졌다. 중국 전역의 학교에서 그를 비판하는 군중 집회가 열렸다. 앞서 8월에 탄리푸의 연설문 수백만 부가 유포된 것처럼 주석의 지시에 따라 천보다의 발언이 대대적으로 전파되었다.[5]

〈홍오류〉와 〈흑오류〉라는 말의 의미 자체가 달라지기 시작하면서 문화 대혁명의 전환점을 맞이했다. 홍오류로 태어난 학생들은 어느 순간에 자신들이 잘못된 진영에 속해 있다는 사실을 깨달았다. 그들의 부모가 류사오치와 덩샤오핑에 의해 선동된 〈부르주아적 반동 노선〉의 추종자라는 비난을 받는 상황이었다.

홍위병들이 자신의 가족에게 권력 찬탈을 노리는 〈흑방〉의 일원이라는 꼬리표가 붙었다는 사실을 인지하면서 하룻밤 사이에 사실상 모든 홍위병 조직이 갑자기 〈흑오류〉 출신들로 채워진 셈이 되었다. 이제 그들은 불과 몇 주 전까지 그들이 그토록 열렬히 지지했던 혁명의 표적이 되었다. 자신의 명예를 지키고 부모님이 맹공격에서 살아남도록 돕기 위해서 한때는 급진적이었던 학생들이 보수파로 변신해서 현상을 옹호하고자 했다.[6]

마오쩌둥의 대중 노선을 둘러싼 천보다의 해석은 상대적으로 덜 혁명적으로 생각되던 출신 배경을 가진 학생들에게 뜨거운 열정을 불러일으켰다. 이제 드디어 그들은 혁명에 완전히 참여할 수 있었다. 〈홍오류〉도 〈흑오류〉도 아닌 이른바 〈회오류(灰五類)〉* 출신의 학생들은 조반파 홍위병이 되었다. 불량한 출신 배경을 가진 젊은이들에게 마침내 한때의 가해자들, 즉 예전 홍위병들에 맞서 전열을 가다듬을 기회가 생겼다. 그들은 당내 기득권층을 겨냥한 마오쩌둥의 십자군에도 합류했다. 11월에 이르러서는 조반파 홍위병을 흔히 볼 수 있었다. 장융은 홍위병들로 가득 찬 기차 안에서 짙은 검은색 눈과 긴 속눈썹을 가진 매력적이고 날씬한 한 소녀를 만났다. 그리고 그 소녀가 자신이 흑오류 출신이라고 밝히면서 보여 준 은근한 자신감에 놀라야 했다. 마치 마오 주석이 일반인들에게 홍오류 출신 엘리트들에게 맞설 용기를 주고 있는 듯 보였다.

———

조반파의 증가와 맞물려 폭력이 향하는 표적에도 변화가 생겼다. 지방의 당 권력자들은 홍위병을 일반인들과 싸우게 함으로써, 불량한 계

---

* 지식인과 도시민 등이 여기에 해당한다.

급에 속해 있다는 이유로 그들을 희생양으로 만들어서 그때까지 문화 대혁명의 공격을 성공적으로 피해 온 터였다. 이제는 점점 늘어나는 조반파 홍위병들이 〈부르주아적 반동 노선〉을 따른다고 의심되는 당 지도자들을 포위했다. 푸저우에서도 힘의 균형점이 성 당 위원회에서 움직였다. 칭화 대학교와 베이징 대학교, 베이징 항공 대학교를 비롯하여 여러 대학의 홍위병들도 힘을 보태기 위해서 남쪽으로 내려갔다. 조반파 홍위병들은 도시 전역으로 산개해서 전략적으로 요지에 자리 잡은 빌딩과 학교와 사무실 등을 점거했다. 수십 대의 차량도 징발하고 반대파의 대응에 따라 조반파의 진지를 강화할 목적으로 기동 부대도 조직해서 푸저우 곳곳에 배치했다. 대다수 지역 주민들은 조반파의 편을 들거나 보황파 편을 들면서 두 진영으로 나뉘었다. 선전이 가장 중요했기 때문에 상대편에서 방송하는 내용이 들리지 않게 할 목적으로 시내의 주요 교차로에 위치한 우체국이나 백화점에 확성기가 설치되었다. 그동안에 막후에서는 여러 조의 홍위병들이 베이징을 찾아가서 천보다를 만나 예페이와 성 당 위원회가 탄리푸의 계급 이론을 지지하며 조반파 홍위병들을 억압한다고 호소했다.

며칠 뒤인 11월 1일에 조반파 홍위병이 푸저우 시의 당사를 장악했다. 링컨과 그 친구들은 예페이의 거처를 급습했다. 두 하인의 시중을 받으며 아침 식사 중이던 성장 예페이는 홍위병이 들이닥치자 얼굴이 하얗게 질렸다. 이후 며칠 동안 거리를 끌려다닌 그는 급히 그 지역 군사령관인 한셴추에게 도움을 요청했다. 닭 발톱 형태로 완전히 굳어서 왼손을 쓰지 못하는 수척한 남성 한셴추는 개입하길 거부했다. 그해 말에 이르러 예페이는 실각했고 한셴추가 성장의 자리를 넘겨받았다.[7]

같은 날, 즉 11월 1일에 『붉은 깃발』에 또 다른 사설이 등장했다. 이

번에는 〈마오 주석이 제시한 프롤레타리아 혁명 노선의 승리〉라는 제목이었다. 사설은 〈보황파〉 또는 〈보수파〉라는 이름이 붙은 홍위병 조직에 가해진 치명타를 거론하면서 고위 당원들이 〈대중을 무지하고 무능력한 존재처럼 취급한다〉라고 비판했다. 〈그들은 《반당 분자》, 《우파》, 《가짜 혁명가》, 《좌파 행세를 하는 우파》 등등의 낙인을 찍으면서 공격 목표를 바꾸어 혁명 대중에게 창끝을 겨눈다.〉[8]

사설은 조반파 조직에 가입하는 인원이 급증하는 결과를 낳았다. 누구도 〈부르주아적 반동 노선〉의 추종자로 여겨지고 싶지 않았기 때문이다. 구성원도 이제는 단순히 학생들로만 국한되지 않았다. 홍오류 출신인지 아닌지도 중요하지 않았다. 곳곳에서 사람들이 그들의 운명을 개척하고자 문화 대혁명에 합류했다. 시안의 캉정궈는 〈억눌린 분노가 마치 봇물 터지듯 쏟아지는 것〉을 느꼈다. 예컨대 비정규직 공장 노동자들은 정규직 전환을 요구하고, 농촌에 보내졌던 학생들은 도시로 돌아오고 싶어 했으며, 해직된 공무원들은 복직을 요구했다. 그들은 한목소리로 〈부르주아적 반동 노선〉을 비난했다. 〈그 같은 노선을 취한 지도자들이 이제 만만한 대상으로 공표된 이상 그들을 맹렬히 비난하길 주저하는 사람은 아무도 없었다.〉[9]

―――――

문화 대혁명이 마치 대중의 혁명처럼 보이는 순간이었다. 마오쩌둥은 수개월 전 학생들을 부추겨서 교사에게 반기를 들게 한 것처럼 이제 일반 시민들을 부추겨서 그들의 당 지도자를 공격하게 했다. 그리고 이를 위해서 그들의 뿌리 깊은 분노를 자극했다. 실제로 고위 당직자에게 불만을 가진 사람들의 숫자는 끝이 없는 듯했다. 전국에서 당 간부들은 흔히 전적으로 그들의 통제를 받는 독립된 노동 조직을 관리했는데 이러한 조직 내에서도 조반파가 등장했다. 농부나 노동자, 교사, 점원부터 공무원까지 직업군도 다양했다.

전국이 하나의 거대한 압력솥 같았다. 17년 전 공산주의자들이 중국을 접수했을 때 많은 일반 시민들은 두려움과 희망, 포기 등의 감정이 뒤섞인 채 해방을 맞이했다. 마침내 국공 내전이 끝났다는 안도감도 존재했다. 공산 정권이 내놓은 평등과 정의와 자유 같은 가치는 진정한 울림을 주었을 뿐 아니라 당은 쉬지 않고 신민주주의를 외쳤다. 정권에 가장 완고하게 저항하는 적을 제외하고 모든 세력을 포용하겠다고 약속하는 슬로건이었다. 무엇보다 불만을 가진 각각의 집단에게 그들이 가장 원하는 것을 약속했다. 농부에게는 땅을, 소수 민족에게는 독립을, 지식인에게는 자유를, 기업인에게는 사유 재산의 보호를, 노동자에게는 높은 삶의 질을 약속했다.

감언이설에 속아서 정권에 협조한 내일의 적들이 자신도 모르게 제공한 도움으로 실재하거나 상상 속에 존재하는 모든 범주의 적들이 제거되면서 이런 약속들은 하나씩 깨어졌다. 1957년에 이르러서는 표현의 자유와 단체 결사의 자유, 이동의 자유, 거주의 자유 같은 기본적인 자유가 축소되었다. 정부와 개인 사이에 존재하던 모든 것이 제거되고 농부와 지식인, 승려까지 사회 각계각층의 사람들이 일종의 공무원처럼 정부 조직에 소속된 채 지방 간부들이 시키는 대로 일했다. 이후에 찾아온 마오의 대기근은 농촌에서 수천만 명의 목숨을 앗아 갔을 뿐 아니라 소수의 광신자를 제외한 대다수 일반인들에게서 보다 나은 미래에 대한 희망을 앗아 갔다.

대기근이 끝난 뒤로 수년간 당은 사회주의 교육 운동을 통해서 국민들에 대한 통제력을 다시 분명히 했다. 한 정치학자의 설명에 따르면 〈중국 정부가 그때만큼 사회를 완전하게 지배한 적이 또 없을 정도였다〉.[10]

대약진 운동으로 발생한 막대한 경제적 손실을 만회하기 위해서 인건비를 줄이려는 무자비한 정책이 실시되면서 많은 도시 거주민의 생계가 위협을 받았다. 1955년에는 도시로 피난하려는 엄청난 숫자의 농민을 막기 위해서 저우언라이가 1951년부터 도시에서 시행되던 호적 제도를 농촌으로 확대했다. 소비에트 연방의 국내 여권 제도와 비슷한 호적 제도는 식량 배급과 각 세대에 등록된 사람들 숫자를 묶어서 농민들의 이동을 예방하는 데 효과를 발휘했다. 하지만 쥐민(居民), 즉 〈도시 거주자〉와 농민(農民), 즉 〈소작농〉의 구분을 만들어서 사람들을 두 개의 독립된 세상으로 나누기도 했다. 자식은 이 둘 중 하나에 속한 어머니의 지위를 그대로 물려받았다. 설령 농촌 출신의 여성이 도시 남성과 결혼하더라도 그녀와 그녀의 자식은 계속 소작농 신분을 유지한다는 뜻이었다. 농촌에 거주하는 사람들은 정부가 이를테면 주택 보조, 식량 배급, 보건과 교육 혜택, 장애 급여처럼 대다수 도시 거주자에게 제공하는 특권을 박탈당한 세습 계급 취급을 받았다.[11]

대기근 이후에 더 이상의 국가 부담을 줄일 목적으로 수많은 도시 거주자가 농촌으로 보내졌다. 일단 농촌에 보내진 다음에는 기존의 신분과 관련 혜택들을 모두 상실했다. 1961년에 도입된 이 정책으로 1962년에 2000만 명 이상이 도시에서 쫓겨났으며 알아서 하라는 식으로 전국의 인민공사에 방치되었다.[12]

이때부터 정규직 노동자를 줄이려는 계획적인 노력이 시작되었다. 정규직 노동자에게는 국가에서 제공되는 혜택을 누릴 권리가 있었기 때문이다. 상하이에서는 1965년에 커칭스의 갑작스러운 사망으로 시장이 된 뒤로 사면초가에 몰려 있던 차오디추가 공장과 기업에 비정규직 형태의 고용을 늘리라고 지시했다. 안정된 직업에 종사하던 사람들이 외진 시골로 재배치되고 대신 농한기를 맞은 농민들이 채용되었다. 그들은 가장 천시되는 일에 배정되어 정규직 신분으로 똑같은 일을 했던 사람들보다 훨씬 적은 돈을 받으며 일했다. 복지비 지출을 줄이려는 정부의 노력 탓에 문화 대혁명을 앞둔 시점에는 전국의 모든 노동자 중 대략 3분의 1이 비정규직 신분이었다.[13]

요컨대 중국은 대약진 운동으로 촉발된 재앙의 늪에서 아직 헤어나지 못한 상태였다. 근로 환경 개선과 임금 인상, 보다 나은 복지와 많은 혜택을 요구하는 목소리가 곳곳에서 터져 나왔다. 공산주의 용어로는 〈프롤레타리아〉라고 불리는 노동자들 사이에 엄청난 불균형이 존재했다. 급여 스펙트럼의 한쪽 끝에는 조합에 가입된 노동자들과 기술자들이 있었고 일찍이 해방 초기부터 다양한 혜택이 제공되었다. 몇몇 공장은 노동자들에게 대형 식당과 병원, 도서관, 탁구장, 휴게실, 자녀를 위한 학교, 정상 급여의 70퍼센트에 달하는 관대한 은퇴 연금 등 다수의 편의를 제공했다. 반대쪽 끝에는 부가 혜택은 고사하고 멋대로 고용되거나 해고되는 가난한 비정규직 노동자들이 속한 거대한 암흑 세계가 존재했다. 그들 중 일부는 혼잡하고 비위생적인 기숙사에 거주하면서 어떠한 기본권도 보장받지 못한 채 대규모 건설 현장에서 일했다. 이 두 극단의 사이에서 많은 노동자들이 주택난과 낮은 임금, 지나친 규율, 수당도 없는 과도한 초과 근무 등에 대해 불평을 쏟아 냈다.[14]

문화 대혁명이 진행되면서 긴장은 더욱 고조되었다. 1966년 6월과 7월에 노동자들은 학생과 연계해서 공식적인 지침에 따르면 노동자를 억압했다는 〈괴물과 악마〉를 비난하는 대자보를 썼다. 그들은 딱히 부추길 필요도 없었고 머지않아서 불만을 품은 노동자들이 그들의 삶에 막강한 영향력을 휘두르는 지방 간부들을 비난하기 시작했다. 상하이의 광밍 시계 공장에서는 당 서기가 복도 곳곳에서 자신의 부패와 족벌주의를 고발하는 대자보를 발견했다. 다른 공장에서도 지도층 인사들이 〈폭군〉으로 고발되었고 직원들이 그들의 사임을 요구했다. 보다 전투적인 일부 시위자들은 전투대를 결성했다. 그리고 비슷한 생각을 가진 다른 공장의 선동가들과 연합해서 지도자들의 유죄 증거를 찾아 사무실을 습격하고 거짓으로 자기비판만 늘어놓을 뿐인 〈보황파〉라며 관리자들을 비난했다. 8월 들어서는 하루에만 약 400여 명에 달하는 공장 간부들이 바보 모자를 쓴 채 상하이 거리를 끌려다녔다.[15]

상하이에서는 그해 여름에 100만 명이 넘는 노동자들이 문화 대혁명에 참여했다.[16] 공작대에 대한 불만이 쏟아졌음에도 일부 공작대는 공격의 화살을 일반 노동자에게 돌림으로써 예봉을 피해 갔다. 공작대는 중국 전역에서 많은 일반인에게 〈반동분자〉나 〈우파〉라는 낙인을 찍어서 그들의 조서(調書)에 경력을 망칠 영원한 오점을 남겼다.

10월에 〈대중〉을 향해서 〈스스로를 교육하고 해방시켜라〉라고 요구한 마오쩌둥은 해방자로 여겨졌다. 11월 1일 『붉은 깃발』에 발표된 사설은 혁명 대중에게 〈반당 분자〉나 〈우파〉라는 낙인을 찍는다며 〈보황파〉 지도자들을 맹공격했다. 아울러 공작대가 만든 조서 일체를 폐기하고 공작대의 평가를 바로잡아야 한다고 주장했다.[17]

세상이 뒤집어지면서 하룻밤 사이에 공작대의 희생자들이 오명을 벗었다. 여름 내내 박해에 시달렸던 사람들의 불운이 이제 끝난 듯 보였다. 처음에는 조반파 홍위병들이 일부 학교의 당 위원회에 조서 일체를 넘기거나 공개적으로 폐기할 것을 강요했다. 곧 일반인들이 당 사무실을 급습하고, 자료실을 샅샅이 뒤지고, 자신들의 조서를 찾아내고, 공개적으로 파일을 불태우면서 홍위병을 따라하려고 했다.[18]

오래지 않아 앞선 정치 운동의 희생자들이 정의를 부르짖기 시작했다. 여기에는 당에서 처벌을 받았거나 축출된 당원들도 섞여 있었다. 마찬가지로 그들도 구제를 요구하며 류사오치와 덩샤오핑의 〈부르주아적 반동 노선〉에 대한 공격에 가세했다. 어쨌거나 류사오치는 사회주의 교육 운동 당시에 당내에서 악랄한 숙청을 단행하여 500만 명에 달하는 당원을 처벌한 장본인이었다. 그리고 덩샤오핑은 1957년에 수십만 명이 〈우파〉라는 낙인이 찍힌 채 강제 노동 수용소로 유배된 반우파 운동을 지휘한 터였다.

일반인들은 불만 사항이 차고 넘쳤기에 새로 획득한 저항할 수 있는 자유를 적극 활용했다. 크고 작은 공장들도 자체적으로 회보나 신문을 발행하기 시작하면서 새로 발견한 출판의 자유를 만끽했다. 〈위대한 프롤레타리아 민주주의〉라는 이름으로 마침내 집회의 자유가 인정되면서 상하이에서만 자발적으로 수백 개의 조합이 설립되었다. 여행을 하기 위해 더 이상 공식적인 허가를 받을 필요가 없었기 때문에 사람들이 단체로 일터를 벗어나 지역 당사를 향해 나아갔다. 상하이에서는 농촌에서 돌아온 약 4만 명의 노동자들이 시위를 통해 불만을 표출했다. 그들 중 일부는 1936년에 문을 연 아르 데코 양식의 고급 아파트 단지이면서 1949년 이후로는 최고 지도부를 위해 따로 비워 둔 상하이 맨션을 점령했다. 어떤 사람들은 노동국 앞에서 단식 투쟁을 벌였다. 상당수는 상하이 시 당 위원회를 포위하고 있던 조반파와 합류했다.[19]

어떤 형태로든 조반파의 반대가 나타나지 않은 노동 조직은 거의 없었다. 몇 개의 선동적인 포스터로 끝난 경우도 있었지만 서로 다른 파벌 간의 대격돌로 발전한 경우도 있었다. 대부분의 경우에 조반파 노동자들은 견고한 반대 세력과 직면했다. 공장 관리자들은 탄탄한 조직력이 있었고 정치적인 운동에 적절히 대처할 줄 알았으며 다년간의 혁명 경험으로 단련되어 있었다. 그들 중 일부는 대장정에 참여했던 노병이었다. 그들은 공장의 당 위원회와 공장 내 정치부, 공안 요원부터 현장 감독과 작업장 관리자까지 엄격하게 통제되는 지원망을 통할했다. 구(舊)질서를 단호하게 지지하는 노동자와 노동조합원 중에는 당의 행동대원도 있었다. 비정규직 노동자야 원칙적으로 언제든 해고될 수 있었지만 일반 노동자도 당 관리자들의 보복 장치에 직면할 수 있었다. 다른 부서로 전출될 수도 있었고 멀리 떨어진 시골의 공장으로 배치될 수도 있었으며 혜택이 끊기거나 주택 보조를 받지 못할 수도 있었다. 조반파들이 프롤레타리아 민주주의의 이름으로 정의를 부르짖었지만 공장 관리자들도 마찬가지였다. 그들은 정치 운동에 가담해서 〈부르주아적 반동 노선〉을 비난할 정도로 노련했다. 누구나 할 것 없이 류사오치를 비난하고 마오 주석에게 충성을 맹세했다. 사방에서 붉은 깃발이 게양되었다. 공장 관리자들은 그들이 문화 대혁명에 얼마나 헌신적인지 보여 주기 위해 자체적으로 넉넉한 자금 지원을 받고 탄탄한 조직력을 갖추고 신뢰할 수 있는 추종자들로 이루어진 대규모 조직을 만들었다. 이제는 노동자들이 노동자들을 상대로 싸우고 있었다.[20]

두 파벌 모두 베이징에 호소했다. 산업계 전반에서 난투가 벌어진 난징에서는 분노한 당 간부들이 고위 권력자에게 전화를 하거나 탄원서를 보내서 반동적인 음모를 고발하고 많은 공장의 가동 중단으로 누적되는 경제적 손실에 대해 불평했다. 한편 조반파 노동자들은 자신들의 당 지도자들에 대해 항의하기 위해 대표단을 보냈다. 불만은 특정한 한 두 집단의 문제가 아니었다. 10월 말에 이르러 난징 기계 기구 및 전기 설비 공장 한 곳에서만 185명의 근로자 중 3분의 1이 그들의 불만을 알 리기 위해 수도로 향했다.[21]

수많은 시위자들이 톈안먼 광장 근처의 7층짜리 건물인 중화 전국 총공회에 모여들었다. 그곳은 곧 전국 각지에서 모인 대표들로 와글거 렸다. 그들은 임금 불평등과 불안정한 고용, 건강에 유해한 환경, 사회 적, 정치적 권리의 부재 등에 대해 항의했다. 〈그들은 이상할 정도로 조 용한 군중이었지만 그들이 겪는 부당함을 많은 사람이 통감하면서 도 시에 위협적인 그림자가 드리웠다.〉마오쩌둥이 일흔세 번째 생일을 맞 은 12월 26일에 얼마 전 결성된 전국 비정규직 노동자 연맹 대표단이 인민 대회당에서 장칭과 중앙 문화 혁명 소조 위원들을 만났다. 장칭이 그들에게 갈채를 보냈다. 〈마오 주석은 여러분을 지지한다!〉아울러 비정규제를 류사오치와 그 추종자들이 프롤레타리아를 희생시켜 비용 을 줄이려고 도입한 자본주의 제도라고 규정하면서 비정규제에 단호 하게 대처할 것을 촉구했다. 그녀는 노동부장을 직접적으로 비난했다. 마찬가지로 야오원위안도 〈그를 비정규직 노동자로 만들어야 한다!〉 라고 빈정거렸다. 이후 베이징 공인 체육장에서 보다 큰 대회가 열렸고 분노한 시위자들이 차례로 무대에 올라 착취적인 노동 환경과 노후한 주거 시설, 턱없이 부족한 음식 문제를 고발했다. 그들 중 상당수는 노 동부 앞에서 천막을 치고 농성을 이어 갔다.[22]

장칭은 인민 대회당의 선동적인 연설에서 노동부에 정규직이든 비정 규직이든 1966년 6월 1일 이후로 해고된 노동자 중에 기업의 고위 관 리자를 비난한 것이 직접적인 계기가 되어 해고된 사람들을 모두 복직시키라고 지시했다. 해고되는 바람에 받지 못한 급여도 모두 소급해서 지불되어야 할 터였다. 그 같은 결정은 추가로 지역 간부들이 문화 대혁명에 참가한 노동자에게 어떠한 형태로든 복수하는 것을 금지하는 명령과 더불어 『인민일보』에 같은 날 발표되었다. 그날 저녁 주석은 중앙 문화 혁명 소조 위원들과 함께 자신의 생일을 자축하는 자리에서 이렇게 건배를 제안했다. 〈내전의 전국적인 확산을 위하여!〉[23]

여름 내내 행동하도록 부추겨진 학생들에 비하면 노동자들의 혁명 가담은 무척 느리게 진행되었지만 그럼에도 마찬가지로 지대한 영향을 끼칠 터였다. 특히 1년 전 문화 대혁명이 시작된 상하이는 이런 현상이 가장 두드러졌다.

9월 초 베이징 출신의 홍위병들이 차오디추 시장의 사무실을 포위했을 때 그들의 요구를 저지하기 위해서 수천 명의 보황파 노동자들이 동원되었다. 어느 한쪽도 우위를 점하지 못하면서 상황은 교착 상태로 접어드는 듯했다. 하지만 11월 1일이 되어 『붉은 깃발』에 당내 지도층 인사들이 〈혁명 대중에게 창끝을 겨눈다〉라는 사설이 발표되자 조반파 노동자들이 싸움에 합류했다. 상하이 제17방적 공장에서도 조반파 조직이 결성되었다. 몇 달 전 공작대가 공장 노동자들의 불만을 부채질했다는 이유로 왕훙원에게 〈이기적인 출세주의자〉라는 꼬리표를 붙였던 바로 그곳이었다. 왕훙원이 선두에 나섰다. 〈공안국이 우리를 조사해서 반동분자로 규정하고 체포하면 어쩌지? 여러분, 두려운가? 아니면 두렵지 않은가? 나는 두렵지 않다! 나는 단호히 저항할 것이다!〉[24]

한밤중에 한 원단 가게가 급습을 받았고 완장을 만들 붉은색 원단이 다발째로 징발되었다. 11월 9일 일반에게 홍색공인(紅色工人)으로 알려진 조직이 문화 광장에서 공식적으로 출범했다. 프랑스 조계지 내에 위치한 문화 광장은 한때 그레이하운드종 사냥개들의 경주가 열리던 경견장이었다. 차오디추 시장은 조반파 노동자들을 〈인간 쓰레기〉라고 지칭하면서 조직의 출범을 일축했다. 출범 행사 직후에 2만 명이 넘는 노동자들이 자신들의 조직을 인정하라고 요구하면서 시청을 향해 행진했다. 시위대가 억수 같이 쏟아지는 겨울비를 맞으며 몇 시간을 기다리는 동안 저우언라이가 보냈다는 전보에 관한 소식이 빠르게 전파되었다. 〈상하이 시 당 위원회가 여러분을 만날 생각이 없다고 한다면 베이징으로 오라. 내가 여러분을 만나겠다!〉 소문에 불과했지만 시위대는 기차역으로 달려갔다. 1,000여 명의 노동자들이 베이징행 급행열차에 몸을 실었는데 철도 당국은 상하이에서 20분쯤 지난 지점에서 측선으로 해당 기차의 선로를 변경했다. 조반파 노동자들은 하차를 거부했다. 일부는 붉은 깃발을 손에 쥔 채로 선로에 드러눕기도 했다. 지역 관리들이 승객들에게 따뜻한 물과 롤빵을 제공하자 창 밖으로 음식이 내던져지기도 했다. 〈우리는 수정주의자들이 제공하는 음식을 먹고 싶지 않다!〉

상하이와 난징 간 철도가 서른 시간째 마비되었을 때 1년 전 상하이의 당 기관에서 선전부를 이끌며 장칭을 도왔던 음울한 남성 장춘차오의 등장으로 마침내 교착 상태가 깨졌다. 이제 중앙 문화 혁명 소조의 일원이 된 그가 분쟁을 정리하기 위해 현장에 군용기를 타고 와서는 천보다의 메시지를 전달했다. 폭우 속에서 대형 트럭 뒤편에 선 그는 확성기를 통해 조반파 노동자들에게 상하이로 돌아갈 것을 강력히 촉구

했다.[25]

그날의 승자는 공식적으로 베이징의 인정을 받은 조반파 노동자들이었다. 이삼 일 뒤 장춘차오의 주재로 군중 대회가 열렸다. 이제 그는 상하이에서도 가장 번화한 해안가에 위치한 평화 호텔의 방이 여럿 딸린 안락한 객실에서 지내고 있었다.

당내 지배 세력들은 이제 방침을 바꾸어서 조반파를 견제하기 위해 그들 나름의 세력을 조직했다. 이런 세력들은 홍위병보다 많은 자금을 지원받았고 수적으로도 훨씬 우세했다. 12월 중순이 되자 상하이는 수십만 명의 홍색공인과 100만 명에 달하는 적위대가 대규모 충돌을 벌이면서 마치 포위 공격을 받는 도시처럼 보였다. 12월 30일 캉핑로(路)에서 유혈이 낭자했던 가장 치열한 충돌 중 하나가 발생했다. 쇠 파이프와 곤봉, 죽창 등으로 무장한 10만 명의 조반파 노동자들이 시 당 위원회를 지키던 상대편 2만 명에게 공격을 감행했다. 왕훙원이 직접 지휘한 이 공격으로 100명에 가까운 사상자가 발생했다. 장춘차오의 지시에 따라 도시 전역의 공장에서 적위대 사무실들이 샅샅이 수색되었고 완장이 몰수되었으며 수백 명의 지도자들이 체포되었다.

조반파를 지지하는 노동자의 숫자를 줄일 목적으로 공장 경영진은 임금 인상에 합의하거나 여행 증명서를 발급해 주거나 뜻밖의 보너스를 제공하는 등 우수 노동자에게 특별 보너스를 지급하기 시작했다. 그들은 마오쩌둥 생일에 발표된 『인민일보』 사설을 그들에게 유리한 쪽으로 해석하고 반대파의 요구를 일부 들어 줌으로써 그들을 달래려고 노력했다. 완전한 통계 자료가 존재하는 것은 아니지만 한 연구 결과에 따르면 1967년 1월 첫 주에만 평소보다 거의 두 배나 많은 약 3800만 위안이 은행에서 인출되었다. 조반파에 흘러 들어간 돈이 상당했던 까닭에 은행이 언제 망할지 모른다는 두려움에 휩싸인 사람들이 은행에서 돈을 있는 대로 인출하는 바람에 은행 인출 소동이 일어났을 정도였다. 흥청망청한 쇼핑이 잇따랐고 조개탄이나 식용유 같은 생활필수품이 상점에서 바닥날 거라는 두려움에 이내 사재기가 되었다.[26]

수만 명에 달하는 농민들이 도시로 들어와 조반파에 합류하면서 혼돈은 농촌으로 확산되었다. 상하이 주변의 농촌에서는 들판에 여성과 노인들만 남아서 농사를 지었다. 항구가 폐쇄되고, 기차역이 마비되고, 노동자들이 혁명을 쟁취하려 싸우면서 상하이는 심각한 부족난의 위협에 직면했다. 하루에 3,500톤의 양곡이 필요한 상하이였지만 12월 31일에 이르러서는 식량 보유고가 일주일치도 되지 않았다. 도시·난방용 석탄 재고는 채 5일치도 되지 않았다.[27]

북풍이 진눈깨비를 내려 도로를 얼음으로 뒤덮고 살을 에는 듯한 추위를 불러온 1967년 1월 3일에 마침내 교착 상태가 깨졌다. 안전모와 쇠몽둥이로 무장한 조반파 노동자와 홍위병이 상하이에서 제일 큰 신문사 두 곳을 습격해서 도시의 선전 기구를 장악했다. 다른 조가 텔레비전과 라디오 방송국마저 점령했다. 며칠 뒤 도시로 들어오는 모든 주요 도로에 바리케이드가 설치되었다. 왕훙원은 군중 대회를 주재하던 도중에 수만 명의 조반파를 이끌고 시청을 습격해서 건물 양쪽에 하나씩 있던 두 개의 황동 사자상을 파괴했다. 귀청이 떨어질 듯한 군중의 환호를 받으며 거대한 붉은 깃발이 게양되었다. 공장에서 사이렌 소리가 울려 퍼지며 프롤레타리아의 승리를 환영했다. 1월 11일에는 마오쩌둥이 홍색공인에게 축전을 보내며 구질서를 향한 치명타를 날렸다. 그는 모든 국민이 상하이를 본받아서 〈부르주아적 반동 노선〉을 따르는 자들로부터 권력을 쟁취해야 한다고 주장했다.[28]

〈권력을 쟁취하라〉라는 것이 그날의 표어가 되었다. 주석은 1월 22일에 이제 상하이의 이른바 〈1월 폭풍〉을 치하하며 『인민일보』에 다음과 같은 사설을 발표했다. 〈힘을 갖는 것은 모든 것을 갖는 것이다. 힘을 갖지 못하는 것은 아무것도 갖지 못한 것이다. (……) 하나로 단결하고, 대동맹을 결성하고, 권력을 쟁취하라! 권력을 쟁취하라! 권력을 쟁취하라!〉

11장
군대의 등장

주석은 프롤레타리아 혁명을 방해하는 주자파를 척결하기 위해 인민에게 단결해서 권력을 쟁취하라고 지시했다. 하지만 당내 지도층 인사들은 탄탄한 기반을 보유하고 있었고 반대자의 창끝을 다른 곳으로 돌리는 데 능숙했으며 자신에게 유리하게 대중 조직을 통제할 정도로 유능했다. 전국의 많은 도시에서는 조반파와 보황파가 서로 싸우다가 교착 상태에 빠져 있었다. 〈혁명 대중〉은 하나로 단결하지 못하고 있었다. 상하이의 홍색공인조차 장춘차오나 왕훙원의 지시대로 움직이는 훈련된 군인이 아니라 출신 배경과 충성도가 모두 제각각인 다수의 조반파 집단으로 이루어진 허술한 동맹에 불과했다. 붉은 깃발이 시 당위원회 위에 게양되는 순간부터 다양한 파벌의 지지자들이 권력을 잡으려고 경쟁했고 서로 싸움을 벌였다.

주석은 1월 폭풍을 치하했지만 수십만 명의 노동자들이 파업을 하거나 수개월씩 지속된 지지부진한 싸움에 휘말려 있던 탓에 지역 경제가 파괴되면서 엄청난 대가가 뒤따랐다. 붉은 파도가 전국의 나머지 다른 지역에서 〈부르주아적 반동 노선〉의 추종자들을 빠르게 휩쓸어 버릴

가능성은 매우 희박해 보였다.

다른 문제도 있었다. 1959년에 참모 총장이 되기 전까지 10년 동안 공안부장으로 재직했던 뤄루이칭에 의해 오랫동안 육성된 공안 기구를 마오쩌둥은 신뢰하지 않았다. 주석은 계급의 적들이 잠입해 있는 경찰과 검찰, 법원을 박살 내기로 결심했다. 이를 위한 첫 번째 단계는 뤄루이칭에게 공개적으로 모욕을 주는 것이었다. 몇 달 전 자살 시도를 한 뒤로 걸을 수 없게 된 그가 왼발에 붕대를 감은 채 바구니에 실려 베이징 공인 체육장에 끌려 나왔다. 1967년 1월 4일과 5일 이틀 동안 홍위병 대표가 한 명씩 무대 위에 올라와서 증오를 표출하고 청중의 분노를 부추기고 그들을 극도의 흥분 상태로 이끌었다. 두 명의 군인 옆에서 일명 제트기 자세를 취하고 있는 뤄루이칭의 사진이 대대적으로 유포되었다.[1]

국무원은 구질서와 연관된 부패한 경찰에 의존하는 대신 군인들에게 법 집행에 필요한 몇몇 긴급한 임무를 맡기기로 했다. 은행들은 엄청난 압박에 시달렸다. 때때로 대중 조직에 자금을 지원해야 했을 뿐 아니라 1월 11일에는 사업장에 기관총으로 무장한 군인이 배치되기 시작했다. 이튿날 전국에서 군인들에게 라디오 방송국과 교도소, 부두, 곡물 저장고, 주요 다리 등의 치안 업무를 인계받으라는 지시가 내려졌다.[2]

별도로 전개된 한 사건에서는 상하이의 1월 폭풍이 끝나고 불과 몇 주 뒤에 한 성(省) 전체가 혁명 진영에 합류했다. 아래로부터의 혁명은 아니었다. 산시 성의 부성장이자 캉성의 절친한 친구 류거핑은 왕훙원이 상하이 시청을 습격했을 때 베이징에 머물고 있었다. 캉성은 주석이 조반파를 지지할 뿐 아니라 유사한 혁명이 전국으로 확대되길 바란다고 설명하면서 그를 부추겼다. 서둘러 산시 성의 성도 타이위안으로 돌아간 류거펑은 산시 성 군 사령관 중 한 명의 지원을 등에 업은 채 대자보에 조반파가 권력을 장악했다고 공표했다. 그들은 동료의 반대에 부딪쳤고 1월 20일에 예의 군 사령관이 린뱌오에게 편지를 보내서 지원을 요청했다. 중국의 제2인자가 보여 준 단순한 손짓 한 번은 병권의 균형을 깨뜨리기에 충분했다. 1월 25일에 『인민일보』는 조반파의 두 번째 권력 쟁취를 축하했다.[3]

1월 21일에 비슷한 지원 요청이 중앙 문화 혁명 소조에 전달되었다. 안후이 성에서 약 20만 명의 조반파가 군중 대회를 통해 성 당 위원회를 고발할 참이었는데 그들은 군의 지원 없이는 그들의 권력 쟁취 시도가 실패할지 모른다는 걱정에 휩싸여 있었다. 몇 개월 전이던 1966년 9월 5일에 군은 문화 대혁명에 관여하지 말라는 명백한 지시를 받은 터였다. 이제 주석은 린뱌오에게 메모를 휘갈겨 써 주었다. 〈군대를 파견해서 좌파에 속한 광범위한 인민을 지원해야 한다.〉 문화 대혁명 초기 단계에서 개입하지 말라는 지시가 있었다고는 하지만 마오쩌둥은 군의 이러한 중립적인 태도가 〈가짜〉라고 생각했다. 린뱌오도 주석의 생각에 동의했다. 이틀 뒤인 1월 23일 군에 프롤레타리아가 도움을 요청하면 어디든 부대를 파견하라는 명령이 내려졌다.[4]

문화 대혁명에 합류하기 전 군은 주석과 언쟁을 벌여서 주목할 만한 양보를 받아 냈다. 일부 군 지휘관이 홍위병의 제물이 되었고 그들 중 몇몇이 비난 대회에서 몇 시간 동안 끊임없이 모욕과 폭행을 당하거나 제트기 자세까지 취해야 했던 것 때문에 군 내부에는 반감이 팽배해 있었다. 1959년에 루산 회의에서 기근 문제로 주석과 대립했던 펑더화이 사령관은 1966년 12월 쓰촨 성에서 장칭의 명령을 받은 홍위병에게 붙잡혀 베이징으로 끌려왔다. 그에게 닥쳐올 시련은 너무나 뻔했다. 뤄루이칭과 마찬가지로 감옥으로 끌려갔고 끝없이 이어지는 비판 대회와 마주했다. 한 목격자는 그가 지붕을 씌우지 않은 대형 트럭 화물칸에서 홍위병에 둘러싸인 채 실려갔다고 회상했다. 그는 반항적으로 고개를 쳐들려고 했지만 한 왜소한 학생이 매번 목을 때리면서 고개를 숙인 채 복종적인 자세를 취하도록 강요했다. 〈나는 공포에 질려서 그 광경을 지켜보았다. 거기에는 중국 사람이면 누구나 다 아는, 거의 전설로 여겨지는 한 남자가 있었다. 그런 그조차 아무런 보호를 받지 못하는 이런 무법 천지에서 우리 같은 일반인이야 말해 무엇하겠는가? 나는 목이 메였고 울고 싶었다.〉[5]

허룽에 대한 대우는 군 지도부에 또 다른 파문을 일으켰다. 허룽은 일찌기 유격대 시절에 푸줏간에서 쓰는 칼을 자신의 서명처럼 사용했던 대담하고 전설적인 장군이었다. 린뱌오의 상관이기도 했으며 군 내부에서 폭넓은 지지를 받았다. 비록 저우언라이가 그를 자신의 거처에 숨겨 주기는 했지만 12월 들어서 수십 명의 홍위병이 그를 뒤쫓았다.[6]

쉬샹첸과 예젠잉을 비롯한 여러 장군들이 모여서 다른 무엇보다 먼저 군령을 바로 세워야 한다고 주장했다. 자신의 세력 기반인 군대를 보호하고 싶었던 린뱌오가 그들의 요구에 응했고 군 원로들과 협의해서 만든 제안서를 주석에게 제출했다. 본질적으로 제안서는 조반파의 공격으로부터 군대를 보호하기 위한 내용이었다. 여기에 더해서 비장의 카드도 들어 있었는데 이미 드러난 반동분자와 반동 조직에 군이 〈단호한 조치〉를 취할 수 있는 권한을 인정한 것이었다.[7]

마오쩌둥은 선택의 여지가 없었다. 홍위병이든 조반파든 아무도 그때까지 〈주자파〉를 몰아내지 못한 터였다. 군대야말로 혁명을 완성하고 상황을 통제할 수 있는 유일한 세력이었다. 하지만 누가 〈진정한 프롤레타리아 좌파〉인지 판단할 수 있는 권한을 군에 허락함으로써 주석은 판도라의 상자를 열고 말았다.

———

조반파 노동자들이 상하이 라디오 방송국을 습격한 지 일주일도 지나지 않아 군대가 나섰다. 달갑지 않은 전개였지만 조반파 집단들로 구성된 느슨한 동맹 단체가 할 수 있는 것은 아무것도 없었다. 보다 많은 규제가 뒤따랐다. 1월 22일 반동분자들이 혹시라도 이용하지 못하도록 사전 예방 차원에서 혁명 법령으로 공원들이 모두 폐쇄되었다. 극장들도 문을 닫았다. 박물관도 마찬가지였다. 〈동방홍(東方紅)〉으로 이름을 바꾼 오락실 〈위대한 세상〉의 문도 잠겼다. 아직은 사람들이 난징로를 걷는 것이 허락되었지만 1월 24일이 되자 10여 대의 대형 트럭이 표어를 연호하며 『마오쩌둥 어록』을 흔드는 군인들을 태운 채 굉음을 내면서 시내 중심가를 천천히 행진했다. 사흘 뒤 인민 해방군이 문화 대혁명의 가장 중요한 수단이며 진정한 혁명가라면 모두 인민 해방군을 지지해야 한다고 설명하는 팸플릿이 도시 전역에 살포되었다.[8]

장춘차오는 중앙 문화 혁명 소조의 전폭적인 지지를 등에 업은 채 이제는 권력을 놓고 경쟁하는 한때의 협력자들을 제거하기 시작했다. 그는 린뱌오가 지시한 내용을 낭독하면서 규율과 복종을 강조했다. 곳곳에서 예전 지지자들을 상대로 한 습격이 시작되었다. 경쟁 조직의 사무실을 점령하기 위해서 푸단 대학교에 분견대가 파견되었다. 사람들에게 혁명 조직을 떠나 생업에 복귀하라는 일단의 지시가 내려졌다. 1월 29일에는 중앙 문화 혁명 소조가 장춘차오를 지지한다는 전보를 보내

왔고 〈투쟁의 창끝을 그에게로 돌렸다〉라는 이유로 몇몇 조반파 지도 자들을 비난했다.[9]

새로운 〈상하이 코뮌〉, 즉 상하이 인민공사 설립을 위해 인민 광장에서 대규모 집회가 열린 2월 5일은 장춘차오의 날이었다. 〈상하이 코뮌〉은 1871년에 프랑스가 독일에 패배했을 때 프랑스 수도를 잠시 지배한 혁명 정부 파리 코뮌을 본뜬 이름이었다. 파리 코뮌은 사회주의자들 마음속에 강한 인상을 남겼고 참여 민주주의의 한 모델로서 마르크스의 찬사를 받았다. 마오쩌둥 본인도 파리 코뮌의 찬양자였다. 따뜻하고 구름 한 점 없이 화창한 일요일 오후였고 수천 개의 진홍색과 노란색, 녹색 깃발이 내걸렸다. 예닐곱 대의 박격포에서 페넌트가 달린 작은 풍선들이 산탄통에 담겨 발사되었다. 풍선이 하늘로 떠오르는 광경을 구경하던 시민들로서는 다수의 건물 옥상에서 중무장한 군인이 광장을 감시하고 있다는 사실을 모를 수가 없었다.[10]

야오원위안과 나란히 선 장춘차오가 〈강력한 인민 해방군이 우리 편이다〉라고 선언했다. 그가 맨 처음으로 내린 지시는 군대와 경찰에 〈문화 대혁명과 상하이 인민공사, 사회주의 경제를 무력화시키려 암약하는 반동분자들을 철저하게 진압하라〉라는 것이었다. 조반파 중 절반에 달하는 인원이 취임식에서 제외되었고 그들은 마치 항의하듯이 밖에서 있었다.[11]

장춘차오는 그야말로 의기양양했다. 하지만 그가 다른 조반파와 권력을 공유하길 원치 않는다는 바로 그 점 때문에 주석은 도시를 그에게 맡기지 않을 참이었다. 베이징에서 축전도 오지 않았다. 몇 주 뒤에 주석은 다음과 같은 의견을 피력했다. 〈모든 성과 도시, 지구가 코뮌이라는 이름으로 불린다면 우리 나라는 중화 인민 공화국 대신에 중국 코뮌으로 이름을 바꾸어야 할 것이다. (……) 그렇게 된다면 당은 어떻게 될까? 당이 있어야 할 곳은 어디일까? 당 위원회가 있어야 할 곳은 어디일까? 어쨌거나 당은 반드시 존재해야 한다! 어떠한 이름으로 부르든 간에 구심점은 반드시 있어야 한다.〉[12]

2월 25일 아침 일찍 상하이 인민공사는 상하이 시 혁명 위원회로 슬쩍 이름을 바꾸었다. 청소부들이 밤새 부지런을 떤 덕분에 아침이 되자 〈코뮌〉이라는 단어가 거의 완전히 사라졌다. 〈혁명 위원회〉가 새롭게 유행했고 향후 18개월 동안 전국으로 확산되었다. 혁명 위원회는 세 개의 주요 집단, 즉 조반파 대표와 충성스러운 당 간부, 군 장교가 일치단결한 모습을 보여야 했다. 하지만 현실에서는 군이 혁명 위원회를 지배했다.[13]

———

전국 곳곳에서 군은 질서를 확립하고자 했다. 정부 건물을 습격하고 당사를 약탈하고 신문사와 라디오 방송국을 점령함으로써 〈권력을 쟁취하라〉라는 명령에 부응한 조반파 세력에 호의적인 감정을 지닌 군 지도자는 거의 전무했다. 조반파가 고발한 정부 관리들은 군 내부에도 동료나 친구가 있었을 뿐 아니라 상당수가 당에 헌신해 온 노련한 혁명가였다. 대부분의 군 사령관들 눈에 조반파 조직은 출신 배경이 의심스러운 인물들의 지배를 받고 있었다. 1949년 이전에 혁명 과정에서 자신들이 싸웠던 바로 그런 자들이었다. 군 지도부는 그들 중 상당수가 문화 대혁명을 핑계로 당을 공격하고 사회주의에 적의를 표출하는 반동분자들에게 조종을 받는다고 의심했다.

몇몇 성에서 폭력 충돌이 발생했다. 1964년 10월에 중국 최초로 핵실험이 실시되고 이슬람교도가 절대적 우위에 있는 신장의 교통의 요지인 스허쯔 시에서는 군대가 국민당의 잔당 세력이자 불순분자로 그려진 조반파 조직들을 상대로 한 연합 공격에서 구질서의 편을 들었다. 1967년 1월 말에 이르러서는 군의 기관총 아래 수십 명이 살육되었다.[14]

1966년 8월 창사에서는 시장이 홍위병을 이용해서 홍위병과 싸우게 한 뒤로 수만 명에 달하는 항의자들이 〈반동분자〉와 〈우파〉로 몰렸다. 학생은 표적이 될 수 없다는 문화 대혁명의 규정 때문에 이 당시 희생자는 상당수가 일반인이었다. 후난 성을 가로지르는 강의 이름을 딴 조반파 조직이 그들을 대신하여 나섰다. 샹강대는 1967년 초에 회원 수가 100만 명이라고 발표했을 정도로 후난 성 전역에서 엄청난 지지를 받았다. 1966년 10월에 마오쩌둥이 대중을 향해 〈스스로를 교육하고 해방시켜라〉라고 지시한 이후 우후죽순으로 생겨난 비교적 소규모의 다양한 조직들에 대해 우산 역할을 해준 느슨한 연합체였다. 노동자와 교사와 점원부터 심지어 공무원과 지방 관리까지 바람의 변화를 감지한 사람들이 샹강대에 가입하고자 몰려들었다.

상하이의 1월 폭풍에 힘입어 샹강대는 창사에서 권력을 쟁취하고자 했다. 하지만 상하이의 홍색공인들과 달리 그들은 베이징에 강력한 후원자가 없었다. 샹강대에 가입한 일단의 불만에 찬 퇴역 군인들이 군구 사령부를 공격하면서 군과 사이가 틀어지자 군부는 해당 사건을 전과자의 사주를 받은 반동분자들에 의한 무장 폭동으로 규정했다. 천보다가 직접 강력하게 진압할 것을 지시했다. 계엄령까지 선포되었다. 군인들이 대대적으로 범인 수색에 나서면서 수만 명의 학생과 교사, 노동자, 퇴역 군인이 사냥당했다. 학교와 공장은 감옥이 되었다. 조만간 아주 익숙해질 시나리오 대로 경쟁 관계에 있던 조반파 조직이 적극적으로 군인들을 도와서 권력을 놓고 싸웠던 이전 경쟁자들 사냥에 동참했다.[15]

군 사령관 한셴추가 예페이의 뒤를 이어 성장이 된 푸젠 성에서는 조반파 세력이 군과 매우 돈독한 관계를 유지했다. 탁구나 농구를 하거나 선전용 영화를 관람하러 정기적으로 군 사령부를 방문할 정도였다. 하지만 일부 대중 조직이 군부를 〈반동적인 부르주아 노선〉의 계승자라고 비난하면서 여기서도 분열이 일어났다. 그들은 한셴추의 퇴진을 요구했다. 천보다가 비밀리에 조반파 세력을 부추겨서 한셴추를 공격하게 했다는 소문이 나돌기 시작했다.

푸젠 성의 보다 남쪽에서는 권력을 쟁취하라는 지시 이후에 링컨과 조반파 동료들이 시 당 위원회와 옹호자들를 제압하는 데 성공했다. 그들은 상하이를 본받아서 샤먼 코뮌을 설립했다. 며칠 지나지 않아 지역 정부의 모든 부서가 조반파에 권력을 이양하면서 협조했다. 한편 보황파는 지역 경찰의 지원을 받았는데 곧 양쪽 진영은 3층짜리 공안국 건물을 서로 장악하고자 싸움을 벌였다. 조반파 노동자들이 돕고 나섰다. 그들은 건물 구내를 기습해서 배지를 빼앗거나 모자를 쳐서 떨어뜨리는 등 경찰을 공격했다. 초대받지는 않았지만 막강한 지역 갱단까지 싸움에 합류했다. 그들은 다른 누구보다 경찰을 싫어했으며 주먹질에도 능숙했다. 부상자가 100명 넘게 발생했다. 지역 주민은 기뻐했다. 누군가는 달려 나와 도움을 주었고 오렌지가 담긴 바구니를 내오기도 했으며 길가에 도열해서 조반파를 응원하기도 했다.

전략적으로 공격은 실패였다. 한셴추와 푸젠 성 군 사령부가 해당 공격을 비난하고 나왔기 때문이다. 뒤이어 샤먼 군부가 개입했고 조반파에게 항복할 것을 명령했다. 수백 명이 체포되었고 조반파가 본부를 설립했던 노동자 문화의 전당 앞 광장에서 공개 재판을 받았다. 링컨은 블랙리스트에 올랐으며 성을 벗어나서 도주했다.[16]

최악의 대립이 칭하이 성에서 발생했다. 신장의 동쪽에 위치한 칭하이는 대부분의 지역이 초원과 사막으로 이루어진 척박한 성이었다. 조반파와 보황파 간의 소규모 충돌이 몇 주째 이어지자 군의 부사령관이 그 지역에서 가장 큰 신문사를 장악한 조직을 진압하기 위해 2월 23일에 부대를 투입했다. 먼저 신문사의 사무실 건물에 설치되어 있던 확성기가 총에 맞아서 모두 제거되었다. 곧이어 일제 사격이 시작되었고 건물 출입구를 방어하던 인원이 몰살되었다. 군인들은 화염 방사기까지 준비했지만 조반파가 비무장 상태였기 때문에 결과적으로는 불필요한 일이 되었다. 저항 세력은 모두 진압되었다. 군이 기습을 완료하는 데 걸린 시간은 20분이 채 되지 않았다. 부상당한 아버지 옆에서 울고 있던 일곱 살짜리 소녀를 포함하여 해당 공격으로 최소 100명 이상이 사망했다. 시체는 공동묘지에 서둘러 매장되었다. 부사령관이 전보로 베이징에 있는 예젠잉 장군에게 보고하자 장군은 그를 치하했다. 린뱌오와 마오쩌둥은 군대를 보호하려는 마음에 개입하지 않았다. 그 뒤로 일주일 동안 대략 1만여 명이 체포되었고 상당수가 〈반동분자〉로서 재판을 받고 강제 노동 수용소로 보내졌다. 문화 대혁명을 연구한 한 사학자의 설명에 따르면 진압 과정은 중화민국 시절에 군벌이나 외국 열강에 의해서 자행된 그 어떤 살인 사건보다 폭력적이었다.[17]

———

조반파는 예컨대 후베이 성과 광둥 성, 쓰촨 성, 네이멍구 등 다른 성에서도 〈반동분자〉로 고발되었고 군에 의해서 난폭하게 진압당했다. 1월 말에 군이 조반파 조직의 공격으로부터 공식적으로 보호를 받도록 만든 군 원로 쉬샹첸과 예젠잉은 이제 한창 기세를 올리고 있었다. 그리고 2월 중순이 되자 중앙 문화 혁명 소조에 맞서 자신들의 권력을 공고히 할 또 다른 기회를 포착했다.

1월 말에 이르러 마오쩌둥은 댜오위타이 국빈관에 본부를 둔 집단 즉 중앙 문화 혁명 소조 때문에 점점 더 짜증이 복받쳤다. 소조 위원들은 자기들끼리 하찮은 일로 티격태격하고 있었다. 캉성과 천보다는 서로를 용납할 수 없는 사이가 되어 있었다. 장칭은 오만하기 짝이 없었고 툭하면 동료들 위에 군림하려는 태도를 보였다. 대대적인 물자 지원에도 불구하고 중앙 문화 혁명 소조는 체계적이지 못한 듯 보였으며 주석에게 정기적인 보고도 하지 않은 채 자기들끼리 문제를 해결하기 일쑤였다. 장춘차오 자신은 어떤 형태의 사전 협의도 없이 상하이 코뮌을 출범시켰다가 스스로 궁지에 몰리고 말았다.

결국 분노가 폭발한 주석은 2월 10일에 자신이 소집한 회의에서 중앙 문화 혁명 소조를 한 등급이나 두 등급 격하시킬 때가 되었다고 판단했다. 그는 소조 위원들의 정치적 미숙함을 질책하면서 그들에게 오만하다고 말했다. 과거에 자신과 류사오치를 이간질하려고 했던 천보다에게는 〈기회주의자〉라고 말했다. 자신의 아내를 향해서는 〈당신에 대해 말하자면, 장칭 당신은 야심만 많고 그에 비해면 재능은 털끝만치도 없으며 자신을 제외한 모든 사람을 얕잡아 본다〉라고 힐난했다. 정말 뼈아픈 일격이었다. 〈내가 보기에는 이전과 달라진 것이 아무것도 없는 것 같다. 당신은 내게 보고하지 않을뿐더러 나를 배제하고 있다!〉[18]

주석이 이처럼 폭발했다는 사실을 알았을 때 군 지도부는 문화 대혁명의 추이를 바꿀 기회가 찾아왔음을 직감했다. 이튿날 열린 중앙 지도부 회의에서 예젠잉이 아직도 주석에게 질책당한 충격에서 헤어나지 못하고 있던 천보다를 비난했다. 〈당신은 정부와 당과 공장과 농촌을 엉망으로 만들었다! 그럼에도 아직 만족할 줄 모른다. 군대까지 엉망으로 만들 작정인 것이다!〉 쉬샹첸이 탁자를 때리며 칭화 대학교 출신의 조반파 지도자를 언급했다. 〈도대체 원하는 것이 무엇인가? 콰이다푸 같은 자가 군대를 지휘하는 것인가?〉

닷새 뒤 열린 두 번째 회의에서 군부는 더욱 공세를 강화했다. 장춘차오가 대중을 언급하자 대약진 운동 당시에 농업과 관련 주석의 가장 충성스러운 보좌관 역할을 맡았던 탄전린이 무자비한 혹평을 쏟아 냈다. 〈말끝마다 대중, 대중 하는데 도대체 대중이 무엇인가? 이 나라를 이끄는 지도부는 여전히 당이다! 당신은 당의 지도력을 무시한 채 하루 종일 대중이 어떻게 스스로를 해방시키고, 교육하고, 자유로워져야 하는지 떠들고 있다. 이게 다 무엇인가? 하나같이 추상적인 공론에 불과하다!〉 그가 버럭 성질을 냈다. 〈당신은 나이 든 간부들을 숙청하려는 것일 뿐이다. 그들이 단 한 명도 남지 않을 때까지 하나씩 하나씩 제거하려 하고 있다.〉

가장 자극적인 발언은 성마르고 거침없이 말하는 외무부장 천이의 입을 통해서 나왔다. 천이는 1949년에 상하이를 점령한 사령관이기도 했다. 그는 제2차 세계 대전 중이던 옌안 시절에 류사오치와 덩샤오핑, 펑전은 마오쩌둥 사상의 가장 열렬한 지지자를 자처했던 반면 자신을 비롯해서 지금 그 테이블에 앉아 있는 다른 군 원로들은 비난을 받았던 사실을 지적했다. 하물며 흐루쇼프도 스탈린이 아직 살아 있는 동안은 기꺼이 그를 받아들인 터였다.

양측의 싸움이 점점 더 험악해지는 와중에 저우언라이는 최대한 말을 아꼈다. 자신은 군 원로들이 쏟아 낸 더없이 극단적인 발언들에 연루되고 싶지 않다는 뜻을 분명히 했다. 탄전린이 회의장을 박차고 나가려 하자 저우언라이가 테이블을 두드리면서 그에게 다시 자리에 앉을 것을 요구했다.[19]

소동은 문화 대혁명에 대한 군부의 집단 공격이나 다름없었다. 주석이 갖고 있는 비전의 운명이 걸린 일대 고비였다. 마오쩌둥이 친히 주도한 정치 운동을 그처럼 대놓고 공격할 만큼 강력한 집단은 여태 없었다. 만약 군부의 우세로 끝난다면 조만간 류사오치와 덩샤오핑이 복귀해서 그동안 견뎌 왔던 그 모든 치욕의 복수를 하고 주석의 명성에도 치명타를 가할 수 있었다.

마오쩌둥은 자신의 위치를 심사숙고했고 반대자들의 허를 찌르기 위해서는 두 사람의 지지를 얻어야 한다는 사실을 깨달았다. 린뱌오를 설득하기는 쉬웠다. 마오쩌둥은 흐루쇼프가 한때 스탈린의 가장 충성스러운 지지자였다는 천이의 발언을 문제 삼으면서 그 같은 발언이 공식 후계자인 린뱌오의 위치를 직접적으로 비난하는 것일 수도 있다고 지적했다. 천이의 태도는 린뱌오가 고위직 인사들에게 폭넓은 지지를 받지 못하고 있음을 암시했다. 마오쩌둥은 린뱌오의 아내에게도 손을 뻗쳐서 예췬에게 중앙 문화 혁명 소조에 가입하라고 요구함으로써 자신과 린뱌오의 관계를 더욱 공고히 했다.

그럼에도 열쇠는 저우언라이였다. 그가 군부의 대의를 지지한다면 힘의 균형이 군부 쪽으로 기울 수 있었다. 하지만 총리는 주석의 심기를 절대로 거스르지 않기로 다짐함으로써 그 자리에 오른 인물이었다. 그는 앞서 열린 회의에서 군부를 제지하고 나서지도 않았지만 명백히 지지하지도 않으면서 전략적인 행보를 취했다. 마오쩌둥은 중앙 문화 혁명 소조에 총리에 대해 비판적인 내용이 담긴 문건의 유포를 전면 중단하라고 지시했다.[20]

막후에서 움직여 가장 중요한 두 선수의 지지를 확보한 주석은 2월 19일 아침 일찍부터 당 지도부 회의를 소집했다. 그리고 그 자리에서 온갖 독설을 퍼부으며 군부를 겁박해서 굴복시켰다. 그는 군 지도부가 중앙 문화 혁명 소조를 공격했던 이전 회의들이 자신과 린뱌오를 직접적으로 겨냥한 것이었다고 단정하면서 장시간에 걸쳐 군 지도부를 힐책했다. 회의장에 없는 린뱌오 대신에 그의 아내에게는 이렇게 경고했다. 〈예친 동지, 당신은 린뱌오에게 그 역시 안전하지 않다고 전하시오. 호시탐탐 그의 자리를 노리는 자들이 있으니 대비를 하라고 전하시오!〉 마오쩌둥은 중앙 문화 혁명 소조를 약화시키려는 자는 누구도 용납하지 않겠다는 뜻을 천 명했다. 중앙 문화 혁명 소조가 거둔 성과에 비하면 그들이 저지른 실수가 〈절대로 2~3퍼센트를 넘지 않는다〉라는 주장이었다. 1959년 루산 회의에서 써먹었던 엄포를 되풀이하여 린뱌오와 함께 산속으로 들어가서 유격전을 펼치겠다는 각오를 다졌다. 〈여러분은 장칭과 천보다가 쓸모없는 사람들이라고 이야기한다. 그럼 천이를 중앙 문화 혁명 소조의 대표에 임명하라! 천보다와 장칭을 체포해서 처형하고 캉성을 유배시켜라. 나 역시 물러날 것이다!〉 회의장의 모든 사람이 경악했다. 캉성조차 후에 주석이 그처럼 화내는 모습은 처음 보았다고 털어놓았을 정도였다. 〈그는 프롤레타리아 수준의 분노를 보여 주었다.〉[21]

탄전린과 천이, 쉬샹첸을 규탄하는 비판 대회가 연달아 열렸으며 저우언라이가 이 모든 대회를 주관했다. 비판 대회가 열린 중난하이의 회의실은 앞서 그들이 중앙 문화 혁명 소조에 대한 공격을 이끌고 몇 년 전에는 현재의 직함을 승인받았던 바로 그곳이었다. 반대 세력은 모두 붕괴되었다. 수년 동안 당을 지배해 온 중앙 정치국 상무 위원회가 기능을 상실했다. 이제는 중앙 문화 혁명 소조가 그 역할을 맡았다. 저우언라이로서는 마오 부인에게 복종할 수밖에 없었다. 그는 그야말로 납작 엎드려서 이렇게 말했다. 〈이제부터는 부인이 모든 결정을 내리십시오. 그런 다음에는 제가 나서서 부인의 명령이 차질없이 이행되도록 하겠습니다.〉[22]

———

3월 8일, 예젠잉 장군이 부대를 동원해서 조반파를 진압했던 칭하이 성의 부사령관을 베이징으로 불렀다. 인민 해방군은 엘리트 군인들이 비밀리에 만나 중요한 사안에 대해 타결을 보는 그들만의 장소가 있었다. 베이징 서쪽에 위치한 한 소련식 호텔도 그중 하나였다. 1964년에 지어진 캐피털 웨스트 호텔에서 부사령관은 반혁명적인 반란을 진압하는 데 모범을 보였다며 환대를 받았다. 사흘 동안 그는 조반파를 봉쇄할 방법을 배우고자 다른 지역에서 온 군 지도자들에게 자신의 진압 방식을 자랑스럽게 설명했다. 그런데 칭하이에서 조반파를 진압한 일을 몇 주째 묵인해 왔던 마오쩌둥이 이제 와서 새삼스레 그 일을 문제 삼았다. 예젠잉과 쉬샹첸은 칭하이에서의 일처리 방식이 심각한 실수였다는 사실을 인정함과 동시에 자기비판서를 제출해야 했다. 예의 부사령관과 그의 협력자들은 감옥에 수감되었다. 칭하이에서는 조반파가 순교자로 묘사되었다.[23]

그럼에도 군대의 역할은 줄어들지 않았다. 3월 19일 이제는 린뱌오가 완벽하게 장악한 군사 위원회가 군에 예컨대 학교와 공장부터 정부 부처나 성(省) 같은 거대한 행정 기관에 이르기까지 정부 조직의 운영을 맡아서 통제해 달라고 요청했다. 이후 수개월 동안 약 280만 명에 달하는 군인들이 병영을 벗어나 전국의 요직을 점령하고 당과 정부 기구에 밀착해서 그림자를 드리웠다. 며칠 뒤 캉성이 군사적 통제의 의미를 설명했다. 〈군사적 통제란 독재 통치다. 여러분은 모든 일에서 나의 명령에 따라야 한다. 여러분이 내게 복종한다는 사실을 공개적으로 공표하라.〉[24]

3월 들어서 자이전화의 학교에 파견된 군부대는 별도로 자리를 마련해서 홍위병을 만나는 것 같은 수고를 감수하지 않았다. 그냥 학생들을 모아 놓고 홍위병이 공작대를 도와 부르주아적 반동 노선으로 나아갔다고 발표했다. 그들은 주자파에게 총구를 겨냥하는 대신 출신 배경이 불량한 학생들을 박해했다. 수업 시간에 홍위병들이 강압에 의해 그들의 잘못을 고백하자 학생들은 그들에 대항해서 들고 일어나라는 요구를 받았다. 자이전화는 하룻밤 사이에 혁명 지도자에서 혁명의 표적으로 전락했다. 소대장의 지시를 받는 일단의 학생 지도자들이 새롭게 등장했다. 자이전화는 헌신짝처럼 버려졌다.[25]

정딩에서는 서른 여섯 명의 군인들이 배낭을 메고 가오위안의 학교로 행군해 왔다. 지난 9월 이후 처음으로 학생들은 실질적으로 한 교실에 다 같이 모여 앉아서 전국을 여행하며 모험한 이야기를 나누고 있었다. 책임 장교는 학생들이 동트기 전에 반드시 기상하고 운동장에서 매일 제식 훈련을 하도록 강요함으로써 학교의 질서를 잡아 나갔다. 마오쩌둥 사상을 공부하는 데도 많은 시간이 할애되었다.[26]

마치 혁명이 끝난 것 같았다. 미친듯이 날뛰던 학생들이 모두 학교로 돌아갔고 엄격한 군기에 따라 통제를 받았다. 노동자들도 각자의 일터로 복귀했다. 정치적으로 잘못된 편에 섰다가 체포된 조판파는 자기비판을 한 다음에 주석의 〈프롤레타리아 혁명 노선〉으로 복귀하라는 지시를 받았다. 일치단결이 찬양되었고 선전 기관은 군과 혁명 간부와 대중 조직의 위대한 동맹이 급증해서 모든 파벌 간 불화를 일소할 거라고 홍보했다. 수도에서는 버스에서 대자보와 표어가 사라졌고 가게 진열창도 깨끗해졌다. 바야흐로 봄이었고 대담하게 손을 잡고 걸어다니는 젊은 연인도 가끔씩 눈에 띄었다. 사람들은 밖으로 나와서 현관 계단에 앉아 봄 햇살을 즐기거나 몇몇은 골목에서 배드민턴을 치기도 했다.[27]

휴전은 언제 깨질지 몰랐다. 장춘차오가 완전히 장악한 상하이에서조차 1년 반에 걸친 대혼란 끝에 학생들을 학교로 돌려보내기가 쉽지 않았다. 학교 건물들이 입은 피해가 엄청났다. 그나마 사소한 피해로 끝난 학교가 채 절반이 되지 않았고 다섯 개 중 하나는 완전히 박살났다. 많은 학교가 문이 부서지고 창문이 산산조각 나고 지붕이 망가져 있었다. 책상과 의자, 칠판이 박살났음은 말할 필요도 없었다. 수업이 다시 시작된 학교에서도 교육은 원활히 이루어지지 않았다. 어떤 학교는 일주일에 두세 시간만 문을 열었다. 학생이 등교를 하지 않는 경우도 있었다. 닝보로(路) 초등학교와 난징 동로(東路) 초등학교에서는 학생들이 〈도쿄〉나 〈야전군〉 같은 이름으로 갱단을 조직해서 동네를 돌아다니며 공공 기물을 파괴했다. 그들은 학교에서 자물쇠와 창문 유리, 전선뿐 아니라 전구와 전화기, 마이크, 자전거 등을 훔쳤다. 몇몇은 담배를 피우고 노름까지 했다. 때로는 보수(1967년 3월 기준으로 시세가 희생자 한 명당 10위안이었다)를 받고 사람들을 폭행했다. 교사들 사이에는 두려움이 확산되었다. 반항적인 일부 학생들이 걸핏하면 그들에게 침을 뱉었기 때문이다. 때로는 그들을 노리고 위층에서 배설물이 날아오기도 했다.[28]

결국 평화는 오래가지 않았다. 주석이 당초 원했던 것은 혁명의 불길을 약화시키는 것이었다. 이를 위해서 군대라는 단일 지휘권 아래 전국의 서로 다른 조반파 파벌들을 하나로 묶었다. 그럼에도 혁명의 불길이 완전히 꺼지기를 원한 것은 아니었다.

4월에 들어서 그는 힘의 균형추를 조반파에게로 옮겼다. 먼저 새로운 명령을 내려서 군이 사람들에게 반동분자라고 낙인을 찍거나 마음대로 체포할 수 없도록 제한을 가했다. 관구 사령부를 습격해서 체포된 희생자들도 석방시켰다. 이미 칭하이 성에서 취해진 조치였다. 이제 중앙 문화 혁명 소조는 다른 조반파들을 군대의 손아귀에서 구제하고자 했다. 2월에 조반파가 청두의 군 사령부를 꼬박 일주일 동안 포위한 사건 이후로 인민 해방군이 10만 명이 넘는 사람들을 체포한 쓰촨 성에서 약 2만 8,000명의 희생자들이 석방되었다.[29]

『인민일보』가 〈젊은 혁명 장군들〉을 찬양하기 시작했다. 그들을 향해 그들이 내내 올바른 노선을 걸어 왔으며 수정주의 세력에 단호히 맞서 싸워야 한다고 말했다. 그럼에도 정작 가장 중요한 명령은 린뱌오가 이끄는 군사 위원회로부터 나왔다. 4월 6일에 군사 위원회는 군에 조반파를 향해 발포하거나 대중 조직을 해산시키거나 군 사령부를 습격했던 사람들에게 보복하는 것을 금지했다.[30]

관련 문건들이 대량으로 복사되어 회람되었고 게시되었다. 불과 며칠 만에 상황이 역전되었다. 군에 의해서 해산되었던 조반파 조직들이 부활했다. 〈우파〉나 〈불순분자〉라는 꼬리표가 붙었던 사람들도 희망에 부풀었다. 학생들이 다시 거리로 쏟아져 나와서 〈저항은 범죄가 아니다!〉라고 외쳤다. 몇몇 학교에서 그들에게 완장을 나누어 주었고 그들은 거리를 행진했다. 노동자와 공무원을 포함한 다른 조반파들도 행진에 합류했다. 군 사령관들이 노골적으로 주자파를 감싸 주었을 뿐아니라 그들과 공모해서 독립적인 왕국을 건설하려 했다는 소문이 나돌았다. 다시 한 번 조반파의 활약이 필요한 순간이었다. 대다수 조반파가 그 같은 상황을 반겼으며 주석을 그들의 구원자이자 최고 사령관으로 여겼다.[31]

군에 조반파를 상대로 폭력 행사를 금지한 지 하루 뒤에 『베이징일보』가 1966년에 실각한 이래로 가택 연금 상태이던 류사오치를 향해 포문을 열었다. 4월 10일에는 장칭과 저우언라이로부터 세부적인 지시를 받아 움직이는 콰이다푸가 칭화 대학교에서 30만 명의 군중을 모아 놓고 왕광메이에게 〈중국의 흐루쇼프 같은 남자의 냄새나는 아내〉라고 모욕을 주었다. 다수의 홍위병 여학생들이 그녀에게 강제로 하이힐을 신기고 옷깃이 목까지 올라오면서 치마 한쪽이 길게 트여 있는 몸에 꼭 끼는 드레스를 입혔다. 그녀가 1963년에 친선 사절단으로 인도네시아를 방문했을 때의 복장이었다. 그녀를 〈수카르노 옆에 있는 매춘부〉처럼 보이게 한 진주 목걸이를 조롱하기 위해서 탁구공으로 목걸이도 만들어 걸어 주었다. 그녀는 몸을 벌벌 떨면서 무대 위에서 이리저리 떠밀려 다녔다. 자신의 신발에 걸려 넘어지길 되풀이했고 머리는 산발이 되었다. 군중은 더욱 흥분해서 날뛰었으며 사람들은 조금이라도 잘 보기 위해서 서로의 어깨를 짚고 올라섰다. 이튿날 등장한 대자보에는 즉흥적으로 만든 드레스를 입고 가짜 목걸이를 한 채로 무대 위에서 위태롭게 비틀거리는 왕광메이의 캐리커처가 들어 있었다.[32]

선전 기관은 전직 국가 주석을 향해 폭언을 토해 냈다. 조반파 조직들을 단결시키고 그들의 공세를 류사오치와 당 조직에 남아 있는 그의 대리인들에게 집중시키기 위함이었다. 정딩에서는 류사오치를 비난한 당 기관지 『붉은 깃발』의 기사가 복사되어 학생들에게 배포되었다. 가오위안은 학교 친구들과 함께 공식적으로 지명된 표적을 공격하는 대자보를 쓰기 시작했다. 〈그 운동은 공공의 적에 직면하여 단결력을 보여 준 훌륭한 사례였다.〉[33]

하지만 동맹은 계속 지속되기에 너무 허술했다. 전국의 대다수 희생자들은 베이징의 지시에 따르기보다 앞서 그들을 억압했던 압제자들에게 보복할 방법을 궁리했다. 많은 희생자들이 비좁고 불결한 감옥에서 몇 주를 보낸 터였다. 그들은 감옥 안에서 치욕을 당했고 폭행을 당했으며 자백을 강요받았다. 게다가 거의 굶어 죽지 않을 만큼의 식단을 제공받았다. 그들은 복수를 원했다. 경쟁 관계에 있는 파벌을 공격했으며 이제는 양손을 꽁꽁 묶여 버린 군에게서 등을 돌렸다. 군부가 구질서의 편을 들었던 성에서만 이런 현상이 나타난 것도 아니었다. 캉성과 그의 꼭두각시 류거핑이 위로부터의 조반파 쿠데타를 획책했던 산시 성에서도 〈주자파〉라며 박해를 받았던 많은 사람이 싸우고 싶어서 안달했다. 그 결과는 새로운 폭력 사태로 나타났다.[34]

조반파가 군에 여전히 수감 중인 동료들을 석방하고 〈반동분자〉로 낙인이 찍힌 사람들을 복권시키고 대중 조직을 탄압했던 일을 사과하라고 요구하면서 전군에서 군에 반발하여 폭동이 일어났다. 학생을 비롯한 노동자와 정부 관리가 두 개의 파벌로 분열되면서 문화 대혁명은 새로운 국면으로 접어들었다. 두 파벌 중 한쪽은 군에 의지했고 다른 한쪽은 군에 반기를 들었다. 그들은 하나같이 자신들이 진정한 혁명의 대리인이라고 주장했지만 대개의 경우에 그 둘을 구분하기가 거의 불가능했다.

군 자체가 분열되어 있었기 때문에 현장 상황은 더욱 복잡했다. 최고위층으로 올라갈수록 린뱌오와 그 지지자들로 이루어진 한쪽과 원로 장군들로 이루어진 다른 한쪽 사이에는 명백한 경계가 존재했다. 2월 말에 주석이 군 원로들을 박살 냈을 때 공식 후계자 린뱌오는 커다란 승리를 거두었다. 군 내부 탈락자들 덕분에 린뱌오의 지지자들이 혜택을 입으면서 마치 혁명 과정에서 쿠데타라도 일어난 것 같았다. 하지만 마오쩌둥은 자신의 제2인자를 경계했고 그래서 4월 들어서 군 원로들과 화해를 시도했다. 주석은 화합을 목표로 한 자신의 웅대한 계획에 동참해 달라고 늙은 군인들을 설득했다. 아울러 그들에게 매년 노동절마다 거행되는 열병식 행사에서 톈안먼 광장의 연단에 오를 수 있도록 해 주겠다고 약속했다.[35]

각 성에서 서로 다른 대중 조직이 서로 다른 군대 조직과 손을 잡은 까닭에 파벌 간의 일상적인 싸움이 몇몇 도시를 전장으로 바꾸어 놓기 시작했다. 샤먼에서는 은신을 풀고 나온 링컨과 그의 파벌이 푸저우 관구에서 파견된 대공포 연대의 편에 섰다. 반면에 그들의 상대편은 제31군단과 지역 군 사령부와 손을 잡았다. 양측은 각자의 통제 아래 있는 건물들을 가시철조망으로 보강했다. 야간에 서로에 대한 습격이 이루어졌기 때문에 24시간 내내 감시가 행해졌다. 이제는 칼, 곤봉, 투창을 비롯하여 나무 막대기 끝에 가위를 달아 급조한 엉성한 창 같은 무기들이 이용되었다. 석회나 황산, 살충제도 소방 호스로 살포하는 방식으로 사용되었다. 전투원은 으레 등나무로 엮은 헬멧이나 소방서에서 훔친 철제 헬멧을 썼다. 벽을 기어오르고 가시철조망을 기어서 통과하는 훈련을 위한 특별 연병장이 만들어졌다. 보통은 군사 고문이나 은퇴한 공안 요원의 도움을 받아서 군사 전략을 연구하는 기획실도 있었다. 도시를 통치하려는 각각의 파벌들이 정부를 모방하기 시작하면서 대외 업무와 재정 관리, 수송, 치안 등을 담당하는 별도의 부서들까지 등장했다.

처음에 두 파벌은 군을 직접적으로 개입시키지 않은 채 충돌했다. 하지만 많은 조반파 학생들이 이전에 받은 박해에 대해 복수를 갈망했고 머지않아서 군대를 직접적으로 공격하기에 이르렀다. 링컨을 비롯해 1,000명에 달하는 제8중학교 학생들이 지역 군 사령부 사무실을 습격해서 때마침 점심을 먹고 있던 군인들의 접시와 사발을 박살 냈다. 그들은 보호 장비와 차량 일곱 대를 약탈했다. 총을 쏘지 말라는 반복된 명령으로 제지된 군인들은 아무런 조치도 취하지 않았다.

장칭과 천보다가 조반파를 지지한다는 소문이 퍼졌다. 소규모 충돌로 도시는 갈수록 양극화되었고 양쪽 파벌의 구성원들은 도시를 돌아다니면서 사람들에게 전선을 자르거나 상수도에 독을 타라고 선동했으며 그도 아니면 반대파를 지지하는 주민들을 괴롭혔다. 교외 전역은 양극단의 다른 편에 있는 사람이 절대로 가면 안되는 곳이 되었다.[36]

전국 각지에서 비슷한 상황이 전개되었다. 정딩에서도 노동 조직을 비롯한 모든 조직이 이런저런 파벌과 손을 잡으면서 갈등이 학교 담장 밖으로 이동하기 시작했다. 가오위안이 속한 파벌은 베이징 총참모 본부의 직접적인 지휘 아래 있는 미사일 공학 연구소의 지지를 받았다. 그들의 적을 지원하는 세력은 스자좡의 지역 군 사령부였다. 정딩의 바로 남쪽에 위치한 스자좡은 철도 교통의 요지로 소박하고 현대적인 도시였으며 1950년대에 소련의 지원을 받아 공장이 급증한 곳이었다. 가오위안은 샤먼의 링컨처럼 도시 게릴라전에 깊이 연루되었다. 건물이 점거되었고 적 지도자가 납치되었으며 포로들이 교환되었다. 전략적으로 중요한 요새 주변에서 대개는 보이지 않는 적들을 상대로 야간에 소규모로 전투가 진행되었는데 발소리를 죽인 채 달리는 기척이나 유리가 깨지며 내는 요란한 소리 때문에 정적이 깨졌다. 사상자가 발생할 때마다 혈채(血債)만 늘어날 뿐이었고 복수와 다시 시작되는 폭력의 악순환이 되풀이되었다.

7월 중순에 이르러 반대파가 공안국 건물로 후퇴했다. 주변의 다른 건물 옥상에 설치된 확성기에서 선전 공세가 이어지는 가운데 가오위안과 그 친구들은 건물 안으로 벽돌을 쏘기 위해 투석기를 설치했다. 그들은 자체 무기 공장도 보유하고 있었는데 대장장이의 도움을 받아서 고탄소강으로 무기를 만들었다. 몇몇 학생은 철판을 이용해서 방탄복도 만들었다. 그들이 최후의 일격을 준비하는 사이 한 여학생이 자기 조직의 이름이 새겨진 붉은 깃발을 들고 공안국 건물 3층 창가에 모습을 나타냈다. 가오위안과 같은 학교에 다니는 학생이었지만 잘못된 편에 속해 있었다. 그녀가 〈너희에게 항복하느니 차라리 죽음을 택하겠다〉라고 악을 쓰고는 창턱에서 스스로 몸을 던졌다. 그리고 〈마오 주석 만세!〉라는 그녀의 외침과 함께 붉은 깃발이 펼쳐졌다. 〈그녀의 몸이 깃발에 감싸인 채 꼼짝도 하지 않았다.〉 곧이어 공안국 건물 안쪽으로부터 백기가 내걸리면서 모든 저항이 막을 내렸다.[37]

여러 성의 성도에서 벌어진 싸움은 훨씬 격렬했다. 쓰촨 성에서는 리징취안과 일반적으로 팅 부부라고 불리던 부부 사이에 금이 그어졌다. 리징취안은 한때 〈심지어 똥도 공동으로 소유해야 한다!〉라고 외치면서 집산화에 열정을 쏟았던 급진적인 지도자였다. 대약진 운동 당시에는 마오쩌둥의 가장 충성스러운 지지자 중 한 명이었다. 1958년과 1961년 사이에 쓰촨 성에서 약 800만 명이 굶어 죽었다는 성 공안국의 보고를 받은 그는 대약진 운동을 열 명 중 한 명꼴의 군인들만 살아남 았던 대장정에 비유했다. 〈우리는 약하지 않다. 우리가 생각하는 것보 다 훨씬 강하다. 우리에게는 근성이 있다.〉[38]

하지만 리징취안은 사회주의 교육 운동이 진행되는 동안 류사오치의 편에 섰다. 1964년에 이웃한 구이저우 성에서 지도부 전체의 사퇴를 이 끌어 낸 것도 그였다. 반면에 주석은 장시팅과 그녀의 남편 류제팅을 편들었다. 그들 부부는 1950년에 티베트 침공에 참여했던 부대에서 근 무했고 나중에는 쓰촨 성 남쪽의 양쯔 강 변에 대나무숲으로 둘러싸인 부유한 항구 도시 이빈에서 근무했다. 그곳에서 지위를 이용하여 무수 히 많은 박해와 정치적 보복을 가했으며 이빈 현 전역에 광범위한 굶주 림을 초래했다. 기근 문제로 비판적인 목소리를 내는 사람이 보이면 찍 소리 못하게 만들었다. 그들의 권력 남용은 1965년에 당에서 쫓겨났을 정도로 심각했다. 하지만 팅 부부는 베이징에 있는 가까운 친구, 즉 천 보다에게 도움을 호소했다. 천보다가 그들을 장칭에게 소개했고 그녀 는 그들 부부가 자신과 마음이 맞는 사람들이라고 판단했다. 1967년 3월에 팅 부부는 복권되었고 쓰촨 성 혁명 위원회를 조직하는 전권을 위임받았다.[39]

4월과 5월에 청두에서 두 파벌 간에 벌어진 격렬한 싸움으로 수백 명 이 부상을 입었다. 장융은 충돌 과정에서 죽임을 당한 피투성이 시신들 을 운반하는 수만 명의 조반파 행렬을 목격했다. 팅 부부의 분노를 산 그녀의 아버지는 체포되어 비난을 받았고 거리 이곳저곳으로 끌려다녔 다. 청두가 군수 산업의 중심지였던 까닭에 싸움은 다른 어느 곳보다 치열했다. 일부 노동자들은 수류탄과 자동 소총. 박격포와 화기, 로켓 추진식 유탄 발사기까지 사용했다.

이는 쓰촨 성 방직 공장에서 실제로 일어난 일이었다. 그리고 자신의 열한 살짜리 딸이 홍위병을 위해서 침구 세탁하는 일을 해야 했던 리정안은 공장의 유력한 파벌에 합류하든지 아니면 가뜩이나 부족한 월급을 더욱 적게 받아 가라는 요구를 받았다. 그녀는 오전에 옷을 빨고 오후에는 파편 속에서 시신을 회수했다. 구급차들이 부상자를 병원으로 실어 날랐다.[40]

중앙 문화 혁명 소조는 성에 자신들의 뜻을 강요하고자 했지만 그들의 지배력에 한계가 있었다. 리징취안이 물러난 이후에도 싸움은 계속되었다. 류사오치가 지지자들을 고위직에 심어 두었던 것과 마찬가지로 리징취안은 일찌기 심복들을 요직에 배치해 둔 터였다. 팅 부부는 마오쩌둥의 지원까지 받았음에도 무력한 모습을 보였다. 이빈 현에서 총과 수류탄, 박격포, 기관총까지 동원된 잔혹한 전투가 벌어졌고 군의 분열은 더욱 심화되었다.

어느 쪽도 포기하려 하지 않았다. 양쪽 파벌이 그토록 전의를 불태운 데는 서로에 대한 증오심도 있었지만 상대편보다 자신들이 주석의 충실한 지지자라는 믿음도 한 몫을 차지했다. 무엇보다 조반파와 보황파는 그들 자신의 정치적 생존을 위해서 싸웠다. 자신들이 과거에 선택한 것을 방어하는 중이었다. 문화 대혁명에 휩쓸린 학생들과 노동자들, 당 간부들 중 상당수는 지극히 혼란스러운 상황 속에서 빠른 선택을 하도록 강요당했다. 상황은 끊임없이 변했고 종잡을 수 없는 베이징발 정책에 의해서 강요된 운명은 당혹스러운 반전을 거듭했다. 경계선을 사이에 두고 서로 다른 편으로 떠밀린 사람들은 결국 친구나 동료, 심지어 가족과도 싸워야 했다. 그리고 그들 모두는 혹시라도 자신이 비난 대상으로 전락하면 승리한 자들이 〈우파〉나 〈반동분자〉라는 낙인을 찍을 거라는 사실을 알았다. 그럼 잘해야 직장에서 해고되고 모든 기득권을 상실한 채 소외 계층으로 근근이 살아갈 수 있을 터였다. 그나마도 잘못된다면 강제 노동 수용소로 보내질 터였다. 그들은 살아남기 위해 싸웠다. 홍위병을 연구한 한 사학자의 설명처럼 그들은 폭력의 악순환에 갇혀 있었고 그들에게 패배란 있을 수도, 생각할 수도 없는 것이 되었다.[41]

12장
군비 경쟁

1967년 6월에 중국은 혼란의 도가니였다. 북쪽의 다롄부터 남쪽의 광저우까지 전국의 주요 항구에서 많은 화물 노동자나 항만 노무자가 자취를 감추었다. 하루 평균 138척의 배가 접안을 하고 짐을 부려야 했지만 절반이 넘는 숫자가 정박지에서 한 달을 대기해야 했다. 중국의 산업 중심지 만주에서는 해상 운송에 의존하는 많은 공장이 생산을 중단했다. 상하이의 혁명 위원회는 수백 대의 대형 트럭을 동원하여 40만 톤에 육박하는 유기된 화물을 치우는 과정에서 학교나 사원, 그 밖의 공공건물을 임시 창고로 개조했다. 충칭에서는 내륙 항의 밀린 일을 처리하기 위해 군대가 나서야 했다.[1]

기차는 터져 나갈 지경이었다. 홍위병의 무료 탑승 제도가 폐지된 지 반년이 넘었음에도 구제책을 강구하거나 당에 탄원을 넣고자 수도로 향하는 조반파 대표들의 행렬이 계속되었다. 국무원의 황동 장식이 달린 거대한 출입문 밖에서는 저우언라이를 만나려고 기다리면서 이불을 뒤집어쓴 채 노숙하는 사람들을 흔히 볼 수 있었다. 다른 무엇보다 파벌 싸움은 철도망 전체를 마비시켰다. 이런저런 대중 조직에 의해 전국의 철도망 중 일부가 파손되지 않고 지나가는 날이 단 하루도 없을 정도였다. 5월 16일에 상하이에서는 경쟁 관계인 100여 명의 홍위병들이 서로 화물 기차에 오르려 싸움을 벌이는 바람에 기차 운행이 장시간 전면 중단되었다. 이튿날에는 또 다른 조반파 조직이 항저우로 가는 기차를 막아 세웠다. 상하이 전역에서 전문적으로 창문을 깨뜨리고, 승객을 공격하고, 승무원에게 린치를 가하는 이른바 〈철도 게릴라 부대〉가 기승을 부렸다.[2]

〈자본가〉를 구타하거나 〈수정주의자〉의 집을 습격하는 것이 혁명적인 행위로 간주되던 당시의 기준에서 보더라도 범죄가 과도하게 들끓었다. 상하이의 시장이나 항구, 기차역, 상점, 공원 근처에는 좀도둑들이 기승을 부렸다. 1967년 5월에 경찰은 상하이 북(北)역에서 불과 1년 전보다 여섯 배나 많은 소매치기를 검거했다. 강도 사건도 증가했는데 대부분의 경우에 범인은 혁명의 불꽃이 활활 타오른 영광의 8월을 거쳐 오면서 범죄에 맛을 들인 젊은이들이었다.[3]

상하이에서 보고된 몇 건의 사례가 보여 주듯이 마녀사냥도 행해졌다. 1967년 5월 28일에는 한 견습생이 일단의 군중에게 폭행을 당해 사망했다. 가해자 측의 주장에 따르면 그가 어떤 소녀를 〈모욕〉했다고 했다. 이튿날에는 조반파 무리가 자오아다의 집으로 들이닥쳤다. 문을 부수고 들어와서 그와 그의 아들과 딸을 체포했으며 〈불량배〉라는 이유로 그들 가족을 폭행했다. 평범한 공장 노동자였던 자오아다는 부상의 후유증으로 사망했다. 그 주말에는 최근에 석방된 전과자가 상하이의 번화가인 와이탄에서 한 여성에게 수작을 걸다가 홍위병에게 맞아 죽었다. 구경꾼도 있었는데 그들은 홍위병을 응원했다. 6월 11일에는 폭도들이 자신의 두 번째 부인에 의해 여섯 살짜리 딸을 학대했다고 고발된 남성을 살해했다. 사람들은 문화 대혁명을 핑계로 그들의 잘못을 정당화하거나, 과거에 당했던 부당한 일에 대해 보복하거나, 그들 나름의 새로운 부당한 짓을 벌이고자 자경단을 조직하기 시작했다.[4]

한편 급격히 고조된 혁명은 나아갈 방향을 찾지 못한 채 표류하는 듯보였다. 문화 대혁명은 조반파와 혁명 간부, 군을 화합의 길로 이끌기는커녕 더욱 많은 적개심과 무조건적인 폭력을 낳음으로써 분열을 심화시켰다. 군부는 혁명적 좌파들이 승리를 위한 최후의 일격을 가할 수 있도록 지원하기보다 과거에 자신들로부터 탄압을 받았던 대중 조직의 지속적인 공격을 막기에 급급했다. 어쨌든 2월 이후로 반동적인 부르주아 노선의 손아귀에서 새롭게 해방된 지역은 오직 한 곳밖에 없었다. 바로 베이징이었다. 4월에 대대적인 축하를 받으며 새로운 혁명 위원회가 출범했고 1966년 5월에 베이징 대학교에서 최초로 대자보를 쓴 녜위안쯔가 다른 누구보다 혁명 위원회의 환영을 받았다.

혁명은 계획대로 진행되지 않고 있었다. 하지만 주석은 절대로 실수를 하지 않는 사람이었고 따라서 실패는 주석의 완벽한 계획을 제대로 실행하지 못한 탓일 수밖에 없었다. 중앙 지도부 내에서도 몇몇은 질서를 회복하는 데 주력하고자 했고 다른 몇몇은 보다 전투적인 접근법을 지지했다. 이러한 갈등이 해결되기도 전에 우한에서 일련의 사건이 발생하면서 혁명은 전혀 새로운 양상으로 전개되었다. 이른바 군비 경쟁의 시작이었고 그로 인해서 완전히 새로운 수준의 폭력이 이어질 터였다.

———

난징, 충칭과 함께 우한은 중국의 3대 용광로로 불린다. 커다란 두 개의 강이 합류하는 지점에 위치한 호수가 많은 지역이었고 여름이 되면 비가 많이 내려서 홍수가 빈번하게 발생했으며 답답한 열기와 습기가 도시를 뒤덮었다. 또 분잡한 내륙항인 동시에 교통의 요지였고 1950년대 들어서 중공업 기지로 거듭났다. 마오쩌둥은 1958년 9월 대약진 운동이 한창일 때 우한을 방문했다. 소련에게 지원을 받아 건설된 거대한 철강 복합 단지의 개관식에 참석해서 첫 불로 만든 쇳물이 용광로에서 흘러나오는 과정을 참관하기 위해서였다.

다른 도시들과 마찬가지로 우한에서도 두 개의 주요 파벌 사이에 산발적인 싸움이 수개월에 걸쳐 지속되었다. 수천 명에 달하는 전투원들이 쇠지렛대와 집에서 만든 무기를 가지고 충돌하면서 치명적인 폭력 사태를 연출했다. 싸움은 구질서를 옹호하는 세력이 우세했는데 당 지도층 인사들이 도시 전역의 사무직원과 기술자, 당 행동 대원, 민병대로 이루어진 이름도 당당한 백만 영웅이라는 조직의 비호를 받았기 때문이다. 조반파는 철강 노동자와 학생, 베이징에서 파견된 홍위병 등으로 이루어진 연합체였다. 6월 들어서 그들은 완전히 포위되었고 괴멸 위기에 봉착했다. 백만 영웅이 대형 트럭들을 징발해서 양쯔 강을 건너와 우한 철강 회사 인근의 조반파 본거지를 공격했다. 조반파 본부가 점령당하면서 방어하던 수십 명이 목숨을 잃었다.

이 지역 군 사령관 천짜이다오는 노골적으로 백만 영웅을 지원했다. 반대파를 박살 내기로 작심한 그는 지난 4월에 군대에 조반파에게 발포하거나 대중 조직을 해산시키는 것을 금지한 린뱌오의 명령을 무시했다.

7월 14일, 저우언라이가 우한으로 날아갔다. 조반파 조직의 지위와 관련하여 베이징의 지시를 해당 지역 지도자들에게 직접 전달하기 위해서였다. 그리고 저녁이 되자 전용 기차를 타고 중국 남쪽을 순방 중이던 주석이 그와 합류했다. 같은 날 협상을 도울 다른 대리인들도 우한으로 호출되었다. 개중에는 1966년에 경찰이 홍위병을 지원해야 한다고 주장했던 공안부장 셰푸즈와 중앙 문화 혁명 소조를 대신해 전국을 돌아다니면서 합의를 이끌어 낸 은행가 같은 외모의 온화한 남성 왕리도 포함되었다.

저우언라이와 특사들은 지역 군 사령부 최고위층과의 고성이 오간 격렬한 회의에서 조반파를 지지하고 나섰다. 저항이 엄청났지만 마오쩌둥이 비공개 회의를 열어서 천짜이다오에게 이제는 자기비판을 할 때라고 설득했다. 마오쩌둥에 대한 충성심이 강했던 천짜이다오가 마지못해 받아들였다. 저우언라이는 비행기를 타고 베이징으로 돌아가면서 위기가 해결된 것으로 생각했다.

섣부른 판단이었다. 요컨대 도시의 갈등 상황을 통제하는 것은 천짜이다오의 능력 밖에 있는 문제였다. 셰푸즈와 왕리가 이끄는 특사단이 백만 영웅을 노린다는 소문이 나면서 성난 군인들이 당장 그날 저녁에 두 사람이 묵고 있던 둥후 호수 근처의 호텔로 들이닥쳤다. 7월 20일 새벽, 왕리는 군인들 손에 이끌려 군 사령부로 끌려갔고 그곳에서 분노한 군중에게 폭행을 당하고 머리를 쥐어뜯기고 발목이 부러지는 부상을 당했다.

천짜이다오가 쉬샹첸의 부하 노릇을 하던 국공 내전 시절부터 오랫동안 그를 증오해 온 린뱌오는 앞서 2월에 자신에게 반기를 들었던 군 원로들에게 다시 한 번 일격을 날릴 수 있는 기회를 포착했다. 그는 왕리 사건을 크게 부각시키면서 주석에게 그의 목숨이 위험하다고 호들갑을 떠는 편지에 장칭의 서명까지 받아 심복인 추후이쭤에게 주어서 우한으로 보냈다. 마오쩌둥은 린뱌오가 자신의 게임에 주석을 인질로 이용한다고 의심하며 불같이 화를 냈지만 허겁지겁 다시 우한으로 돌아온 저우언라이와 의논한 다음 린뱌오의 조언을 따랐다. 그는 공군 전투기의 호위를 받으면서 상하이로 이동했다. 한편 우한은 혼돈에 휩싸였다. 다리가 폐쇄되었고, 통신이 차단되었으며, 전략적 요지에 위치한 건물들이 장악되었고, 공항까지 점령당했다. 강 건너로 사이렌 소리가 울려 퍼지는 가운데 확성기를 실은 승합차들이 조반파를 비난하는 표어들을 쏟아 냈다. 도시 곳곳에서 백만 명웅이 그들의 적을 공격하면서 대형 트럭이 거리를 위태롭게 질주했다.

해군 부사령관 리쭤펑은 주석을 보호하기 위해서 벌써부터 우한에 있었다. 이웃한 후베이 성에서 공수 부대까지 지원을 받아 놓은 참이었다. 조반파가 셰푸즈와 왕리의 구출 작전을 펼쳤고 이틀 뒤 두 사람은 비밀리에 도시를 탈출했다.

린뱌오는 즉각 우한 사건을 〈반혁명적인 반란〉이라며 비난했다. 주석은 우한의 모든 지도자들에게 수도로 가서 직접 해명하라고 지시했다. 하지만 그들은 베이징 공항에 도착하자마자 착검된 소총으로 무장한 군인들에게 둘러싸였다. 그들은 캐피털 웨스트 호텔에서 여섯 시간에 걸쳐 진행된 마라톤 회의에서 심문을 받았다. 심문을 맡은 우파셴은 공군 총사령관이자 린뱌오의 심복이었는데 천짜이다오에게 호통을 치고 따귀까지 때렸다. 천짜이다오의 후원자였던 쉬샹첸도 반란을 지지한 혐의로 기소되었다. 한편 호텔 밖에서는 시민 100만 명이 대규모 집회를 열고 행진을 벌였다. 그들은 셰푸즈와 왕리를 혁명 열사로 칭송했다. 반란을 규탄하는 표어들이 확성기에서 쏟아져 나왔다. 〈천짜이다오를 타도하라!〉 7월 27일에 린뱌오의 측근들로 구성된 새로운 군 지도부가 우한을 장악하고 대중 조직을 탄압했던 세력을 강제로 무장 해제시켰다. 백만 영웅도 와해되었다. 조반파 대원들은 수만 명에 달하는 그들의 적을 괴롭히면서 〈우한의 두 번째 해방〉을 자축했다.[5]

7월 18일에 우한을 방문했을 때 주석은 저우언라이와 왕리를 만난 자리에서 학생과 노동자를 무장시키는 방안을 진지하게 검토했다. 일주일 뒤 마오 부인이 이끄는 중앙 문화 혁명 소조와 왕리가 『붉은 깃발』에 〈프롤레타리아여, 총을 단단히 잡아라〉라는 제목으로 사설을 썼다. 8월 1일에 발표된 이 사설은 주석이 과거에 한 유명한 발언을 상기시키면서 대중 조직을 향해 무기를 들라고 독려했다. 〈우리가 총대를 잡지 않는다면, 우리가 무장한 혁명 세력을 동원해서 무장한 반동 세력에 맞서지 않는다면 인민은 절대로 스스로를 해방시킬 수 없을 것이다.〉 계속해서 사설은 중국의 흐루쇼프가 권력을 찬탈하기 위해서 심복이었던 펑더화이와 뤄루이칭을 인민 해방군에 배치한 거라고 주장했다. 당 내부에서 소수의 주자파를 뿌리 뽑아야 하듯이 이제는 군 내부에서도 소수의 반역자들을 추려 낼 필요가 있었다.[6]

같은 날 국방부에서는 인민 해방군 창립 40주년을 기념하여 연회가 개최되었다. 참모 총장 대리 양청우는 그날 저녁 연설에서 펑더화이와 뤄루이칭을 반혁명적인 수정주의자라고 언급했다. 고위 간부들로부터 마지못한 박수가 나왔지만 하나같이 무표정한 얼굴이었다. 그럼에도 장칭은 린뱌오의 아내 예췬과 함께 자리에서 일어나 손에 술잔을 든 채 젊은 세대의 대표들 사이를 걸어 다니면서 활기찬 연회 분위기를 주도했다. 반듯하게 다리미질을 한 군복을 입고 웨이브가 들어간 단발 머리에 모자를 쓴 그녀는 연회장의 중심에서 벗어난 곳에 자리를 잡고 앉아 있던 조반파 혁명가들과 젊은 사관생도들에게 건배를 제안했다. 두 사

람 중 누구도 그 자리에 참석한 대령들이나 장군들에게는 눈길조차 주지 않았다.[7]

『붉은 깃발』의 사설은 린뱌오를 주석의 가장 충성스러운 지지자로 치켜세웠다. 린뱌오는 무장을 요구하는 외침을 이용해서 우파셴과 추후이쥔, 리쭤펑 등 그가 우한을 접수하도록 도와준 세 사람의 명예 회복을 도모했다. 세 사람은 모두 국공 내전 당시에 제4야전군에서 린뱌오의 부하로 근무했는데 1967년 초에 일반 사병들의 공격을 받은 터였다. 린뱌오는 이제 그들을 공격했던 자들을 비난하면서 〈악한 자들이 선량한 사람들을 공격하고 있기 때문에〉 좌파가 무장을 해야 한다고 주장했다. 이는 군 내부에서 그에게 반대하는 세력을, 즉 권력을 찬탈하려는 〈소수의 주자파〉를 겨냥한 발언이기도 했다. 〈이 혁명은 한때 혁명을 수행한 자들을 상대로 한 혁명이다.〉 광둥 성의 군 지도자인 황융성과 함께 우파셴과 추후이쥔, 리쭤펑은 조만간 공식 후계자의 〈4인조 수호 전사〉가 될 터였다.[8]

『붉은 깃발』에 실린 사설은 내전 선언이나 다름없었다. 혁명 과업은 더 이상 정부 권력을 쟁취하는 것이 아닌 무력을 쟁취하는 것이 목표가 되었다. 해당 선언문이 라디오에서 낭독되자 전국의 조반파들이 무기를 확보하고자 무기 공장과 군 사령부를 공격하기 시작했다. 폭력 사태가 전국을 집어삼켰고 마오 부인과 린뱌오는 자신들의 권력을 강화하기 위해서 서로 협력했다.[9]

초반의 주요한 전투 중 하나가 상하이에서 일어났다. 며칠 전 우한에서 도착한 주석에게 장춘차오가 노동자들도 민병대를 조직할 수 있도록 허락해 줄 것을 요청했다. 마오쩌둥이 장춘차오의 요청을 받아들였다. 앞서 1월에 시청 공격을 주도한 왕홍원은 8월 4일에 등나무 모자와 쇠막대기로 무장한 10만 명의 노동자들로 소규모 민병대를 조직했다. 그들의 표적은 장춘차오와 왕홍원에게 원한을 가진 자들, 즉 권력 싸움에서 밀려난 조반파들, 우파로 고발된 학생들, 강제로 노동 조직을 해체해야 했던 노동자들 사이에서 구심점 역할을 하는 한 조반파 일당이었다. 그리고 그들은 10여 년 전에 소련에게 지원을 받아 건설된 대규모 복합 단지인 상하이 디젤 엔진 공장을 본부로 사용하고 있었다. 철제 대문을 부수기 위해 기중기가 동원되는 한편 불도저들이 공장을 둘러싸고 있는 단단한 벽돌 담장을 무너뜨렸다. 부서진 틈으로 여러 조로 나뉜 민병대 전사들이 돌진해 들어갔고 세심하게 계획된 군사 작전에 따라 흩어져서 차례로 건물을 점령해 나갔다. 마침내 저항이 모두 진압되었다. 많은 조반파 대원들이 피멍이 들도록 구타를 당했고 몇몇은 길가에서 죽도록 방치되었다. 부상자 숫자만 1,000명이 넘었으며 사망자가 열여덟 명이나 발생했다. 마오쩌둥은 전투 과정이 담긴 영상을 본 뒤에 승리한 왕홍원을 치하했다.[10]

전투는 시작에 불과했다. 머지않아서 상하이 노동자들은 소총 같은 경화기와 대공포로 무장했다. 1970년에 이르러서는 80만 명의 민병대원들로 이루어진 거대 세력으로 발전했고 상당수가 그 지역 공장에서 생산된 자동화기를 갖추고 있었다.[11]

무장 세력 간의 전투는 다른 지역에서 훨씬 치열했다. 상하이 디젤 엔진 공장에 행해진 공격처럼 모든 전투는 윗선에서 계획되었다. 창사에서는 샹강대라는 이름 아래 모인 느슨한 조반파 연합체가 〈반동적〉이라는 비판을 받고 몇 개월 전 천보다의 직접적인 지시에 의해 무자비하게 진압되기까지 했는데 8월 10일이 되자 베이징으로부터 앞선 비판을 뒤집는 긴급 명령이 내려왔다. 성의 지도층 인사들이 모인 앞에서 한 인민 해방군 대리인이 중앙 문화 혁명 소조에서 보내온 전보를 엄숙하게 낭독했다. 전보는 후난 성의 군 사령부가 조반파를 공격하는 잘못을 저질렀다고 내용이었다. 진정한 좌파를 대변하는 조직이 상강대가 유일하다는 점에서 군은 오히려 그들을 지원해야 했다. 후난 성 성장은 〈주자파〉로 규정되었고 중앙 문화 혁명 소조는 마오쩌둥이 태어난 사오산의 당 서기를 새로운 성장에 임명했다.[12]

화궈펑은 3년 전 사오산에 거대한 마오쩌둥 기념관을 지었다. 취푸에 있는 공자 사원과 크게 다르지 않은 이 복합 단지에는 주석의 집과 양친의 묘소, 예전에 다닌 서당, 대여섯 개의 사당, 언제나 등장하는 동상 등이 포함되었다. 주석이 감명을 받았음은 물론이다. 1967년 6월에 주석은 한 조반파 조직의 손아귀에서 화궈펑을 구출하기 위해서 담판을 짓도록 저우언라이를 파견했다. 이제 후난 성 성장이 된 그의 최우선 과제는 반대파를 진압하는 것이었다. 그리고 그에게는 이를 도와줄 제47군이 있었다. 제47군은 제4야전군에 소속되어 린뱌오의 지휘를 받았던 부대였다.

권력의 주인이 하룻밤 사이에 바뀌면서 조반파가 그들의 예전 압제자들을 공격했다. 그들은 복수를 감행하고, 반대파의 요새를 습격하고, 창문을 박살 내고, 방송 시설을 파괴하고, 서류를 불태우고, 가죽 허리띠로 포로들을 구타했다. 일반인도 호기를 놓치지 않았다. 그동안 구질서의 편에서 자신들의 삶을 비참하게 만든 당의 행동 대원과 모범적인 노동자, 충성스러운 간부 등을 향해 분노를 발산했다.

하지만 조반파는 어떤 군 파벌을 지지할 것지를 두고 의견이 엇갈리면서 이내 그들끼리 싸우기 시작했다. 임시 당 위원회 의석을 배정받지 못하는 사람들이 생기면서 권력을 배분하는 문제를 놓고도 티격태격했다. 주석의 이름으로 권력을 휘두를 권한을 놓고 싸우기 시작하면서 예전의 동지가 불구대천의 원수가 되었다. 제47군이 지급해 준 총도 더 이상 충분하지 않았다. 그들은 지역 민병대의 것을 훔쳤고 무기고에 난입했으며 군사 기지를 공격했다. 수류탄과 총검을 비롯하여 기관총과 대포, 대공 미사일까지 갖추었다. 숨이 막힐 듯 뜨거운 한여름의 열기 속에서 거리에는 총알이 핑핑거리며 날아다녔고 저 멀리에서는 사이렌이 울부짖었으며 대형 트럭들이 휙휙 지나갔다. 계엄령이 선포되었지만 음식을 사러 외출하는 일반인들은 무장한 투사들이 지키는 전략적으로 중요한 건물에 너무 가까이 갈 경우 심지어 대낮에도 유탄에 맞을 위험을 감수해야 했다. 〈폭발과 포격에 도시 전체가 진동했기 때문에 사람들은 창문이 깨지지 않도록 유리에 열십자로 테이프를 붙였다.〉 박격포가 서투른 조반파의 손에서 발사되었다. 때때로 포탄이 엉뚱한 곳으로 날아가서 지붕에서 폭발하거나 길에 떨어지거나 건물과 정면 충돌하기도 했다. 밤이 되면 하늘에 섬광이 번쩍였고 낮에는 하늘이 오렌지색으로 물들었다.[13]

조반파는 갈수록 감소하는 식량 공급량을 확보하기 위해 그들의 무기를 꺼내 들었다. 수송 체계가 마비되면서 식량 공급에 심각한 차질이 빚어지고 있는 터였다. 곡물 가게를 상대로 끊임없이 약탈이 자행되었다. 창사의 중심가를 가로지르는 인민로(路)에서 뻗어 나온 판시가(街)의 한 가게는 8월에 반복해서 강도를 당했고 수 톤에 이르는 쌀을 빼앗겼다. 대형 트럭이 가게 앞에서 갑자기 멈추어 서면 뒤에 타고 있던 무장한 조반파 대원들이 차에서 뛰어내려 〈전쟁 물자라는 명목으로〉 쌀이 든 자루를 징발해 가는 식이었다.[14]

일반인들은 내전 상황을 이용해서 그들 자신의 개인적인 복수에 나섰으며 그 대상은 단지 이웃에게만 한정되지 않았다. 창사에는 허가 없이 거주하는 농민들이 수만 명에 달했다. 그들은 호적 제도를 담당한 공무원들을 폭행했고 서류를 찾는답시고 서랍장을 억지로 비틀어 열면서 사무실을 쑥대밭으로 만들었다. 이런 과정에서 농민이 총을 꺼내 든 경우가 그해 여름에만 스무 번에 달했다. 한 번은 불만을 품은 남성이 리볼버 권총을 휘두르며 외쳤다. 〈나에게 거주 허가증을 줄 수 없다고 말하는 사람은 누구든 이 총으로 쏴버리겠다!〉 소요는 전례없는 규모였다. 창사 시내의 한 구역에서만 불과 열흘 만에 대략 2,600명이 비슷한 사건들에 가담했다.[15]

장칭과 린뱌오는 전국에서 혁명을 선동하느라 바빴다. 중국에서 가장 가난한 성 중 하나인 간쑤 성에서는 당 지도자인 왕펑이 그들의 표적이 되었다. 마오의 대기근 이후에 인민공사로부터 농업 경영권을 빼앗아서 농민들에게 되돌려 준 인물이었다. 왕펑은 1960년에 시중쉰의 추천을 받은 터였다. 여기에 더해서 멘토였던 두 사람, 즉 펑전과 덩샤오핑까지 실권한 뒤로 그의 위치는 점점 더 위태로워졌다. 그는 문화 대혁명 기간에 주석이 〈반동적인 수정주의자〉라는 꼬리표를 붙인 최초의 인물 중 한 명이 되었다.[16]

후난 성과 마찬가지로 간쑤 성도 지방군과 군구 사령부가 분열되어 있었다. 중국은 13개의 군구로 나뉘었는데 각각의 군구가 2~3개의 성을 담당했으며 사령부가 주둔한 도시의 명칭을 따서 이름이 지어졌다. 또한 각각의 성에는 군구에 종속된 지방군이 존재했다. 란저우 군구는 지리적으로 신장과 티베트와 가깝다는 점에서 전략적으로 매우 중요한 곳이었다. 한편 간쑤 성의 지방군도 란저우에 주둔하고 있었는데 그들은 왕펑에게 충성했다. 저우언라이의 거듭된 명령에도 불구하고 지방군 사령관은 성의 지도자에게 등을 돌리길 거부했다. 1967년 5월과 6월에 발생한 격렬한 충돌로 도시가 분열되었다. 다른 곳과 마찬가지로 갈팡질팡하던 다양한 대중 조직들이 하나둘씩 서로 적대적인 두 파벌과 연합하기 시작했다. 그들은 하나같이 자신들이 진정한 마오쩌둥의 지지자라고 확신하면서도 그 지역 지도자들의 충성심에 대해서는 의견을 달리했다. 한쪽 파벌은 왕펑을 비난하고 란저우 군구를 담당한 사령관 장다즈를 지지했다. 다른 한쪽은 장다즈를 란저우의 〈천짜이다오〉로 규정했다. 그들은 왕펑과 지방군의 편을 들었다.[17]

8월 3일, 베이징은 란저우 군구를 지지하는 파벌을 〈진정한 좌파〉로 인정했다. 『붉은 깃발』이 프롤레타리아에게 〈총을 단단히 잡아라〉라고 촉구한 지 불과 이틀 만에 이 같은 선언이 나오자 간쑤 성 전역에서 무기고나 무기 공장이 공격을 받았다. 톈수이에서는 일단의 홍위병이 다이너마이트 공장을 습격하여 수백 킬로그램에 달하는 폭발물을 가지고 도주했다. 그들은 기관총과 박격포를 이용해서 혁명을 추구하려 했다. 현청 소재지인 핑량에서는 도시로 들어오거나 나가는 모든 도로가 봉쇄되었다. 한 보고서에 따르면 〈도시에 갇힌 주민들은 먹을 것이 아무것도 없었고 공장들은 전부 가동을 중단했으며 상점들은 문을 닫았다.〉 수천 명의 시민들이 군에게서 등을 돌렸고 개중에는 조잡한 무기로 무장한 수백 명의 학생들도 포함되었다. 허수이 현에서는 강제 노동 수용소의 수감자들이 단체로 경비대를 공격하고 무기를 찾으면서 사무실을 수색했다.[18]

란저우의 모든 사람이 싸움에 참여하고 있는 듯 보였다. 노동자들은 창대 끝에 드라이버를 매달았다. 도시 곳곳에서 돌덩이를 바구니에 담아 건물 옥상으로 옮기는 사람들을 볼 수 있었다. 심지어 대형 호텔의 식당 종업원과 요리사까지도 주방에서 모루 주위에 모여 무기를 만들었다. 적대 관계의 파벌들이 백주 대낮에도 서로를 뒤쫓았다. 폭도들이 한 남성을 포위한 채 그가 피투성이가 되어 쓰러질 때까지 조악하게 만든 창으로 찌르기도 했다. 작은 상점을 운영하던 어떤 나이 든 남성은 창으로 배를 관통당했다. 거리에 시신들이 여기저기 흩어져 있었다.[19]

캉성은 처음부터 베이징에서 은밀히 홍위병 대표들을 만나 상세한 지침을 내렸다. 8월 10일에는 왕펑을 깎아내리면서 홍위병에게 란저우 군구를 지원하고 장다즈 사령관을 란저우의 〈천짜이다오〉라고 비난하는 자들을 무시하라고 지시했다.

그럼에도 캉성을 비롯한 중앙 문화 혁명 소조 지도부는 주석에게 무조건적으로 복종하는 단순한 추종자들이 아니었다. 그들은 문화 대혁명을 기회 삼아서 개인적인 복수를 하고자 했다. 일당 독재 국가에서 대인 관계가 이념보다 훨씬 중요한 이유이기도 했다. 쉽게 앙심을 품고, 자신이 받은 모욕을 일일이 꼼꼼하게 기록하고, 수년 뒤에 밀실 정치를 이용해서 자신도 모르게 희생자가 된 사람들에게 보복하는 것은 비단 마오쩌둥 혼자만의 특기가 아니었다. 마오 부인은 수십 년 전 주석과 막 결혼했을 당시 정치 활동을 삼가라는 강요를 받고서 끓어오르는 분노를 주체할 수 없었다. 이제 중앙 문화 혁명 소조의 수장으로서 그녀는 가족의 원한과 개인적인 복수에 병적으로 집착했다. 그녀 면전에서는 아무리 사소한 말실수라도 치명적인 결과를 초래할 수 있었다.

마찬가지로 캉성도 고집이 세고 뒤끝이 길었으며 전혀 터무니없는 죄를 만들어서 자신의 적에게 뒤집어씌우는 데 탁월한 능력을 보였다. 그는 1966년 9월에 주석에게 편지를 보내서 1936년에 국민당에 항복하고도 류사오치에 의해 항복을 철회할 수 있는 기회를 얻은 예순한 명의 고위 당원들에 대해 의혹을 제기했다. 동북 지역의 제1서기로 왕펑에게 멘토 역할을 한 류란타오도 그중 한 명이었다. 마오쩌둥은 〈예순한 명의 반역자 사건〉으로 알려질 이 문제를 처음에는 부정했다가 1967년 3월에 마음을 바꾸었다. 당내 고위층 가운데 숨은 반역자를 색출하라는 캉성의 부추김을 받은 홍위병들이 이후 수개월에 걸쳐 당 간부들을 조사했다. 집요한 괴롭힘에 몇몇이 목숨을 잃기도 했다.[20]

란저우에서 올라온 홍위병들을 만난 자리에서 캉성은 1950년대에 자신을 방해했던 예전 동료를 공공연하게 비난했다. 캉성은 〈여러분이 사타오를 제거해야 한다〉라고 설득하면서 그가 이름을 바꾸었지만 해방 전부터 류사오치 밑에서 일해 온 첩자라고 설명했다. 일주일 뒤 란저우에서는 사타오가 홍위병의 손에 이끌려 나와 폭행을 당했다. 그는 강제 노동 수용소에서 6년을 복역하면서 다른 용의자들과의 관계를 털어놓도록 정기적으로 심문을 받았다. 그는 시련을 혹독한 이겨 냈고 몇 년 뒤에 행해진 재조사에서 명예를 회복했다.[21]

———

이제 대중은 무기를 갖추었고 중앙 문화 혁명 소조는 그들에게 혁명의 이름으로 싸움에 나설 것을 종용했다. 충칭에서는 8월에 일부 홍위병들이 대포까지 딸린 세 척의 포함(砲艦)으로 무장한 채 반대파와 충돌했다. 반대파 역시 소규모 함대를 이끌고 나와 기관총을 발포했다.[22]

광시 성에서는 조반파가 무기를 싣고 소련에서 베트남으로 가던 화물 기차를 습격했다. 8월 19일 하루에만 수천 발의 대공 탄환이 강탈되면서 파벌 간 전쟁에 기름을 부었다.[23]

대다수 외신의 머리기사를 차지한 사건은 따로 있었다. 바로 1967년 8월 22일 밤에 영국 재외 공관이 불탄 사건이었다. 몇 달째 홍위병은 수정주의자나 제국주의자로 비난받던 외국 대사관들을 포위해 온 터였다. 시작은 그해 초 독선적인 홍위병 무리들이 증오의 벽을 만들어서 소련 대사관을 에워싸고 안에 있던 170명의 러시아인을 고립시키면서부터였다. 동유럽이나 서방 국가의 외교관들은 포위된 그들의 동료에게 보드카와 맥주, 빵, 스프 같은 보급품을 전달할 때 으레 모욕을 당하고, 침 세례를 받고, 괴롭힘을 당하는 등 집중 공격을 받았다. 어느 시점이 되자 러시아인들은 시 당국이 보급품 공급을 차단할지 모른다는 두려움에서 수영장에 물을 채우기도 했다. 밤이 되면 군중은 모닥불을 피우고 소련 지도자들 모형에 린치를 가한 뒤 해당 모형으로 섬뜩한 그림자를 드리웠다.[24]

케냐 대사관 앞에는 얼굴을 까맣게 칠한 밀짚 인형이 매달렸는데 여러 달을 정문 위에서 대롱거렸다. 인도네시아와 몽골 대사관은 출입이 영구적으로 차단되었다.[25]

절대적 충성을 표명하지 않는 외국인이 전부 표적이 되었지만 단연코 그 누구도 영국인만큼 관심을 끌지는 못했다. 이유는 수도에서 남쪽으로 약 2,000킬로미터 떨어진 영국령 식민지 홍콩에서 찾을 수 있었다. 1949년을 기점으로 중국에 죽의 장막이 드리워진 뒤로 홍콩은 외부에서 중국의 내부 사정을 엿볼 수 있는 감시 초소 역할을 해 오고 있었다. 하지만 1967년 5월 본토의 폭력 사태가 국경을 넘어왔다. 홍콩은 더 이상 구경꾼의 입장이 아니었다. 카오룽 반도의 한 플라스틱 조화 공장에서 시작된 파업이 피켓 시위를 벌이는 수천 명의 노동자들까지 가세하면서 빠르게 대규모 대중 소요 사태로 발전했다. 시위대의 상당수는 낡은 고층 건물들이 거리마다 줄지어 있는 카오룽 반도의 복잡한 공동 주택에서 칸막이가 된 좁은 방을 나누어 쓰며 살았다. 거리로 쏟아져 나온 젊은 혁명가들이 『마오쩌둥 어록』을 흔들고 혁명 구호를 연호하면서 식민 당국에 맞서 시위를 벌였다. 긴장이 고조되면서 시위대가 경찰에게 돌과 유리병을 던지기 시작했으며 경찰은 곤봉과 최루탄으로 응수했다. 대중은 곧바로 자동차를 전복시키고 2층 버스에 불을 지르면서 거리에 방어벽을 세우기 시작했다.

처음에는 지역 공산당이 소동을 주도했지만 영국이 홍콩에서 〈파시스트적인 잔학 행위〉를 저지르고 있다고 주장하면서 머지않아 중국 정부가 구원 투수로 나섰다. 베이징에서 영국의 대사 직무 대행을 맡고 있던 차분한 성격에 제2차 세계 대전 당시 많은 훈장을 받은 도널드 홉슨이라는 장교가 외무부로 호출되었고 최후통첩을 받았다. 최후통첩에는 체포된 사람들을 모두 석방하고 수감되어 있던 시간만큼 보상해 주라는 요구도 포함되었다. 영국 정부는 제안을 거절했다.

홍콩의 시위대를 지지하는 군중 대회가 광저우와 베이징에서 열렸다. 홍콩에는 〈피에는 피〉를 요구하는 대자보가 붙었다. 〈백피(白皮) 돼지들을 삶아 버려라〉라고 외치는 대자보도 등장했다. 수만 명의 학생들과 노동자들이 파업을 벌였다. 뱅크 오브 차이나 빌딩에 설치된 확성기에서는 선전 구호가 쏟아져 나왔고 중국 정부에 충성하는 10여 개의 신문사들은 선동적인 인쇄물을 대량으로 찍어 냈다. 그럼에도 이 운동은 폭넓은 지지를 얻는 데 실패했다. 어쨌거나 홍콩은 본토에서 망명한 난민들이 모이고 모여 세워진 도시였고 150만 명의 노동 인구 중 공산주의에 대한 환상을 가지고 있는 사람이 거의 없었기 때문이다. 6월 말이 되면서 파업은 기세가 꺾이기 시작했다.

얼마 뒤인 7월 8일, 사타우콕이라는 작은 어촌을 영국 구역과 중국 구역으로 나누는 흰색 경계선을 넘은 약 300명의 무장 시위대가 경찰서를 습격했다. 처음에는 경찰에게 돌멩이와 유리병이 날아왔지만 조금 지나자 경계선 저쪽에서 기관총 한 정이 불을 뿜기 시작했고 영국 구역의 경찰 다섯 명이 비참하게 살육되었다. 이 사건은 폭력 사태에 다시 불을 지폈고 곧이어 홍콩 대부분 지역이 폭동으로 마비되었다.

계엄령이 선포되면서 경찰이 공산주의자들의 주요 활동 무대로 의심되는 곳들을 급습하기 시작했다. 시위대는 경찰서와 정부 청사에 폭탄 공격을 퍼부으며 보복했다. 7월 말에 이르러서는 다수의 가짜와 뒤섞여 폭탄이 극장이나 공원, 시장을 비롯한 공공장소에 설치되었고 일상생활에 심각한 혼란을 초래했다. 대부분이 폭죽에 든 흑색 화약을 추출해서 조잡하게 조립한 수제 폭탄이었다. 그럼에도 몇몇은 매우 치명적인 위력을 발휘했다. 선물처럼 포장된 한 폭탄은 웡예만이라는 일곱 살짜리 소녀뿐 아니라 그녀의 두 살짜리 남동생의 목숨까지 앗아 갔다. 폭탄 처리반이 해체한 폭발물 숫자만 8천 개에 육박했다. 8월 24일에는 공산주의자들을 맹렬히 비판해 온 인기 라디오 진행자 람반이 자신의 차에 갇혔다. 도로를 정비하는 노동자처럼 가장한 암살단의 소행이었다. 람반과 그의 사촌은 휘발유를 뒤집어쓴 채 화형되었다. 시위에 반대 목소리를 내던 다른 많은 유명 인사들이 살해 위협을 받았다.[26]

홍콩에는 베이징 정부가 군대를 국경에 집결시키며 홍콩을 되찾으려 준비를 한다는 소문이 내내 나돌았다. 하지만 정작 주석은 자신이 홍콩에 촉발시킨 정치적 운동들을 확실하게 제어하지 못하고 있었다. 여기에 더해서 어쨌거나 공산주의자들로서는 금융 기지로서 그리고 전 세계 다른 나라들과의 접촉 창구로서 홍콩이란 도시를 존속시킬 필요가 있었다. 영국령인 홍콩은 중국 본토에서 공급되는 년간 450만 톤의 물에 전적으로 의존하고 있었다. 그리고 중국은 홍콩으로 이어지는 수도 꼭지를 끝내 잠그지 않았다.[27]

한편 우한 사건을 계기로 베이징에 있는 영국 재외 공관에 대한 압박은 더욱 심해졌다. 홍위병은 표면상 식민 당국이 홍콩에서 시위대를 탄압한 것과 관련하여 보복을 주장하고 나섰지만 진짜 표적은 영국이 아니었다. 중앙 문화 혁명 소조 위원들은 저우언라이를 정조준하고 있었다. 그는 주석이 지난 2월에 원로 장군들을 힐책한 뒤로 부쩍 위세를 잃은 터였다. 궁지에 몰려 마오쩌둥의 편에 서기는 했지만 그 결과 장칭의 그림자에 가려졌다. 머지않아 총리의 유죄를 암시하는 증거가 흘러나오기 시작했다. 베이징에 그를 〈부르주아적 반동 노선〉의 대변자로 비난하고 타도할 것을 주장하는 대자보가 나붙었다. 가장 결정적인 문건이 톈진에서 나왔다. 조반파 대원들이 1930년대에 발행된 한 신문에서 그가 당을 탈당했다고 주장하는 기사를 찾아낸 것이다.

조반파 대원들은 그들이 찾아낸 것을 장칭을 통해 주석에게 전달했다. 확신에 차서 저우언라이의 죄를 만천하에 드러낼 준비를 마친 장칭이 그에게 모든 것을 자백하고 나설 것을 요구했다. 5월 19일 저우언라이는 주석에게 장문의 경위서를 보내서 해당 신문 기사가 자신의 적들이 심어 놓은 장난질이라고 설명하며 억울함을 호소했다. 마오쩌둥은 사건을 대수롭지 않게 넘기는커녕 저우언라이가 쓴 호소문을 중앙 문화 혁명 소조의 모든 위원들에게 회람시켰다. 그들은 이제 언제든 마음만 먹으면 저우언라이를 몰락시킬 수 있는 무기를 보유한 셈이었다. 하지만 언제나 한쪽 파벌을 이용해 다른 쪽 파벌을 견제하고자 했던 주석은 저우언라이를 제거할 생각이 없었다. 5월 말이 되자 그는 천보다에게 지시해서 홍위병에게 더 이상 저우언라이의 뒤를 캐지 못하도록 금지하는 공문을 돌리도록 했다.[28]

우한 사건으로 중앙 문화 혁명 소조의 위세는 더욱 강해졌다. 왕리가 발에 석고 붕대를 감은 채 8월 7일에 댜오위타이 국빈관에 나와서 외무부의 급진주의자들에게 권력을 쟁취하라고 촉구했다. 외무부장 천이는 이미 중난하이에 있는 자택에서 수천 명의 홍위병에게 포위되어 있었다. 8월 11일에는 군중 대회에 끌려 나와서 제국주의자들과 수정주의자들, 반동분자들에게 항복하려 했다는 비난을 받았다. 왕리의 연설은 또 홍콩에서 영국인들에 대한 적대적인 분위기를 부추겼다. 웡예만과 그녀의 어린 남동생이 사망한 날이기도 한 8월 20에는 홍콩에서 공산주의 출판물을 전면 금지한 금령을 철회하도록 요구하는 최후통첩이 영국의 대사 직무 대행에게 전달되었다. 최후통첩은 이틀 뒤 그대로 기한이 만료되었다.[29]

최후통첩을 보낸 사실이 알려지면서 급진적인 학생들이 영국 재외 공관을 압박하기 시작했다. 외국어 학원에 근무하던 한 외국인은 8월 22일 아침에 자신이 가르치는 학생들 몇 명이 〈여름에 소풍을 가는 사람들처럼 한껏 들떠서〉 학원 바로 옆 가로수 길을 걸어오는 것을 보았다. 그들 손에는 휘발유 통이 들려 있었다. 점심 시간 즈음에는 영국 재외 공관 밖에 너무나 많은 군중이 몰려들어서 안에 있던 22명의 외교관과 보조원이 그대로 갇혀 버렸다.[30]

저녁 일찍 폴란드 외교관들은 영국 재외 공관 측에 홍위병들이 휘발유 드럼통을 굴리며 공관으로 가고 있다고 경고해 주고자 시도했지만 이미 전화선마저 끊긴 터였다. 여전히 공관을 벗어날 수 없었던 외국인들은 편안히 앉아 도널드 홉슨과 브리지 게임을 하거나 피터 셀러즈 주연의 코미디 영화 「법의 부작용The Wrong Arm of the Law」을 시청했다. 밖에서는 탐조등이 재외 공관 건물을 환하게 비추고 있었다. 밤 10시 정각에 외무부에서 축포 한 발이 발사되었다. 그와 동시에 빽빽이 열을 맞추어 앉아 조용하고 질서 있게 대기하던 군중이 일제히 자리에서 일어났고 소수의 군인들이 정문 앞에서 서로 팔짱을 껴서 구축한 저지선을 사나운 기세로 돌파하기 시작했다. 함성을 지르며 재외 공관 구내로 난입한 그들은 신속하게 건물 안으로 흩어졌다. 한편 건물에 갇혀 있던 사람들은 문서 창고의 두꺼운 철문 뒤로 용케 피신해서 문 뒤에 각종 캐비닛과 커다란 황동 연설대를 쌓아 보강했다. 특히 황동 연설대는 1900년에 수백 명의 외국인이 영국 대사관으로 피신하자 청나라 군대와 의화단이라는 비밀 결사대가 영국 대사관을 55일 동안 포위했을 때부터 전해 내려온 물건이었다.

문서 창고 바깥에서 치솟은 불길이 창문 외부의 목재로 된 덧문을 집어삼킬 듯이 넘실거렸다. 이제는 창고 내부가 완전히 깜깜해졌다. 정신 없는 아우성 속에서 호각 소리와 창문을 깨뜨리는 소리, 공성 망치로 계속 벽을 두드리는 소리가 났다. 이윽고 벽돌이 뚫리면서 벽에 작은 구멍이 생겼다. 그리고 그 구멍 속에서 손전등을 켠 손이 튀어나왔다. 이 즈음에는 연기 냄새가 사방으로 퍼지고 있었기 때문에 항복만이 유일한 살길임이 명백해졌다.

비상구로 창고에서 탈출한 일행에게 집단 폭행이 이어졌다. 몇몇이 폭도들에게 휩쓸려서 등과 어깨를 구타당했다. 그럼에도 폭도들은 손

에 사정을 두었다. 당연히 아프게 때렸지만 부상을 입힐 정도는 아니었
다. 사진을 찍기도 했는데 여기에도 세심한 규칙이 뒤따랐다. 두 사람
이 양쪽에서 팔을 단단히 붙잡은 상태에서 희생자는 머리채를 잡힌 채
고개를 쳐들거나 강제로 머리를 숙인 자세를 취해야 했다. 혼란을 틈타
서 일행 중 몇 명이 영국 재외 공관 맞은편에 위치한 핀란드 대사관으
로 피신했다. 몇몇은 그대로 종적을 감추었다. 군인들이 남은 인원을
길 한쪽에 모아 군중과 격리시켰고 종국에는 대형 트럭이 대기하고 있
는 장소로 데려갔다. 여전히 어둡고 아름다운 밤이었다. 건물에서 치솟
는 불길이 수킬로미터 떨어진 곳에서도 보일 정도였다. 공관 직원들은
장장 몇 개월 동안 가택 연금에 처해졌다.[31]

　이 사건은 종말의 시작에 불과했다. 중앙 문화 혁명 소조가 너무 많
이 나아간 터였다. 이튿날 저우언라이는 비난의 화살이 외무부로 향하
는 사태를 막고자 아직 상하이에 머물고 있던 주석에게 왕리의 연설문
사본을 보냈다. 마오쩌둥은 한참을 곰곰이 생각한 끝에 자신의 결심을
참모 총장 대리 양청우에게 알려 베이징에 전달하도록 했다. 주석은 왕
리를 비롯한 중앙 문화 혁명 소조의 몇몇 대위원들을 혁명을 망가뜨리
려는 〈불순분자들〉로 규정했다. 〈이 내용을 총리에게만 보고하라. 그
들을 체포하게 하고 총리로 하여금 작금의 상황을 정리하게 하라.〉 권
력이 중앙 문화 혁명 소조에서 다시 저우언라이에게 넘어가면서 문화
대혁명의 다음 단계가 시작되었다.[32]

13장
진화

저우언라이의 주재로 11시간 동안 지속된 비밀 회의에서 왕리에게 비난이 쏟아졌다. 인척을 포함한 그의 온 가족이 〈한 무더기의 흑방 쓰레기〉 취급을 받았다.[1]

왕리는 중앙 문화 혁명 소조의 다른 두 위원들과 함께 영국 재외 공관 화재에 대한 책임을 뒤집어썼다. 이 사건을 계기로 주석은 군 내부에 불거지는 분열 문제에서 한발 물러나 거리를 두었다. 앞서 1967년 4월에는 화합을 목표로 한 자신의 웅대한 계획에 동참해 달라며 원로 장군들에게 접근하고자 애를 썼던 그였다. 우한 사건 이후로 군 내부에서 또 다른 〈천짜이다오〉에 대한 사냥이 이어졌고 군 원로들은 다시 압박을 받게 되었다. 8월 1일에 『붉은 깃발』은 군 내부의 소수 반역자들을 추려 낼 필요가 있다고 제안하면서 프롤레타리아에게 〈총을 단단히 잡아라〉라고 촉구했다. 마오쩌둥은 이 슬로건 때문에 초래된 피해가 위험 수준에 도달하고 있음을 깨달았다. 해당 운동을 기회 삼아 자신의 군 장악력을 강화한 린뱌오는 경계 대상이었다. 이 공식 후계자는 천짜이다오의 몰락을 이용해서 자신의 심복들에게 우한 군구를 맡겼다. 이삼 주 뒤 란저우 군구가 중앙 문화 혁명 소조를 지지한다고 선언했다. 후난 성에서는 한때 린뱌오의 지휘를 받았던 제47군에 조반파를 도우라는 지시가 내려졌다. 조만간 뒤집어질 위험에 처한 것은 군 내부의 이런 미묘한 세력 균형만이 아니었다. 전국 곳곳에서 서로 폭력 충돌을 일으킨 파벌들도 어떤 식으로든 나름대로 군대와 손을 잡고 있었기 때문이다.

주석은 위험을 감지했다. 상하이에 머물고 있던 그는 『붉은 깃발』에 발표된 선동적인 사설 한쪽에 〈우리의 만리장성을 구하라〉라는 메모를 달았다. 만리장성이란 인민 해방군을 빗댄 말이었다. 〈군대를 존중하라〉는 그날의 표어가 되었다. 9월 5일에는 한 달 전 군을 공격하라고 부추겼던 장칭이 조반파를 향해 누구에게도 인민 해방군의 무기를 훔칠 권리는 없다고 단호하게 말했다. 그녀는 군인들에게 응사하도록 지침이 내려졌다고 조반파에게 경고했다. 당의 새로운 방침을 알리기 위해서 그녀의 연설문 사본이 널리 유포되어 회람되었다. 같은 날 주석은 파벌 싸움을 종식시키려는 노력의 일환으로 조반파 조직에 대한 군의 자위권 행사를 정식으로 인가하는 법령에 서명했다. 해당 법령은 〈우리의 위대한 지도자 마오 주석〉이 이끄는 〈유일무이한 인민의 군대〉라는 칭송과 더불어서 인민 해방군에 강력한 지원이 뒤따를 것임을 알리는 신호탄이었다.[2]

중앙 문화 혁명 소조가 한 달 전에 붙였던 불을 끄고자 하면서 일련의 논설과 공표가 잇따랐다. 주석은 전국을 돌면서 파벌 싸움이 내전 양상으로 발전했던 지역들을 방문하고 모든 혁명 세력에게 대동맹을 촉구했다. 아울러 〈노동자 계급이 군이 양립할 수 없는 두 개의 조직으로 분열될 이유가 없다〉라고 결론지었다. 주석의 성명은 프롤레타리아의 독재라는 기치 아래 모든 파벌에게 단결하도록 요구하는 위대한 전략적 계획의 일환으로 전국에 반복해서 방송되었다.[3]

혁명은 위축되었다. 베이징에서는 10월 1일 국경절에 대비하여 담벼락과 창문, 인도에서 대자보가 제거되었다. 한 주민은 〈사람들이 쓴 대자보가 어느 정도로 이 도시를 종이의 바다에 잠기게 했는지 정확한 당시 모습을 직접 보지 못한 사람은 아무리 설명해도 알 수 없다〉라고 주장했다. 며칠 동안 북북 문지른 담벼락들이 거의 깨끗해졌다. 이제는 정부의 공식 표어와 포스터만 붙일 수 있었다. 하나같이 단결의 중요성과 인민 해방군을 위한 활동과 지원을 촉구하는 것들이었다. 대학교 교정에서도 연일 똑같은 메시지가 확성기를 통해 쏟아졌다. 〈다 함께 단결하라!〉 〈같은 노동자들 사이에서는 근본적인 모순이 있을 수 없다!〉[4]

10월 1일, 일치단결한 조화로운 모습을 과시하는 한 대규모 행사에서 50만 명에 달하는 군인들이 톈안먼 광장을 가로지르며 행진했다. 손으로 멀리 앞을 가리키는 플라스틱 소재의 거대한 은색 마오쩌둥 형상이 선두에서 행진을 이끌었다. 군인들 뒤로는 수십만 명의 시민들이 뒤따르고 있었는데 대다수가 적대적인 파벌에서 파견되어 마지못해 함께 행진에 참여한 사람들이었다. 연단에는 군 원로들이 빼곡하게 자리를 채웠다. 천이와 시중쉰, 예젠잉을 비롯한 그들은 주석 옆에서 가장 눈에 띄는 자리를 차지했다.[5]

중앙 문화 혁명 소조의 대변자 역할을 해왔던 『붉은 깃발』은 침묵했다. 장칭은 뒤로 한 걸음 물러났고 얼마 뒤에는 베이징을 완전히 떠나 항저우에서 휴식을 취했다. 1967년 말에 이르러 중앙 문화 혁명 소조는 사실상 몰락한 상태였다. 대신 저우언라이가 무대 중심에 섰다. 그는 다양한 파벌을 이미 많이 홍보된 대동맹으로 묶고자 노력하면서 막후에서 협상을 주도하는 데 대부분의 시간을 할애했다. 주석은 이제 혁명 마감 시한까지 정해 놓고 1968년 말까지 전국에 당 혁명 위원회를 설립하기로 했다. 이 목표는 더 이상 폭력적인 권력 쟁취가 아닌 평화적 협상을 통해 달성되어야 할 터였다. 총리는 새로운 혁명 위원회 자리를 놓고 경쟁하는 파벌들을 인민 대회당에 불러서 중재하려 했으며 그에 따라 서로 티격태격하던 파벌들의 대표단이 속속 수도에 도착했다.[6]

———

일반 대중에게 〈소요파〉라는 이름으로 불린 제3의 파벌이 등장했다. 정부에 불만을 품은 사람들로 이루어진 이 집단은 의도적으로 정치에 무관심했으며 조직을 이끄는 지도자도 없었다. 구성원은 한때 대중 조직에 합류했으나 파벌 싸움에 염증을 느끼고 조용히 발을 뺀 사람들이었다. 정치적으로 다양한 성향을 가진 사람들이 전부 모였지만 그들에게는 한 가지 공통점이 존재했다. 바로 정치적 환멸이었다. 1967년 말이 되자 샤먼의 링컨은 군중 대회에 사람들을 동원하는 데 점점 더 어려움을 느꼈다. 여름내 수천 명의 사람들이 무기를 뽐내고 다녔음에도 이제는 대회에 참가하는 사람이 겨우 몇 백 명에 불과했다. 〈대다수 조직에서 운영진의 숫자가 감소했고 종국에는 사무실 어디에서도 사람을 찾아볼 수 없게 되었다.〉[7] 사람들은 갈수록 회의적으로 변했다. 정치적 목적이든 아니면 다른 목적이든 싸움 자체에 대해서 혐오까지는 아니더라도 싫증을 느꼈다. 권태와 무력감도 생겼다. 문화 대혁명이 너무 오래 지속되고 있었다. 처음에 느꼈던 흥분은 모두 사라졌다. 한때 혁명의 타당성을 외쳤던 사람들은 서로를 비방하고, 고문하고, 죽이는 것에 확신이 서지 않았다. 일부는 밤잠을 설치기까지 했다.

불만을 품은 학생들은 집안일을 도우면서 시간을 보냈다. 틈틈이 소설을 읽거나 카드놀이를 하거나 장기를 두었다. 상대적으로 편안한 생활이었지만 동시에 지루한 나날이었다. 공원은 파괴되었고 도서관은 문을 닫았으며 동호회는 종류를 막론하고 금지되었다. 〈책, 음악, 영화, 연극, 박물관, 찻집 등은 사실상 없는 것이나 다름없었다. 공식적으로는 불법이었지만 슬그머니 다시 유행한 카드놀이를 제외하면 시간을 보낼 만한 것이 거의 전무했다.〉[8]

몇몇은 음악을 듣거나 트랜지스터 라디오를 조립했다. 〈부르주아적〉인 것으로 비난받았던 여가 활동이 다시 부활했다. 시안의 캉정궈와 친구들은 시안의 이슬람 거리에 위치한 이슬람 대사원에서 축음기 음반을 무더기로 발견했다. 캉정궈는 러시아 민요 음반을 집에 가져갔다. 〈내가 알았던 사람들에게 이 시기는 일종의 작은 르네상스인 동시에 문화의 볼모지에서 봄을 맛본 시간이었다.〉[9]

캉정궈는 또 유명한 중국 고전 문학 작품을 포함해서 다양한 책을 수집했다. 그렇게 수집한 고전 문학 중 하나가 북송 시대를 배경으로 부유한 난봉꾼의 성적인 경험을 묘사한 성애 소설『황금 연꽃*The Golden Lotus*』무삭제판이었다. 안타깝게도 결정적인 몇 페이지는 유실된 채였다. 1967년 3월에 자신이 속한 홍위병 조직에서 추방되자마자 소요파에 합류한 자이전화는 학교 도서관에서 읽을거리를 조달했다. 도서관 건물은 창문 대부분이 산산이 부서져서 판자를 덧대어 막은 상태였지만 판자 몇 개가 한쪽으로 충분히 제칠 수 있을 정도로 느슨했다. 문화대혁명 이전까지만 하더라도 학생들은 서가 근처에 얼씬거리는 것조차 허락되지 않았다. 이제 그녀는 한때 금지되었던 책들을 마음대로 고를

수 있었다. 그녀가 가장 좋아한 책은 마리 퀴리의 자서전이었다.[10]

어떤 이들은 여행을 떠났다. 사람들이 자전거를 타고 농촌을 탐험하기 시작했다. 몇몇은 여행을 하면서 1년 전 무료 여행이 한창이었을 때 배운 지식을 활용하기도 했다. 하지만 공산당과 관련된 역사적인 장소를 방문하는 대신 자연으로 향했다. 그해 초 학생 신분으로 조반파 조직에 가입해서 장춘차오와 싸웠던 쑹융이는 상하이에서 출발하여 차를 얻어 타고 이동하면서 안후이 성 남쪽에 온천과 소나무 숲, 구름에 잠긴 울퉁불퉁한 화강암 산봉우리로 유명한 놀랍도록 아름다운 산악지대 황산까지 여행했다. 그와 그의 친구들은 마오 배지를 팔아 가면서 여행 경비를 충당했다.[11]

정치에서 발을 뺀 사람은 학생들만이 아니었다. 직장의 상대적으로 느슨한 규율 덕분에 정치에 지친 이들에게 풍족한 여유 시간이 주어지면서 조반파 노동자들도 겉으로 보기에는 속 편한 여가 생활에 빠져들었다. 난징의 팡쯔펀은 하나같이 불량한 출신 배경을 가진 친구들과 모임을 조직했다. 음악과 문화, 영화 등에 관한 토론을 즐기는 친목 모임이었다. 캉정궈와 마찬가지로 그들은 1년 전 홍위병들이 가택 수색을 진행할 당시에 몰수한 레코드판이 숨겨진 장소를 발견했다. 그들 사이에서는 차이콥스키와 모차르트가 단연 인기를 끌었다. 그들은 천즈가오가 1966년 5월에 청산가리가 담긴 작은 병을 들이킨 자금산의 몇몇 역사적인 장소를 둘러보는 짧은 여행도 계획했다.[12]

갱단에 가입하는 사람도 있었다. 고아와 소년 범죄자, 타락한 홍위병, 부모가 재교육 수용소에 보내진 아이, 도시에 숨어 사는 농민 등 뜻이 맞는 젊은이들끼리 모인 의형제 세력과 상습 범죄자들이 서로 경쟁하면서 도시마다 지하 세계가 번창했다. 이런 갱단들은 몇몇 계급으로 나뉜 지휘 체계를 유지하며 상당수가 당의 위계를 그대로 모방했다. 대다수가 끔찍하게 가난했지만 적어도 그 구성원들은 문화 대혁명을 둘러싼 끊임없는 정치 운동과 거의 상관없이 〈정치적인 삶보다 나은〉 삶을 사는 듯 보였다.[13]

하지만 파벌 간 폭력 사태가 잦아들기 시작하면서 그리고 군부가 권력을 부쩍 장악하기 시작하면서 상대적으로 자유로웠던 이들 소수의 왕국은 종말을 고하게 되었다. 무기가 반납되고 학생들은 학교로 돌아갔으며 노동자들은 일터로 복귀했다.

〈수정주의〉를 의심받은 당 간부들은 군의 감독 아래 그들의 사상을 개조하고 혁명적 대동맹 대열에 합류할 수 있는 기회를 얻었다. 군이 여름내 지속된 피비린내 나는 싸움에 종지부를 찍은 창사에서는 사상을 의심받은 당 간부들이 그들에 대한 조사가 진행되는 동안 한 번에 여러 명씩 창사의 당교(黨校)로 보내져 마오쩌둥 사상을 학습하는 수업에 참여했다. 이 기회를 이용해서 많은 간부들이 스스로를 증명함으로써 대중 조직의 손에 이끌려 끝없이 끌려다니거나 비판 대회에 세워지는 것을 면제받고자 했다.[14]

———

당의 위세가 약화된 만큼 마오쩌둥에 대한 개인 숭배는 강화되었다. 여기저기에서 마오쩌둥 사상 학습반이 조직되었다. 수년 전 마오쩌둥 사상을 지지했던 인민 해방군은 이제 그들의 지도자를 신격화함으로써 질서와 규율을 부여했다. 린뱌오의 말에 따르면 개인 숭배는 〈당 전체와 군 전체, 인민 전체〉를 단결시킬 터였다.

1968년 3월에 〈세 개의 충성과 네 개의 무한한 사랑〉이라는 이름의 새로운 운동이 전개되었다. 해당 운동은 주석과 주석의 사상, 프롤레타리아 혁명 노선에 대한 절대적인 충성을 요구하면서 마오쩌둥에 대한 숭배를 새로운 차원으로 끌어올렸다. 학교와 사무실과 공장에는 마오쩌둥에게 바치는 제단이 설치되었다. 광택이 도는 선홍색 종이 한 장에 한 글자씩 커다랗게 〈우리 가슴속의 붉은 태양〉이라고 적힌 문구가 주석의 사진 위에서 아치를 이루었다. 사진 속 주석의 얼굴은 태양 광선을 방출했다. 한 사무직원은 다음과 같이 회상했다.

매일 아침 우리는 이 제단 앞에 서서 『마오쩌둥 어록』을 펼쳐 들고 큰소리로 몇 구절을 낭독했다. 그런 다음에는 『마오쩌둥 어록』을 흔들면서 세 번에 걸쳐 〈위대한 지도자이자 선생님, 조타수인 마오 주석 만세〉와 〈부주석 린뱌오여, 만수무강하소서!〉를 외쳤다. 나는 불합리할뿐더러 거의 종교 같다는 인상을 받았다. 문화 대혁명이 끝난 뒤에 알게 된 바에 따르면 우리들 대다수가 그렇게 느끼고 있었다. 하지만 당시에는 제정신을 가진 사람이라면 그런 주제로 토론하는 것은 둘째로 치더라도 누구도 감히 공개적으로 그런 이야기를 꺼낼 수 없었을 터였다.[15]

새롭게 문을 연 교실에는 다른 모든 것이 부족했지만 『마오쩌둥 어록』만은 예외였다. 가오위안과 반 친구들은 매일 아침저녁으로 주석 앞에 모여서 구호를 외치고, 노래를 합창하고, 『마오쩌둥 어록』을 흔들어야 했다. 정딩에서 여름내 파벌 간에 벌어졌던 피로 얼룩진 전쟁이 모두의 환영을 받는 가운데 중단되었고 머지않아 학생들은 주석을 신격화하는 운동을 새로운 방향으로 이끌어 나아가기 시작했다. 마오 주석의 어록을 암기하는 경연이 인기를 끌게 된 것이다. 유혈이 낭자한 싸움에 참여해서 건물을 점령하고, 적을 납치하고, 포로를 고문하고, 무기를 만들고, 총 쏘는 법을 배웠던 바로 그 학생들이 이제는 누가 『마오 쩌둥 어록』을 더 완벽하게 외우는지 경쟁했다. 어떤 학생은 한 단어도 틀리지 않고 270페이지를 전부 외웠다. 어떤 학생은 즉석에서 페이지를 이야기하면 그 페이지에 해당하는 『마오쩌둥 어록』의 구절을 정확히 암송했다. 가오위안은 그다지 눈에 띄지는 못했지만 주석의 시를 나무랄 데 없이 암송해서 동료 학생들에게 깊은 인상을 주었다. 오래지 않아 사람들은 지혜가 담긴 주석의 말로 잡담을 대신하면서 일상생활에서 주석의 어록을 주고받았다.[16]

베이징에서는 교회 제단에 두는 것 같은 세 개의 판으로 구성된 아주 작은 형태의 제단이 판매되었다. 세 개의 판 가운데 중앙에 주석의 초상화가 위치했으며 양쪽으로 열리는 두 개의 외부 판에는 주석의 어록이 들어 있었다. 이런 제단들이 가정의 오래된 가족 제단을 대체하면서 사람들은 아침에 눈뜨자마자 주석의 눈길과 마주하고 저녁이 되면 또다시 그에게로 돌아갔다.

주석의 초상화를 향해서 가슴에서부터 양팔을 쭉 뻗는 등의 몇 가지 간단한 동작으로 이루어진 충성 댄스라는 것도 생겼다. 충성 댄스는 으레 「사랑하는 마오 주석」이라는 노래와 함께 행해졌다. 매일 저녁마다 텔레비전에서 이 의례적인 춤과 노래가 방송되었다. 대개는 거대한 흉상이 무대 중앙에 등장했으며 마치 신에게서 빛과 기운이 쏟아지듯이 흉상에서 전기로 작동하는 율동적이고 반짝이는 조명이 사출되었다.[17]

일반적으로 새하얀 석고로 제작된 마오 주석의 조각상은 교실이나 사무실 로비, 회의실 등 어디에서나 볼 수 있었다. 현관과 복도에는 어김없이 실물 크기의 조각상이 배치되었다. 대학 교정이나 도심 공원 같은 야외에는 우뚝 솟은 기념물들이 존경을 표하는 대중에게 답례하듯이 오른팔을 쭉 뻗고 있는 마오쩌둥을 묘사했다. 지난 4월에 전국 최초로 무장 충돌이 발생한 청두에서는 거대한 동상이 들어설 자리를 마련하고자 도심에 위치한 한 고궁 정문을 다이너마이트로 폭파했다. 행진할 때 동원되는 장식 차량처럼 붉은색 비단 리본으로 장식한 일명 〈충성 트럭〉이라고 불리는 특별 트럭들이 산에서 하얀 대리석을 실어 날랐다. 한편 채석장에서는 땀에 젖은 노동자들이 주석에 대한 충성심을 과시하고자 기계를 일절 사용하지 않은 채 맨손으로 작업에 임했다.[18]

정부 기관들은 더 좋고, 더 크고, 더 비싼 조형물을 전시하기 위해서 서로 경쟁했다. 1968년에만 60만 점이 넘는 이런 조형물들이 상하이 곳곳의 정부 기관에 배치되었다. 상당수가 석고로 제작되었지만 대리석을 비롯하여 철근 콘크리트나 알루미늄, 양철 등도 사용되었다. 높이 15미터의 당당한 위용을 자랑하며 행인들을 내려다보는 조형물도 있었고 상대적으로 겸손한 3미터짜리도 있었다. 비공식적인 경쟁 때문에 희소 자원이 낭비되었다. 예컨대 상하이는 1968년에 양철만 900톤을 소비했다. 예견된 일이지만 철강 협회는 스테인리스로 눈을 돌렸고 10만 위안에 달하는 비용을 들여 기념물을 설치했다. 또 다른 기관은 원래는 창고를 건설하고자 배정해 놓은 40톤에 가까운 콘크리트를 전용해서 조형물을 제작했다.[19]

지도자에게 바치는 포스터와 초상화, 제단, 흉상 및 동상 등은 그 수요가 끝이 없어 보였는데 그럼에도 개인 숭배 물품을 생산하는 데는 많은 위험이 뒤따랐다. 단 한 번의 잘못된 붓질이나 석고를 다루는 잘못된 손놀림, 악의가 없음이 명백한 어떠한 실수라도 두고두고 정치적인 파장을 불러올 수 있었다. 다른 모든 사람과 마찬가지로 국가에 고용된 신분인 예술가는 주석의 모습을 성실하게 재생산함으로써 인민을 그들의 지도자와 이어주는 빈 수레 같은 존재로 여겨졌다. 하지만 주석을 묘사하는 과정에서 일부러 또는 무심코 예술가 자신의 색깔을 가미한 것을 문제 삼아 예술가를 비난하려는 염탐꾼과 밀고자가 수없이 많았다. 상하이에서는 완성도가 떨어지는 주석의 초상화가 초래한 〈정치적 부작용〉에 항의하고자 한 일반인이 펜을 들었다. 천쑤전은 자신의 주장에 무게를 더하고자 다른 위생학과 동료들의 서명까지 받아서 그들의 지도자를 〈충분히 엄숙하고 진지하게〉 표현하지 못했다고 항의하는 탄원서를 제출했다. 그의 주장에 따르면 그런 그림은 〈보는 사람을 몹시 고통스럽게 만들었다.〉[20]

예술가들이 심각한 후폭풍에 휘말리기도 했다. 가장 많이 복사된 마오쩌둥 초상화 중 하나를 그린 유명한 초상화 화가 장전스는 그의 작품 중 하나가 주석의 얼굴을 잘못된 방향으로 살짝 기울어지게 묘사했다는 이유로 무자비한 폭행을 당했다. 부유한 지주 집안 출신의 화가이자 목판화가이면서 서예가이기도 했던 스루는 그가 1959년에 그린 한 작품 때문에 책망을 들었다. 주석이 절벽을 마주하고 있는 그림이었는데 주석이 앞으로 나아갈 수 없음을 암시했다는 이유였다. 1967년에 스루는 3년 징역형을 선고받았다.[21]

결국 전문적인 화가들 중에는 경력의 위험을 무릅쓰면서까지 시장에서 끊임없이 요구하는 우상을 적극적으로 제작하고자 나서는 사람이 아무도 없게 되었다. 왕성한 기업심으로 무장한 사람들이 수요와 공급의 괴리 사이로 치고 들어왔다. 그들은 대개 정치적으로 의심스러운 계급 배경을 가진 사람들이었다. 난징에서 친구들과 클래식 음악을 토론하며 여가 생활을 즐겼던 팡쯔펀은 보다 검증된 예술가를 구할 수 없던 정부 기관의 하청을 받아서 대형 벽화를 제작했다. 보수는 현금이 아닌 숙식을 제공받는 것으로 대신했다. 대형 벽화인 경우에는 작업이 20일 정도 걸렸고 규모가 작은 경우에도 꼬박 일주일이 걸렸다. 팡쯔펀은 그 일을 하면서 독서에 충분히 많은 시간을 할애할 수 있었다.[22]

샤오무는 출신 계급이 불량했음에도 역설적으로 주석을 신격화하는 운동 덕분에 잘나가게 된 또 다른 이단자였다. 10년 전 백화 운동 당시에 공개적으로 불만을 말했다는 이유로 〈우파〉라는 비난을 받은 지식인이었던 그는 동료들과 함께 정부 청사의 외벽에 대형 구호를 써주면서 한 달에 1,000위안 가까운 수입을 올렸다. 그들은 글자 하나당 돈을 받았고 말 그대로 도시 전체를 붉은색으로 바꾸어 놓았다. 동상을 제작하는 일에 손을 뻗치려고 한 적도 잠깐 있었는데 작품이 불합격될 경우 마대 자루로 감싸서 어둠을 틈타 호수에 버려야 했기 때문에 위험 요소가 훨씬 많았다. 주석을 욕되게 했다고 고발될까 봐 두려웠던 그는 시작한 지 이틀 만에 포기했다.[23]

————

1968년 3월이 되자 주석을 신격화하는 운동이 시들해졌다. 1967년 8월 영국 재외 공관 화재 사건 이후에 주석은 뒤로 물러날 것을 지시했다. 중앙 문화 혁명 소조는 군에 내부적인 숙청 작업을 진행할 것을 요구하고 조반파에게 무기를 들라고 부추기는 등 너무 멀리 나아간 터였다. 그리고 그 대가를 치루었다. 주석이 중앙 문화 혁명 소조 위원들 몇 명을 숙청한 것이다. 맨 마지막으로 숙청된 인물이 급진적인 이론가인 동시에 『붉은 깃발』에 자주 글을 기고했던 치번위였다. 그는 1968년 1월에 체포되어 재판을 받았고 감옥으로 보내졌다. 한편 마오쩌둥은 군을 보호하고 파벌 싸움을 제지하고자 하면서도 문화 대혁명을 완전히 포기할 마음이 없었다. 그는 군부가 정권을 장악해 나가는 속도에 긴장했으며 마오쩌둥 사상을 장려함으로써 그들의 권위를 보완하는 수완에 경계심을 느꼈다. 전국에 설립되고 있는 당 혁명 위원회를 장악한 것도 대부분 군 장교들이었다. 마치 군사 정부처럼 보일 정도로 당 혁명 위원회는 군부의 손에 실질적인 권력을 집중시키면서 주석의 심기를 더욱 불편하게 만들었다.

상당수의 당 혁명 위원회가 원로 장군들에게 충성하는 그 지역 장교들에 의해 장악되었다. 린뱌오가 자신의 심복들을 몇몇 군구의 요직에 배치하면서 여름내 커다란 승리를 거두었다고 하지만 군 내부에서 그의 권위는 절대적인 것과 상당한 거리가 있었다. 참모 총장인 뤄루이칭이 실각했을 때 린뱌오는 앞서 9월에 참모 총장 대행 신분으로 저우언라이와 주석 사이를 오가며 전령 역할을 한 양청우를 추천했다. 하지만 1967년 2월에 양청우가 저우언라이의 편을 들면서 몇몇 원로 장군들을 보호하려고 하자 린뱌오는 그를 의심하기 시작했다. 마오쩌둥이 전국을 여행하는 내내 그를 수행한 양청우는 주석이 무슨 이야기를 했는지 귀띔해 달라는 린뱌오의 요청에 이런저런 핑계를 대면서 딴청을 피웠다.[24]

베이징 수비대 사령관 푸충비도 잠재적으로 위협적인 인물이었다. 양청우와 마찬가지로 그 역시 원로 장군들에게 충성했으며 문화 대혁명 내내 수도에 주둔하는 그의 부대를 이용해서 조반파의 공격으로부터 군 장성들을 보호했다. 푸충비의 부하들은 고위급 지도자들에게 치안을 제공하는 임무를 담당했다. 따라서 린뱌오의 거처와 중앙 문화 혁명 소조 사무실이 있는 댜오위타이 국빈관을 지키는 것도 그들이었다. 혹시라도 구세력이 쿠데타를 일으켜서 권력을 잡고자 한다면 푸충비

는 반드시 포섭해야 할 대상 중 한 명일 터였다.[25]

1967년 11월 양청우가 전 국민에게 〈마오쩌둥 사상의 절대적인 권위를 대대적으로 그리고 특별한 방식으로 확립하라〉라고 촉구하는 논설을 발표했다. 주석은 12월 17일에 린뱌오와 저우언라이, 중앙 문화 혁명 소조에 간단한 메모 형태로 경고 사격을 했다. 모든 권위는 언제나 상대적이라고 지적했다. 그는 중앙 문화 혁명 소조의 권위를 강화하고자 했다. 1968년 1월 말이 되자 장칭은 그동안의 칩거를 풀고 전국 각지에서 모인 조반파 대표들을 만났다. 3월 15일에는 자신이 〈주된 위험〉으로 여기는 〈우파〉의 위험성을 넌지시 암시했다. 며칠 뒤 저장 성에서 온 조반파 대표들을 만나는 자리에 린뱌오의 아내 예췬과 캉성, 천보다, 우파셴 등을 대동하고 나타난 그녀는 〈우파의 분열주의가 지난 겨울부터 지금까지 대두했다〉라고 설명했다.[26]

일주일 뒤인 3월 22일에 푸충비와 양청우 그리고 공군에 소속된 정치 위원 한 명이 숙청되었다. 장칭은 베이징 수비대 사령관 푸충비가 참모 총장 대행인 양청우의 지시를 받아 무장 세력과 공모해서 중앙 문화 혁명 소조 본부를 공격하려 했다고 주장했다. 광둥 성의 군 지도자 황융성이 양청우의 직위를 인계했다. 황융성은 린뱌오의 〈4인조 수호 전사〉 중 한 명이었다. 공식 후계자의 충성스러운 심복 중 다른 한 명은 베이징 수비대의 사령관이 되었다.

이틀 뒤 린뱌오와 저우언라이가 장칭을 야단스럽게 칭송했다. 그에 따르면 장칭은 〈두드러진 역할〉을 수행했고 〈대단한 창조력〉을 지녔으며 〈뛰어난 장점들〉을 보유했을 뿐 아니라 〈위대한 프롤레타리아 전사〉였다. 저우언라이는 인민 대회당에서 고위 간부들과 만난 자리에서 〈우리 모두는 그녀에게 배워야 한다!〉라고 열변을 토했다. 다른 지도자들도 지극한 경의를 표했다. 장문의 헌사들이 신문을 장식했다. 4월 7일에는 『인민일보』가 장칭은 물론이고 린뱌오까지 마오쩌둥의 〈가장 가까운 전우〉로 묘사하고 나섰다. 소문에 따르면 아예 출간된 적이 없음에도 서점에는 〈장칭 동지의 연설문 선집〉을 사려는 사람들이 등장했다고 했다.[27]

———

양청우가 체포되자 조반파는 다시 희망에 부풀었다. 정딩의 가오위안은 운이 바뀔지 모른다고 기대하기 시작했다. 그의 적들은 자신들을 지원하는 지방군 사령관이 양청우와 직접적인 관계가 있다는 사실을 오랫동안 뽐내 온 터였다. 그들은 이제 가장 중요한 대변인을 잃은 셈이었다. 하지만 가오위안은 이내 실망했다. 정딩의 혁명 위원회가 지방군 사령부에 소속된 장교들에 의해 장악되었기 때문이다. 반대파의 대표이기도 한 같은 반 친구는 부위원장이 되었다.[28]

산둥 성과 랴오닝 성, 산시 성에서 양청우를 추종했던 〈반동적인 이중 사기꾼들〉이 공격을 받으면서 전국적인 반향을 불러일으켰다. 이따금씩 발생하던 파벌 싸움이 후난 성과 쓰촨 성, 광둥 성, 광시 성에서 새롭게 열화처럼 불타올랐다. 주석이 자기들끼리 경쟁을 벌이던 전국의 군 파벌을 부추기면서 상황은 더욱 혼란스러워졌다. 그는 자신의 공식 후계자에게 문화 대혁명을 완수하라고 요구하면서 동시에 그 후계자의 권력이 점점 커지는 것을 경계했다. 린뱌오의 충성스러운 지지자들 중 상당수는 제4야전군 출신이었다. 마오쩌둥은 그들 대신에 쉬샹첸 사령관이 이끄는 제4방면군과 덩샤오핑의 지휘를 받았던 제2야전군을 지원했다. 린뱌오를 견제하기 위해 지방군 사령관들을 이용하기로 한 것이다.

쉬스유 사령관도 그중 하나였다. 공산당에 합류하기 이전인 1920년 대 중반에 소림사에 수도승으로 등록한 적이 있다는 이유로 〈수도승 사령관〉이라는 별명을 가진 우람한 체격에 금니가 인상적인 쉬스유는 장궈타오의 부하로 제4방면군에서 복무한 터였다. 마오쩌둥은 대장정 당시에 장궈타오와 충돌했고 옌안에 있을 때 제4방면군을 상대로 무자 비한 숙청을 단행했다. 쉬스유 역시 〈반동적인 파벌〉을 이끈 혐의로 고 발되었지만 마오쩌둥이 그를 구해 주었다. 몸소 나서서 쉬스유의 족쇄 를 풀어 주기까지 했다. 쉬스유는 자신의 예전 지휘관을 〈기회주의자〉 이며 〈협잡꾼〉이라고 비난하고 이후로는 내내 주석에게 헌신했다. 그 야말로 유기견 보호소에 있다가 새 주인을 만난 개처럼 충성을 바쳤다. 마침내 1954년에는 난징 군구의 사령관이 되었다. 그는 사회 질서를 어 지럽히는 강도들이라고 부를 정도로 홍위병을 몹시 싫어했으며 장칭 주변에 포진한 급진적인 공상가들을 경멸했다. 쉬스유는 1967년에 조 반파의 표적이 되었고 도망자 신세로 전락했다. 이번에도 마오쩌둥이 개입했다. 마오쩌둥은 쉬스유를 내세워 전략적으로 매우 중요한 양쯔 강 하류를 장악할 수 있을 것으로 판단했다. 1967년 10월 1일 베이징 에서 열린 국경절 행사에서 주석은 쉬스유를 자신의 옆에 세웠다. 서로 다른 파벌이 수개월에 걸쳐 지루한 협상을 벌인 끝에 마침내 난징에서 성 당 위원회가 구성되었을 때 마오쩌둥은 쉬스유를 위원장에 임명했 다. 쉬스유는 예전의 적들과 잠재적인 경쟁자들을 공격하면서 즉시 자 신의 장악력을 공고히 하기 위한 절차에 착수했다.[29]

한편 군사적인 측면에서 훨씬 중요한 지역이 있었는데 베트남과 장장 600킬로미터에 달하는 국경을 맞댄 광시 성이었다. 이웃한 광둥 성에는 강력한 공군과 해군 기지가 주둔했고 황융성의 지휘를 받고 있었다. 누구든 두 성을 장악할 수 있다면 남쪽에서 세력 기반을 구축한 채 수도를 위협할 수 있을 터였다. 다른 모든 성과 마찬가지로 광시 성에도 두 개의 주된 파벌이 존재했다. 한쪽은 웨이궈칭이라는 이름을 가진 그 지역 출신의 성장을 지지했다. 웨이궈칭은 광시 성에서 흔한 좡족 가정에서 태어났고 열여섯 살의 나이로 공산당에 가입했다. 덩샤오핑 밑에서 승승장구했으며 제2야전군과도 친밀한 관계였다. 조반파로 이루어진 느슨한 연합체가 그에게 반기를 들었다. 지방군은 웨이궈칭을 지지했지만 군구 사령부는 광저우의 황융성이 장악한 터였다. 1967년 2월에 공표된 〈좌파를 지원하라〉라는 주석의 지시에 따라 린뱌오 휘하의 제4야전군과 긴밀한 관계에 있던 제55군 소속 부대가 조반파를 지원하기 위해서 광시 성에 파견되었다. 그들은 곧 광시 성의 부서기인 우진난과 합류했다. 두 파벌은 각자 다른 부대의 지원을 받으며 격렬한 싸움을 벌였다. 저우언라이가 웨이궈칭의 편에 섰다. 6월에는 캉성이 우진난을 반역자로 고발하기까지 했다. 하지만 7월에 우한 사건이 발생하자 이번에는 웨이궈칭이 광시 성의 〈천짜이다오〉라며 공격을 받았다. 양측은 이제 공공연히 군대 무기를 탈취했다. 베트남으로 무기를 수송하던 화물 열차들이 습격을 받았다. 여름내 피비린내 나는 전쟁이 계속되었다. 7월 22일에는 광시 성의 성도인 난닝에서 수만 명의 전사들이 충돌하면서 300명이 목숨을 잃었다.[30]

윗선의 개입으로 파벌 간 충돌은 전면적인 내전 양상으로 바뀌었다. 저우언라이와 린뱌오가 장차 광시 성을 장악하게 될 혁명 위원회에 자신의 심복들을 배치하려고 하면서 대리 전쟁을 벌이는 형국이었다.

1967년 말에 이르러 광시 성의 주요 도시들을 장악하고자 군인들이 본격적으로 전투를 벌이면서 박격포와 기관총, 네이팜 탄 등이 사용되었다. 힘의 균형추는 차츰 웨이궈칭에게로 기울어 갔다. 마오쩌둥이 이미 수차례나 은연중에 자신이 누구를 지지하는지 밝힌 터였다. 마침내 11월에 웨이궈칭이 자기비판을 하겠다고 제안하자 주석은 웨이궈칭이 쉽게 바로잡을 수 있는 단지 〈몇 가지 실수〉를 저질렀을 뿐이라고 발표했다. 몇 개월 뒤 저우언라이는 대대 병력을 파견해서 웨이궈칭이 조반파 진압하는 것을 도와야 한다고 제안했다. 한편 제55군 부대는 조반파를 스스로의 운명에 맡긴 채 조용히 철수하기 시작했다. 1968년 3월에 대규모 학살이 일어났고 수천 명의 조반파들이 목숨을 잃었다.[31]

1968년 7월 3일 마침내 마오쩌둥이 광시 성에서 벌어진 파벌 싸움을 〈소규모 계급의 적들이 주도한 프롤레타리아 독재를 방해하려는〉 시도라며 비난하고 나섰다. 그는 폭력 행위를 즉각 중단하라고 지시했다. 웨이궈칭은 자신의 적을 압박할 기회를 잡았고 〈12등급 태풍이 계급의 적들을 휩쓸듯이〉 그들을 제거하라고 지시했다. 난닝에서는 조반파가 해방로(路)에 몇 개의 거점을 보유하고 있었는데 해당 구역 전체에 지속적인 포격이 가해졌다. 2주 동안 지속된 박격포와 대포의 집중 포격이 끝나자 해당 구역에 있던 2,000채 이상의 가옥이 폐허로 변했다. 수천 명의 조반파 대원들이 임시 감옥에 수감되었다. 상당수가 심문과 고문을 당했으며 이후에 2,000명 이상이 처형되었다. 군인들은 26명의 죄수들을 사진관 앞에 세워 둔 채 즉석에서 총살했다. 콘크리트 방공호 안에 숨은 수천 명의 조반파를 끌어낼 수 없자 근처를 지나는 강의 수문을 열어서 몰아내기도 했다. 도시 전역에 시체가 너무 많이 나뒹굴자 모두 수거되어 탄광과 수로에 버려졌다. 여덟 개의 조로 나뉜 한 쓰레기 소각대는 불과 몇 주 동안 600구에 달하는 시체를 불태우느라 바빴다. 수용소를 청소하는 데 엄청난 양의 포름알데히드와 그 밖의 소독약이 사용되었지만 무덥고 습한 여름 날씨 탓에 살이 썩으면서 발생하는 악취가 좀처럼 가시지를 않았다.[32]

———

장맛비로 광시 성을 흐르는 주요 강들의 수량이 불어나면서 강물에 휩쓸린 수천 구의 시신들이 들판과 카르스트 지형의 산악 지대를 거쳐서 홍콩과 그다지 멀지 않은 주장 강까지 떠내려갔다. 난닝을 떠난 이후로 약 500킬로미터에 달하는 거리를 이동한 셈이었다. 주장 강에 도착한 시신들은 그곳에서 마찬가지로 그해 여름에 파벌 싸움이 극심했던 광저우의 희생자들 시신과 뒤섞였다. 홍콩 경찰이 항구에서 건진 수십 구의 시신들은 대다수가 밧줄로 묶여 있거나 사지가 심하게 훼손된 상태였다. 마카오로 향하는 여객선의 승객들도 본토에서 떠내려온 해상의 부유 쓰레기와 뒤섞여 있는 시신들을 발견했다.[33]

광시 성 전역에서 그해 여름에만 무려 8만 명에 달하는 사람이 죽임을 당했다. 지역 민병대는 군과 협력해서 조반파로 의심되는 사람들과 정치적인 이단자들을 사냥했다. 류장 현에서는 일부 희생자들이 공개적으로 참수된 다음 〈반동분자〉라는 글과 함께 효시되기도 했다. 지주들이 돌아와서 땅을 되찾으려 한다는 임박한 반혁명적인 음모에 관한 소문이 퍼진 한 인민공사에서는 약 60명에 달하는 사람들이 팔이 뒤틀린 채 묵정밭으로 끌려가 강제로 무릎을 꿇은 채 뒤이어 날아든 해머에 머리가 박살났다.[34]

그럼에도 최악의 폭력 사건은 유서 깊은 시장이 있고 석회암 산들로 둘러싸인 우한의 우쉬안 현에서 발생했다. 이 마을에는 강줄기가 관통하고 있었다. 판석을 얹은 긴 계단을 걸어가면 강둑으로 이어졌는데 그곳에 푸주 도마로 사용된 크고 넓적한 바위들이 있었다. 저우스안은 희생자 중 한 명이었다. 그로 말하자면 마오의 대기근 당시에 쌀 한 포대를 훔친 혐의로 징역 7년을 선고받았던 〈불순분자〉였다. 그가 강제 노동 수용소에서 집으로 돌아왔을 때는 문화 대혁명이 한창이었고 남동생이 조반파 조직을 이끌다가 목숨을 잃은 뒤였다. 박해자 중 한 명이 외쳤다. 〈이 자가 저우웨이안의 형이다. 그는 동생의 복수를 원하고 있다!〉 그의 동생은 앞서 분시를 당한 뒤 머리와 다리 한쪽이 시장에 효시된 터였다. 이제 저우스안의 차례였다. 그의 가슴이 12센티미터짜리 칼로 절개되었다. 그럼에도 여전히 살아 있었다. 그 마을 지도자가 저우스안의 심장과 간을 꺼냈다. 뒤이어 다른 주민들이 달려들었고 희생자를 뼈만 남기고 완전히 해체했다. 우쉬안 현에서는 이런 식으로 잡아먹힌 희생자가 모두 합해서 70명이 넘었다.

계급의 적을 잡아먹는 의식에도 위계질서가 존재했다. 지도자들은 돼지고기와 그 지역 향신료를 곁들여 심장과 간을 즐겨 먹은 반면에 일반 주민들에게는 희생자의 팔과 허벅지 살이 조금씩 허락될 뿐이었다. 한 중학교에서 여러 교사의 몸이 해체되었을 때는 학생들이 우르르 몰려들어 살을 덩어리째 가방에 넣어 가져갔는데 가방에서 핏물이 뚝뚝 떨어졌다. 학생들은 벽돌로 임시 아궁이를 만들고 그 위에 냄비를 걸어서 인육을 요리했다. 해체 과정을 감독한 해당 학교의 혁명 위원회 부위원장은 나중에 당에서 퇴출된 뒤에도 자신의 행동을 자랑스럽게 여겼다. 〈식인 행위라고? 우리가 먹은 것은 지주의 살이었다! 스파이의 살이었다!〉 후속 조사를 통해 우쉬안 현에서 사람을 죽인 방법이 낱낱이 드러났다. 그들은 〈때리거나, 익사시키거나, 총을 쏘거나, 칼로 찌르거나, 참수하거나, 질질 끌거나, 산 채로 살을 바르거나, 짓뭉개거나, 목매달아서 죽이는〉 등의 방법을 사용했다.[35]

1968년 8월 26일 광시 성에 마침내 새로운 혁명 위원회가 설립되었다. 열렬한 환호 속에서 발족 행사가 진행되었고 행사의 일환으로 대리석으로 만든 커다란 주석 동상의 제막식도 거행되었다. 베이징에서 축전이 도착했다.

———

1968년 7월 3일자 지시를 통해 광시 성의 파벌 싸움을 〈계급의 적〉과 〈반동분자〉의 책임으로 떠넘기고 폭력 행위를 즉시 중단하라고 요구한 마오쩌둥의 발언은 전국의 조반파를 향한 것이었다. 이후 대대적으로 홍보가 이루어졌음에도 일부 지역에서는 폭력 사태가 전혀 누그러들지 않고 계속되었다. 7월 24일에 새로운 명령이 발표되어 모든 조반파에게 7월 3일자 명령에 따르고 무기를 내려놓으라고 요구했다. 주석은 다음 며칠 동안 새로운 당 노선을 전파하기 위해서 각 대학에 노동자들로 구성된 대규모 마오쩌둥 사상 선전대를 파견했다.

7월 27일에 최소 60개의 공장에서 차출된 약 3만 명에 달하는 노동자들이 7월 3일자 명령서를 흔들면서, 〈무기가 아닌 말로 싸우자〉라고 외치면서 칭화 대학교로 향했다. 그들은 기관총과 소총, 심지어 임시변통으로 만든 탱크로 무장한 강경파 홍위병 잔당의 맹렬한 저항에 직면했다. 학생들이 총을 발포하면서 다섯 명의 노동자가 사망했으며 부상자는 훨씬 많았다. 이 즈음에는 대다수 학생들이 교정을 탈출한 터였다. 아직 버티고 있는 학생들은 그 자체로 자생력을 가진 듯 보이는 끝없는 파벌 싸움의 악순환 속에서 길을 잃은 처지가 되었다. 바로 그때 다른 여러 성에서 조반파 수백 명이 도착하면서 인원 보강이 이루어졌다. 개중에는 웨이궈칭이 해방로를 포위하고 있던 난닝에서 탈출해 온 학생들도 있었다. 2년 전 공작대에 맞서 끝까지 저항했던 불같은 성격의 홍위병 대표 콰이다푸는 이제 〈검은 손〉이 자신의 혁명을 좌절시키고자 노동자를 보냈다고 선언했다.[36]

콰이다푸와 네 명의 다른 홍위병 대표가 인민 대회당에서 열린 회의에 소환되었다. 며칠 전인 7월 25일에는 저우언라이와 캉성이 광시 성 출신의 조반파들을 따로 만난 자리에서 계급의 적을 대변하고 있다며 그들을 질책했다. 캉성이 그들을 닦달했다. 〈베이징에 어떤 소문을 퍼뜨렸는가? 어떤 부정한 모임에 참석했는가? 어떤 부정한 활동을 획책했는가? 어떤 부정한 배후 조직이 당신들에게 사주했는가?〉 천보다가 불쑥 끼어들었다. 〈칭화 대학교가 당신들 문제를 해결해 줄 수 있을 거라고 생각하는가? 혹시라도 그렇다면 콰이다푸의 주제넘은 오만함에 현혹된 것이다. 당신들은 마르크스주의가 무엇인지 아는가? 마오쩌둥 사상을 아는가?〉[37]

마오쩌둥이 장칭과 린뱌오, 저우언라이, 예췬, 캉성, 셰푸즈, 그 밖의 중앙 문화 혁명 소조 위원들을 대동한 채 인민 대회당에 나타났다. 그들은 이제 베이징 시 혁명 위원회의 부위원장이기도 한 녜위안쯔를 포함하여 가장 유력한 홍위병 지휘자들 다섯 명과 마주했다. 칭화 대학교에서 벌어진 싸움에 여전히 휘말려 있던 콰이다푸는 제시간에 오지 못했다. 주석이 칭화 대학교에 파견된 선전대 뒤에 검은 손이 존재한다는 콰이다푸의 주장을 비웃으며 분위기를 조성했다. 〈내가 그 검은 손이다! 콰이다푸는 나를 체포하러 왔어야 했음에도 그러지 않았다!〉

마오쩌둥은 조반파가 의도적으로 자신의 7월 3일자 명령을 무시했다고 비난했다.

광시 성에 내려진 지시는 광시 성에만 적용되고 산시 성에 내려진 지시는 산시 성에만 적용될 뿐 여기 베이징에는 적용되지 않는다고 주장하는 자들이 있다. 정 그렇다면 나는 지금 이 순간 전국에 지시를 내리는 바이다. 아직까지도 계속해서 저항하거나, 인민 해방군을 공격하거나, 수송 체계를 교란하거나, 사람을 죽이거나, 타인의 재산에 불을 지르는 자들은 누구를 막론하고 이 순간부터 범죄자다. 만일 개혁 요구를 외면하고 거부하는 소수의 세력이 존재한다면 그들은 무법자일 것이다. 국민당원일 것이다. 우리를 꼼짝 못하게 포위하려는 자들일 것이다. 그리고 그들이 끝까지 버티고자 한다면 우리는 그들을 몰살시켜야 할 것이다.[38]

자신이 직접 쓴 대자보를 통해 〈사령부를 포격하라〉라고 선언한 지정확히 2년 뒤인 8월 5일에 주석은 칭화 대학에 파견된 마오쩌둥 사상 선전대에게 망고 한 바구니를 보냈다. 파키스탄 외무부 장관이 베이징을 공식적으로 방문하면서 마오쩌둥에게 선물한 것이었다. 이튿날 선전대는 열성적으로 이 소식을 알렸다. 환희와 흥분에 들뜬 노동자들이 신문에 보도되었다. 그들은 환호하며 좋아했고 감사의 눈물을 흘렸으며 주석의 어록을 암송하면서 그에게 충성할 것을 다짐했다. 망고가 전하는 메시지를 모를 사람은 아무도 없었다. 외국계 정유 회사 쉘의 상하이 지사에서 관리자로 일했던 남편과 사별한 뒤 홍위병에게 수차례에 걸쳐 집을 습격당했던 정녠도 예외가 아니었다. 상하이 제1교도소 감방 안에서『인민일보』를 읽던 그녀는 망고가 학생들에게 선전대의 징계 조치에 저항하지 말라는 분명한 무언의 경고임을 알아차렸다. 이는 노동자들이 다시 무대 중앙으로 복귀했음을 알리는 신호탄이었다. 그리고 마치 메시지가 충분히 확실하지 않다는 듯 야오원위안은 논설을 발표해서 혁명의 마지막 단계에 이론적 근거를 제시했다. 논문은 〈모든 면에서 노동자 계급이 앞장서야 한다〉라는 제목이었다.[39]

홍위병의 시대는 그렇게 막을 내렸다. 서로를 고발하고 맞고발하는 격렬한 마지막 한 판의 싸움을 끝으로 칭화 대학교 안에서 끊임없이 울려 퍼지던 확성기 소리가 마침내 잦아들었다. 베이징에 더없이 행복한 정적이 찾아왔다. 늘 해오던 대로 주석의 초상화를 앞세워 행진하는 학생들은 이제 확신에 차 있기보다 암울한 모습이었다. 마오쩌둥은 문화대혁명을 공식적으로 중단했다.[40]

다음 2주 동안은 선전대가 전국의 대학교와 중·고등학교로 행진했다. 선전대 그 안에 농민은 있지도 않고 노동자도 몇 명에 불과했지만 공식적으로 〈노동자와 농민 마오쩌둥 사상 선전대〉라는 이름으로 불렸다. 구성원은 사복을 입은 군인들과 충성스러운 당 간부들이 대부분이었다.

선전대와 더불어 망고 열풍도 불었다. 칭화 대학교에서는 성스러운 망고 중 하나가 포름알데히드와 함께 단지에 보존되어 누구나 볼 수 있도록 전시되었다. 성스러운 망고를 한 번이라도 보고 싶은 수백만 명의 노동자들이 몰려들면서 곧 플라스틱과 밀납으로 된 복제품이 등장했다. 시베리아 국경과 가까운 다칭 유전에서는 망고 성지를 의무적으로 방문해야 했기 때문에 모든 노동자들이 이 국가적인 보물을 보기 위해서 영하 30도까지 떨어지는 한겨울에 난방도 되지 않는 버스에 올랐다. 성물이 밀납 복제품이라는 것은 누구나 다 알았지만 아무도 그 사실을 입밖에 내지 않았다. 배지와 필통, 사탕 포장지, 이불보, 세면기, 머그컵, 접시에도 망고가 등장했다. 10월 1일 국경절에는 거대한 망고를 실은 장식 트럭들이 행진을 벌였다. 「망고의 노래」라는 영화까지 등장했다.[41]

1968년 9월 7일 톈안먼 광장 연단에 선 저우언라이가 전면적인 승리를 선언했다. 모든 성과 주요 도시에는 혁명 위원회가 들어섰다. 〈이제 전국에서 혁명이 완료되었다. (······) 이제는 지난 20개월 동안 되풀이된 투쟁을 통해서 마침내 우리가 주자파 — 자본주의로 회귀하려는 중국의 흐루쇼프에게 사주받은 반동적인 수정주의자, 변절자, 간첩, 반역자 등 — 이자 정부 요직에 있는 몇몇 고위 당직자들의 음모를 분쇄하고 위대한 지도자 마오 주석이 부여한 거룩한 사명을 완수했다고 말할 수 있다.〉 한 달 뒤 류사오치는 당에서 공식적으로 축출되었고 〈당 내부에 숨어 있던 변절자, 반역자, 배신자인 동시에 무수히 많은 범죄를 저지른 제국주의, 현대 수정주의, 국민당 반동분자들의 앞잡이〉로 고발되었다.[42]

3부
암흑 시대
1968~1971

14장
대오 정화 운동

1968년 9월 7일에 혁명이 전국 방방곡곡에서 승리했다고 선언했을 때 저우언라이는 계급 구성원을 대대적으로 정화할 것도 촉구했다. 바야흐로 묵은 빚을 청산할 때였다. 반역자와 변절자를 색출하려는 운동이 수개월째 진행되어 온 참이었고 이제 최우선 과제가 되었다. 1968년 여름부터 1969년 가을까지 수백만 명이 박해를 받으며 해당 운동은 일반인과 당원 모두의 삶을 지배할 터였다.

대오 정화 운동의 발단은 〈예순한 명의 반역자 사건〉이었다. 수십 명의 당 고위 간부들이 1930년대에 국민당에 항복했던 변절자라는 사실을 주석에게 설득시키기 위해 1967년 3월에 캉성이 날조한 사건이었다. 마오쩌둥은 이 사건을 이용해서 류사오치를 배신자로 기소했고 해당 혐의로 그에게 사형이 선고되었다. 이후 몇 달 동안 5,000명이 넘는 당 간부들이 조사를 받았으며 시달림을 견디지 못해 목숨을 잃은 사람도 있었다.

지도부가 헤이룽장 성에서만 〈예순한 명의 반역자 사건〉에 연루된 변절자와 이중 사기꾼이 100명이 넘는 것으로 드러난 보고서를 회람하면서 1968년 2월 5일을 기점으로 상황은 더욱 악화되었다. 〈류사오치와 덩샤오핑, 타오주를 비롯해서 그들의 공모자인 펑더화이와 허룽, 펑전, 뤄루이칭, 루딩이, 양상쿤, 안쯔원, 샤오화 등 변절자인 동시에 반혁명적 수정주의자인 이들은 당 내부에 숨어서 당과 정부 기관 내 요직을 강탈하고 변절자 파벌을 조직했다.〉 해방 이전에 적대 관계에 있던 괴뢰 정부의 예전 기록물을 철저히 조사해서 반동분자들뿐 아니라 숨은 적들과 간첩들, 외국 열강과 내통하는 자들을 색출하고 당에서 축출하라는 지시가 내려졌다.[1]

한 달 뒤인 3월 18일 장칭이 중앙 문화 혁명 소조 위원들과 함께 인민 대회당에 나와 〈반동주의〉가 새로운 적이라고 설명할 때 캉성은 한발 더 나아갔다. 〈문화 대혁명의 대업은 당내 고위 간부들 틈에 숨은 반역자와 간첩을 몰아내는 것이다.〉 그가 공표한 바에 따르면 류사오치는 국민당과 일본에 제일 먼저 항복했던 반역자였다. 류사오치의 아내 왕광메이는 미국과 일본, 국민당의 간첩이었다. 〈펑전은 오만한 변절자다. 펑더화이는 스파이인 동시에 반역자다. 뤄루이칭은 공산당에 가입한 적이 없는 간첩이다.〉 허룽은 강도였고 루딩이는 장제스에게 고용된 간첩이었다. 탄전린(〈우리는 당장이라도 증거를 제시할 수 있다!〉)도 배신자였다. 전임 공산당 지도자들에 대한 캉성의 충격적인 고발이 마무리되려는 찰나 장칭이 전면에 나서 〈덩샤오핑을 타도하라!〉라고 외쳤다. 캉성은 재빨리 덩샤오핑이 직무를 유기했다고 덧붙였다. 문화 대혁명의 표적은 더 이상 〈주자파〉도, 심지어 〈수정주의자〉도 아니었다. 적을 위해서 암약하는 간첩들이었다.[2]

5월이 되자 주석은 공식적으로 대오 정화 운동을 승인했다. 그는 베이징의 한 인쇄 공장에 관한 보고서를 읽었다. 중앙 경위국 부대가 2월

5일 내려진 지시를 수행하던 중에 해당 공장에서 해방 이후에 당 내부에 침투한 적의 첩자를 20명 넘게 적발했다는 내용이었다. 〈여태껏 읽은 이런 종류의 보고서 가운데 최고다.〉[3]

주석은 적의 첩자를 색출하는 임무를 새로 설립된 혁명 위원회에 위임했다. 그리고 그들은 대오 정화 운동을 이용해서 그들 자신의 적을 평정했다. 혁명 위원회는 학교와 공장, 관공서에 그들 나름의 교도소를 만들고 판사와 배심원, 집행자 역할을 도맡은 소추 위원회를 설립했다.

실재하거나 상상 속에 존재하는 적들이 당에서 주기적으로 축출되어야 했다. 공산주의 역사는 어쨌거나 끊임없는 숙청의 역사였다. 하지만 이번 운동은 앞선 운동들과 질적으로 달랐다. 문화 대혁명은 당과 정부와 군을 정신없이 난타한 터였다. 주석은 관할권이 중복되고 이해가 상충하는 방만한 조직으로 일당 독재 국가가 운영되는 것을 싫어했다. 자신의 명령이 두말없이 즉시 시행될 수 있는, 보다 즉각적으로 반응하는 지휘 체계를 열망했다. 결론은 혁명 위원회였다. 군이 장악한 혁명 위원회는 소수의 몇몇 인물에게 전례 없는 권력을 집중시켰다. 각각의 성에서 전체 혁명 위원회 중 대략 절반 정도가 군사령관의 지휘를 받았다. 1968년 여름에 이르러서는 인민 공화국이 부쩍 군사 독재 정권을 닮아 있었다.

———

지역마다 시기가 조금씩 다르기는 했지만 당을 정화하는 운동은 1968년 여름과 1969년 가을 사이에 절정을 이루었다. 여기저기에서 스파이가 색출되었다. 이미 1920년대부터 지하 조직들이 기승을 부렸던 상하이에서는 해방 전 은밀히 당에 가입했던 수천 명의 당원들이 엄중한 추궁을 받았다. 20년이 넘도록 공산당과 그들의 적들이 목숨을 건 승부를 벌이는 과정에서 예컨대 이중간첩 노릇을 하거나, 증거를 조작하거나, 가명을 사용하는 등 온갖 속임수와 배신이 난무했던 까닭에 이제 와서 배신 혐의를 뒤집어씌울 수 있는 기회는 얼마든지 많았다. 결과적으로 총 39개의 적대적인 조직들이 적발되고 3,600명 이상이 체포되어 박해를 당했다. 공산당이 상하이를 점령한 이후에 당에 가입했거나 정부에 협조했던 사람들도 심문을 받았다. 그리고 모두 합해서 약 17만 명에 달하는 사람들이 어떤 식으로든 핍박을 받았다. 그 과정에서 5,400명 이상이 자살을 하거나, 맞아 죽거나, 처형을 당했다.[4]

권력의 상층부에서도 희생자가 발생했다. 문화 대혁명 이전에 시 당 위원회를 장악했던 20명의 고위 관료들 중 세 명을 제외하고는 모두가 〈반역자나 스파이, 주자파〉로 고발되었다. 그럼에도 희생자의 절대 다수는 당적도 없는 일반인이었다. 과거에 외국인과 연루된 적이 있는 사람은 무조건 의심을 받았다. 상하이가 1949년 이전에 뉴욕을 제외하고는 다른 어떤 도시보다 외국인 인구가 많았을 뿐 아니라 영국이나 파리보다 외국인의 투자가 많았다는 점을 고려하면 서른 살 이상은 전부 용의자인 셈이었다. 일례로 상하이 음악 학원은 제네바 음악원 졸업생이 1929년에 설립한 학교였다. 이후 10년도 지나지 않아 러시아 태생의 작곡가이자 피아니스트 알렉산더 체레프닌라는 뛰어난 인물을 교수로 영입할 만큼 세계 수준의 교육 기관으로 성장했다. 관현악과 학과장이자 상하이 시립 교향악단에 뽑힌 최초의 중국인 중 한 명인 천유신은 외국인과 접촉했다는 이유로 핍박을 받다가 초고층 건물 옥상에서 투신했다. 중국 고전 음악과 학과장 선즈바이도 스스로 목숨을 끊었다.

1968년 말까지 열 명이 넘는 상하이 음악 학원과 관련된 사람들이 죽음으로 내몰렸다.[5]

잠시라도 해외 무역에 관련된 일을 한 사람들도 모두 용의자가 되었다. 정녠은 상하이 제1교도소에서 끌려 나와 당 지도자들이 세심하게 연출한 비판 투쟁 대회에서 예전 동료 직원들과 마주했다. 예전 동료들이 〈외국 첩보원〉이라는 혐의로 고발되었다. 그녀의 비서로 일했던 여성은 1917년 볼셰비키 혁명 이후에 상하이로 피신한 수많은 러시아인 중 한 명이었는데 영국과 소련을 위해서 일한 이중 간첩으로 판명되었다. 그들은 무자비한 협박을 받고 압박을 당했으며 심문을 받았고 결국 현실과 타협해서 한때의 동료들에게 터무니없는 혐의를 뒤집어씌웠다. 정녠은 〈혐의 사실을 요약해 보면 마치 아마추어 작가가 설득력 있는 중심 주제나 밀도 끝도 없이 첩보 드라마를 쓰려고 한 것 같았다〉라고 신랄하게 지적했다. 쉘에서 경리 부장으로 근무했던 한 남성이 유난히 흥분해서 떨리는 목소리로 자신이 스파이며 적에게 협조하는 대가로 정녠으로부터 거액의 돈을 받기로 했다고 자백했다. 교도소로 돌아온 정녠은 며칠 동안 주석의 초상화가 걸린 취조실에서 엄중한 심문을 받았다. 자신을 내려다보는 마오쩌둥의 시선을 느끼며 장시간에 걸쳐 심문을 받던 그녀는 문득 그의 얼굴에서 비열한 만족감을 머금은 능글맞은 미소를 발견했다. 그녀의 수감 생활을 통틀어 최악의 시기가 막 시작되고 있었다.[6]

베이징에서는 1968년 여름에 약 6만 8,000명의 사람들이 이른바 정체가 탄로 났다. 폭행에 의해 목숨을 잃은 사람이 400명이 넘었다.[7] 중등학교와 대학교의 교사나 교수들은 겨우 홍위병의 괴롭힘에서 벗어났지만 이제는 마오쩌둥 사상 선전대가 홍위병의 역할을 대신하고 나섰다. 문제는 문화 대혁명 중에 〈흑방 분자〉나 〈반동분자〉로 고발된 교육자들 가운데 누가 다시 교편을 잡아도 될 사람이고 누가 진짜 적인가라는 것이었다. 대오를 정화하고 적과 아군을 가려내기 위해 교사들과 당 간부들, 학생들은 기숙사에 들어가 단체 생활을 하면서 끊임없이 서로를 감시해야 했다. 영향력 있는 지식인들이 먼저 대중의 비판을 받고 나면 다른 사람들이 조사를 받았다.

계급의 적을 식별하는 데 적용되는 기준은 모호했다. 학습 시간에 『마오쩌둥 어록』의 구절을 잘못 해석하면 반동적인 행위로 고발할 수 있는 충분한 사유가 되었다. 어쨌든 누가 진짜 표적인지 이내 명백해졌다. 녜위안쯔가 1966년 5월에 지도부를 고발하는 대자보를 쓴 베이징 대학교에서는 불명예를 안은 총장과 과거에 가까웠던 사람들이 모두 표적이 되었다. 〈선전대의 암묵적인 목표가 과거 루핑에게 찬사를 받은 적 있는 교수들과 당 간부들을 모두 완전히 파멸시키는 것이라는 사실이 점점 분명해졌다.〉 베이징 대학 총장이었던 루핑은 펑전 시장의 측근이라는 이유로 고발된 터였다. 어느 순간에 실험 음성학 전문가인 한 과묵한 남성이 학습 모임 도중에 반동분자로 고발되었다. 모든 사람이 깜짝 놀랐다. 정작 그 모임 대표는 해당 사건을 계기로 정치적인 문제를 언급한 적이 없는 사람이라도 그 내면에는 우리의 적이 존재할 수 있으며 더 이상 그 같은 속내를 프롤레타리아에게 숨길 수 없다고 의기양양하게 선언했다.[8]

어떤 사람들에게는 감당이 되지 않을 만큼 압박감이 너무 심했다. 베이징 대학교에서만 스물세 명이 스스로 목숨을 끊었다. 어떤 사람은 살충제를 마셨고 어떤 사람은 창문에서 뛰어내렸지만 대다수의 희생자들은 스스로 목을 맸다. 역사학과에서는 혁명에 평생을 바친 마르크스주의 사학자이자 헌신적인 공산당원이 아내와 함께 치사량의 수면제를 복용했다. 그들은 침대에 나란히 누운 채 발견되었는데 평화로운 얼굴이었고 옷가지도 깔끔하게 정돈되어 있었다. 고대사를 가르치던 강사는 스파이 혐의로 기소되고 얼마 뒤 사무실에서 전신에 열상을 입은 채 시신으로 발견되었다. 해당 대학의 행정실 직원 중 한 명도 자살을 선택했다. 수도를 비롯한 전국의 전문학교와 대학교에서 비슷한 이야기들이 들려왔다.[9]

1969년 봄까지 베이징에서만 발생한 희생자가 총 10만 명에 달했다. 그들은 〈완고한 자본주의자〉나 〈반동적인 자본주의자〉, 〈스파이〉, 〈반역자〉, 〈반동분자〉, 〈반동적인 지식인〉 등으로 규정되었지만 대다수가 사회적 부랑자로서 출신 계급이 불량하다는 이유로 사회의 밑바닥에서 살아가도록 운명 지어진 사람들이었다.[10]

모든 성의 혁명 위원회는 그들의 적에게 상상으로 지어낸 죄를 뒤집어씌우거나, 할당량을 채우기 위해 희생양을 만들거나, 시종일관 대오 정화 운동을 핑계로 지역 주민들을 탄압하면서 해묵은 원한을 해소했다. 계급의 적으로 의심되는 용의자 중 상당수가 도시에서 적발되었음에도 현청 소재지에서의 성과도 그에 못지 않았다. 허베이 성에서는 당국이 적대적인 조직들을 색출하면서 총 7만 6,000명 이상이 투옥되었다. 그 과정에서 추 현에서만 1,000명의 희생자들이 투옥되었다. 추 현 전체 인구의 대략 1퍼센트가 달하는 수치였다. 기존의 교도소로는 수감자를 전부 수용할 수 없었기 때문에 주요 마을에서 40채의 가옥이 징발되었다. 어떤 사람은 일주일 만에 풀려났고 어떤 사람은 여러 달씩 수감 생활을 했다. 상당수가 타이완 정부의 통제를 받는 〈신국민당〉에 가입했다는 이유로 옥고를 치렀다. 현 곳곳에 고문실이 우후죽순처럼 등장하면서 수감된 희생자들로부터 어느 때보다 많은 자백을 받아 냈다. 수백 가구가 불시 단속을 받았으며 유죄를 입증할 증거를 찾는 사람들에게 샅샅이 수색을 당했다. 마룻바닥이 뜯겨져 나가고 벽이 허물렸다. 혁명 위원회 위원장으로부터 내려진 지시는 간단했다. 〈한 무리는 죽이고, 한 무리는 체포하고, 한 무리는 알아서 하라.〉 700여 명이 핍박을 견디지 못해 사망했으며 1,316명이 평생 장애인이나 불구가 되었다. 한편 농사가 도외시되면서 생산량이 급감했고 그 결과 전체 인구의 절반이 절망적인 빈곤에 허덕였다. 이런 일련의 사건에 대한 조사가 진행되었지만 전부 터무니없는 헛소문으로 결론이 났다.[11]

허베이 성에서 〈신국민당〉의 다른 지부들이 발견되었다. 웨이 현의 한 마을에서만 100여 명의 용의자들이 들보에 묶인 채 매질을 당했다. 철사줄로 귀를 관통시키는 방법으로 여러 명의 용의자들을 같이 묶는 경우도 있었다. 허베이 성의 항구 도시인 탕산 외곽에 1956년에 건설된 10만 명을 수용할 수 있는 대규모 강제 노동 수용소 바이거좡 국영 농장에서는 수백 명의 희생자들이 취조실로 끌려갔고 그곳에서는 자백을 받아 내기 위해 〈70가지의 고문법〉이 사용되었다. 사망자가 130명 넘게 발생했다. 관련 소송이 각하된 몇 년 뒤에도 시신 중 일부는 끝내 찾을 수 없었다.[12]

윗선의 지침에 따라 대오 정화 운동이 진행되었음에도 사회 각계각층에서 사람들은 원한을 갚거나 과거의 잘못을 바로잡을 기회를 잡았다. 가오위안의 적들이 우위를 점하고 있던 정딩의 바로 남쪽에 위치한 단조로운 철도 교통의 요지 스자좡에서는 1969년 5월 들어서 당사에 평소보다 두 배나 많은 하루 평균 서른여덟 통의 고발 편지가 배달되었다. 신러에서는 날마다 배달되는 우편물과 별개로 다수의 사람들이 현

혁명 위원회를 집적 찾아와 이웃이나 동료를 밀고했다. 마찬가지로 허베이 성에 속한 도시 창저우에서는 스무 명의 나이 든 여성들로 구성된 자경단이 승리로(路)에 거주하는 모든 주민의 동태를 조직적으로 감시했다. 그들의 주장에 따르면 〈혹시라도 의심스러운 사람이 있는지〉 알아내기 위해서였다. 그들의 조사는 한때 지주였던 자신의 신분을 그때까지 용케 숨겨 온 한 외로운 남성을 적발하는 성과를 거두었다.[13]

───────

중국 전역에는 2,000개가 넘는 현이 존재했으며 대오 정화 운동으로 절대 다수의 현에서 각각 100명 이상이 맞아 죽거나 스스로 목숨을 끊을 수밖에 없는 상황으로 내몰렸다. 일부 지역에서는 사망자 수가 400~500에 이르렀다. 광둥 성 전체로 따지면 생죽음을 당한 희생자 수가 4만에 이를 것으로 추산되기도 했다.[14]

광둥 성 같은 국경 지역은 다른 지역보다 훨씬 폭력적인 모습을 보였다. 이런 지역이 적대적인 국가들과 가까운 거리에 있어서 신뢰할 수 없는 사람들이 훨씬 많이 숨어 있었기 때문만은 아니었다. 국경 지역은 두 나라에 충성하며 이른바 분열된 충성심을 가졌을 것으로 의심되는 소수 민족들의 본거지였다. 예컨대 베트남과 라오스, 버마와 국경을 맞대고 있으며 아열대 지역인 윈난 성 당국은 전체 인구의 3분의 1을 〈소수의 민족〉에 속한 부류로 분류했고 그들 중 상당수가 아주 오래전부터 중국을 들락거리며 국경을 중심으로 양쪽에 한 발씩 걸치고 있다고 의심했다. 이 지역을 매우 의심스럽게 여긴 캉성이 윈난 성의 당 서기인 자오젠민을 〈숨은 반역자〉이며 〈국민당 스파이〉라고 고발했다.

1959년까지 윈난 성을 관리했고 개인적인 원한에 가득 차 있던 셰푸즈가 캉성을 지원하고 나섰다.

1968년 1월 캐피털 웨스트 호텔에서 열린 회의에서 캉성이 자오젠민을 공공연히 비난했다. 〈나는 40년에 걸친 나의 혁명적 경험을 신뢰하며 당신이 마오 주석과 당 지도부에 대한 뿌리 깊은 계급적 증오심을 숨기고 있다는 느낌이 든다.〉 이 말과 함께 자오젠민이 윈난 성 곳곳에 심어 둔 스파이들을 뿌리 뽑기 위한 운동이 시작되었다. 수만 명이 연루되었다. 개중에는 소수 민족도 포함되었다. 주민 대다수가 이슬람교도이며 베트남과 인접한 사뎬이 반동분자들의 본거지로 선포되었고 수백 명이 체포되어 모욕을 당하고, 고문을 당하고, 투옥되었다. 1969년까지 윈난 성 전역에서 행해진 마녀사냥은 1만 7,000명의 목숨을 빼앗고 6만 1,000명을 영원한 불구자로 만들었다.[15]

네이멍구 역시 의심을 받았다. 중국 대륙의 10분의 1을 차지하는 네이멍구는 몽골, 소련과 국경을 맞대고 있었다. 대부분 지역이 황토와 모래 퇴적층, 초원으로 뒤덮인 고원이었다. 공산당은 1947년에 스탈린과 적군(赤軍)의 전략적 지원을 받아 이 지역을 장악하고 네이멍구 자치구로 선포했다. 그들은 소련에서 교육받은 몽골인 울란푸가 수년 전에 설립한 네이멍구 인민당의 당원들을 흡수했다.

〈몽골의 칸〉이라는 별명으로 통하던 울란푸는 네이멍구 자치구의 성장이 되었다. 하지만 마오의 대기근 이후에 급진적인 집산화로 초래된 대재앙이 현실화되자 1962년 1월에 열린 7,000인 대회에서 대약진 운동을 신랄하게 비판하면서 주석과 거리를 두기 시작했다. 네이멍구의 집산화 속도를 늦추고 류사오치가 진두지휘한 사회주의 교육 운동에도 미온적인 태도를 취했다. 〈계급 투쟁을 잊지 말라〉라는 슬로건이 엄

문화 대혁명을
완수하겠다는 의지를
드러내며 양쯔 강에서
수영하는 마오쩌둥,
1966년 7월 16일.

주석의 전례를 따르는 수많은 사람들.

톈안먼 광장에 모인 열광적인 홍위병들 사이로 차를 타고 지나가는 마오쩌둥과 린뱌오,
1966년 8월 18일 베이징.

톈안먼 연단에서
백만 명이 넘는 홍위병을
사열하는 마오쩌둥과 린뱌오,
1966년 8월 18일.

톈안먼 연단에서 주석의 소매에
홍위병 완장을 채워 주는
쑹빈빈, 1966년 8월 18일.

검게 칠해진 얼굴에 바보 모자를 쓰고 〈흑방 분자〉라고 적힌 팻말을 목에 건 하얼빈 당 서기,
1966년 8월 26일.

문화 대혁명을 찬양하는 대자보로 뒤덮인 건물, 1966년 광저우.

문화 대혁명의 진전 상황을 알기 위해 벽신문, 익명의 고발장,
속보를 읽는 사람들, 1966년 8월 베이징.

베이징에서 거행된 국경절 기념 공식 행렬, 1966년 10월 1일.

마오쩌둥 사상을 전파하기 위해 『마오쩌둥 어록』을 높이 치켜든 학생들과 홍위병 선전대, 1966년 말.

『마오쩌둥 어록』을
배급받는 군대.

마오 주석의 초상화를 들고 마을을 행진하는 한 무리의 홍위병, 1967년.

중앙 문화 혁명 소조의 주요 위원들. 왼쪽부터 저우언라이,
장칭(마오 부인), 천보다, 캉성, 1967년 4월 28일.

공개 비판을 받는 두 명의 조반파 지도자, 1967년 1월.

〈반혁명 분자〉로 고발되어 처형된 사람들, 1968년 4월 5일 하얼빈 교외.

벽보 위에 표어를 쓰는 청년.

마오쩌둥의 사진 앞에서 아침마다 충성을 서약하는 병원 환자들, 1968년 10월.

충성 서약하는 군인들을 지켜보는 사람들, 1968년 10월.

하얼빈 외곽의 인민공사 소속 농민들이 모범 병사의 군모와
군복에 달아 준 170여 개의 배지, 1968년 4월.

전쟁 준비 태세를 갖추기 위해 만든 방공호를 방문한 모범 노동자 궈펑롄, 1973년 3월.

터널을 파는 작업, 1973년 허난 성 후이 현.

계단식 논에서 지역 주민과 함께 일하는 시골로 유배된 학생들,
1975년 11월 바이취안 현.

마오쩌둥의 죽음을 애도하는 중국, 1976년 9월.

청난 인기를 끌자 계급 차이의 존재 자체에 대해서 의혹을 제기했다. 〈대다수 목동들의 사고에는 계급이라는 것이 존재하지 않는다. 따라서 계급을 매기는 것은 매우 주관적인 행위다.〉 1966년 6월, 울란푸는 베이징으로 호출되어 6주간 기진맥진하게 하는 회의에 시달렸다. 7월 2일에는 류사오치와 덩샤오핑이 상상할 수 있는 모든 범죄를 거론하며 번갈아 그를 비난했다. 〈생산량을 핑계로 계급 투쟁을 포기했다〉거나 〈소수 민족에게 분리주의를 부추겼다〉거나 〈독립적인 왕국을 건설했다〉라는 주장부터 〈수정주의자〉라거나 〈마오 주석에게 대항한다〉라는 주장까지 온갖 혐의가 제기되었다. 울란푸는 더 이상 대중 앞에 나타나지 않았다.[16]

울란푸가 1930년대에 설립한 네이멍구 인민당의 예전 당원들을 상대로 테러 작전을 단행하는 과정에서 캉성과 셰푸즈는 1968년 초에 울란푸 사건을 전부 다시 들추어 냈다. 예전 네이멍구 인민당원들은 이제 스파이와 반역자 혐의를 받고 있었다. 대다수가 평범한 몽골인 농부이거나 목동이었던 그들에게 테러 작전에 따른 집중적인 공격이 가해졌다. 자치구 곳곳에 고문실이 등장했고 약 80만 명에 달하는 사람들이 수감되어 취조를 당했고 군중 대회에서 비판을 받았다. 희생자들에게 사용된 고문 방법은 문화 대혁명의 기준으로 보더라도 너무나 극단적이었다. 그들은 혓바닥을 잡아 뽑거나, 펜치로 이빨을 뽑거나, 눈을 도려내거나, 뜨겁게 달군 쇠로 맨살에 낙인을 찍었다. 불에 달군 지팡이로 여성의 가슴이나 배, 음부를 지지면서 성적으로 학대하기도 했다. 한편 남성들은 가죽 채찍으로 등짝에 채찍질을 당했는데 때때로 살이 너무 심하게 찢어져서 등뼈가 드러나기도 했다. 산 채로 불에 타 죽은 사람들도 있었다.[17]

몽골인은 자치구 인구의 10퍼센트도 되지 않았지만 전체 희생자 수의 75퍼센트를 차지했다. 일부 지역에서는 거의 모든 몽골인이 체포되기도 했다. 후허하오터의 철로국에서는 총 446명의 몽골인 직원 가운데 두 명만 제외하고는 모두 박해를 받았다. 당 간부와 관리자, 학자, 기술자 등 몽골인 엘리트들이 대대적으로 숙청되었다. 몽골어로 된 인쇄물을 출판하는 것도 전면 금지되었다. 사망자만 총 1만 6,000명에서 2만 3,000명에 달하는 것으로 추산되었다. 대량 학살이나 다를 게 없었다. 학살의 주동자는 혁명 위원회를 이끈 군사령관 텅하이칭이었다. 1969년 5월 마침내 주석은 그에게 학살을 중단하라고 지시했지만 그를 법의 심판대에 세우지는 않았다. 네이멍구 자치구는 군부의 감독을 받게 되었다. 영토는 분할 과정을 거쳐서 대부분이 주변의 여러 성에 통합되었다.[18]

15장
상산하향

대오 정화 운동은 문화 대혁명 이전에 당에 잠입한 스파이와 변절자, 반역자를 가려내기 위한 운동이었다. 따라서 대체로 젊은이들은 해당이 없었다. 1968년 9월 7일 톈안먼 광장 연단에 나와 혁명 위원회를 맞이하면서 저우언라이는 매우 다른 어떤 계획을 구상했다. 학생들이 〈공장과 광산, 농촌으로 가서 대중에게 배워야 한다〉는 것이었다.[1]

중등학교와 대학교에서는 학생들이 마오쩌둥 사상 선전대의 보호 아래 공부를 하면서 가을을 보내고 있었다. 1968년 12월 22일이 되자 공식적인 칙령이 발표되었다. 『인민일보』는 〈우리에게는 두 손이 있다. 도시에서 나태하게 있지 말라〉라고 공표했다. 주석은 학생들에게 농촌으로 내려가 농민들에게 재교육을 받으라고 지시했다.[2]

불과 몇 개월 사이에 소도시와 대도시에서 젊은이들이 사라졌다. 이후 10년에 걸쳐 수백만 명의 학생들이 시골 벽지로 이송되었다. 베이징에서도 대규모 행렬이 등장했다. 기차역으로 행진하는 사람들이었고 그 끝이 보이지 않을 정도였다. 깃발이 휘날리고 관악대의 연주가 울려 퍼졌으며 하나같이 기대감에 들뜬 표정이었다. 기차역은 학생들과 부모들, 친구들로 북적거렸다. 〈누군가는 손가방과 세숫대야를 들고 기차에 올랐고 누군가는 창턱에 매달려서 객실 안에 있는 사람과 이야기를 나누었다.〉 확성기가 혁명가를 토해 냈고 『마오쩌둥 어록』에서 가사를 딴 노래가 들려왔다. 〈세상은 당신들의 것인 동시에 우리의 것이다. 하지만 결국에는 당신들의 것이다. 당신들 젊은이들은 아침 여덟 시나 아홉 시 무렵의 태양처럼 활력과 생기로 가득 차 있다. 당신들은 우리의 희망이다.〉 자이전화는 동일한 인용구를 이미 100번은 들은 터였다. 그런 이야기를 들으면서 한때는 한껏 자부심을 느꼈던 그녀였다. 하지만 옌안으로 출발하는 당일에는 그저 공허하게 들릴 뿐이었다. 〈세상이 우리 거라고?〉 그녀가 중얼거렸다. 〈웃기네!〉[3]

9월에 대중에게 배우라는 저우언라이의 외침을 듣고 이미 자발적으로 떠난 학생들도 많았다. 그들이야말로 주석의 진정한 신봉자였고 충성스러운 지지자였다. 일부는 그 같은 요구가 혁명의 계승자이며 내일의 지도자인 그들 세대에 대한 진정한 시험일 거라고 생각했다. 농촌에서 스스로를 강철같이 단련하고 혁명적 대의를 더욱 발전시킬 수 있을 거라고 생각했다.

신장과 네이멍구, 만주의 신병 훈련소로 보내진 학생들은 인민 해방군에 합류하는 것을 자랑스러워했다. 가오위안은 군에 입대하도록 차출되었을 때 마침내 자신의 삶이 운명대로 이루어졌다고 느꼈다. 그가 입은 겨울 군복은 최상급 면직물로 만든 것이었다. 〈나는 큰 거울에 나를 비추어 보며 스스로 감탄했다. 한 번도 그처럼 좋은 옷을 입어 본 적이 없던 터였다. 이제 나는 붉은 별만 없을 뿐이지 진짜 군인이었다.〉[4]

소박한 행복을 기대하며 자원한 사람들도 있었다. 농촌이 무척 아름답고 모든 자원이 풍족한 곳으로 그려졌기 때문이다. 동료 홍위병들로부터 자신의 고양이를 구하려고 했던 베이징 출신의 양레이는 만주의 속칭인 북대황에 대한 기대감에 한껏 부풀었다. 〈내가 상상한 그곳은 신비롭고 흥미진진한 세상이었다. 광활한 처녀지였다. 백설로 뒤덮인 산들을 배경으로 소나무 숲이 끝없이 펼쳐진 곳이었다. 통나무집과 캠프파이어가 있고 사냥과 스키를 즐길 수 있으며 야생 동물도 실컷 볼 수 있었다. 물론 적들도 숨어 존재했다. 어둠이 내리면 소련의 스파이들이 살금살금 국경을 넘어올 터였다.〉[5]

학생들이 혁명의 중추인 농민들과 직접 만난다는 생각에 매료된 나머지 상산하향(上山下鄕) 운동이 공식적으로 시작되기도 전에 개인적으로 농촌으로 떠난 경우도 있었다. 쉬샤오디와 그녀의 친구들은 1968년 여름에 베이징에서 다싱 현까지 자전거를 타고 가서 하루에 30센트를 받으며 육체노동을 했다. 그럼에도 마을에 자본주의적인 노동 계약이 부활했다는 소문이 퍼지기 시작하면서 그들의 실험은 한 달 만에 막을 내렸다.[6]

농촌 생활에 대한 환상이 없던 사람들은 수개월 동안 내내 기숙사에 갇혀 지내면서 지루하기 그지없는 일상을 반복했다. 새로운 무언가를 갈망하기는 그들도 마찬가지였다.

하지만 저항도 있었다. 일단 한번 농촌으로 보내진 다음에는 영원히 돌아갈 수 없었기 때문이다. 학생들은 등록증을 경찰서에 제출해야 했으며 법적으로 더 이상 도시에 거주할 수 없게 되었다. 가족이나 친구와 영영 이별함으로써 겪는 트라우마는 둘째 치더라도 도시에 거주하면서 누렸던 혜택과 특권을 모두 상실했다.

후난 성에서 출격 명령을 받은 전체 학생들 중 4분의 1에서 2분의 1에 달하는 학생들은 상산하향 운동이 조만간 사그라들길 기대하면서 모른 척했다. 많은 부모들이 자식을 농촌에 빼앗기길 거부했고 지역 당 간부에게 부탁하거나 그 윗선에 영향력을 행사했다. 자식이 시골 벽지로 보내지기 전에 서둘러 관공서나 공장에 그들의 일자리를 알아 보기도 했다. 실제로 창양 현에서는 열 명이면 네 명이 이런 식으로 빠져나갔다. 자식의 호적 증명서를 조작하거나 이름을 위조하는 부모들도 있었다. 몇몇 부모는 노골적으로 반항했다. 〈나의 정치적 실수 때문에 내 딸이 어려움을 겪고 있으며 이제는 시골로 보내질 참이다. 나는 혁명에 반대하는 것이 아니다. 그럼에도 내 딸을 시골로 보내고 싶다면 먼저 나의 오명부터 벗겨 주어야 할 것이다. 그렇지 않으면 설령 내가 암시장에서 쌀을 사다가 딸을 먹여 살리는 한이 있더라도 내 딸은 집을 떠나서 단 하루도 있지 않을 것이다. 자, 이제 당신의 대답을 들려 달라!〉

가족들은 혼자가 아니었다. 문화 대혁명 때 결성되어 여전히 예전 회원들과 관계를 유지하고 있던 많은 대중 조직들이 도시에서 학생들을 숨겨 주면서 이제 도움을 자처하고 나섰다. 어떤 당 간부들은 정부 시책에 협조하길 매몰차게 거절했다. 〈차라리 징병 업무라면 열 번이라도 수행하겠다! 나는 절대로 어린 학생들을 시골 벽지로 보내지 않겠다.〉

학생들은 학생들대로 저항했다. 특히 초기에 보내진 학생들이 농촌에서 어떻게 생활하는지 그 실상이 도시에 알려지기 시작한 뒤로는 저항이 더욱 거세졌다. 한 조반파 학생은 〈죽어서 들것에 실려 간다면 몰라도 살아서는 절대로 농촌에 가지 않을 것이다〉라고 말했다.[7]

―――

만주에 도착하자마자 양레이의 환상은 산산조각 났다. 그곳에는 백설로 뒤덮인 산도, 원시림도 없었다. 대신 수백만 마리 모기가 들끓는 거대한 늪이 있었다. 모기는 크기도 컸을 뿐 아니라 작업복을 뚫고서 피를 탐할 정도로 굶주려 있었다. 들일은 일주일 내내 아침 여섯 시에 시작되었고 음식은 겨우 먹을 수 있을 정도였다. 그녀는 발이 푹푹 빠지는 진창 속에서 무거운 발걸음을 옮기며 낫으로 콩을 베었다. 체력과 싸우면서 자신을 한계까지 몰아붙였다. 〈이건 시험이고 실험이다. 최선봉에 서는 실험〉이라고 생각하면서 혹시라도 자신이 들판에서 무너질까 봐 걱정했다. 공용 목욕탕이나 개인 화장실이 없어서 그녀는 처음에 몸을 씻지 않았다. 하지만 머리에 이가 생긴 뒤로는 기숙사에서 다른 사람들이 지켜보든 말든 옷을 벗고 양철 대야를 이용해 몸을 씻을 수 있게 되었다. 빨래를 하는 것도 일이었다. 우물에서 물을 길어 장대로 지고 와야 했기 때문이다. 날씨는 몸이 꽁꽁 얼 정도로 추웠다.[8]

그녀는 운이 좋은 편이었다. 많은 학생들이 지붕도 없는 곳에서 지냈다. 후베이 성에서는 하향(下鄕)한 학생들 중 대략 절반이 그런 곳에서 지냈다. 이외에도 많은 학생들이 동굴이나 버려진 사원, 돼지우리, 헛간 등에서 생활했다. 후난 성에서는 학생들이 네 명 중 세 명꼴로 일정한 거처가 없었다. 어떤 학생들은 이삼 주에 한 번씩 거처를 옮겨야 했고 어떤 학생들은 바람과 비가 술술 새는 낡아 빠진 헛간 정도를 겨우 구할 수 있었다. 공식적으로 그들은 주택 보조금을 지급받고 마을에 배정되었지만 지역 당 간부들이 보조금을 몰수하기 일쑤였다. 당국이 주택 부족난을 해결하고자 목재 구입 비용을 지원했을 때는 마을 지도자들이 관을 만드는 데 이 돈을 사용했다. 어떤 가족은 친척의 장례를 치루고 며칠 뒤 다시 관을 파내서 그 판자를 학생들에게 주었다.[9]

가구는 거의 찾아보기가 힘들었다. 강철 생산에 주력한 대약진 운동 당시에 마을 주민들은 나무를 베서 토법고로의 땔감으로 사용했다. 그 결과 후난 성의 무성했던 숲들이 벌거벗겨진 채 민둥산으로 변했다. 창사 주변에 울창했던 숲도 광막한 진창으로 바뀌었다. 문화 대혁명이 진행될 당시에도 후난 성은 삼림 벌채의 후유증에서 아직 회복되지 못한 상태였고 목재는 여전히 귀한 자재였다. 심지어 도시에서도 침대 하나를 구입하기가 쉽지 않은 형편이었기 때문에 사람들이 바닥에서 잠을 잤다. 후베이 성 톈먼 현의 학생들도 침대나 모기장 없이 지냈으며 〈일부는 냄비나 밥공기마저 없었다.〉[10]

농촌으로 내려가면 가구를 제작하는 것은 고사하고 불을 때는 것조차 문제였다. 주민들은 늘 땔나무를 찾아 두리번거렸다. 벼를 탈곡하고 남은 왕겨도 연료로 사용되었다. 추링 지구에서는 대약진 운동 당시에 무차별적인 공격을 받아 벌거숭이산이라는 이름을 얻은 산 근처의 주민들이 집에서 8킬로미터나 떨어진 곳까지 땔나무로 쓸 잔가지를 찾아 다녔다.[11]

후난 성의 상황이 딱히 이례적인 것은 아니었다. 산둥 성에서는 문화 대혁명의 시작과 더불어 연료 부족 현상이 더욱 심화되자 일반인이 사용할 수 있는 석탄의 양이 3분의 1이나 줄었다. 1968년에서 1969년으로 넘어가는 겨울에 어린 학생들이 농촌으로 내려오자 주민들은 가구와 나중에는 지붕까지 뜯어서 학생들을 위해 땔감으로 사용했다. 라이시에서는 작은 다리들이 해체되어 잘게 쪼개진 다음 불쏘시개로 사용되었다. 사료로 쓸 목초가 난방 연료로 이용되면서 돼지들이 굶어 죽었다.[12]

먹을 것도 부족했다. 주민들은 객식구는 고사하고 그들 스스로를 건사하기도 힘들었다. 마오의 대기근은 1962년에 이르러 대부분 끝났지만 여전히 수천만 명이 기근에 시달리며 굶주림에 허덕였다. 도시도 식량이 부족하기는 마찬가지였다. 난징의 경우에 1966년 봄까지도, 즉 문화 대혁명으로 생활 여건이 악화되기 직전까지도 육류 공급은 여전히 제한적이었고 시장에서 발견할 수 있는 유일한 야채라고는 곰팡이가 났거나 부패한 것뿐이었다. 양쯔 강이 난징의 서문을 지나고 있음에도 사람들은 생선을 얻기 위해서 줄을 서야 했다. 하루에 사람으로 치면 1인당 평균 몇 그램에 불과한 3~4톤의 과일이 시장에 유통되면서 과일을 차지하기 위해 주먹싸움이 벌어지기도 했다.[13]

몇몇 농촌의 상황은 훨씬 열악했다. 1966년 가을에 안후이 성과 산둥 성을 여행할 때 링컨과 반 친구들은 연신 거지와 부랑자를 마주쳤다. 들판은 황폐했으며 나무들은 껍질이 벗겨져 있었다. 〈우리는 이따금씩 길에서 시체를 발견했다.〉 정확한 통계는 없지만 1966년 봄에 산둥 성 한 곳에서만 1000만 명에 달하는 사람들이 식량 부족에 시달렸다. 창저우에서는 수천 명이 수분이 배출되지 않아 몸이 붓는 기아부종을 앓았다. 입고 있던 옷가지를 포함해서 가진 모든 것을 판 많은 사람들이 길거리에 나와서 구걸을 했다. 쥐안청 현에는 배고픔을 견디다 못해 자식을 파는 사람들까지 등장했다. 1년 뒤인 1967년에는 산둥 성에서만 1400만 명이 굶주림에 시달렸다. 문화 대혁명이 진행되는 내내 많은 농민들이 굶주림을 달고 살았다.[14]

대부분의 학생들은 농촌에서 직면한 극심한 빈곤에 충격을 받았다. 상하이의 쯔카웨이 도서관 근처에 살던 원관중은 국공 내전 당시에 치열한 전투로 유혈이 낭자했던 만주의 쓰핑으로 하향했다. 상하이에서 그의 가족은 재산을 전부 음식과 바꾸어야 했고 맨바닥에 모여 음식을 먹어야 했다. 하지만 그런 그조차 농촌에서 마주친 절망적인 빈곤에는 아무런 준비가 되어 있지 않았을 정도였다. 농촌 주민들은 풀과 지푸라기, 진흙을 섞어서 만든 초가집에 살았다. 비가 오면 초가집은 빗물에 진흙이 풀어져서 붕괴되기 일쑤였다. 일가족이 옷이 한 벌밖에 없어서 알몸으로 집 안에 숨어 지내는 경우도 있었다. 그나마라도 있는 음식에는 구더기와 파리가 들끓었다.[15]

숫자는 개인적인 인터뷰나 기억에 부족하기 마련인 신뢰성을 더해 준다. 후난 성의 여러 지역에서 하향한 학생 가운데 4분의 3에 가까운 수가 배를 곯았다. 헝양 지구 전역에서 시골 마을에 발이 묶여 있던 1만 7,000명의 어린 학생들 중 83퍼센트가 굶주림에 시달렸다.[16]

불과 2년 전만 하더라도 주석이 어린 시절을 보낸 생가를 방문하고자 열성적인 홍위병들이 길게 줄을 섰던 혁명의 요람 옌안의 한 동굴로 보내진 자이전화는 매일 옥수수 빵과 한 접시에 담긴 감자와 절인 양배추를 먹었다. 고기가 나오는 경우는 거의 없었고 아주 드물게 식용유가 사용되었다.[17]

만주로 하향한 한 여학생은 삶은 양배추와 감자, 근대로 연명했다. 만주에 도착한 처음 5개월 동안 식용유는 구경조차 할 수 없었다. 그나마도 겨울이 시작되고 기온이 영하 40도까지 떨어지자 단체 급식소에서는 달랑 야채 이파리 몇 개 들어간 짜디짠 국만 제공되었다. 북대황 전역에서 부족한 식사와 중노동에 시달린 여학생들이 열 명 중 아홉 명 꼴로 생리와 관련된 질환을 앓았다.[18]

다른 질병도 만연했다. 아마도 최악의 하향 지역인 장시 성과 윈난 성에서는 상하이에서 하향한 학생들이 여섯 명 중 한 명꼴로 간염부터 심장 질환까지 만성 질병을 앓았다. 중국의 북쪽으로 보내진 학생들은 장기간에 걸친 요오드 결핍으로 갑상샘종을 앓았다. 질병은 희생자의 심신을 악화시켜 더 이상 일을 할 수 없도록 만들었고 질병과 영양 실

조, 저조한 실적이라는 악순환을 초래했다.[19]

정확한 질병 발생률을 산출하기는 어렵지만 한 조사단은 후난 성에서 발생한 학생들의 조기 사망 사건을 〈끊임없는〉이라는 말로 묘사했다. 자살은 말할 것도 없었고 중독과 익사 사례도 보고되었다. 폭력이 유행병처럼 번졌으며 일부 학생들은 현지 마을의 정치적인 문제에도 휩쓸렸다. 그들은 길가에서 변사체로 발견되었다. 군에서 운영하는 생산대는 규율이 엄격했으며 체벌이 난무했다. 윈난 성의 경우만 하더라도 많은 어린 학생들이 군인에게 폭행을 당했고 그 과정에서 세 명이 목숨을 잃었다.[20]

몇몇은 자신들이 처한 상황에 항의하는 서한을 썼다. 1969년에 후난 성의 한 젊은 남성은 농촌에서 일하도록 선발되었을 때 느낀 자부심을 떠올렸다. 〈그런데 지금은 어떤가? 단지 시간을 보내고 있을 뿐이다. 나는 책과 신문에 흥미를 잃었고 더 이상 조국의 미래나 인류의 꿈에 관심을 갖지도 않는다. 단순히 먹고, 일하고, 또 먹는 행동을 반복할 뿐이다. 마치 목숨을 연명하기 위해 일하는 짐승에 불과한 것 같다.〉 다른 한 학생은 마을 주민에게 너무 소외감을 느낀 나머지 고향의 정부 당국에 차라리 강제 노동 수용소에서 종신형을 살게 해달라고 거듭 요청했다(그는 수용소의 생활이 어떤지 전혀 알지 못하는 것이 분명했다). 자이전화는 자신을 증오하며 〈있으나 마나 하고 무의미한 존재〉라고 묘사했다. 〈조국은 우리 모두를 쓰레기처럼 시골에 버렸고 우리에게서 그보다 나은 가치를 찾지 못했다. 농민은 우리를 필요로 하지 않았다. 그들에게 우리는 짐에 불과했으며 문제만 일으킬 뿐이었다.〉[21]

특히 군이 운영하는 생산대에 등록된 사람들의 경우에 처음에는 일이 너무 힘들었지만 일상생활의 극심한 단조로움도 또 다른 도전이 되었다. 양레이가 만주의 늪지대 생활에 대해 언급했듯이 〈텔레비전도, 영화도, 도서관도, 탁구도, 장기도, 포커도 없었다.〉 어떤 학생들은 책을 구해서 읽었고 어떤 학생들은 트랜지스터 라디오를 조립해서 외국 방송을 들었다. 들개 사냥을 다니는 학생들도 있었고 나물이나 산딸기, 견과를 찾아다니는 학생들도 있었다. 개중에는 몇 명이 뭉쳐서 밤에 들판에서 먹을 것을 훔치기도 했다.[22]

여학생은 상대적으로 많은 위험에 노출되었다. 군 생산대에 등록되거나 한 무리씩 농촌에 보내진 경우에는 숫자가 많았기 때문에 안전한 편이었지만 많은 여학생이 혼자서 무력하고 당혹감에 휩싸여 마을 지도자들에게 휘둘렸다. 일당 독재 국가에서는 성적 학대가 매우 흔한 일이었고 대개는 남성 가해자가 처벌을 받았지만 하향한 학생들은 농촌에서 서열상 가장 낮은 곳에 위치했기 때문에 이제 그 어느 때보다 취약한 상태에 놓여 있었다. 안후이 성 푸양 현의 한 생산대에서는 여섯 명의 젊은 여성들이 성희롱을 당했다. 그들 중 두 명이 자살했고 한 명은 정신이 이상해졌다.[23]

일부 희생자들은 그들이 당한 일을 혼자서 또는 단체로 상급 기관에 고발했다. 후베이 성 황강 시에서 한 통의 편지가 도착했다. 편지에 서명한 열 명의 젊은 여성들은 그들 모두가 농촌에 도착한 순간부터 괴롭힘과 희롱을 당했다고 설명했다. 몇 명은 임신한 것도 모자라 자신을 강간한 사람과 강제로 결혼까지 해야 했다. 일반적으로 대부분의 여학생들은 그런 일을 당하고도 고발하지 않았다. 고발을 한다 하더라도 기껏해야 무시를 당하거나 대개는 시골 주민들에게 더욱 배척을 당했기 때문이다. 심지어는 〈부적절한 행동을 함으로써〉 자신을 강간하도록 꼬드겼다며 되려 기소당하는 경우도 있었다.[24]

아무튼 지역 정부의 반응은 미온적이었다. 1971년에 후난 성에서 소수의 가해자들이 총살에 처해진 적도 있었지만 기본적으로 당국의 입장은 〈일부 지역에서 발생하는 젊은 여성에 대한 강간과 강제 결혼은 정상적인 성적 관계의 일부라고 볼 수 있다〉라는 것이었다. 해당 지역의 문화를 탓하는 것도 당연하지만 책임을 회피하는 방법 중 하나였다. 고위 권력층에 있는 누구도 도시의 어린 학생들로 하여금 〈대중에게 재교육〉을 받도록 한 주석의 현명한 결정에 대해 문제를 제기하고자 하지 않았다.[25]

1968년에 수백만 명의 어린 학생들을 하향시키기로 결정한 사람도 마오쩌둥이었고 1973년에 그들 중 일부를 구원해 준 장본인도 역시 마오쩌둥이었다. 주석은 푸젠 성 교사 리칭린의 편지에 직접 답장을 써서 우려를 표시했다. 앞서 리칭린은 주석에게 편지를 써서 자신의 아들이 농촌에서 겪고 있는 끔찍한 상황을 알린 터였다. 주석은 관대하게도 그에게 300위안을 보내 주었다. 〈리칭린 동지, 당신이 언급한 문제는 전국 곳곳에서 만연하고 있는 듯 보이며 일률적으로 해결될 필요가 있다. 동봉한 300위안을 받아 달라. 이 돈이 다만 얼마라도 당신에게 도움이 되길 바란다. 마오쩌둥.〉[26]

뒤이어 한바탕 야단법석이 일어났다. 중난하이에서 저우언라이의 주재로 긴급 회의가 소집되었다. 그는 이미 주석에게 문제의 사태와 관련하여 암암리에 질타를 받은 뒤였다. 강간 사건이 전국에서 갑작스레 집중 조명을 받았다. 후베이 성에서는 우한에서 서쪽으로 60킬로미터 남짓 떨어진 톈먼 현에 대해 조직적인 조사가 실시되었고 1969년부터 1973년 사이에 200여 명의 어린 여성들이 희롱당하거나 강간을 당한 그도 아니면 보고서에 사용된 표현처럼 〈파괴〉된 사실이 밝혀졌다. 피해자 중에는 이제 겨우 열네 살짜리도 있었다. 오랫동안 후베이 성의 당 서기를 지낸 부총리 리셴녠은 해당 보고서 여백에 직접 다음과 같이 썼다. 〈후베이 성에서 톈먼 현만 그런 게 아닌 것 같다. 다른 현들의 상황은 어떤가?〉 후베이 성의 현이 마흔 개가 넘는다는 점을 감안하여 이러한 수치를 바탕으로 추산하면 후베이 성 한 곳에서만 최소한 8,000여 명의 여성들이 성적으로 폭행을 당했을 것으로 추정된다.[27]

전국의 다른 지역에서 비슷한 보고서들이 속속 수도로 날아들었다. 랴오닝 성에서는 3,400건의 성폭행 또는 강간 사례가 적발되었다. 지도부는 분노했다. 저우언라이가 〈공안은 행동에 나서야 한다! 절대로 물렁하게 대처하지 말라!〉라고 부르짖었다. 리셴녠은 〈이 빌어먹을 종자들을 죽여라. 그렇게 하지 않고는 사람들을 달랠 수 없다!〉라고 외쳤다. 이듬해 후베이 성에서는 500여 명이 어린 학생들을 희롱하거나 성폭행하거나 강간한 혐의로 유죄 판결을 받았다. 그중 일곱 명에게는 사형이 선고되었다.[28]

상황이 어느 정도 나아지기는 했지만 상산하향 운동의 기세는 꺾이지 않았다. 매년 100만 명에 달하는 어린 학생들이 농촌으로 유배 보내졌다. 심지어 주석이 사망한 이후에도 그들은 농촌을 벗어나지 못했다. 일부는 결혼했기 때문이었고 일부는 도시 거주 허가를 받지 못한 까닭이었다. 1962년부터 1978년까지 통틀어서 약 1800만에서 2000만 명의 학생들이 도시에서 추방되었다.

———

농촌으로 보내진 것은 학생들만이 아니었다. 1949년에 죽의 장막이

드리워지자마자 새로운 정권은 사회 질서를 위협하거나 공공 자원을 낭비하는 것으로 판단되는 각계각층의 사람들을 도시에서 내쫓기 시작했다. 수백만 명의 피난민과 제대 군인을 비롯해서 매춘부와 극빈자, 소매치기 등이 농촌으로 보내졌고 농촌은 온갖 유형의 악질분자들이 모이는 거대한 쓰레기 하치장이 되었다. 그 사이에 호적 제도가 인구 이동을 엄격하게 통제하면서 때로는 목숨을 건 술래잡기가 벌어졌다. 농촌에서 취할 수 있는 가장 효과적인 생존 전략은 농촌을 떠나서 도시로 이주하는 것이었다. 정부는 값싼 노동력이 필요했고 그래서 보통은 이런 이주민들을 못 본 체했다. 그 결과 방대한 최하층 계급이 새로 등장했고 지저분하고 매우 힘들고 때로는 위험하기까지 한 일들이 맡겨졌다. 이주 노동자는 확실한 신분이 없었기 때문에 언제든 농촌으로 추방될 위험을 안고 살았다. 실제로도 적절한 증빙 서류가 없는 사람들을 대상으로 가끔씩 도시 정화 운동이 실시되었다. 적발된 사람들은 고향으로 송환되었고 개중에서도 완고한 수정주의자들은 강제 노동 수용소로 보내졌다.

대약진 운동이 최고조에 이른 1958년에는 산업 생산 목표가 끊임없이 상향 수정되면서 최소 1500만 명 이상의 농민들이 도시로 이주했다. 하지만 3년 뒤 국가 경제가 파산하면서 2000만 명이 농촌으로 추방되었다.[29]

저우언라이는 1968년 9월 7일에 상산하향 운동을 통해 학생들이 위대한 프롤레타리아 대중에게 배워야 한다고 선언하면서 당에도 계급 구성원을 정화하고 불필요한 직원을 농촌으로 보내 생산 활동에 합류하게 함으로써 〈행정부를 간소화〉하라고 촉구했다. 문화 대혁명의 혼란을 틈타 수백만 명이 도시로 유입된 터였고 이제 총리는 그들을 추방

할 때가 되었음을 시사했다.[30]

하향 규모는 충격적이었다. 1966년 여름 홍위병의 주도하에 전국적으로 출신 배경이 불량한 약 40만 명이 도시에서 쫓겨났을 때보다 규모가 훨씬 컸다. 상하이 한 곳에서만 1975년까지 95만 명의 학생들을 제외하고도 대략 33만여 명이 추방되었다. 경우에 따라서는 특히 일부 소도시에서는 농촌으로 추방된 일반인의 숫자가 하향한 학생들 숫자를 사실상 두 배나 앞질렀다. 여러 개의 강줄기가 만나는 후난 성 남쪽의 구릉 지역 링링 현에서만 3만 5,000명의 도시 거주자들이 전국의 농촌으로 분산 배치되었다. 그에 비하면 하향한 학생들은 1만 7,000명에 불과했다. 둥팅 호수와 인접한 헝양에서는 하향한 학생보다 두 배나 많은 3만 명의 일반인이 유배되었다. 그들은 열 명 중 아홉 명이 기아의 경계를 넘나들면서 12킬로그램의 도정되지 않은 곡물로 한 달을 버텨야 했다. 이는 하루 평균 1,000칼로리보다 적은 양이었고 국제 구호 단체들이 생존에 필요한 최소한의 열량으로 간주하는 하루에 1,700~1,900칼로리를 제공하는 데 드는 23~26킬로그램보다 훨씬 적은 양이었다.[31]

일가족 전체가 그들의 생존 능력과 상관없이 유배되기도 했다. 〈반동 분자〉로 유죄 판결을 받은 예순한 살의 황잉은 그의 장모와 아내, 딸과 함께 농촌으로 추방되었다. 척추 장애인 류쑤차이는 학습 장애가 있는 아내를 대신하여 네 살부터 열네 살까지 네 명의 자녀를 건사해야 했다. 하지만 열심히 일하는 대다수 농민들조차 가족 구성원을 부양하기는커녕 자기 목구멍에 풀칠하기도 빠듯한 농촌에서 도무지 먹고살 길이 막막했다. 류쑤차이가 이례적인 상황은 아니었다. 후난 성 전체 유배 가족의 대략 5분의 1에 상당하는 가정에서 주된 부양자가 자식이나 환자,

장애인, 노인 등 다른 가족 구성원을 먹여 살릴 수 있을 만큼 충분한 노동 점수를 벌지 못하고 있었다. 행상이나 공예가, 기술자, 점원, 교사 등 농사 경험이 전무한 사람들이 그냥 농촌에 버려진 채 부양 가족과 함께 스스로 알아서 해나가도록 방치되는 경우가 비일비재했다.[32]

사회주의 국가에서 출신 계급이 매우 중요하기는 했지만 결국에는 밥벌이를 하지 못하는 무능력함이야말로 가장 치명적인 낙인이 되었다. 다시 말해서 가난한 사회 구성원들은 부랑자와 같은 취급을 받았다. 경제가 부진을 면치 못하는 상황에서 정부는 주어진 자원을 고갈시키기만 하는 사람들의 숫자를 줄이고 싶어 했다. 그 결과 전국 곳곳에서 가장 취약한 범주에 속한 사람들이 우선적으로 유배되었다. 허베이성에 있는 중소 항구 도시 탕산의 경우에는 수만 명의 실직자와 부랑자가 추방되었다.[33]

상하이 당국은 전체 인구의 3분의 1을 줄이기 위한 계획을 구상하기까지 했다. 그리고 일찍이 1968년 4월 초부터 은퇴했거나 병가를 낸 노동자들에게 계급을 증명할 적절한 인증서가 없으면 귀향하라는 지시를 내렸다. 그렇게 될 경우 당연히 연금이나 의료 지원도 사라질 터였다. 1년 반 만에 학생들과 그 밖의 불순분자들을 포함해서 60만여 명이 추방되고 나자 이번에는 제거 대상자를 총 350만 명으로 늘리고자 하는 새로운 계획이 발표되었다. 그에 따르면 실직자와 은퇴한 사람들뿐 아니라 전체 의료계 종사자의 절반이 유배될 터였다. 만성 질환으로 고생하는 사람들도 목록에 추가되었다. 심지어 교도소까지 도시의 경계선 밖으로 재배치될 터였다. 해당 계획은 끝내 완벽하게 실행되지 못했지만 그럼에도 이후 수년 동안 상하이의 인구를 1000만 명 수준으로 유지하는 데 일조했다.[34]

일탈 행보를 보인 당 간부들도 농촌에서 재교육을 받아야 했으며 그들은 5·7 간부 학교로 보내졌다. 문화 대혁명은 제2차 세계 대전 당시 옌안에서 개발된 비전에서 상당한 동력을 얻은 터였다. 요컨대 모든 사람이 전쟁에서든 일에서든 하나의 공동체로 움직여야 하며 군인인 동시에 노동자이자 학생이 되어야 한다는 내용이었다. 1966년 5월 7일 마오쩌둥은 린뱌오에게 옌안 모델을 찬양하면서 대체 기술을 배우고 생산에 기여하도록 사람들을 독려하라는 편지를 보냈다. 정확히 2년 뒤 헤이룽장 성은 주석의 지시에 부응하여 농촌에 〈5·7 간부 학교〉라는 노동 훈련소를 설립하고 〈주자파〉와 〈수정주의자〉, 그 밖의 말을 듣지 않는 관리들이 그 안에서 함께 일하고 생활하고 자력갱생을 도모하도록 했다. 9월 30일에 주석은 헤이룽장 성의 실험적인 시도를 승인함과 동시에 〈많은 당 간부들을 농촌으로 보내 일하게 하는 것은 그들 자신에게도 훌륭한 제2의 학습 기회가 될 것이다〉라고 공표했다. 일주일도 지나지 않아서 『인민일보』는 5·7 간부 학교를 극찬하며 전국에 헤이룽장 성의 사례를 따르라고 촉구했다.[35]

　　곳곳에 간부 학교가 들어서기 시작했다. 베이징 대학도 이 같은 추세에 가담했다. 해당 대학에서는 교수들과 당 간부들이 강제로 기숙사에 입주해서 마오쩌둥 사상 선전대의 감시를 받으며 함께 공부하고 있었다. 대학 측은 장시 성 포양 호수 근처의 진흙이 뒤섞인 넓은 간척지를 부지로 선정했다. 누런 모래로 고르게 뒤덮인 야생 풀밭이 끝이 보이지 않을 만큼 넓게 펼쳐진 삭막하고 황량한 땅이었다. 수도에서 남쪽으로 1,000킬로미터 이상 떨어진 이곳에서 마오쩌둥 사상 선전대는 세심하게 통제된 환경에 성가신 지식인들과 의심스러운 당 간부들을 가두어 놓고 그들을 관찰했다. 주석에 대한 충성심을 증명한 사람들은 다시 도시로 돌아갈 수 있었지만 완고한 불순분자들에게는 종신형이 선고되었다. 대오 정화 운동에서 살아남은 가장 신뢰할 수 있는 교수들과 당 간부들만이 교정에 계속 남아 있을 수 있었다.

장시 성의 재활 훈련소는 황무지 한가운데 덩그러니 위치한 네 개의 임시 막사가 전부였다. 철사로 대나무를 엮어 만든 초소들과 대나무를 격자 구조로 짠 다음 진흙을 발라서 세운 담장부터 보다 제대로 된 막사까지 모든 것이 새로 만들어져야 했다. 옷가지는 줄을 이용해서 널어 말렸다. 지붕은 빗물이 줄줄 샜는데 그중에서도 가장 심하게 새는 곳에나 세숫대야를 받칠 수 있을 정도였다. 비가 올 때면 사람들은 몸이 젖지 않도록 대나무 틀에 비닐을 묶고 그 아래서 잠을 잤다. 점차 보다 영구적인 벽돌 건물이 들어섰으며 삽으로 점토를 파내어 물을 섞은 다음 직육면체 모양의 나무 틀로 찍어서 가마에 구워 만든 벽돌이 사용되었다.

간부 학교는 군에서 운영했으며 모든 수감자는 열 명으로 구성되는 소대에 배속되었고 소대 열 개가 모여서 하나의 중대를 이루었다. 규율은 엄격했다. 하루에 아홉 시간에서 열 시간에 달하는 무자비한 노동이 일주일 내내 계속되었다. 중대장들은 비가 올 때 야외 노동을 시키거나 아무런 이유 없이 벽돌을 이곳에서 저곳으로 옮기도록 지시하는 등 사람들을 시험하고자 늘 새로운 방법을 모색했다. 그들은 수감자의 생활을 최대한 비참하게 만드는 것이 자신들의 의무라고 생각했다. 그렇게 하지 않으면 노동을 통한 재교육이라는 목표 자체가 달성될 수 없다고 믿었다. 때로는 한밤중에도 군사 훈련이 실시되었다. 아침마다 의무적인 학습 모임도 열렸는데 이 시간이 되면 교수들과 당 간부들이 한자리에 집합해서 마오쩌둥 사상을 공부했다.

여기에는 중국에서 가장 유력한 과학자와 물리학자, 엔지니어, 철학자 등이 모여 있었다. 자신들의 실험실이나 사무실에서 한참 떨어진 곳에서 삽으로 진흙을 퍼 나르고, 벽돌을 굽고, 땔감을 줍고, 거름을 나르면서 강도 높은 육체 노동을 강요당했다. 한번은 케임브리지 대학교에서 유학한 수학자와 모스크바 대학교에서 박사 학위를 딴 물리학자에게 돼지를 도살하는 일이 맡겨졌다. 그들은 도살에 실패했고 도망친 돼지가 사방에 피를 뿌렸다. 그럼에도 진정한 신봉자는 여전히 많았다. 어떤 희생자들은 자신들이 보다 생산적인 사회 구성원이 되어야 한다고 확신했다. 웨다이윈 같은 사람들은 선전대의 목표에 동의하면서 〈우리가 받는 대우에 분노를 느끼지 않는다〉라고 인정했다. 어떤 희생자들은 문화 대혁명의 환란에서 벗어난 단순한 삶을 오히려 환영하는 태도를 보였다.

모두가 그처럼 침착한 모습을 보인 것은 아니었다. 병색이 짙고 무표정한 얼굴의 녜위안쯔는 더 이상 혁명 영웅으로 칭송되지 않았을뿐더러 아침마다 소변이 든 무거운 양동이를 비우는 일을 맡았다. 그녀에게는 불구대천의 원수이자 한때 총장 밑에서 유력한 부서기로 일했던 펑페이윈에게도 마찬가지로 고된 일이 주어졌다. 선전대는 그들의 콧대를 완전히 꺾어 놓고자 했다. 전국의 간부 학교에서 문화 대혁명 때 등장한 수많은 파벌의 대표들이 무너져 내리고 있었다.[36]

대부분의 간부 학교는 사회와 완전히 격리되어 있었다. 이따금씩 동네 시장을 방문하거나 마을에 나와서 식량을 구입하거나 우편물을 수거하기도 했지만 그들이 본받아야 할 모범적인 노동자나 농민, 군인은 어디에서도 발견할 수 없었다. 게다가 그들이 수행하는 중노동도 딱히 쓸모가 있지 않았다. 심지어 자급자족할 능력도 없었기 때문에 곡물과 식용유, 야채, 고기 등을 정기적으로 배급받으며 상당한 보조를 받아야 했다.

무엇보다 집으로 돌아올 수 있다는 희망도 없이 농촌으로 유배된 많은 일반인과 학생에 비해서 간부 학교에 보내진 정부 관리들은 상대적으로 적지 않은 보호를 받았다. 게다가 그 숫자도 훨씬 적었다. 1970년 봄에 이르러 간쑤 성에는 간부 학교에서 생활하는 사람들이 2만 명도 되지 않았는데 대략적으로 전체 당 간부의 5퍼센트에 불과한 수치였다. 그에 비하면 농촌으로 유배된 학생들의 숫자는 50만 명에 달했다. 허베이 성에서는 3만 2,000명 남짓한 당 간부들이 농촌에서 재교육을 받았다. 그들 중 대다수는 전국의 다른 당 간부들과 마찬가지로 1970년 가을에 원래의 자리로 복귀할 수 있었다.[37]

16장
전쟁 준비

　자작나무와 덤불로 드문드문 뒤덮인 전바오 섬은 길이 2킬로미터가
채 안되고 폭은 기껏해야 800미터 정도다. 중국어로 전바오다오, 즉
〈보물섬〉이라는 이름을 가진 이 섬은 중국과 소련의 국경을 이루는 우
수리 강 하류에 위치한다. 붉은 여름 외피를 두꺼운 갈회색 털로 갈아
입은 만주 붉은 사슴들이 때때로 꽁꽁 언 강을 가로질러 돌아다닌다.
전바오 섬은 영토 분쟁의 중심에 있었다. 흰색 겨울 군복을 입은 양국
의 국경 수비대가 갈고리 장대와 곰 사냥용 창, 표면에 못을 박은 몽둥
이 등의 무기를 이용해 서로 충돌했기 때문에 크고 작은 사건들이 끊이
질 않았다. 일단의 군용 트럭이 중국 쪽 강변에 일렬로 정차하고 트럭
에서 내린 수백 명의 군인들이 확성기의 군악에 맞추어 싸움에 대비해
서 몸을 푸는 광경도 몇 차례에 걸쳐 목격되었다.[1]
　양국이 중화기를 동원하여 충돌한 적은 아직 없었지만 1969년 3월
에 이르러 내내 고조된 갈등이 일촉즉발의 상황에 도달하면서 싸움은
전혀 새로운 국면을 맞이했다. 3월 2일 이른 아침에 수십 명의 무장한
중국 군인들이 얼어붙은 강을 건너 전바오 섬을 점령하고 사정거리에

들어온 강 건너편 국경 초소를 향해 총을 난사했다. 인민 해방군의 박격포가 적진을 포격했다. 십자 포화는 소련의 증원군이 도착해서 적에게 미사일을 발사할 때까지 몇 시간 동안 지속되었다.

2주 뒤인 3월 15일 수천 명의 군인들이 전바오 섬에서 다시 충돌했다. 하지만 이번에는 단단히 준비한 소련군이 수십 대의 탱크와 장갑차를 투입하여 인민 해방군의 공격을 격퇴했다. 이 전투에서 수백 명이 사망했다.

중국은 국경 분쟁에서 주도권을 되찾기 위해 수개월째 전쟁을 준비해 온 터였다. 베이징의 캐피털 웨스트 호텔에서 작전에 관련된 모든 것을 감독했다. 전용 전화선이 설치되어 호텔과 우수리 강에 있는 부대를 직통으로 연결했다. 중요한 결정은 모두 저우언라이의 몫이었다. 하지만 3월 15일 전투 이후 주석이 개입했다. 〈여기서 그쳐야 한다. 더 이상 싸우지 말라!〉 마오쩌둥으로서는 이미 자신이 목적한 바를 이룬 참이었다. 당초 그의 목적은 소련에 본때를 보여 주고 국경 분쟁을 이용해서 자국에 단계적으로 긴장감을 고조시키는 것이었다.[2]

두 번째 충돌이 끝나자마자 선전부는 전쟁을 독려하기 시작했다. 〈전쟁에 대비하라!〉는 그날의 표어가 되었다. 과장하길 마다하지 않는 주석은 중국이 〈대전투와 속전, 심지어 핵전쟁에 대비하여〉 준비를 해야 한다고 공표했다.[3]

2주 뒤 고대했던 제9차 중국 공산당 전국 대표 대회가 베이징에서 열렸다. 마침내 주석은 1956년 9월에 열린 제8차 중국 공산당 전국 대표 대회에서 내려진 결정들을 뒤집을 수 있었다. 13년 전 대의원들은 마오쩌둥이 1955년에 중국의 집산화를 서두르다가 실패로 돌아간 사회주의 고조에 관한 일체의 기록을 조용히 지워 버렸다. 또한 1956년 2월에 흐루쇼프가 스탈린을 비난하고 나선 지 반년 만에 당헌에서 마오쩌둥 사상이 언급된 부분을 삭제하고 개인 숭배를 비난했다.

주석은 특별 편성된 군용기를 타고 밤에 수도에 도착한 대의원들에게 국경 분쟁으로 촉발된 호전적인 분위기를 이용해서 엄격한 비밀 유지 조건을 내걸었다. 그들에게 대회와 관련해서 누구와 어떠한 이야기도 주고받지 말라는 지시를 내렸다.[4]

주석의 철저한 감독 아래 장춘차오와 야오원위안이 초안을 작성한 주요 정치 현안 보고서가 린뱌오의 목소리를 통해 낭독되었다. 문화 대혁명을 찬양하고 계급의 적들에 대한 경계를 늦추지 않겠다고 다짐하는 내용이었다. 이어서 저우언라이가 〈우리 프롤레타리아 사령부의 최고 부사령관〉 린뱌오에게 찬사를 보내며 그를 마오쩌둥의 공식적인 후계자로 지명할 것을 요청했다. 새로운 당헌을 통해 〈마르크스·레닌주의 마오쩌둥 사상이 당 노선을 이끌 이론적 토대〉로 규정되었다. 마오쩌둥 사상이 중국의 지도적인 이념으로 다시 인정받는 순간이었다.

대회 마지막 날 1,500명의 대의원들은 새로운 중앙 위원회를 선출하도록 요구되었다. 투표는 치밀하게 조작되었다. 새로 선출될 중앙 위원회 위원 숫자에 맞추어 이미 지원자 명단이 준비되어 있었고 대의원 과반수의 반대로 후보에서 탈락되지 않는 한 모두 당선이 확정된 것이나 다름없었다. 국경에서 발생한 일련의 충돌이 군에 유리하게 작용하면서 육군과 해군, 공군 출신들이 지원자들의 3분의 1 이상을 차지했다. 캉성과 린뱌오, 저우언라이의 아내들과 함께 장칭도 새로운 위원 중 한 명으로 선출되었다. 후에 그녀를 반대한 열 명이 누구인지 알아내기 위한 은밀한 조사가 진행되기도 했다. 한편 그녀가 이끌던 중앙 문화 혁명 소조는 그해 여름부터 활동을 줄여 나가기 시작했고 1969년 9월에

이르러서는 활동을 전면 중단했다.[5]

———

　린뱌오가 최고의 전성기를 맞으면서 중국은 무장을 더욱 강화했다. 전바오 섬 충돌 사건이 발생한 뒤로 수개월 동안 중국 전체가 전쟁 준비에 동원되었다. 그런데 1969년 8월 중순에 이르러 이번에는 소련이 보복을 단행해 왔다. 두 제국을 양분하는 7,000킬로미터의 국경 정반 대쪽 끝에 위치한 신장에서 두 대의 헬리콥터와 수십 대의 장갑차를 앞세운 300여 명의 소련군이 기습 공격을 감행했고 국경 안으로 깊숙이 쳐들어와 중국 측 국경 수비대 한 개 소대를 전멸시켰다.

　3월 초에 발생한 전바오 섬 충돌 사건이 소련 지도부를 불안하게 만든 결과였다. 그들은 인민 해방군이 소련 영토를 대대적으로 침략할지 모른다는 사실에 깜짝 놀랐다. 소련 공산당 내의 일부 강경파들은 〈중국이라는 위협적인 요소〉를 제거해야 한다는 주장까지 제기하고 나왔다. 소련군의 주요 기관지인 『붉은 별』은 〈현대의 모험가들〉에게 압도적인 핵 공격을 안겨 줄 거라고 단언하는 기사를 내보냈다. 신장에서 국지 공격을 감행함으로써 주도권을 되찾은 소련은 전쟁 준비에 박차를 가하기 시작했다. 닷새 뒤 워싱턴의 소련 대사관은 미국 정부에 만약 소련이 중국 핵 시설을 공격할 경우 어떻게 나올 것인지 물었다. 미국 정부는 대답을 회피했다. 그러는 동안에도 소련의 공식 기관지 『프라우다』는 전 세계를 상대로 중국이 얼마나 위험한 나라로 변했는지 알아야 한다고 호소했다. 핵 보유국인 두 나라의 전면전이 임박한 듯 보였다.[6]

주석은 충격에 휩싸였다. 소련이 전쟁을 일으키려고 생각할 줄은 전혀 예상치 못한 터였다. 우수리 강과 헤이룽 강이 자연적인 경계를 형성하고 있는 만주의 국경 분쟁 지대와 달리 신장의 황량한 사막을 따라 형성된 엄청난 길이의 국경은 그 경계가 매우 모호했다. 그다지 멀지 않은 로프 노르 염수호 근처에는 핵 실험장도 있었다. 게다가 끈질긴 식민지 정책을 통해 수백만 명의 중국인 정착민을 해당 지역으로 이주시켰음에도 불구하고 신장 주민의 대다수는 여전히 위구르족과 카자흐족, 키르기스족, 타지크족을 비롯한 소수 민족들이었고 그들은 가축을 집산화하려는 중국 정부의 시도에 분개하며 진정한 독립을 갈망하고 있었다. 마오의 대기근이 막바지에 달했던 1962년에는 6만 4,000명이 넘는 사람들이 보잘것없는 재산을 챙겨서 자식과 가족을 데리고 국경을 넘어 소련으로 망명했다.[7]

이 지역에 배치된 소련군은 수적으로 훨씬 우세했을 뿐 아니라 중거리 미사일의 지원을 받았다. 불과 몇 년 뒤인 1966년 1월에 소련은 몽골 정부와 상호 원조 조약을 체결하고 신장과 국경을 맞대고 있는 몽골에 군대를 배치했다.

베이징에 전쟁의 공포가 드리웠다. 문화 대혁명으로 인한 피해가 수년에 걸쳐 누적된 중국은 〈전쟁에 대비하라!〉라는 표어에도 불구하고 전혀 준비가 되어 있지 않았다. 이제 린뱌오는 군사비를 두 배로 늘리라고 요구했다. 8월 28일에 중앙 위원회는 소련과 몽골에 국경을 맞대고 있는 모든 성과 지구에 군사 동원령을 내렸다. 전국에 적색 경보를 발령하고 국민들에게 소련의 대규모 침략에 대비하라고 주문했다.

막후에서는 과거의 비협조적인 태도에서 극적으로 후퇴한 중국 정부가 소련과 국경 문제를 논의하는 데 합의했다. 하지만 코시긴이 갈등을 완화하고자 많은 외교적 양보를 했음에도 린뱌오와 마오쩌둥은 의심을 거두지 않았다. 모스크바의 평화적 몸짓은 조만간 있을 공격을 숨기기 위한 연막처럼 보였다. 10월 20일에 국경 문제를 논의하기 위해서 소련 대표단이 베이징에 도착했을 때는 모든 당과 군 지도자들에게 수도를 벗어나 있으라는 지시가 내려질 정도로 공포가 극에 달했다. 마오쩌둥은 우한으로 피신했다. 저우언라이만 수도에 남아서 작전 참모들과 함께 교외에 있는 지하 작전 상황실로 이동했다. 앞서 10월 17일에 린뱌오는 쑤저우의 벙커에서 〈제1호 명령〉을 발동해서 전군에 삼엄한 경계 태세를 지시했다. 전국에서 100만 명의 병력과 4,000대의 전투기, 600대의 전함이 전략적으로 유리한 위치를 선점하기 위해 이동했다. 정작 10월 20일 당일에는 아무 일도 일어나지 않았다.[8]

———

출신 계급이 나쁜 가족들, 도시 거주가 허가되지 않은 농민들, 계약직 노동자들, 은퇴자들, 병약자들, 학생들, 다수의 당 간부들 등 사회 각계각층의 구성원이 1968년 9월에 이미 농촌으로 이송되기 시작한 터에 제3차 세계 대전이 일어날지 모른다는 두려움 때문에 관련 정책이 더욱 탄력을 받으면서 수백만 명이 농촌으로 추방되었다. 농촌에서 불법적으로 돌아온 사람들을 색출하는 조치가 행해지는 한편으로 이제는 5·7 간부 학교로 보내진 공무원들의 아내와 자식들, 농촌에 영원히 정착하도록 보내진 사람들의 가족이 추방되었다. 광둥 성과 푸젠 성에서는 모기장과 법랑 재질의 세숫대야, 조리 기구 등이 담긴 바구니와 가방을 든 긴 피난민 행렬이 등장했다.[9]

도시에 남은 사람들에게는 전쟁에 대비하라는 지시가 내려졌다. 상하이를 비롯한 여러 도시에 소책자가 배포되어 사람들에게 폭탄 궤적이 그냥 수직으로 떨어지는 것이 아니라 비행기의 진행 방향으로 사선을 그린다고 설명했다. 아울러 핵 공격이 가해질 경우에 대피하는 요령, 참호를 파는 요령, 소총을 이용한 대공 사격 요령, 건물의 안전한 쪽에 대피하는 요령, 응급 처치 요령, 화재 진압 요령, 외국 전투기 식별 요령 등을 설명했다. 소련과 미국의 항공기나 헬리콥터에 부착된 표식과 전체적인 형태를 설명하는 광고판도 등장했다.[10]

곧 모든 도시가 반소(反蘇)와 반미를 외치는 포스터로 도배되었다. 상하이 와이탄에 등장한 한 만화에서는 브레즈네프가 꽃무늬 병풍을 뚫고 얼굴을 내민 채 평화 협상을 벌이는 한편으로 몰래 성냥을 들고 자신의 맨 발가락 사이에 끼운 거대한 로케트에 불을 붙일 준비를 하고 있었다. 또 다른 만화에서는 닉슨 대통령이 탐욕스럽게 지구를 껴안은 채 소련을 꼬드기고 있었다.[11]

모든 사람이 선전 내용을 믿은 것은 아니었다. 국내의 긴장감을 고조시키고 지역 주민들을 결집시키기 위해 국경에서 일어난 충돌을 이용했다고 생각하는 사람들도 많았다. 허베이 성 한단 시에서 실시된 한 여론 조사를 통해 드러난 바에 따르면 일부 주민들은 단지 총알 몇 번 교환했을 뿐인데 왜 그렇게 야단법석을 떠느냐며 의아해했다. 반면에 겁에 질려서 어쩔 줄 모르는 사람들도 있었다. 어떤 사람들은 제3차 세계 대전이 닥칠 것을 두려워해 시골로 피난을 떠났다. 어떤 사람들은 도시에 남아 전 재산을 팔아서 와인과 음식을 사고 최후의 만찬을 즐기면서 지구 종말을 초래할지 모를 마지막 전쟁을 기다렸다. 허베이 성의 다른 한쪽에서는 또다시 가축을 징발당할까 봐 걱정한 농민들이 돼지를 전부 도살했다. 몇몇 지역에서는 전쟁이 일어날 거라는 생각에 사재기가 발생하여 상점에서 건전지나 양초가 자취를 감추었다.

비록 소수지만 전쟁을 반기는 사람들도 있었다. 공산당의 몰락을 예견하는 반동적인 표어들이 나붙었다. 어떤 현에서는 한 지하 조직이 〈우리는 미국·소련과 연계해서 베이징을 공격해야 한다!〉라고 주장하면서 지역 주민들에게 무장하라고 외쳤다. 적의 진군을 돕기 위한 것으로 보이는 불길이 여기저기에서 치솟았다. 성급한 사람들은 적에게 협조하겠다고 자원하기도 했다. 펑구이위안도 그런 자원자 중 한 명이었다. 그는 〈소련군이 오면 나는 길거리로 나가서 그들을 환영할 것이다〉라는 발언도 서슴지 않았다. 다른 사람들은 공산주의 이후의 삶을 계획하기 시작했다. 완춰안 현에 사는 한 지주의 아내 마위에는 자녀를 데리고 20년 전 토지 개혁 당시에 그들이 빼앗겼던 집을 확인하러 가기도 했다.[12]

완전한 절망감도 한몫을 했다. 한때는 레이펑을 본받고자 했던 이상주의자 자이전화는 이제 옌안의 동굴에서 내심 전쟁이 일어나기를 바랐다. 〈전쟁은 재앙을 불러오지만 동시에 기회도 가져다준다. 지금처럼 절망적인 생활을 하느니 차라리 전장에서 영웅처럼 죽고 싶다. 혹시라도 내가 죽지 않는다면 중국의 사정은 전쟁 이후에 분명히 더 나아질 것이다. 적어도 나는 그렇게 생각했다. 당연히 말도 안 되는 생각이었지만 나는 말도 안 되는 시대를 살고 있었다.〉[13]

하지만 대다수 사람들은 매우 충실히 훈련에 따랐다. 공장 근로자와 공무원은 물론이고 학생까지 민방위 훈련을 받았다. 상하이에서는 어린 학생들이 대열을 이루어 행진하다가 땅바닥에 몸을 던져 엎드린 다음 호각 소리에 맞추어 눈을 가렸다. 잠시 후 인솔자가 다시 신호를 하면 벌떡 일어나 보통은 무척 신나서 행진을 재개했다. 가짜 소총을 메고 박자에 맞추어 행군하는 학생들도 보였다. 베이징에서는 학생들이 나무로 된 가짜 총을 가지고 가슴에 적인지 아군인지 표시한 종이를 매단 채 모의 시가전을 치렀다. 군인들은 신병에게 개인 화기 다루는 법을 가르쳤다. 저녁에는 탐조등을 운용하는 훈련이 자주 행해졌다.[14]

헌혈을 부추기는 목소리가 드높았다. 하지만 사람들은 무엇보다 참호와 방공호를 파서 국가에 기여하도록 요구되었다. 주석은 〈동굴을 깊게 파고 최대한 많은 곡물을 저장하라〉라고 독려했다. 이미 1965년 6월에 마오쩌둥은 〈집 아래에 대략 1미터 깊이로 대피소를 파는 것이 최선의 방법일 것이다. 모든 집을 땅굴로 연결한다면 그리고 집집마다 각자 대피소를 구축한다면 국가로서는 어떠한 비용도 부담할 필요가 없을 것이다〉라고 제안했던 터였다. 독일군이 치열한 백병전을 벌이며 거리의 모든 집에서 러시아인들과 싸워야 했던 스탈린그라드 전투를 연상시키는 종말론적 비전을 제시함으로써 그는 모든 도시가 시가전에 대비하여 준비를 갖추길 바랐다. 1970년 6월에 한 외국인 방문객과 나눈 대화에서 주석은 모든 건물이 땅굴로 연결될 것이며 시민들은 대피소로 후퇴해 그 안에서 숨어 지내고, 공부하고, 사격 연습을 하고, 적을 괴롭힐 거라고 설명했다.[15]

적어도 수도에서 주석은 자신이 원하던 바를 이루었다. 건설 광풍이 불면서 베이징은 1년 이상 흙더미와 〈믿을 수 없을 정도로 많은〉 벽돌로 뒤덮였다. 백화점과 정부 청사 내부에 깊은 땅굴이 파였으며 이 땅굴은 좁은 터널과 벙커를 바탕으로 엘리베이터까지 갖춘 방대한 규모의 지하 세계와 연결되었다. 한편 톈안먼 광장에는 군이 인민 대회당을 미로 같은 터널과 연결하는 막대한 임무를 맡으면서 기중기와 파일 드

라이버를 가리기 위해 거대한 광고판이 등장했다.[16]

기술자와 군인이 건설 작업을 감독하면서 작업이 빠르게 진행되었고 머지않아 베이징은 총 85제곱킬로미터 규모의 지하 도시를 자랑하게 되었다. 지하 도시는 식당과 병원, 학교와 극장, 공장은 물론이고 듣기로는 롤러스케이트장까지 갖추었다고 했다. 일부 대피소에는 가스가 스며들지 못하는 해치와 방사선 차폐 기능을 갖춘 30센티미터 두께의 강철문이 설치되었다. 곡물과 식용유도 지하에 저장되었고 거의 빛을 필요로 하지 않은 버섯 같은 경우에는 특수 지하 농장에서 직접 재배되었다.

굴파기 작업이 몇 년 전부터 시작된 지하철 공사와 종종 병행해서 진행되기도 했다. 지하철은 1969년 10월 1일에 인민 공화국 설립 20주년을 기념하기 위해 1호선이 시험 운행을 시작했으며 교외에 있는 군부대에서 베이징 기차역까지 운행되었다.[17]

사고가 잇따랐다. 특히 산만한 시민들이 지질학은 고사하고 기초적인 공학 지식도 없는 지역 당 간부의 지시를 따른 작업장에서는 더욱 그랬다. 어쨌든 옌안 정신은 대중의 보편적인 지식을 찬양하고 반면에 전문 지식을 부르주아적인 것으로 업신여겨 온 터였다. 여러 소규모 공사 현장에서 땅굴을 파고 남은 흙은 외바퀴 손수레로 옮겨져 거리에 버려졌다. 혹시 비라도 많이 오면 쌓인 흙이 진흙탕으로 변하면서 자전거가 미끄러지거나, 손수레가 뒤집히거나, 배수로가 막혀서 범람하기 일쑤였다. 상하이의 푸시 구역에는 여덟 개의 거리에 땅굴 작업장에서 나온 흙과 잔해, 부패한 쓰레기 등이 100개의 거대한 산을 이룬 채 일렬로 쌓여 있었다. 무게로 따져도 3만 톤에 달하는 엄청난 양이었다. 온통 진흙을 뒤집어쓴 거리의 풍경은 마치 강력한 태풍이 지나간 뒤에 청

소를 하고 있는 것 같았다. 전국의 많은 거리에서 비슷한 장면이 연출되었다.[18]

지질 조사가 대규모 건설 현장에 한해서만 진행된 까닭에 지상의 가옥이 피해를 입는 사례도 속출했다. 1943년에 인민 공화국에 반환되기 전까지 상하이 공공 조계 지역이 위치했던 황푸 구역에서는 땅굴 공사로 기반이 너무 약해지는 바람에 10여 채의 가옥이 함몰되거나 파손되었다. 어설프게 보강된 대피소가 붕괴되면서 사망 사고가 발생했고 인부들이 산 채로 매몰되었다. 매몰 사고는 주기적으로 반복되었다. 학생들도 땅굴 작업에 동참하기 시작한 뒤로는 공사 현장이 붕괴되어 어린 학생들이 질식사하는 경우도 종종 발생했다.[19]

사람들은 또 벽돌을 기증하라는 요구도 받았다. 강철 생산량을 두 배로 늘리라는 요구에 부응하기 위해서 토법고로를 만들었던 대약진 운동이 떠오를 정도로 모든 마을과 도시에 벽돌을 굽는 임시 가마가 등장했다. 땅을 팔 때 나오는 진흙으로 벽돌을 만들어서 지하 대피소를 보강하는 데 사용할 수 있다는 생각이었다. 베이징에서는 거대한 흙더미 주변에 진흙 가마들이 등장했고 1인당 벽돌 서른 개씩 할당량이 주어졌다. 어쩌면 이미 예상했겠지만 벽돌에는 반소 구호가 새겨졌다. 한 보고서가 열변을 토했듯이 상하이에서는 〈사람들이 자발적으로 집에 있는 닭장과 수조를 허물어서 벽돌을 가져왔다. 심지어 침대와 가구를 괴거나, 담장을 보강하거나, 난로를 받치거나, 바닥에 깔았던 벽돌을 가져오는 사람들도 있었다〉. 또한 사람들은 임시 가마에 사용할 석탄도 기증했다. 이들 임시 가마를 통해 기존의 건물에서 회수하거나 찾아낸 것을 제외하고도 700만 개에 달하는 벽돌이 생산된 것으로 알려졌다.[20]

사망자 수는 벽돌 개수만큼 꼼꼼히 기록되지 않았지만 그럼에도 모래나 돌, 점토, 벽돌 등으로 제작된 일부 가마가 무너지거나 폭발한 사례를 고려하면 그 수가 결코 적지 않았음이 분명하다. 상하이에서 1971년 국경절을 맞이하여 벽돌 생산량 신기록을 달성하고자 했을 때는 푸퉈 구역의 가마 중 하나가 무너지면서 열두 명이 매몰되거나 부상을 당했다. 임시 가마는 1970년대 중반까지 치명적인 위험을 초래했다.[21]

베이징은 전국에서 가장 방대한 지하 연결망을 건설함으로써 경쟁을 이끌었다. 소문에 의하면 250만 명을 수용할 수 있다는 벌집처럼 정교한 지하 터널을 보유한 상하이도 크게 뒤처지지 않았다. 허베이 성의 6대 도시에서는 총 100만 명 이상이 지하 대피소를 이용할 수 있었다. 1970년 말에 이르자 전국의 75개 대도시는 해당 도시의 전체 인구 중 60퍼센트를 수용할 수 있는 지하 대피소 규모를 자랑했다. 이들 대피소는 손으로 판 것이 대부분이었다.[22]

전략적으로 중요한 산들도 터널이 빼곡하게 들어찼으며 일부 터널은 여러 대의 버스가 동시에 지날 수 있을 정도로 넓었다. 산둥 성의 성도인 지난 바로 외곽에 위치한 랑마오 산을 관통하는 한 터널은 폭이 8미터에 높이가 7미터에 달했으며 1만 톤의 곡물을 저장하도록 설계된 지하 저장 시설로 이어졌다. 인근의 완링 산 깊은 곳에 들어선 지하 주차장은 200대의 군용 차량을 수용할 수 있었다. 심지어 척박한 지형이 대부분인 간쑤 성에서도 1970년 말까지 오지의 땅속 깊은 곳에 100만 제곱미터에 육박하는 지하 공간이 건설되었다. 전국의 다른 지역과 매우 동떨어지고 고립되어 있어서 마오쩌둥이 수십 년 전 일본과 싸울 때 전시 기지로 선택한 옌안에서는 자이전화와 해당 마을 출신의 몇몇 모범적인 노동자들이 삽질로 황토산을 뚫고 나아가야 했다.[23]

무지막지한 공을 들였음에도 대부분은 쓸데없는 짓에 불과했다.

1970년 11월에 세심하게 기획된 베이징 대피소 방문 기회를 얻은 미국인 기자 에드거 스노가 좁은 터널을 지나 불과 얼마 전에 완공된 지하 벙커에 도착했고 그곳에서 시아누크 왕자의 전화를 받았다. 시아누크 왕자는 자국인 캄보디아에서 군사 쿠데타가 일어나 원수직을 박탈당한 이후로 마찬가지로 베이징에서 지내고 있던 참이었다. 결과적으로 전쟁은 일어나지 않았다. 토끼 굴 같은 지하 시설은 완성과 동시에 빠르게 사람들에게서 잊혀 갔으며 곰팡이와 해충에게 점령당했다. 머지않아서 많은 땅굴이 폐쇄되었다. 지하 연결망은 군사 기밀로 간주되었고 맨손으로 그처럼 엄청난 일을 해낸 당사자들에게도 출입이 금지되었다.[24]

전국의 거의 모든 성인들과 미성년자들이 대피소를 짓는 일에 참여했다. 전쟁에 대한 공포가 문화 대혁명으로 촉발된 그 모든 정치적 내분을 뒤로하고 마침내 그토록 필요로 했던 국민적 단합을 이끌어 내는 데 일조했다. 전쟁의 공포는 사람들을 내내 정신없이 몰아붙였다. 도시를 비우고, 참호를 구축하고, 식량을 비축하는 과정에서 어느덧 파벌 싸움이 종식되었다.

———

언제나 스탈린의 까다로운 학생이었던 주석은 자신의 예전 스승이 저지른 가장 심각한 실수 — 흐루쇼프가 장차 자신의 네메시스가 될 거라는 사실을 알아보지 못한 부분은 제외하고 — 중 하나가 대대적인 침략에 대비한 포괄적인 대피 계획의 부재라는 사실을 깨달았다. 독일이 1941년 6월에 국경 너머로 100개의 사단을 투입하면서 전쟁사를 통틀어 가장 큰 군사 작전인 바르바로사 작전을 단행한 뒤에야 비로소 대피 위원회가 수립된 터였다. 뒤이은 유례없는 대규모 병참 임무 과정에서 1,500개가 넘는 가장 중요한 공장들이 분해되어 동부로 이송되었다. 여름내 250만 명의 군인을 전선으로 실어 나른 기차들이 산업용 기계를 싣고 동부로 복귀했다. 우랄 산맥과 중앙 아시아, 시베리아 등지에서 해체된 공장들이 입주할 만한 충분한 건물을 확보하는 것도 쉽지 않은 문제였기 때문에 대부분의 산업용 자재들이 1942년 봄까지 분해된 채로 창고에 마냥 보관되었다. 그 자체로 엄청난 임무였지만 독일군이 점령한 3만 2,000개의 공장에 비하면 극히 일부에 불과했다. 뒤늦게 애를 썼음에도 불구하고 소련은 인구의 40퍼센트와 많은 산업 시설을 잃었다.[25]

마오쩌둥은 그와 똑같은 실수를 저지르지 않기로 결심했다. 1964년 10월에 흐루쇼프가 몰락하기 이전부터 중국과 소련은 상대를 향해 연신 호전적인 성명을 발표하며 갈등이 정점으로 치닫고 있었다. 그리고 주석은 소련이 중국을 공격할지 모른다고 의심했다. 〈소련이 신장이나 헤이룽장, 아니면 네이멍구에 군대를 투입할 가능성이 있는가?〉 여기에 더해서 미국은 베트남 전쟁에 점점 더 적극적으로 개입하고 있는 중이었다. 마오쩌둥이 찾은 해답은 전쟁이 발발할 경우 공격받을 가능성이 높은 육상과 해상의 국경선에서 멀리 떨어진 내륙에 3선(三綫)을 건설하는 것이었다.[26]

3선 건설의 목표는 그야말로 중국의 내륙 지역에 완전한 산업 기반 시설을 구축하는 것이었다. 1964년부터 1980년까지 인구가 밀집한 북부와 해안 지역에서 한참 떨어진 내륙의 가장 외지고 척박한 지역으로 전국의 수많은 공장 중 일부를 이전하는 엄청난 규모의 프로젝트가 실시되었다. 비옥한 분지를 둘러싼 높은 산맥 때문에 흔히 천혜의 요새로 불리는 쓰촨 성이 3선의 중심지가 되었다. 이외에도 산시 성과 후베이 성부터 윈난 성과 구이저우 성을 가로지르는 고원까지 다른 산악 지역들이 개발 대상으로 선정되었다. 공장이 통째로 분해되어 옮겨지는 경우도 있었지만 대개는 도시에 위치한 공장의 일부 기계와 노동력만 내륙으로 재배치되었다.[27]

다른 시설은 전부 새로 건설되었다. 쓰촨 성 남쪽에 지형이 험하고 황량하지만 풍부한 광물 자원을 보유한 판즈화 지구에는 1965년 이후에 거대한 철강 단지가 조성되었다. 전국 각지에서 수만 명의 건설 노동자가 파견되어 탄광을 개발하고, 철도를 연결하고, 발전소를 건설했다. 수백 킬로미터에 이르는 터널을 뚫어서 새로운 철강 도시를 청두와 쿤밍 두 도시로 연결하느라 철도 건설에만 33억 위안의 비용이 들었다. 국민당 청년단의 한 회원은 1965년에 판즈화로 보내진 최초의 파견대 중 일원이었다. 〈우리에게는 아무것도 없었다. 심지어 음식을 익힐 때 쓸 석탄조차 없었고 산에는 땔감으로 쓸 수 없는 덤불밖에 없었다. (……) 우리는 햇빛을 가리기 위해 챙이 넓은 모자를 쓰고 물통 하나를 들고서 한 벌밖에 없는 옷을 입고 여기저기를 돌아다녔다. 교통수단이라고는 우리가 가진 두 발이 전부였다.〉 하지만 어떠한 고난도 3선 건설의 장애물이 될 수 없었다. 애가 달은 주석은 광공업부에 〈판즈화 철강 공장을 건설하기 전까지 나는 잠을 잘 수 없다〉라며 압박했다. 혹시라도 자금이 부족할 것을 걱정해서 『마오쩌둥 어록』을 비롯한 여러 저서의 저작권료를 해당 사업을 위해 기부하기도 했다.[28]

1965년에 정부는 신도시로 거듭난 판즈화의 경계를 다시 그리며 인근 인민공사에 속해 있던 8만여 명의 주민들을 신도시에 포함시켰다.

그들은 고된 노동에 혹사당했다. 사망율이 충격적인 13퍼센트에 달했다. 열악한 환경과 엄격한 군율, 계획을 실행하는 데 따른 엄청난 독촉 등은 문제의 일부에 불과했다. 3선 건설 과정을 연구한 한 사학자의 지적에 따르면 판즈화뿐 아니라 다른 곳에서도 준비 작업이 거의 없었다. 여러 부지가 동시다발적으로 선정되고 설계를 거쳐 곧바로 건설에 들어갔다. 말 그대로 주먹구구식이었고 그 결과 값비싼 대가를 요하는 실수를 바로잡기 위해서 끊임없이 보완 조치가 필요했다.[29]

1966년에서 1968년 사이에는 문화 대혁명 때문에 3선 건설이 상당수 중단되었고 운송이 마비되면서 판즈화에서도 간헐적으로 공사가 중단되었다. 하지만 1969년 3월 전바오 섬에서 충돌이 일어난 뒤로 대대적인 투자가 재개되었다. 내륙의 여러 지역을 철도망으로 연결시키기 위해 수십만 명의 임시 노동자들이 동원되어 인해 전술이 펼쳐졌다. 정부가 전쟁의 공포를 이용해 노동자들을 광란의 도가니로 몰아넣으면서 3선 건설 운동이 절정에 달했을 때는 선로가 1미터 늘어날 때마다 두 명에 가까운 노동자가 목숨을 잃었다.

산악 지대를 포함하여 내륙 전역에 수백 개의 공장이 들어섰다. 후베이 성 서부에 내륙 안쪽 깊숙이 위치한 스옌의 제2자동차 공장은 140개가 넘는 다른 공장과 연구소로부터 도움을 받았다. 제2자동차 공장과 연관된 많은 공장들이 해당 지역 곳곳에 넓게 분산된 채 타이어와 고무, 페인트를 비롯해 다양한 자동차 부품을 생산했다. 개중에는 좁은 협곡에 자리한 공장도 있었고 산을 움푹 파내고 거대한 동굴을 만들어서 그 안에 자리 잡은 공장도 있었다. 새로 철도망이 건설되었음에도 운송 업무 자체가 불가능한 지역도 많았다.[30]

3선 건설 운동이 약 60만 명의 노동자를 불러들이면서 해당 지역의 전체 인구가 400만 명으로 불어났다. 그로 인한 부담이 이만저만이 아니었다. 스옌만 하더라도 500명에 불과한 상점 점원들이 20만 명의 잠재 고객을 상대해야 했다. 그들은 스스로 정한 날에 제한된 품목만을 팔았기 때문에 고객 입장에서는 도무지 예측이 불가능했다. 이를테면 월요일 아침에는 플라스틱 신발을 파는데 사이즈가 250밀리미터밖에 없는 식이었다. 그보다 한 치수 큰 것을 구매하려면 이튿날 다시 방문해야 했다. 하지만 그렇게 해서라도 신발을 산 사람은 운이 좋은 편이었다. 신규 공장의 노동장들 중에는 신발이 아예 없는 사람도 있을 정도로 부족난이 심각했기 때문이다. 전구나 보온병, 수건, 양말, 통조림, 세숫대야도 공급이 부족했다. 유선 전화의 6퍼센트만 연결되었을 정도로 전화선도 부족하기는 매한가지였다. 현청 소재지인 위안안의 중심가에는 100미터에 달하는 거리에 달랑 백열등 한 개가 쓸쓸히 대롱거리고 있었다. 그럼에도 지역 주민들에 비하면 3선의 노동자들은 우대를 받는 편이었다. 새로 들어선 공장 근처의 주민들은 전쟁 물자를 지원한다는 명목하에 모든 것을 빼앗기면서 가뜩이나 빈약한 삶의 질이 더욱 추락하는 과정을 지켜보아야 했다. 마을 전체에 성냥 하나가 없는 촌락도 있었고 못이 없어서 간단한 물레방아 하나를 수리하지 못하는 마을도 있었다.[31]

먹을 것도 문제였는데 많은 3선 공장들이 의도적으로 외진 곳에 배치되면서 문제가 더욱 심화되었다. 예컨대 제2자동차 공장 근처의 어떤 식당에서는 메뉴가 밍밍한 만두와 뭇국밖에 없었다. 야채는 공급이 부족했고 노동자들이 둥근 빵이나 만두에 곁들일 수 있는 거라고는 으레 약간의 간장이 전부였다. 고기는 춘절에 제공되는 특식이 아니고서는 구경하기가 힘들었다.[32]

후베이 성의 서부는 외진 내륙 지역에 속한다지만 비슷한 문제들이 훨씬 개발된 전국의 다른 지역들도 괴롭혔다. 1선은 국경과 해안 지역이었으며 만주의 산업 벨트에서 시작해서 동부 해안의 톈진과 상하이 같은 주요 해안 도시들까지 이어졌다. 2선은 전국의 나머지 전 지역이었는데 여기에서도 도시의 공장들이 수백 킬로미터 이상 떨어진 내륙으로 재배치되면서 전쟁 준비에 한창이었다. 톈진에서 500킬로미터 가까이 떨어진 허베이 성 남쪽에 한단의 일부 지역에서 신설 공장의 노동자들은 겨우 묽은 죽과 절인 채소 몇 개를 곁들여 먹었다. 그들 중 몇몇은 〈우리는 사회주의에 걸맞는 임금을 받으며 자본주의에 어울리는 음식값을 치른다〉라고 지적하면서 식당에서 제공되는 음식의 비용을 언급했다. 공장들이 전략적으로 시골의 아주 구석진 곳에 자리 잡은 까닭에 상점도 없었다. 노동자들은 지역 주민과 물물 교환을 통해 담배를 구입했다. 예컨대 신발 같은 보다 중요한 물품을 구입하려면 대략 30킬로미터 정도 떨어진 현청 소재지까지 원정을 가야 했다.[33]

　전쟁 준비를 위해 내륙에 자그마치 1,800개의 공장이 들어섰을 정도로 3선의 규모는 엄청났다. 한 학자의 지적대로 1964년부터 1971년까지 산업 분야에 투자된 중국의 전체 예산 중 3분의 2가 3선 프로젝트에 투입되었다는 점에서 3선 건설은 그 자체로 문화 대혁명의 주된 경제 정책이었다. 해당 운동은 기껏해야 내륙에 운송 체계라는 기틀을 마련했을 뿐이었다. 설령 계획을 잘 짜고 세심하게 시행된 프로젝트였을지라도 이처럼 거대한 규모의 사업은 지극히 많은 비용을 초래할 수밖에 없었다. 특히 척박한 고원 지대와 좁은 협곡이라는 지리적인 문제뿐 아니라 서로 동떨어져서 분산되어 배치된 점을 고려하면 더욱 그랬다. 그마저도 마치 세상의 종말이 임박한 것 같은 분위기 속에서 자칫 목이 부러질 수 있는 속도로 매우 급하게 진행되었다. 3선 건설 과정을 연구한 한 전문가는 〈우리가 파악한 거의 대부분의 건설 현장에서 부적절한 준비 작업으로 인해 엄청난 추가 비용과 지연이 발생했다〉라고 썼다. 판즈화의 용광로에서 마침내 처음 쇳물을 생산한 것이 1970년 7월이었음에도 다른 세 개의 철강 공장들은 1980년대까지도 여전히 공사가 진행되고 있었다. 그중 하나인 간쑤 성 주취안의 공장은 설계가 여섯 번이나 변경되고 10억 위안 이상의 자금이 투입되었음에도 27년이지나서야 강철을 생산할 수 있었다. 다른 사업에도 엄청난 돈이 낭비되었다. 몇몇 경제학자들의 계산에 따르면 3선 건설에 치중하느라 보다중요한 다른 부분에 투자가 이루어지지 않으면서 해당 운동은 전국적으로 수천억 위안의 기회비용을 초래했다. 아마도 20세기를 통틀어 일당 독재 국가에서 보여 준 소모적인 자본 배분 사례 중 최대 규모일 터였다. 경제 발전이라는 측면에서 3선 건설은 대약진 운동에 버금가는재앙이었다.[34]

17장
다자이를 본받다

1969년 4월에 열린 제9차 중국 공산당 전국 대표 대회 마지막 날 대의원들은 중앙 위원회를 새로 선출하라는 요구를 받았다. 그렇게 선출된 후보 중에는 햇빛에 그을려 매우 시커멓고 가죽 같은 피부를 가졌으며 깎은 지 일주일 정도 된 까칠한 수염을 기른 촌부가 포함되어 있었다. 그는 심지어 글을 읽거나 쓸 줄도 몰랐다. 천융구이라는 이름의 인물이었는데 대의원들은 하나같이 그가 햇빛을 막기 위해 머리에 단단히 두른 수건 재질의 하얀색 터번을 그의 트레이드 마크로 여겼다. 그는 6년 전 홍수로 자신의 마을이 파괴되었을 때 정부의 지원을 일절 거부한 채 주민들을 독려해서 순전히 의지 하나로 마을을 곡물 창고로 바꾸어 놓은 인물이었다. 중국 북부의 척박한 황토 고원에 위치한 다자이 마을은 곧장 마오쩌둥의 관심을 끌었다. 1964년 12월 26일에 마오쩌둥의 생일을 기념하기 위해 천융구이가 주석과 함께 식사를 하도록 베이징에 초청되었고 그 자리에서 〈농사는 다자이를 본받자〉라는 표어가 만들어졌다. 3선 건설 운동이 산업 분야의 앞선 현상들을 결정했듯이 이 표어는 향후 15년 동안 중국의 농업 정책을 규정할 터였다.

다자이의 사례는 주석이 가장 중요하게 여기는 개념들 중 하나, 즉 인간이 자연을 극복할 수 있다는 사실을 분명하게 보여 주는 것이었다. 이는 무엇보다도 자력갱생을 의미했다. 천융구이는 정부의 곡물 지원과 재정 지원, 구호 물품을 거부하는 이른바 〈삼불(三不)〉 원칙을 고수했다.

자력갱생이 새로운 개념은 아니었다. 이미 대약진 운동 당시에 주석은 노동력으로 자본을 대체하는 것이 조속한 산업화를 달성할 수 있는 열쇠라고 여겼다. 아울러 중국의 가장 큰 자산이 수억 명에 달하는 노동력이라고 선언하기도 했다. 역사를 되돌아보더라도 결국에는 사람이 원동력이었다. 선전부의 주장대로라면 일치단결한 대중은 선조들이 수천 년에 걸쳐 이룩한 것을 불과 몇 개월 만에 달성할 수 있을 터였다. 결국 농민들은 거대한 군대의 보병과 같은 존재가 되었고 인민공사에 소속된 그들의 삶은 군대식으로 재편되었으며 당 간부들의 명령에 복종해야 했다.

대약진 운동을 통한 실험은 대재앙으로 끝났지만 자력갱생이라는 개념은 특히 수십 건의 대규모 프로젝트가 취소되고 소련이 고급 군사 기술 이전을 중단하면서 더욱 강조되었다. 1964년에 이르러 중국에게는 우방이 거의 없었고 2년 뒤에는 문화 대혁명이 시작되면서 고립이 더욱 심화되었다. 자력갱생 개념은 시민들을 알아서 해나가도록 방치하는 데 대한 편리한 핑계가 되었다. 시민들은 자신의 힘으로 살아가라는 말을 들었고 또다시 풍부한 노동력으로 부족한 자본을 대신해야 한다는 논리가 힘을 얻었다. 주민들이 국가의 도움도 받지 않은 채 불모지를 비옥한 땅으로 바꿔 놓았다는 점에서 다자이 마을은 타의 모범이 되기에 충분했다.

베이징에서 남서쪽으로 약 350킬로미터 떨어진 가난한 산시 성 구석에 마른 협곡과 가파른 언덕에 둘러싸인 다자이 마을은 주석의 모범적인 인민공사가 되었다. 방문객이 1년에 수십만 명에 달했으며 그들 중 상당수는 자력갱생과 자연에 맞선 투쟁, 철저한 평등주의 등을 둘러싼 혁명적 가르침을 얻고자 한 사람들이었다. 주민들과 함께 들판에서 일하거나 척박한 산비탈을 계단식 농지로 바꾸는 천융구이의 포스터도 무수히 많이 등장했다. 주민들을 따라다니면서 그들이 일절 정부의 지원을 받지 않은 채 사과나무나 호두나무, 뽕나무를 심고, 누에와 꿀벌을 키우고, 닭과 살찐 돼지를 돌보는 일상을 취재한 신문 기사나 잡지 기사, 장편 극영화도 등장했다. 선전에 따르면 다자이 주민은 모두 무상으로 교육과 의료 서비스를 제공받았다. 1968년을 기점으로 누적 방문객은 약 130만 명에 이르렀으며 이제는 다자이에 외국의 고위 인사와 중요한 우방국 대표단을 포함하여 모든 방문객을 수용할 수 있는 강당과 특급 식당, 실질적으로 수도 시설을 갖춘 호텔까지 들어섰다.[1]

다자이 모델은 사실상 대약진 운동으로 회귀를 의미했다. 다자이에서는 모든 것이 집산화되었다. 1964년 2월에는 『인민일보』가 〈다자이의 길〉을 따르라고 촉구하면서 대약진 운동 당시의 〈더 많이, 더 빠르게, 더 잘, 더 경제적으로〉라는 표어를 부활시켰다. 대약진 운동이 수반했던 광기가 다자이 모델에서 재현됨에 따라 다자이 주민들은 기대에 부응하기 위해서라도 비가 오든 눈이 오든 밤낮으로 일해야 했다. 물질적인 유인이 자본주의적인 것으로 일축되고 그 자리를 정치적 열의와 선전이 대신하면서 주민들이 잠깐 쉬는 동안에도 작업 현장에 설치된 확성기에서 음악과 노래가 울려 퍼졌다. 대약진 운동 당시 겨울에 실시된 치수 사업부터 여름내 독려된 강철 생산까지 사람들이 하나의 기간 사업이 끝나면 또 다른 일에 착수해야 했던 것처럼 다자이 주민들은 공익을 위해 사심 없이 헌신하면서 산을 옮기고, 터널을 파고, 수로를 건설해야 했다. 〈3년 동안 열심히 싸워 중국의 얼굴을 바꾸자〉라는 것은 1958년의 표어였다. 1964년의 표어는 〈열심히, 근면하게, 기운을 짜내서 일하라. 그래서 3년 안에 우리 마을을 다자이 같은 마을로 만들자〉였다. 전국의 산비탈에 있는 수천 개의 큰 바위에 〈다자이를 본받자〉라는 표어가 새겨졌다. 수년 전 전국의 산비탈에 대약진 운동을 찬양하는 거대한 표어가 등장했던 것과 똑같았다. 천용구이 자신은 모든 사유 재산을 집산화해야 한다는 뜻을 분명히 하기 위해서 대약진 운동 깃발을 들고 행진을 벌였다. 1961년에 전국적으로 재도입된 자류지가 다자이에는 전무했다.

그럼에도 문화 대혁명이 시작되고 처음 2년 동안 다자이 마을은 하나의 비전에 불과했다. 1958년에 주석은 당이 일심단결해서 대약진 운동을 지지해야 한다고 주장했다. 하지만 1966년에 이르러 동료들의 세력을 약화시키느라 바빴고 이를 위해 대중으로 하여금 당내 고위층에 실재하거나 상상 속에 존재하는 자신의 적들과 맞서게 했다.

홍위병 중에 진정한 신봉자가 부족했던 것은 절대 아니었다. 어쨌거나 문화 대혁명은 〈자본주의 노선을 택한 흐루쇼프 같은 수정주의자〉들에 맞선 운동으로 시작된 터였다. 전국의 대도시에 홍위병이 등장한 혁명의 8월에는 일부 급진적인 학생들이 주변의 농촌으로 내려가서 모든 〈자본주의〉의 잔재를 공격했다. 예컨대 린뱌오가 톈안먼 광장에서 낡은 세상을 타파하라고 촉구한 1966년 8월 18일에 난징의 홍위병은

교외에서 농민 소유의 모든 자류지를 강제로 집산화했다.[2]

뒤이은 몇 개월 동안 폭력 사태가 더욱 확대되었는데 농촌의 경우에는 대체로 주요 도시와 가까운 마을에 한정되었다. 정딩의 가오위안과 친구들은 군인들과 함께 주요 도로를 따라 한 시간 남짓 떨어진 촌락으로 행진했으나 해당 마을의 지도자들이 이미 불순분자들을 모두 처리한 뒤였다. 예전 지주들과 부농들, 그 밖의 계급의 적들은 다른 사람들보다 일찍 일어나서 거리를 청소해야 했다. 〈그들은 하나같이 흰색 글씨로 그들의 신분이 적힌 검은색 완장을 차고 있었기 때문에 쉽게 알아볼 수 있었다.〉[3]

전국 곳곳에서 홍위병은 미신 냄새를 풍기는 다른 모든 것과 함께 사원을 파괴하고, 신성한 나무를 베고, 오래된 연감을 불태웠다. 하지만 이번에도 혁명적 폭력을 경험한 농민들의 대다수는 도시 근처의 철도망이나 주요 도로에 인접한 곳에 살던 사람들이었다. 아직 농촌의 대부분 지역은 도시를 휩쓴 혼란으로부터 피상적으로만 영향을 받았을 뿐이었다.

주석은 도시의 식량 공급이 안정되어야만 비로소 혁명이 수행될 수 있음을 알았다. 애당초 농촌을 갈아엎을 생각이 없었던 것이다. 1966년 9월 14일 정부는 문화 대혁명을 현청 소재지와 대도시로 제한하면서 학생들과 홍위병들이 농촌에서 혼란을 야기하는 것을 금지했다. 저우언라이가 홍위병 대표단에게 설명했듯이 〈우리는 혁명을 수행해야 하지만 동시에 생산을 해야 한다. 안 그러면 무엇을 먹고 살 텐가?〉[4]

그럼에도 1967년에 전국의 많은 지역이 내전으로 빠져들면서 모든 파벌들이 농촌 지역에서 보다 많은 전투원을 모집하고자 열을 올렸다.

후난 성 쌍펑 현에서는 농민들이 현청 소재지로 몰려가서 보황파를 비난하라는 요구를 받았다. 그 대가로 통상적인 노동 점수에 더해 추가로 20센트를 지급받기로 했다. 많은 농민들이 마치 축제에라도 참가하듯이 열렬히 환호했고 가장 좋은 옷을 입고 나섰다. 심지어 그동안 저축한 돈까지 찾아서 가져갔다. 그리고 당 위원회를 고발하는 자리에 얼굴을 내비친 다음에는 곧바로 흩어지기 시작했다. 일부는 새 수건을 사거나 작은 거울을 사러 가기도 했다.[5]

　후난 성의 다른 곳에서는 파벌 싸움이 농촌으로 확산되면서 더욱 비극적인 결과를 낳았다. 이미 살펴보았듯이 1967년 8월 10일에 중앙 문화 혁명 소조는 앞서 창사에서 느슨한 조반파 연합체에 내려졌던 평가를 뒤집었다. 샹강대라는 이름의 이 연합체는 후난 성 전역에 지지자를 확보한 터였다. 중앙 문화 혁명 소조에게 인정받자 한껏 고무된 다오 현의 샹강대 지지자들은 며칠 뒤 그들의 적에게 즉 지역 당 간부와 민병대의 지원을 받던 강력한 조직에 괴멸적인 타격을 입혔다. 패배한 파벌의 구성원들로부터 대재앙이 임박했다는 소문이 퍼지면서 농촌에 폭력 사태가 잇따랐다. 그들은 샹강대의 주된 구성원이 예전 지주나 부농, 반동분자 등의 아들딸 같은 불순분자들이며 자신의 국민당 군대로 본토 공격에 착수한 장제스와 공모해서 반란을 일으키려 한다고 주장했다. 뒤이은 몇 주 동안 출신 계급이 나쁘다는 이유로 5,000명에 가까운 사람들이 학살되었다. 희생자 중에는 갓난아이도 있었다. 다오 현이 이례적인 경우이기는 했지만 문화 대혁명 동안 행해진 농촌의 집단 학살 사례를 연구한 한 전문가에 따르면 전국의 농촌에서는 약 40만 명 이상이 조직적으로 학살되었다. 가해자는 어린 홍위병들이 아니었다. 이웃이 이웃을 죽인 것이었다.[6]

이 같은 폭력은 상당 부분이 소수의 성(省)에서 즉 광둥 성과 광시 성, 후난 성에서 집중적으로 발생했다. 이런 성들에 속해 있다 하더라도 대다수 농촌에서는 기껏해야 정기적으로 불순분자들을 대상으로 한 비난 대회가 열리는 정도가 고작이었다. 게다가 비난 대회가 열리더라도 희생자들이 바보 모자를 쓰고 거리를 끌려다니는 정도일 뿐 지역 민병대의 감독하에 조직적인 학살이 자행될 정도는 아니었다. 수천만 명이 폭행당하고, 혹사당하고, 굶어 죽은 대약진 운동과 비교하면 문화 대혁명의 처음 몇 년은 대체로 농촌을 비껴갔다.

그럼에도 농민들이 편안히 앉아서 도시에서 일어난 혼돈을 지켜보기만 한 것은 아니었다. 그들 역시 불만이 이만저만이 아니었다. 가장 큰 불만은 대약진 운동의 급진적인 집산화였다. 단체 급식소를 짓기 위해서 벽돌과 가구, 농기구가 징발된 터였다. 일부 인민공사에서는 몸에 걸친 옷가지를 포함하여 거의 모든 형태의 사유 재산이 부정되었다. 단체 급식소 밖에서는 아예 음식을 할 수 없도록 솥과 냄비도 몰수되었다. 비료를 만들거나 기숙사를 짓거나 주민들을 재배치하거나 직선 도로를 만들거나 보다 나은 미래를 대비하여 공간을 확보하거나 심지어 입주자를 처벌할 목적으로 부락이 통째로 파괴되었다. 철강 생산량을 늘리기 위해 가재도구와 농기구가 토법고로에 던져졌지만 쓸모없는 광재* 덩어리를 양산했을 뿐이었다. 가축의 숫자도 급감했는데 수출을 위해 도살된 이유도 있었지만 질병이나 굶어 죽은 숫자도 큰 몫을 차지했다. 농지를 늘리기 위해 묘지를 갈아엎었고 묘비는 관개 공사에 사용되었다. 탈진한 노동자를 명령에 복종하도록 만들기 위해 지역 당 간부들은

* 광석을 제련한 후에 남는 찌꺼기.

강제와 조직적인 폭력에 의존했다.

마오의 대기근 여파로 농민들에 대한 인민공사의 영향력이 약해진 이후에도 정부의 양곡 전매 정책 때문에 농민들의 분노는 계속되었다. 그들은 자신들이 수확한 곡식에 대한 권리를 되찾고자 했다. 토지를 소유하길 바랐다. 1955년에 호적 제도가 도입됨으로써 빼앗긴 이주의 자유를 되찾길 갈망했다. 자율적인 상거래를 원했다.

농촌의 일부 지역에서는 문화 대혁명의 혼란이 농민들에게 공산주의 체제하에서 빼앗긴 약간의 자유를 되찾을 기회를 제공했다. 대부분의 정부 관료들이 수도에서 시작된 정치적 고난에 휘말려 그들 중 일부는 자신들이 살아남기 위해 싸워야 했던 탓에 농촌에 대한 체계적인 조사가 거의 이루어지지 않았지만 당 기록 보관소에서 단편적인 모습들을 엿볼 수 있다. 산시 성 전역의 30개 현에 대한 포괄적인 조사에 따르면 전체 지역 시장 중 3분의 2가 어떤 공식적인 감독도 없이 운영되었다. 그야말로 정부의 역할이 차츰 사라졌다. 농촌의 일부 지역에서 이루어진 상거래 규모는 엄청났다. 성도에서 아주 가까운 곳에 위치한 두 마을 인전과 쌴차오에서는 목재 암시장의 하루 거래량만 약 3만 위안 규모에 이르렀다. 창문과 문, 관 등의 거래가 너무 활발하고 수익성도 좋았기 때문에 관련 품목을 거래하는 인파로 교통 체증이 빚어질 정도였다. 많게는 100명에 달하는 농민들이 한 조를 이루어 산에서 나무를 베었다. 정부의 방침을 정면으로 거스르는 행위였다. 지방 당국이 문화 대혁명으로 정신없이 바빴던 1966년 여름부터 등장한 풍조였다.[7]

야오 현의 현청 소재지에서는 1만 명이 넘는 사람들이 매일 시장을 찾으면서 거리가 상인들로 북새통을 이루었다. 거래가 허가된 품목도 일부 있었지만 하루 평균 약 2.5톤에 달하는 고구마와 수백 킬로그램에 달하는 땅콩 등 다량의 배급 물품도 거래되었는데 명백한 곡물 전매권 위반이었다. 시장이 열릴 때마다 대략 80대에 가까운 자전거의 주인이 바뀌었다. 무허가로 장사하는 행상과 지역 상인도 수십 명에 달했다. 푸핑 현의 일부 시장에서는 무자격 의사와 떠돌이 치과 의사, 사설 도살업자까지 등장하면서 온통 무질서가 판쳤다. 건전지와 전구, 염료, 석탄 시장은 물론이고 1966년에 법으로 금지된 금지(金紙)* 시장도 활기를 띠었다.[8]

다른 모든 곳과 마찬가지로 푸핑 현에도 마오의 대기근 당시에 암시장이 번창했지만 경제가 서서히 회복되면서 몇 년 뒤 자취를 감추었다. 하지만 홍위병 때문에 운송 체계가 한계에 도달하며 지역 경제를 압박하자 문화 대혁명과 함께 다시 등장했다. 이번에는 한층 대담해진 많은 암시장의 상인들이 은밀하게 영업하거나 경찰을 발견하자마자 자리를 뜨는 대신 공공연히 체포에 불응했다. 시장 감독관들이 암시장을 단속하기에는 너무 무력했다. 그들은 자신들이 암시장 상인에게 문제를 제기하자마자 몰려들어 오히려 상인을 동정하고 편드는 군중에 압도되기 일쑤였다. 일부 행상들은 그들끼리 단결해서 상거래를 막으려는 정부 관리에게 저항했다. 산시 성 바오지에서는 성난 군중이 한 감독관을 때려 죽이기도 했다.[9]

산시 성은 내륙의 가난한 성이었지만 문화 대혁명에 휘말린 해안 도시의 한가운데에서도 비슷한 일들이 발생했다. 광저우에서는 모든 지하 공장들이 암시장에 납품하는 데만 전념했다. 제공되는 상품도 곡물과 선향 같은 단순한 배급 물품이나 금지 품목보다 훨씬 다양했다. 돈

* 신상 앞에서 태우는 금·은종이.

만 있으면 누구나 휘발유나 금은 물론이고 각종 무기와 탄약, 폭약, 다이너마이트 등을 살 수 있었다.[10]

농민들도 정치적 혼란을 이용해서 보다 많은 자류지를 요구했다. 마찬가지로 명확한 증거가 있는 것은 아니지만 1967년 봄에 산시 성 딩벤 현의 일부 농민들은 사유 재산을 두 배로 늘렸다. 일반적으로 각 세대에 약간의 가축만 허락되었음에도 그들은 자신들의 운을 시험했고 50마리에 가까운 양들을 획득했다. 안캉에서는 단체로 인민공사를 탈퇴한 농민들이 독립적으로 농사를 짓거나 돈을 벌러 도시로 나갔다. 이러한 움직임은 일부 농촌에서 탈집산화가 추진되었을 정도로 커다란 의미가 있었다.[11]

탈집산화는 단지 몇몇 고립된 지역에 국한되지 않았다. 간쑤 성에서도 몇몇 인민공사가 해체되었고 농민들은 새로 얻은 자유를 이용해서 자류지를 두 배로 늘리고 가축 숫자를 늘렸다. 장쑤 성의 농민들은 곳곳에서 정부가 징발했던 사원과 사당의 반환을 요구했다. 산시 성에서는 일부 농민들이 인민공사의 재산을 나누어 갖고 가축을 도살한 다음 고기를 사설 시장에 내다 팔았다. 상황이 심각해지자 중앙 정부는 1967년 2월 『인민일보』를 통해 전국에 〈사회주의 경제를 무너뜨리고 혁명가들의 손에서 권력을 탈취〉하려는 농촌의 반혁명 세력을 조심하라고 지시했다. 문제는 농촌에서 가장 중요한 연례 행사 중 하나인 봄갈이였다. 때는 바야흐로 파종기였지만 모든 지역에서 사람들이 일손을 놓고 있는 상황이었다. 웨이 강 하류의 비옥한 평야에 위치한 관중 지구에서는 무력한 지역 당 간부들 대신 군이 나서야 했다. 그들은 무려 600만 부에 달하는 소책자를 인쇄하고 비행기로 관중 지구를 포함한 산시 성 곳곳에 살포하면서 농민들에게 집단 농장으로 돌아갈 것을

종용했다.[12]

그럼에도 당은 농민들과 직접적으로 전쟁을 벌일 생각이 없었다. 1959년 3월에 농민들이 곡물을 몰래 빼돌린다는 보고를 받은 주석은 이전 조달률보다 훨씬 높은 전체 양곡의 3분의 1을 거두어들이라고 지시했다. 아울러 할당량을 채우지 못하는 지역이 있으면 보고하라고 주문했다. 심지어 추가로 1만 6,000대의 트럭을 투입해서 관련 임무를 수행하는 데 이용하도록 했다. 〈먼저 채우는 자가 승자이고 마지막에 채우는 자가 패자이다〉라는 것이 그날의 표어가 되었고 당 간부들은 농민들이 먹어 치우기 전에 양곡을 확보하고자 재빠르게 움직였다. 강제 징발은 뒤이은 기근을 유발한 요인 중 하나였다.[13]

8년 뒤인 1967년 3월에 또다시 농민들이 곡식을 빼돌린다는 보고서가 제출되었다. 하지만 주석은 똑같은 실수를 반복하지 않았다. 오히려 약점을 강점으로 바꾸어서 양곡을 농촌 곳곳에 저장함으로써 농민들이 자력갱생할 수 있도록 하라고 지시했다. 그의 표현에 따르자면 〈농민들이 생산량을 있는 그대로 보고하지 않고 양곡을 숨기더라도 그 자체로 부를 저장하는 셈이다.〉 저우언라이는 〈상황이 조금이라도 호전될 때마다 그들은 자본주의로 회귀하려는 행보를 보인다. (……) 그들이 수천 년 동안 독립적으로 농사를 지어 온 사실에 비하면 집산화가 도입된 것은 이제 겨우 몇 년에 불과하다. 따라서 개인 경제의 영향이 아직은 매우 클 수밖에 없다〉라고 설명하면서 그래도 〈농민은 앞으로도 언제나 농민일 것이다〉라고 덧붙였다. 정부는 징발량을 늘리기보다 농촌에 되파는 양곡의 양을 축소했다. 다자이 정신에 의하면 자력갱생이란 국가로부터 추가적인 양곡을 지원받지 않겠다는 의미였다.[14]

1968년에 농촌은 전기를 맞이했다. 혁명 위원회가 권력을 장악한 곳에서는 이내 질서가 회복되었다. 저장 성에서는 공군 총사령관이자 린뱌오의 부하인 우파셴으로부터 적극적인 지지를 받은 제20군이 권력을 장악했다. 그들은 1968년 1월부터 줄곧 저장 성을 지배하면서 반대파에 협조했던 무수히 많은 사람들을 숙청했다.[15]

권력을 쥐고 나서 그들이 가장 먼저 취한 행동 중 하나는 다자이 모델을 적용하는 것이었다. 〈중국의 흐루쇼프가 농촌에서 자본주의를 재건하고자 꾸민 사악한 음모를 철저히 박살 내기 위해〉 제20군은 100명의 당 간부들 대표단을 산시 성으로 보내 천융구이에게 배우도록 했다. 해당 대표단은 이제 저장 성의 모든 인민공사에 자력갱생의 정신을 전파했다. 포스터가 나붙었고 신문 기사와 라디오 방송, 다큐멘터리 영화가 그 뒤를 이었다. 농촌에서 자본주의를 상대로 전쟁이 선포되었다.[16]

그 다음 2년 동안 추가로 3만 명 이상의 당 간부들과 농부들이 다자이로 보내졌다. 경비는 전액 국가에서 지원되었다. 그리고 그들 중 상당수가 완전히 다른 사람이 되어 돌아왔다. 1969년 말에 이르자 200개이상의 마을이 모범적인 인민공사로 찬양되었다. 다른 성과 마찬가지로 저장 성에도 난바오라는 저장 성 버전의 다자오 마을이 등장했다. 난바오는 1969년 7월에 홍수로 완전히 파괴되었지만 당 서기 리진룽의 영도 아래 주민들이 역경에 맞서 싸웠다. 그들은 새로 집을 짓고, 논을 보수하고, 경제적으로 자립하기 위해 총력을 기울였다. 1970년 6월 3일 『인민일보』는 〈인간이 자연을 극복할 수 있다〉라는 사실을 보여 준 모범적인 사례라며 난바오를 칭송했다. 저장 성 내에서만 160만 명이 넘는 사람들이 난바오를 방문하러 왔다.

한편 너무 많이 나아간 지역도 있었다. 경제를 재집산화하고자 하는 열정에 사로잡힌 일부 당 간부들은 자류지를 금지하고 심지어 개인이 소유한 가축을 도살했다. 저장 성 전체의 4분의 1에 달하는 생산대가 상위 조직인 생산 대대에 재정 관리 책임을 넘기면서 급진적인 집산화로 회귀했다. 생산 대대는 인민공사와 생산대의 중간에 위치하는 농촌에서 두 번째로 큰 조직이었다. 이는 곧 농민들이 수입 배분과 관련한 권리를 상실했음을 의미했다. 몇몇 현의 80퍼센트에 달하는 생산대에서 실제로 일어난 일이었다. 이제는 개인적으로 땔나무를 모으거나 들소를 키우는 행위가 〈자본주의적〉인 행위로 비난되었다.[17]

1968년 이래 줄곧 군이 다자이 모델을 밀어붙이면서 전국 곳곳에서 유사한 풍경이 관찰되었다. 왕펑과 류란타오가 〈주자파〉로 기소된 간쑤 성에서는 전체 자류지의 3분의 1에 해당하는 총 면적 7만 7,000헥타르가 넘는 자류지가 집단 농장에 반환되었다. 예컨대 린자오, 위먼, 쑤베이 같은 일부 현에서는 〈모든 자류지가 완전히 회수되었다〉. 심지어 일부 마을에서는 모든 나무와 가축이 또다시 집단 농장에 귀속되었다.[18]

농민들이 징발당하기 전에 가축을 도살하고 나무를 벌목하는 등 재집산화에 따른 예의 대중 저항이 시작되었다. 인민공사가 〈사악한 자본주의 바람〉을 공격한다는 소문이 퍼지면서 농민들이 흙벽돌로 지은 우리 안에서 돼지를 잡으려 쫓아다니느라 마을 전체가 돼지 비명 소리로 시끄러웠다. 후난 성에서는 〈집집마다 안마당이 도살장으로 변했고 사람들은 하나같이 손이 피로 물들었다.〉 그들은 고기를 훈제해서 항아리에 몰래 보관했다.〉[19]

다른 성에서도 비슷한 일들이 벌어졌다. 허베이 성의 룽야오 현에서는 전체 경작지 중 고작 6퍼센트를 차지했던 자류지가 1969년에 이르자 그나마도 모두 집단 농장에 귀속되었다. 문화 대혁명 기간에 가오위안과 그 친구들이 전쟁에 가담했던 정딩 현은 1968년 여름이 되자 농촌 전체가 대약진 운동 당시로 회귀한 듯 보였다. 돼지와 양을 키우던 농민들은 〈자본주의자〉로 고발되었고 굳이 비료를 생산할 이유도 모두 사라졌다. 나무는 모두 공동 재산으로 간주되었다. 허베이 성 곳곳에서 대다수 중요한 결정을 내리는 주체가 농민에서 보다 큰 공동체로 바뀌었다. 농민들이 전통적으로 여가 시간을 이용해서 해오던 부업도 금지되었다. 몇몇 당 간부들은 공동 경제에 직접적으로 도움이 되지 않는 연장을 전부 몰수하기도 했다.[20]

재집산화가 추진됨에 따라 정부는 〈양곡을 핵심적인 고리로 생각하라〉라는 주된 표어와 함께 양곡 생산을 새삼 강조하고 나섰다. 대약진 운동 당시처럼 모든 농민들에게 양곡을 생산하라는 지시가 내려졌다. 토질에 적합하든 말든 대체 작물은 전면 금지되었다. 그에 따라 유실수와 차나무, 약용 작물이 베어졌다. 채소 농사도 버림받았다. 방목에 보다 적합한 목초지가 경작지로 바뀌었다. 때로는 그에 앞서 해당 목초지에서 기르던 소들이 도살되기도 했다. 표토층이 얕은 땅에는 방대한 양의 비료가 덮였다. 토질이 아무리 척박하거나 부적절하더라도 열심히만 하면 자연을 정복할 수 있을 터였고 땅은 양곡을 내어 줄 수밖에 없을 터였다.[21]

절대로 불가능할 것 같은 장소에는 계단식 논이 등장했다. 천융구이가 보다 많은 양곡을 생산하기 위해 다자이의 협곡과 산비탈을 채웠던 것처럼 중국은 〈산꼭대기에서도 양곡을 수확하고 호수에서도 양곡을 수확〉할 기세였다. 기후나 지형은 문제가 아니었다. 다자이를 본받고자 하는 필사적인 노력으로 몽골의 광활한 초원부터 만주의 늪지대까지 호수는 메우고, 숲은 밀어 버리고, 사막은 개간하면 그만이었다. 전국에 맹목적이고 획일적인 잣대가 적용되었다. 모방 경쟁에 따른 한 극단적인 사례를 들자면 지역 당 간부들이 멀쩡한 평야에 산을 만들기로 한 경우도 있었는데 그 엄청난 일을 벌인 이유가 단지 다자이처럼 계단식 논을 만들기 위해서였다.[22]

천융구이가 중앙 위원회 위원으로 선출된 뒤로 다자이를 본받기 위한 운동은 더욱 심화되었고 1969년 8월부터 1971년 9월 사이에 극에 달했다. 다자이 모델은 이제 전쟁 준비로 이어져서 모든 지역은 생산량을 늘리고 잉여 농산물을 저장하라는 압력을 받았다.

옌안의 자이전화는 황토산에 계단식 논을 만드는 일에 동원되었다. 주민들도 흙이 꽁꽁 어는 겨울을 제외하고는 1년 내내 계단식 논을 만드느라 정신없이 바빴다. 충칭의 한 여성은 자신과 마을 주민들이 산속 황무지를 경작지로 개간해야 했던 일을 떠올렸다. 비난받을 것이 두려워서 누구도 이의를 제기하지 못했다. 〈그렇게 우리는 산에 계단식 논을 만들고 흙과 비료를 날랐다. 아무리 작은 땅이라도 빈 공간만 있으면 농사를 지으려고 했다. 그럼에도 산은 농사에 전혀 적합하지 않았다. 단지 나무가 자라기에 좋은 땅일 뿐이었다.〉[23]

계단식 논은 비와 홍수로 인한 침식 작용이 무시된 채 경사가 급한 곳에 만들어졌다. 경우에 따라서는 산허리에서 시작된 논이 산 밑에까지 곧장 이어지기도 했다. 어떤 경우에는 비가 조금만 와도 붕괴되어 1년 내내 보수 작업이 진행되어야 했으며 그 과정에서 엄청나게 많은 양의 표층토가 들어갔다.

초원의 풍경도 바뀌었고 그 결과 건조한 땅에 인공적으로 물을 댐으로써 초래되는 토양 염류화로 많은 지역이 몸살을 앓았다. 관개용수에 녹아 있던 가용성 염류가 부족한 강우량 때문에 땅속에 축적되면서 토질을 심각하게 훼손했다. 국가의 적으로 몰려 강제 노동 수용소에 유배되어서 황무지를 개간해야 했던 어떤 사람은 닝샤의 논을 다음과 같이 묘사했다.

내 앞에 펼쳐진 땅에는 버려진 논이 사방으로 뻗어 있었다. 이제는 두꺼운 소금층으로 뒤덮인 논이 지저분한 눈밭처럼 또는 상복을 입은 고아처럼 보였다. 버려진 이래로 수많은 폭풍이 휩쓸고 지나갔음에도 쟁기질을 했던 흔적이 여전히 곳곳에 남아 있었다. 이곳에서 인간과 자연 둘 다 채찍질을 당한 터였다. 〈다자이를 본받아라〉라는 말은 결과적으로 알칼리성 토질 때문에 풀 한 포기도 자랄 수 없는 황무지를 만들었다.[24]

장자커우 인근의 바상 초원에서도 모래 폭풍이 대초원을 갈색 모래 벌판으로 바꾸어 놓았다. 수도에서 더욱 멀리 떨어진 칭하이 성에서는 약 67만 헥타르의 초원이 농경지로 바뀌었다. 하지만 곧 사막화가 진행되었고 해당 지역은 회복 불가능한 수준으로 환경이 파괴되었다.[25]

호수의 물을 빼고 강에는 댐을 설치하고 황무지가 개간되었다. 하나같이 다자이라는 이름을 내건 채였다. 후베이 성에서는 수백 개의 호수가 사라졌다. 그중에서 가장 큰 호수는 후베이 성과 후난 성 사이에 위치했는데 원래는 56만 헥타르에 달했던 호수 면적이 28만 2,000헥타르로 감소했다. 중국에서 여섯 번째로 큰 뎬츠 호수는 19세기에 도교 수행자들이 바위를 깎아서 만든 회랑과 동굴을 포함하여 사원과 탑, 그 밖의 부속 건물이 산재한 산악 지대에 위치했으며 1970년 봄에 이르러

군이 이 습지대를 매립하고자 동원한 수십만 명에게 시련을 당했다. 그들은 호수를 농지로 만들기 위해 산에 있는 거대한 바위를 폭파해서 호수를 메웠다. 윈난 성 혁명 위원회의 위원장이 직접 감독에 나섰다. 주민들은 이른 새벽부터 군에 이끌려 호수로 행진해서 수로를 파고, 흙을 쌓고, 자갈을 옮기고, 계단식 논을 만들어야 했다. 대부분의 작업은 맨손으로 이루어졌다. 군은 전쟁이 임박한 것 같은 분위기를 이용해서 주민들을 더욱 압박했으며 작업조들은 서로 경쟁하며 목표량을 초과 달성하기 위해 애썼다. 결국에는 개간된 땅이 농사를 짓기에 너무 무르고 질척한 것으로 드러났다. 그러자 더욱 많은 흙을 들이부었지만 생산량은 우울할 만큼 미미했다. 생태 균형이 크게 망가지고 영구적인 피해를 입으면서 한때는 투명하고 파랗던 호수가 갈색의 오수로 변했고 그 결과 상당수의 토종 생물이 멸종했다. 1969년에 600만 톤을 상회하던 어획량도 10년 뒤 겨우 10만 톤을 넘길 정도로 감소했다.[26]

전국에서 군이 다자이 모델을 장려하고자 나섰다. 그들은 생산량을 늘리기 위해 농민들을 마치 군인처럼 다루며 몰아붙였다. 군이 운영하는 만주의 국영 농장에서는 모든 사람이 새벽 3시 30분에 호각 소리에 맞추어 일제히 기상했다. 마오 주석을 지지하지 않는다는 죄목으로 고발될 것이 두려워 남들보다 뒤처지길 원하는 사람은 아무도 없었다. 개개인의 실적이 모두 기록되었고 바닥권을 기록한 사람들은 공개 비판 투쟁 대회에서 비난을 당했다. 상하이 출신의 어린 여학생 난추는 거름이 가득 담긴 광주리를 들판으로 나르면서 자신이 낼 수 있는 최고의 속도로 움직였다. 땀으로 옷이 축축해지고 입가에는 소금기를 머금은 땀이 한겨울 추위로 얼어붙었지만 그녀는 속도를 늦추지 않았다. 땀에 젖은 옷이 금방 갑옷처럼 꽁꽁 얼어서 움직일 때마다 덜거덕거렸다. 다자이를 본받기 위한 운동에서 살아남는 것이 모든 이의 최우선적인 관심사가 되었다. 〈허리가 끊어질 것 같고, 근육이 비명을 지르고, 완전히 녹초가 되었음에도 우리는 몇 개월을 꾹 참고 견뎠다.〉[27]

지역 당 간부들도 노동자들을 극한까지 몰아붙였다. 그들은 기적을 만들어 내고자 했다. 그들 마을을 또 다른 다자이로 만들어서 베이징에도 초대되고 마오 주석도 만날 수 있게 되기를 갈망했다. 한 농민의 말에 따르면 〈다자이를 본받는 것은 대약진 운동의 연장이었다〉.[28]

대약진 운동과 마찬가지로 다자이를 본받는 운동은 거대한 기만 행위였다. 다자이 자체가 가짜였으며 모범적인 다자이 마을 주민들도 주석이 쓴 희곡에 마지못해 출연한 배우에 불과했다. 기적 같은 수확량도 수치를 부풀렸을 뿐 아니라 다른 마을의 양곡을 빌려서 만든 가짜였다. 관개 시설은 대부분 인민 해방군이 건설한 터였다. 다자이 마을은 자력갱생은 고사하고 국가로부터 엄청난 보조금을 비롯해서 다양한 형태의 지원을 받았다. 다자이 마을에서 일어난 일은 전국에서 그대로 모방되었다. 판즈화의 철강 공장부터 뎬츠 호수의 습지를 개간하는 일까지 전시용 프로젝트에 막대한 규모의 노동력과 에너지, 자금이 투입되었다. 해당 운동을 연구한 한 저명한 학자가 지적했듯이 〈정치적인 탄압과 오도된 이상, 우선 순위와 올바른 방법을 둘러싼 절대론적 비전이 동시에 등장해서 그 같은 자연에 대한 집중적인 공격과 환경 파괴, 인간의 고난 같은 문제를 일으킨 적은 역사적으로 거의 없었다.〉[29]

18장
계속된 숙청

새로 수립된 혁명 위원회들은 1968년 여름과 1969년 가을 사이에 당의 대오를 정화하는 운동에 착수한 뒤 그들이 차지한 권력을 이용해 반대 세력을 제거했다. 당의 공식 입장에 따르면 적의 첩보원과 반역자, 변절자 등이 프롤레타리아 혁명 노선을 따르는 척하면서 과거의 악행을 숨기고 당 기관에 잠입해 있었다. 대오 정화 운동이 당원들의 과거 배반 행위에 집중한 까닭에 해방 전의 퇴폐적인 자본주의를 경험하지 않은 젊은 세대는 일반적으로 해당되지 않는 이야기였다. 대신 학생들은 시골로 보내져서 농민들에게 재교육을 받았다.

그럼에도 문화 대혁명의 절정기에 급격히 대두된 복잡한 파벌 싸움과 혼란스러울 정도로 다양한 대중 조직들을 감안할 때 해방 이후 세대의 정치적인 신뢰성에도 여전히 많은 의문이 일었다. 1969년 말에 대오 정화 운동이 서서히 종료되면서 젊은 세대 중에서 숨은 적을 색출하려는 새로운 운동이 시작되었다. 정부는 1966년에 펑전이 수도를 수정주의 요새로 바꾸어 놓았다는 주석의 통지문이 회람된 날을 떠오르게 하는 〈5·16〉이라는 이름으로 활동하는 반혁명적인 조직이 존재한다고 주장했다.

5·16 통지문은 문화 대혁명의 시작을 알린 당 내부 문서로 1년간 기밀로 유지되다가 1967년 5월 17일에 공개되었다. 원본 문서에서 주석은 펑전 외에 다른 수정주의자들도 〈여전히 우리의 신임을 받으며 우리의 계승자로서 훈련받고 있다〉라고 지적했다. 몇몇 홍위병들은 이 말을 저우언라이의 실각이 임박했다는 암시로 받아들였다. 총리를 〈반혁명적인 이중 사기꾼〉, 〈부르주아 반동 노선〉의 대표자로 규정하는 벽보들이 붙었다. 장칭은 총리를 비판하는 움직임의 선봉에 섰다.[1]

주석이 개입해서 자신의 충직한 부하를 감싸 주었다. 몇 달 뒤인 8월 초에 총리를 겨냥한 공격이 또다시 무산되었고 반혁명 조직의 일원으로 고발된 5·16 분자들에 대한 마녀사냥이 시작되었다. 8월 22일에 영국 재외 공관 방화 사건이 발생하자 사냥 규모가 더욱 확대되었다. 상세한 도표까지 제출되자 국가와 군의 사실상 모든 분야에 지하 조직원들을 심어 놓은 잘 짜인 음모가 당내 전반에 도사리고 있다는 주장이 더욱 힘을 얻었다. 저우언라이는 숙청을 통해 장칭을 지지하는 몇몇 저명 인사들을 끌어내리면서 중앙 문화 혁명 소조 내부의 일부 정적들에게 보복했다. 개중에는 젊은 급진주의자들에게 외교부의 권력을 쟁취하라고 부추겼던 왕리도 포함되었다. 저우언라이는 외교부의 선동가 야오덩산이 5·16 집단의 〈핵심 조직원〉이라고 비난하며 영국 공관 방화 사건에 대한 책임을 교묘하게 그에게 전가했다. 이외에도 수십 명이 권력에서 물러났다.[2]

그럼에도 5·16 분자 색출 운동이 정점에 도달한 것은 시작된 지 2년 6개월이 지나서였다. 1970년 1월 24일에 인민 대회당에 모습을 나타낸 저우언라이는 해당 지하 조직의 위험성을 언급했다. 그의 설명에 따르면 5·16은 엄청나게 복잡한 비밀 조직의 단지 형식적인 이름에 불과했다. 해당 조직은 〈외국과 연관된 제국주의자, 수정주의자, 숨은 반동분자, 국민당 첩자, 당 내부의 변절자, 반역자, 주자파, 수정주의분자를 비롯하여 스스로를 개조하지 못한 지주, 부농, 우파, 악인들이 모두 망라된 잡동사니〉였다. 두 달 뒤인 3월 27일에 나온 통지에서는 수색 범위가 〈좌파적인〉 또는 〈우파적인〉 실수를 저지름으로써 당 노선을 위반한 모든 사람으로 확장되었다. 저우언라이와 가장 긴밀한 관계에 있던 기관인 외교부에서는 전체 직원의 거의 절반에 해당하는 1,000여 명이 5·16 음모 추종자로 적발되었다.[3]

반혁명 조직의 조직원들은 어디에나 존재하는 것 같았다. 혁명 위원회가 5·16 분자들의 음모를 문화 대혁명 당시에 자신의 견해를 표명했던 사람들을 제거하기 위한 구실로 이용하면서 연루자가 수백만 명에 이르렀다. 〈수도승 사령관〉 쉬스유가 세력을 장악한 난징에서는 거주민 100만 명 중 약 2만 7,000명이 색출 운동의 표적이 되어 희생되었다. 조반파를 끔찍하게 싫어한 쉬스유는 반동분자라는 이유로 그들을 거세게 탄압했다. 그는 중요한 용의자는 직접 심문했으며 자백을 받아내고자 육군 소장의 따귀를 때리기도 했다. 난징 대학교에서는 전체 교수진 가운데 3분의 1 이상이 박해를 받았다. 수백 명이 투옥되었으며 21명이 죽음으로 내몰렸다. 난징 삼림 학교에서는 교사들이 10명 중 9명꼴로 희생되었다. 문화 대혁명에 동참하라는 외침에 부응했던 사람들이 위험에 처했는데 여기에는 베이징을 방문했던 학생들, 당 간부들을 비난했던 홍위병들, 권력을 쟁취하고자 가담했던 조반파, 무엇보다 쉬스유에게 맞섰던 사람들까지 모두 포함되었다.[4]

쑹얼리는 문화 대혁명의 절정기에 쉬스유를 비판하는 대자보를 쓰는 실수를 범한 학생이었다. 그가 다닌 대학은 군대의 통제를 받았고 졸업 후 보내진 국영 농장도 군이 관리했다. 연이어 자아비판을 강요당하던 그는 1970년 초에 5·16 분자들을 색출하기 위해 설립되어 마찬가지로 군에서 운영한 〈학습반〉으로 옮겨졌다. 사실상 감옥으로 드러난 학습반에서 군 장교가 쑹얼리에게 음모에 가담한 것으로 의심되는 학생들과 교사들로 채워진 긴 명단을 건넸다. 〈처음에 나는 이 운동이 정말 이상하다고 생각했다. 나는 이 5·16 집단이라는 것에 대해 한 번도 들어 본 적이 없었다. 그래서 전혀 들은 바가 없다고 말했다. 더욱 이상한 것은 동지들이 차례로 자백을 했다는 사실이다. 모든 자백은 군중 집회에서 전체 학습반이 모인 가운데 이루어져야 했다.〉용의자 명단은 한 번이라도 군에 비판적인 의견을 낸 적이 있는 사람들을 모두 망라하고 했었다. 알 수 없는 운명의 장난으로 심지어 쉬스유를 지지하는 파벌에 가입했던 조반파들도 배반 행위로 고발당하는 처지가 되었다. 〈그들이 조반파였기 때문이다. 군은 조반파를 마음에 들어 하지 않았다.〉[5]

5·16 분자 색출 운동은 난징에만 국한되지 않았다. 장쑤 성 전역에서 사람들이 반동분자라는 이유로 박해를 받았다. 한 통계에 따르면 희생자 수가 1957년에 백화 운동의 여파로 〈우파〉라는 낙인이 찍힌 사람들보다 20배나 많았다. 사람들 사이에서 짤막한 노래가 유행했다. 〈5·16은 어디에나 있다네, 가족과 친구 중에도.〉우시에서는 용의자 30명의 자백으로 무려 1만 1,000명의 연루자가 제보되었다. 다른 곳과 마찬가지로 우시의 피고인들도 다른 조직원의 이름을 대도록 강요받은 터였다. 고문을 견디지 못한 그들이 근거 없는 용의자 명단을 제공함에 따라 그 숫자가 우후죽순처럼 불어났다. 몇몇 정부 조직에서는 직원 전체가 체포되기도 했다.

5·16 분자 색출 운동은 장쑤 성 전역에서 25만 명 이상에게 영향을 미쳤다. 6,000명이 넘는 용의자가 심문 과정에서 다치거나 맞아 죽었다. 피고인들 중 일부는 다른 사람을 고발하느니 차라리 자살을 선택했다. 한 여성은 홑이불을 목에 감고 창문에서 뛰어내려 스스로 목을 매달았다. 그녀는 죽어서도 당을 배신했다는 비난을 받았다. 강제로 비판 대회에 참석한 그녀의 동료들이 한 명씩 차례로 무대에 올라 그녀가 자신들에게 지하 조직을 소개했다고 자백했다.[6]

장쑤 성이 혹독한 경우이기는 했지만 군 사령관들은 여전히 반대파와 대치하고 있던 다른 여러 성에서도 자신들의 실재하거나 가상의 적을 퇴치하는 데 색출 운동을 이용했다. 웨이궈칭이 군대를 부추겨 조반파와 싸우게 했던 광시 성에서는 수십 명의 용의자가 일제히 검거되었다. 상하이에서는 장춘차오에 맞섰던 사람들이 모두 투옥되었다. 5·16 분자 색출 운동은 문화 대혁명 중에 들고일어났던 사람들을 박해한 마지막 행보였다. 정확한 통계를 구하기는 어렵지만 전국에서 무려 350만 명에 달하는 피해자들이 연루되었다.[7]

───────

당에서 축출된 지 한 달 뒤인 1969년 11월 12일에 류사오치가 독방에서 사망했다. 너무 병약해진 그는 침대를 벗어날 수도 없었지만 아무도 그를 도와서 씻겨 주거나, 옷을 갈아입히거나, 변기를 이용하도록 도와주지 않았다. 몸은 욕창투성이에 삐쩍 말랐으며 머리는 텁수룩했다. 다리에 근육 위축증이 생겼음에도 간수들은 그가 자살할까 봐 걱정되어 거즈 천으로 계속해서 구속해 놓은 터였다.[8]

1967년에 체포된 뒤로 류사오치는 군중 비판 대회에서 연신 두들겨 맞았고 당뇨병 약도 제공받지 못했다. 폐렴까지 걸린 그였지만 제9차 중국 공산당 전국 대표 대회 당시까지도 살아 있었다. 주석의 지시로 류사오치 사건을 담당하게 된 저우언라이는 자신의 예전 동료를 〈범죄를 저지른 반역자, 적의 대리인, 제국주의자들과 현대 수정주의자들 그리고 국민당 반동분자들을 주인으로 섬긴 배신자〉라고 고발했다. 류사오치의 시신이 화장된 뒤에 총리는 작은 연회를 열고 자신의 임무가 완수된 것을 자축했다.[9]

그럼에도 당을 약화시킬 수 있는 다른 수정주의자들과 반동분자들은 아직도 넘쳐났다. 저우언라이는 주석에게 쓴 편지에서 전쟁 준비를 방해하는 소수의 반동분자들에 대해 단호한 조치를 취해야 한다고 주장했다. 주석이 동의했다. 1970년 1월 31일에 중앙 위원회는 모든 〈반혁명 활동〉을 타격하라고 요구하면서 〈파괴적〉으로 보이는 행위는 거의 다 반혁명적 행위라는 논리를 내놓았다. 그리고 일주일 뒤인 2월 5일에는 〈부패〉와 〈투기〉, 〈낭비〉도 단호히 제거되어야 한다고 주장했다. 첫 번째에 이어 이 두 번째 성명도 모호하기는 마찬가지였는데 그들은 자신들이 사용한 용어 중 어느 하나에 대해서도 법적인 정의를 제공하지 않았다. 요컨대 암시장에서 계란을 판매하는 행위부터 단체 급식소에서 식용유를 과다하게 사용하는 행위까지 계획 경제의 틀을 벗어난 모든 경제 활동이 유죄가 될 수 있다는 의미였다. 1970년 2월부터 11월까지 지속된 이 두 운동은 대체로 겹치는 경우가 많았기 때문에 통칭 〈일타삼반(一打三反)〉 운동으로 불렸다. 공산당이 이처럼 모호한 용어들을 사용한 이면에는 5·16 음모에 가담했다는 혐의로 고발할 수 없는 일반인들을 공격하고자 하는 무자비한 의도가 숨어 있었다.

그 결과 수백만 명의 삶이 파괴되었다. 후베이 성에서 17만 3,000명의 용의자가 〈반혁명 활동〉 혐의로 조사받았을 뿐 아니라 20만 7,000명이 부패나 투기, 낭비를 저지른 혐의로 기소되었다. 일타삼반 운동이 10개월 만에 끝난 것으로 여겨진 시기도 잠깐 있었지만 1971년에 들어서 혁명 위원회는 재차 〈반동분자〉 10만 7,000명과 경제 사범 24만 명을 박해했다. 린뱌오가 사망한 1971년 9월까지 박해의 피해자는 총 73만 6,000명이라는 놀랄 만한 수치를 기록했다. 일부 용의자들이 결국에는 혐의에서 벗어났다 하더라도 이 수치는 후베이 성의 모든 마을에서 대략 50명 중 한 명이 해당 운동의 희생자가 되었음을 의미했다.[10]

5·16 음모와 마찬가지로 고발된 사건의 상당수가 널리 선전되었다. 1967년에 『양쯔 트리뷴』이라는 잡지를 창간한 조반파 조직이 좋은 예였다. 그들은 급진적인 공산주의자였고 몇 명은 젊은 시절의 마오쩌둥을 자신의 롤모델로 삼았다. 대약진 운동으로 회귀하고자 열망했던 그들은 문화 대혁명이 한창이었을 때 우한 근교의 시골 지역에서 투지 넘치는 공산주의 실험을 감행했다. 생산대를 모두 해체한 다음에 상위의 인민공사 당국으로 하여금 생산과 관련한 모든 사항을 통제하도록 한 것이다. 개인이 소유한 가축은 모두 인민공사에 넘겨야 했다. 마오의 대기근 이후 폐기된 단체 급식소도 부활했다. 개인 소유의 건물이 전부 헐렸고 마을 주민들은 단체 기숙사로 떠밀려 들어갔다. 실험은 강한 저항에 부딪혔고 곧 지역 군대에 의해 강제로 종료되었다.

1968년 7월에 주석이 파벌 싸움을 끝내라고 요구한 것과 동시에 『양쯔 트리뷴』과 연관된 조반파 조직의 운명도 확정되었다. 몇 주도 지나지 않아 우한에 위치한 성 혁명 위원회는 해당 출판물이 〈극도로 반혁명적〉이라고 선언하고 몇몇 조직원을 체포했다. 하지만 1년 뒤인

1969년 9월 정부가 『양쯔 트리뷴』을 〈막후에 있는 소수의 변절자와 스파이, 반동분자들에 의해 조종된 잡동사니〉라고 규정하면서 박해는 더욱 확대되었다. 처음에는 『양쯔 트리뷴』에 관련된 조직원 10여 명이 박해를 받았던 것이 나중에는 성 전역에서 수천 명이 괴롭힘을 당했다. 1971년에 일타운동으로 색출된 무려 1만 5,000명에 달하는 『양쯔 트리뷴』의 추종자 중 대다수는 해당 출판물의 이름조차 들어 본 적이 없는 사람들이었다.[11]

대부분의 희생자들은 문화 대혁명의 파벌 정치와 아무런 관련이 없었다. 1971년 한 해에만 후베이 성에서 적발된 반동분자 타격 운동의 희생자 8만 9,000여 명이 출신 계급이 불량한 사람들이었다. 다른 지역의 경우와 마찬가지로 출신 계급이 불량한 사람들이 집중적으로 해당 운동의 공격을 받고 있었다. 실제로 그랬든 날조된 상황이든 당에 불만을 표출한 사실만으로도 사회적 부랑자들은 곤욕을 치를 수 있었다. 어떤 사람은 주석의 포스터에 구멍을 뚫었다는 혐의로 어떤 사람은 반혁명적인 표어를 썼다는 혐의로 고발되었다. 외국 라디오 방송을 청취한 사람들도 체포되었다. 실재하지도 않는 지하 조직 수백 개가 적발되어 〈적과 연락한〉 혐의로 고발되었다. 예컨대 홍콩과 마카오에 사는 친척들과 연락을 주고받았거나 소련 공산당 기관지 『프라우다』에 편지를 보내서 불만을 토로한 적 있는 시민들이 포함되었다.[12]

총살을 당한 범죄자는 극소수에 불과했다. 대다수는 선전대의 엄중한 감독을 받는 〈학습반〉으로 보내져서 재교육을 받았지만 완강하게 저항하는 경우에는 강제 노동 수용소로 보내지기도 했다. 그 과정에서 몇몇 사람들은 권력에 맞서는 놀라운 태도를 보여 주기도 했다. 재교육을 위해 학습반으로 가게 된 한 남성이 말했다. 〈당신들이 학습반을

3년 동안 운영한다면 나는 3년 동안 완강하게 버틸 것이다. 6년을 운영한다면 6년을 완강히 버틸 것이다.〉[13]

모두가 굴하지 않는 의지를 보인 것은 아니었다. 끊임없이 괴롭힘을 당한 탓이든 잔혹한 취조 방식 때문이든 아니면 당국이 날조한 혐의가 너무나 터무니없었기 때문이든 일부 희생자들은 미래에 대한 희망이 없다고 느꼈다. 후베이 성 전역에서 일타삼반 운동이 시작되고 불과 6주 만에 600명 이상이 자살을 선택했다.[14]

후베이 성이 이례적인 사례 같지만 간쑤 성의 통계도 비슷했다. 운동이 시작되고 첫 3주 동안 성 전체 인구의 1.5퍼센트에 상당하는 22만 5,000명 남짓한 사람들이 비난을 받았다. 1970년 말에 이르러서는 50명 중 한 명꼴인 32만 명으로 그 수가 더욱 늘어났다. 조직적인 급습이 행해진 일부 소도시에서는 일거에 수백 명이 체포되었다. 단 하루 동안 393명의 희생자가 소탕된 핑량이 대표적인 경우였다.[15]

후베이 성과 마찬가지로 간쑤 성에서도 자살률이 높았다. 보고 체계가 상당 부분 주먹구구식이었고 지방 당국도 수치를 축소하고 싶어 했던 까닭에 완벽한 통계는 구할 수 없다. 하지만 1970년 10월까지 2,400명 이상이 스스로 생을 마감했다. 징촨 현 한 곳에서만 한 달도 안 되어 45명이 스스로 목숨을 끊었다.[16]

다른 지역들처럼 〈반혁명적인〉 조직들도 끝없이 실체를 드러냈다. 청 현에서는 민주당 조직원 16명이 적발되었고 허정 현에서는 구국당의 주요 조직원 아홉 명이 체포되었다. 1970년 5월에 이르러 간쑤 성 당국은 2,000개 이상의 반혁명 파벌과 조직, 음모를 와해시켰다고 자랑했다. 이 조직들 중 일부는 조작된 것이 너무나 명백했기 때문에 이제는 성 혁명 위원회의 위원장조차 조직을 기소하는 데 신중을 기하라

고 조언하기 시작했다.[17]

지방 당국들은 서로 경쟁하면서 문화 대혁명에 대한 헌신을 증명하고자 갈수록 더 많은 사건을 적발하려고 안간힘을 썼다. 네이멍구와 접해 있는 고대 실크로드의 도시 우웨이에서는 의사들이 너무 많이 체포되는 바람에 주요 병원이 어쩔 수 없이 문을 닫아야 할 지경에 이르렀다. 의료 전문가 5명이 〈반동분자〉로 고발되었다. 한 명은 〈자유를 좋아한다〉라는 이유로 유죄 판결을 받았다. 또 한 명은 1963년에 외국 라디오 방송을 들었다는 이유로 고발되었다. 세 번째 의사는 1966년에 반동적인 노래를 부르다가 들킨 적이 있었다. 벽에 표어를 끄적거린 아이들까지 고발되어 거리에서 이리저리 끌려다녔다. 실적 압박에 못 이겨 때로는 3주도 안 되는 기간에 평결이 십여 차례나 번복되었다. 수갑과 족쇄, 맨주먹을 아낌없이 사용함으로써 지방 당국은 성과를 거두고 할당량을 채웠다.[18]

———

농촌에서는 공동으로 노동하며 토지를 일구는 모든 사람들에게 다자이를 본받고자 하는 운동이 번영과 풍요를 약속했다. 부패와 투기, 낭비 척결 운동은 혁명 위원회가 이 같은 이상을 부각시키기 위해 꺼내든 도구였다. 〈삼반〉 운동은 전국에서 문화 대혁명의 혼돈을 이용해 은밀하게 경제적 자유를 도모하고자 한 수백만 명의 일반인을 표적으로 삼았다. 자류지의 면적을 늘린 가난한 마을 주민부터 암시장에서 채소를 구매한 일반인들까지 삼반 운동은 자본주의의 길을 따른 혐의로 고발된 모든 사람을 짓밟았다.

후베이 성에서 1970년 2월부터 1971년 10월까지 당국의 박해를 받은 73만 6,000명의 희생자 중 44만 7,000명이 자본주의의 길을 따른 사람들이었다. 간쑤 성에서는 삼반 운동이 시작되고 최초 3개월 동안 비난받은 총 22만 5,000명의 용의자 가운데 16만 9,000명도 그 같은 부류에 해당되었다. 후베이 성 당국이 파악한 바에 따르면 인구가 4,000 남짓한 우산 현의 한 소도시에서는 가판대를 차려 놓고 장사를 하거나 행상을 함으로써 암시장에 가담한 사람들이 대략 네 명 중 한 명에 달했다. 애초에 전체 인구의 4분의 1을 체포하는 것이 불가능하기도 했겠지만 몇몇 두드러진 공격 대상자에게 강력한 조치를 취하는 것만으로도 나머지 지역민을 순종하도록 만들기에 충분했다.[19]

이들 공격 대상자들도 마찬가지로 출신 계급이 불량한 사람들이었다. 그들은 〈반동분자〉로 고발되거나 아니면 배후에서 농촌에 자본주의를 부활시킨 〈검은 손〉으로 고발되었다. 암시장에 연루된 일반인들 가운데 수십 명만 처벌하기로 결정한 우산 현 당국은 〈지주〉와 〈부농〉을 비롯한 계급의 적들 50명을 곧장 표적으로 정했다. 이는 우산 현에만 한정된 현상이 아니었다. 간쑤 성 당국의 계산에 따르면 간쑤 성 전역에는 출신 계급이 불량한 자들이 정확히 12만 2,223명이었고 그들 중 상당수가 집산 경제를 약화시키고 있었다. 성도인 란저우에서 당 기관지는 날카로운 어조로 그들이 사회주의로 가는 길을 전복시키고 있다고 비난했다. 〈몇몇 장소들에서 아직 개조되지 못한 소수의 지주, 부농, 반동분자, 악질분자, 우파 등이 자본주의의 길을 걷고자 인민공사의 집산 경제를 광적으로 반대하며 발목을 잡고 있다. 농촌 지역에서 나타난 자본주의 풍조와 사악하고 반혁명적인 경제 우선주의의 바람이 여전히 심각하게 사회주의 생산 체제를 약화시키고 있다.〉[20]

다른 성에서도 모든 악질 분자들을 쓸어 버리라는 유사한 요구가 터져 나왔다. 윈난 성 당국은 부패, 횡령, 투기 및 공동 경작 소홀이라는 죄를 지은 괴물과 악마를 고발했다.[21]

사회적 부랑자는 계획 경제에 아주 약간만 어긋나는 행위를 하더라도 곧장 비난을 받았다. 반면에 관리자 계층에서는 〈자본주의 방식〉을 따랐다는 이유로 비난받은 사람들이 숙청되었다. 간쑤 성의 허정 현과 광허 현에서도 전체 정부 공무원 10명 중 한 명이 해당 사유로 숙청되었다. 다른 여러 성에서도 유사한 숙청이 진행되었다. 허베이 성에서는 당 간부 4만 5,000명이, 다시 말해 통상 무역을 감독하던 전체 관료 여섯 명 중 한 명이 용의자로 간주되어 전면적인 수사를 받았다. 수천 명이 좌천되거나 해고되었고 체포되었다.[22]

───────

1969년 4월에 열린 제9차 중국 공산당 전국 대표 대회에 뒤이은 숙청으로 얼마나 많은 사람들이 희생되었는지는 정확히 알 수 없다. 5·16 분자 색출 운동 하나에만 무려 350만 명이 연루되었을 가능성이 짙다. 그럼에도 이제껏 가장 포악한 운동은 〈일타삼반〉 운동이었다. 해당 운동은 대상이 매우 모호하게 규정되었기 때문에 자신들의 정적을 제거하고자 했던 혁명 위원회의 목적에도 부합되었다. 후베이 성과 간쑤 성의 통계가 중국 전체의 상황을 대변하고 따라서 50명 중 한 명이 어느 시점에 고발되었다고 가정하면 8억 명이 넘는 전체 인구를 감안할 때 그 숫자가 총 1600만 명에 이를 터였다. 당국의 이목을 끈 사람들이 모두 최종적으로 〈반동분자〉로 기소된 것은 아니었다. 대부분의 경우에 극히 일부만 실제로 유죄 판결을 받았다. 총살된 사람도 거의 없었다. 예컨대 1949년 해방된 직후해 행해진 대학살에서는 수십 만 명이 처형을 당했다. 1950년 10월부터 1951년 10월 사이에는 150만에서 200만에 달하는 사람들이 제거되었다. 할당량이 인구 1,000명당 한 명으로 정해져 있었지만 남부 지역 곳곳에서 할당량의 두 배가 넘는 사람들이 처형되었다. 하지만 20년이 지난 시점의 혁명 위원회는 사형을 선고하는 경우가 비교적 드물었고 따라서 희생자 숫자도 수만 명 수준으로 집계되었다. 1970년 4월까지 간쑤 성에서 처형당한 사람은 200명 남짓했는데 이는 이런저런 혐의로 고발된 사람들의 1퍼센트도 되지 않는 수치였다. 그럼에도 이보다 7배나 많은 용의자들이 스스로 목숨을 끊었다.[23] 이러한 숙청들을 통해 정부가 노린 것은 실재하거나 상상속에 존재하는 가상의 적을 물리적으로 제거하기보다 가능한 많은 사람들에게 겁을 주는 것이었다. 거의 모든 행동과 발언을 잠재적인 범죄로 규정함으로써 다루기 쉬운 인민을 만들어 내는 것이 그 목적이었다.

19장
후계자의 추락

　가명으로 된 류사오치의 시신은 한밤중 극비리에 화장되었다. 〈전염 가능성이 높은 환자〉로 표기되었기 때문에 단 두 명의 노동자만 투입되어 화장을 진행했다.[1] 마오쩌둥 생전에는 류사오치의 사망이 공표되지 않았음에도 누가 류사오치의 뒤를 이어서 국가 주석이 될지를 놓고 이내 논쟁이 벌어졌다.

　공식 후계자로서 린뱌오가 그 자리를 자신의 것으로 생각하더라도 전혀 이상하지 않은 상황이었다. 하지만 그는 지나치게 야심 있게 보일 수 있음을 경계한 게 분명했다. 아니면 주석이 언짢아할까 봐 두려워 애당초 류사오치의 자리를 탐내지 않았을 수도 있었다. 중국어로 당 대표와 국가 원수를 칭하는 정식 명칭은 똑같이 〈주석〉이었다. 린뱌오는 중국에 오직 한 명의 주석만 존재할 수 있다는 사실을 알고 있었다. 물론 마오 주석이었다.

　마오쩌둥 자신은 국가 원수에게 요구되는 수많은 의례적인 의무를 혐오했던 까닭에 국가 주석 자리를 원하지 않았고 이미 1959년에도 류사오치의 동의를 얻어 국가 주석에서 물러난 바 있었다. 그보다 10년 전인 1949년에는 마오 주석에게 국제 관례에 따라 짙은 색 정장과 검은색 가죽 구두를 착용해야 한다고 제안했다가 의전 비서관이 해임된 적도 있었다. 그 비서관은 나중에 문화 대혁명 기간에 스스로 목숨을 끊었다. 주석은 자유로운 생활을 즐겼으며 공식 일정이나 정해진 일과, 절차 등에 얽매이는 것을 싫어했다.[2]

한편으로는 린뱌오를 더욱 의심하기 시작했다. 1969년 10월 소련의 기습 공격이 우려되어 지도부가 허둥지둥 베이징을 벗어났을 때 이 공식 후계자는 쑤저우의 벙커에서 〈제1호 명령〉을 발동하고 군에 비상태세에 돌입하도록 명령했다. 그에 따라 100만 명에 달하는 병력이 전국의 전략적 요충지를 점거하기 위해 진군했고 수천 대의 탱크와 비행기, 군함이 그들을 뒷받침했다. 하지만 지휘 계통에 있던 누군가의 섣부른 행동으로 주석의 승인을 받지 못한 채 린뱌오의 명령은 곧바로 철회되었다. 주석은 결정 과정에서 자신이 배제된 사실에 격분했다. 정확히 어디에서 문제가 발생했는지 분명히 알 수는 없었지만 마오쩌둥으로서는 자신의 2인자가 얼마나 손쉽게 군을 장악할 수 있으며, 언젠가는 그들로 하여금 자신에게 등을 돌리도록 만들 수도 있다는 사실을 깨닫는 계기가 된 것이 분명했다.

주석은 한편으로는 린뱌오를 필요로 하면서도 군 내부에 그와 경쟁할 수 있는 파벌을 만들어서 수년에 걸쳐 더욱 공고해지고 있는 그의 군 장악력을 견제하고자 했다. 하지만 그의 공식 후계자는 제9차 중국 공산당 전국 대표 대회에서 이미 승리를 거머쥔 터였다. 소련이나 미국과의 전쟁이 임박한 듯한 분위기에 편승해서 전국이 빠르게 군사화되어 갔다. 군이 정부를 장악하고 경제를 쥐락펴락했다. 린뱌오는 전국에 마오쩌둥 사상을 학습하도록 지시했는데 이는 사실상 모든 국민이 군대로부터 배운다는 것을 의미했다. 항상 군인들에 둘러싸여 있던 마오 쩌둥은 그들이 직속 상관인 린뱌오에게 자신의 일거수일투족을 보고한 다고 의심했다. 군이 자신의 일상을 장악했다는 생각에서 비롯된 그의 반감은 이제 린뱌오와 그의 부하 장군들에 대한 원한으로 변해 갔다.[3]

마오쩌둥은 자신이 선택한 후계자에 맞서 국가 주석직을 둘러싼 문 제를 주도 면밀하고 교묘하게 처리했다. 적당히 모호하게 국가 주석직 을 사양함으로써 아랫사람들이 비굴할 정도로 수락을 간청하는 모양 새를 바랄지 모른다는 추측을 부채질했다. 여기에 더해서 공식 후계자 의 반응을 알아보기 위해 그에게 국가 주석직을 역으로 제안하기도 했 다. 린뱌오는 주석이 그 자리에 앉아야 한다고 주장했다.[4]

곧 두 개의 파벌이 등장했다. 린뱌오는 자신의 심복인 리쭤펑 장군과 우파셴 장군의 지지를 바탕으로 국가 주석직을 존속시켜야 한다는 주 장을 고수했다. 그들 두 장군은 1967년 여름에 린뱌오가 우한을 장악 할 때 도움을 준 인물이었다. 변함없는 아첨꾼이기도 했던 그들은 〈마 오 주석은 광범위한 영역에서 창조적으로 마르크스·레닌주의를 발전 시킨 천재다〉라는 문구를 당헌에 포함시켜야 한다고도 주장했다. 한편 중앙 문화 혁명 소조에서 가장 원로에 속하는 장춘차오와 캉성은 국가 주석직이 불필요하다는 입장을 내놓았다. 아울러 린뱌오가 쓴 『마오쩌 둥 어록』 서문에서 가져온 〈천재〉라는 용어를 사용하는 것에도 반대했 다. 양 진영은 서로 자신들이야말로 주석의 심중을 가장 잘 안다고 생 각했다.

1970년 여름 중앙 위원회가 소집될 즈음에 이르러서는 국가 주석직 을 둘러싼 문제가 곪아 터질 지경에 이르렀다. 린뱌오는 첫 안건으로 〈천재〉라는 용어를 사용하는 것에 반대하는 입장에 대해 발언할 기회를 달라며 주석에게 허락을 구했다. 린뱌오를 함정에 빠뜨릴 기회라고 여긴 마오쩌둥은 장춘차오와 자신의 아내 장칭을 겨냥해 비난조로 몇 마디 쏘아붙이면서 그를 부추겼다. 린뱌오는 장장 한 시간 동안 발언을 이어 가며 주석을 칭송했다.

이튿날 회의 참석자들은 천보다가 편찬한 「천재론」이라는 제목의 논문에 대해 토론을 벌였다. 중앙 문화 혁명 소조의 명목상 수장이던 천보다는 캉성을 싫어했고 자신의 경쟁자인 캉성이 장칭과 오랫동안 친분을 유지하고 있다는 사실에 위협을 느꼈다. 그리고 위세가 줄기 시작하던 차에 린뱌오가 제9차 중국 공산당 전국 대표 대회에서 마오쩌둥의 공식 계승자로 선언되자 곧바로 그와 운명을 함께 하기로 마음을 먹은 터였다.[5]

옌안 시절부터 주석의 대필가로 활동해 온 천보다였기 때문에 대다수 당 지도부는 「천재론」이 당 노선을 반영했을 것으로 생각했다. 장춘차오를 주된 표적으로 인식한 그들은 주석의 천재성을 계속 부정하는 〈음모자〉인 동시에 〈반동분자〉를 당에서 축출해야 한다고 주장하면서 장춘차오를 간접적으로 공격했다. 마오쩌둥은 초연한 태도로 한발 뒤로 물러나 상황을 관망했다. 곧 마오쩌둥과 린뱌오가 국가 주석과 부주석이 되어야 한다는 열렬한 외침이 들리기 시작했다.

충분히 기다린 주석은 이제 올가미를 낚아챌 때라고 판단했다. 공식 후계자는 해를 입지 않았지만 확대 회의를 통해 마오쩌둥은 천보다가 가짜 마르크스주의자이며 오랫동안 적의 스파이 노릇을 해왔다고 맹렬히 공격했다. 그는 자신의 천재성을 둘러싼 논의를 모두 중단시켰다. 장춘차오를 공격하는 데 앞장섰던 린뱌오의 부하 장군들에게는 자아비판을 하도록 지시했다. 자아비판은 어느 하나 만족스럽지 못했고 주석에게 재차 질책을 당한 그들은 어쩔 줄 몰라서 쩔쩔맸다.

뒤이은 몇 달간 마오쩌둥은 군의 최고위층에 자신이 신임하는 인물들을 배치하고 린뱌오 밑에 있는 장군들을 감시하게 했다. 또한 베이징 군구를 재편하면서 두 명의 군 지도자를 직위 해제시켰다. 천보다는 〈반역자이자 스파이, 출세주의자〉라는 혹독한 비난을 당했다. 린뱌오의 권력은 내리막길을 걸은 반면 장칭의 권력은 오르막으로 치달았다.

────────

천보다가 몰락한 사실은 몇 달이 지나서야 공개되었지만 행간을 읽을 줄 아는 사람들은 그 전에 이미 어떤 변화가 있음을 알아차렸다. 신문에 일상적으로 등장하는 주요 지도자 명단에도 지도부 내 서열 4위인 천보다의 이름이 빠져 있었기 때문이다. 〈가짜 마르크스주의자〉라는 에두른 언급도 등장했는데 이는 공산주의 신념의 이론가로 유명한 누군가를 암시하는 것이 분명했다.

1970년 10월 1일, 정책적으로 큰 변화가 있음을 보여 주는 명백한 신호가 확인되었다. 해마다 국경절에는 모든 주요 도시에서 기념 행사가 열렸다. 수십 만 명의 노동자들과 농민들, 학생들이 밀집 대형으로 행진하면서 구호를 외치고, 홍기를 흔들고, 주석의 초상화를 높이 치켜들었다. 마오쩌둥은 당 고위 간부들을 대동한 채 톈안먼 광장의 연단에서 매년 행해지는 행렬을 사열했다. 한쪽에 마련된 특별 관람석에서는 다른 모든 사람과 마찬가지로 외국의 고위 관리들과 외교관들도 누가 주석의 옆에 서는지 주목했다. 이번에는 사상 처음으로 미국인이 그 영예를 얻었다. 한편 천보다의 모습은 어디에도 보이지 않았다.

몇 달 뒤 12월 25일에 마오쩌둥과 나란히 선 에드거 스노의 사진이 모든 주요 신문의 일면을 장식했다. 문화 대혁명 직전인 1965년 1월에 주석은 이 나이 든 기자를 이용해서 미국이 중국을 공격하지 않는 한 중국 군대는 베트남 국경을 넘어가지 않을 것이라는 메시지를 바깥 세상에 전달한 터였다. 이제 그는 또 다른 신호를 보내고 있었다. 제국주의 진영과의 관계에 중대한 변화가 진행되고 있다는 신호였다.

1969년 4월 제9차 중국 공산당 전국 대표 대회 이후에 이미 주석은 위험 요소를 줄이기로 결심하고 일단의 전문가들에게 린뱌오의 인민 전쟁 모델을 대체할 외교 정책을 모색하라고 지시한 터였다. 비밀리에 진행된 이 임무는 1967년 2월에 중앙 문화 혁명 소조와 대립했던 원로 사령관들 천이와 예젠잉, 쉬샹첸, 녜룽전에게 맡겨졌다. 게다가 그들에게는 고정 관념에서 벗어나 자유롭게 생각할 수 있는 자유도 주어졌다. 1969년 8월에 신장 성에서 발생한 기습 공격으로 소련과 전쟁이 임박했다는 분위기가 팽배해지면서 사령관들은 대담한 계획을 생각해 냈다. 요컨대 미국이라는 패를 이용한다는 전략이었다. 그들은 미국과의 관계를 개선함으로써 두 초강대국 즉 미국과 소련의 대립을 이용하기로 의견을 모았다. 그들의 판단은 미국을 소련과 다를 바 없는 적으로 생각하는 린뱌오와 그 휘하의 장군들과 커다란 차이를 보였다.[6]

태평양 너머에서도 유사한 사고의 전환이 진행되는 중이었다. 새로 미국 대통령에 당선된 리처드 닉슨은 중국보다 소련을 훨씬 더 불신했고 중국을 국제 무대로 진출시킬 필요가 있음을 깨달았다. 1969년 1월에 그는 다음과 같은 내용의 쪽지를 휘갈겨 썼다. 〈중국 공산주의자들: 단기 — 변화 없음, 장기 — 우리는 8억 명의 인구가 분노 속에서 고립되어 사는 것을 원치 않는다. 접촉이 필요하다.〉[7]

다른 고려 사항도 미국인들에게 동기를 부여했다. 1970년 4월에 중국은 광저우에서 시아누크 왕자가 의장으로 있는 〈인도차이나 인민 연대 회의〉를 주최했다. 시아누크 왕자는 앞서 한 달 전에 친미 성향의 캄보디아 장교에 의해 권좌에서 축출된 터였다. 그는 이 회의에서 베트남, 라오스, 캄보디아 등 3국의 공산당 세력이 동맹을 맺을 수 있도록 중개자 역할을 하면서 새로운 인도차이나 혁명 전선을 구축했다. 5일 뒤 닉슨 대통령은 〈전면적 승리〉라고 불린 군사 작전을 통해 캄보디아로 진입했고 베트남 국경 너머로 전쟁을 확산시켰다. 하지만 이 작전은 국경 너머에 숨어 있던 공산주의자들을 쓸어 버리기는 커녕 베트남 전쟁을 제2차 인도차이나 전쟁으로 바꾸어 놓았다. 머지않아 미국인들은 자신들이 수렁에서 빠져 나오기 위해서는 중국의 지원이 필요하다고 판단했다. 여기에 더해서 두 공산주의 거인들의 갈등을 적절히 이용할 경우 북베트남의 가장 든든한 후원자인 소련을 고립시킬 수도 있을 터였다.[8]

아무튼 양측은 대사급의 회담을 재개하기 위해 그동안 협상을 추진해 오고 있었다. 미국의 전면적 승리 작전이 개시되면서 시도는 물거품이 되었지만 1970년 말에 이르러 긴장은 많이 완화되었다. 마오쩌둥와 스노의 사진이 공개된 12월 25일을 일주일 앞두고 주석은 이 노(老)기자에게 〈대통령으로 오든 관광객으로 오든〉 닉슨을 기꺼이 만나겠다는 뜻을 밝혔다.

양국의 안건을 합의하기 위한 비밀 협상이 진행되었는데 타이완 문제가 걸렸다. 장제스 정부가 미국과 동맹 관계였기 때문이다. 하지만 양보가 이루어졌다. 1971년 4월 초 일본에서 열린 국제 대회에 중국 탁구단이 참가했다. 1968년 대오 정화 운동 당시에 최고의 선수 세 명이 자살한 탁구단에게 이제 저우언라이는 〈우정을 첫째로, 경쟁은 둘째

로〉 생각하라고 지시했다. 나고야에서 중국 선수들이 미국 대표단을
중국으로 초청했다. 며칠 뒤 미국인 선수 아홉 명과 관계자 몇 명이 홍
콩에서 다리를 건너 중국 본토로 들어갔고 친선 경기를 마친 뒤에 만리
장성과 이화원을 방문하면서 일주일을 보냈다.[9]

인민 대회당을 마주 보고 있는 자금성은 미국 탁구 선수들이 방문했
을 때까지만 하더라도 입장이 허락되지 않은 터였다. 하지만 불과 일주
인 뒤에 1967년 이후 처음으로 일부 외국인 단체의 입장이 허락되었
다. 마찬가지로 1967년 이래 최초로 70명의 외교관 일행이 특별 열차
를 타고 중국을 공식 시찰하면서 거대한 제철소와 수력 발전소, 트랙터
공장, 모범 생산대대 등을 방문했다.[10]

다른 신호를 통해서도 외국인들에 대한 태도가 부드러워졌다는 사
실을 알 수 있었다. 당 관리들이 외국인을 상대할 때면 으레 내비치던
멸시와 무뚝뚝함이 확연히 사라진 것이다. 심지어 일부 간부들은 상냥
하기까지 했다. 불과 몇 년 전 총을 난사했던 홍콩 국경선 너머에서는
유난히 우호적이었다. 국가 공무원들과 외부 세계의 상업적 접촉이 이
루어지는 주요 행사인 광저우 무역 박람회에서는 마오쩌둥 사상 강연
이 중단되었다. 호텔 방에서 주석의 초상화가 치워졌고 반미 표어들 역
시 수위가 낮아졌다. 도시도 깨끗이 정돈되었다.[11]

수출 시장을 겨냥해서 전시된 다양한 식품과 의류가 일반 상점의 물
품 부족 사태와 너무나 대비되었기 때문에 지역 거주민들은 당연히 무
역 박람회 입장이 금지되었다. 그럼에도 사람들은 변화의 바람을 느낄
수 있었다. 에드거 스노가 주석 옆에서 모습을 드러낸 순간부터 희망이
란 불꽃이 타오르기 시작했다. 아직 상하이 제1교도소에 수감되어 있
던 정녠도 약간 불안하기는 했지만 내심 흥분했고 희망에 부풀었다.

〈공산주의 국가인 중국이 서방 세계와 조금 더 가까워질 수 있다는 사실은 믿기 어려울 정도로 좋은 소식이었다.〉 한편 교도소 담장 밖에서는 예컨대 광저우나 상하이, 톈진 같은 도시의 거리에서는 옷에 배지를 달고 다니는 사람들이 부쩍 줄어들었다. 전국을 누비는 몇몇 기차들에서도 어느 순간 주석의 초상화가 모습을 감추었다.[12]

미국 탁구단이 중국을 방문하고 얼마 뒤 헨리 키신저가 베이징에 초대되었다. 잔뜩 기대에 부푼 이 닉슨 정부의 국가 안보 보좌관은 중국과의 거래에서 내놓을 선물을 가득 안고 베이징으로 날아갔다. 타이완과 조약으로 묶여 있는 상태였지만 미국 정부는 해당 동맹국을 언제든 버릴 준비가 되어 있었고 중화 인민 민주주의 공화국에 대한 완전한 외교적 승인도 약속했다. 키신저는 인민 공화국이 유엔에서 의석을 획득할 수 있도록 미국이 지원하겠다는 뜻을 내비쳤다. 또한 중국 지도자들에 대한 찬사를 늘어놓으면서 심지어 미국이 소련과 맺은 상호 협정의 세부 사항을 포함하여 극비 정보를 제공하겠다고도 제안했다. 〈소련과 우리가 나눈 대화를 당신들에게 알려 주겠다. 반면에 당신들과 우리가 나눈 대화는 소련에 일절 발설하지 않겠다.〉 키신저는 너무 위세에 눌린 나머지 현실적인 상호 양보를 이끌어 내는 데 실패했다.[13]

키신저의 방문은 비밀에 부쳐졌다. 하지만 1971년 7월 15일 국영 텔레비전에 출연한 닉슨은 자신의 국가 안보 보좌관이 진행한 준비 작업에 대해 소개하면서 자신이 곧 중국에 갈 거라고 발표했다. 냉전의 균형을 유지하는 결정권이 소련의 손을 떠났다는 점에서 이 소식은 전 세계에 충격을 안겨 주었다. 마오쩌둥은 이 같은 반응을 흡족하게 지켜보면서 미국이 〈원숭이에서 사람으로 변하고 있지만 아직 완전한 사람은 못 되었고 여전히 꼬리가 남아 있다〉라고 말했다.[14] 그는 세계에서 가장 강력한 국가의 지도자를 황제를 알현하고자 하는 일개 특사로 격하시켰다.

———

　미국과 중국이 비밀 협상을 진행함에 따라 주석과 공식 후계자 사이의 불화는 더욱 커져 갔다. 1970년 여름에 자신의 후계자가 주창한 천재론을 비판함으로써 그의 입지를 약화시킨 마오쩌둥은 얼마 뒤 폐렴에 걸렸다. 의사들이 항생제를 처방했지만 마오쩌둥은 린뱌오가 자신을 독살하려 한다고 의심했다. 심지어 〈린뱌오는 나의 폐가 썩기를 바란다〉라고 불평할 정도였다. 갈등은 계속되었고 두 사람의 관계는 이미 와해된 상태였다. 정치적 난국이었지만 해법이 없었다.

　개인적인 불신 말고도 다른 문제들이 있었다. 린뱌오는 항상 사람들의 관심을 부담스러워하면서 고독하고 비밀스러운 생활을 즐겼다. 병가도 자주 냈는데 실제로 아픈 경우도 있었고 지레 병에 걸렸다고 생각하는 경우도 있었다. 이런 그를 가리켜 마오쩌둥이 비꼬는 투로 〈영원히 건강할 사람〉이라고 지칭하기도 했다. 1970년 여름 이후로 린뱌오의 대외 활동은 갈수록 줄어들었고 아내에게 당 문서를 대신 낭독하게 하거나 그 밖에 자신이 할 일을 대신하게 했다. 중요한 회의에도 불참하기 일쑤였다. 마오쩌둥은 그에게 환멸을 느꼈다. 린뱌오는 상당히 탐탁지 않은 공식 후계자였다.[15]

　1971년 8월에 이르러 불신이 극에 달한 주석은 모반이 일어날 경우 어느 군구의 사령관이 린뱌오에게 충성할지를 놓고서 큰소리로 혼잣말을 하기 시작했다. 공식 후계자를 지지하는 사령관들 대부분이 베이징에 있었다. 마오쩌둥은 남부 지역을 순회하기 시작했고 우한을 비롯한 창사와 항저우, 상하이의 군부로부터 지지를 끌어 모았다. 린뱌오의 이름을 내놓고 거론하지는 않았지만 누군가가 1년 전에 국가 주석직을 서둘러 차지하려고 했을 뿐 아니라 이제는 당을 분열시켜서 권력을 잡으려 한다는 말을 퍼뜨렸다. 그는 빈정대며 말했다. 〈수천 년에 딱 한 번 세상에 천재가 나타나는데 중국에서는 지난 수천 년 동안 천재가 나오지 않았다고 말하는 누군가가 있다. 그리고 그 누군가는 나를 지지하고 섬기고 싶다 말하지만 그가 진정으로 지지하고 섬기고 싶어 하는 대상은 바로 자기 자신이다.〉

한 달이 지나서 9월 12일 해 질 녘에 주석을 태운 기차가 베이징으로 돌아왔다. 몇 시간 뒤인 다음날 새벽 2시 30분 경 영국제 트라이던트 비행기가 몽골에서 추락했다. 곧 지역 경찰이 드넓은 초원 여기저기에 흩어진 잔해 속에서 새까맣게 탄 남성 시체 여덟 구와 여성 시체 한 구를 수거하여 한곳에 모아 놓았다. 추락 현장에 제일 먼저 도착한 경찰 중 한 명인 투바니 주르메드의 회상에 따르면 〈사망자 대부분은 의복이 전부 불타서 알몸인 상태였고 권총집과 허리띠만 남아 있었다〉.[16]

정확히 무슨 일이 벌어졌는지는 여전히 수수께끼였지만 머지않아서 린뱌오가 주석을 암살하려고 모의했다가 실패하자 소련으로 도주하려 했다는 소문이 돌기 시작했다.

주석을 제거하려 한 것으로 추정되는 음모의 주도자는 공식 후계자의 스물다섯 살 된 아들이었다. 비교적 젊은 나이에도 불구하고 공군 총사령관 우파셴의 비호 아래 군에서 상당한 영향력을 행사하던 인물이었다. 린리궈는 아버지의 위치가 위협받고 있다는 사실을 알았으며 주석이 자신의 적에 대해서는 절대로 어중간한 조치를 취하지 않는다는 사실을 알 만큼 궁정 정치에 대해서도 충분히 파악하고 있었다.

그와 처음부터 끝까지 함께 일해 온 정치 세력이 단 하나라도 있을까? 그의 전직 비서들은 자살했거나 체포되었다. 그와 가까운 극소수의 전우들이나 신뢰할 만한 참모들 또한 자신의 손으로 직접 감옥에 보냈다. (……) 그는 피해망상에 사로잡힌 사디스트다. 누군가를 제거하는 데 있어서 그의 소신은 아예 시작도 하지 않거나 일단 시작하면 철두철미하게 하거나 둘 중 하나다. 누군가를 제거할 때마다 그는 상대가 죽을 때까지 절대 멈추지 않는다. 그는 일단 상처를 주기 시작하면 끝까지 상처를 줄 것이다. 그리고 그는 나쁜 일에 대해서 모두 남의 탓으로 돌린다.[17]

린리궈와 몇몇 절친한 동료들은 주석을 제거하기 위해 주석의 특별 기차를 화염 방사기로 공격하거나, 공중에서 기차를 폭격하거나, 전략적 요지에 위치한 다리를 폭파하는 등의 불완전한 계획을 짰다. 린리궈가 누나 더우더우에게 자신의 계획에 대해 알려 주자 그녀는 주석에게 맞서려는 어떤 시도든 아버지에게 끔찍한 반향을 가져올 거라며 반대했다. 9월 8일 그녀가 린뱌오의 두 경호원에게 정보를 흘렸다.[18]

결과적으로 어떠한 암살 시도도 실행되지 못했다. 주석이 모의를 눈치챘는지는 확실치 않지만 9월 8일 자정 무렵에 그는 남부 지역 순시를 갑자기 중단한 채 서둘러 기차를 베이징으로 돌리라고 명령했다. 잠깐 난징에 들러서 충실한 심복 쉬스유를 만나고는 나흘 만에 베이징에 도착했다. 기차가 베이징 교외에 있는 역에 진입한 뒤에는 곧바로 베이징 군구의 몇몇 지도자들을 만났다. 개중에는 주석이 반년 전에 린뱌오에게 충성하는 장군들을 감시하라고 군의 최고위층에 심어 놓은 두 사람도 포함되어 있었다. 베이징 주변으로 보안이 강화되었고 주석은 인민대회당에 몸을 숨겼다.

같은 날 린리궈는 마오쩌둥이 자신의 아버지에게 행동을 취할지도 모른다는 두려움에 가족들이 있는 곳으로 날아갔다. 린뱌오의 가족은 베이다이허에서 보하이 해(海)가 내다보이는 별장에 은거하고 있었다. 린리궈는 그의 부모가 도망치길 바랐다. 〈어디로?〉라며 누나 더우더우가 물었다. 〈다롄, 아니면 광저우, 아니면 홍콩이라도. 어디든 되는대로.〉하지만 그들의 아버지는 꼼짝도 하지 않으려 했다. 창백하고 몹시 여윈 데다가 면도도 하지 않은 얼굴에 눈이 퀭하게 꺼진 린뱌오는 자신에게 어떤 일이 닥칠지 이미 몇 달 전부터 예상했고 자신의 운명을 순순히 받아들일 준비가 된 듯 보였다.[19]

더우더우는 탈출 계획이 형편없다는 사실을 깨닫고 중앙 경위부대에 알려서 자신의 아버지를 보호하고자 했다. 아버지 린뱌오에게는 헌신적인 그녀였지만 예친과는 껄끄러운 관계였다. 저우언라이는 그날 저녁에 전화로 소식을 들었지만 린뱌오의 가족이 비행기에 탑승하는 것을 막으려는 어떠한 시도도 하지 않았다. 린리궈와 그의 어머니는 공식 후계자를 도와 옷을 입히고 밤 11시 30분쯤 그를 부축해서 차에 태운 다음 40분 거리에 있는 지역 공항을 향해 황급히 출발했다. 총을 든 군인들이 그들을 통과시켰다. 공항에도 병력이 배치되어 있었지만 그들 또한 린뱌오 일행을 가로막지 않았다. 자동차가 트라이던트 비행기 앞에 도착하자 극심한 공포가 일행을 엄습했다. 린뱌오의 가족과 수행원들은 기어오르다시피 해서 탑승을 완료했다. 린뱌오의 아내가 즉시 이륙해야 한다고 우겼다. 비행기의 재급유가 아직 완전히 끝나지도 않은 터였다. 심지어 항법사와 통신사, 부조종사도 탑승하지 않은 상태였다.

비행기가 상공으로 사라지자 일대가 암흑에 잠겼다. 베이징에서 저우언라이가 전국에 모든 비행기의 이륙을 금지하고 활주로의 등까지 끄라는 명령을 내려놓은 터였다. 비행기는 북쪽으로 날아갔지만 연료 부족으로 그다지 멀리 가지 못한 채 몽골에서 추락했다.[20]

———

비행기가 산산조각 나던 그 순간에 린뱌오의 이른바 〈4인조 수호 전사〉들은 사진, 편지, 수첩, 통화 일지 등을 태우면서 린뱌오 가족과 자신들이 연관되었다는 증거를 전부 없애기 시작했다. 황융성, 우파셴, 추후이쭤, 리쭤펑은 9월 24일에 직위 해제되었다. 저우언라이는 린뱌오 사건을 수사하기 위해 특별 조사단을 꾸렸다. 군 내부에 존재하는 린뱌오의 추종자들에 대한 숙청은 1973년 5월까지 계속되었고 거의 모든 성에서 전도유망한 정치 위원과 군 지도자를 포함해 수백 명의 희생자를 낳았다.[21]

1967년 2월에 린뱌오와 중앙 문화 혁명 소조를 맹렬하게 비난했던 군 원로들은 자신감을 되찾았다. 그들은 즉시 예전의 전우를 비난하기 시작했다. 항상 거침없이 말했던 천이는 린뱌오의 〈비열한 행동, 표리 부동, 심복 양성, 끊임없는 모략〉을 맹비난했다.[22]

1971년 10월 1일 행진이 취소된 뒤로 린뱌오가 사망했다는 소문이 퍼지기 시작했다. 상하이 교도소에 수감되어 있던 정녠은 국경절 아침 방송에서 관례적인 축하 행사를 언급하지 않았다는 사실을 깨닫고 몹시 놀랐다. 같은 날 한 간수가 수용실을 일일이 돌아다니며 재소자들로부터 『마오쩌둥 어록』을 수거해 갔다. 그날 저녁에 돌려받은 정녠의 책

에는 린뱌오가 쓴 서문이 찢겨 나가고 없었다.[23]

곧 모든 사람이 제기된 음모 사실에 대해 알게 되었다. 외국 라디오 방송을 듣던 사람들은 해외 방송에서 해당 소식을 접했다. 열여섯 살이던 1949년에 베이징에서 인민 해방군을 환영하며 깃발을 들었던 단링은 문화 대혁명 중에 반동분자로 고발되어 만주의 시골로 추방된 터였다. 그는 초대를 받아 간 마을 경리의 집에서 이리저리 라디오 주파수를 맞추고 있었다. 어느 순간 한 일본 방송에서 린뱌오의 사망 소식을 다루는 뉴스가 크고 또렷하게 흘러나왔다.[24]

외국 라디오 방송에서 우연히 들었든 아니면 당 회의에서 들었든 린뱌오의 사망 소식을 접한 사람들은 모두 충격에 휩싸였다. 절대로 실수하지 않는 존재로 여겨지는 주석의 곁에서 린뱌오는 수년 동안 주석의 가장 친밀한 전우이자 공인된 계승자로 묘사되어 온 터였다. 어린 나이에 그토록 뜨거운 열정을 가지고 당에 가입했던 단링에게 린뱌오의 사망 소식을 전해 준 일본 뉴스는 그가 이제껏 받아 본 〈최고의 정치 교육〉이었다. 그 뉴스는 단링이 공산주의 체제에 대해 여전히 가지고 있던 믿음을 완전히 파괴했다. 만주의 국영 농장으로 보내진 젊은 여성 난추는 주석의 수제자도 주석을 믿지 못하는데 자신이 왜 주석을 믿어야 하는지 의아했다. 〈나의 정신적 신념을 떠받치던 기둥이 안에서부터 완전히 허물어졌다. 공산당에 대한 믿음과 마오쩌둥에 대한 확고했던 신념이 무너져 내렸다.〉[25]

린뱌오가 대중에게 인기 있는 인물이 아니었다는 사실에 많은 사람이 안도했다. 다른 무엇보다 사람들은 그의 죽음이 문화 대혁명의 끝을 알리는 전조임을 깨달았다. 공식 발표가 이루어진 회의에 참석했던 한 통역사는 〈여기저기에서 안도의 한숨을 내쉬는 소리가 들렸다〉라고 회상했다. 그럼에도 사람들의 반응은 제각각이었다. 어떤 사람들은 공포감을 느꼈고 어떤 사람들은 배신감을 느꼈다. 시골로 추방당한 한 여학생은 그 소식을 들었을 때 우주가 산산조각 나는 느낌이었다고 회상했다. 〈나는 떨고 있었다. 다음에는 무슨 일이 일어날지 도무지 알 수 없었다.〉 반면에 마찬가지로 추방당한 학생이던 그녀의 가장 절친한 친구는 희망을 발견했고 그래서 그녀와 달리 매우 기뻐했다.[26]

주석도 충격을 받기는 마찬가지였다. 그는 건강이 급격히 악화되었다. 정치적 투쟁을 즐기던 밝고 기백이 넘치던 지도자의 모습은 사라지고 없었다. 마오쩌둥은 의기소침해졌고 침대 속으로 파고든 채 몇 주 동안 꼼짝도 하지 않았다. 그는 만성 감기와 다리 부종, 부정맥을 앓았다. 사건 발생 후 두 달 정도 지나서 북베트남 총리와 회담하는 장면을 촬영한 영상 속에서 그는 다리를 질질 끌며 걷고 있었다.

한편 저우언라이는 결과에 만족했다. 그가 마오쩌둥의 주치의에게 말했다. 〈이렇게 끝나서 정말 다행이다. 중대한 문제가 해결되었다.〉[27]

린뱌오와 예췬의 시신은 중국으로 영영 돌아오지 못했다. 몽골에 묻힌 그들의 시신은 나중에 모스크바에서 온 일단의 법의학 전문가들에 의해 다른 추락 희생자들 시신과 함께 발굴되었다. 중국의 다른 최고위층 지도자들과 마찬가지로 린뱌오도 소련에서 치료를 받으며 상당한 시간을 보낸 터였다. 러시아인들은 린뱌오가 맞는지 확인하고자 했다. 금 이빨이 있는 시체 두 구의 머리를 절단한 뒤 가마솥에 넣고 삶아서 살과 체모를 제거했다. 둘 중 하나의 뼈 구조가 린뱌오의 의료 기록과 완벽히 일치했다. 해당 두개골은 둘 다 모스크바로 옮겨져서 KGB 기록 보관소에 보관되었다.[28]

4부
잿빛 시대
1971~1976

20장
회복

거의 두 달 동안 우울증 상태로 침대에 누운 채 자신이 할 수 있는 선택을 놓고 고민하던 주석이 마침내 다음 행동에 나설 준비를 마쳤다. 그는 문화 대혁명 중에 밀려났던 군 원로들과 화해하기를 바랐다. 그들은 여전히 명예를 회복하지 못한 상태였다. 1967년 2월에 린뱌오가 흐루쇼프와 다를 바 없다는 의견을 내비쳤던 천이가 1972년 1월 6일에 대장암으로 사망했다. 그의 장례식 당일 오후에 잠을 깬 주석은 난데없이 장례식에 참석하기로 마음을 정하고서 비단 덧옷을 입고 가죽 샌들을 신었다. 그는 장례식장에서 천이의 미망인을 위로했다. 눈을 억지로 깜박거리며 통곡하려고 애썼다. 곧 장례식장에 있는 모든 사람이 눈물을 흘렸다.

장례식이 끝나자 다른 군 지도자들이 예전 직위로 복직되었다. 린뱌오가 〈반혁명 반란자〉라고 비판했던 우한의 장군 천짜이다오는 마침내 공식적인 행사를 주재할 수 있게 되었다. 참모 총장 대행으로 있다가 1968년 3월에 숙청당한 양청우도 복권되었다. 마오쩌둥은 〈양청우, 나는 당신을 이해한다〉라며 그를 린뱌오에게 희생당한 사람처럼 묘사했다. 1965년에 호된 심문을 당한 뒤에 창 밖으로 투신했다가 발이 먼저 땅에 닿는 바람에 목숨을 건진 참모 총장 뤄루이칭 역시 명예를 회복했다. 주석이 말했다. 〈린뱌오가 뤄루이칭에게 누명을 씌웠다. 나는 린뱌오의 말만 듣고 뤄루이칭을 해임했다. 나는 경솔하게도 린뱌오의 편향적인 견해를 너무 자주 들었다. 나는 자아비판을 해야 마땅하다.〉 마오쩌둥은 이제 이 세상에 없는 기만적인 책략가에게 내내 속아 온 것처럼 굴었다.[1]

최고위층이 개편된 것 외에도 다른 희망적인 조짐들이 새로운 새벽이 오고 있음을 암시했다. 1971년 봄 핑퐁 외교에 이어서 미국과 중국의 긴장이 완화되고 있음을 알리는 신호들이 나타났다. 1972년 새해가 되자 몇 주에 걸쳐 전국의 도시들이 외관을 단장하고 있었다. 이유는 간단했다. 닉슨이 중국을 방문할 예정이었다.

닉슨의 방문에 대비하여 수도 곳곳에서 대대적인 청소가 진행되었다. 포스터가 제거되었고 반미 표어들은 수위를 낮추었다. 문화 대혁명이 시작된 뒤로 이름이 바뀐 일부 거리 표지판에 덧칠이 가해지면서 홍위병로(路)가 원래 이름인 말과 노새로(路)로 바뀌기도 했다. 중난하이와 댜오위타이, 톈안먼 광장으로 이어지는 주요 도로에 접한 건물들은 새로 페인트를 칠해서 현관과 창문이 반짝반짝 빛났다. 천단(天壇) 공원 입구에는 기중기를 동원해서 종종 3미터도 넘는 가로수를 심었다. 모든 주요 시설마다 여전히 군인들이 경비를 서고 있었지만 총검은 부착하지 않았다.[2]

상하이에서도 도시를 단장하느라 여념이 없었다. 한 목격자의 증언에 따르면 불과 몇 주 사이에 지난 22년 동안 사용된 것보다 많은 양의 페인트가 사용되었다. 16세기에 한 부유한 정부 관리가 지었고 넓은 면

적에 펼쳐진 수많은 누각과 가옥, 회랑 등을 자랑하는 예원(豫園)에서는 수백 개에 달하는 문의 원래 칠을 벗기고 새로 칠하는 작업이 진행되었다. 많은 상점들이 문화 대혁명 이전의 이름을 되찾았다. 붉은색이 아닌 다른 색상을 사용할 수 있게 되면서 하늘색이나 크림색, 밝은 녹황색 간판들이 등장했다. 이제껏 마오쩌둥의 화려한 붓글씨 일색이었던 글씨체에도 변화가 생겼다.

문화 대혁명 초기부터 붙어 있던 표어와 포스터도 도로와 구역별로 꼼꼼하게 담당 구역이 지정되어 체계적으로 제거되었다. 평화 호텔 건너편에 글자 크기가 세로 3미터에 달하는 거대한 표어 〈백전불패 마오 주석의 사상 만세〉를 박박 문질러서 닦아 내는 데만 거의 한 부대의 여성들이 동원되었다. 〈전 세계인의 대단결〉을 환영하는 새로운 표어들이 등장했다. 상점마다 쇼윈도에 붙어 있던 주석 관련 문구들도 전부 사라졌다.[3]

동상도 문제가 되었다. 일단 개수가 너무 많았고 석고 조각이 지나가는 행인에게 떨어지는 경우가 빈번했기 때문에 위험했다. 한 구역에서만 약 2,000개의 동상이 시민들에게 위협을 가했다. 상하이 전시관 앞에서는 마치 경례하듯이 앞으로 쭉 뻗은 주석의 거대한 팔이 떨어지는 사고도 있었다. 수천 개의 동상들이 철거되었고 재활용을 위해 조심스럽게 석고 공장으로 보내졌다.[4]

작은 크기의 주석 동상을 찾는 민간 수요도 붕괴되었다. 머지않아 백화점 지하실은 허공을 응시하는 석고나 사기 재질의 주석 흉상 수만 개로 가득 찼다.[5]

공원들도 새롭게 단장되었다. 상하이에서는 1966년 이후로 300헥타르가 넘는 녹지가 산업 용지로 전환된 터였는데 이제 『해방일보』는 공원이 사회주의의 새로운 얼굴이라고 선포했다. 문화 대혁명을 거치면서 심하게 손상된 수백 개의 공원과 정원에 대한 보수 작업이 이루어졌다. 각종 화단과 분수, 누각 등을 갖추고 1909년에 문을 연 푸싱 공원에서는 홍위병들이 박살 냈던 전등이 모두 수리되었다. 제국주의를 상징한다는 이유로 원래의 대문이 철거되었던 중산 공원은 비록 일부에 불과했지만 과거의 영광을 되찾았다. 예전 프랑스 조계지 안에 제1차 중국 공산당 전국 대표 대회의 회지(會址)로 이어지는 큰 도로를 깔끔하게 단장하기 위해 시 당국은 볼품없고 병든 중국굴피나무의 가지를 잘라 내거나 통째로 교체했다.[6]

주석도 외모를 다듬었다. 즉흥적인 결정으로 천이의 장례식에 참석하고 난 뒤에 건강이 한층 악화된 그였다. 잠깐 동안 실신한 뒤로는 항생제와 디기탈리스, 이뇨제가 투약되었다. 이후로는 상태가 빠르게 호전되었다. 머지않아서 앉고 일어서는 연습을 시작했고 5개월 남짓 만에 처음으로 이발도 했다. 닉슨과 만났을 때는 혹시라도 일이 생기면 몇 초 안에 조립될 준비가 완료된 응급 의료 기구가 화분 뒤에 숨겨져 있었다.[7]

1972년 2월 21일에 닉슨과 가진 회담은 성공이었다. 당초 15분으로 예정된 회담은 한 시간이 넘게 진행되었다. 일주일 뒤 상하이에서 양국이 완전한 외교적 승인을 위해 노력할 것을 약속하는 공동 성명이 발표되었다.

불과 얼마 전 린뱌오 사건이 일어난 터라서 닉슨의 방문은 엄청난 선전 효과를 발휘했다. 닉슨의 방문은 중국을 고립시키는 데 실패했다는 사실을 미국이 스스로 인정한 것으로 해석되었다. 북한 지도자 김일성은 득의만면해서 〈닉슨이 백기를 흔들며 베이징으로 향했다!〉라고 말한 것으로 전해졌다. 선전부의 설명에 따르면 사람들은 한때 제국주의를 두려워한 적도 있었지만 이제는 미국의 실체, 즉 종이 호랑이의 모습을 알게 되었다.[8]

닉슨의 방문이 연쇄 반응을 일으키면서 소련의 권위도 타격을 입었다. 중국과 국교를 맺기 위해서 유럽과 라틴 아메리카, 아프리카, 아시아의 국가 지도자들이 베이징으로 모여들었다. 일본 수상 다나카 가쿠에이의 방문은 마오쩌둥에게 또 한 번의 승리를 안겨 주었다. 아시아에서 미국의 가장 중요한 우방이었음에도 일본 정부는 상하이 공동 성명이 발표되기 불과 15분 전에야 해당 사실을 통보받았다. 이때 금이 간 미국과 일본의 신뢰는 장차 수년 간 양국 관계에 영향을 끼칠 터였다.

미국 입장에서 회담의 성과는 기대에 못 미쳤다.[9] 상하이에서의 약속에도 불구하고 양국의 국교는 6년 후에야 수립되었다. 닉슨은 내심 양국의 관계 회복이 베트남 문제를 둘러싼 일종의 타협으로 이어지길 기대했다. 하지만 중국은 인도차이나 반도에서 동맹국들을 지원하는 데 더욱 단호한 결의를 보였다. 캄보디아에서 무수한 인명을 학살한 크메르 루주에 대해서도 변함없는 지지를 보였다. 향후 수년 간 미국은 인도차이나 반도에서 더욱 극심한 곤경에 처했다.

———

군 원로들의 복권에도 불구하고 린뱌오 사건을 계기로 군의 입지는 급격하게 약화되었다. 수년 전인 1967년 초에는 280만여 명의 군인들이 당과 국가에 긴밀히 협조하면서 혁명을 지원하라는 지시를 받은 터였다. 하지만 1972년 8월에 이르러 인민 해방군은 병영으로 돌아갔다.

주석은 문화 대혁명 기간에 〈주자파〉로 고발된 당 관리들에게로 눈을 돌릴 수밖에 없었다. 그리고 그들이 민간 행정 부문에서 조용히 철수한 군 장교들을 대신했다. 네이멍구에서는 수정주의 지도자 울란푸가 비록 성의 크기가 훨씬 작아지긴 했어도 다시 권좌로 돌아왔다. 쓰촨 성의 팅부부에 대항했다가 패배한 리징취안도 복권되었다. 이외에도 26명의 성 지도자들이 원래 직위로 복권되어 경력을 이어 갔다. 『인민일보』에는 다음과 같은 기사가 실렸다. 〈우리는 우리 간부들의 95퍼센트 이상이 훌륭하고 상당히 우수하며 한때 실수를 범한 간부들 대다수가 달라질 수 있다는 확신을 가져야 한다.〉[10] 1972년이 끝나갈 무렵에는 5·16 간부 학교에 남아 있던 정부 행정관들과 당 간부들 대부분이 자신의 책상으로 돌아왔다.

그럼에도 그들이 한때 휘둘렀던 권력과 권위는 더 이상 존재하지 않았다. 상당수가 문화 대혁명 기간에 만연한 정치적 내분으로 심각한 타격을 입었다. 혁명 위원회가 설립된 뒤에 군대의 감시 속에서 끝없이 이어진 숙청으로 인한 피해는 말할 것도 없었다. 궁정 정치의 극심한 변덕을 충분히 경험한 노(老)위병들은 언제라도 갑자기 기후가 바뀔 수 있다는 사실을 깨달았고 자신들이 또다시 정치적 실수를 저지를지 모른다는 두려움을 안고 살았다. 많은 간부들은 자신들이 완전히 재교육되었고 〈달라질 수 있다〉는 사실을 증명하고 싶어 했다. 엄격한 공산주의의 정통성에 부합하지 않는 제안을 할 생각은 추호도 없었다.

경제 부분에서 회복의 한계가 특히 뚜렷하게 나타났다. 경제는 계속 빈사 상태였다. 미국과의 관계 회복을 통해서 긴박한 전쟁 위협이 사라지자 3선을 우선시하는 경향이 감소하기는 했지만 방대한 자원이 여전히 중공업에 집중되고 있었다. 철강 생산이 강조되면서 전력난이 계속되었고 에너지 공급이 엄격히 제한되었다. 1973년 2월에 후베이 성에서는 당 최고 지도자들과 외국인 기술자들만 전기를 지속적으로 공급받았다. 우한에서는 전체의 절반에 달하는 가로등에 수시로 전기가 차단되었다.[11]

많은 국영 기업이 낮은 생산성 때문에 계속해서 난항을 겪었다. 마오쩌둥 사상 선전대에서 군인들이 철수하면서 복직된 예전 간부들은 문화 대혁명 당시에 이미 평판과 신뢰성을 잃은 터였다. 그들은 잘해야 서류 작업이 원활히 이루어지도록 도움을 주었을 뿐이고 최악의 경우에는 또 어떤 정치 운동이 일어날지 모른다는 두려움 때문에 마냥 무력한 상태를 보였다. 상부의 압력에 저항하는 온갖 종류의 기술을 수년에 걸쳐 갈고 닦은 노동자들 사이에서는 무관심이 자리를 잡았다. 그들은 업무에 태만했고 해이했으며 시간을 훔치는 법을 알았다. 규율도 느슨했다. 공장의 시설을 이용해서 자기 옷을 세탁하는 사람들이 있는가 하면 담당 관리자가 돌아서자마자 포커를 치는 사람들도 있었다. 몇몇은 공장 제품을 빼돌려서 가족이나 친구에게 나누어 주거나 암시장에서 다른 물건과 맞바꾸기도 했다.[12]

자신의 일에 별로 관심이 없는 노동자가 생산하는 상품의 질은 형편없었다. 광둥 성의 몇몇 공장에서는 선풍기와 카메라부터 트랙터에 이르기까지 모든 생산품의 겨우 3분의 1만이 품질 기준을 만족시켰다. 산시 성의 다른 공장들에서는 불량률이 50퍼센트에 달했다. 도자기 제품들은 백화점 직원이 매번 일일이 숟가락으로 두들겨 보면서 결함 유무를 확인해야 할 정도로 품질이 형편없었다.[13]

국가의 재산도 단순한 부주의나 의도적인 소홀함 때문에 피해를 입었다. 화중(華中) 지역에 위치한 거대한 물류 중심지 한커우에서는 화물 노동자들이 판지로 된 상자를 3미터 높이에서 휙휙 던지는 바람에 내용물이 파손되기 일쑤였다. 신참 노동자가 이 같은 행동에 의문을 제기하자 〈윗사람들이 상관 안하고 우리도 마찬가지다〉라는 대답이 돌아왔다.[14]

특히 계획 경제가 추구하는 최상의 가치에 투명성이나 회계라는 요소가 포함되지 않는다는 점에서 문제가 얼마나 심각했는지 정확히 파악하기란 불가능에 가깝다. 그럼에도 1972년 기준으로 간쑤 성의 국영 기업들은 여섯 곳 중 하나꼴로 적자를 기록하고 있었다. 낮은 생산성과 이른바 〈총체적 관리 부실〉이 직접적인 원인으로 작용하면서 린뱌오가 사망한 이듬해에 산업 부문의 적자 총액이 3분의 1 이상 증가했다. 상황은 전혀 나아지지 않아서 3년 뒤인 1975년에는 국영 기업 네 곳 중 하나가 적자를 기록했다.[15]

산시 성에서는 공장들이 세 곳 중 하나꼴로 적자 상태였다. 국영 기업을 운영하는 당간부들은 생산 비용에 대해서는 거의 걱정하지 않은 채 국가가 부과한 생산 목표를 달성하는 데만 전념했다. 1966년에는 고정 자산 100위안을 기준으로 상품 가치가 160위안을 약간 상회하는 제품들이 생산되었다. 1974년에 이르러서는 이 수치가 84위안 남짓한 수준으로 곤두박질쳤다. 낭비되는 돈도 어마어마했다. 시안 전선 회사 한 곳에서만 400만 위안어치의 불합격품 1,700톤이 공장 뒷마당에 산처럼 쌓여 있었다.[16]

중공업을 최우선시하는 국가 정책이 지속되면서 소비재 산업은 등한시되었다. 시민들의 기본적인 수요도 충족하지 못하는 계획 경제의 무능함은 린뱌오의 군사 독재 시절에 이르러서 비현실적인 수준에 도달했다. 본래부터 비효율적이었던 자본 배분이 무조건적인 자력갱생을 강조하면서 더욱 악화된 탓이었다. 〈다자이를 본받자〉 운동으로 모든 성에서는 오랜 무역 관계를 대부분 단절한 채 자급자족 경제를 추구했다. 그 결과 단추 같은 단순한 물건을 생산하는 데도 문제가 발생했다. 문화 대혁명 이전까지 신장에서 만들어진 옷은 모든 마을이 단추 산업에 특화된 저장 성으로 보내졌다. 이 같은 전국적인 연계망이 폐쇄되면서 직물 공장들은 어쩔 수 없이 모든 것을 지역 내에서 생산했다. 결과적으로 모두가 부족난을 겪었다.[17]

신장에 부족한 것은 단추만이 아니엇다. 건조한 초원 지대와 우뚝 솟은 산맥, 모래가 날리는 사막을 특징으로 하는 이 인구 밀도가 낮은 성에서 사람들은 대부분의 생필품을 항상 무역에 의존해 온 터였다. 하지만 1970년에 이르러서는 고비 사막을 횡단해야 하는 트럭 운전사들조차 보온병 하나를 사기 위해서 몇 년을 기다려야 했다. 결혼식에 사용할 한낱 물 잔도 부족했다. 비옥한 오아시스의 한가운데 위치해 있으며 홍위병들이 회교 사원을 공장으로 개조한 투루판에서는 세 사람이 비누 한 장을 가지고 한 계절을 나야 했다. 한때 실크로드의 중추 역할을 했던 성도 우루무치에서는 한 사람당 가루 세제 한 봉지로 4개월을 지내야 했다. 성냥과 라이터는 사치품으로 여겨졌으며 부싯돌을 사는 데도 배급표가 필요했다.[18]

신장의 경우는 제국의 변두리에 위치한 탓으로 돌린다고 하더라도 홍콩 근처의 주장 강 삼각주를 따라 들어선 무역 도시들도 휘청거리기는 마찬가지였다. 포산에서는 성냥, 비누, 치약, 건전지, 면직물 등이 부족해서 어려움을 겪었다. 북쪽으로 조금 더 올라가 난징 외곽의 농촌에서는 칫솔이 사치품으로 간주되어 마오쩌둥이 사망한 1976년 이후에나 대다수 농민들이 칫솔을 사용하기 시작했다.[19]

정부가 이런 문제들을 인지하면서 약간의 조정이 이루어졌다. 다자이를 본받으려는 운동은 주석이 사망하고도 몇 년 뒤에나 중단될 터였지만 그보다 앞서 무조건적인 자급자족 경제를 강조하는 목소리가 점차 잦아들었다. 1971년 이후로 국영 기업들은 출장 대리인과 구매 담당자를 다시 전국에 파견하기 시작하면서 상업적인 연계망을 재가동했다. 이 같은 움직임을 확인해 준 단적인 예로 참가자가 급증한 광저우 무역 박람회를 들 수 있다. 1973년 봄에 열린 무역 박람회에는 이전 해보다 훨씬 늘어난 하루 최대 12만 7,000명의 방문객이 찾았다. 어느 호텔을 가든지 빈방을 찾기 어려울 정도였다. 객실에 침대를 추가해서 기숙사처럼 개조하고도 여전히 방이 모자라서 수백 명의 대표단이 호텔 로비에 앉아 밤을 보내야 했다. 상하이에서도 무역이 다시 활기를 띠면서 기록적으로 많은 구매 담당자들이 도시를 방문했으며 1973년 초에는 6만 5,000여 명에 달하는 방문객으로 호텔마다 만원사례를 이루었다. 화산 호텔 한 곳에서만 400여 명의 손님들이 복도에서 잠을 잤다. 신화 호텔에서는 로비에 앉아 사흘을 기다려야 그나마 복도에 매트를 깔아 마련한 자리라도 얻을 자격이 생겼다. 수백 명이 이발소 바닥에서 잠을 잤다.[20]

서방 국가와의 교역도 장려되었다. 마치 성지를 순례하듯이 베이징을 방문하려는 열성적인 미국인 사업가들 행렬이 줄을 이었다. 꽃무늬 셔츠를 입은 데이비드 록펠러가 상냥한 표정으로 마찬가지로 미소를 짓고 있는 뱅크 오브 차이나 간부들 사이에 서 있는 사진도 공개되었다. 새로운 장비와 선진 기술이 수입되고 많은 국영 기업이 노후된 기계를 교체했다.[21]

문화 대혁명의 절정기에 미술과 공예에 가해졌던 제한 조치가 완화되었다. 경공업부는 〈반동적이고 외설적이며 혐오스러운 제품〉을 여전히 금지했지만 종전에 〈봉건적〉이거나 〈미신적〉이라고 비난받은 공예품들이 다시 허용되었고 관련 제품들을 수출함으로써 미화로 매년 수백만 달러를 벌어들였다. 소수 민족들은 한국식 냄비부터 티베트식 사발에 이르기까지 1966년 이래 금지된 몇몇 수공예품의 생산을 재개했도 좋다는 허가를 받았다. 전반적으로 경공업 제품의 생산이 이전보다 강조되었다.[22]

1970년 8월에 개최된 중국 북방 농업 회의에서 총리는 농촌에서도 생산품을 다각화하고 소규모 제조업을 육성하도록 허가하는 정책을 발표했다. 농촌 기업들에게 예컨대 농기구와 화학 비료, 시멘트 등을 생산하게 해서 농업 발전을 지원함으로써 중국을 〈두 발로 걷게 한다〉라는 발상이었다. 하지만 이 정책은 결코 새로운 변화가 아니었다. 다자이의 경우만 보더라도 농민들은 천융구이의 지휘 아래 벽돌 굽는 가마와 바늘 공장, 보크사이트 광산을 운영하면서 집산화라는 대의명분 아래 농업과 제조업을 병행했다. 〈두 발로 걷게 한다〉라는 발상 자체는 대약진 운동에서 비롯된 것이었다. 대약진 운동 당시에 주석은 제조업을 농촌으로 이전하고 거대 인민공사에 속한 모든 농민의 생산 잠재력을 극대화함으로써 중국이 경쟁 국가들을 앞지를 수 있을 거라고 생각했다. 국가에서 장려한 농촌 기업들은 여전히 인민공사의 확고한 통제 아래 있었다.[23]

공식적인 표현이 부드러워지고 정부 정책이 약간 수정되었음에도 계획 경제는 여전히 대다수 일반인들의 살림을 개선해 줄 능력이 없었다. 1974년까지도 많은 도시들이 거주민의 기본 수요를 충족하는 데 필요한 물품의 절반도 생산하지 못하고 있었다.[24]

우뚝 솟은 산맥 사이로 양쯔 강의 지류인 한강(漢江)이 장엄하게 흐르는 웅장한 자연의 아름다운 풍경 한가운데에 쯔양 현이 있었다. 비옥한 토양뿐 아니라 온화한 기후와 충분한 강수량 덕분에 셀레늄이 풍부한 비취색 찻잎이 생산되면서 산시 성 쯔양 현의 차는 최고의 품질을 자랑했다. 1973년 12월, 이 지역을 시찰하던 당 간부 한 명이 길가에 지푸라기와 널빤지 몇 장으로 엉성하게 지은 작은 오두막집을 우연히 지나게 되었다. 오두막집에는 일곱 명의 가족이 살았는데 온 식구가 바닥에서 잠을 잤다. 꽁꽁 얼어붙은 흙바닥에는 얇은 슬레이트 한 장과 찢어진 무명천이 깔려 있을 뿐이었다. 가족들은 입을 옷이 없어서 온기를 유지하기 위해 지푸라기를 몸에 두르고 있었다. 지푸라기를 촘촘하게 엮지 않아서 마흔 살이라는 안주인의 쪼글쪼글한 가슴이 그대로 드러나 보였다. 깨진 사발 몇 개와 찌그러진 주석 깡통 하나가 가족의 전 재산이었다. 구석에 앉은 한 노인이 조용히 흐느끼면서 연신 같은 말을 되풀이하며 간곡하게 애원했다. 〈제발 나라에서 우리를 좀 보살펴 주십시오!〉 당 간부는 그들에게 자신이 입은 있던 겉옷이라도 주고 싶었지만 일정이 아직 열흘이나 더 남았을뿐더러 자신이 영하 10도까지 떨어지는 한겨울에 이동하고 있다는 사실을 깨달았다. 그는 나중에 이렇게 회상했다. 〈그들을 위해서 옷 한 벌도 벗어 줄 수 없다는 사실에 참담한 심정이 되었다.〉 그가 지역 책임자에게 확인한 바로는 마을 주민 중 5분의 1이 비슷한 환경에서 살고 있었다. 한 인민공사에서만 이전 봄에 이미 50명이 굶어 죽은 참이었고 그 겨울이 가기 전에 훨씬 많은 사람들이 앞서간 사람들을 뒤따를 터였다.[25]

그 뒤로도 2년 동안 바뀐 것은 거의 없었다. 1975년 12월에 쯔양 현 사람들은 전체 인구의 약 70퍼센트가 하루에 500그램도 되지 않는 곡물로 연명했다. 같은 쯔양 현 안에서도 산악 지대에 거주하는 사람들이 특히 빈곤하게 살았는데 그들 중 최대 3분의 1에 달하는 사람들이 소금이나 등잔에 사용할 기름을 살 형편이 되지 않았다. 상당수가 담요나 밥그릇, 땅을 일굴 농기구도 없었다.[26]

산시 성 전체로는 500만 명 이상이 굶주림에 시달렸다. 한 관리는 〈일부 농민들은 1년에 고작 125~130킬로그램의 곡물을 배급받는데 그들이 진 빚을 고려하면 한 달에 1인당 10킬로그램도 안되는 식량으로 남은 날들을 버텨야 한다〉라고 지적했다. 수천 명이 굶어 죽었다. 영양 결핍에 의한 부종이나 극도의 수척증이 만연했다. 굶어 죽지 않은 사람들은 농촌을 벗어나고자 했고 길거리에서 구걸하며 생계를 유지했다. 쯔양 현이 있는 산시 성의 남쪽 지역에서는 사람들이 진흙을 먹었다.[27]

수백만 명이 굶주림에 시달린 것은 산시 성만이 아니었다. 기근은 1976년까지 농촌 대부분의 지역에서 만연했다. 베이징과 톈진을 둘러싸고 있는 허베이 성에서는 1975년에 500만 명 이상의 시골 농민들이 식량 부족난을 겪었다. 칭 현만 하더라도 현 내의 전체 마을에서 주민 한 명이 하루에 소비한 평균 양곡이 400그램에 불과했다.[28]

허베이 성의 남동쪽에 위치한 산둥 성은 1973년에 기근의 직격탄을 맞았다. 둥밍 현 인구의 절반이 최후의 수단으로 보통은 이듬해 파종을 위해 보관하는 종자까지 먹어 치웠다. 또한 이미 잡아먹은 지 오래인 쟁기질할 가축에게 먹이려던 여물을 먹었으며 지붕의 기와와 침구를 비롯해서 때로는 입고 있던 옷까지 내다 팔았다. 수천 명이 길거리로 나섰으며 대규모 거지 떼를 이루어 시골 지역을 떠돌았다. 수치로 보면 더욱 적나라했다. 지닝 지구에서는 160만 명이 식량난을 겪었고 린칭에서는 220만 명이 배를 곯았다.[29]

보다 내륙으로 들어가 후베이 성에서는 린뱌오 사건이 발생한 이후로도 몇 년 동안 기근이 계속되었다. 1972년에 후베이 성의 여러 현에서는 전체 인구의 3분의 1에 달하는 사람들이 한 달에 13킬로그램도 되지 않는 양곡으로 연명해야 했다. 후베이 성에서 두 번째로 큰 도시이며 주변의 농촌 지역 대부분을 관할하던 이창에서 제출된 한 공식 보고서에 따르면 〈사람들은 영양 결핍에 따른 부종과 수척증, 자궁 탈출, 무월경(無月經)을 비롯하여 다양한 질병을 앓기 시작했다〉.[30]

2년이 지난 1974년에 퉁산 현의 경우에는 대다수 농민들이 한 달에 8킬로그램도 안되는 양곡을 소비했다. 하루에 대략 작은 고구마 2개를 먹는 셈이었다. 한 조사관의 보고서에 따르면 몇몇 마을에서는 3월부터 5월까지 〈평균적으로 한 달에 겨우 1.5킬로그램을 먹었다.〉 기근은 퉁산 현에만 한정되지 않았다. 양쯔 강 북쪽 강변에 위치한 젠리 현에서는 수만 명이 구걸로 생계를 유지하는 신세로 전락했다. 피한빈이라는 남성도 그런 경우였는데 그와 그의 아내 그리고 다섯 아이들은 10킬로그램에 불과한 양곡으로 한 달을 살아야 했다. 모든 사람이 먹을 것을 구하고자 도시로 향할 만큼 강인했던 것은 아니었다. 이웃 마을에 살던 천정셴은 아이가 배가 고파서 계속 울자 더 이상 참지 못하고 쥐약을 먹었다. 비슷한 상황이 성 곳곳에서 발생했다.[31]

이런 일들은 농촌에 만연했던 단지 몇 가지 사례에 불과하며 다른 여러 성의 기록 보관소에도 유사한 실상을 보여 주는 사례들이 분명 존재할 터였다. 도시 외곽에 위치한 덕분에 한때는 번창했던 마을에서도 굶주림은 여전히 해결될 기미가 보이지 않는 걱정거리였다. 1973년에 이르러 상하이 교외 지역에서는 전체 인민공사의 3분의 1이 빈곤의 늪에 빠졌다. 1976년에는 제2차 세계 대전 이전까지 번화한 조약항이었던 원저우의 외곽에서 농민들이 단체로 전 재산을 처분하고 대기근을 피해서 도주하는 사태가 발생했다.[32]

농촌에서 조달된 곡물 중 많은 양이 도시 거주자에게 배정되었기 때문에 도시에서는 굶어 죽는 사람이 없었다. 하지만 수도에서도 식량은 충분하지 않았다. 미국과 중국의 관계가 회복되면서 베이징 대학교에 등록할 수 있었던 최초의 외국인 학생 중 한 명의 증언에 따르면 베이징 대학교의 구내식당은 솔제니친의 『이반 데니소비치의 하루』에서 불쑥 튀어나온 수용소 식당 같았고 〈널빤지로 만든 긴 의자와 표면이 거친 탁자들이 우중충한 분위기를 연출하며 끝없이 펼쳐져〉 있었다. 직원들과 학생들은 죽 한 국자를 받기 위해 각자 사기그릇을 들고 작은 창구 앞에서 줄을 서야 했다. 굶주린 시골 농민들에게는 잔치 음식 같았겠지만 메뉴는 언제나 동일했다. 〈아무런 맛이 없는 옥수수 죽과 도저히 먹을 수 없는 소금에 절인 채소 약간이 전부였다. 학생들이 유일하게 고기를 먹을 수 있는 점심시간에는 한두 조각의 돼지고기와 오래된 양배추가 나왔다. 말라붙고 맛이 없는 쌀밥은 밥알이 으깨지고 작은 조각의 자갈과 석탄이 지저분하게 섞여 있어서 흰색보다 회색에 가까웠다. 나는 이빨이 깨지지 않도록 조심해서 씹는 법을 익혔다.〉 중국 최고의 대학에서도 학생들은 늘 영양 부족 상태였다.[33]

산업 분야에서 암울한 성적을 기록한 노위병들은 마찬가지로 인민공사의 농업 생산 방식을 근본적으로 개혁하는 데도 실패했다.

지도부가 농촌의 계속되는 위기를 잊은 것은 아니었다. 1970년에 중국은 기록적인 650만 톤의 화학 비료를 수입했고 문화 대혁명이 시작된 이래 가장 많은 536만 톤의 양곡을 사들였다. 곡물 생산량을 늘리고 자 정부는 1970년 8월 이후로 다양한 농업 개혁 방안을 도입했다. 국영 기업의 경쟁력을 높이기 위해 외국에서 선진 기술을 사들인 것처럼 농 촌에 양질의 종자와 농약, 비료, 농기계 등을 보급했다.[34]

정부는 극단적인 수사법까지 동원하며 철저한 집산화를 추구하던 것에서 선회하여 또다시 농촌 주민들에게 집단 농장의 업무를 모두 완 수한 경우에 한해서 여유 시간에 자류지를 경작하도록 권유했다. 농촌 에서 지역 시장을 운영해도 좋다는 허락도 떨어졌다. 물론 해당 시장은 계획 경제의 테두리 안에서 운영되어야 했다. 그 결과 면화와 식용유, 고기, 곡물부터 담배와 목재에 이르기까지 국가가 전매권을 가진 모든 생필품들을 포함하여 많은 상품이 시장에 나올 수 없었다. 이런 조치들 은 그다지 큰 효과를 거두지 못했을 뿐 아니라 대약진 운동이 초래한 대참사의 여파로 도입된 정책들보다 크게 나은 것도 없었다.

하지만 파산한 경제에 약간 손을 댄 것 만으로도 나름의 성과는 있었 다. 특히 수년에 걸친 군사 독재가 끝나면서 변화가 나타났다. 곡물 생 산이 증가한 것이다. 그럼에도 대다수 농촌 주민들의 수입은 증가하지 않았다. 몇몇 경제학자들이 공식 통계를 바탕으로 산출한 값에 따르면 1970년대에 농촌 인구의 1인당 실질적인 곡물 소비량은 오히려 감소했 다. 이유는 매우 간단했다. 국가에서 나머지를 가져갔기 때문이다. 1971년에 중국에서는 그때까지 사상 최고치인 2억 4000만 톤의 곡물 이 생산되었는데 베이징 지도자들의 주장대로 이를 환산하면 이론적으 로는 한 달에 한 사람당 도정되지 않은 벼 25킬로그램밖에 돌아가지 않는 양이었다. 그마저도 국가가 4500만 톤을 거두어들이고 나면 양이 확 줄어들 터였다.[35]

다른 농업 분야에서도 유사한 현상이 목격되었다. 지도부는 곡물 생산에 집중하길 포기하지 않으면서도 한편으로 경제 다각화를 부추겼다. 경제적 자급자족이라는 목표를 달성하기 위해서 이미 인민공사에 제한된 양의 환금 작물을 재배하여 지역 시장에 팔아도 좋다는 허가를 내어 준 터였다. 하지만 이번에도 변화는 그 한계가 분명했다. 1970년 대 초에 돼지 숫자가 잠깐 증가한 적도 있었지만 돼지고기가 여전히 국가의 전매 품목이었던 까닭에 국민 모두를 위한 단백질의 양적인 개선이 이루어질 만한 유인이 거의 없었다. 일례로 1971년에 간쑤 성은 이전 해와 비교했을 때 돼지가 100만 마리나 더 늘어났다. 1966년과 비교하면 200만 마리가 더 늘어난 상황이었다. 하지만 한 마리당 평균 무게가 5년 전에 비해서 3분의 2에 불과했다. 1971년에 성도인 란저우에서는 한 달 평균 155톤의 돼지고기가 소비되었는데 이를 환산하면 1인당 500그램에도 못 미치는 양이었다. 1965년에는 인구가 더 적었음에도 240톤의 돼지고기를 소비했던 란저우였다. 기초 생필품과 마찬가지로 곡물이나 고기를 공급하는 데 있어서도 정부는 팽창하는 인구를 전혀 따라잡지 못하고 있었다.[36]

1976년에 주석이 사망할 당시에는 최소한 전체 인구의 20퍼센트에 달하는 2억 명 이상이 만성적인 영양실조에 시달리고 있었다.[37] 전국적으로 만연한 반(半)기아에 열악한 의료 문제까지 더해져서 상황은 더욱 악화되었다. 문화 대혁명이 절정에 달했을 때 전국 중소 도시와 대도시의 병원들은 비판 대회와 파벌 싸움에 휘말려 극심한 공격을 받았다.

1967년 봄에 우한에서는 아직 조반파에게 공격당하지 않은 의사들이 부르주아적인 행위로 고발당할까 봐 무서워 쉬지도 못하고 내내 일만 하다가 탈진해서 줄줄이 쓰러지면서 대부분의 병원이 혼돈에 빠졌다. 한 의료 기관을 조사한 보고서에 따르면 해당 기관에서는 직원들이 10명 중 9명꼴로 간염을 앓고 있었다. 원인은 위생 불량이었다. 우한의 상황이 이례적인 것도 아니었다. 신뢰할 만한 통계가 드물기는 하지만 허베이 성의 경우를 보면 1965년에 8만 8,480명이었던 의료 업계 종사자가 5년 만에 6만 6,900명으로 감소했다. 허베이 성 전체 인구에 대비해서 보면 이는 20년 전인 1952년보다 낮은 비율이었다.[38]

린뱌오가 사망한 뒤로 의료 인력의 감소 문제는 수년에 걸쳐 어느 정도 안정을 되찾았지만 기록 보관소의 증거 자료에 따르면 많은 사람들이 여전히 다양한 만성 질환에 시달렸다. 광저우에서 남쪽으로 약 20킬로미터 떨어진 포산에서는 1973년에 노동자의 3분의 1이 한 달에 20위안에도 미치지 못하는 돈을 벌었다. 한 가정에서 식비로 지출하는 돈이 평균 10위안에서 11위안이었으므로 가벼운 질병에만 걸려도 한 달에 2~3위안의 경제 부담이 추가되어 가계를 적자로 내몰 수 있었다. 보다 심각한 질환인 경우에는 한 달에 10위안의 비용이 들었다. 그럼에도 포산에 사는 사람들은 광둥 성 내의 다른 도시민들보다 형편이 나은 축에 속했다. 1974년에 자오칭에서는 전체 노동자의 4분의 1이 한 달에 12위안도 안되는 돈으로 생활했다.[39]

포산의 노동자들은 다섯 중 한 명꼴로 만성 질병을 달고 살았다. 성 전체가 마찬가지였다. 몇몇 화학 공장에서는 노동자의 3분의 2 이상이 병을 앓았다. 결핵과 간염은 물론, 정신병도 흔했다. 문화 대혁명 이전에는 이런 질병을 전문적으로 치료하는 의료 기관들이 많았지만 모두

종합 병원에 흡수되었다. 그 과정에서 수천 개의 병상이 사라졌다.[40]

농촌의 상황은 더욱 심각했다. 1965년 6월 26일에 주석은 몸소 위생부를 지목하며 도시의 상전들을 위한 부라고 비난했다. 일반인, 특히 농촌에 사는 사람들은 돌보지 않고 권력 상층부의 요구를 충족시키려고 혈안이 되어 있다는 이유였다. 2년 뒤 마오쩌둥은 아주 특별한 해결책을 제안했다. 그리고 〈엘리트주의 의료계를 박살 내자〉는 그날의 표어가 되었다. 그는 의료 교육이 너무 과대평가된 측면이 있으며 누구나 의사가 될 수 있다고 생각했다. 그리고 일반 농민들도 단기 과정만 수료하면 대중에게 의료 행위를 할 수 있도록 했다. 주석은 그들을 〈맨발의 의사〉라고 불렀다.

쓰촨 성에서 다른 많은 학생들과 함께 하향한 장융은 의사로 선발되었다. 그녀는 〈어떠한 훈련도 받지 않은 채〉 의료 현장에 투입되었다. 다른 곳에서는 간신히 글을 깨우쳤을 뿐 간단한 의학 수업조차 들을 준비가 되어 있지 않은 농민들이 열흘이라는 짧은 기간 동안 의료 훈련을 받았다. 한 지원자가 당시를 회상했다. 〈수업이 시작되고 20분만 지나면 학생들이 졸기 시작했다. 고개가 점점 아래로 처졌고 마치 닭이 벼를 쪼는 것 같았다. 시간이 지날수록 보다 많은 학생들이 졸았다. 나중에는 몇몇이 침을 질질 흘리면서 큰 소리로 코까지 골았다. 그들은 도무지 깨어날 줄을 몰랐다.〉[41]

주석의 계획은 위선이었고 자신들의 편의를 위해 정부의 부담을 집단 농장에 전가한 것에 불과했다. 자력갱생이라는 원칙하에 맨발의 의사들은 예방 백신을 제외하고 사실상 국가로부터 아무런 지원도 받지 못했다. 대다수가 단순한 응급 처치도 할 수 없는 형편이었다.[42]

그럼에도 맨발의 의사들 수는 상당히 많았으며 밭을 갈지 않아도 된

다는 이유 때문에라도 상당수가 자신의 일에 헌신했다. 또 다른 긍정적인 결과로는 맨발의 의사들이 갖춰야 하는 예컨대 청진기나 온도계, 혈압계 같은 기본적인 의료 기기들의 가격이 내렸다는 점을 들 수 있었다. 그 결과 이런 기기들이 이전보다 더 널리 보급되었다.[43]

상당수 의약품의 가격도 내렸다. 크레틴 병의 유병률이 감소한 것이 좋은 예였다. 신체적, 정신적 성장이 심각하게 위축되는 증상으로 나타나는 이 병은 요오드 섭취가 부족할 때 발생한다. 예컨대 쯔양 현의 산악 지대에 사는 많은 시골 주민들은 소금을 살 여유가 없었고 따라서 요오드 섭취가 부족했다. 그럼에도 요오드가 함유된 값싼 알약이 배급된 덕분에 1974년 즈음에는 산시 성 전역에서 크레틴 병의 발병률이 문화 대혁명이 시작될 당시의 400만 명 선에서 절반으로 감소했다.[44]

하지만 요오드가 함유된 소금처럼 기본적인 물품조차 공급은 여전히 부족했고 산시 성과 후베이 성을 비롯한 많은 성에서 수백만 명에 달하는 사람들이 국가의 보살핌을 받지 못하고 있었다. 또한 쉽게 예방할 수 있는 몇몇 질병들이 감소하기는 했지만 다른 질병의 발병률이 증가했다. 일례로 후베이 성에서는 1966년 이후로 말라리아 발병률이 다섯 배나 증가했고 1974년에만 260만 명에 달하는 농민들의 삶이 파괴되었다.[45]

맨발의 의사라는 형태로 표출된 협동 의학은 사실상 정부의 운동이 정점에 달했던 1968년에 아주 잠깐 동안만 왕성한 활동을 보였다. 그런 다음에는 몇 년도 지나지 않아 농촌의 많은 지역에서 와해되었다. 예컨대 푸양 현에서는 이미 1971년에 전체 인민공사의 3분의 2가 해당 제도를 폐지한 터였다. 도시의 수많은 노동자와 마찬가지로 농민들은 의료 혜택을 받기 위해서 다시 돈을 지불해야 했지만 2위안에서 10위

안에 달하는 비용은 엄두도 낼 수 없는 돈이었다.[46]

결과적으로 농촌의 많은 지역에서 부실한 건강 상태가 하나의 표준처럼 되었다. 그럼에도 이 문제와 관련해서는 정확히 조사된 자료가 없다. 문화 대혁명 대부분의 기간 동안 이런저런 정치 운동이 연달아 전개되면서 정부가 다른 많은 급박한 문제들에 직면했기 때문이다. 무엇보다 농촌에는 상세한 의료 검진을 시행하는 문제는 고사하고 만성 질병과 씨름할 자금도 없었다. 그럼에도 1972년에 가임기 여성의 건강 상태를 조사하기 위해 산둥 성의 수십 개 현에 속한 마을로 파견된 공작대는 검진받은 여성 중 30~38퍼센트가 부인병을 앓고 있다는 사실을 발견했다. 어떤 여성들은 과로와 영양실조가 겹쳐서 자궁 탈출증을 앓았고 어떤 여성들은 골반염이나 자궁 경부 미란증을 앓았다. 그들 중 상당수는 병이 악화되어 다시는 병상을 벗어나지 못했다. 의료 혜택을 받지 못하는 상황에서 영아 사망률 역시 높았으며 농민들은 의료 훈련을 받지 않은 동네 산파에게 의지함으로써 전통적인 방식으로 후퇴했다. 한 마을에서는 산파 한 명이 서른 명의 아기를 받았는데 그중 열 명이 곧바로 사망했다. 산모의 사망뿐 아니라 산욕열도 흔했다. 가오탕의 한 인민공사에서는 1971년에만 서른여섯 명의 여성이 출산 도중에 사망했다. 한참 뒤인 1982년에 인민공사가 해체되고 나서야 대부분의 시골 마을에 진정한 의료 개선이 이루어질 터였다.[47]

21장
조용한 혁명

    산시 성 북부 먼지 날리는 사암색의 구릉 지대 한복판에 위치한 옌안은 공산주의 선전에 따르면 가장 신성한 장소 중 하나다. 대장정이 끝난 1936년에 공산주의자들이 점령한 장소로, 제2차 세계 대전 동안 임시 수도 역할을 했다. 수십 년 뒤 옌안은 공동체에 소속된 채 전쟁과 노동을 동시에 수행하는 이상적인 공산주의자의 상징이 되어 있었다. 〈옌안 정신〉은 공익을 위한 이타적인 헌신을 예고했으며 사람들은 산을 옮길 수 있을 만큼 강력한 힘을 지닌 공동체에 융합되었다.

    공산주의자들의 상상 속에서 커다란 자리를 차지하고 있음에도 옌안 자체는 극도로 가난하고 대부분의 혁명이 비껴간 곳이었다. 하지만 일부 지역민들은 손을 놓은 채 위에서 자신들의 빈곤을 해결해 주길 기다리지 않았다. 1974년 12월에 옌안에 도착한 선전대는 복잡한 구조로 된 암시장이 번창하고 있음을 알게 되었다. 어떤 마을은 메마른 토양에서 곡물을 쥐어짜길 아예 포기한 채 전문적으로 돼지고기를 판매했다. 그들은 공출할 곡물 할당량을 채우기 위해 양돈 사업에서 발생한 이윤으로 시장에서 옥수수를 구매했다. 이 모든 작업이 지역 당 간부들의 감독 아래 진행되고 있었다. 그 마을의 어느 누구도 정치에는 관심이 없는 듯했다. 린뱌오가 사망한 지 3년이 더 지났음에도 여전히 예전 공식 후계자의 포스터들이 바람에 펄럭이고 있었다. 건물 외벽에 페인트로 칠해진 표어들도 색이 바래 있었는데 대부분이 1969년에 쓴 것들이었다.[1]

옌안에서만 유독 지역 시장이 등장한 것은 아니었다. 시안에서 버스로 두 시간 가까이 걸리는 뤄난 현의 인민공사들은 하나같이 공동 자산을 개별 농가에 재분배하고 생산에 대한 책임을 그들에게 돌려주었다. 농민들은 도시를 먹여 살리고 국제 시장에서 교환 수단으로 이용할 곡물 생산에만 열을 올리던 국가가 강요하는 단일 작물 재배를 20년 만에 포기했다. 대신에 이제는 암시장에서 인기 있는 작물을 재배했다. 일부는 자기 소유의 자류지를 빌려주고 도시로 나가 지하 공장에서 일하면서 버는 돈을 고향으로 송금했다. 다른 자유도 번창했다. 한 생산대의 대장은 주석을 칭송하는 표어들로 대문을 장식하는 대신 당나라 황제의 대구를 써 붙였다. 아무도 신경 쓰지 않는 당의 최근 지시보다 해방 이후에 미신으로 매도되어 온 전통적인 풍수지리가 더 중요해 보였다. 무당과 점쟁이가 돌아다니기 시작했다.[2]

시안에서 조금 더 북쪽에 있는 푸청 현에서도 일부 당 간부들이 뒤로 한발 물러나서 농민들에게 상업 활동을 허가했다. 이곳에서도 선정적인 붉은색의 야단스러운 표어들이 주로 전통적인 방식에 따라 붓으로 쓴 상서로운 대구들에게 자리를 내주었다. 당 간부들은 최근의 당 노선을 따르는 것은 고사하고 신문도 제대로 읽지 않았다. 한 보고서가 푸념 섞인 비판을 내놓았다. 〈당 회의는 한 번도 소집된 적이 없으며 당에서 지정한 마르크스나 레닌, 마오 주석의 작품은 단 한 권도 학습된 적이 없다.〉 일부 생산대대의 경우에는 전화로 회의를 하는 것이 현실적으로 불가능했는데 마을 주민들이 전화선을 잘라서 고구마를 말리는 데 사용했기 때문이다. 어떤 종류의 기술이든 전문 기술을 보유한 사람들은 집단 농장에서 일하는 대신 가장 높은 보수를 제공하는 곳에서 일했다. 비밀리에 돈을 받고 환자를 보는 의사들도 생겼다. 일부 장인들은 독자적으로 움직였다. 발길질을 당해 마땅한 〈부농〉인 동시에 〈반동분자〉로 분류된 천훙루는 암시장에서 목수로 일했고 생산대가 바쁠 때면 그들을 도와주면서 하루에 25점이나 되는 노동 점수를 받았다. 건강한 성인 남성이 집단 농장에서 뼈가 휘도록 일하고 받을 수 있는 점수의 두 배가 넘었다.[3]

이 모든 일들이 일어난 산시 성에서는 수백만 명이 굶주림에 시달렸으며 일부는 진흙을 먹거나 나무껍질을 벗겨 먹었다. 한 조사관이 한겨울에 오두막에 사는 굶주린 7인 가족을 만난 쯔양 현의 지방 당국은 그 같은 일이 무슨 대수냐라는 반응을 보였다. 반면에 성의 다른 곳에서는 일부 당 간부들이 굶어 죽거나 들판에 나가 곡식을 훔치는 농민들을 손놓고 바라보는 대신에 그들에게 땅을 나누어 주고 나름의 방식대로 생존해 나가도록 하는 방법을 선택했다.

속담에 필요는 발명의 어머니라고 했듯이 극심한 빈곤에 처해 기업가 정신이 발휘된 사례는 다른 곳에서도 발견되었다. 그중에서도 가장 큰 반향을 일으킨 것은 1959년에 제일 먼저 대규모 기아 사태가 발생한 성 가운데 하나인 안후이 성의 사례였다. 이후 안후이 성은 1961년에 농부들이 땅을 빌릴 수 있도록 허가함으로써 가장 먼저 마오의 대기근에서 벗어날 수 있었다. 1962년 여름에 주석은 이런 안후이 성의 성장 쩡시성을 〈주자파〉라며 공격했고 얼마 뒤 땅은 다시 인민공사에 귀속되었다.

하지만 린뱌오의 군사 독재가 붕괴하고 군인들이 병영으로 돌아가자 농촌 곳곳에서 농민들이 땅에 대한 권리를 되찾고 국가의 통제에서 벗어나고자 했다. 일부 지역에서는 당 간부들이 앞장서서 땅을 농민들에게 분배했다. 때로는 정부의 대리인과 땅을 경작하는 농민들 사이에 거래가 성립되어 당 간부에게 곡물의 일부를 넘기는 조건으로 가상의 공동 소유 체제가 형성되기도 했다. 농민들이 당 간부들에게 돈을 주며 눈감아 줄 것을 부탁하면서 뇌물은 종종 자유 기업 체제의 바퀴에 윤활유로 작용했다.

시장 원리로 회귀하는 데에는 최고위층의 분열이 한몫을 했다. 문화대혁명 내내 계속된 지도부의 파당적 논쟁과 파벌적 내분으로 정부 정책이 끊임없이 오락가락했다. 매번 새로운 운동이 전개될 때마다 자류지의 크기부터 농가가 소유할 수 있는 가축의 숫자까지 집산화 경제의 윤곽이 바뀌었기 때문에 현장의 농민들은 급변하는 정책의 일진일퇴를 자주 경험했다. 아울러 계속해서 바뀌는 게임 규칙을 해석하거나 협상할 권한을 가진 지역 당 간부들에게 필연적으로 휘둘릴 수밖에 없었다.

이 같은 현상은 1970년 여름에 열린 북중 농업 회의를 계기로 특히 두드러졌다. 저우언라이가 극단적인 집산화로 초래된 파괴적인 상황에서 벗어날 방법을 모색하고자 소집한 회의였다. 회의가 끝나고 다음 몇 달 동안 언론에서 자류지를 경작할 농민들의 권리와 지역 농민 시장의 중요성, 집단 경제에 기여하는 환금 작물의 역할 등을 강조하는 무수히 많은 기사들이 발표되었다. 이런 조치들은 대약진 운동이 초래한 대참사의 여파로 도입된 정책들보다 크게 나은 것이 없었지만 그럼에도 다자이를 본받으려는 운동을 보다 극단적으로 해석하고자 하는 일부의 움직임을 약화시켰다. 천융구이와 주석이 함께 식사를 하면서 〈농사는 다자이를 본받자〉라는 표어를 내놓은 지 정확히 7년 뒤인 1971년 12월 26일에는 『인민일보』가 〈맹목적으로 다자이를 본받으려는 움직임〉을 경고하는 지경에 이르렀다.[4]

농업과 관련하여 보다 온건한 접근법을 취하도록 도움을 준 것은 린뱌오가 사망한 뒤에 이어진 일련의 숙청이었다. 급진적인 집산화를 수용한 성장 여섯 명이 교체되었다. 천융구이는 린뱌오가 사망한 1971년 이후에도 무대에서 그냥 사라지지 않았다. 그의 뒤에는 문화 대혁명 내내 서로 다른 파벌들끼리 경쟁하도록 부추긴 주석이 있었다. 1973년에 천융구이는 중앙 정치국 위원에 선출되어 베이징으로 자리를 옮겼고 2년 뒤에는 국무원 부총리에 임명되었다. 그는 시종일관 강력한 영향력을 행사했으며 심지어 주석이 사망한 뒤에도 자류지를 〈자본주의의 꼬리〉라며 여전히 맹렬하게 비난했다. 한번은 간쑤 성 전체가 다자이를 본받아야 한다는 주장을 펼치기도 했다.

이처럼 위에서 상반된 메시지들이 내려온 탓에 농촌마다 접근법이 매우 다를 수밖에 없었다. 어떤 지역에서는 지나칠 정도로 열성적인 당 간부들이 자류지를 금지한 채 계속해서 급진적인 집산화를 시행한 반면에 어떤 지역에서는 농민들에게 보다 많은 권한이 주어졌다. 무엇보다 린뱌오 사건으로 당이 신망을 잃은 상황에서 일부 당 간부들은 일부러라도 다양한 국가 지시를 변칙적으로 적용하기 시작했고 당초 지도부가 의도한 것보다 훨씬 많이 나아갔다. 한 마을 관리의 말처럼 농촌의 당 간부들은 〈정부 시책이 계속해서 오락가락하고 툭하면 비판 대회에서 공개적인 굴욕을 당하게 되면서〉 정치에 관심을 두지 않게 되었다. 대신 생산에 전념했다. 일부 당 간부들은 돼지우리나 양어장, 삼림 등에 대한 권한부터 자류지의 정확한 범위에 이르기까지 인민공사가 소유한 모든 재산에 대하여 협상의 여지를 열어 놓았다. 또한 그들이 먹고 있는 것은 물론이고 그들 자신의 생계가 자유 무역에 달려 있다는 사실을 깨닫고 암시장이 번창하도록 묵인했다. 그들은 농민들에게 집단 농장을 떠나 독립하라고 부추겼다.[5]

나무로 된 거대한 수차(水車)로 강에서 물을 퍼 올려 계단식 논에 물을 대는 후난 성의 고도 평황이 좋은 예였다. 다른 지역과 마찬가지로 이 지역 주민들은 자류지를 확장할 수 있는 세 번의 기회를 얻었다. 마오의 대기근 당시에 첫 번째 기회가 찾아왔고 그들은 자류지를 확장해서 기아로부터 벗어나고자 최선을 다했다. 문화 대혁명으로 두 번째 기회가 찾아왔고 초기의 혼란한 틈을 타서 국가로부터 보다 많은 땅을 되찾았다. 마지막으로 다자이를 본받자는 운동이 시작되면서 어쩔 수 없이 모든 곡물을 넘겨야 했지만 1972년에 기존의 자류지를 50퍼센트 넘게 확장할 수 있었다.

원칙적으로 자류지는 전체 토지의 5퍼센트를 넘길 수 없었고 집단 농장의 일과를 끝낸 다음에만 경작할 수 있었다. 하지만 다른 많은 지역처럼 평황에서도 당 간부의 동의를 얻은 일부 농민들은 느슨해진 농업 정책을 이를테면 인민공사를 탈퇴하고 온종일 독립적으로 일해도 된다는 허락으로 받아들였다. 많은 농민들이 채소를 재배하거나 새우를 잡는 등 독자적으로 행동하기 시작했다. 일례로 우팅중은 생산대의 일원이 되어 기본적으로 배급되는 식량에 의존해서 살아가길 거부했다. 대신 자신의 자류지에 감자와 채소, 담배 등을 재배해서 자급자족했으며 남는 것을 팔아서 1년에 400위안의 수입을 올렸다. 곧 생산대 전체가 우팅중의 뒤를 따랐고 모든 자원을 환금 작물 재배에 집중했다.

시장의 요구에 응답한 농민들은 잘살게 된 반면에 집단 농장에 소속된 농민들은 여전히 빈곤에 허덕였다. 사회주의 세상이 거꾸로 돌아가고 있었다. 인민공사의 명령에 절대적으로 복종해 온 충실한 추종자 우칭화는 간신히 생계를 유지할 만큼의 노동 점수를 벌고 있었다. 누더기를 입고 화장실을 개조한 집에 살면서 집단 농장에서 돈을 빌려 농궁기를 넘겨야 할 정도로 궁핍한 생활이었다. 평황은 분열되었다. 당 간부들은 우팅중 쪽으로 기울었다.[6]

전국에 여전히 무역 제한 조치가 발효되어 있었다. 지역 관리와 생산대 지도자가 묵인하거나 유리하게 규정을 해석해 주기로 했더라도 우팅중 같은 사람들에게 세금 관리나 그 밖의 정부 대리인은 여전히 피해야 할 대상이었다. 북중 농업 회의를 계기로 지역 농민 시장이 재차 장려되었지만 곡물을 비롯한 육류와 면화, 비단, 차, 담배부터 땅콩에 이르기까지 국가가 전매권을 가진 품목들에 대해서는 여전히 거래가 금지되었다. 하지만 이 부분에서도 린뱌오 사건 이후로 국가의 통제력은 상당 부분 약화되었다.

탕황다오는 밤에 땅콩을 볶고 전병을 구워 길거리에서 행인들에게 판매했다. 다른 많은 행상들처럼 탕황다오도 대부분의 물건을 풀 속에 숨겨 놓고 적은 양의 물건만 가지고 다녔다. 적발되면 모든 물건을 압수당할 뿐 다른 처벌은 없었다. 탕황다오가 사는 마을은 대약진 운동 당시에 막대한 피해를 입은 허난 성에 속해 있었다. 이 마을 외곽에서는 수십 년 전인 1953년에 도입된 전매 제도에 따라 국가에서 통상적으로 징발해 가는 곡물이 매매되지 못하도록 가끔씩 도로가 봉쇄되기도 했다. 초여름에 밀이 수확되는 시기를 전후해서는 큰길을 따라 검문소가 설치되어 자전거로 옥수수나 밀이 담긴 자루를 옮기는 사람들을 막아 세웠다. 하지만 사람들은 어떻게 하면 민병대의 감시를 따돌릴 수 있는지 알았다. 그들은 어둠을 틈타서 소량을 옮기거나 민병대가 알아차릴 수 없도록 감춘 용기에 담아서 여러 번 오가는 방법을 사용했다. 어쨌든 약해진 국가는 이제 다년간 곤경을 겪으면서 기술을 갈고닦은 결연한 개인들의 상대가 되지 못했다. 마오의 대기근이 초래한 참상에서 살아남은 농민들은 더 이상 눈에 잘 띄는 제복을 입고 바리케이드 앞에서 서성거리는 세금 관리를 두려워할 마음이 전혀 없었다.[7]

───────

수요가 많은 부분에서 국가를 좌지우지하며 농민들로 하여금 스스로 지혜를 발휘하여 궁핍한 생활에서 벗어나게 했다면 기회도 마찬가지로 중요한 역할을 했다. 어떤 마을은 다른 마을보다 특히 부유했다. 전자는 이를테면 수송로와의 근접성, 풍부한 물고기와 야생 생물, 풍부한 수자원, 비옥한 토양, 농사에 적합한 평야, 석탄이나 나무 같은 에너지 공급원에 대한 접근성 같은 자신들이 보유한 모든 이점을 이용해서 공동체의 운명을 개선했기 때문이다.

빈곤의 늪에 빠져 있던 지역들에 이어서 부유한 지역들도 계획 경제를 전복시킨 조용한 혁명에 동참했다. 남쪽 연해 지대를 따라 위치한 일단의 마을에서는 오리를 키우고, 양봉을 하고, 물고기를 양식하고, 벽돌을 굽고, 나무를 벌목했는데 이 모든 활동에 항상 집단 농장이라는 이름을 앞세웠다. 저장 성에 속해 있고 인구가 약 25만 명 정도인 신창 현에서는 1971년 말까지 전체 농민의 3분의 2가 독립적으로 농사를 짓거나 당시 표현대로 〈독자 노선을 걷는〉 사람들이었다. 대부분은 땅을 개별 농가에 대여하는 대가로 작물의 일부를 받기로 한 지역 당국이 암묵적으로 동의한 경우였다. 주석이 사망하기 1년 전 즈음에는 집단 농장을 떠나 자류지나 지하 공장에 자신의 운명을 거는 풍조가 저장 성 전체에 〈만연한〉 것으로 파악되었다. 원저우는 이 같은 풍조를 극단까지 밀어붙였고 그 결과 정부의 거듭된 공격에도 불구하고 원저우와 주변의 고립된 삼각주에서는 사적 자본주의가 번창했다.[8]

이러한 풍조는 아열대 지역이면서 수많은 수로와 기다란 해안선에 더하여 충분한 일조량과 따뜻한 기후, 풍부한 수자원 등 경제가 발전하기에 이상적인 조건을 갖춘 광둥 성에서 가장 분명하게 드러났다. 시장은 어디에나 있었다. 칭위안에서는 곡물과 땅콩, 기름, 담배를 포함한 정부의 전매 정책에 의해 금지된 사실상 모든 생필품이 공공연히 거래되었다. 거래는 신속하게 이루어졌다. 마을 장로들이 파견한 청년들 5명이 200킬로그램의 곡물을 처분하는 데 30분밖에 걸리지 않았다.[9]

조금 더 내륙으로 들어가서 푸닝 현에서는 약 30개의 시장이 100만 명에 달하는 고객의 요구를 처리했다. 지역 농민과 장인, 상인 들이 각자의 매물을 손에 들거나 등에 짊어진 채로 또는 수레에 싣고서 시장으로 모여들었다. 행상인들은 홍위병에게서 흘러나왔을 다채로운 경극 삽화나 제국 시절이나 공화국 시절의 서적, 전통 시 선집 등을 판매했다. 돈을 받고 의료 서비스를 제공하는 떠돌이 의사들도 있었다. 이야기 꾼들은 가장 극적인 대목에서 나무 딱딱이를 이용해 분위기를 돋우었다. 장님들은 전통 민요를 부르고 기부금을 받았다. 식당 밖에서는 암 표상들이 배급표를 팔았다. 매일 수백 명이 성의 다른 지역에서 자전거를 타고 왔다. 일부 시장 상인들은 조직적으로 연안을 오르내리며 상하이까지 가서 금지된 상품들을 거래했다. 몇몇은 기계화를 열망하는 농

촌 마을의 요청으로 잠시 성까지 가서 트랙터를 조달해 오기도 했다.[10]

푸닝 현의 당 간부들도 암시장에 간섭하길 꺼리기는 마찬가지였다. 심지어 일부 간부들은 농민에게 국가가 강제하는 곡물 생산을 포기하고 대신에 보다 수익성이 좋은 작물에 주력하라고 조언하기도 했다. 정부 대리인들이 불법적인 상거래를 근절하기란 불가능했다. 세부적인 조사를 거쳐 작성된 한 보고서는 〈그들은 요금을 징수하는 데만 관심이 있을 뿐 정부 정책에는 신경도 쓰지 않는다〉라고 개탄했다. 아울러 소규모 행상인들을 단속할 수는 있지만 그럴 경우 〈당 간부들과 농민들이 채소를 먹을 수 없게 될 것이다〉라고 덧붙였다.[11]

시장은 계획 경제가 농산품에 지정한 고정 가격과 일반인들이 기꺼이 지불하고자 하는 더 높은 가격의 차이를 이용했다. 일반적으로는 이 차이가 100퍼센트 남짓했지만 예컨대 콩 같은 일부 품목들은 500퍼센트에 육박했다. 다시 말해서 콩 1킬로그램을 나라에 팔면 0.44위안을 받았지만 암시장에 내다 팔면 2.2위안을 받을 수 있었다.[12]

다른 지역과 마찬가지로 푸닝 현의 시장이 번성한 이유는 계획 경제가 일반 대중의 수요를 충족할 만큼 충분한 재화를 공급할 여력이 없었기 때문이다. 광범위한 부족난은 가격 상승을 불러왔고 개인 기업이 늘어나는 결과로 이어졌다. 적절한 예로 목재를 들 수 있다. 1973년에 이르러 전나무는 문화 대혁명이 시작될 당시인 1966년보다 가격이 10배나 올랐다. 목재가 부족해서 중간에 공사를 중단하는 집들이 현 전체에 수천 개나 되었다. 상황이 이렇자 암시장에서 기꺼이 웃돈을 지불하려는 사람들이 등장했다. 성의 북쪽 산악 지대 전역에서 마구잡이로 벌목이 행해졌다. 판자로 쓸 원목을 자전거 수레에 싣고 시장으로 운반하는 농부 몇 명의 문제가 아니었다. 불법으로 목재를 거래하는 공장이 러창

현과 칭위안 현, 화이지 현 일대에 수백 개나 있었고 한 추산에 따르면 1973년에만 거래된 양이 7만 세제곱미터에 달했다.[13]

광둥 성에는 사람들로 하여금 계획 경제를 외면하게 만든 또 다른 자산이 있었다. 주장 강 삼각주에서 그다지 멀지 않은 곳에는 바나나 과수원이 여기저기에 점점이 흩어져 있는 마치 거대한 양탄자 같은 비취색 평야가 끝없이 펼쳐져 있었다. 그리고 그 중심에 전통적으로 많은 화교가 사는 카이핑 현과 타이산 현이 위치했다. 해방 이전부터 이들 두 현에는 외국에서 귀국한 화교들 소유의 화려한 대저택들이 위용을 자랑했다. 이런 저택들은 수세식 화장실과 대리석 타일 바닥은 물론이고 총안이 있는 고딕 양식의 흉벽과 망루에 더해서 외국 건축 양식의 영향을 받은 수천 개의 거대하고 요새화된 탑을 갖추고 있었다. 화교 사회는 공산당과 사이가 나빴고 상당수가 1952년에 피비린내 나는 토지 개혁 운동의 직격탄을 맞은 터였다. 수년 뒤 출신 계급에 의해 사람들의 생사가 좌우된 문화 대혁명의 정점에서 많은 화교들은 〈스파이〉나 〈반역자〉, 〈반동분자〉로 몰렸고 해외의 지인들과도 연락할 수 없게 되었다. 하지만 1970년이 되자 외국에서 다시 각종 재화와 돈이 들어오기 시작했다. 1974년에 외국에서 이들에게 송금된 돈은 1965년에 비해 두 배나 많았다. 해외에 연고가 있다는 이유로 가장 먼저 문화 대혁명의 맹공격을 받았지만 이제 그들은 가장 먼저 획일적인 빈곤에서 벗어났다. 외국에서 송금된 돈은 제일 먼저 집수리에 사용되었다. 화교들의 집은 제국주의의 상징물로 간주되어 의도적인 공격을 받았거나 그렇지 않더라도 다년간 방치된 탓에 대대적인 수리가 필요한 상태였다. 그들은 타이산 현과 인근의 다른 지역에서 철강과 목재, 콘크리트 등을 있는 대로 다 사들였다. 천지진은 진흙으로 지은 헛간에서 여덟 명의 가족과 함께 지내고 있었다. 그들은 새 집을 지을 2만 위안이 들어오길 기다리고 있었는데 이는 숙련된 공장 노동자 서른 명의 1년치 봉급에 해당했다.[14]

해외에서 들어오는 소포의 숫자도 증가했다. 1972년에 성도인 광저우에는 20만 개가 넘는 소포가 쌓여 있었고 그해 말이 되어서야 모두 배달되었다. 내용물은 지역 시장에서도 공급이 딸리는 옷과 식용유가 주를 이루었다. 콩이나 전구, 성냥, 의약품 같은 다른 생필품도 있었다. 일부는 암시장으로 직행했다.[15]

———

탈집산화의 움직임은 다른 여러 성에서도 목격되었다. 마오의 대기근 당시에 끔찍한 고통을 겪고, 성 혁명 위원회를 장악한 팅부부에 의해서 또다시 만신창이가 된 내륙의 쓰촨 성에서는 1970년대 초에 농민들에게 토지가 재분배되었다. 토지를 소유하고자 하는 열망이 아래로부터 올라왔고 지방 당국은 한참 후에 추인만 했을 뿐이었다.[16]

토지를 농민에게 돌려준 것은 농촌에서 일어난 조용한 혁명의 한 단면에 불과했다. 일부 부유한 마을에서는 시장에 내다 팔 수익성 작물을 심는 것에서 더 나아가 공장을 설립하기 시작했다. 광둥 성의 많은 지역에서 흔히 일어난 일이었다. 산터우 외곽에 위치한 차오안 현에서는 문화 대혁명이 한창일 때 자수 공예가 〈봉건적〉인 것으로 규정된 뒤로 모든 마을이 빈곤의 나락에 떨어졌지만 1972년에 경공업부가 무역 제한 조치를 풀면서 예전 해외 거래처와의 관계가 회복되었다.[17] 2년 뒤에는 일부 마을에서 전체 여성 중 절반이 다시 서양식 자수의 일종인 드론워크를 비롯한 자수 공예에 매진했다. 그들이 생산한 제품은 해외 시장에서 130만 위안의 가치를 창출했다. 다른 마을들은 철물과 공구를 생산하는 쪽으로 눈을 돌렸다. 이런 향진기업(鄕鎭企業)들은 일부가 공동 소유로 운영되기도 했지만 상당수가 외형만 공동 소유의 형태를 취했을 뿐 전적으로 개인 사업체로 운영되었다. 좋은 예가 둥리촌(村)이었는데 이 마을에서는 전체 420가구 중 40가구를 제외하고 모두가 못을 만드는 공장의 직원이었다. 그들은 집에서 일했고 일한 양만큼 돈을 받았다. 모든 이익은 노동자 개개인에게 직접 돌아갔고 원자재를 확보하는 책임도 노동자들에게 있었다. 그들 중 일부는 길거리 행상에게서 원자재를 구매했고 일부는 암시장에서 재활용 철을 구입했다. 몇몇은 대량 구매를 위해 산터우까지 가는 수고를 마다하지 않았다. 노련한 일꾼은 하루에 5~10위안을 벌었고 이는 일반 농민이 인민공사에서 한 달 내내 일해서 버는 액수와 같았다.[18]

향진기업들은 여러 방면에서 시장에 공헌했다. 중개인을 통해 상품을 판매했을 뿐 아니라 벌어들인 돈으로 곡물과 돼지 사료를 구입했으며 이외에도 어유(魚油)에서 아스피린까지 계획 경제가 제공하지 못하는 수입 물품을 구매하기도 했다. 그들은 사업 운영에 필요한 희귀 자원을 놓고 정부와 경쟁하기 위해 구매 대리인을 파견했고 구매 가능한 모든 석탄과 철강, 쇠를 사들였다.[19]

이제까지 광둥 성의 예를 들었지만 시골 기업들은 남쪽 지역에만 국한되지 않았다. 장쑤 성 일부 지역에서는 이미 1969년부터 생산대와 개별 농가 사이에 계약이 완료된 터였다. 그 당시의 급진적인 정책을 노골적으로 위반하는 행보였다. 이러한 움직임은 토지가 농사에 적합하지 않은 지역에서 먼저 시작되었다. 이를테면 연안 지역의 일부 마을은 처음에 모래흙 때문에 농사를 포기하고 물고기를 양식하는 쪽으로 방향을 바꾸었다. 이후에는 관심이 점차 제조업 쪽으로 기울었다. 촨사현은 정부의 요구에 따라 의무적으로 목화를 재배해야 했음에도 전체 생산량 가운데 제조업이 차지하는 비율이 1970년에 54퍼센트에서 5년 뒤에는 74퍼센트로 증가함으로써 1978년 이후의 〈경제 개혁〉 시기를 훨씬 능가하는 성장률을 보였다. 이와는 대조적으로 쑹장 현의 지역 지도자들은 국가의 곡물 생산 요구에 마냥 복종했다.[20]

양쯔 강 삼각주 지역에서 발전한 가내 공업은 해방 이전부터 존재하던 예전의 제조 방식과 무역 경로를 그대로 따랐다. 그들은 국가의 영향력이 약해지는 순간에 되살아났다. 산터우가 오랜 시간에 걸쳐 해외 시장에 자수를 수출해 온 것과 마찬가지로 상하이 주변의 마을들은 수세기 동안 가재 도구와 도자기, 직물, 비단을 비롯해 각종 수공예품을 전문적으로 생산해 온 터였다. 19세기 말부터 기계화가 확산되고 예컨대 누에고치에서 실을 뽑는 단순한 장치들이 마을 공장에 도입되면서 생산은 더욱 다각화되었다. 상하이의 전문적인 동업 조합과 상공 회의소, 은행 등은 외국에 인맥을 보유한 경우가 많았고 이를 이용해서 활발한 무역을 조율하는 역할을 했다. 일례로 상하이 견사 공업 협회는 공산주의 정권에 의해서 1949년에 해체되기 전까지 상하이와 장쑤 성, 안후이 성, 저장 성 일대의 비단 생산과 무역을 촉진했다.

1970년대 초에 농촌의 제조업이 얼마나 과거 수준을 회복했는지는 통계로도 나타난다. 예컨대 장쑤 성에서는 1970년에 농촌 총생산의 13퍼센트 남짓 차지했던 제조업이 1976년에 이르러 경이적인 40퍼센트를 차지했다. 공장들은 대체로 집단 농장의 소유였지만 말 그대로 이름뿐이었다. 탕차오 마을에는 1970년에 지역 당 간부의 도움으로 직원

스물다섯 명 규모의 금속 가동 공장이 설립되었다. 1년 뒤에는 발전소가 들어섰고 판지 상자 공장과 대여섯 개의 금속 가공소, 사료 가공 공장 등이 세워졌다. 1972년에 설립된 벽돌 공장을 포함하여 하나같이 농촌은 곡물을 재배하고 다자이를 본받으라는 정부의 요구를 노골적으로 무시한 행보였다. 마을 지도자들은 이제 정치적으로 주목을 받기 시작했고 〈종합 공장〉이라는 우산 아래 새로운 기업들이 속속 문을 열기 시작했다. 그들이 내세운 계획된 통일성은 허울에 불과했고 그나마도 1976년에 주석이 사망하자마자 곧장 폐기되었다.[21]

집단 농장의 이름을 빙자할 필요가 전혀 없는 지하 공장도 등장했다. 이런 공장들 역시 농촌 지도자들이 운영했다. 대약진 운동 당시의 대참사로 상당수가 문을 닫기는 했어도 당초 지하 공장들은 대약진 운동 당시에 등장한 터였다. 사회학자 페이샤오퉁이 이들 은밀한 기업에 대해 저술한 바에 따르면 〈농민들은 공장이 누구의 소유이든지 상관하지 않았다. 그들의 관심은 생계를 유지하는 것뿐이었다.〉 개인이 운영한 일부 지하 공장들은 집단 농장의 이름만 빌려 쓰거나 집단 농장에 소속된 경리를 데려다 쓰기도 했다. 그들 나름대로는 생산대와 어느 정도의 관계를 유지함으로써 정부 관리들을 방패로 삼고자 한 것이었다.

이 같은 추세에 맞서 고위 관료들이 할 수 있는 일은 거의 없었다. 상하이에서는 장춘차오가 〈농촌에 뿌리를 내린 자본주의의 싹〉을 맹렬히 비난했다. 〈프롤레타리아 독재〉에 대한 공격이라며 격분하는 고위 관리들도 있었다. 때때로 〈자본주의의 꼬리를 자르기 위한〉 운동이 실시되었는데 농민들은 기르던 가축을 도살하고 집단 농장의 자원을 사적으로 전용하는 등 전면적인 방해 행위로 대응했다. 개인 기업들은 폭풍이 잠잠해질 때까지 잠시 지하로 숨어들었다. 주석의 과격한 추종자들

이 확고하게 장악한 일부 도시를 제외한 대부분의 농촌 지역에는 더 이
상 그들의 통제가 미치지 않고 있었다.[22]

───────

자류지와 임대한 토지를 바탕으로 탄생한 텃밭 경제가 잉여물을 생
산하자 농민들은 종종 자전거를 타고 도시로 나가서 채소와 과일, 닭,
오리, 생선 등을 판매했다. 어떤 사람들은 자신이 생산한 농산물을 들
고 집집마다 돌아다녔고, 어떤 사람들은 백화점이나 기차역 주변 또는
공장의 정문 근처에 모여서 도로 경계석에 앉아 카드 게임할 때 사용하
는 작은 탁자나 땅바닥에 자신이 판매할 물건을 펼쳐 놓았다. 수시로
공안에게 쫓겨다녔지만 어느새 돌아와서 장사를 재개했다. 때로는 사
람들이 약속된 시간에 만나서 임시 시장을 열고 상품을 거래하는 가운
데 지방 당국이 이를 묵인하는 경우도 있었다.[23]

농민들은 여기에 그치지 않고 농촌과 도시의 경계를 허물고자 했다.
호적 제도에 의한 제약에도 불구하고 그들은 대대적인 이주를 감행했
다. 대약진 운동 당시에 수백만 명의 농민들이 다시 도시에 정착했고
지하 공장이나 건설 현장에서 일했다. 상당수는 대기근 당시에 고향으
로 돌려보내졌지만 계속해서 돌아왔고 도시민들이 꺼려 하는 지저분하
거나 위험하거나 비천한 직업에 종사했다. 이주 관행이 자리를 잡은
1970년대 초에 이르자 농민들은 정부 대리인을 피하는 법이나 도시에
서 취업하기 위해 찾아가야 하는 곳, 농촌에 남겨진 가족들을 돌보는
법 등을 알게 되었다. 도시에서 노동자들이 송금하는 돈이 마을 전체의
생존에 큰 역할을 하면서 당 간부들은 자신들이 어린 아이와 노인을 보

살피겠다고 약속하며 일종의 연쇄 이주를 권유하기도 했다. 도시 이주자들은 친척에게 부탁하거나 마을 지도자에게 직접 돈을 지불함으로써 자신의 몫으로 식량이 계속 배급될 수 있도록 했다.

린뱌오 사건으로 정부의 통제력이 약해진 틈을 이용해 수백만 명의 농민들이 호적 제도의 허점을 파고들었고 도시의 심장부나 주변부에 정착했다. 도시 변두리로 이주한 행상들과 농민들은 도시민에게 판매할 채소를 재배하거나 간단한 제품을 생산하며 도시 변두리에서 상대적으로 부유한 집단을 형성했다. 몇몇은 농사를 그만두고 시장 근처에서 음식 노점을 차리거나 작은 식당을 열었다.

대다수가 도시 경계가 불분명한 지역에 살면서 끊임없이 정부의 통제를 피하고 고향으로 돌려보내질 위험을 감수해야 했지만 도시에 남을 권리를 획득한 사람들도 많았다. 그들 모두가 농민 출신은 아니었다. 도시 거주권을 얻으려는 당 간부들도 있었고 3선 건설에 파견되었던 노동자들도 있었으며 1968년 이후에 농촌으로 보내진 예전 도시 거주자들도 있었다. 그들은 연줄을 동원하고 뇌물을 제공했으며 당국에 탄원서를 제출했다. 그들 중 상당수는 국영 기업에 채용되어 공장 지도자들이 인건비를 줄이는 데 일조했다. 정식으로 거주를 허가받은 사람들은 농촌에서 친척과 친구를 데려왔다.

이들의 숫자는 충격적일 만큼 많았고 1968년부터 1969년 사이에 정부가 도시 인구를 억제하기 위해 기울였던 모든 노력을 헛수고로 만들었다. 산시 성 전역에 있는 주요 도시의 인구는 1970년에 25만 명이 늘었고 이듬해에는 33만여 명이 더 늘어나서 총 360만 명에 도달했다. 자연적인 인구 증가와 계획 경제에 일어난 변화를 고려하더라도 상당수가 호적 제도의 제약을 우회한 농민들과 군인들, 당 간부들로 추정되었다.[24]

다른 지역의 상황도 별반 다르지 않았다. 후베이 성의 도시 인구는 1965년에서 1970년까지 33만여 명이 증가했지만 뒤이은 2년 사이에 무려 50만 명이 증가했다. 1972년에만 30만 명 이상이 도시 거주권을 획득했다. 해당 거주권 중 5분의 1은 부정하게 취득되었을 것으로 추정되었다. 또한 도시민과 결혼한 여성들과 그 자녀들을 포함해 거주권이 없는 사람들도 수만 명에 달했다. 이외에도 1971년과 1972년 사이에만 50만 명에 달하는 농민들이 도시 변두리의 경계 지역에 정착했으며 그들 중 많은 수가 낮 동안 도시를 드나들거나 도시에서 야간 근무자로 일했다.[25]

베이징 당국도 사람들의 이동을 통제하는 데 어려움을 겪었다. 1973년에 이르면 여러 무리의 무직자들이 공공연히 거리를 배회했다. 일부는 일거리를 찾고 있었고 유배지에서 몰래 돌아온 사람들도 있었던 반면에 헤이룽장 성으로 향하는 대규모 이주자들이 기차를 갈아타기 위해서 들른 경우도 많았다. 한 추산에 의하면 약 20만~30만 명에 달하는 사람들이 매일 수도를 거쳐갔다. 그로 인한 부담이 상당해서 1년 뒤 공안국은 24시간 감시를 통해 수도에 불량분자들이 들어오는 것을 막기 위해서 1만 명 이상의 인력을 고용했다.[26]

이주의 자유를 제한하는 호적 제도를 기꺼이 무시하려는 사람들이 점점 늘어났다. 특히 그들은 무료로 여행하는 편을 즐겼다. 헤이룽장 성의 성도 하얼빈에서 지방 당국이 추산한 바에 따르면 1973년에만 130만 명이 기차표 없이 여행했다. 간쑤 성의 성도 란저우의 사례는 보다 세부적이다. 1973년 10월 14일에 실시된 무작위 검표에서 전체 승객의 3분의 2가 기차표를 제시하지 못했다. 같은 해에 화물 열차에 무단으로 올라 탄 사람들도 약 33만 명에 달했다. 한편 상하이와 우르무치를 오가던 고속 열차는 강제로 기차 속도를 늦추어 무임승차하려는 사람들 때문에 〈수시로〉 운행이 중단되었다. 〈인민의 열차〉가 〈인민〉을 위한 것이라고 주장하는 사람들 때문에 전국 곳곳에서 무임승차는 하나의 관행처럼 되었다. 허난 성 철도 교통의 요지인 정저우의 기차역에서는 매일 1,000여 명의 여행객이 표를 사지도 않은 채 기차를 타려고 달려들었다.[27]

시내의 대중교통도 상황은 마찬가지였고 사람들은 버스에 타고도 표를 사려고 하지 않았다. 때로는 분노한 승객들이나 깡패들이 검표원과 심지어 운전사까지 폭행하기도 했다. 산둥 성의 성도 지난에서는 1973년 10월에만 수십 명이 공개적으로 공격받았고 일부는 부상이 너무 심해서 끝내 직장으로 돌아가지 못했다.[28]

힘을 잃은 정부는 수백만 명의 이동을 억제하기 위해 할 수 있는 일이 거의 없는 듯 보였지만 나름의 한 수를 가지고 있었다. 1970년 5월에 정부는 공식적으로 일부 이주자들이 헤이룽장 성에 정착할 수 있도록 허가했다. 헤이룽장 성은 낙엽송과 보리수, 만주자작나무로 뒤덮인 산악 지대였으며 앞서 대약진 운동 당시에 기근에서 탈출하고자 하는 사람들이 몰려들었을 만큼 자연 자원이 풍부한 곳이었다. 그럼에도 성의 대부분 지역은 여전히 사람이 살지 않는 황무지였다. 정부는 거대한 강제 노동 수용소 말고도 자발적인 정착민을 받아들임으로써 이 지역에서 보다 많은 부를 창출할 수 있기를 희망했다. 헤이룽장 성으로 이주한 사람들은 대부분 산둥 성과 허베이 성 출신이었는데 대다수는 정부가 나름의 한 수를 꺼낼 때까지 기다리지 않았다. 자오위안 현 한 곳에서만 1969년 7월 한 달 동안 2,000명이 넘는 사람들이 기존의 삶을 정리하고 보다 나은 삶을 찾아 헤이룽장 성으로 향했다. 몇몇 마을은 마을 경리와 당 지도자들 전부를 포함해 지역민의 최대 3분의 1이 떠나기로 하면서 마을로서의 기능을 상실하기도 했다.[29]

일본 라디오 방송에서 린뱌오의 사망 소식을 접한 단링은 1973년 1월에 강제 노동 수용소에서 석방되자 자신의 운을 시험해 보기로 했다. 그리고 다른 이주자들과 함께 모두를 위한 풍요의 땅으로 묘사된 헤이룽장 성으로 향했다. 그와 동료 여행자들은 지역 정부가 그들의 이주를 공인해 주길 기다리면서 기차역 벤치에서 며칠을 보냈다. 한동안 헤이룽장 성을 돌아다닌 단링은 자신의 공학 기술이 쓸모가 있을 것 같은 조선족 거류지에 정착했다. 정착민들은 하나같이 가난했고 먹을 거라고는 수수밖에 없었지만 만족했으며 마침내 〈누구도 정치적인 이유로 열등감을 느끼거나 굴욕을 겪지 않는〉 사회의 자유로운 구성원이 되었다. 그들은 도구를 공동으로 소유하지도 않았다.[30]

———

경제 성장에 집중한 지역 지도자부터 해방되기 한참 전에 존재했던 민간 시장을 재건한 농민들까지 전국 곳곳에서 사람들은 조용히 과거 시장 경제의 장점을 되살리기 시작했다. 때때로 농민들은 소량의 옥수수를 시장에 내다 팔거나 자류지에 조금 더 많은 시간을 투자하면서 계획 경제의 경계선을 약간 밀어내는 것에 만족했다. 어떤 경우에는 보다 용감해져서 지하 공장을 운영하거나 국가가 독점한 품목들에 손을 대기도 했다. 하지만 둘 중 어떤 경우에도 문화 대혁명의 실패를 지켜보면서 대담해진 사람들은 어떻게든 자신의 손으로 문제를 해결하고자 했다. 통찰력 있는 한 관찰자가 지적했듯이 〈사람들은 기존의 방식대로 살지 않기로 결심했고 곤경에서 벗어날 방법을 궁리하고 있었다.〉획일적이지 않은 아래로부터의 혁명이었고 대부분이 조용히 진행되었지만 종국에는 중국 전체를 집어삼킬 터였다.[31]

22장
제2의 사회

제2의 경제가 중앙 정부의 정책이 초래한 광범위한 빈곤을 해결하고
자 조용히 방법을 강구하고 있었다면 다른 한편에서는 공산주의 강령
에 환멸을 느낀 사람들을 중심으로 제2의 사회가 만들어지고 있었다.
동유럽과 소련에서 그랬던 것처럼 공식적인 정치 체제의 그늘 속에는
비밀스럽고 거의 눈에 띄지 않는 지하 세계가 존재하고 있었다.

특별히 새로운 현상은 아니었다. 1950년에 공산당이 기본적인 경제
권을 억압하기 시작하면서 암시장이 생겨났듯이 새로운 정권에 의해
범죄시된 행위들이 대중의 눈을 피해서 계속 이어진 것이었다. 해방 후
처음 몇 년 동안 종교 축제가 비난을 받고 사교 집단의 교주들이 재교
육 수용소로 보내지면서 대중 종교는 말 그대로 지하로 숨어들었다. 중
국 북부에는 마을 곳곳의 중요한 장소를 전부 연결할 만큼 긴 터널을
갖춘 지하 시설들이 건설되었다. 허베이 성에서는 일부 종파의 지도자
들이 수 미터 깊이의 지하 은신처에서 4년 이상 은신해 살기도 했다. 기
독교와 불교도 끈질긴 생명력을 보여 주었다. 신자들은 그들의 신앙심
을 표현하는 모든 가시적인 표식을 조용히 내려놓은 뒤로도 여전히 신

앙을 고수했다. 1950년대 초에 문학계를 강타한 일종의 종교 재판은 그다지 위험해 보이지 않는 제목의 책들까지 책장에서 치워 버렸고 개인이 소장하고 있던 책들을 전부 펄프 압축기로 보내 버렸다. 하지만 그 뒤로도 오랫동안 사람들은 비밀리에 때로는 거의 아무런 방해도 받지 않고 계속 금서를 읽었다.[1]

지도부는 해방 이후에 모조리 파괴하고자 했던 구사상과 구제도의 끈질긴 생명력을 너무나 잘 알고 있었다. 문화 대혁명 자체가 17년에 걸친 공산주의 통치에도 불구하고 많은 사람들의 마음속에 여전히 구사회의 잔재가 남아 있다는 사실을 인정하는 것이나 다름없었다. 이념적 획일성이라는 겉모습 아래에는 공산당을 위협하는 하위문화와 반(反)문화, 대안 문화의 세계가 존재했다. 공산주의 논리에 따르면 생산 수단에 대한 사회주의식 개혁이 일단락된 다음에는 개인주의적인 사고부터 민간 시장에 이르기까지 부르주아 문화의 모든 흔적을 영원히 제거할 새로운 혁명이 필요했다. 혹시라도 이 새로운 혁명에 실패할 경우 수정주의 세력이 득세하여 공산주의 전체를 갉아먹을 수 있었다.

하지만 마오쩌둥 사상 학습반부터 5·7 간부 학교에 이르기까지 끊임없는 재교육 운동은 물론이고 가택 수색과 분서(焚書), 공개 굴욕, 수많은 숙청 등에도 불구하고 낡은 습관은 좀처럼 사라지지 않았다. 문화 대혁명은 개인의 가장 내밀한 생각과 사사로운 감정을 비롯하여 개인의 삶을 둘러싼 모든 측면을 개조하고자 했지만 많은 경우에 표면적인 순응을 이끌어 냈을 뿐이었다. 대중은 기만에는 기만으로, 거짓에는 거짓으로, 공허한 빈말에는 공허한 표어로 맞섰다. 그들은 순응하는 척 연기하면서 주어진 순간에 자신에게 기대되는 대사를 정확히 읊을 줄 아는 뛰어난 배우들이었다.

제2의 사회는 별도의 독립된 영역이라기보다 사람들의 내면에 내내 존재한 자유로운 세계라고 할 수 있었다. 끊임없이 반복된 사상 개조 운동 덕분에 많은 사람들은 타인 앞에서 당 노선을 기계적으로 복창하되 자신의 생각은 숨기는 법을 배웠다. 그들은 하나같이 제단 앞에서 주석을 열렬히 숭배했지만 그 와중에 일부는 은밀하게 자신의 정치적, 종교적 신념을 간직했다. 물론 순응할 것을 요구하는 끈질긴 압박에 굴복한 일반인도 분명 많았을 터였다. 그들과 별개로 당의 이념이 변덕스럽게 바뀔 때마다 새로운 이념을 열성적으로 따른 진정한 당의 신도들이나 철저한 기회주의자들도 존재했다. 하지만 일부는 두 개의 정신이나 영혼을 개발해서 그중 하나만 대중 앞에 드러내고 지극히 사적인 다른 하나는 신뢰하는 지인이나 가족하고만 공유했다. 어떤 사람들은 이 두 개의 영역을 오갈 수 있었던 반면에 어떤 사람들은 주변 세상이 자신에게 요구하는 가치관과 자신의 신념을 조화시키지 못해 무관심과 우울증에 빠지기도 했다.[2]

———

문화 대혁명 내내 선전부는 낡은 세상을 경험한 적이 없는 신세대와 수정주의에 오염된 구세대 모두에게 사회주의 교육의 필요성을 떠들썩하게 홍보했다. 하지만 1970년대에 이르러 교육 체계는 엉망이 되어 있었다. 전국의 최고 지성들이 5·7 간부 학교에 갇혀 있었기 때문에 고등교육 기관은 거의 폐쇄된 상태나 다름없었다. 학생들은 중등학교를 졸업하자마자 농민들에게 재교육을 받는다는 명분으로 농촌으로 보내졌다. 1972년에 베이징 대학교 입학 허가를 받은 두 명의 외국인 중 한 명인 잔 윙은 처음 학교에 도착했을 때 거의 폐교 같다는 인상을 받았다. 보통 수천 명에 달하는 등록 숫자에 비해서 실제 학생은 200명~300명 정도에 불과했다. 〈잠긴 건물이 많았다. 강의실은 텅 비어 있었다. 벽돌로 지은 회색 건물에 기와 지붕을 얹은 25호관은 우리가 도착하기 전까지 6년째 비어 있었다.〉[3]

문화 대혁명의 정점에서 홍위병에게 점령당했던 상당수의 초등학교와 중학교는 이후 수년간 마구 확장된 관료 집단에 의해 학교 건물을 잠식당했다. 장쑤 성에서는 1972년까지 70만 제곱미터가 넘는 학교 면적이 사라졌다. 교실로 치면 수만 개에 상당하는 규모였다. 초등학교가 공장으로 사용되는가 하면 정부 기관이 학교 강당을 사무실로 개조하기도 했다.[4]

통계 자료가 오히려 진실을 왜곡할 수도 있다. 참고 가능한 수치가 대부분 대중에게 공개할 목적으로 정부에서 제공한 것이라면 더욱 그렇다. 그럼에도 기록 보관소의 자료들을 참고함으로써 어느 정도는 당시의 단면을 엿볼 수 있다. 1965년에 허베이 성의 학생 수는 800만 명에 육박했다. 5년 뒤에는 거의 4분의 1이 줄어든 600만 명으로 감소했다. 가장 큰 낙폭을 기록한 고등 교육 기관의 경우에는 문화 대혁명 이전에 2만 7,000명이던 대학생이 1970년에 이르러서 5,000명 미만으로 줄었다.[5]

대학교는 말할 것도 없고 초등학교와 중등학교에서 시행된 교육도 이념을 강조했다. 산둥 성에서는 1975년에 모든 언어 수업 중 대략 3분의 1이 문화 대혁명의 업적을 찬양하는 데 할애되었고 17퍼센트는 최근 정치 운동을 칭송하는 데 사용되었다. 장쑤 성에서는 1972년에 언어 수업용 교재에 채택된 발췌문 가운데 절반이 마르크스와 레닌, 마오

쩌둥의 글이었고 3분의 1이 『붉은 깃발』이나 『인민일보』같은 선전 기구에서 발표된 글이었다.[6]

문화 대혁명의 혼돈은 어린 학생들로 하여금 『마오쩌둥 어록』의 구절을 줄줄 외울 수 있게 한 것 말고는 장기적으로 그들의 학습 능력을 향상하는 데 아무런 도움이 되지 못했다. 양쯔 강 하구 인근의 난퉁에서는 일부 학생들이 인민 공화국의 수립 연도를 묻는 질문에 대답하지 못했다. 같은 장쑤 성의 장닝 현에서는 자신의 이름을 쓸 줄 모르는 아이들도 있었다. 둥타이 쌴창 인민공사에서는 한 반의 쉰네 명 중에 스무 명이 이런 경우에 해당되었다. 그들 중 마흔 명은 아라비아 숫자도 쓰지 못했다.

중학교에서는 기본적인 지리 지식도 수준이 제각각이라서 몇몇 학생들은 지도에서 베이징의 위치가 어디인지 가리키지 못했다. 푸닝 현의 소수 학생들은 지구의에서 중국을 찾아내느라 애를 먹었다. 난퉁과 쉬저우의 상당수 학생들은 덧셈과 뺄셈을 배운 적이 없었다. 한 시험 결과에 따르면 한 시간이 몇 분에 해당하는지 모르는 중학생도 있었다.

겨우 글을 깨우친 수준에 불과한 교사들도 많았다. 장닝 현의 학교들을 대상으로 세부적인 조사를 진행한 한 보고서에 따르면 교사들 가운데 절반 정도가 전국의 성도(省都) 이름을 대부분 쓰지 못했다. 어쨌거나 1974년까지도 그들 중 상당수가 학생들에게 비난이나 괴롭힘을 당할지 모른다는 두려움에 떨고 있었고 〈따라서 학생들에게 매우 관대했을 뿐 아니라 글씨를 틀리거나 잘못된 한자를 사용하더라도 학생들을 나무라지 못했다〉.[7]

이런 상황은 이례적인 것이 아니었다. 산둥 성에서는 전체 청소년의 3분의 1과 성인의 60퍼센트가 부분적으로 또는 전적으로 글을 읽지 못했다. 산둥 성의 예컨대 린친 지구 같은 지역에서는 전체 학생 중 절반과 전체 성인의 3분의 2가 자신의 이름을 쓰지 못하거나 『인민일보』에 실린 아주 간단한 기사조차 읽지 못했다. 전국의 상황이 비슷했다. 국무원도 인정했듯이 1978년에는 문화 대혁명의 여파로 전국의 모든 연령대 중에서 어린 학생들의 문맹 또는 반(半)문맹 비율이 30~40퍼센트에 달했다. 50퍼센트가 넘는 지역들도 있었다. 당원들도 예외가 아니었다. 허베이 성을 엄격하게 통제하는 145만 명에 달하는 당 간부들 중에 3분의 1이 글을 읽거나 쓰지 못했다. 고등학교를 졸업한 사람이 거의 없을 정도였다.[8]

전반적인 식자율이 감소했음에도 역설적으로 금지된 문헌을 읽을 기회는 늘어났다. 홍위병들이 야단법석을 떨며 봉건적인 과거의 잔재를 모두 뿌리 뽑으러 돌아다닌 문화 대혁명의 절정기에도 그들 중 일부는 관심을 끄는 책들을 슬며시 주머니에 챙겨 넣었다. 대부분의 책들이 재생지로 재활용되거나 불에 탔지만 그럼에도 꽤 많은 책들이 한창 번성하고 있던 암시장으로 향했다. 장융이 언급했듯이 청두에서는 〈몰수한 책을 팔아서 돈을 챙기려는 홍위병과 돈 냄새를 맡은 실패한 사업가, 소장한 책이 불타는 것도 싫지만 갖고 있기도 불안한 학자, 애서가〉 등 온갖 부류의 사람들이 책을 거래하는 현장을 볼 수 있었다. 장융의 남동생은 매일 암시장을 찾았고 폐지 가게에서 구한 책을 팔면서 시장에서 점차 입지를 높여 갔다. 그는 하루에 한두 권씩 탐독했는데 절대로 한 번에 열 권 이상 보유하지 않았으며 모든 책을 꼼꼼하게 숨겨 놓았다.[9]

정치에 환멸을 느끼는 사람들이 갈수록 늘어나면서 곧 지하의 독서가들도 늘어났다. 1967년 3월이 되자 일부 학생들이 파벌 싸움에서 발을 빼기 시작했고 〈소요파〉라고 불리는 사람들과 합류했다. 그들은 시간을 보내기 위해 문화 대혁명 이전에는 접근이 불가능했던 다양한 책들로 눈을 돌렸다. 농촌으로 보내진 수백만 명의 젊은이들이 기나긴 겨울밤을 보내기 위한 방편으로 자기들끼리 책을 돌려보면서 1968년 여름 이후로 비밀스런 독서가 더욱 만연했다. 쓰촨 성의 작은 마을로 보내진 장융은 남동생에게서 한 무더기의 읽을거리를 받았다. 그녀는 매일 들판으로 일을 나갔는데 얼른 숙소로 돌아가서 책을 읽고 싶어 몸이 근질거렸다. 〈시골 마을의 평온함과 눅눅한 숙소에 찾아든 밤의 깊은 적막 속에서 나는 많은 독서와 사색을 즐겼다.〉 창사에서 추방당한 량형은 운 좋게도 중학교에 배정되었고 그곳에서 먼지와 하얀 곰팡이로 뒤덮인 책들이 숨겨져 있는 창고를 발견했다. 그는 눈앞에 펼쳐진 상상의 세계에 가슴이 두근거렸다. 〈내 인생은 완전히 바뀌었다.〉[10]

린뱌오의 죽음으로 이념적인 측면이 약화되면서 금지된 문학의 세계는 더욱 번성했다. 서점의 진열대에는 변함없이 마오쩌둥과 마르크스, 엥겔스, 레닌, 스탈린 등의 작품들이 가득했지만 계산대 밑에서 유통되는 책들이 어마어마하게 늘어났다. 개인 소장품이나 공공 도서관에서 탈취된 것 같은 금서들은 물론이고 당원들만 돌려 보도록 국가가 출판한 근현대 작가들의 번역서도 1,000권에 달했다. 이런 책들도 일반 대중들에게 유통되었다. 한 고위 관리의 딸은 아버지가 금지된 책들을 서랍에 넣고 잠근 뒤에 열쇠를 소홀하게 보관했다고 말했다. 그녀는 소련 소설을 닥치는 대로 탐독했으며 특히 소련에서 당 간부들이 부당한 박해를 받는 내용을 다룬 이반 샤먀킨의 『눈 오는 겨울』을 인상 깊게 읽었다. 한편 장융은 비록 번역에 누락된 부분이 있기는 했지만 닉슨이 쓴 『여섯 개의 위기들』을 재미있게 읽었고 데이비드 핼버스탬의 『최고의 인재들』에 묘사된 케네디 행정부를 보며 미국 정치계의 자유로운 분위

기에 감탄했다.[11]

　가장 큰 반향을 일으킨 번역서 중 하나는 윌리엄 시러의『제3제국의 흥망』이었는데 문화 대혁명과 놀라울 만큼 비슷했기 때문이다. 해리 트루먼의『회고록』과 밀로반 질라스의『신계급: 공산주의 체제의 분석』, 솔제니친의『이반 데니소비치의 하루』등도 환영을 받았으며 독자들로 하여금 공산주의 혁명에 대해서 비판적인 시각을 갖도록 하는 데 일조했다. 트로츠키주의자*들이 처형되는 나라인 까닭에 당연히 트로츠키의 작품도 인기를 끌었는데 특히『배신당한 혁명: 소련은 무엇이고 어디로 가고 있는가?』와『스탈린: 인간적인 평가와 영향』이 주목을 받았다. 한편 문학 작품들로는 알베르 카뮈의『이방인』과 잭 케루악의『길 위에서』, 사뮈엘 베케트의『고도를 기다리며』, J. D. 샐린저의『호밀밭의 파수꾼』등이 주목을 받았다.[12]

　때로는 금서들이 직접 필사되었다. 금서를 교환하고 공통의 관심사를 토론하기 위한 독서 모임도 생겼다. 베이징에 본거지를 갖추고 전국 각 지역에 통신원을 보유한 한 독서 모음은 스스로를 제4국제 반혁명 일당이라고 부르는 대담함을 보이기도 했다. 정부의 억압에도 불구하고 문화 대혁명을 비판적인 시각에서 조망한 작품을 찾는 독자들이 늘어나면서 이런 독서 모임들의 회원도 증가했다.[13]

　하나같이 고상한 문학 작품만 유통된 것은 아니었다. 선정적인 구절이 포함된 소설은 암시장에서 가장 높은 가격에 거래되었는데 정치적인 위험도를 고려하면 당연한 결과였다. 이 금욕적인 사회에서는 스탕달의 19세기 고전『적과 흑』조차 선정적인 작품으로 분류되었고 한 권

---

* 공산당 주류의 방침에 반대하고 독자적인 운동을 전개하는 극좌의 전위적인 분파.

의 가격이 일반 노동자의 2주치 급여와 맞먹었다. 선정적인 소설은 손으로 베껴지거나 때로는 간단한 스텐실 기법이나 수동 크랭크 장비를 통해 등사판으로 조잡하게 인쇄되었다. 문화 대혁명의 절정기에 많은 조직들이 그들의 소식지나 신문을 직접 발행하기 시작한 터였다. 당시에 사용된 장비 중 일부가 마오쩌둥 사상 선전대로부터 흘러나와서 이제 유용하게 사용되고 있었고 공장과 학교는 물론이고 심지어 정부 기관 내에서도 선정적인 소설과 외설적인 노래가 유통되었다.[14]

가장 널리 읽힌 소설 중 하나인 『아가씨의 마음』은 여대생 주인공이 자신의 사촌을 비롯한 여러 젊은 남성들과 가진 성적 경험을 묘사한 이야기였다. 짧고 노골적인 내용이었는데 아마도 그래서 인기를 얻었을 터였다. 이 책이 유통된 부수를 확인할 방법은 없지만 『마오쩌둥 어록』에 이어 가장 많이 읽힌 교재 중 하나라고 해도 과언이 아닐 것이다.[15]

이웃에게 고발되고 반혁명적인 범죄 혐의로 처벌받을 위험을 감수하면서까지 사람들은 문화 대혁명 기간 내내 몰래 외국 라디오 방송을 청취했다. 이런 사람들이 얼마나 되는지 드러난 것은 1970년에 실시된 〈일타삼반〉 운동을 통해서였다. 해당 운동으로 실제로든 아니면 상상에 의한 것이든 당에 조금이라도 불만을 드러낸 수백만 명의 일반인들이 박해를 받은 터였다. 내륙 깊숙이 위치한 간쑤 성의 한 공장에서는 노동자들이 50명 중 한 명꼴로 소련이나 미국, 타이완, 홍콩, 일본, 인도 등지에서 송출되는 라디오 방송을 들었다. 〈쓰촨 성 지하 방송〉과 〈해방군의 소리〉 같은 방송도 있었다.[16]

문화 대혁명의 절정기에 일반인들이 인쇄 장비 사용법을 익힌 것처럼 많은 학생들이 라디오 방송에 관련된 수업을 들었다. 정딩에서 학교 라디오 동아리의 회장이었던 가오위안은 한 개의 다이오드로 된 간단한 수신기부터 7석 트랜지스터 라디오까지 모두 만들 수 있었다. 가장 성능이 뛰어난 장비는 모스크바에서 오는 신호까지 수신할 정도였다.[17]

라디오 동아리는 곧 의심의 대상이 되었지만 한쪽에서는 라디오 트랜지스터와 반도체를 취급하는 암시장이 번성했다. 상하이의 푸저우 가에 가면 열정적으로 취미를 추구하는 젊은이들이 필수 부품을 훔친 공장 노동자들과 만날 수 있었다. 당국은 수시로 거래를 근절하고자 애썼지만 아무런 효과가 없었다.[18]

〈미국의 소리〉와 타이완에서 오는 라디오 신호를 차단하고자 한 시도도 소용이 없기는 마찬가지였다. 애초에 당국은 방송 전파 전쟁에서 강력하고 안정적인 신호를 대다수 청취자들이 듣지 못하게 차단하는 기술이 없었다. 게다가 예상치 못한 전개로 정부가 라디오 가격을 인하하면서 외국에서 오는 단파 방송을 청취하기가 사실상 더 쉬워졌다. 문화 대혁명이 시작되기 직전에 라디오 한 대 가격이 돼지 한 마리 가격과 비슷했던 농촌에서는 라디오가 일반 가정에서 보기 힘든 사치품이었다. 라디오의 수신 범위는 300~500킬로미터였는데 이닝 같은 도시들은 방송국이 있는 성도 우루무치와 너무 멀리 떨어져 있었기 때문에 주간에는 청취가 불가능했다. 마오쩌둥 사상을 전파할 목적으로 뒤이은 몇 년 동안 라디오 가격은 3분의 1 이상 인하되었고 1970년에 이르러서는 4석 트랜지스터 라디오가 전국 곳곳에서 생산 가격 이하로 판매되었다.[19]

몇년 뒤 현의 소도시에 방송국이 들어서고 인민공사에 중계국이 설치되면서 거의 모든 사람들이 안정적으로 라디오를 들을 수 있게 되었다. 가난한 시골 농민들까지 선전 방송을 들을 수 있었다. 문화 대혁명 이전까지 18만 개에 불과했던 후베이 성 내의 확성기는 1974년에 이르러 480만 개 이상으로 늘어났다. 이는 거의 한 가구 당 한 개에 육박하는 수치였다.[20]

하지만 선전부는 아무리 요란하게 떠들어도 사람들이 국내외의 다양한 방송을 듣는 것을 막을 수 없었다. 광둥 성 연안의 아열대 섬인 하이난 성 같은 빈곤한 지역에서도 사람들은 마오쩌둥을 격렬하게 반대하는 〈해방군의 소리〉를 청취했다. 온종일 불규칙적인 간격으로 선동적인 구호를 방송하는 〈공산주의 청년의 소리〉도 있었다. 이 방송은 광저우의 중산 대학교 대학원생들이 운영하는 것으로 추정되었다. 광저우의 택시 운전사들은 공공연하게 홍콩 방송 프로그램에 주파수를 맞춰 놓았다. 택시 운전사들만이 아니었다. 이제는 헌신적인 당 관리들도 외국 라디오 방송에 귀를 기울였다. 그들은 자국에서 무슨 일이 벌어지고 있는지 알고 싶어 했다. 아버지의 서랍에서 샤먀킨의 『눈 오는 겨울』을 발견했던 예의 젊은 여성은 어느 날 부모님 방에 노크 없이 들어갔다가 밝은 목소리로 다음과 같이 외치는 소리를 들었다. 〈여기는 라디오 모스크바입니다!〉[21]

국가가 범죄시하는 다른 사회 활동들도 만연했다. 혁명가를 부른다는 핑계로 모여서 금지된 연극을 상연하거나 금지곡을 부르는 지하 노래 동호회도 있었다. 상하이 제2공작 기계 공장에서는 1969년과 1970년 사이의 겨울에 100명의 젊은 노동자들이 매주 금요일마다 금지된 음악을 연주했고 다른 공장에서 적극적인 청중을 끌어모았다.[22]

수년 전 홍위병이 봉건적이라거나 부르주아적이라고 매도했던 취미들이 부활하면서 구세계가 되돌아왔다. 린뱌오가 사망할 당시에 유행한 아이들 놀이는 줄넘기가 유일했지만 머지않아 베이징 거리 곳곳에서 채찍으로 돌리는 팽이나 사방치기, 디아볼로 등을 즐기는 아이들을 볼 수 있었다. 그림이 그려진 전통 비단 연은 여전히 외국인에게만 판매가 허용되었지만 아이들은 기다란 나무 조각과 『인민일보』몇 장으로 만든 기발한 발명품을 날리는 법을 알고 있었다. 수도의 좁고 구불구불한 골목에는 포커가 등장했다. 꼬리 깃털에 작은 대나무 파이프를 매단 비둘기들이 기이하고 조화로운 휘파람 소리를 내면서 하늘을 가로지르며 경주하는 광경도 볼 수 있었다. 사람들은 다시 새장에서 새를 기르기 시작했고 때때로 이른 아침에 자신의 애완 동물에게 바람을 쐬게 하려고 공원으로 향했다.[23]

일반인들은 지하 화가가 되었다. 그들은 벽을 장식하는 선전 포스터부터 공식적으로 당의 후원을 받는 〈인민 미술〉에 이르기까지 당시의 화풍을 대변하는 〈사회주의 리얼리즘〉과 의도적으로 거리를 둔 채 다른 화풍으로 그림을 그림으로써 정치에서 벗어나 미술에서 안식처를 찾고자 했다. 그들 중 대다수는 고의적으로 정치에 무관심했으며 내면의 자신을 되찾을 수 있는 개인적인 공간을 구축하고자 노력했다. 비록 비밀스러운 미술 활동이었지만 문학 모임이나 노래 동호회와 마찬가지로 아마추어 미술가들은 버려진 공장이나 인적이 끊긴 공원, 적당히 어두운 복도와 으슥한 계단이 있는 개인 아파트에서 비공식적인 모임을 가지면서 관심사를 공유했다. 미술 서적과 전시회 카탈로그가 유통되면서 대중은 미켈란젤로부터 피카소에 이르기까지 모든 서구 미술뿐아니라 중국의 전통 미술도 다시 접할 수 있게 되었다.

베이징에서는 하나같이 다양한 출신 배경을 가진 이런 신예 화가들이 모여 모임을 결성했다. 이름이 없다는 의미의 우밍(無名)이라는 이름은 훨씬 나중에 얻게 될 터였다. 〈자유로운 연대가 범죄인 시대에 그 모임은 이름이 없고, 형태가 없고, 자발적이어야 했다. 규율도, 회원 자격도, 통일된 예술적 원칙도, 양식도 없었다.〉 그들 중 상당수는 〈계급의 적〉으로 규정된 집안 출신이었다. 그리고 문화 대혁명 전반에 걸쳐 집이 부서지고, 학교가 파괴되고, 지역 사회가 무너지는 것을 직접 목격했다. 그들은 붓을 들었고 처음에는 선전 활동에 참여하고 주석의 초상화를 그리면서 기술을 연마했다. 그 과정에서 귀한 유화 물감과 아마포 캔버스를 얻을 수 있었고 여유 시간에 나름의 실험을 시작했다. 식물원에서 관찰한 복숭아 꽃과 라일락부터 베이징 교외의 명 왕조 무덤에서 바라보는 석양까지 자연은 그들이 가장 선호하는 주제였다. 한번은 몇몇 회원들이 공안을 통과하기 위해 가짜 소개장을 만들어서 국경절에 베이다이허의 해변을 여행하기도 했다. 그들은 기억을 되살려 그림을 그렸기 때문에 내면 깊숙한 곳의 개인적인 세계를 그림에 반영하기도 했다. 뛰어난 기량을 갖춘 화가이자 우밍 회원인 왕아이허는 동료 공장 노동자들이 저 멀리 보이는 나무를 어떻게 그릴지 심사숙고하면서 몇 시간씩 창밖을 응시하던 모습을 여전히 기억했다.[24]

───────

종교도 지하로 들어감으로써 기독교와 불교, 도교, 이슬람교 등 조직화된 종교를 가진 신자들과 토속 신을 숭배하는 민간 종교 신자들은 비밀리에 신앙을 유지할 수 있었다.

문화 대혁명 내내 산발적으로 대중의 저항이 분출되기도 했다. 일례로 1969년 허베이 성의 기독교 신자들은 공개적으로 〈나는 마오쩌둥을 믿지 않는다. 나는 하느님을 믿는다!〉라고 외쳤다. 성의 다른 지역에서도 노동절에 〈창조주 하느님을 찬양하라〉라는 표어가 등장했다. 하지만 이런 사건들은 단발적인 시도로 그쳤고 전능한 군대에 의해서 금방 진압되었다. 대부분의 경우 특히 농촌에서 평범한 농민들이 조용하고 간접적이며 비대립적인 방식으로 자신들의 신앙을 계속 이어갔다.[25]

종교 지도자들이 아무것도 할 수 없는 상황에서 평범한 농민들이 신앙을 이어간 경우도 많았다. 역설적이게도 이미 1950년대에 박해를 받은 교파들은 문화 대혁명의 맹습에 상대적으로 잘 대처할 수 있었다. 워치만 니와 작은 무리Watchman Nee and the Little Flock가 바로 그런 경우였는데 신도 수가 7만 명에 이른 이 교파는 1949년까지 중국에서 가장 빠르게 성장한 토속 기독교 운동 중 하나였다. 하지만 해방 후 5년도 지나지 않아 작은 무리의 지도자 대부분이 체포되고 집회는 조직적인 탄압을 받았다. 워치만 니마저 1972년에 감옥에서 사망했다. 그럼에도 일반 신도들은 박해를 그들의 신앙심을 검증하는 기회로 여기고 문화 대혁명이 시작되기 수년 전부터 소모임과 가정 집회를 열었다. 그들은 은밀한 신앙생활이라는 실용적인 전통을 만들었고 끝까지 살아남았다.[26]

유사한 전략에 의존한 다른 조직화된 종교들은 신도들을 농촌 전역으로 분산시키는 방법을 적용했다. 라마 승려와 이슬람 교단의 지도자 이맘, 기독교 사제 등이 예외 없이 재교육 수용소에 갇혀 있는 동안에는 일반 신자들이 자신들의 공동체를 지키기 위해 나섰다. 그들은 갈수록 증가하는 문화 대혁명의 희생자들에게 고통의 본질을 설명하고 희망을 주고 때로는 구원과 내적인 평화를 보장하면서 새로운 신자들을 영입하기도 했다. 무엇보다 종교 문제를 담당하는 정부 기관이 조반파의 공격을 받거나 파벌 싸움으로 내홍을 겪느라 혼란한 틈에 다양한 색깔의 교파들이 재등장하고 재편성되면서 마오쩌둥 사망 이후에 종교가 부활할 수 있는 기반이 다져졌다.

토속 신앙도 호락호락하지 않기는 마찬가지라서 마오쩌둥에 대한 개인 숭배로 토속 신앙을 대체하려던 정부의 시도가 쉽게 먹혀들지 않았다. 몇몇 마을에서는 지역 축제와 공개적인 제례 의식이 금지되고 사원마저 폐쇄되자 많은 주민들이 작은 사당이나 집 안에 만든 제단에서 제례 의식을 계속해 나갔다. 그들은 대중의 시선이 미치지 않는 곳에서 향을 피우고, 절을 하고, 귀신을 불러내거나 조상의 혼령이나 수호신을 비롯해 비의 신부터 풍요의 여신까지 다양한 토속 신과 교감했다. 정부의 시도가 먹혀들지 않은 결정적인 원인은 아마도 주석 본인을 하나의 토속 신으로 만들려고 했기 때문일 터였다. 사원이 철거되거나 곡물 저장고로 개조되는 경우에도 그에 딸린 대형 동상이 온전히 보존되기도 했다. 지역 공동체들은 때때로 이런 동상을 사람들 눈을 피해서 여기저기로 옮겨야 했으며 1972년이 되어서야 안심하고 한 장소에 영구적으로 보관할 수 있었다. 때로는 학교를 짓는다는 구실로 기금을 모금해서 실제로는 절을 짓기도 했다. 간쑤 성 핑량 현 전역에서 확인된 현상이지만 전국의 다른 지역도 상황은 비슷할 터였다.[27]

으레 토속 신앙과 밀접하게 얽혀 있기 마련인 민속 문화 역시 문화 대혁명의 절정기에도 명맥을 유지했다. 농촌에서 가장 인기 있는 예술 장르인 전통 가극을 개혁하기로 결심한 장칭은 1964년 여름에 경극 축제에 참석함으로써 거의 처음으로 공식 석상에 모습을 나타냈다. 그녀는 곧 인민 해방군과 마오쩌둥 사상을 찬양하는 여덟 개의 혁명극을 제외한 모든 가극을 금지했다. 8대 모범극은 포스터와 엽서, 우표, 접시, 찻주전자, 꽃병, 달력 등에도 등장했다. 전문 극단이 학교와 공장을 방문해서 가극을 공연했다. 옌안에 하향해서 밭을 갈던 자이전화는 순회 극단의 일원으로 선발되는 행운을 얻었다. 들판에 마련된 조악한 무대에서 공장 노동자들과 인민공사 농민들을 위해 가극이 공연되었다. 〈대체로 관객은 많았지만 박수는 드물었다. 믿기 어렵겠지만 옌안 대학교를 제외한 어디에서도 혁명극은 진심으로 환영받지 못했다.〉[28]

정부의 열띤 선전에도 불구하고 일부 공동체들은 그들 나름의 전통을 계속 고수하고자 했다. 1968년에 저장 성에서는 대여섯 개의 마을이 힘을 모아서 전통 가극을 공연할 목적으로 공동으로 대규모 행사를 개최했다. 수백 개의 탁자가 준비되었고 그 위에 귀빈과 마을 주민을 위한 담배와 술이 차려졌다. 저장 성보다 훨씬 가난한 장시 성에서도 때때로 수천 명이 모여서 공개적으로 전통극을 관람했다. 농촌에서는 인민공사에 소속된 사람들이 일상적으로 전통적인 축제를 즐겼으며 토속 신과 정령 등에게 기도를 올렸다. 일부 마을들은 공동 자금으로 용선 대회를 개최했다. 대회에는 으레 많은 관중이 참석했으며 주최 측은 돼지를 잡고 식탁마다 먹을 것을 수북이 쌓아 놓는 등 아낌없이 음식을 제공했다. 1970년대 초에 이르러 농촌에서는 경극 배우들 외에도 민속 악사와 풍수지리 전문가, 영매, 점쟁이 등 온갖 유형의 전통적인 전문가들이 생계를 꾸려 가고 있었다.[29]

———

지하 교회는 신자들이 비밀리에 개인 집에 소규모로 모여서 신앙을 공유한 까닭에 가정 교회라고도 불렸다. 종교는 더 이상 공동 사회를 하나로 묶어 주는 사회적 유대로서 공개적으로 기능하지 못하게 되었지만 교회나 사원 또는 모스크에서 물러나서 가정의 영역으로 스며들었고 보다 개인적이고 내밀한 경험으로서 명맥을 이어갔다. 개인의 사생활이라는 개념을 부르주아적인 관념이라고 공격한 문화 대혁명이 아이러니하게도 사회 가계각층의 사람들로 하여금 각자의 집을 비록 취약하지만 자유의 섬으로 만들게 한 셈이었다. 여러 가구가 함께 생활하는 아파트나 단독 주택이 많은 도시에서는 특히 쉽지 않은 일이었다. 남을 엿보거나 험담하는 이웃은 어디에서나 골칫거리이기 마련이었다. 그럼에도 종교인들과 마찬가지로 문학 모임과 독서 클럽, 지하 미술가 등도 이따금씩 개인 가정에서 은밀한 모임을 가졌고 적발되지 않도록 주기적으로 장소를 변경했다.

하지만 상대적으로 사생활을 보장받을 수 있는 영역으로서 집에 대한 믿음을 고집스럽게 지속시킨 것은 종교 모임도, 지하 클럽도 아닌 바로 가족이었다. 교육 제도가 이미 엉망이 되어 있었지만 부모들은 재택 학습을 통해 자신들이 가장 중시하는 가치를 자녀에게 가르칠 수 있었다. 전국에서 수백만 명의 아이들이 불량한 계급 출신이라는 이유로 초등 교육 이상을 받지 못했다. 그리고 그들은 대부분의 정부 선전에 노출되지 않은 채 집에서 가족 구성원에게 교육을 받았다. 이 경우에 가정 교육을 둘러싼 풍부한 문화적 전통을 바탕으로 특히 어머니들의 역할이 강조되었는데 전통적인 가정에서는 대체로 어머니의 지위가 자식의 학문적 성공에 달려 있었기 때문이다. 〈반동분자〉로 배척된 가정에서 자란 상하이의 류원중은 집에서 교육을 받으면서 인권과 민주주의를 소중히 여기라고 배웠다.[30]

또한 해방되기 훨씬 전부터 모든 전통 기술은 가족이라는 테두리 안에서 발전되고 전승된 터였다. 때로는 일부 가정이나 심지어 마을 전체가 종이 우산이나 헝겊신, 비단 모자, 등나무 의자, 고리버들 낚시 바구니, 나무 소쿠리 등을 전문적으로 생산해서 시장에 판매하기도 했다. 일부는 문화 대혁명 기간 내내 부적 공예품을 만들거나 인기 있는 연감을 인쇄하는 것부터 제등을 만드는 일에 이르기까지 자신들이 보유한 기술을 지속적으로 이어갔다. 예컨대 무술이나 전통 연극, 가극 같은 다른 많은 기술도 가족을 기반으로 했다.

가족은 문화 대혁명 동안 지속된 공격도 당연히 이겨 냈다. 가족 구성원이 서로 다른 파벌에게 충성을 맹세하거나 급변하는 지역 정치의 기류에 휩쓸리면서 한 집안이 둘로 분열되는 경우도 있었다. 대중을 접박하고 공동체 전체를 산산조각 내고자 고안된 무의미하고 종잡을 수 없는 숙청의 결과로 오로지 주석에게만 충성하는 유순하고 고립된 개인이 양산되었다. 공개 비판 대회에서 같은 가족끼리 서로를 비난하도록 요구되었고 배우자가 강제 노동 수용소로 끌려간 경우에는 으레 이혼하라는 지시가 내려왔다. 무엇보다 특히 도시에서 가족의 구성원들이 시골의 각기 다른 지역으로 분산 배치되면서 많은 가정이 무자비하게 해체되었다. 자녀는 중학교를 졸업하자마자 농촌으로 보내지고 부모는 때때로 서로 다른 재교육 수용소에 수감되었다. 일반 노동자들은 3선의 급조된 공장으로 보내졌으며 정부 관리들은 마오쩌둥 사상 학습반이나 5·7 간부 학교에서 농민에게 재교육을 받았다. 쓰촨 성에 살던 장융의 부모는 텅부부가 직속으로 관리하는 두 개의 노동 수용소에 따로따로 수감되었고 장융의 형제자매 4명은 청두에서 멀리 떨어진 외딴 시골 마을에서 밭을 갈았다.

하지만 중국은 세계에서 가장 복잡한 친족 체계를 보유한 나라였다. 오랜 세월에 걸쳐 세부적인 조정을 통해 발전한 이 친족 체계는 거의 모든 구성원들이 성별과 나이 차이, 혈통, 세대에 따라 제각각 다른 이름으로 불릴 정도로 복잡했다. 효 사상이 유교 윤리의 핵심이었다면 문중이나 가계 같은 형태의 확대 가족은 1911년에 붕괴한 천년 왕국의 근간을 형성했다. 그 결과 가족 구성원들이 놀라울 정도로 끈끈한 유대를 보여 주었다. 어떤 경우에는 가족들이 실제로 더욱 가까워지기도 했다. 장융과 그녀의 형제자매들은 서로를 챙기는 법을 배웠으며 수용소에 있는 부모를 수시로 방문하면서 더욱 결속을 다졌다.[31]

가족의 결속력은 부모를 비난하는 아이들이 실제로 거의 없었다는 사실로도 확실하게 입증되었다. 그럼에도 정부의 선전에는 부모에 대한 의무보다 국가에 대한 충성을 선택한 젊은 선구자들의 사례가 넘쳐 났다. 소련에서는 아버지를 밀고했다는 이유로 1932년에 친척들에게 죽임을 당한 10대 소년 파블릭 모로조프의 사건이 세인들의 관심을 받았다. 아무런 근거가 없음에도 이 이야기는 소련 정부에 의해 끊임없이 이용되었다. 파블릭 모로조프를 예찬하는 분위기 속에서 어린 학생들은 가족 간의 유대를 저버린 채 오직 한 사람 스탈린에게 충성을 서약하도록 독려되었다.[32]

중국 정부의 선전도 마찬가지로 떠들썩했다. 이미 사회주의 교육 운동 당시에 어린 학생들은 하나같이 〈아버지는 가깝다, 어머니도 가깝다, 그래도 마오 주석이 제일 가깝다〉라는 짧은 노래를 배운 터였다. 한 학생의 설명에 따르면 〈우리는 마오쩌둥에게 전적으로 충성하지 않는 사람은 부모님을 포함해서 누구든 적으로 간주하도록 교육을 받았다.〉 부모들도 자식들에게 당의 이데올로기에 순응하도록 가르쳤다. 그렇

게 하는 것이 아이들의 미래를 지키기 위한 최선의 선택임을 알았기 때문이다.[33]

그럼에도 소련에서 부모를 광적으로 비판한 경우는 사실상 매우 드물었다. 문화 대혁명 시기의 중국에서는 그보다 훨씬 더 적은 사례가 기록되었다. 실제로 가족을 고발한 극소수의 아이들은 으레 매장당하기 일쑤였다. 암시장에서 배급표를 밀거래했다며 자신의 아버지를 신고한 마딩안은 마을에서 쫓겨난 채 버려진 사원에서 숨어 지냈고 지역 당 간부들조차 그를 외면했다.[34]

장훙빙의 사례는 더욱 충격적이었다. 열다섯 살이던 그는 자신의 어머니를 밀고하면서 그녀가 반혁명적인 범죄를 저질렀으니 총살해야 한다고 주장했다. 당은 그가 원하는 대로 해 주었다. 지은 죄라고는 주석의 초상화를 불 속에 던진 것이 전부였던 그녀는 결국 총살당했다. 아들은 사람들에게 칭송을 받고 지역 당 위원회로부터 혁명적인 열정을 칭찬받기도 했지만 잠깐 뿐이었다. 얼마 지나지 않아 그는 반동분자의 아들이라는 이유로 박해를 당했다. 수십 년 동안 죄책감에 시달리던 장훙빙은 마침내 2013년에 자신의 고통을 덜 수 있길 바라는 마음에서 공개 자백에 나섰다. 대중 앞에 선 그는 가족에게 실제로 사형을 요구한 경우는 자신이 유일했다는 사실을 알게 되었다. 소련이든 중국이든 청소년들은 가족을 비난하기보다 차라리 의절하는 경우가 일반적이었다.[35]

가족의 테두리 밖에서도 대개 성실성이라는 전통적인 규범이 그대로 적용되었고 사람들은 친구나 동료를 돕고자 했다. 장융은 20대 후반이던 작업대 대장이 도와준 덕분에 아버지를 정기적으로 방문할 수 있었는데 그는 자신이 아는 사람들에게 도움이 되기 위해서 드러내지 않고 최선을 다하는 사람이었다. 베이징에서 통역사로 일하던 한 여성은

1969년에 대오 정화 운동의 희생자가 된 뒤로 직장 동료들에게 외면을 당했다. 하지만 하나같이 같은 복합 단지에 살던 동료의 가족들은 아무 일도 없었던 것처럼 그녀를 대하면서 자신들의 배급품을 조심스럽게 나누어 주었다. 회고록이나 인터뷰를 통한 상세한 증언에 따르면 이따금씩 전혀 모르는 사람들 사이에도 친절이 오갔다.[36]

정부는 사회를 분열시킬 목적으로 전통적인 사회적 유대 관계를 공격했지만 가족까지 파괴하지는 못했다. 가족 구성원 간의 결속은 계속 유지되었을 뿐 아니라 더욱 강해졌다. 로맨틱한 관계를 못마땅하게 여긴 정부 때문에 심지어 결혼한 부부들조차 문화 대혁명 기간에는 공개적으로 애정 표현을 할 수 없었다. 사랑은 퇴폐적이고 부르주아적인 감정으로 간주되었으며 섹스는 금기시되었다. 많은 학생들이 가장 기초적인 생리학적 지식도 없이 성장했다. 예컨대 쉬페이는 한 남학생의 자전거를 얻어 탄 뒤로 혹시 임신한 것은 아닐지 너무 무서웠지만 가족은 물론이고 누구에게도 물어 볼 엄두를 내지 못했다. 만주로 갈 기회를 얻고 기뻐했던 베이징의 홍위병 양레이는 다음과 같이 간단히 정리했다. 〈우리는 섹스를 하지 않았을뿐더러 아예 생각조차 하지 않았다. 섹스는 부르주아적인 행위였다. 의심할 여지가 없었다! 내가 알기로 매우 더럽고 추잡한 짓이었다. 몹시 위험하기까지 했다. 그동안 읽은 책이나 보았던 영화에 따르면 오직 나쁜 사람들만 섹스에 관심이 있었다. 혁명가들은 전혀 그렇지 않았다. 혁명가들은 사랑할 때 마음으로 사랑했다. 그들은 손도 잡지 않았다.〉[37]

시골로 보내진 다른 많은 학생들처럼 양레이는 농장의 가축들을 보면서 빠르게 배워 나갔다. 그녀는 수퇘지 사육하는 일을 맡았는데 발정기가 되면 그녀가 직접 수퇘지의 성기를 암퇘지의 질에 제대로 넣어 주어야 했다. 〈매일 포르노 영화를 보는 것 같았다.〉 다른 학생들은 『아가씨의 마음』을 열독했다. 린뱌오가 사망한 뒤로 젊은이들은 사교적인 만남을 갖고 조용히 짝을 구하기 시작했으며 집단 농장의 기숙사나 혼잡한 식당을 벗어나서 둘만의 공간을 찾아 나섰다. 기온이 영하 30도로 떨어지는 만주에서 국영 농장의 젊은 연인들은 광활한 야외로 나가는 수밖에 없었다. 그들은 추위를 무릅쓰고 버티다가 20분도 안되어 기숙사로 돌아와 난로를 끌어안았다.[38]

군대가 통제하는 집단 농장에서 일하지 않고 마을 주민과 함께 생활하는 학생들에게는 성관계를 가질 수 있는 기회가 훨씬 많았다. 일부는 동거를 하기도 했는데 도시에서는 상상도 못할 일이었다. 혼전 관계로 아이를 낳은 소수의 젊은이들은 영원히 시골에 갇히게 될까 봐 두려워서 결혼하기를 거부했다.

하지만 도시에서 온 학생들과 달리 대다수 시골 사람들은 섹스를 별로 부끄러워하지 않았다. 자신이 머물 농부의 집에 처음 도착한 학생들은 집주인 부부의 노골적인 애정 표현을 보고 충격을 받기 일쑤였다. 네이멍구로 보내진 열여섯 살 소녀 왕위안위안이 어느 날 배수로 옆에서 사랑을 나누는 남녀를 목격하고 해당 사실을 생산대 대장에게 신고했다. 〈하지만 나이 든 농민들은 아무렇지 않게 그냥 웃어 넘겼다.〉 민속 문화의 다른 많은 분야에서 그랬던 것처럼 여기에서도 문화 대혁명의 영향은 매우 피상적인 수준에 그쳤다.[39]

23장
반전

　해빙기가 지나고 한파가 찾아왔다. 이미 1972년 12월에 주석은 린뱌오에 대한 공격으로 문화 대혁명 전체의 권위가 약화되고 있다는 사실을 염려하기 시작했다. 1973년 8월에 베이징에서 열린 제10차 중국 공산당 전국 대표 대회에서 당헌이 개정되고 린뱌오와 그가 이끌던 〈반당 집단〉의 주요 인물들이 당에서 축출되었다. 대신 주석은 상하이에서 문화 대혁명을 주도한 제17방적 공장 출신 공안국장 왕훙원을 승격시켰다. 강렬한 한 편의 정치극을 연출하면서 왕훙원은 새로운 중앙 위원회를 선출하는 투표에서 주석의 투표용지를 대신 투표함에 넣음으로써 자신이 개인적으로 마오쩌둥의 후계자로 선정되었음을 시사했다. 세력의 균형을 유지하기 위한 차원에서 덩샤오핑과 리징취안, 울란푸, 탄전린을 비롯한 노위병들이 다시 기용되었지만 그들의 당내 서열은 높지 않았다. 장춘차오와 야오원위안, 캉성 등 중앙 문화 혁명 소조 출신 인사들이 상대적으로 우위를 차지했으며 저우언라이를 견제하기 위해 마련된 전략적인 직책을 맡았다.

　총리는 점차 고립되어 갔다. 원로 당 간부들을 복권시키고 경제 질서를 회복하려고 노력하는 총리에게 마오쩌둥은 의심 어린 시선을 보냈다. 그는 자신이 죽자마자 저우언라이가 문화 대혁명을 완전히 뒤집고 자신의 정치적 유산을 위태롭게 만들까 봐 걱정되었다. 내내 자신에게 충성해 온 저우언라이지만 순전히 정치적 계산에 따른 것이지 이념적인 신념이 있어서 그런 것은 아닐 터였다. 한 전기 작가의 표현에 따르면 〈늘 겸손한 신사였고 관용과 인내를 몸소 실천했으며 항상 사려 깊고 침착하면서도 상당히 서글서글하고 노련한 저우언라이는 마오쩌둥이 보기에 진정한 사기꾼이었다〉.[1]

1974년 1월 마오쩌둥은 총리를 현대판 공자라고 비꼬면서 장칭과 그녀를 따르는 협력자들에게 그를 공격하도록 사주했다. 당초 린뱌오를 겨냥했던 운동이 린뱌오와 공자 두 사람을 모두 비판하는 비림비공(批林批孔) 운동으로 바뀌었다. 『붉은 깃발』과 『인민일보』, 『해방군보』는 공동으로 사설을 발표하고 〈프롤레타리아와 부르주아의 정치 이념 투쟁은 장기간에 걸친 복잡하고 때로는 격심한 투쟁이다. (……) 중국 안팎에 존재하는 반동분자들과 중국 역사에 등장하는 다양한 기회주의 노선을 이끈 지도자들은 하나같이 공자를 숭상한다〉라고 지적했다. 언론은 저우언라이의 이름을 직접 거론하지 않았지만 낡은 귀족주의를 대표하는 공자가 〈운이 다한 왕조를 되살리고 세상에서 은퇴한 사람들을 불러내는 일에〉 시간을 허비했다고 비난하면서 고대 학자를 향해 독기에 찬 말을 쏟아 부었다.[2]

중국을 개방하고자 노력하는 총리를 규탄하는 표어들이 나타났다. 외국 문화를 거부하는 운동의 화살을 한 몸에 받은 사람은 이탈리아인 영화 감독 미켈란젤로 안토니오니였다. 그는 저우언라이의 초청을 받아 중국을 여행하면서 자신의 여정을 다큐멘터리 영화로 만든 터였다.

중국에는 그의 이름을 들어 보았거나 해당 영화를 본 사람이 전무했음에도 1974년 1월에 안토니오니는 〈반중국주의자〉이자 〈반공산주의자〉라는 비난을 받았다. 외국산 기계를 맹목적으로 숭배하는 행태는 총리를 비꼬는 또 다른 빌미가 되었고 특히 상하이에서 혹독한 비판을 받았다. 장칭은 〈외국인이 뀐 방귀를 킁킁거리며 향기롭다고 말하는〉 사람들을 조롱했다.[3]

장칭과 밀접한 관계이며 이제는 최신예 정치 스타가 된 왕훙원은 비림비공 운동을 〈제2차 문화 대혁명〉이라고 불렀고 〈저항은 정당한 행위다〉라는 표어도 부활시켰다. 수정주의 세력을 겨냥한 예의 군중 대회와 대자보, 신문 사설 등이 등장했다. 베이징에서는 일부 학생들이 또다시 교실 창문과 책상, 의자를 박살 냈다. 전국 곳곳에서 예전 조반파들이 문화 대혁명의 파괴적인 분위기를 되살렸다. 그들은 권력자들에게 도전해서 〈권력을 침탈〉할 수 있는 기회가 다시 찾아왔다고 생각했다. 항저우에서는 예전 조반파 지도자들이 군중 대회를 열었고 학교와 공장에서 수천 명의 지지자들을 끌어 모았다. 왕훙원의 선동에 고무된 그들은 〈반동분자에게 저항할 권리〉를 선포하고 지역 관리들을 전면적으로 공격하기 시작했다. 그 결과 성의 경제가 심각한 타격을 입고 당 체계가 마비되었다. 카리스마 있는 일부 조반파 지도자들이 권력을 쥐고 있던 적들을 타도하고 성의 실질적인 지도자가 되었다. 그들은 지역 군부대를 돌면서 자신이 권력을 장악하는 데 주된 걸림돌이 될 만한 군 지도자들의 세력을 약화시켰다.

우한에서도 예전 조반파 세력들이 광범위한 대중의 지지를 등에 업은 채 지역 지도부와 대적했고 권력을 침탈하는 데 성공했다. 한편 난징에서는 예전 조반파보다 주로 5·16 분자 색출 운동의 희생자들이 군 지도자들과 대결했다. 농촌으로 강제 이주당한 수만 명이 떼 지어 도시로 돌아와서 철도 운행을 방해했고 시정을 요구하며 몇 주에 걸쳐 시위를 벌였다.[4]

비림비공 운동은 저우언라이를 중심에서 밀어내고 그가 당 전반에 행사하던 점차 증가하는 영향력을 무력화하는 데 성공했다. 하지만 장칭은 한술 더 떠서 당과 군에 자신의 영향력을 확장하고자 했다. 1974년 7월에 마오쩌둥이 나섰고 상황을 통제 불능으로 만든 모든 책임을 자신의 부인에게 돌렸다.

당내 두 파벌의 균형을 맞추기 위해서 마오쩌둥은 덩샤오핑을 부총리직에 복귀시켰다. 교묘한 속임수의 결과로 1974년 4월에 중국 대표단을 이끌고 유엔 총회에 참석하게 된 인물도 중국의 외교 설계자이자 미국과 화해를 이끌어 내는 데 주된 역할을 한 외교관인 저우언라이가 아니라 덩샤오핑이었다. 반년 전 키신저가 재차 중국을 방문했을 때 총리가 미국을 대하는 태도를 둘러싸고 거센 비난이 일었는데 덩샤오핑은 장칭과 야오원위안의 편에 가담해서 총리를 비판했다. 당시 덩샤오핑의 언행이 너무나 악의적이었던 까닭에 외교부 소속의 대다수 간부들은 주석이 특별히 저우언라이를 견제하기 위해서 그를 재기용했다고 믿게 되었다.[5]

저우언라이는 1972년에 방광암 진단을 받았지만 의료진은 그에게 어떤 상태인지 설명해 주지 않았다. 주석은 그가 충분한 치료를 받는 것에 반대했다. 1974년 5월에 이르러서는 암이 신체의 다른 부위로 전이되었음에도 수술 치료는 여전히 배제되었다. 그는 계속된 출혈에도 일에서 손을 놓지 않았고 매일 수혈을 받았다. 6월이 되어서야 처음으로 제대로 된 수술을 받았지만 너무 늦었고 두세 달 뒤에는 암이 다른 주요 장기로 전이된 징후가 발견되었다. 그가 마지막으로 대중 앞에 모습을 드러낸 행사는 1974년 9월 30일에 열린 국경절 전야 국빈 만찬이었다. 그는 몹시 마르고 금방이라도 쓰러질 것 같은 모습으로 외빈 2,000명을 포함한 4,500명 앞에 섰다. 참석자들 중에는 문화 대혁명 이후 처음으로 공식적인 행사에 모습을 드러낸 수십 명의 당 관리들도 있었다.[6]

이날의 행사는 정치계에 진정한 변화의 바람이 일고 있음을 보여 주는 신호처럼 보였다. 이미 몇 개의 성도를 마비시킨 비림비공 운동에 전반적으로 불안 어린 시선이 쏠리고 있던 상황이었다. 두 번째 문화 대혁명을 원하는 사람은 거의 아무도 없었다. 그리고 많은 사람들에게 저우언라이는 장칭과 그녀의 좌파 동지들을 상대하면서 균형을 잡아 줄 평형추 같은 존재였다. 하지만 이 즈음에는 또 다른 문화 대혁명으로의 회귀를 막는 중요한 역할을 해줄 것으로 기대되는 이 남성이 입원 치료를 받고 있다는 사실을 거의 모든 사람이 알고 있었다. 〈여기저기에서 우려의 목소리가 들리는 가운데 사람들은 저우언라이에게 개인적인 존경을 표하고 축복을 기원했다.〉 이날의 진정한 영웅은 주석이 아니라 총리였다. 그가 국빈 만찬장에 모습을 나타내자 사람들은 기립 박수를 치면서 한 목소리로 〈저우 총리! 저우 총리!〉를 연호했다.[7]

건강이 좋지 않다는 구실로 만찬에 참석하지 않은 마오쩌둥은 멀리서 저우언라이를 지켜보았다. 그리고 환호하는 대중을 보면서 어쩔 수 없이 총리에 대한 공격의 수위를 낮추었다. 대신에 중앙 지도부를 개편하고 덩샤오핑을 부총리로 임명해서 저우언라이와 균형을 이루게 했다. 한편 장칭은 자신이 적절한 보상을 받지 못했다고 생각했다. 어느 순간부터는 자신을 중국 역사에서 나라를 통치한 유일한 여제 측천무

후 우쩌톈에 비유하기 시작했다. 측천무후가 정적을 무자비하게 짓밟은 냉혹하고 사악한 지배자라는 통설에도 불구하고 언론은 이 7세기의 여제가 국가를 통일한 위대한 군주라고 칭송하는 기사들을 내보냈다. 다른 사람 앞에서 입은 적은 없지만 마오 부인은 여제가 입었던 의상을 모방해서 만든 황실 가운도 몇 벌씩이나 가지고 있었다. 그녀는 궁정 회의를 열었고 끊임없이 외국 사절들을 맞이했으며 자신의 사진에 임페리얼 레드 색상으로 서명을 했다.

그녀는 또 친위 쿠데타를 병적으로 경계했다. 공중 공격을 걱정해서 댜오위타이 국빈관 내에서 자신이 주로 거주하는 춘연재(春蓮齋)의 지붕에 회전식 대공포를 설치하기도 했다. 온갖 범주의 약물에 의존했고 차츰 의료진이 자신을 죽이려 한다고 확신하게 되었다.[8]

덩샤오핑을 괘씸하게 여긴 마오 부인은 새로운 권력 구조를 고의적으로 방해하고자 했다. 마오쩌둥은 연거푸 중재자로 나서야 했으며 결국에는 자신의 아내에게 상하이 출신의 지지자들 즉 왕훙원과 장춘차오, 야오원위안과 어울리지 말라고 경고하기에 이르렀다. 그들 네 명은 나중에 〈사인방〉으로 불리게 될 터였다.

1975년 1월에 자신의 마지막 연설 중 하나가 될 전국 인민 대표 대회에서 연설을 하기 위해서 저우언라이가 병원을 나섰다. 그는 중국이 세계 다른 나라들에 뒤처진 모든 분야에서, 특히 농업과 산업, 국방, 과학 기술 분야에서 현대화를 달성해야 한다고 촉구했다. 주석의 승인을 거쳐 해당 계획은 〈4대 현대화〉로 명명되었다.

실질적인 일상 업무까지 처리하면서 덩샤오핑은 일이 갈수록 늘어났다. 그는 업무를 처리하는 방식이 저우언라이와 정반대였다. 덩샤오핑은 홍위병에 의해 불구가 된 아들을 포함해서 자신을 비롯한 온 가족이 문화 대혁명으로 갖은 고초를 겪었음에도 전혀 주눅들지 않은 듯 보였다. 그는 저돌적으로 일을 추진했으며 반대 세력과 불화하는 것을 두려워하지 않았다. 일단 시작한 일은 과감하게 밀어붙였고 마오 부인에게 맞서길 주저하지 않았다.

덩샤오핑은 즉시 교통 체계 정상화에 나섰고 기차가 제시간에 운행되지 못할 경우 혹독하게 처벌하겠다고 철도 관리들을 위협했다. 화물 열차를 약탈하거나 막아 세운 혐의로 1975년 초에 수천 명이 교도소에 수감되었으며 85명이 처형되었다. 그 다음에는 산업 분야로 눈을 돌려서 철강 산업을 지휘하는 관리들에게 〈나약하고 게으르며 느슨하다〉라고 경고했다. 그들에게 작업 중단 사태와 정치적 내분을 어떻게든 해결해서 새롭게 할당된 철강 생산량을 달성하는 데 주력할 것을 요구하는 한편 엄격한 기한을 부과하고 이행을 강제하기 위해서 강력한 공작대를 파견했다. 랴오닝 성의 거대한 안산 강철 공사에 대해서는 경영진을 축소하여 문화 대혁명 이전과 유사한 수준으로 간소한 지휘 체계를 구축했다.

제2차 문화 대혁명의 여파로 여전히 비틀거리고 있던 성들에도 개입했다. 저장 성의 많은 지역을 마비 상태로 이끈 항저우의 조반파에 맹공을 가한 것도 덩샤오핑이었다. 저장 성은 1975년 일사분기에만 제조업 생산량이 20퍼센트나 감소하고 파벌 싸움 때문에 성 전체의 세수입이 거의 반 토막이 난 터였다. 덩샤오핑은 공작대를 파견해서 조반파 본거지를 습격하고 우두머리를 체포했다. 이후 〈파벌주의〉를 비난하는 대규모 운동이 저장 성에서 여름내 진행되었다. 주석은 항저우의 조반파 우두머리를 〈악질분자〉로 규정했고 그렇게 그의 운명이 확정되었다.[9]

덩샤오핑은 또 군에 지역 주민의 절대다수가 회교도인 사뎬을 공격하라고 명령했다. 사롄은 윈난 성에 속한 현으로 주민들이 헌법에 보장된 종교의 자유가 보장될 때까지 더 이상 곡물세를 내지 않겠다고 선언한 이후로 인종 갈등이 발생한 터였다. 다수의 무장 병력이 투입되어 모든 마을을 쑥대밭으로 만들었다. 달아나는 어린 아이와 노인 수백 명을 포함해서 1,600명이 넘는 사람들이 목숨을 잃었다.[10]

덩샤오핑이 대중 소요를 진압하고, 대표적인 조반파들을 체포하고, 미적거리는 당 간부들을 해고하면서 명백히 주석의 지지를 받고 있는 상황임에도 장칭은 이제 〈경험주의〉를 비판하는 새로운 정치 운동에 착수했다. 해당 운동은 공산주의 이념을 저버린 채 경제 성장에만 집중하는 덩샤오핑의 방식을 문제 삼으면서 거의 노골적으로 그를 공격했다. 운집한 노동자들이 지켜보는 가운데 도도한 걸음으로 또다시 인민 대회당의 무대에 오른 마오 부인은 〈경험주의〉를 반드시 타도해야 할 수정주의의 공범이자 강력한 적이라고 규정했다. 언론과 대다수 주요 간행물을 장악한 사인방은 당내 글쟁이들을 사주하여 끊임없이 비난 사설을 발표하게 했다. 덩샤오핑은 주석에게 호소하는 수밖에 없었고 중재에 나선 주석은 수정주의에 반대하면 경험주의와 교조주의를 모두 반대하는 거라고 선언했다. 교조주의는 주석이 마오 부인과 상하이 출신의 세 하수인을 언급할 때 사용하는 암호였고 이제 그는 이들 네 사람을 〈사인방〉이라는 이름으로 부르고 있었다. 마오쩌둥은 어느 한 쪽도 자신을 위협할 정도로 강력한 세력을 형성하지 못하도록 두 파벌끼리 싸움을 붙이고 있었다.[11]

그 와중에 마오쩌둥의 심경에 변화가 생겼다. 덩샤오핑이 추구한 치열한 접근 방식 때문에 주석의 조카 마오위안신이 피해를 입은 것이다. 마오위안신은 랴오닝 성의 성 혁명 위원회의 당 서기로 유명해진 청년이었다. 그는 덩샤오핑이 안산 강철 공사에 취한 조치를 혹평했고 1975년 9월에 마오쩌둥의 개인 연락 장교가 된 뒤로 큰아버지의 귓전에 독이 되는 말들을 쏟아부었다. 그는 새로운 바람이 불고 있으며 그 바람이 문화 대혁명의 반대 방향을 지향하고 있다고 말했다. 〈덩샤오핑 동지의 연설을 무척 주의해서 들었는데 문화 대혁명의 업적을 좀처럼 거론하지 않을뿐더러 류사오치의 수정주의 노선을 거의 비난하지 않는다는 점에서 문제가 있는 것 같다.〉 마오위안신의 주장대로라면 사실상 부총리가 총리보다 훨씬 더 해로운 존재였다. 그는 당 내부에 완전히 새로운 부르주아 계급이 출현하고 있으며 덩샤오핑이 그들을 대변하고 있음을 넌지시 암시했다.[12]

마오쩌둥은 당혹스러웠지만 여전히 덩샤오핑을 남겨둘 가치가 있다고 판단했다. 이 즈음 주석은 확진을 받지는 않았지만 루게릭 병을 앓고 있었다. 그 결과 정신은 멀쩡했지만 인후, 인두, 혀, 횡경막, 늑골 근육 등을 포함한 모든 근육을 조정하는 신경 세포가 점차 퇴화하고 있었다. 도움을 받지 않고는 거의 일어설 수가 없었고 산소 호흡기도 필요했다. 코에 삽입된 튜브를 통해 주입되는 닭고기 육즙으로 식사를 대신했다. 그가 20년도 더 전에 유혹했던 열차 승무원 장위평만이 그의 불분명한 발음을 알아들을 수 있었기 때문에 오직 그녀를 통해서만 의사소통이 이루어졌다.

죽음이 멀지 않았음을 직감한 마오쩌둥은 특히 문화 대혁명에 관련된 자신의 유산을 공고히 하고 싶어 했다. 그는 문화 대혁명이 70퍼센트는 성공했고 30퍼센트는 실패했다고 자평하면서도 자신이 죽은 뒤에 이러한 평가가 완전히 뒤집어지지 않도록 공식 결의문을 채택하고자 했다. 마오쩌둥은 덩샤오핑에게 당 원로 회의를 주재해서 문화 대혁명을 어떻게 평가할 것인지 논의하도록 지시함으로써 그의 충성심을 시험해 보기로 했다. 11월 20일에 열린 회의에서 덩샤오핑은 시종일관 애매한 태도를 유지했을 뿐 아니라 결의문 초안을 감독해 달라는 요청도 거절했다. 주석은 이를 자신에 대한 직접적인 모욕으로 받아들였다.

같은 날 감히 〈문화 대혁명을 부정〉하고 〈교육 분야의 프롤레타리아 혁명을 공격〉하는 자들을 신랄하게 비판하는 대자보 수백 개가 칭화 대학교에 나붙었다. 덩샤오핑을 끌어내리기 위해 1년 동안 진행되어 온 조직적인 운동이 마침내 결실을 맺은 터였다. 사인방이 철저히 장악한 상하이에서는 신문 머리기사와 확성기가 매일같이 악을 써댔다. 〈문화 대혁명에 대한 평가를 뒤집으려는 우파의 바람에 반격하라!〉 급진주의자들을 불쾌하게 만든 사람들에게 〈문화 대혁명을 부정〉하려 한다는 비난이 쏟아졌고 비난은 그대로 그날의 표어가 되었다. 또다시 사람들은 〈혹시라도 선을 넘거나 절대적으로 복종하는 것처럼 보이지 않으면 어쩌나 걱정하면서 고개를 숙인 채 발끝으로 살금살금 걸어야 했다.〉 베이징에서는 긴장이 고조되면서 덩샤오핑을 비난하기 위한 정치국 회의가 잇따라 열렸다. 덩샤오핑은 최대한 말을 아꼈다. 그가 12월에 제한적인 자아비판을 하고 1976년 1월에 재차 자아비판을 했지만 주석은 충분히 만족하지 않았다.[13]

1976년 1월 8일에 저우언라이가 사망했다. 세 부위에 개별적으로 발생한 암 때문에 마르고 쭈글쭈글했지만 잘생긴 얼굴은 여전했다. 마오쩌둥은 총리 대행으로 왕훙원이나 덩샤오핑과 가까운 원로 당 간부를

임명하는 대신 두 진영의 어디에도 속하지 않은 개인에게 눈을 돌렸다. 그리고 몇 년 전 사오산에서 대규모 기념관을 지어 주석에게 헌정했던 장신에 쾌활하며 정치적으로는 별 볼일 없는 화궈펑이 그 틈새를 비집고 들어갔다.

주석은 또 비록 사망하기는 했지만 저우언라이가 자신에게 향해야 할 관심을 가로채지 못하도록 모든 수단을 동원했다. 라디오 방송을 통해 총리가 사망했다는 소식을 짤막하게 알렸을 뿐 헌화를 할 수 없도록 유해를 일반에 공개하지 않았다. 마오 부인과 그녀의 심복들은 검은 완장을 차거나 하얀 국화를 옷에 달지 못하도록 금지하고자 했고 공식적인 장례식 외에 어떠한 기념 행사도 필요치 않다고 발표했다. 사람들은 식량 배급소에서 줄을 서거나 버스를 기다리면서 분노를 표출했다. 몇몇 용감한 사람들은 큰소리로 비통하게 불만을 토로했다.[14]

사인방이 그 모든 노력을 기울였음에도 대중의 감정은 폭발했다. 저우언라이는 현대화를 대표하는 상징이었다. 많은 사람들에게 그는 문화 대혁명이 일으킨 재앙을 줄이기 위해 노력한 유일한 지도자였다. 희망을 상징하는 인물이었다. 장지로 이동하는 경로를 비밀에 부쳤음에도 수만 명의 사람들이 총리에게 작별을 고하기 위해 거리로 나와서 살을 에는 바람 속에 서 있었다. 영구차가 지나는 것을 보면서 많은 사람이 눈물을 흘렸다. 베이징 대학교에 다니던 한 외국인 학생은 총리의 죽음을 둘러싼 대중의 반응에 압도되었다. 〈나는 그처럼 많은 사람이 슬퍼하는 광경을 본 적이 없었다. 남녀노소를 불문하고 모든 사람이 눈물을 흘리는 것 같았다. 일부는 거의 히스테리 상태였다. 버스 운전사와 거리 미화원, 상점 점원 등이 하나같이 퉁퉁 붓고 충혈된 눈으로 각자의 일을 계속했다.〉 추도사를 낭독한 덩샤오핑은 장차 1년 동안 공식

석상에서 사라지게 될 터였다. 불과 며칠 뒤에 그는 부총리직에서 해임되었다.[15]

대중의 분노는 마오 부인과 그 일당을 향했다. 그들은 이제 우위를 점한 채 덩샤오핑에 대한 공세를 강화하고 있었다. 노쇠하고 병든 주석은 장칭을 통제하기도 버거워 보였다. 대중은 저우언라이가 죽고 없는 마당에 덩샤오핑까지 숙청을 당하자 앞날을 걱정하며 불안해했다.

청명절이 다가오면서 대중의 저항이 시작되었다. 달리 소분절(掃墳節)이라고도 하는 청명절에는 조상을 기리는 것이 오랜 전통이었고 대개는 온 가족이 모여서 함께 조상의 묘를 찾아 잡초를 제거하고 묘비를 깨끗하게 닦거나 보수하고 꽃을 바쳤다. 저우언라이가 사망한 해는 청명절이 4월 4일이었는데 이미 몇 주 전부터 그를 추모하려는 사람들이 추도문과 함께 화환을 전시하고 있었다. 난징에서는 혁명 열사 능원에서 총리를 애도하는 대구(對句)가 제거되자 곧장 그 다음날 학생들이 표어를 써 붙였다. 그들은 대담하게도 자신들의 〈목숨을 바쳐 저우언라이를 지킬 것〉이라는 의지를 피력했다.

일반 시민들을 정말로 격분하게 만든 것은 3월 25일에 상하이에서 발표된 신문 사설이었다. 이 사설에 따르면 저우언라이는 〈뉘우칠 줄 모르는 주자파〉 덩샤오핑이 재집권할 수 있도록 도움을 주고자 한 〈당내 주자파〉였다. 사설을 낸 신문사에 항의 편지와 전보, 전화가 빗발쳤다. 난징에서는 학생들이 지역 당국의 금지령을 무시한 채 서거한 총리의 거대한 초상화를 들고 혁명 열사 능원으로 행진했다. 곧 난징 시 전체가 사인방을 공격하는 표어들로 도배되었다. 어떤 사람들은 〈타도 장칭!〉를 외쳤고 어떤 사람들은 장춘차오를 끌어내려야 한다고 주장했다. 시위대는 기차와 장거리 버스 옆면에 페인트로 표어를 써서 그들의 메시지를 전국에 퍼뜨렸다. 난징에서 동쪽으로 200여 킬로미터 떨어진 공업 도시 우시에서는 엄청난 인파가 붉은 광장으로 쏟아져 나와 총리 초상화를 머리 위로 들어 올리고 덩샤오핑의 추도사를 크게 틀었다.[16]

난징에서 수도로 가는 기차들은 톈진에 들러서 전면을 녹색 페인트로 칠했다. 수도에서도 톈안먼 광장에 높이 솟은 인민 영웅 기념비 하단에 화환이 쌓이기 시작했다. 공안국에서 나와 화환을 압수해 갔음에도 시와 꽃과 화환을 든 애도 행렬이 끝없이 이어졌으며 때로는 자신이 헌정한 물품을 공안이 제거하지 못하도록 기념비를 둘러싼 하얀 대리석 울타리에 철사를 이용해서 묶어 놓는 사람들도 있었다. 사람들이 자원해서 경비를 섰다. 3월 31일에는 〈마녀 장칭〉을 공격하는 시들이 등장했다. 이틀 뒤 경찰 4,000여 명과 노동자들로 구성된 민병대가 배치되었고 시 당 위원회는 정부 기관이 광장에 화환을 보내는 것을 금지했다. 이 같은 조치는 더 많은 시위자들이 싸움에 참여하도록 독려하는 결과를 낳았을 뿐이었다. 그들은 시와 꽃을 무기 삼아서 사인방에 대항했다.[17]

청명절은 일요일이었다. 수십만 명이 광장에 몰려나와 깃대에 포스터를 매달고 기념비 둘레에 화환을 차곡차곡 쌓아 올렸다. 중난하이의 관저에서 주석이 볼 수 있도록 밝은 색 풍선 다발에 저우언라이에게 바치는 헌사가 적힌 띠를 매달아 날리는 사람들도 있었다. 한 젊은 남성은 의도적으로 전통 의상을 입은 채 연단에 서서 수천 명에게 느린 곡조의 만가를 부르도록 유도했다. 이슬비가 내리는 가운데 기름 종이로 된 전통 우산까지 쓴 그는 자신의 구식 차림새를 통해 수십 년 전인 1919년 5월 4일에 톈안먼 광장에서 학생들이 지배자에 대항해서 벌였던 시위를 대중에게 상기시키고자 했다. 보다 대담한 사람들은 마이크를 붙잡고 〈새로운 서태후〉를 비난했다. 한 학생은 흰색 비단 천에 총리를 지키겠다는 혈서를 써서 높이 치켜들고 다녔다. 내내 엄숙한 분위기였으며 값비싼 모직 외투를 입은 고위 관리부터 낡은 면직물 옷을 입은 평범한 농민까지 사회 각계각층에서 모인 사람들은 그들의 최고 지도자가 내보인 의지에 조용히 저항했다.[18]

같은 날 소집된 정치국 회의는 해당 사건을 반혁명적이라며 비난했다. 마오위안신이 회의에서 결정된 내용을 큰아버지에게 보고해서 승인을 받았다. 4월 5일 아침 일찍 경찰이 광장을 청소하기 시작했다. 화환은 총 200대의 대형 트럭을 동원해서 실어 냈고 기념비 벽에 적힌 표어들은 소방 호스를 사용해서 씻어 냈다. 불과 몇 시간 뒤에 분노한 시위대와 경찰이 충돌했다. 양측 모두 지원군을 요청했다. 그날 오후에는 차량들이 불타고 지휘 본부가 약탈당했다.

저녁 무렵이 되자 1만여 명의 경찰과 공안부대 다섯 대대가 대기했다. 오후 6시 30분부터는 해당 사건을 〈반동적인 음모〉로 규정하면서 군중에게 해산을 요구하는 경고 방송이 확성기를 통해 끊임없이 흘러나왔다. 몇 시간 뒤 곤봉과 쇠막대기로 무장한 민병대가 광장 주변의 전략적인 위치로 이동했다. 밤 9시 30분이 되자 갑자기 투광 조명등이 환하게 켜졌다. 광장은 봉쇄되었고 그때까지 남아 있던 200여 명의 사람들이 폭행을 당했고 강제로 질질 끌려가서 체포되었다. 장칭은 인민 대회당에서 쌍안경으로 상황을 지켜보았다. 그리고 그날 밤 남편을 찾아가서 땅콩과 구운 돼지고기를 먹으며 축배를 들었다. 그녀는 독한 곡주로 건배를 제안하면서 〈우리가 이겼다〉라고 선언했다. 자정 직전에 공안국 관리 100명이 일렬횡대로 광장을 가로지르며 물을 뿌려서 피를 닦아 냈다.[19]

육체적 퇴화에도 불구하고 이때까지 여전히 냉철한 사고를 유지하고 있던 마오쩌둥은 사건의 배후에 덩샤오핑이 있다고 확신했다. 덩샤오핑은 모든 직위에서 해임되었지만 당원 자격은 유지했다. 전국적으로 엄중한 단속이 이어졌고 수천 명이 반혁명적인 범죄를 저지른 혐의로 체포되었다. 그들보다 훨씬 많은 사람들이 심문을 당했다. 허베이 성의 성도 스좌장에서는 수도를 방문한 적이 있는 것으로 알려진 모든 사람이 조사를 받았다. 베이징 전역의 학교와 공장, 사무실에서 사람들은 톈안먼 사건에 관여했는지 여부를 추궁당했다. 10만 명이 넘는 사람들이 강제로 동원되어 덩샤오핑을 비난하는 붉은 현수막을 들고 수도를 행진했다. 한 참가자는 다음과 같이 증언했다. 〈우리는 분노한 채 마지 못해 행진했다.〉[20]

전국에서 예전 부총리를 비난하라는 요구를 받은 사람들이 행사 도중에 수다를 떨거나, 책을 읽거나, 뜨개질을 하거나, 심지어 잠을 자기도 하면서 거부감을 드러냈다. 군중 대회에서 앞에 나와 발언해 달라는 요청을 받은 사람들은 건조하고 무감정한 말투로 사전에 준비된 원고를 읽었다. 아무도 현혹되지 않았고 비판 운동은 전혀 호응을 얻지 못했다. 사람들은 끝을 기다리고 있었다. 청두에서는 마오쩌둥이 곧 죽을 거라는 말을 듣고서 군중이 지레 거리로 몰려나오기도 했다.[21]

24장
후유증

중국 전통에 따르면 자연 재앙은 곧 왕조가 교체된다는 징조다. 1976년 7월 28일 새벽 베이징에서 동쪽으로 150킬로미터 남짓 떨어져서 보하이 해에 면하고 있는 탄광 도시 탕산에서 대규모 지진이 발생했다. 피해 규모가 엄청났다. 최소한 50만 명이 사망했고, 일각에서는 70만 명에 이를 것으로 추산하기도 했다.[1]

이미 1974년 여름에 지진 전문가들은 향후 2년 안에 이 지역에서 매우 강한 지진이 발생할 수 있다고 예측한 터였다. 하지만 문화 대혁명이 아직 한창이던 당시에는 조사에 필요한 현대적인 장비와 훈련된 인력이 턱없이 부족한 상태였다.[2]

지진에 대비한 조치는 거의 없었다. 갱구 주변의 구조물과 호이스트 타워, 컨베이어 벨트가 금방이라도 쓰러질 것 같은 단층 가옥들을 내려다 보고 있는 탕산은 워낙에도 조악하게 건설된 도시였다. 지하에는 수많은 터널과 깊은 수직 갱도가 방대한 면적에 걸쳐 뒤얽혀 있었다. 150킬로미터 길이의 단층이 지하에서 파열되면서 발생한 지진은 한순간에 히로시마나 나가사키에 투하된 원자 폭탄의 피해 규모보다 더 끔찍한 피해를 불러왔다. 아스팔트 도로가 산산조각이 났고 철로가 휘어져서 뒤엉켰다. 지층이 전광석화처럼 빠르게 흔들린 탓에 진앙지 부근에 있던 나무들의 겉면이 마찰열로 검게 그을릴 정도였다. 건물 안쪽으로 그대로 주저앉은 집들도 보였고 집이 통째로 땅속으로 빨려 들어간 경우도 있었다. 1100만 제곱미터에 달하는 탕산의 거주 지역 중 대략 95퍼센트가 붕괴했다.

지진이 잦아든 직후에 내린 차가운 비가 망연자실한 생존자들을 흠뻑 적시고 붕괴된 건물에서 나온 먼지와 뒤섞여 도시에 짙은 안개의 장막을 드리웠다. 탕산은 꼬박 한 시간 동안 암흑에 휩싸였고 짓뭉개진 집들의 잔해에서 타오르는 불길이 유일하게 어둠을 밝히고 있었다. 지진에서 살아남았지만 화상으로 사망한 사람들도 많았는데 그보다 훨씬 많은 사람들이 질식해서 사망했다. 당시 열두 살 소년이었던 한 피해자는 다음과 같이 회상했다. 〈나는 시체들이 불에 타면서 내뿜는 재를 들이마시고 있었다.〉[3]

도처에서 사망자가 발견되었다. 〈건물에서 탈출하려다가 실패한 사람들의 시신이 창문에 대롱대롱 매달려 있었다. 길바닥에 쓰러진 한 노부인의 시신은 날아온 파편에 머리가 짓이겨진 상태였다. 기차역에서는 콘크리트 기둥이 한 소녀를 관통해서 벽에 처박히는 바람에 소녀의 몸이 벽에 고정되어 있었다. 한 버스 차고지에서는 조리사가 가마솥의 끓는 물에 데어서 사망했다.〉[4]

지진은 최악의 상황에서 발생했다. 주석이 중난하이에서 의료진에 둘러싸인 채 천천히 죽어가고 있던 베이징은 이미 마비 상태였다. 자신이 누워 있는 침대가 덜거덕거릴 정도의 지진을 느낀 마오쩌둥은 분명 상황을 알아차렸을 터였다. 수도의 많은 건물이 격하게 흔들리면서 화분과 꽃병이 쓰러졌고 벽에 걸린 액자가 달가닥거렸으며 유리 창문이 산산이 부서졌다. 집으로 돌아가길 거부한 많은 주민들이 여진이 멈출 때까지 임시변통으로 비닐 이불을 덮고 보도 위에서 잠을 잤다. 몇몇 지역 위원회는 지진 소식을 알리는 대신 확성기를 켜고 사람들에게 〈덩샤오핑을 비판하고 문화 대혁명을 끝까지 완수하라〉고 촉구했다. 일반인들이 직면한 곤경에 아랑곳하지 않는 당국의 무신경한 태도는 대대적인 분노를 불러일으켰다.[5]

군 당국은 체계적인 계획의 부재와 열악한 통신 환경, 사사건건 베이징의 상관에게 승인을 받아야 하는 불합리한 구조에 발목이 잡혀서 지진이 일어나고 몇 주가 지나서야 비로서 효과적으로 대응하기 시작했다. 구조 작업은 전략적인 가치를 기준으로 진행되었다. 탕산은 중대한 광업 도시였고 따라서 포기할 수 없는 지역이었다. 하지만 주변 시골 마을의 농민들은 자력으로 극복하도록 방치되었다. 다른 나라들이 구조대와 헬리콥터, 구조 장비를 비롯해서 담요와 식량 등을 지원하겠다고 제안해 왔지만 화궈펑은 이를 단호하게 거절했다. 그는 차제에 자신의 지휘권을 공고히 하는 동시에 국가적 자신감을 제고하고자 했다. 전문적인 지식과 적절한 장비가 부족했던 젊은 군인들은 오로지 근육의 힘에 의존해서 폐허 속에서 약 1만 6,000명을 구조했지만 그들이 투입되기 전까지 지진 피해 당사자들이 직접 구조한 숫자에 비하면 극히 일부분에 불과했다. 인민 해방군은 수만 구에 달하는 시신에 표백분을 뿌렸고 교외 지역에 급조해서 마련한 묘지에 매장했다. 전국적으로 애도의 날은 선포되지 않았다. 사망자들은 거의 아무런 관심을 받지 못했다.[6]

1976년 9월 9일 자정을 몇 분 넘긴 시각에 베이징의 한 심장 박동 모니터에 수평선이 표시되었다. 전통적으로 온 가족이 한자리에 모여 덕담을 주고받는 중추절의 보름달이 뜬 다음 날이었다.

1972년에 베이징 대학교에 입학한 외국인 잔 윙은 자전거를 타고 수업을 들으러 가는 중이었다. 어느 순간 국장에서 사용되는 귀 익은 장송가 가락이 들렸다. 중앙 방송국에서 평소의 강한 어조 대신 슬픔에 찬 애절한 목소리가 마오 주석의 서거 소식을 전하고 있었다. 〈존경하고 사랑하는 위대한 지도자 마오쩌둥 동지가 어젯밤 12시 10분에 서거하였다는 가슴 아픈 소식을 알립니다.〉 자전거를 타고 가던 다른 사람들도 충격을 받은 듯했지만 슬퍼하는 기색은 없었다. 강의실에서도 동료 학생들은 눈물을 흘리지 않았으며 하얀색 종이 국화와 검은색 완장, 종이 화환을 만드는 데만 열중했다. 〈숨이 막힐 정도로 충격을 받거나 눈물을 흘리는 사람은 전혀 없었고 단지 안도감만이 존재했다.〉 9개월 전 저우언라이 총리가 사망했을 때 쏟아 낸 슬픔과 극명한 대조를 보였다.[7]

학교와 공장, 사무실에서도 사람들은 옹기종기 모여서 공식 발표에 귀를 기울였다. 안도감을 느끼는 사람들은 감정을 숨겨야 했다. 장융의 경우도 그랬는데 너무 기뻐서 잠시 멍한 기분이 들 정도였다. 주변의 사람들은 하나같이 눈물을 흘렸다. 바람직한 감정을 표현하지 않으면 지적을 당할 수 있기 때문이었다. 장융은 앞에 있는 여성의 어깨에 얼굴을 묻은 채 어깨를 들썩이며 훌쩍였다.[8]

그녀만 연기를 한 것이 아니었다. 중국 전통에 따르면 가족이 죽었을 때 통곡을 하고 심지어 관 앞에서 땅바닥에 몸을 던지는 것은 자식으로서 망자에게 도리를 다하기 위해 꼭 필요한 행동이었다. 장례식에서 유족들이 눈물을 흘리지 않는 것은 가문의 수치로 여겨졌다. 유력한 고위 관료의 장례식에는 때때로 배우들이 고용되어 큰 소리로 통곡하면서 다른 조문객이 자연스럽게 함께 통곡하도록 유도하기도 했다. 굳이 배우를 고용하지 않더라도 비판 대회를 통해 아무렇지 않게 프롤레타리아의 분노를 표출하는 기술을 터득했던 사람들은 필요할 때 우는 법을 알고 있었다.

사람들은 사적인 자리에서 그다지 회한을 드러내지 않았다. 윈난 성의 성도 쿤밍에서는 하룻밤 사이에 가게마다 술이 매진되었다. 한 젊은 여성은 자신의 아버지가 가장 절친한 친구를 초대한 다음 문을 걸어 잠그고 집에 있던 유일한 포도주를 개봉했다고 회상했다. 다음 날이 되자 그들은 공공 추도식에 참여해서 다른 사람들과 함께 너무나 슬프게 통곡했다. 〈아직 어렸던 나는 어른들의 표정 변화에 어리둥절했다. 전날 밤 그렇게 행복해했던 아버지는 다른 사람들 앞에서 너무나 슬픈 얼굴을 하고 있었다.〉[9]

물론 진심으로 슬퍼하는 사람들도 있었다. 문화 대혁명으로 이득을 본 사람들은 더욱 그랬다. 마오쩌둥을 진심으로 추종하는 신도들도 상당수 남아 있었는데 젊은 층에 특히 많았다. 공산당에 입당해서 사회주의에 기여할 날을 손꼽아 기다렸던 스물두 살의 여성 아이샤오밍은 너무 상심한 나머지 울다가 실신하기도 했다.[10]

시골에는 흐느껴 운 사람이 거의 없는 듯 보인다. 안후이 성의 한 가난한 농민은 〈당시에 눈물을 흘린 사람은 단 한 명도 없었다〉라고 기억했다.[11]

눈물을 흘렸든 아니든 9월 18일 톈안먼 광장에서 국장이 거행될 즈음에 이르러서는 대부분의 사람들이 이미 감정을 추스른 상태였다. 여전히 가택 연금 중이던 덩샤오핑을 제외하고 지도부 전체가 장례식에 참석했다. 문화 대혁명으로 희생된 최초의 고위 간부인 뤄루이칭은 휠체어를 타고서라도 장례식에 참석하겠다는 뜻을 밝혔다. 그는 자신을 박해했던 사람을 여전히 숭배했고 눈물까지 흘렸다. 기회를 잡은 화궈펑은 대중을 향해서 덩샤오핑에 반대하는 운동을 계속 이어갈 것을 촉구했다. 정확히 3시가 되자 화궈펑이 3분 동안 묵념을 선언했다. 삽시간에 중국 전체에 적막이 드리웠다. 기차역에서 철도 운행이 중단되었고, 버스가 길가에 멈추어 섰으며, 노동자들은 연장을 내려놓았고, 자전거 탄 사람들은 자전거에서 내렸으며, 보행자들은 걸음을 멈추었다. 잠시 후 왕훙원이 큰소리로 외쳤다. 〈일 배! 이 배! 삼 배!〉 광장에 운집한 100만 명이 세 번째로 고개를 숙이고 나자 거대한 마오쩌둥 초상화가 연단에서 내려왔다.[12]

지도부가 대중 앞에서 단결된 모습을 보인 것은 이때가 마지막이었다. 이제 그들 앞에는 최후의 결전이 기다리고 있었다. 수도의 지하 깊은 곳에 마련된 차가운 방에서 마오쩌둥의 시신을 방부 처리하기 위해 포름알데하이드가 주입되고 있던 시점에도 서로 다른 파벌들의 권력 싸움은 계속되고 있었다. 사인방은 선전 기구를 장악하고 〈주자파〉에 대항하기 위한 운동에 박차를 가했다. 하지만 그들은 당내 세력이 거의 없었고 군에도 전혀 영향력을 행사하지 못했다. 그들에게 권위를 부여해 주었던 유일한 존재는 이제 죽고 없었고 여론도 그들의 편이 아니었다. 장칭을 제외한 나머지 인물들의 세력 기반인 상하이는 치열한 권력 쟁탈전이 벌어진 수도에서 한참 멀리 있었다.

무엇보다 그들은 화궈펑을 과소평가한 터였다. 마오쩌둥이 사망하고 이틀밖에 지나지 않았을 때 총리는 이제 국방부장인 예젠잉 사령관에게 은밀히 접촉을 시도했다. 마오쩌둥의 경호원이었고 지도부 인사들의 경호를 담당하는 경위부대 지휘관 왕둥싱과도 접촉했다. 주석이 사망한 지 한 달이 되지 않은 10월 6일에 『마오쩌둥 선집』 제5권에 관한 논의를 위해 정치국 회의가 소집되었다. 그리고 사인방이 회의장에 도착하는 대로 차례로 체포되었다. 함정을 눈치채고 회의에 불참한 마오 부인은 자신의 거처에서 체포되었다.

10월 14일에 공식적으로 발표가 되자 밤새 폭죽이 터졌다. 사람들이 사인방의 몰락을 축하하고자 아낌없이 돈을 쓰는 바람에 상점에서 술은 물론이고 평범한 통조림까지 모든 종류의 물건이 동이 났다. 한 주민의 회상에 따르면 〈곳곳에서 술이 덜 깬 상태로 함박웃음을 지으며 돌아다니는 사람들을 볼 수 있었다〉.[13]

〈문화 대혁명 중에 열린 집회와 정확히 같은 종류〉의 공식 축하 행사도 열렸다. 베이징에서 수십만 명이 대열을 이루어 〈사인방 반당 집단〉을 비난하는 현수막을 흔들었다. 10월 24일에 톈안먼 광장에서 군중 대회가 열렸고 새로운 지도부가 쿠데타 이후 처음으로 대중 앞에 모습을 드러냈다. 이제 당 주석에 지명된 화궈펑은 연단 위를 오가며 들뜬 미소를 지은 채 가벼운 박수로 환호에 화답하면서 전임자와 매우 비슷한 모습을 보여 주었다.[14]

상하이의 와이탄에 늘어선 건물들에는 대여섯 층 높이까지 벽보가 붙었다. 조반파의 몰락에 기뻐서 어쩔 줄 모르는 사람들이 거리를 가득 메웠다. 정녠은 〈장칭 타도〉라는 표어를 들고 마지못해 행진에 참가했다. 질색한 그녀와 달리 수많은 시위자들이 그 같은 기회를 반겼으며 깃발을 흔들거나 북과 징을 치면서 4열 횡대로 행진을 벌였다.[15]

정치적 운동이 계속되었다. 〈덩샤오핑을 공격하는 대신 이제는 사인 방을 비난했다.〉 마오 부인과 그녀의 광적인 추종자 세 명은 희생양이 되었고 지난 10년 동안 발생한 모든 불행한 사태에 대한 책임을 뒤집어썼다. 마오쩌둥과 그의 부인을 따로 분리하기란 불가능하다는 주장도 있었지만 그들을 분리하는 전략은 나름의 이점이 있었다. 한때 마오쩌둥의 신봉자였던 사람의 말처럼 〈자신의 믿음이나 환상을 포기하는 것이 결코 쉬운 일이 아니라는 점을 감안하면 그들 두 사람을 분리하는 편이 차라리 낫다〉.[16]

———

화궈펑에게는 큰 실망을 안겨 주었지만 1977년 여름에 덩샤오핑이 복권되었다. 이제 톈안먼 광장에는 화궈펑 주석과 마오 주석의 초상화가 나란히 걸려 있었다. 그는 위대한 조타수와 닮아 보이고자 머리에 기름을 발라서 매끈하게 만들었고 연출된 포즈로 사진을 찍었으며 예전 스승이 하던 대로 모호한 경구를 읊조렸다. 하지만 새로운 주석은 권력을 강화하는 데 필요한 당내 세력과 정치적 카리스마가 부족했다. 선전 기구가 대중에게 〈우리의 빛나는 지도자를 최대한 가까이 따르라〉라고 촉구하는 포스터를 대량으로 찍어 냈음에도 별반 효과가 없었다. 어설프게 개인 숭배를 시도했다가 많은 당 원로들과 소원해졌을 뿐이었다. 문화 대혁명의 명맥을 계승하고자 하는 그의 의지는 변화를 갈망하는 대중의 보편적인 열망과 어긋났다. 문화 대혁명 기간에 굴욕을 당한 대다수 나이 든 당원들의 지지를 받는 덩샤오핑이 화궈펑을 압도하기란 식은 죽 먹기였다.

일반 시민들도 덩샤오핑을 구세주로 여겼다. 문화 대혁명 기간에 이런저런 부당한 대우를 받은 사람들은 세 번이나 숙청을 당하고도 다시 살아난 남자에게 희망을 걸었다. 대다수가 홍위병 출신인 수백만 명의 학생들이 농촌으로 유배되었다가 자신의 미래를 걱정하며 도시로 줄줄이 돌아오고 있었다. 문화 대혁명 당시에 불법으로 투옥되어 강제 노동 수용소에 수감되어 있다가 풀려난 사람들도 학생들의 행렬에 합류했다. 강간과 약탈, 살인 혐의로 지역 당 간부를 고발한 가난한 시골 주민들부터 권력 상층부에서 발생한 정치적 모략의 희생자들까지 사회 각계각층의 사람들이 정부에 시정을 요구했다. 진정인들이 국무원 밖에서 야영을 하는 바람에 수도에는 갑자기 판자촌이 출현했다.[17]

판자촌과 멀지 않은 곳에 즉 톈안먼 광장에서 서쪽으로 1킬로미터 남짓 떨어진 시단의 낡은 버스 정류장 근처의 긴 벽돌담은 현실에 불만을 가진 대중에게 성토의 장이 되었다. 중요한 당 대회를 불과 몇 달 앞둔 1978년 10월에 손으로 쓴 대자보들이 나붙자 추위에 대비하여 따뜻하게 몸을 감싼 구경꾼들이 구름처럼 모여들었다. 어떤 시위자들은 개인적인 불만 사항을 상세히 기술하면서 정의를 요구했다. 대약진 운동 때 마오쩌둥에 맞섰다가 숙청당한 펑더화이 같은 원로 관리들과 덩샤오핑을 전면 복권시키라고 요구하는 사람들도 있었다. 심지어 덩샤오핑이 인민을 후원하고 있으며 외국 기자에게 〈시단 민주주의의 벽은 유익하다!〉라고 말했다는 소문까지 돌았다. 덩샤오핑의 표어 〈사실에 입각해서 진리를 탐구하라(實事求是)〉는 기대감을 불러왔다. 베이징 동물원의 전기 기술자 웨이징성이 당초 저우언라이가 주창한 4대 현대화를 보완하여 〈다섯 번째 현대화: 민주주의〉를 요구하면서 보통 선거권을 요구하는 외침까지 일었다.[18]

덩샤오핑은 두 달 뒤인 1978년 12월 열린 중국 공산당 제11기 중앙 위원회 제3회 전체 회의에서 자신의 입지를 강화하기 위해 민주주의의 벽을 이용했다. 화귀펑은 맡고 있던 대부분의 직위를 그대로 유지했지만 덩샤오핑이 당의 실권을 장악했다. 1979년 2월에 미국을 방문한 인물도 덩샤오핑이었다. 텍사스의 로데오 경기장에서는 카우보이 모자를 쓴 모습을 선보이며 미국 대중을 열광시켰다. 그는 역마차를 타고 경기장을 돌면서 군중에게 손을 흔들었고 미국에 체류하는 내내 기업 경영자들과 정치인들 대부분을 매료시켰다.

　　귀국한 덩샤오핑은 불만이 점차 커지고 있음을 감지했다. 민주주의의 벽은 반체제의 온상으로 변해 있었고 당 서기에게 강간당한 한 건설 노동자의 주도로 일부 시위대가 저우언라이의 서거 기념일에 맞추어 텐안먼 광장을 가로질러 항의 행진을 벌이기도 했다. 비록 체포되었지만 공산당에 대담하게 맞선 그들의 모습은 다른 사람들에게도 자극이 되었다. 웨이징성은 〈민주주의 또는 새로운 독재〉라는 제목으로 쓴 대자보에서 덩샤오핑을 〈파시스트 독재자〉로 규정했다.

　　민주주의는 예정에 없었다. 웨이징성은 다른 반체제 인사들 수십 명과 함께 검거되었으며 그들 중 일부는 감옥에서 20년을 복역했다. 한 목격자는 〈노위병들이 예전 통치 방식으로 돌아갔다〉라며 환멸을 드러냈다. 1년 뒤 문화 대혁명의 첫 번째 표적 중 한 명이었던 베이징 시장 펑전은 마오쩌둥의 사후에 헌법으로 명시된 4개의 기본권을 다시 삭제했다. 1966년에 마오 주석에 의해 발표된 〈자유롭게 발언하고, 견해를 충분히 표현하고, 대토론을 벌이고, 대자보를 쓸〉 시민의 권리가 문화 대혁명의 혼돈을 초래했다는 비난이 쏟아졌다. 1년 뒤에는 파업권이 폐지되었다.[19]

으레 모든 독재자는 전임자와 자신을 차별화할 필요가 있다. 덩샤오핑은 문화 대혁명을 과거사로 치부하고 더 이상의 논의를 중단하고자 했다. 전체 공산당원 중 대략 절반이 1966년 이후에 입당했고 문화 대혁명 당시 추악한 정치판에 휩쓸리면서 노위병들 대다수가 이런저런 범죄를 저질렀기 때문에 혹시라도 가해자들에게 책임을 추궁하고자 작심하고 칼을 들이댈 경우 대대적인 숙청이 불가피할 터였다. 따라서 복권된 사람은 많았지만 기소된 사람은 매우 드물었다. 류사오치와 그를 추종하던 세력들도 모두 1980년 2월에 공식적으로 명예를 회복했다.

공산당이나 건국 원로들을 연루시키지 않고 책임을 전가하는 가장 효과적인 방법은 사인방을 재판에 회부하는 것이었다. 1980년 11월에 장칭과 장춘차오, 왕홍원, 야오원위안 등 사인방이 톈안먼 광장 근처 정이루(正義路)에 위치한 법정으로 들어섰다. 그들은 10년에 걸친 흉악한 혼란을 주도했다는 혐의로 모두 기소된 터였다. 마오 부인은 반항적인 태도로 자신을 기소한 사람들에게 욕설을 퍼부었다. 어느 순간에 그녀가 빈정대며 말했다. 〈나는 마오 주석의 개였다. 그가 물라고 지시하면 누구든 가리지 않고 물었다.〉 펑전의 지시를 받는 특별조가 막후에서 이 보여주기식 재판을 조작했다. 장칭과 장춘차오는 사형을 선고받았다가 종신형으로 감형되었다. 10년 뒤인 1991년에 장칭은 양말과 손수건을 엮어 만든 줄로 감방 안에서 목을 맸다. 왕홍원도 이듬해에 옥사했다. 야오원위안과 장춘차오는 20년을 복역하고 풀려난 뒤로 경찰의 엄중한 감시를 받으면서 여생을 보냈다.

천보다를 비롯해 중앙 문화 혁명 소조에 소속되어 있던 다른 주요 인사들도 유죄를 선고받았다. 천보다는 이미 1970년에 마오 주석에 의해 투옥된 상태였고 결국 1988년이 되어서야 풀려났다. 독립적인 법률 제도가 부족했던 까닭에 당 관리들이 그들 선에서 처벌을 받을 사람과 받지 않을 사람을 결정했다. 〈어떤 조반파는 적절한 처벌을 받았다. 일부는 가혹한 형벌을 받았다. 가벼운 처벌만으로 끝난 사람도 있었다.〉[20]

1981년 7월에 창당 60주년을 맞이하여 당의 역사를 둘러싼 공식 결의문이 발표되었다. 당은 이 문서에서 마오의 대기근에 대해 거의 언급하지 않았고 문화 대혁명을 린뱌오와 사인방의 탓으로 돌렸다. 반면에 마오 주석에 대해서는 대체로 면죄부를 주었다. 공산당 역사에서 마오쩌둥의 역할을 포괄적으로 평가하면서 덩샤오핑은 마오쩌둥 자신이 문화 대혁명에 대해 내렸던 평가를 그대로 인용했다. 마오쩌둥이 스탈린에 대해 내렸던 평가와도 정확히 일치했는데 70퍼센트는 성공했고 30퍼센트는 실패했다는 것이었다.

이 같은 결의문을 채택한 목적은 당의 과거를 둘러싼 모든 공적인 논쟁을 종식하기 위함이었다. 그에 따라 대약진 운동과 문화 대혁명 같은 중요한 사건에 관한 학술적인 연구는 강력하게 저지되었고 공식적인 설명에서 벗어난 해석에는 무조건 냉담한 시선이 쏟아졌다.[21]

한편 해당 결의문에는 과거사보다는 현재의 정치와 더욱 밀접하게 연관된 다른 목적도 있었다. 덩샤오핑은 화궈펑을 비판하고 자신이 최고 지도자로서 자격을 갖추는 데 결의문을 이용했다. 화궈펑 주석의 통치 기간은 문화 대혁명과 하나로 묶여 다루어진 반면에 덩샤오핑의 영도 아래 마침내 당이 〈사회주의식 현대화의 올바른 노선〉에 착수한 1978년 12월의 중국 공산당 제11기 중앙 위원회 제3회 전체 회의는 〈역사적으로 위대한 전환점〉이라며 칭송되었다.

〈사회주의식 현대화의 올바른 노선〉은 저우언라이가 주창한 4대 현대화를 바탕으로 한 계획이었다. 가장 주목할 만한 특징은 경제 개혁이 마지못해서 도입되었다는 점이었다. 1976년에 이르러 중국은 30년간 지속된 경제 분야의 관리 부실과 수년간 이어진 정치적 혼돈으로 곳곳에서 비틀거리고 있었다. 그럼에도 위로부터의 변화는 좀처럼 일어나지 않았다. 중국 공산당 제11기 중앙 위원회 제3회 전체 회의는 〈역사적으로 위대한 전환점〉이라기보다 계획 경제를 문화 대혁명 이전 시기로 되돌리려는 시도에 가까웠다. 덩샤오핑과 그의 하수인들은 앞이 아니라 뒤를 돌아보고 있었다. 농업 정책과 관련해서는 대약진 운동 시기에 미친 듯이 달린 급진적인 집산화로부터 농촌을 보호하고자 1962년에 시행된 다양한 조치들을 되살렸다. 소규모 자류지는 다시 허가되었지만 인민공사 소유의 토지를 분할하는 것은 명백히 금지했다. 심지어 1979년 4월에는 집단 농장을 떠난 농민들에게 인민공사로 복귀할 것을 요구했다. 한 가지 양보한 것도 있었다. 마오쩌둥이 사망한 3년 뒤에 당은 국가에 강제 수매되는 양곡 가격을 마침내 20퍼센트 인상했다. 아울러 농기계와 비료, 농약 등의 가격을 10~15퍼센트 정도 인하했다.[22]

진정한 변화는 아래서부터 시작되었다. 적어도 10년 전부터 시작된 조용한 혁명에서 간부들과 농민들은 과거 시장 경제의 장점을 되살림으로써 스스로 빈곤에서 벗어나기 시작했다. 농촌 일부 지역에서 그들은 조용히 토지를 임대하고 암시장을 열고 지하 공장을 운영했다. 대부분이 은밀히 진행된 까닭에 이런 자유주의적 관행의 규모를 정확히 측정하는 데 어려움이 있지만 분명한 것은 마오쩌둥의 사후에 이러한 관행들이 더욱 번창했다는 것이다. 1979년에 이르러 안후이 성의 많은 현 지도자들은 가족끼리 땅을 경작하도록 허가할 수밖에 없었다. 한 지역 지도자는 다음과 같이 말했다. 〈농가 생산 책임제는 저항할 수 없는 파도처럼 우리가 정해 놓은 한계를 자연스럽게 뛰어넘었고 억누르거나 방향을 돌리는 것이 불가능했다.〉쓰촨 성의 지역 지도자들도 토지가 분할되는 것을 막기 어렵다고 판단했다. 쓰촨 성 당 위원회 위원장으로 임명되어 1975년에 쓰촨 성에 도착한 자오쯔양도 시대의 흐름을 따르기로 결정했다.[23]

1980년에 이르러서는 수만 건에 달하는 지역 자치 결정을 통해 안후이 성의 전체 생산대 중 40퍼센트와 구이저우 성의 전체 생산대 중 50퍼센트, 간쑤 성의 전체 생산대 중 60퍼센트가 농가 생산 책임제를 실시하고 있었다. 덩샤오핑은 이 같은 추세를 거스를 의지도, 능력도 없었다. 케이트 저우의 주장처럼 〈중국 정부가 제한을 푼 유일한 이유는 조직을 벗어난 수많은 농부들이 이미 그 제한을 무의미하게 만들었다는 사실을 스스로 인정했기 때문이다〉.[24]

1982년에서 1983년 사이의 겨울에 인민공사가 공식적으로 해체되었다. 그야말로 한 시대가 끝난 것이다. 문화 대혁명 말기에 농촌에서 널리 퍼졌던 은밀한 관행들이 이제는 완전히 활성화되었고 농민들은 가족농으로 회귀하거나, 환금 작물을 재배하거나, 개인 소유의 상점을 운영하거나, 공장에서 일하기 위해 도시로 향했다. 결과적으로 농촌의 탈집산화는 보다 많은 농촌 인력을 해방시켰고 향진 기업 붐을 촉진하는 원동력이 되었다. 농촌의 기업들은 국영 기업들의 비능률적인 성과를 벌충하면서 중국이 두 자릿수 성장을 이룩하는 데 지대한 공을 세웠다. 이 거대한 변화에서 무대의 중앙을 차지한 것은 다름아닌 농민들이었다. 중국의 급속한 경제 성장은 통상적인 낙수 효과의 개념처럼 도시에서 농촌으로 진행된 것이 아니라 반대로 시골에서 도심 지역으로 진행되었다. 경제를 변화시킨 개인 기업가들은 평범한 수백만 명의 농민들이었고 실질적으로 그들이 국가를 움직인 셈이었다. 중국의 경제 개

혁을 이끈 위대한 설계자가 존재한다면 보통의 인민들일 터였다.[25]

덩샤오핑은 공산당을 공고히 하고 철권통치를 유지하기 위해서 경제 성장을 이용했다. 그리고 그 대가를 지불해야 했다. 대다수 농민들은 이제 경제적으로 보다 많은 기회를 추구했을 뿐 아니라 마오쩌둥 사상이 강요해 온 이념이라는 족쇄를 벗어 던졌다. 실제로 문화 대혁명은 마르크스·레닌주의 마오쩌둥 사상의 잔재를 파괴했다. 끝없이 이어진 사상 개조 운동은 심지어 당원들 사이에서도 광범위한 저항을 불러왔다. 당 본연의 이념은 사라졌고 정통성은 무용지물이 되었다. 지도자들은 자국민의 정치적 열망을 끊임없이 탄압해야 했고 그들을 두려워하면서 살았다. 1989년 6월에 덩샤오핑은 군대를 동원했다. 베이징에서 민주주의를 외치는 시위대를 진압하라고 직접 명령했고 그에 따라 탱크가 톈안먼 광장으로 밀고 들어갔다. 그날의 학살은 야만적인 힘과 철권통치에 대한 의지를 보여 주었고 오늘날까지도 생생한 메시지를 전하고 있다. 일당 국가의 독재에 이의를 제기하지 말라.

주

머리말

1 Sidney Rittenberg, *The Man Who Stayed Behind*, New York: Simon & Schuster, 1993, p. 271.

2 Bo Yibo, *Ruogan zhongda shijian yu juece de huigu* (Recollections of several important decisions and events), Beijing: Zhonggong zongyang dangxiao chubanshe, 1993, vol. 2, p. 1129.

3 Kate Xiao Zhou, *How the Farmers Changed China: Power of the People*, Boulder, CO: Westview Press, 1996, p. 15.

4 Anne F. Thurston, *Enemies of the People*, New York: Knopf, 1987, pp. 208~209.

5 15년 전에 토니 창이 선별한 도서 목록이 이미 200쪽을 넘었다. Tony H. Chang, *China during the Cultural Revolution, 1966~1976: A Selected Bibliography of English Language Works*, Westport, CT: Greenwood, 1999 참조.

1장 두 명의 독재자

1 Alexander V. Pantsov and Steven I. Levine, *Mao: The Real Story*, New York: Simon & Schuster, 2012, p. 366.

2   Li Zhisui, *The Private Life of Chairman Mao: The Memoirs of Mao's Personal Physician*, New York: Random House, 1994, pp. 182~184. (『모택동의 사생활』, 손풍삼 옮김, 고려원, 1995)

3   Closing Speech at the Second Plenum of the Eighth Central Committee, 15 Nov. 1956, Gansu, 91-18-480, pp. 74~76.

4   Frank Dikötter, *The Tragedy of Liberation: A History of the Chinese Revolution, 1945~1957*, London: Bloomsbury, 2013, pp. 278~280; 300만 이상이라는 수치가 102쪽에 나온다. (『해방의 비극』, 고기탁 옮김, 열린책들, 2016)

5   Elizabeth J. Perry, 'Shanghai's Strike Wave of 1957', *China Quarterly*, no. 137 (March 1994), pp. 1~27.

6   *Neibu cankao*, 30 Nov. 1960, p. 17.

7   Hunan, 8 April 1961, 146-1-583, p. 96.

8   이 추정치에 대한 근거가 되는 상세한 기록 증거는 Frank Dikötter, *Mao's Great Famine: The History of China's Most Devastating Catastrophe, 1958~1962*, London: Bloomsbury, 2010, ch. 37에서 볼 수 있다.

9   Report by Li Xiannian on the issue of grain shortages, 30 July 1961, Zhongyang (61) 540, Gansu, 91-18-211, pp. 136~137.

10   Pitman Potter, *From Leninist Discipline to Socialist Legalism: Peng Zhen on Law and Political Authority in the PRC*, Stanford: Stanford University Press, 2003, pp. 18 and 85~86.

11   Robert Service, *Stalin: A Biography*, Basingstoke: Macmillan, 2004, pp. 312~313 (『스탈린 강철 권력』, 윤길순 옮김, 교양인, 2007); E. A. Rees, *Iron Lazar: A Political Biography of Lazar Kaganovich*, London: Anthem Press, 2012, p. 135.

12   Hao Shengxin, *Nanwang de suiyue* (Unforgettable years), Beijing: Beijing shidai nongchao wenhua fazhan gongsi, 2011, p. 76.

13   Speech by Liu Shaoqi, 27 Jan. 1962, Gansu, 91-18-493, pp. 58~60 and 62.

14   Speech by Lin Biao, 29 Jan. 1962, Gansu, 91-18-493, pp. 163~164.

15   Roderick MacFarquhar, *The Origins of the Cultural Revolution*, vol. 3: *The Coming of the Cataclysm, 1961~1966*, New York: Columbia University Press, 1997, p. 169.

16   Zhang Suhua, *Bianju: Qiqianren dahui shimo* (The whole story of the Seven

Thousand Cadres Conference), Beijing: Zhongguo qingnian chubanshe, 2006, p. 71.

17 Li, *The Private Life of Chairman Mao*, p. 386.

18 Speech by Zhou Enlai, 7 Feb. 1962, Gansu, 91-18-493, p. 87.

19 Zhang, *Bianju*, pp. 176~183; MacFarquhar, *The Origins of the Cultural Revolution*, vol. 3, p. 172.

20 Service, *Stalin*, p. 347.

2장 계급 투쟁을 잊지 말라

1 Mao Zedong, *Jianguo yilai Mao Zedong wengao* (Mao Zedong's manuscripts since the founding of the People's Republic), Beijing: Zhongyang wenxian chubanshe, 1996, vol. 9, p. 349.

2 Speech by Mao Zedong, Gansu, 18 Jan. 1961, 91-6-79, p. 4.

3 Josef Stalin, *History of the All-Union Communist Party: A Short Course*, New York: International Publishers, 1939, pp. 324~325.

4 Kees Boterbloem, *The Life and Times of Andrei Zhdanov, 1896~1948*, Montreal: McGill-Queen's Press, 2004, pp. 176~177 and 215.

5 Li Hua-yu, 'Instilling Stalinism in Chinese Party Members: Absorbing Stalin's Short Course in the 1950s', in Thomas P. Bernstein and Li Hua-yu (eds), *China Learns from the Soviet Union, 1949~Present*, Lanham, MD: Lexington Books, 2009, pp. 107~130.

6 Mao Zedong, 'Talk at an Enlarged Working Conference Convened by the Central Committee of the Communist Party of China', 30 Jan. 1962. 이 연설에 대한 원고본은 Gansu, 91-18-493, pp. 3~37에 있다. 내가 사용한 번역본은 the *Peking Review*, published on 7 July 1978, in *Selected Works of Mao Zedong*, vol. 8, no pagination, Marxists Internet Archive에서 가져왔다.

7 Li, *The Private Life of Chairman Mao*, p. 379.

8 Extracts of Minutes of the Xilou Meeting, Oct. 1967, Shanghai, B104-3-41, pp. 7~9 and 13.

9 Extracts of Minutes of the May Meeting and the Beidaihe Meeting, Shanghai,

Oct. 1967, B104-3-41, pp. 7~10.

10 Liu Yuan, 'Mao Zedong wei shenma yao dadao Liu Shaoqi'이 Gao Wenqian, *Zhou Enlai: The Last Perfect Revolutionary*, New York: PublicAffairs, 2007, pp. 97~98에 인용됨. 류사오치의 부인에게서 인용한 다른 버전을 보려면 Huang Zheng, *Wang Guangmei fangtan lu* (A record of conversations with Wang Guangmei), Beijing: Zhongyang wenxian chubanshe, 2006, p. 288 참조.

11 Jacques Marcuse, *The Peking Papers: Leaves from the Notebook of a China Correspondent*, London: Arthur Barker, 1968, p. 299.

12 Li, *The Private Life of Chairman Mao*, p. 395.

13 Yao Jin, *Yao Yilin baixi tan* (Conversations with Yao Yilin), Beijing: Zhonggong dangshi chubanshe, 2008, p. 229.

14 Mao Zedong, 'Speech at the Tenth Plenum of the Eighth Central Committee', 24 Sept. 1962, *Selected Works of Mao Zedong*, vol. 8, no pagination, Marxists Internet Archive.

15 *Neibu cankao*, 1 March 1963, pp. 7~9; 5 April 1963, pp. 6~9; 9 April 1963, pp.2~5.

16 *Neibu cankao*, 2 April 1963, pp. 2~3.

17 Zhongfa (63) 368, 26 May 1963, Shandong, A1-2-1157, pp. 11~14.

18 Interview with Zeng Mu, born 1931, Pengzhou, Sichuan, May 2006.

19 Nanjing, 27 May 1959, 4003-1-279, p. 242.

20 Jin Chongji and Huang Zheng (eds), *Liu Shaoqi zhuan* (A biography of Liu Shaoqi), Beijing: Zhongyang wenxian chubanshe, 1998, vol. 2, p. 948.

21 Song Yongyi, 'Bei yancang de lishi: Liu Shao dui "wenge" de dute gongxian' (Hidden history: Liu Shaoqi's special contribution to the Cultural Revolution) in Song Yongyi (ed.), *Wenhua da geming: Lishi zhenxiang he jiti jiyi* (The Cultural Revolution: Historical truth and collective memories), Hong Kong: Tianyuan shuwu, 2007, vol. 2, pp. 45~62; Edward Friedman, Paul G. Pickowicz and Mark Selden, *Revolution, Resistance and Reform in Village China*, New Haven, CT: Yale University Press, 2005, p. 61.

22 Hunan, 6 May 1964, 146-1-743, pp. 103~108; Hunan, 10 Oct. 1964, 146-1-776, p. 163. 이 표어가 인용된 곳은 Xie Chengnian, 'Wo qinli de "siqing" yundong naxie shi' (My personal experience of the 'Four Cleans'), *Wenshi*

tiandi, no. 6 (June 2012), pp. 8~9.

23 Hunan, 15 June 1964, 146-1-751, pp. 56~62 and 75~82.

24 Dai Yushan, '"Siqing" dayuanan de zhenxiang: Du Yu Kaiguo "Tongcheng fengyu"' (The truth about the 'Four Cleans'), *Zhengming*, Jan. 2007, pp. 82~83.

25 Pang Xianzhi and Jin Chongji (eds), *Mao Zedong zhuan*, 1949~1976 (A biography of Mao Zedong, 1949~1976), Beijing: Zhongyang wenxian chubanshe, 2003, p. 1345. 문체를 바꾸기 위해 나는 류사오치의 말을 약간 요약했다.

26 몇몇 외교관들은 이것이 불화를 발생시킨 주된 원인이라고 여긴다. Michael Stepanovitch Kapitsa, *Na raznykh parallelakh: Zapiski diplomata*, Moscow: Kniga i Biznes, 1996, pp. 61~63 참조; Arkady N. Shevchenko, *Breaking with Moscow*, New York: Alfred A. Knopf, 1985, p. 122.

27 Sergey Radchenko, *Two Suns in the Heavens: The Sino-Soviet Struggle for Supremacy, 1963~1967*, Stanford: Stanford University Press, 2009, p. 73.

28 Guo Dehong and Lin Xiaobo, *Siqing yundong shilu* (True record of the Four Cleans), Hangzhou: Zhejiang renmin chubanshe, 2005, pp. 130-2; Gao Hua, 'Zai Guizhou "siqing yundong" de beihou' (The background of the 'Four Cleans' campaign in Guizhou), *Ershiyi shiji*, no. 93 (Feb. 2006), p. 83.

29 Li Xin, '"Siqing" ji' (Record of the 'Four Cleans'), in Guo Dehong and Lin Xiaobo (eds), *'Siqing' yundong qinli ji* (Personal accounts of the 'Four Cleans'), Beijing: Renmin chubanshe, 2008, pp. 258~259.

30 구이저우 사건이 언급된 곳은 Gao, 'Zai Guizhou "siqing yundong" de beihou', pp. 75~89; Yan Lebin, *Wo suo jingli de nage shidai* (That era I lived through), Beijing: Shidai wenhua chubanshe, 2012, pp. 90~91도 참조.

31 Luo Bing, 'Mao Zedong fadong shejiao yundong dang'an jiemi' (Revelations from the archives on the launching of the Socialist Education Campaign by Mao Zedong), *Zhengming*, Feb. 2006, pp. 10~13.

32 MacFarquhar, *The Origins of the Cultural Revolution*, vol. 3, p. 365.

33 위의 책, p. 417.

34 Bo, *Ruogan zhongda shijian yu juece de huigu*, vol. 2, p. 1131; MacFarquhar, *The Origins of the Cultural Revolution*, vol. 3, pp. 421~423도 참조.

35 Pang and Jin, *Mao Zedong zhuan*, 1949~1976, p. 1373.

36 Xiao Donglian, *Qiusuo Zhongguo: Wenge qian shinian shi* (Exploring China: A history of the decade before the Cultural Revolution), Beijing: Zhonggong dangshi chubanshe, 2011, vol. 2, pp. 787 and 791.

37 Gao, 'Zai Guizhou "siqing yundong" de beihou', pp. 84~85.

38 MacFarquhar, *The Origins of the Cultural Revolution*, vol. 3, p. 428.

3장 문화 전쟁

1   Stalin, *History of the All-Union Communist Party*, p. 321.

2   Service, *Stalin*, pp. 299~301; Sheila Fitzpatrick (ed.), *Cultural Revolution in Russia, 1928~1931*, Bloomington: Indiana University Press, 1978도 참조.

3   Dikötter, *The Tragedy of Liberation*, ch. 9.

4   위의 책, pp. 185~186.

5   Mao Zedong, 'Talk at an Enlarged Working Conference Convened by the Central Committee of the Communist Party of China', 30 Jan. 1962, *Selected Works of Mao Zedong*, vol. 8, no pagination, Marxists Internet Archive.

6   John Byron and Robert Pack, *The Claws of the Dragon: Kang Sheng, the Evil Genius behind Mao and his Legacy of Terror in People's China*, New York: Simon & Schuster, 1992, pp. 125~126; Roger Faligot and Rémi Kauffer, *The Chinese Secret Service*, New York: Morrow, 1989, pp. 103~104 and 115~118.

7   David Holm, 'The Strange Case of Liu Zhidan', *Australian Journal of Chinese Affairs*, no. 27 (Jan. 1992), pp. 77~96; MacFarquhar, *The Origins of the Cultural Revolution*, vol. 3, pp. 293~296; Li Kwok-sing, *A Glossary of Political Terms of the People's Republic of China*, Hong Kong: Chinese University of Hong Kong Press, 1995, p. 255.

8   Mao Zedong, 'Speech at the Tenth Plenum of the Eighth Central Committee', 24 Sept. 1962, *Selected Works of Mao Zedong*, vol. 8, no pagination, Marxists Internet Archive.

9   Zhongfa (63) 504, 25 July 1963, and Report from the Shaanxi Office for Propaganda, 16 June 1963, Shandong, A1-2-1153, pp. 74~88.

10 *Neibu cankao*, 16 April 1963, pp. 8~9.

11 *Neibu cankao*, 18 June 1963, p. 5; 12 June 1963, pp. 14~15; 4 June 1963, pp. 7~8.

12 Report from the Office of the Provincial Party Committee, 20 July 1963, Shandong, A1-2-1189, p. 22.

13 Report from the Central Secretariat of the Youth League, 1 and 18 Oct. 1963, Shandong, A1-2-1154, pp. 213~220; Shandong, 26 Sept. 1963, A1-2-1190, pp. 158~159. 공식적으로 지원된 노래 부르기의 중요성에 관해서는 Dikötter, *The Tragedy of Liberation*, pp. 193~194 참조.

14 Shandong, 23 July 1963, A1-2-1154, pp. 185~188; Dikötter, *Mao's Great Famine*, p. 240.

15 *People's Daily*, 7 Feb. 1963가 Arthur A. Cohen, *The Communism of Mao Tse-tung*, Chicago: University of Chicago Press, 1964, p. 203에 인용됨.

16 David Milton and Nancy D. Milton, *The Wind Will Not Subside: Years in Revolutionary China, 1964~1969*, New York: Pantheon Books, 1976, pp. 63~65; Marcuse, *The Peking Papers*, pp. 235~246도 참조.

17 Mary Sheridan, 'The Emulation of Heroes', *China Quarterly*, no. 33 (March 1968), pp. 47~72.

18 Zhai Zhenhua, *Red Flower of China*, New York: Soho, 1992, p. 41.

19 Xu Xiaodi, *Diandao suiyue* (Tumultuous years), Beijing: Shenghuo, dushu, xinzhi sanlian shudian, 2012; interview with Xu Xiaodi, Hong Kong, 13 March 2013.

20 Jung Chang, *Wild Swans: Three Daughters of China*, Clearwater, FL: Touchstone, 2003, p. 322. (『대륙의 딸』, 황의방 외 옮김, 까치글방, 2006)

21 위의 책, p. 325.

22 Nanjing, 24 Oct. 1966, 6001-2-434, pp. 59~61.

23 Chang, *Wild Swans*, p. 325.

24 Li Rui, *Lushan huiyi shilu* (A true record of the Lushan plenum), Zhengzhou: Henan renmin chubanshe, 1999, pp. 204~207.

25 Gao, *Zhou Enlai*, pp. 187~188.

26 Liu Tong, 'Jieshi Zhongnanhai gaoceng zhengzhi de yiba yaoshi: Lin Biao biji de hengli yu yanjiu' (A key to understanding high politics in

Zhongnanhai: Sorting out and studying Lin Biao's notes), paper presented at the International Conference on Chinese War and Revolution in the Twentieth Century, Shanghai Communications University, 8~9 Nov. 2008.

27 Lu Hong, *Junbao neibu xiaoxi: 'Wenge' qinli shilu* (An insider's story of the PLA daily), Hong Kong, Shidai guoji chubanshe, 2006, pp. 14~17; Daniel Leese, *Mao Cult: Rhetoric and Ritual in China's Cultural Revolution*, Cambridge: Cambridge University Press, 2011, pp. 111~113.

28 Li, *The Private Life of Chairman Mao*, p. 412.

29 Lynn T. White, *Policies of Chaos: The Organizational Causes of Violence in China's Cultural Revolution*, Princeton: Princeton University Press, 1989, pp. 194~195, 206, 214~216.

30 PRO, Letter by D. K. Timms, 6 Oct. 1964, FO 371-175973; Laszlo Ladany, *The Communist Party of China and Marxism, 1921~1985: A Self-Portrait*, London: Hurst, 1988, p. 273도 참조.

31 Mao Zedong, 'Remarks at the Spring Festival', 13 Feb. 1964, in *Selected Works of Mao Zedong*, vol. 9, no pagination, Marxists Internet Archive.

32 Susan L. Shirk, *The Political Logic of Economic Reform in China*, Berkeley: University of California Press, 1993, ch. 3. (『중국경제개혁의 정치적 논리』, 최완규 옮김, 경남대학교 출판부, 1999)

33 Hua Linshan, *Les Années rouges*, Paris: Seuil, 1987, p. 46; Gong Xiaoxia, 'Repressive Movements and the Politics of Victimization', doctoral dissertation, Harvard University, 1995, p. 69.

34 Mao,*Jianguo yilai Mao Zedong wengao*, vol. 10, 12 Dec. 1963, p. 436; vol.2, 27 June 1964, p. 91.

35 Ross Terrill, *Madame Mao: The White-Boned Demon*, Stanford: Stanford University Press, 1990, pp. 107~135.

36 Li, *The Private Life of Chairman Mao*, pp. ix and 255~256.

37 위의 책, pp. 407~408; 'China: The Women', *Time*, 19 Oct. 1962, p. 29.

38 Li, *The Private Life of Chairman Mao*, p. 401.

39 위의 책, pp. 402~403.

40 MacFarquhar, *The Origins of the Cultural Revolution*, vol. 3, p. 389.

41 Xiao, *Qiusuo Zhongguo*, vol. 2, p. 773; Guo and Lin, *Siqing yundong shilu*, p.

132도 참조.

42 Hu Jinzhao, *Wenren luonan ji* (Record of intellectuals in distress), self-published, 2011, pp. 18~20.

43 MacFarquhar, *The Origins of the Cultural Revolution*, vol. 3, pp. 392~398.

4장 4인의 공모자

1   Edgar Snow, 'Interview with Mao', *New Republic*, 27 Feb. 1965, pp. 17~23; Mao Zedong, 'South of the Mountains to North of the Seas', *Selected Works of Mao Zedong*, vol. 9, no pagination, Marxists Internet Archive; Milton and Milton, *The Wind Will Not Subside*, p. 82.

2   David Halberstam, *The Coldest Winter: America and the Korean War*, London: Macmillan, 2008, p. 372. (『콜디스트 윈터』, 이은진, 정윤미 옮김, 살림, 2009)

3   Radchenko, *Two Suns in the Heavens*, pp. 143~146.

4   Luo Ruiqing, *Commemorate the Victory over German Fascism! Carry the Struggle against US. Imperialism through to the End!*, Beijing: Foreign Languages Press, 1965, pp. 28~29.

5   Lin Biao, 3 Sept. 1965, *Long Live the Victory of People's War!*, Beijing: Foreign Languages Press, 1965.

6   Milton and Milton, *The Wind Will Not Subside*, pp. 94~95. 뤄루이칭과 린뱌오가 택한 전략의 차이에 대해 지적한 초기 학자들로 Donald Zagoria, *Vietnam Triangle: Moscow, Peking, Hanoi*, New York: Pegasus, 1967, pp. 70~83와 Byungjoon Ahn, *Chinese Politics and the Cultural Revolution: Dynamics of Policy Processes*, Seattle: University of Washington Press, 1976, pp. 186~190 and 203~204가 있다.

7   MacFarquhar, *The Origins of the Cultural Revolution*, vol. 3, pp. 448~450; Roderick MacFarquhar and Michael Schoenhals, *Mao's Last Revolution*, Cambridge, MA: Harvard University Press, 2006, p. 26, 문체를 약간 수정함.

8   Victor Usov, 'The Secrets of Zhongnanhai: Who Wiretapped Mao Zedong, and How?', *Far Eastern Affairs*, no. 5 (May 2012), pp. 129~139.

9   Roderick MacFarquhar, *The Origins of the Cultural Revolution*, vol. 1:

Contradictions among the People, 1956~1957, London: Oxford University Press, 1974, especially pp. 193~194 and 202~207.

10 Li, *The Private Life of Chairman Mao*, p. 451.

11 Shen Yuan, 'Deng Xiaoping Peng Zhen de fanyou jiaose' (The roles of Deng Xiaoping and Peng Zhen in the anti-rightist campaign), *Kaifang*, no. 4 (April 2007), pp. 67~69; Yin Yi, *Huishou canyang yi hanshan* (The Setting of the Sun over the Mountain), Beijing: Shiyue wenyi chubanshe, 2003), pp. 25~26가 Wang Ning, 'The Great Northern Wilderness: Political Exiles in the People's Republic of China', doctoral dissertation, University of British Columbia, 2005에 인용됨.

12 Hao Ping, 'Reassessing the Starting Point of the Cultural Revolution', *China Review International*, 3, no. 1 (Spring 1996), pp. 66~86.

13 Li, *The Private Life of Chairman Mao*, pp. 295~297.

14 Milton and Milton, *The Wind Will Not Subside*, p. 110.

15 Li, *The Private Life of Chairman Mao*, p. 391.

16 위의 책, pp. 440~441; MacFarquhar and Schoenhals, *Mao's Last Revolution*, p. 17.

17 MacFarquhar and Schoenhals, *Mao's Last Revolution*, pp. 32~33.

18 Pang and Jin, *Mao Zedong zhuan, 1949~1976*, p. 1373.

19 Li, *The Private Life of Chairman Mao*, p. 452.

20 'Lin Biao zai Zhongyang zhengzhiju kuodahui de jianghua quanwen he Qiu Shike de pizhu' (Lin Biao's speech at the enlarged Politburo meeting and Qiu Shike's annotations), 18 May 1966; Song Yongyi, 'Wenge Zhou Enlai: Yige bei yangaile de xingxiang' (A contradictory image from diverse sources: The role of Zhou Enlai in the Cultural Revolution), unpublished paper, March 1999에 인용된 Qinghai bayiba geming zaofanpai lianhe weiyuanhui (ed.), *Ziliao xuanbian: Zhongyang shouzhang jianghua zhuanji* (Selected materials: Compendium of talks by central party leaders), 5 Dec. 1967도 참조.

5장 대자보 전쟁

1   Nanjing, 30 May 1966, 5003-3-1154, p. 40.

2   Yan Jiaqi and Gao Gao, *Turbulent Decade: A History of the Cultural Revolution*, Honolulu: University of Hawai'i Press, 1996, p. 37.

3   Gao Yuan, *Born Red: A Chronicle of the Cultural Revolution*, Stanford: Stanford University Press, 1987, p. 34.

4   위의 책, p. 40.

5   Shandong, 17 May 1966, A1-2-1356, pp. 185~186 and 191~192.

6   'Circular of the Central Committee of the Communist Party of China on the Great Proletarian Cultural Revolution', 16 May 1966.

7   Pang and Jin, *Mao Zedong zhuan*, 1949~1976, p. 1413.

8   Jack Chen, *Inside the Cultural Revolution*, London: Sheldon, 1976, p. 200.

9   Li, *The Private Life of Chairman Mao*, p. 390; Pamela Tan, *The Chinese Factor: An Australian Chinese Woman's Life in China from 1950 to 1979*, Dural, New South Wales: Roseberg, 2008, p. 130.

10 Wang Guangyu, Qing*shi nanyin: Zuihou yici jiaodai* (Ineluctable history: My last confession), self-published, 2011, pp. 34~35.

11 'Sweep Away All Monsters', *People's Daily*, 1 June 1966. 사용한 번역본은 *Peking Review*, 9, no. 23, 3 June 1966, pp. 4~5.

12 MacFarquhar and Schoenhals, *Mao's Last Revolution*, pp. 57~58.

13 PRO, 'Telegram no. 422', 4 June 1966, FO 371-186980; Douwe W. Fokkema, *Report from Peking: Observations of a Western Diplomat on the Cultural Revolution*, London: Hurst, 1971, pp. 8~9.

14 Fokkema, *Report from Peking*, pp. 9~10.

15 PRO, Donald C. Hopson, 'Some Impressions of Shantung', 7 June 1966, FO 371-186986.

16 PRO, Alan E. Donald, 'A Journey in the Yellow River Valley', 21 June 1966, FO 371-186986.

17 위의 책.

18 Mao Zedong, 'Notes on the Report of Further Improving the Army's Agricultural Work by the Rear Service Department of the Military

Commission', 7 May 1966, *Selected Works of Mao Zedong*, vol. 9, no pagination, Marxists Internet Archive.

19 Chen, *Inside the Cultural Revolution*, p. xvii.

20 Li, *The Private Life of Chairman Mao*, p. 459.

21 Rae Yang, *Spider Eaters: A Memoir*, Berkeley: University of California Press, 1997, p. 117.

22 Chang, *Wild Swans*, p. 196.

23 Ken Ling, *The Revenge of Heaven*, New York: Ballantine, 1972, pp. 9~10.

24 Gao, *Born Red*, p. 53.

25 Ling, *The Revenge of Heaven*, pp. 9~10.

26 위의 책. Ye Qing, "'Wenge" shiqi Fujian qunzhong zuzhi yanjiu' (A study of mass organisations in Fujian during the 'Cultural Revolution'), Fujian Normal University, doctoral dissertation, 2002, vol. 1, p. 39.

27 Gao, *Born Red*, p. 56.

28 Zhai, *Red Flower of China*, pp. 63~64.

29 Yan and Gao, *Turbulent Decade*, pp. 47~48.

30 MacFarquhar and Schoenhals, *Mao's Last Revolution*, pp. 72~73; Gong, 'Repressive Movements and the Politics of Victimization', p. 74. 할당량과 30만이라는 수치의 출처는 Song, 'Bei yancang de lishi'.

31 Hao, *Nanwang de suiyue*, pp. 96~98.

32 Jiang Hongsheng, 'The Paris Commune in Shanghai: The Masses, the State, and Dynamics of "Continuous Revolution"', doctoral dissertation, Duke University, 2010, pp. 217 and 230~231.

33 Chen, *Inside the Cultural Revolution*, pp. 217~218.

6장 붉은 8월

1 PRO, L.V. Appleyard, Letter, 30 July 1966, FO 371-186987.

2 Fokkema, *Report from Peking*, p. 14; PRO, Douglas Brookfield, 'Visit to Shanghai', FO 371-186986; Wang Duanyang, *Yige hongweibing de riji* (Diary of a Red Guard), self-published, 2007, p. 44; Gao, *Born Red*, p. 62; Nanjing,

26 July and 3 Aug. 1966, 5003-3-1155, pp. 23 and 34~35.

3 Ye Yonglie, *Chen Boda zhuan* (Biography of Chen Boda), Beijing: Zuojia chubanshe, 1993, p. 305. 다른 역사가들은 이 만남이 이뤄진 날짜를 7월 24일로 본다. 마오쩌둥의 공식 전기 Pang and Jin, *Mao Zedong zhuan, 1949~1976*에는 나오지 않는다.

4 Jiang Qing Meets Cadres from the Secretariat of the Municipal Party Committee, 19 July 1966, Nanjing, 4003-1-293, pp. 77~84.

5 Ye, *Chen Boda zhuan*, pp. 306~309.

6 Pang and Jin, *Mao Zedong zhuan, 1949~1976*, pp. 1422~1423.

7 Zhai, *Red Flower of China*, p. 68; Gao Shuhua and Cheng Tiejun, *Nei Meng wenge fenglei: Yiwei zaofanpai lingxiu de koushu shi* (The Cultural Revolution in Inner Mongolia: The oral history of a rebel leader), Carle Place, NY: Mingjing chubanshe, 2007, p. 189.

8 Song Bolin, *Hongweibing xingshuailu: Qinghua fuzhong lao hongweibing shouji* (The rise and fall of Red Guards: Diary of an old Red Guard from the Middle School attached to Tsinghua University), Hong Kong: Desai chuban youxian gongsi, 2006, p. 105; Li, *The Private Life of Chairman Mao*, p. 470.

9 Pang and Jin, *Mao Zedong zhuan*, 1949~1976, pp. 1427~1430.

10 Chen, *Inside the Cultural Revolution*, pp. 221~223.

11 MacFarquhar and Schoenhals, *Mao's Last Revolution*, p. 90.

12 Liang Heng and Judith Shapiro, *Son of the Revolution*, New York: Alfred A. Knopf, 1983, pp. 46~47.

13 Elizabeth J. Perry, *Challenging the Mandate of Heaven: Social Protest and State Power in China*, Armonk, NY: M. E. Sharpe, 2002, p. 244.

14 Chen, *Inside the Cultural Revolution*, pp. 231~234.

15 Li, *The Private Life of Chairman Mao*, p. 469.

16 Verity Wilson, 'Dress and the Cultural Revolution', in Valerie Steele and John S. Major (eds), China Chic: East Meets West, New Haven, CT: Yale University Press, 1999, pp. 167~186; Antonia Finnane, *Changing Clothes in China: Fashion, History, Nation*, New York: Columbia University Press, 2008, pp. 227~256; Chang, *Wild Swans*, p. 390.

17 인용문의 출처는 Yiching Wu, *The Cultural Revolution at the Margins: Chinese*

Socialism in Crisis, Cambridge, MA: Harvard University Press, 2014, pp. 60~61. 비율의 근거는 Wang Youqin, 'Student Attacks against Teachers: The Revolution of 1966', *Issues and Studies*, 37, no. 2 (March 2001), pp. 29~79.

18 이 단락과 다음 단락 모두 Wang, 'Student Attacks against Teachers'에 근거한다.

19 Wang Nianyi, *Da dongluan de niandai* (The years of great turmoil), Zhengzhou: Henan renmin chubanshe, 1988, p. 74.

20 Ma Bo, *Xue yu tie* (Blood and iron), Beijing: Zhongguo shehui kexue chubanshe, 1998, p. 304; Bu Weihua, 'Beijing hongweibing yundong dashi ji' (Chronology of the Red Guard movement in Beijing), *Beijing dangshi yanjiu*, no. 84 (1994), p. 57.

21 이 군중 집회를 목격한 사람들이 쓴 글로 Yang, *Spider Eaters*, pp. 122~123; Zhai, *Red Flower of China*, pp. 84~88; Song, *Hongweibing xingshuailu*, pp. 117~119가 있다.

22 Wang, 'Student Attacks against Teachers'.

23 Song Yongyi, 'The Enduring Legacy of Blood Lineage Theory', *China Rights Forum*, no. 4 (2004), pp. 13~23.

24 Wang, 'Student Attacks against Teachers'.

25 문화 대혁명 희생자들의 경우에 대개 그렇듯 그의 죽음을 둘러싼 사건들은 여전히 불명확하다. Fu Guangming and Zheng Shi, *Taiping hu de jiyi: Lao She zhi si koushu shilu* (Memories of Taiping Lake: Record of oral testimonies about Lao She's death), Shenzhen: Haitian chubanshe, 2001 참조.

26 Wang Youqin, 'Da "xiao liumang" he Nan Baoshan fuzi zhi si' (Beating 'hooligans' and the death of Nan Baoshan and his son), Chinese Holocaust Memorial.

27 PRO, Letter from John D. I. Boyd to David Wilson, 31 Aug. 1966, FO 371–186982.

28 Zhai, *Red Flower of China*, pp. 96~97; Wen Dayong, *Hongweibing chanhui lu* (A Red Guard repents), Hong Kong: Mingbao chubanshe youxian gongsi, 2000, pp. 74~75; Ma, *Xue yu tie*, pp. 12~13 and 129.

29 PRO, Letter from John D.I. Boyd to David Wilson, 31 Aug. 1966, FO 371–186982; MacFarquhar and Schoenhals, *Mao's Last Revolution*, p. 122.

30 Yu Luowen, 'Beijing Daxing xian can'an diaocha' (Investigation into the

killings in Daxing county during the Cultural Revolution) in Song Yongyi, *Wenge datusha* (Mass killings during the Cultural Revolution), Hong Kong: Kaifang zazhi she, 2003, translated as 'Enquête sur la tragédie de Daxing' in Song Yongyi, *Les Massacres de la Révolution Culturelle*, Paris: Gallimard, 2009, pp. 43~66.

31 Wang, *Qingshi nanyin*, p. 6.

32 MacFarquhar and Schoenhals, *Mao's Last Revolution*, p. 120; Zhai, *Red Flower of China*, p. 92.

33 Wang, 'Student Attacks against Teachers'.

7장 낡은 세상을 타파하다

1 Wang, ' Student Attacks against Teachers'.

2 위의 책. Chen Yinan, *Qingchun wuhen: Yige zaofanpai gongren de shinian wenge* (Scarless youth: A rebel worker's experience of the Cultural Revolution), Hong Kong (『문화 대혁명, 또 다른 기억: 어느 조반파 노동자의 문혁 10년』, 장윤미 옮김, 그린비, 2008): Chinese University of Hong Kong Press, 2006, ch. 2; Dong Shengli, 'Guanyu Xi'an hongse kongbudui de koushu huiyi' (Oral reminiscences about the Red Terror teams in Xi'an), *Jiyi*, no. 10 (Dec. 2008), pp. 47~49.

3 Rittenberg, *The Man Who Stayed Behind*, p. 348.

4 PRO, Theo Peters, 'The Cultural Revolution Stage III', 19 Sept. 1966, FO 371-186982; Huang Yanmin, 'Posijiu yundong de fazhan mailuo' (The development of the campaign to destroy the 'four olds'), *Ershiyi shiji*, no. 137 (June 2013), pp. 71~82.

5 Gao, *Born Red*, p. 92.

6 Ling, *The Revenge of Heaven*, pp. 36~38.

7 PRO, K. Godwin, Letter from Shanghai, 29 Aug. 1966, FO 371-186982; Nien Cheng, *Life and Death in Shanghai*, New York: Penguin Books, 2008, pp. 62~63. (『생과 사』, 시사영어사, 1988)

8 Lu, *Junbao neibu xiaoxi*, pp. 109~110.

9   Ling, *The Revenge of Heaven*, pp. 46~47.

10 Shanghai, 28 Aug. 1966, B3-2-198, pp. 41~44; Wen Guanzhong, interview, 22 Aug. 2012.

11 Shanghai, 28 Aug. 1966, B3-2-198, pp. 41~44; Shanghai, 29 May and 13 Oct. 1967, B172-3-5, pp. 20~21 and 31~36.

12 Weili Fan, '"Land Mines" and Other Evils', *China Outlook*, 4 Dec. 2013.

13 Ying Shanhong (ed.), *Yanzheng jinghan: Hunan Hengyang 'wenge' shishi* (Historical facts about Hunan's Hengyang), self-published, 2002, pp. 155~157.

14 Zhou Zehao, 'The Anti-Confucian Campaign during the Cultural Revolution, August 1966~January 1967', doctoral dissertation, University of Maryland, 2011, pp. 148 and 178.

15 Shanghai, 24 Dec. 1966, B257-1-4714, pp. 46~49; Shanghai, 20 Oct. 1966, B168-2- 89, pp. 27~32.

16 Shanghai, 24 Dec. 1966, B257-1-4714, pp. 46-9; Shanghai, 20 Sept. 1966, B109-2-1158, p. 119; Shanghai, 3 Oct. 1966, B109-2-1159, pp. 132~133; Jiangsu, 4 Sept. 1966, 4007-3-1308. 최후통첩이 발표된 곳은 베이징이지만 많은 다른 도시에서도 유사한 금지안이 통과되었다; PRO, John D. I. Boyd to David Wilson, 31 Aug. 1966, FO 371-186982 참조. 홍위병이 공표한 금지 물품과 금지 활동의 목록은 수십 쪽에 달했다.

17 Report from the Ministry of Foreign Affairs, 16 Nov. 1974, Shandong, A47-2-247, pp. 144~146.

18 MacFarquhar and Schoenhals, *Mao's Last Revolution*, p. 120.

19 Shanghai, 13 and 17 Oct. 1966, B326-5-531, pp. 1~3 and 18~23.

20 Dikötter, *The Tragedy of Liberation*, p. 151.

21 Rae, *Spider Eaters*, p. 127; PRO, John D. I. Boyd to David Wilson, 31 Aug. 1966, FO 371-186982.

22 Shanghai, 30 Nov. 1966, B326-5-531, pp. 24~26; Shanghai, 26 March 1968, B248-2-41, pp. 12~13; Shanghai, 21 and 26 June 1968, B248-2-54, pp. 1~22.

23 Wen Guanzhong, interview, 22 Aug. 2012.

24 Cheng, *Life and Death in Shanghai*, pp. 70~82 and 105~107.

25 Rae, *Spider Eaters*, p. 126; Kang Zhengguo, *Confessions: An Innocent Life in Communist China*, New York: Norton, 2007, p. 105.

26 Liang and Shapiro, *Son of the Revolution*, p. 72.

27 Chang, *Wild Swans*, p. 394.

28 베이징의 예는 Chen, *Inside the Cultural Revolution*, pp. 227~228; Fokkema, *Report from Peking*, p. 20에 나온다. 상하이에 관해서는 Cheng, *Life and Death in Shanghai*, p. 125 참조.

29 David Tsui, interview, 26 July 2012.

30 Hubei, 27 Feb. 1968, SZ139-6-49, pp. 54~55.

31 Shanghai, 27 March 1980, B1-9-228, pp. 73~76.

32 Ling, *The Revenge of Heaven*, pp. 46~47.

33 위의 책, pp. 52~53; Dong, 'Guanyu Xi'an hongse kongbudui de koushu huiyi', p. 48.

34 Party Disciplinary Committee, Report on Art Stolen by Kang Sheng, 23 July 1979, Shandong, A145-38-93; Zhonggong zhongyang wenxian yanjiushi (ed.), *Sanzhong quanhui yilai zhongyao wenxian xuanbian* (Selection of important documents from the Third Plenum onwards), Beijing: Renmin chubanshe, 1982, vol. 2.

35 Shanghai, 26 Jan. 1969, B105-4-325, p. 3; Shanghai, 5 Sept. 1972, B105-4-953, pp. 107~108; Shanghai, 29 May 1967, B172-3-5, pp. 20~21.

36 Shanghai, 17 Feb. 1967, B172-3-5.

37 Shanghai, 29 May and 13 Oct. 1967, B172-3-5, pp. 20~21 and 31~36.

38 Hubei, SZ139-6-49, 27 Feb. 1968, pp. 54~55.

39 Cheng, *Life and Death in Shanghai*, pp. 86~87 and 111~127.

40 Yang, *Spider Eaters*, pp. 210~211.

41 Yue Daiyun, *To the Storm: The Odyssey of a Revolutionary Chinese Woman*, Berkeley: University of California Press, 1985, p. 176.

42 Shanghai, 7 Sept. 1969, B246-1-269, pp. 142~147.

43 PRO, 'Report from Shanghai', 29 Aug. 1966, FO 371-186982; MacFarquhar and Schoenhals, *Mao's Last Revolution*, p. 122.

8장 마오쩌둥의 숭배자들

1   Jiangsu, 25 Nov. 1966, 4007-3-1287, pp. 1~11.

2   Guangdong, 6 June 1967, 286-1-93, pp. 119~122.

3   Shanghai, 29 Dec. 1966, B123-6-1362, pp. 187~190; Shanghai, 2 Nov. 1966, B134-6-1406, p. 4.

4   Shanghai, 22 Nov. 1968, B123-8-117, pp. 57~58.

5   Shanghai, 9 April 1968, B123-8-117, pp. 51~55.

6   Shanghai, 7 Nov. 1966, B163-2-2192, p. 22.

7   Jiangsu, 26 Aug., 8 and 15 Dec. 1966, 4016-3-119, pp. 1~19; Shanghai, 24 March 1967, B123-8-24, p. 24; Shanghai, 15 May 1967, B168-3-132, pp. 49~50.

8   Shanghai, Report from the Office for Finance and Trade, 21 Sept. 1966, B6-1-130, pp. 195~196; PRO, Goodwin to Wilson, 19 Sept. 1966, FO 371-186982.

9   PRO, Leonard Appleyard to John Benson, 'Manifestations of the Mao Cult', 28 Sept. 1966, FO 371-186983.

10 Louis Barcata, *China in the Throes of the Cultural Revolution: An Eye Witness Report*, New York: Hart Publishing, 1968, p. 48.

11 Shandong, 27 Aug. 1966, A1-1-1010, pp. 183~184.

12 Ministry of Culture, 11 July 1966, Shandong, A1-1-1010, pp. 67~69; Instructions from the Centre, 5 April and 12 July 1967, Nanjing, 5038-2-107, pp. 2 and 58~59.

13 Shanghai, 11 Dec. 1967, B167-3-21, pp. 70~73; Instructions from the Centre, 5 April and 12 July 1967, Nanjing, 5038-2-107, pp. 2 and 58~59.

14 Directive from the Ministry of Trade, 30 Aug. 1966, Hebei, 999-4-761, p. 149.

15 *Chinese Propaganda Posters: From the Collection of Michael Wolf*, Cologne: Taschen, 2003, p. 5.

16 Shanghai, 12 May 1967, B244-2-116, pp. 52~54; Shanghai, 13 April 1968, B244-3-66, pp. 42~45.

17 Shanghai, 3 Aug. 1967, B167-3-17, p. 31.

18 Shanghai, 2 May 1967, B182-2-8, pp. 5-8; Nanjing, 4 Feb. 1967, 5020-2-42, pp. 1~13; Hebei, Directive from Centre, 7 Feb. 1968, 999-4-765, pp. 40~41.

19 Shanghai, 2 May 1967, B182-2-8, pp. 5~8.

20 Shanghai, 7 May and 16 July 1967, B182-2-8, pp. 2~4 and 9~11, Shanghai, 10 July 1968, B182-3-66, pp. 30~33도 참조.

21 Helen Wang, *Chairman Mao Badges: Symbols and Slogans of the Cultural Revolution*, London: British Museum, 2008; Melissa Schrift, *Biography of a Chairman Mao Badge: The Creation and Mass Consumption of a Personality Cult*, New Brunswick, NJ: Rutgers University Press, 2001도 참조.

22 Interview with Xu Xiaodi, Hong Kong, 13 March 2013; Wang, *Chairman Mao Badges*, p. 19.

23 Wang, *Chairman Mao Badges*, p. 21.

9장 연합

1   PRO, K. Godwin, 'Letter from Shanghai', 29 Aug. 1966, FO 371-186982.

2   PRO, Theo Peters, 'Red Guard Activity', 9 Sept. 1966, FO 371-186982.

3   *Renmin ribao*, 1 Sept. 1966; Wang, *Da dongluan de niandai*, p. 77.

4   Zhai, *Red Flower of China*, p. 110; Wang, *Da dongluan de niandai*, p. 77.

5   Ling, *The Revenge of Heaven*, pp. 86~87; Ye, '"Wenge" shiqi Fujian qunzhong zuzhi yanjiu', vol. 1, pp. 56~63.

6   PRO, K. Godwin, 'Letter from Shanghai', 29 Aug. 1966, FO 371-186982; Wang, *Yige hongweibing de riji*, p. 63.

7   PRO, Boyd to Wilson, 'Invasion of Peking', 28 Sept. 1966, FO 371-186982.

8   Wen Guanzhong, interview, 22 Aug. 2012.

9   Gao, *Born Red*, p. 146; Ling, *The Revenge of Heaven*, pp. 111~115.

10 Gao, *Born Red*, p. 116.

11 Ling, *The Revenge of Heaven*, pp. 159~160; Chang, *Wild Swans*, p. 403.

12 Shen Fuxiang, *Zhengrong suiyue: Shoudu gongren zaofanpai huiyilu* (The years of glory: Memories of a rebel worker), Hong Kong: Shidai guoji chuban

youxian gongsi, 2010, p. 325; MacFarquhar and Schoenhals, *Mao's Last Revolution*, p. 109.

13 Reports from the People's Congress, 1 and 9 Nov. 1966, Shanghai, B1 72-5-1085, pp. 15 and 20.

14 Liu Zuneng, *Wo de gushi* (My story), Beijing: Beijing shidai nongchao wenhua fazhan gongsi, 2011, p. 328; Zhou Chenghao, *Wangshi huiyi* (Memories of things past), Beijing: Beijing shidai nongchao wenhua fazhan gongsi, 2011, pp. 154~155; Ling, *The Revenge of Heaven*, p. 163.

15 PRO, Theo Peters, 'Red Guard Activity', 9 Sept. 1966, FO 371-186982; Gao, *Born Red*, p. 119; Ling, *The Revenge of Heaven*, p. 165.

16 Liu, *Wo de gushi*, pp. 329~330; Ling, The Revenge of Heaven, pp. 176~177.

17 Liang Xiaosheng, *Yige hongweibing de zibai* (Confessions from a Red Guard), Hong Kong: Tiandi tushu youxian gongsi, 1996, pp. 265~267; David Tsui, interview, 26 July 2012.

18 Chang, *Wild Swans*, p. 413.

19 Howard W. French, 'Hearts Still Scarred 40 Years after China's Upheaval', *New York Times*, 10 June 2006; Yu Xiguang, *Weibei weigan wang youguo: 'Wenhua da geming' shangshu ji* (Humble people do not forget their country: A collection of petitions from the Cultural Revolution), Changsha: Hunan renmin chubanshe, 1989, p. 52.

20 Liu Wenzhong, *Fengyu rensheng lu: Yige canji kuqiu xinshengji* (A record of my stormy life), Macau: Aomen chongshi wenhua, 2004, pp. 40 and 65.

21 Ling, *The Revenge of Heaven*, pp. 178~179.

22 Zhou, *Wangshi huiyi*, p. 156; Liang, *Yige hongweibing de zibai*, pp. 272~273.

23 Ling, *The Revenge of Heaven*, pp. 179~180.

24 Guo Faliang, *Guxiang, guren, gushi* (Home town, home people, home stories), Beijing: Beijing shidai nongchao wenhua fazhan gongsi, 2011, p. 348; Liang, *Yige hongweibing de zibai*, pp. 271~272; Li Shihua, *Gongyong de mubei: Yige Zhongguoren de jiatingjishi* (A common tombstone: The story of one Chinese family), Carle Place, NY: Mingjing chubanshe, 2008, p. 243.

25 Li, *Gongyongde mubei*, pp. 243~245.

26 Zhai, *Red Flower of China*, pp. 113~114.

27 Wen Guanzhong, interview, 22 Aug. 2012.

28 Report from the Jiangxi Provincial Party Committee, 6 Jan. 1967, Shanghai, B243-2-754, p. 2. 목격자의 진술이 Liang and Shapiro, *Son of the Revolution*, pp. 109~110에 나온다.

29 Liang and Shapiro, *Son of the Revolution*, p. 104; Wong Siu Kuan, 'Why the Cultural Revolution?', *Eastern Horizon*, 6, no. 2 (Feb. 1967), p. 15.

30 Interview with Li Zhengan, born 1922, Chengdu, Sichuan, April 2006; Liu, *Wo de gushi*, p. 330.

31 이 부분에 대한 근거는 Fan Ka Wai, 'Epidemic Cerebrospinal Meningitis during the Cultural Revolution', Extrême-Orient, Extrême-Occident, 37 (Sept. 2014), pp. 197~232.

10장 조반파와 보황파

1 PRO, Boyd to Wilson, 'Invasion of Peking', 28 Sept. 1966, FO 371-186982; Wang, *Yige hongweibing de riji*, p. 62; Wang, 'Student Attacks against Teachers'.

2 Song, 'The Enduring Legacy of Blood Lineage Theory', p. 15; Andrew G. Walder, 'Tan Lifu: A "Reactionary" Red Guard in Historical Perspective', *China Quarterly*, no. 180 (Dec. 2004), pp. 965~988도 참조.

3 Ling, *The Revenge of Heaven*, p. 15.

4 'Zai Mao Zedong sixiang de dalushang qianjin' (Forward on the road on Mao Zedong Thought), *Hongqi*, no. 13, 1 Oct. 1966, pp. 4~6; Ye, '"Wenge" shiqi Fujian qunzhong zuzhi yanjiu', vol. 1, pp. 63~64.

5 Chen Boda, 'Chen Boda zai Zhongyang gongzuo huiyishang de jianghua' (Talk by Chen Boda at a party centre work conference), 16 Oct. 1966, Cultural Revolution Database; Song, 'The Enduring Legacy of Blood Lineage Theory', pp. 17~18.

6 Song, 'The Enduring Legacy of Blood Lineage Theory', pp. 13~23; Wu, *The Cultural Revolution at the Margins*, ch. 3도 읽어 보라.

7 Shui Luzhou, *Wenge jianlun* (Short history of the Cultural Revolution), web-

based version, ch. 46; Ling, *The Revenge of Heaven*, p. 135; Wang Shengze, '"Wenge" fengbao zhong de Ye Fei shangjiang' (General Ye Fei during the Cultural Revolution), *Dangshi bolan*, no. 12 (Dec. 2008), pp. 41~46.

8   'Yi Mao zhuxi daibiao de wuchanjieji geming luxian de shengli' (Victory for the Proletarian Revolutionary Line Represented by Chairman Mao), *Hongqi*, no. 14, 1 Nov. 1966, pp. 1~3.

9   Kang, *Confessions*, p. 108.

10   White, *Policies of Chaos*, pp. 180~181.

11   Tiejun Cheng and Mark Selden, 'The Construction of Spatial Hierarchies: China's *hukou* and *danwei* Systems', in Timothy Cheek and Tony Saich (eds), *New Perspectives on State Socialism in China*, Armonk, NY: M . E. Sharpe, 1997, pp. 23~50.

12   Dikötter, *Mao's Great Famine*, pp. 238~239.

13   White, *Policies of Chaos*, p. 180; Christopher Howe, 'Labour Organisation and Incentives in Industry before and after the Cultural Revolution', in Stuart Schram (ed.), *Authority, Participation and Cultural Change in China*, London: Contemporary China Institute, 1973, p. 235.

14   White, *Policies of Chaos*, p. 185. 당시 노동자들의 일상생활에 대한 묘사가 나오는 자료는 Ying Hong, *Daughter of the River: An Autobiography*, New York: Grove Press, 1998.

15   Shanghai, 2, 14 and 17 July 1966, A36-2-757, pp. 7~9, 13~14 and 33; Elizabeth J. Perry and Li Xun, *Proletarian Power: Shanghai in the Cultural Revolution*, Boulder, CO: Westview Press, 2000, p. 31.

16   Shanghai, August 1966, A36-2-757, pp. 103~112.

17   'Yi Mao zhuxi daibiao de wuchanjieji geming luxian de shengli' (Victory for the Proletarian Revolutionary Line Represented by Chairman Mao), *Hongqi*, no. 14, 1 Nov. 1966, pp. 1~3; also Zhou Enlai, 'Zhou Enlai zai buzhang huiyi de baogao zhong guanyu dang'an wenti de jianghua' (Comments by Zhou Enlai on personal dossiers during a ministerial meeting), 19 Nov. 1966, Cultural Revolution Database.

18   Liu Guokai, *A Brief Analysis of the Cultural Revolution*, Armonk, NY: M. E. Sharpe, 1987, pp. 35~36; Chen Yinan, Qingchun wuhen, pp. 42~46.

19 Shanghai, 7 Aug. 1975, B127-4-77, pp. 1~5.

20 Liu, *A Brief Analysis of the Cultural Revolution*, pp. 74~76.

21 Report from the Nanjing Municipal Revolutionary Committee, Dec. 1966, Nanjing, 5020-2-8, pp. 111~122.

22 Tan, *The Chinese Factor*, p. 131; 'Jiang Qing Chen Boda yu quanguo hongse laodongzhe zaofan zongtuan daibiao de tanhua' (Jiang Qing and Chen Boda speak to representatives of the All-China Red Worker Rebels General Corps), 26 Dec. 1966, Cultural Revolution Database; Milton and Milton, *The Wind Will Not Subside*, pp. 186~188; Shen, *Zhengrong suiyue*, pp. 330~331.

23 'Jiang Qing Chen Boda yu quanguo hongse laodongzhe zaofan zongtuan daibiao de tanhua' (Jiang Qing and Chen Boda speak to representatives of the All-China Red Worker Rebels General Corps), 26 Dec. 1966, Cultural Revolution Database; 'Yingjie gongkuang qiye wenhua da geming de gaochao' (Welcoming the upsurge in the Great Cultural Revolution in factories and mines), *Renmin ribao*, 26 Dec. 1966, Cultural Revolution Database; Wang, *Da dongluan de niandai*, p. 164. 건배에 관해서 MacFarquhar and Schoenhals, *Mao's Last Revolution*, p. 155도 참조.

24 Li Xun, *Da bengkui: Shanghai gongren zaofanpai xingwang shi* (The rise and fall of Shanghai's worker rebels), Taipei: Shibao chubanshe, 1996, and Perry and Li, *Proletarian Power*, pp. 32~34.

25 Jiang, 'The Paris Commune in Shanghai', pp. 255~257; PRO, Letter from Ray W. Whitney, 23 Nov. 1966, FO 371-186984; Wang Rui, "'Anting shijian' de zai renshi he zai yanjiu' (Revisiting the Anting incident), *Ershiyi shiji*, no. 55, 31 Oct. 2006.

26 Jiang, 'The Paris Commune in Shanghai', p. 281과 Wu, *The Cultural Revolution at the Margins*, p. 110; Gerald Tannebaum, 'How the Workers Took over their Wharves', *Eastern Horizon*, 6, no. 6 (July 1967), pp. 6~17도 참조. Raymond F. Wylie, 'Shanghai Dockers in the Cultural Revolution: The Interplay of Political and Economic Issues', in Christopher Howe (ed.), *Shanghai: Revolution and Development in an Asian Metropolis*, Cambridge: Cambridge University Press, 1981, pp. 91~124.

27 Shanghai, Jan. 1966, B250-1-1, pp. 33~38; Report by the People's

Congress, 4 Jan. 1967, Shanghai, B248-2-4, pp. 1~3.

28 Nanchu, *Red Sorrow: A Memoir*, New York: Arcade, 2001, p. 29.

11장 군대의 등장

1   Wang Chenglin, *Chongqing 'zalan gong, jian, fa' qinli ji* (Personal account of the 'smashing of the legal apparatus' in Chongqing), self-published, 2003, pp. 20~40; Fokkema, *Report from Peking*, p. 62.

2   Report from the Centre, 11 Jan. 1967, Hebei, 921-5-3, p. 41; Pang and Jin, *Mao Zedong zhuan, 1949~1976*, p. 1473.

3   Zhang Guanghua, *Zhenshi de huiyi* (Real memories), Beijing shidai nongchao wenhua fazhan gongsi, 2010, p. 232; Liu, *Wo de gushi*, pp. 351~353; MacFarquhar and Schoenhals, *Mao's Last Revolution*, pp. 170~171도 참조.

4   Pang and Jin, *Mao Zedong zhuan, 1949~1976*, p. 1474; Zhang, *Zhenshi de huiyi*, p. 232.

5   Tan, *The Chinese Factor*, p. 132.

6   Gao, *Zhou Enlai*, pp. 145~147.

7   Pang and Jin, *Mao Zedong zhuan, 1949~1976*, pp. 1474~1475; Liu, *A Brief Analysis of the Cultural Revolution*, pp. 59~60.

8   PRO, P. M. Hewitt, 'Letter from Shanghai', 31 Jan. 1967, FCO 21-8.

9   Neale Hunter, *Shanghai Journal: An Eyewitness Account of the Cultural Revolution*, New York: Praeger, 1969, pp. 232~243.

10 PRO, P. M. Hewitt, 'Letter from Shanghai', 14 Feb. 1967, FCO 21-8.

11 Wu, *The Cultural Revolution at the Margins*, p. 129.

12 위의 책, pp. 129~130.

13 PRO, P. J. Weston, 'Letter from Shanghai', 1 March 1967, FCO 21-21.

14 Song Yongyi, 'Chronology of Mass Killings during the Chinese Cultural Revolution (1966~1976)', Online Encyclopedia of Mass Violence, published on 25 August 2011, accessed 23 March 2015.

15 Wu, *The Cultural Revolution at the Margins*, pp. 151~152; Wang, *Qingshi nanyin*, p. 142도 참조. Chen, *Qingchun wuhen*, pp. 97~108; Yu Xiguang,

'Hunan', *wenge zaofan duoquan dadian* (Great encyclopedia on rebels and power seizures during the Cultural Revolution), web-based text.

16 Ling, *The Revenge of Heaven*, pp. 254~298; Shui, *wenge jianlun*, ch. 46.

17 Ding Shu, 'L'Événement du 23 février au Qinghai', in Song, *Les Massacres de la Révolution Culturelle*, pp. 67~88; Liu, *A Brief Analysis of the Cultural Revolution*, p. 61.

18 Pang and Jin, *Mao Zedong zhuan, 1949~1976*, pp. 1480~1481; Bu Weihua, *Zalan jiu shijie: wenhua da geming de dongluan yu haojie* (Smashing the old world: The chaos and catastrophe of the Great Cultural Revolution), Hong Kong: Chinese University of Hong Kong Press, 2008, pp. 447~448.

19 Wang, *Qingshi nanyin*, p. 121.

20 Gao, *Zhou Enlai*, p. 159.

21 Pang and Jin, *Mao Zedongzhuan, 1949~1976*, pp. 1482~1483; Bu, *Zalanjiu shijie*, pp. 452~453; Gao, *Zhou Enlai*, p. 160.

22 Gao, *Zhou Enlai*, p. 164.

23 Ding, 'L'Événement du 23 février au Qinghai', pp. 86~87; Xue Tingchen, *Wuhui rensheng* (A life without regrets), Beijing: Beijing shidai nongchao wenhua fazhan gongsi, 2011, pp. 180~193.

24 이 정책은 가다듬지 않은 당시의 용어로 〈삼지양군(三支兩軍)〉이라 불렸다. 캉성의 인용문 출처는 MacFarquhar and Schoenhals, *Mao's Last Revolution*, p. 160.

25 Zhai, *Red Flower of China*, p. 119.

26 Gao, *Born Red*, pp. 200~202.

27 Fokkema, *Report from Peking*, pp. 79~80.

28 Shanghai, 4, 16 and 21 March 1967, B105-4-58, pp. 1~3, 36~37 and 74~76.

29 MacFarquhar and Schoenhals, *Mao's Last Revolution*, pp. 177~178.

30 'Zhengque de duidai geming xiaojiang', *Renmin ribao*, 2 April 1967; 'Zhongyang junwei shitiao mingling' (Ten-point command from the Military Commission), 6 April 1967, Cultural Revolution Database. 조반파를 옹호하는 쪽으로 반전되는 상황에 대해 가장 명료하게 분석한 초창기 자료로 CIA Intelligence Report, RSS 0028/68, 'Mao's "Cultural Revolution" in 1967:

The Struggle to "Seize Power"', 24 May 1968; MacFarquhar and Schoenhals, *Mao's Last Revolution*, pp. 181~182도 참조.

31 Liu, *A Brief Analysis of the Cultural Revolution*, pp. 68~69; Ling, *The Revenge of Heaven*, p. 307.

32 Wang, *Qingshi nanyin*, pp. 144~147; Zhai, *Red Flower of China*, p. 126; Ling, *The Revenge of Heaven*, pp. 214~215.

33 Gao, *Born Red*, p. 203.

34 Guo, *Guxiang, guren, gushi*, pp. 352~353.

35 Gao, *Zhou Enlai*, p. 166.

36 Ling, *The Revenge of Heaven*, pp. 324~339.

37 Gao, *Born Red*, p. 251.

38 Dikötter, *Mao's Great Famine*, pp. 52 and 299.

39 Chang, *Wild Swans*, p. 435.

40 Interview with Li Zhengan, born 1922, Chengdu, Sichuan, April 2006.

41 Andrew G. Walder, *Fractured Rebellion: The Beijing Red Guard Movement*, Cambridge, MA: Harvard University Press, 2009, p. 252.

12장 군비 경쟁

1 Report by the State Council, June 1967, Guangdong, 235-2-261, pp. 39~41; Guangdong, 29 May 1967, 235-2-261, pp. 24~28.

2 Shanghai, 20 May 1967, B105-4-57, pp. 25~26; Shanghai, 29 May 1967, B246-2-170, p.14 참조.

3 Shanghai, 18 May 1967, B246-2-177, pp. 37~38.

4 Shanghai, 19 June 1967, B168-3 -136, pp. 29~32.

5 Milton and Milton, *The Wind Will Not Subside*, pp. 253~258; Thomas W. Robinson, 'The Wuhan Incident: Local Strife and Provincial Rebellion during the Cultural Revolution', China Quarterly, no. 47 (July 1971), pp. 413~438; Zhang, *Zhenshi de huiyi*, pp. 66~69; MacFarquhar and Schoenhals, *Mao's Last Revolution*, pp. 210~213.

6 'Wuchan jieji bixu laolao zhangwo qianggunzi' (The Proletariat Must Take

Firm Hold of the Gun), Hongqi, 1 Aug. 1967, pp. 43~47; Milton and Milton, *The Wind Will Not Subside*, p. 257. 다른 해석을 보려면 Michael Schoenhals, "'Why Don't We Arm the Left?'": Mao's Culpability for the Cultural Revolution's "Great Chaos" of 1967', *China Quarterly*, no. 182 (June 2005), pp. 277~300 참조.

7   Fokkema, *Report from Peking*, pp. 122~123.

8   Lin Biao's Important Speech on 9 August, 9 Aug. 1967, Hubei, SZ1-3-567, pp. 2~8.

9   MacFarquhar and Schoenhals, *Mao's Last Revolution*, pp. 210~213.

10   Perry and Li, *Proletarian Power*, pp. 139~141; Yan and Gao, *Turbulent Decade*, p. 390; Wu, *The Cultural Revolution at the Margins*, p. 139.

11   Shanghai Municipal Revolutionary Committee, Report on the Militia, Sept. 1971, Hebei, 919-3-100, pp. 2~7.

12   Several Decisions by the Centre on the Hunan Issue, 10 Aug. 1967, Hunan, 182-2-52, pp. 1~3.

13   Liang and Shapiro, *Son of the Revolution*, pp. 128~137.

14   Hunan, 9 Sept. and 26 Oct. 1967, 194-1-939, pp. 62~65 and 79~82; Hunan, 4 Oct. 1967, 182-2-52, p. 135.

15   Hunan, 27 June 1967, 194-1-939, pp. 1~3; Hunan, 26 Oct. 1967, 194-1-939, pp. 62~65.

16   Report on Chief Crimes of Wang Feng and Pei Mengfei, 16 Feb. 1969, Gansu, 129-6-33, n.p.; Li, *The Private Life of Chairman Mao*, p. 396 참조.

17   Instructions from the Centre, 12 May 1967, Gansu, 129-2-1, pp. 9~12; Note from Zhou Enlai to Lin Biao, 14 May 1967, Gansu, 129-1-1, pp. 13~16.

18   Gansu, 1 Sept. 1967, 129-6-4, pp. 133~134; Gansu, 2 and 8 Sept. 1967, 129-6-4, pp. 136~137 and 148~149.

19   Report on the Cultural Revolution, 2 and 3 Aug. 1967, Gansu, 129-6-1, pp. 80~85; Gansu, 30 Aug. 1967, 129-6-1, p. 2; George Watt, *China 'Spy'*, London: Johnson, 1972, pp. 115~120.

20   Barbara Barnouin and Yu Changgen, *Ten Years of Turbulence: The Chinese Cultural Revolution*, London: Kegan Paul International, 1993, pp. 185~186.

21   Minutes of Kang Sheng and Guan Feng meeting with Hongsansi Delegation,

18 Aug. 1967, Gansu, 129-2-1, pp. 51~66; Rehabilitation of Zhang Tao [alias Sha Tao], 1974, Gansu, 191-12-73, pp. 1~4; Wei Xiaolan, "'Wo xin tianzonghui liang": Kang Sheng mishu tan "Sha Tao shijian"' ('I believe the sky will always be clear': Kang Sheng's secretary on the 'Sha Tao case'), *Bainianchao*, no. 9 (Sept. 2007), pp. 52~56도 참조.

22 Philip Pan, *Out of Mao's Shadow: The Struggle for the Soul of a New China*, Basingstoke: Picador, 2009, p. 97.

23 *Nanning shi 'wenge'da shijian* (Major events in Nanning during the Cultural Revolution), Nanning: Zhonggong Nanning shiwei zhengdang lingdao xiaozu bangongshi, Aug. 1987, p. 11.

24 'Communists: Closer to a Final Split', *Time*, 17 Feb. 1967, p. 34.

25 Fokkema, *Report from Peking*, pp. 136 and 167.

26 'Hong Kong: Mao-Think v. the Stiff Upper Lip', *Time*, 26 May 1967, p. 36; 'Hong Kong: As Usual', Time, 18 Aug. 1967, p. 90; John Cooper, *Colony in Conflict: The Hong Kong Disturbances, May 1967~January 1968*, Hong Kong: Swindon, 1970; Christine Loh, *Underground Front: The Chinese Communist Party in Hong Kong*, Hong Kong: Hong Kong University Press, 2010, pp. 113~114. 폭동에 관해서는 Gary Cheung, *Hong Kong's Watershed: The 1967 Riots*, Hong Kong: Hong Kong University Press, 2009, and Robert Bickers and Ray Yep (eds), *May Days in Hong Kong: Riot and Emergency in 1967*, Hong Kong: Hong Kong University Press, 2009도 읽어 보라.

27 Frank Welsh, *A History of Hong Kong*, London: HarperCollins, 1993, pp. 469~470.

28 Gao, *Zhou Enlai*, pp. 169~170; Jin Chongji (ed.), *Zhou Enlai zhuan, 1898~1949* (A biography of Zhou Enlai, 1898~1949), Beijing: Zhongyang wenxian chubanshe, 1989, pp. 1732~1734; Barnouin and Yu, *Zhou Enlai*, pp. 236~237. (『저우언라이 평전』, 유상철 옮김, 베리타스북스, 2007)

29 Wang Li, 'Wang Li dui Waijiaobu geming zaofan lianluozhan daibiao Yao Dengshan deng tongzhi de tanhua' (Wang Li speaks to rebel representatives Yao Dengshan and others at the Ministry of Foreign Affairs Liaison Station), 7 Aug. 1967, Cultural Revolution Database; Milton and Milton, *The Wind Will Not Subside*, pp. 267~268; Fokkema, *Report from Peking*, pp. 136~137.

30 Milton and Milton, *The Wind Will Not Subside*, p. 271.

31 가장 자주 인용되는 글은 도널드 C. 홉슨의 것으로 PRO, 'The Burning of the British Office in Peking', 8 Sept. 1967, FCO 21-34에 있다. 홉슨의 글은 1991년에 공개되었다(예로 Gary Finn, 'Diplomatic "Carry On" in Mob Siege: Public Records 1968', *Independent*, 1 Jan. 1999 참조). 이 문건에는 공관에 근무한 다른 이들의 진술도 포함되어 있다. Percy Cradock, *Experiences of China*, London: John Murray, 1994, pp. 59~71, and James Hoare, *Embassies in the East: The Story of the British Embassies in Japan, China and Korea from 1859 to the Present*, Richmond: Curzon Press, 1999, pp. 82~86도 참조. 이 부분의 세부 사항 일부는 Tony Blishen, interview, 24 July 2012에서 가져왔다.

32 Pang and Jin, *Mao Zedong zhuan, 1949~1976*, p. 1503.

13장 진화

1 MacFarquhar and Schoenhals, *Mao's Last Revolution*, p. 230.

2 Kang Sheng and Jiang Qing, 'Zhongyang shouzhang disanci jiejian Anhui shuangfang daibiaotuan de zhishi' (Talk with Delegates from Both Factions from Anhui), 5 Sept. 1967, Cultural Revolution Database; 'Zhonggong zhongyang guowuyuan zhongyang junwei zhongyang wenge xiaozu guanyu buzhun qiangduo renmin jiefangjun wuqi zhuangbei he gezhong junyong wuzi de mingling' (Order Forbidding the Seizure of Weapons from the People's Liberation Army), 5 Sept. 1967, Cultural Revolution Database; Milton and Milton, *The Wind Will Not Subside*, pp. 285~288.

3 Milton and Milton, *The Wind Will Not Subside*, pp. 292~293.

4 PRO, Donald C. Hopson, 'Letter from Beijing', 7 Oct. 1967, FCO 21-41; Yue, *To the Storm*, p. 225.

5 PRO, Donald C. Hopson, 'Letter from Beijing', 7 Oct. 1967, FCO 21-41; Milton and Milton, *The Wind Will Not Subside*, pp. 295~299.

6 Milton and Milton, *The Wind Will Not Subside*, p. 305.

7 Ling, *The Revenge of Heaven*, pp. 383~384.

8 Chang, *Wild Swans*, p. 469.

9   Kang, *Confessions*, p. 123.

10 Zhai, *Red Flower of China*, pp. 229~230.

11 Song Yongyi, interview, 8 and 13 January 2013.

12 Fang Zifen, interview, 5 Nov. 2013.

13 Liang and Shapiro, *Son of the Revolution*, pp. 153~154.

14 위의 책, pp. 138~143.

15 Tan, *The Chinese Factor*, p. 131.

16 Gao, *Born Red*, pp. 317~318.

17 PRO, Percy Cradock, 'Letter from Peking', 3 June 1968, FCO 21-19.

18 Chang, *Wild Swans*, pp. 520~521.

19 Shanghai, B103-4-1, 11 July 1967, pp. 1~3; Shanghai, 9 Dec. 1969, B98-5-100, pp. 10-11; Shanghai, 1 Aug. 1968, B109-4-80, p. 31. 상하이의 동상에 관해서는 Jin Dalu, *Feichang yu zhengchang: Shanghai 'wenge' shiqi de shehui bianqian* (The extraordinary and the ordinary: Social change in Shanghai during the Cultural Revolution), Shanghai: Shanghai cishu chubanshe, 2011, vol. 2, pp. 198~228을 읽어 보라.

20 Shanghai, 13 June 1968, B244-2-110, pp. 71~72.

21 Pang Laikwan, 'The Dialectics of Mao's Images: Monumentalism, Circulation and Power Effects', in Christian Henriot and Yeh Wen-hsin (eds), *Visualising China, 1845~1965: Moving and Still Images in Historical Narratives*, Leiden: Brill, 2013, pp. 419~420.

22 Fang Zifen, interview, 5 Nov. 2013.

23 Xiao Mu, *Fengyu rensheng* (A stormy life), New York: Cozy House Publisher, 2003, pp. 178~183.

24 Guo Jian, Yongyi Song and Yuan Zhou (eds), *The A to Z of the Chinese Cultural Revolution*, Lanham, MD: Scarecrow Press, 2009, p. 334.

25 Guo Xuezhi, *China's Security State: Philosophy, Evolution, and Politics*, Cambridge: Cambridge University Press, 2012, pp. 286~287.

26 Milton and Milton, *The Wind Will Not Subside*, pp. 309~311; Yang Chengwu, 'Dashu teshu weida tongshuai Mao zhuxi de jueda quanwei' (Establish the absolute authority of Mao Zedong Thought in a big way and a special way), *Renmin ribao*, 3 Nov. 1967; Mao Zedong, 'Dui dashu teshu jueda quanwei de

tifa deng de piyu' (Comments on establishing the absolute authority of Mao Zedong Thought in a big way and a special way), 17 Dec. 1967, Cultural Revolution Database; Zhou Enlai, Kang Sheng and Jiang Qing, 'Zhongyang shouzhang jiejian Sichuan sheng gechou xiaozu lingdao chengyuan de zhishi' (Speech to delegates from Sichuan), 15 March 1968, and 'Zhongyang shouzhang jiejian Zhejiang sheng fujing daibiaotuan shi de zhongyao jianghua' (Speech to delegates from Zhejiang), 18 March 1968, both in the Cultural Revolution Database.

27 Lin Biao, 'Zai jundui ganbu dahuishang de jianghua' (Speech at a meeting of military cadres), 24 March 1968; Zhou Enlai, Jiang Qing and Chen Boda, 'Zhongyang shouzhang zai jiejian jundui ganbu huishang de jianghua' (Speeches by central leaders at a meeting of military cadres), 24 March 1968, Cultural Revolution Database; CIA Intelligence Report, 'Mao's "Cultural Revolution" III: The Purge of the P.L.A. and the Stardom of Madame Mao', June 1968, pp. 42~44.

28 Gao, *Born Red*, p. 334.

29 Patrick Fuliang Shan, 'Becoming Loyal: General Xu Shiyou and Maoist Regimentation', *American Journal of Chinese Studies*, 18, no. 2 (Fall 2011), pp. 133~150; Dong Guoqiang and Andrew G. Walder, 'From Truce to Dictatorship: Creating a Revolutionary Committee in Jiangsu', *China Journal*, no. 68 (July 2012), pp. 4~5.

30 Shen Xiaoyun, 'The Revolutionary Committee Grows out of the Barrel of a Gun during the Great Proletarian Cultural Revolution: The Unknown Truth of "Armed Conflict" in Guangxi', *Modern China Studies*, 20, no. 1 (2013), pp. 141~182.

31 위의 책.

32 *Nanning shi 'wenge'da shijian* (Major events in Nanning during the Cultural Revolution), Nanning: Zhonggong Nanning shiwei zhengdang lingdao xiaozu bangongshi, 1987, pp. 30~32.

33 Kuo Yao-hua, *Free China Review*, 18, no. 8 (1 Aug. 1968), p. 275.

34 Xu Yong, 'Wei Guoqing extermine la faction du "22 Avril"', in Song Yongyi, *Les Massacres de la Révolution Culturelle*, Paris: Gallimard, 2009, pp.

255~256; Zheng Yi, *Scarlet Memorial: Tales of Cannibalism in Modern China*, Boulder, CO: Westview Press, 1996.

35 Zheng, Scarlet Memorial, pp. 73~75, 84~86; *Wuxuan shi 'wenge' da shijian* (Major events in Wuxuan during the Cultural Revolution), 1987, Nanning: Zhonggong Wuxuan shiwei zhengdang lingdao xiaozu bangongshi, p. 316도 참조.

36 *Qinghua daxue zhi* (Annals of Tsinghua University), Beijing: Qinghua daxue chubanshe, 2001, pp. 758~759; Milton and Milton, *The Wind Will Not Subside*, p.319.

37 Zhou Enlai, Chen Boda and Kang Sheng, 'Zhongyang shouzhang jiejian Guangxi laijing xuexi de liangpai qunzhong zuzhi bufen tongzhi he jundui bufen ganbu shi de zhishi' (Meeting with representatives of both factions from Guangxi), 25 July 1968, Cultural Revolution Database.

38 Mao Zedong, 'Zhaojian shoudou hongdaihui "wuda lingxiu" shi de tanhua' (Talk with Red Guard representatives), 28 July 1968, Cultural Revolution Database.

39 Cheng, *Life and Death in Shanghai*, p. 206.

40 Milton and Milton, *The Wind Will Not Subside*, pp. 319 and 330.

41 George Y. Tang, *Liangdairen de xuanze* (The choices of two generations), Beijing: Beijing shidai nongchao wenhua fazhan gongsi, 2011, p. 126. 망고 열풍에 관해서는 Michael Dutton, 'Mango Mao: Infections of the Sacred', *Public Culture*, 16, no. 2 (spring 2004), pp. 161~187 참조. Alice de Jong, 'The Strange Story of Chairman Mao's Wonderful Gift', *Reminiscences and Ruminations: China Information Anniversary Supplement*, 9, no. 1 (Summer 1994), pp. 48~54; Alfreda Murck, 'Golden Mangoes: The Life Cycle of a Cultural Revolution Symbol', *Archives of Asian Art*, 57 (2007), pp. 1~21; Alfreda Murck (ed.), *Mao's Golden Mangoes and the Cultural Revolution*, Zurich: Scheidegger & Spiess, 2013.

42 Zhou Enlai, 'Zhou Enlai zai qingzhu quanguo shengshi zizhiqu chengli geming weiyuanhui shang de jianghua' (Congratulatory speech on the establishment of revolutionary committees), 7 Sept. 1968, Cultural Revolution Database; 'Zhongyang zhuan'an shencha xiaozu "guanyu pantu,

neijian, gongzei Liu Shaoqi zuixing de shencha baogao" ji "pantu, neijian, gongzei Liu Shaoqi zuizheng"' (Report on Liu Shaoqi by the Central Case Examination Group), 18 Oct. 1968, Cultural Revolution Database; Milton and Milton, *The Wind Will Not Subside*, pp.335~339에서 번역본을 가져와서 내가 몇 군데에 약간 수정을 가했다.

14장 대오 정화 운동

1   Gansu, 2 March 1968, 129-1-40, pp. 10~13; 'Zhonggong zhongyang, guowuyuan, zhongyang junwei, zhongyang "wenge" zhuanfa Heilongjiang sheng geming weiyuanhui "guanyu shenwa pantu gongzuo qingkuang de baogao" de pishi ji fujian' (Report on digging out renegades from Heilongjiang province), 5 Feb. 1968, Cultural Revolution Database.

2   Milton and Milton, *The Wind Will Not Subside*, p. 315. 원본의 출처는 Zhou Enlai, Kang Sheng and Jiang Qing, 'Zhongyang shouzhang jiejian Zhejiang sheng fujing daibiaotuan shi de zhongyao jianghua' (Speech to Delegates from Zhejiang), 18 March 1968, Cultural Revolution Database.

3   Mao Zedong, 'Guanyu "Beijing Xinhua yinshuachang junguanhui fadong qunzhong kaizhan duidi douzheng de jingyan" de pishi' (Comments on report on the uncovering of renegades in the Beijing New China Printing Plant), 25 May 1968, Cultural Revolution Database.

4   Bu, *Zalan jiu shijie*, p. 677.

5   Frank Dikötter, *China before Mao: The Age of Openness*, Berkeley: University of California Press, 2008, pp. 78~80; Wang Youqin, 'The Second Wave of Violent Persecution of Teachers: The Revolution of 1968', Presented at the 35th International Congress of Asian and North African Studies, Budapest, 7~12 July 1997.

6   Cheng, *Life and Death in Shanghai*, pp. 251, 254 and 259.

7   Bu, *Zalan jiu shijie*, p. 677.

8   Yue, *To the Storm*, pp. 240~241.

9   위의 책, pp. 161~162; Wang, 'The Second Wave of Violent Persecution of

Teachers'.

10 Bu, Zalan jiu shijie, pp. 677~678.

11 Hebei, 7 April 1969, 919-1-288, pp. 142~143; Report to Xie Fuzhi, 1969, Hebei, 919-1-274.

12 Hebei, 7 Jan. 1969, 919-1-288, pp. 30~31; Hebei, 27 Jan. 1969, 919-1-288, pp. 46~47; Report on Policy Implementation at the Baigezhuang Farming Area, 10 July 1974, Hebei, 925-1-51, pp. 27~31.

13 Hebei, 28 May 1969, 919-1-290, pp. 42~43; Hebei, 27 Dec. 1969, 919-1-295, p. 57.

14 Ding Shu, 'Wenge zhong de "qingli jieji duiwu" yundong' (The campaign to cleanse the class ranks during the Cultural Revolution), *Huaxia wenzhai zengkan*, no. 244, 14 Dec. 2004; Jonathan Unger, 'The Cultural Revolution at the Grass Roots', *China Journal*, no. 57 (Jan. 2007), p. 113.

15 'Kang Sheng Xie Fuzhi jiejian Kunming junqu he Yunnan qunzhong daibiao shi de jianghua' (Talks by Kang Sheng and Xie Fuzhi at a meeting with the Kunming Military Region and representatives of the masses from Yunnan), 21 Jan. 1968, Cultural Revolution Database; *Dangdai Yunnan dashi jiyao* (Chronology of major events in contemporary Yunnan), Kunming: Dangdai Zhongguo chubanshe, 2007, pp. 285~289.

16 Documents on the North China Conference, sessions of 12, 17, 18 June and 24 July 1966, Inner Mongolia, 11-2-555, 23 Jan. 1967; Qi Zhi (ed.), *Nei Menggu wenge shiji* (True record of the Cultural Revolution in Inner Mongolia), Hong Kong: Tianxingjian chubanshe, 2010, p. 70.

17 Tumen and Zhu Dongli, *Kang Sheng yu 'Neirendang' yuanan* (Kang Sheng and the unjust case of the 'Inner Party'), Beijing: Zhonggong zhongyang dangxiao chubanshe, 1995, pp. 202~203.

18 Ba Yantai, *Nei Menggu wasu zainan shilu* (True record of the cleansing of the class ranks in Inner Mongolia), Hohhot: Nei Menggu renquan xinxi zhongxin, 1999, self-published. 〈학살〉이라는 용어가 사용된 곳은 Yang Haiying, 'Yi "routi de xiaomie" shixian "minzu de xiaowang"' (Realising ethnic cleansing by physical extermination), Minzu xuebao, no. 29 (Dec. 2009), pp. 1~23; Gao and Cheng, *Nei Meng wenge fenglei*도 참조. 이 지역의 분

할은 1979년에 번복되었다.

15장 상산하향

1 Zhou Enlai, 'Zhou Enlai zai qingzhu quanguo shengshi zizhiqu chengli
   geming weiyuanhui de dahuishang de jianghua' (Congratulatory speech on
   the establishment of revolutionary committees), 7 Sept. 1968, Cultural
   Revolution Database.

2 *Renmin ribao*, 22 Dec. 1968. 〈시골로 유배된 청년〉 또는 중국학에서 사용하는
   다소 전문적인 용어로 〈하향 청년〉이라고 불리는 젊은 학생들의 추방에 대해서
   는 Michel Bonnin, *The Lost Generation: The Rustication of China's Educated
   Youth (1968~1980)*, Hong Kong: Chinese University of Hong Kong Press,
   2013을 읽어보라; Pan Yihong, *Tempered in the Revolutionary Furnace: China's
   Youth in the Rustication Movement*, Lanham, MD: Lexington Books, 2009;
   Ding Yizhuang, *Zhongguo zhiqing shi: Chuian, 1953~1968* (A history of
   China's sent-down youth: The first waves, 1953~1968), Beijing: Dangdai
   Zhongguo chubanshe, 2009; Liu Xiaomeng, *Zhongguo zhiqing shi: Dachao,
   1966~1980* (A history of China's sent-down youth: The big wave,
   1966~1980), Beijing: Zhongguo shehui kexue chubanshe, 1998. 상세한 사례
   연구를 볼 수 있는 자료는 Zhu Zhenghui and Jin Guangyao (eds), *Zhiqing
   buluo: Huangshang jiaoxia de 10,000 ge Shanghai ren* (The tribe of educated
   youth: The lives of 10,000 students from Shanghai in Huangshan), Shanghai:
   Shanghai guji chubanshe, 2004.

3 Roger Garside, interview, 19 July 2012; Zhai, *Red Flower of China*, p. 156.

4 Gao, *Born Red*, p. 353.

5 Yang, *Spider Eaters*, p. 159.

6 Xu Xiaodi, interview, 13 March 2013.

7 Hunan, 25 and 30 June 1968; 5 and 9 July 1968, 182-2-44, pp. 2~3, 6, 9 and
   41~45.

8 Yang, *Spider Eaters*, pp. 174~179.

9 Hubei, 30 May 1973, SZ139-6-510, pp. 187~192; Hunan, 7 Sept. 1972,

182-2-5 2, pp. 52~55.

10 Dikötter, *Mao's Great Famine*, pp. 174~175; Liang and Shapiro, *Son of the Revolution*, p. 162; Hubei, 19 Aug. 1973, SZ139-6-5 10, pp. 199~201.

11 Liang and Shapiro, *Son of the Revolution*, p. 23; Xiao, *Fengyu rensheng*, pp. 275~276.

12 정확히는 지역 주민에게 판매된 석탄의 양이 1966년 800만 톤에서 1968년에 550만 톤으로 감소했다. Shandong, 19 March 1969, A47-2-87, p. 157.

13 Report on Market Conditions, Nanjing, 18 March 1966, 5003-3-1139, pp. 78~ 86.

14 Ling, *The Revenge of Heaven*, pp. 149~150; Shandong, 17 April 1966, A1-2-1356, pp. 107~109; Report from the Bureau for Grain, 11 March 1967, Shandong, A131-2-853, p. 16.

15 Wen Guanzhong, interview, 22 Aug. 2012.

16 Hunan, 12 March 1971, 182-2-50, pp. 14~19.

17 Zhai, *Red Flower of China*, p. 173.

18 Nanchu, *Red Sorrow*, p. 91; Shanghai, March 1973, B228-2-335, pp.65~70.

19 Shanghai, March 1973, B228-2-335, pp. 65~70; Shanghai, 5 July 1969, B228-2-224, p. 77, and Shanghai, 1 July 1969, B228-2-223, p. 160.

20 Hunan, 8 Sept. 1972, 182-2-52, p. 154; Liu, *Zhongguo zhiqing shi*, pp. 320~321.

21 Hunan, 23 Oct. 1970, 182-2-50, pp. 116~117; Hunan, 24 Feb. 1971, 182-2-50, pp. 95~97.

22 Yang, *Spider Eaters*, p. 181; Hunan, 23 Oct. 1970, 182-2-50, pp. 116~117; Hou Yonglu, *Nongmin riji: Yige nongmin de shengcun shilu* (Diary of a farmer), Beijing: Zhongguo qingnian chubanshe, 2006, p. 164.

23 Hubei, 30 May 1973, SZ139-6-510, pp. 187~192; Hubei, 15 Dec. 1969 and 7 April 1970, SZ139-2-94, n.p.도 참조.

24 Hubei, 27 May 1970, SZ139-2-303, n.p.; Hubei, 19 Aug. 1973, SZ139-6-510, pp. 199~201.

25 Hunan, Dec. 1971, 182-2-50, p. 148.

26 리칭린을 주제로 한 멋진 글은 Elya J. Zhang, 'To Be Somebody: Li Qinglin, Run-of-the-Mill Cultural Revolution Showstopper', in Joseph W Esherick,

Paul G. Pickowicz and Andrew Walder (eds), *The Chinese Cultural Revolution as History*, Stanford: Stanford University Press, 2006, pp. 211~239.

27 Hubei, 19 Aug. 1973, SZ139-6-510, pp. 199~201.

28 Hubei, Minutes of Meeting on 26 June 1973, SZ139-6-510, pp. 142~149; Fujian Provincial Archives, 1973, C157-1-10이 Zhang, 'To Be Somebody', p. 219; Hubei, 9 March 1974, SZ139-6- 589, pp. 62~75에 인용됨.

29 Dikötter, *Mao's Great Famine*, chapter entitled 'Exodus' 참조.

30 Zhou Enlai, 'Zhou Enlai zai qingzhu quanguo shengshi zizhiqu chengli geming weiyuanhui shang de jianghua' (Congratulatory speech on the establishment of revolutionary committees), 7 Sept. 1968, Cultural Revolution Database.

31 Shanghai, 7 Aug. 1975, B127-4-77, p. 1; Hunan, 12 March 1971, 182-2-50, pp. 14~19. 칼로리 측정에 사용된 곡물의 킬로그램 수에 대해서는 Jean C. Oi, *State and Peasant in Contemporary China: The Political Economy of Village Government*, Berkeley: University of California Press, 1989, pp. 48~49 참조.

32 Hunan, 27 Aug. 1971, 182-2-50, pp. 35~41.

33 Hebei, 19 Nov. 1969, 919-1-294, pp. 11~12.

34 Shanghai, 23 Jan. 1970, B228-2-240, pp. 124~126; Shanghai, 1 April 1968, B227-2-39, pp. 1~5.

35 Mao Zedong, 'Dui Liuhe "wuqi" ganxiao wei jiguan geminghua zouchu tiao xinlu" yiwen de piyu' (Comment on the Liuhe May Seventh School for Cadres), 30 Sept. 1968, Cultural Revolution Database; 'Liuhe "wuqi" ganxiao wei jiguan geminghua tigongle xin de jingyan', *Renmin ribao*, 5 Oct. 1968.

36ˑ Yue, *To the Storm*, pp. 259~260.

37 Gansu, March 1970, 129-4-202, p. 73; Gansu, 3 March 1972, 129-6-83, pp. 11~12; Gansu, 1969, 129-4-33, pp. 38~40; Hebei, 25 Oct. 1967, 919-1-147, pp. 1~3.

16장 전쟁 준비

1 회고록 Vitaly Bubenin, *Krovavï Sneg Damanskogo: Sobytiia 1966~1969 gg.*, Moscow: Granitsa, 2004 참조.

2 Yang Kuisong, 'The Sino-Soviet Border Clash of 1969: From Zhenbao Island to Sino-American Rapprochement', *Cold War History*, I, no. 1 (Aug. 2000), pp. 21~52; Lyle J. Goldstein, 'Return to Zhenbao Island: Who Started Shooting and Why It Matters', *China Quarterly*, no. 168 (Dec. 2001), pp. 985~997도 참조.

3 'Mao Zedong's Speech at the First Plenary Session of the CCP's Ninth Central Committee', 28 April 1969, History and Public Policy Program Digital Archive, Wilson Center, Washington DC.

4 중국 공산당 제9차 전국 대표 대회에 대한 자세한 분석은 MacFarquhar and Schoenhals, *Mao's Last Revolution*, pp. 285~301에 있다.

5 MacFarquhar and Schoenhals, *Mao's Last Revolution*, p. 301.

6 Christian F. Ostermann, 'East German Documents on the Border Conflict, 1969', *Cold War International History Project Bulletin*, nos 6~7 (Winter 1995), p. 187; Harvey W. Nelsen, *Power and Insecurity: Beijing, Moscow and Washington, 1949~1988*, Boulder, CO: Lynne Rienner, 1989, pp. 72~73; Yang, 'The Sino-Soviet Border Clash of 1969', pp. 32~33; Lorenz Lüthi, 'The Vietnam War and China's Third-Line Defense Planning before the Cultural Revolution, 1964~1966', *Journal of Cold War Studies*, 10, no. 1 (Winter 2008), pp. 26~51도 참조.

7 Dikötter, *Mao's Great Famine*, p. 239.

8 'The CCP Central Committee's Order for General Mobilization in Border Provinces and Regions', 28 Aug. 1969, *Cold War International History Project Bulletin*, no. 11 (Winter 1998), pp. 168~169.

9 PRO, Roger Garside, 'War Preparations: Peking', 30 Dec. 1969, FCO 21-483; 'China: War Scare', 28 Nov. 1969.

10 PRO, Roger Garside, 'War Preparations: Shanghai', 2 Dec. 1969, FCO 21-483; George Walden, 'Preparations against War', 27 Jan. 1970, FCO 21-683.

11 PRO, Roger Garside, 'War Preparations: Shanghai', 2 Dec. 1969, FCO 21-

483.

12 Hebei, 6, 26 and 30 Dec. 1969, 919-1-295, pp. 27~28, 72,114~115; Hebei, 26 Dec. 1969, 919-1-294, p. 124.

13 Zhai, *Red Flower of China*, p. 199.

14 PRO, 'Shanghai', 4 Nov. 1969, FCO 21 -513; Roger Garside, 'War Preparations: Peking', 30 Dec. 1969, FCO 21-483; George Walden, 'Preparations against War', 27 Jan. 1970, FCO 21-683.

15 Shanghai, List of Quotations by Mao Zedong on Air Raids Dating from 1964 to 1974, B105-9-638, pp. 15~16.

16 PRO, J. N. Allan, 'Air Raid Shelters, Tunnels', November 1970, FCO 21-683.

17 Craig S. Smith, 'Mao's Buried Past: A Strange, Subterranean City', *New York Times*, 26 Nov. 2001.

18 Shanghai, 25 Jan. and 14 Sept. 1971, B120-3-23, pp. 32 and 43 참조.

19 Shanghai, 28 May 1971, B120-3-23, pp. 1~2; Shanghai, 30 May 1970, B120-3-1 5, pp. 3~4. 상하이의 대피소 건설에 대해서는 Jin, *Feichang yu zhengchang*, vol. 2, pp. 357~399를 읽어 보라.

20 PRO, 'Underground construction in Peking', 25 Aug. 1970, FCO 21-683; Shanghai, 29 August 1970, B120-2-7, pp. 1~11; 3 March 1973, B120-2-26, pp. 45~46.

21 Shanghai, 14 Sept. 1971, B120-3-23, p. 32; 5 Dec. 1975, B120-3-63, pp. 3~4.

22 Smith, 'Mao's Buried Past'. 상하이에 관해서는 3 March 1973, B120-2-26, pp. 45~46 참조. Hebei, 19 Nov. 1969, 919-1-294, pp. 11~12.

23 Shandong, 25 Nov. 1971, A1-8-15, pp. 47~48; Zhang Zhong, Talk on Anti Air Raid Shelters, 20 Sept. 1970, Gansu, 91-7-50, p. 3; Zhai, *Red Flower of China*, pp. 198~200.

24 PRO, J. N. Allan, 'Air Raid Shelters, Tunnels', November 1970, FCO 21-683.

25 Walter S. Dunn, *The Soviet Economy and the Red Army, 1930~1945*, Westport, CT: Greenwood, 1995, pp. 30~37.

26 Yang, 'The Sino-Soviet Border Clash of 1969', p. 24.

27 3선에 관한 최고의 설명이 담긴 글은 Chen Donglin, *Sanxian jianshe: Beizhan shiqi de xibu kaifa* (Building the Third Front: Opening up the West during the era of war preparation), Beijing: Zhonggong zhongyang dangxiao chubanshe, 2003.

28 Bryan Tilt, *The Struggle for Sustainability in Rural China: Environmental Values and Civil Society*, New York: Columbia University Press, 2009, pp. 23~24. 첫 번째 인용문은 문체를 약간 변경함.

29 Judith Shapiro, *Mao's war against Nature: Politics and the Environment in Revolutionary China*, New York: Cambridge University Press, 2001, p. 152; Barry Naughton, 'The Third Front: Defence Industrialization in the Chinese Interior', *China Quarterly*, no. 115 (Sept. 1988), pp. 351~386.

30 Naughton, 'The Third Front', pp. 359~360.

31 Hubei, SZ81-4-12, 25 April and 9 June 1970, pp. 1~3 and 19~24.

32 위의 책.

33 Hebei, 19 Sept. 1972, 999-7-41, pp. 76~82.

34 Naughton, 'The Third Front', pp. 378~382; White, *Policies of Chaos*, p. 184.

17장 다자이를 본받다

1 Directive about Learning from Dazhai, 13 Jan. 1968, Zhejiang, J116-25-60, pp. 20~29.

2 Nanjing shi dang'anguan (eds), *Nanjing wenhua da geming da shiji chugao* (Draft chronology of major events during the Cultural Revolution in Nanjing), Nanjing: Nanjing shi dang'anguan, 1985, date of 18 Aug. 1966. 6주 전 소를 사유한 가구를 공격한 사건에 대한 자료는 Nanjing, 27 June 1966, 5003-3-1139, pp. 21~24.

3 Gao, *Born Red*, pp. 126~127.

4 Order from the Centre, 14 Sept. 1966, Nanjing, 4003-1-298, p. 124; Zhou Enlai and Wang Renzhong, 'Zhou Enlai Wang Renzhong dui Beijing shi hongweibing daibiao de jianghua' (Meeting with a delegation of Red Guards from Beijing), 1 Sept. 1966, Cultural Revolution Database.

5 Liang and Shapiro, *Son of the Revolution*, pp. 98~99.

6 다오 현 대학살에 관해서는 Su Yang, *Collective Killings in Rural China during the Cultural Revolution*, Cambridge: Cambridge University Press, 2011과 Tan Hecheng, *Xue de shenhua: Gongyuan 1967 nian Hunan Daoxian wenge da tusha jishi* (A bloody tale: A historical account of the Cultural Revolution massacre of 1967 in Daoxian, Hunan), Hong Kong: Tianxingjian chubanshe, 2010을 읽어 보라.

7 Shaanxi, 215-1-1363, 8 April and 21 Aug. 1967, pp. 67~68 and 81~83.

8 Shaanxi, 215-1-1363, 13 Jan. 1968, p. 190.

9 Shaanxi, 215-1-1363, 3 Dec. 1967 and 13 Jan. 1968, pp. 190 and 236~240.

10 Report by the Guangzhou Military Committee, 20 Dec. 1967, Shaanxi, 215-1-1363, pp. 146~152.

11 Shaanxi, 21 May 1967, 194-1-1274, pp. 1~22; Shaanxi, 25 April 1967, 194-1-1283, p. 86.

12 Report from the Bureau for Forestry, 6 April 1967, Gansu, 129-4-62, pp. 112~117; Jiangsu, 21 Aug. 1967, 4028-3-1611, pp. 28~29; Shanxi Revolutionary Committee, 'Disanhao tonggao' (Number three circular), 7 Feb. 1967, Cultural Revolution Database; *Renmin ribao*, 11 Feb. 1967과 Hebei, 11 Feb. 1967, 921-5-3, pp. 42~43; Shaanxi, 31 March and 15 April 19 67, 194-1-1283, pp. 33 and 70.

13 Dikötter, *Mao's Great Famine*, p. 88.

14 Zhou Enlai Meets Delegates of Fourteen Provinces and Cities at the Conference on Grain and Oil Procurements, 3 May 1967, Shandong, A131-2-851, pp. 6~10; Directives on the Economy from the Centre, 1 and 13 July 1967, Shandong, A131-2-853, pp. 62~63 and 66~67도 참조. Zhou Enlai Talks at the National Conference on Grain, 28 Oct. 1967, Shandong, A131-2-851, pp. 51~54.

15 저장 성에 관해서는 Keith Forster, *Rebellion and Factionalism in a Chinese Province: Zhejiang, 1966~1976*, Armonk, NY: M. E. Sharpe, 1990 참조.

16 Directive from the Military, 13 Jan. 1968, Zhejiang, J116-25-60, pp. 20~29.

17 Zhejiang, 8 Sept. 1971, J116-25-159, pp. 160~162; Zhejiang, 17 March 1972, J116-25-250, pp. 73~76.

18 Gansu, 1 Sept. 1969, 129-4-179, pp. 95~104.

19 위의 책; Liang and Shapiro, *Son of the Revolution*, p. 182.

20 Hebei, 5 Sept. 1974, 925-1-51, pp. 69~72; Hebei, 10 Feb., 5 and 11 March 1972, 925-1-19, pp. 44, 83~84 and 93~96; Hebei, 6 April 1971, 999-7-20, pp.83~85.

21 Shapiro, *Mao's War against Nature*, p. 101. 다자이에 관해서는 Song Liansheng, Nongye xue Dazhai shimo (The history of the Learn from Dazhai campaign), Wuhan: Hubei renmin chubanshe, 2005도 참조.

22 Shapiro, *Mao's War against Nature*, p. 101.

23 Zhai, *Red Flower of China*, p. 190; Shapiro, *Mao's War against Nature*, p. 108.

24 Zhang Xianliang, *Half of Man is Woman*이 Shapiro, *Mao's War against Nature*, p. 108에 인용됨.

25 Hebei, 18 Aug. 1970, 940-10-1, pp. 54~58; Shapiro, *Mao's War against Nature*, p. 113.

26 Shapiro, *Mao's War against Nature*, pp. 116~136.

27 Nanchu, *Red Sorrow*, pp. 97~100.

28 Sun Qinghe, *Shengsi yitiao lu* (The road between life and death), Beijing: Beijing shidai nongchao wenhua fazhan gongsi, 2012, p. 42.

29 Shapiro, *Mao's War against Nature*, p. 137.

18장 계속된 숙청

1 Milton and Milton, *The Wind Will Not Subside*, p. 256.

2 MacFarquhar and Schoenhals, *Mao's Last Revolution*, p. 233.

3 'Zhou Enlai jianghua' (Speech by Zhou Enlai), 24 Jan. 1970, Cultural Revolution Database; 'Zhonggong zhongyang guanyu qingcha "wuyaoliu" fangeming yinmou jituan de tongzhi' (Notice on the May Sixteenth Conspiracy), 27 March 1970, Cultural Revolution Database; Barnouin and Yu, *Ten Years of Turbulence*, p. 198; Ding Qun, 'Yuanyu biandi de Jiangsu qingcha "Wu Yao Liu" yundong' (The campaign against the May Sixteenth Elements in Jiangsu), *Wenshi jinghua*, no. 1 (2009), pp. 24~31.

4 Shan, 'Becoming Loyal', pp. 142~143에는 희생자가 27만 명으로 언급되고 이 수치는 문화 대혁명에 관한 다른 책들에도 반복해서 등장하지만 딩쇤이 서술한 보다 신뢰할 만한 자료에 따르면 피해자가 2만 6,100명 남짓한 정도라고 추산된다. Ding, 'Yuanyu biandi de Jiangsu qingcha "Wu Yao Liu" yundong', p. 30 참조.

5 Thurston, *Enemies of the People*, pp. 202~203.

6 Ding, 'Yuanyu biandi de Jiangsu qingcha "Wu Yao Liu" yundong', p. 29; Thurston, *Enemies of the People*, p. 144.

7 Guo, Song and Zhou (eds), *The A to Z of the Chinese Cultural Revolution*, p. xxxi.

8 Yan, *Turbulent Decade*, pp. 159~163.

9 Huang Zheng, *Liu Shaoqi de zuihou suiyue 1966~1969* (Liu Shaoqi's last years, 1966~1969), Beijing: Jiuzhou chubanshe, 2012; Ding Shu, 'Fengyu rupan de suiyue: 1970 nian yida sanfan yundong jishi' (Turbulent years: The One Strike and Three Antis campaign of 1970), *Huanghuagang zazhi*, no. 5 (March 2003), pp. 69~80도 참조.

10 Hubei, 25 Nov. 1970, SZ139-2-290, n.p. (정확히는 일타운동에 연루된 17만 3,000명 중 8만 7,000명이 기소되었다. 삼반운동에 연루된 43만 4,000명 중 20만 7,000명이 기소되었다). Hubei, 17 Sept. 1971, SZ139-2-114, n.p. (10만 7,000명에는 5·16분자 2,000명과 『양쯔 트리뷴』 추종자 1만 5,000명이 포함된다). Hubei, SZ139-2-290, p. 98에 등장하는 또 다른 수치들에 따르면 일타운동으로 타진된 반동 활동으로 유죄가 확정된 사례가 9만 9,000건이 넘고 1970년 2월과 1971년 4월 사이에 유죄로 확정된 부패 관련 사건이 33만 건이 넘었다.

11 Wang Shaoguang, *Failure of Charisma: The Cultural Revolution in Wuhan*, Oxford: Oxford University Press, 1995, pp. 219~220; 1만 5,000이라는 수치가 나오는 곳은 Hubei, 17 Sept. 1971, SZ139-2-114, n.p.

12 Hubei, 16 Feb. and II April 1970, SZ139-2-303, n.p.; Hubei, 17 Sept. 1971, SZ139-2-114, n.p.

13 Hubei, 25 Sept. 1971, SZ139-2-316, n.p.

14 Hubei, 13 March 1970, SZ139-2-303, n.p.

15 Gansu, 6 May 1970, 129-6-45, pp. 46-7; Gansu, 17 Oct. 1970, 129-6-48,

pp. 105~120; Gansu, 3 March 1970, 129-6-39, p. 21.

16 Gansu, 17 Oct. 1970, 129-6-48, pp. 105-20; Gansu, 18 May 1970, 129-6-46, p. 1.

17 Gansu, 6 May 1970, 129-6-45, pp. 46~47; Gansu, 24 March 1970, 129-6-41, pp. 44~45; Gansu, 4 March 1970, 129-6-39, pp. 47~50.

18 Gansu, 11 May 1970, 129-6-45, pp. 119~122; Gansu, 4 March 1970, 129-6-39, pp. 47~50; Gansu, 30 Sept. 1970, 129-6-48, pp. 70~72.

19 Gansu, 6 May 1970, 129-6-45, pp. 46~47; Gansu, 28 Feb. 1970, 129-6-39, pp. 10~14.

20 Gansu, 28 Feb. 1970, 129-6-39, pp. 10~14; Gansu, March 1970, 129-4-202, p. 73; Lanzhou broadcast, 15 Oct. 1969, *BBC Summary of World Broadcasts* FE/3212가 약간의 문체를 변경하여 Dennis Woodward, 'Rural Campaigns: Continuity and Change in the Chinese Countryside – The Early Post-Cultural Revolution Experience (1969~1972)', *Australian Journal of Chinese Affairs*, no. 6 (July 1981), p. 101에 인용됨.

21 Woodward, 'Rural Campaigns', p. 107.

22 Gansu, 16 Nov. 1971, 129-6-62, pp. 1~3; Hebei, 1 Dec. 1971, 999-7-20, p. 37.

23 Gansu, 6 May 1970, 129-6-45, pp. 46~47; Gansu, 17 Oct. 1970, 129-6-48, pp. 105~120도 참조.

19장 후계자의 추락

1 Yan and Gao, *Turbulent Decade*, p. 163.

2 Li, *The Private Life of Chairman Mao*, p. 121.

3 위의 책, p. 518.

4 이 뒤의 단락들은 MacFarquhar and Schoenhals, *Mao's Last Revolution*, pp. 325~333와 Gao, *Zhou Enlai*, pp. 201~206에 근거했고 여기에 훨씬 더 상세한 서술이 나온다.

5 MacFarquhar and Schoenhals, *Mao's Last Revolution*, p. 300.

6 Xia Yafeng, 'China's Elite Politics and Sino-American Rapprochement,

January 1969~February 1972', *Journal of Cold War Studies*, 8, no. 4 (Fall 2006), pp. 3~28.

7   Jonathan Fenby, *Modern China: The Fall and Rise of a Great Power, 1850 to the Present*, New York: Ecco, 2008, p. 497.

8   Jean Lacouture, 'From the Vietnam War to an Indochina War', *Foreign Affairs*, July 1970, pp. 617~628; Chen Jian, 'China, the Vietnam War and the Sino-American Rapprochement, 1968~1973 ', in Odd Arne Westad and Sophie Quinn-Judge (eds), *The Third Indochina War: Conflict between China, Vietnam and Cambodia, 1972~79*, London: Routledge, 2006, pp. 49~50도 참조.

9   Yan and Gao, *Turbulent Decade*, pp. 261~262 and 433; Nicholas Griffin, *Ping-Pong Diplomacy: The Secret History behind the Game that Changed the World*, New York: Scribner, 2014도 참조.

10   PRO, 'Visit to the Forbidden City', 4 May 1971,' Diplomatic Tour', 4 May 1971, FCO 21-858.

11   PRO, 'The Canton Fair Trade', 1 June 1971, FCO 21-842.

12   Cheng, *Life and Death in Shanghai*, p. 307.

13   Margaret MacMillan, *Nixon and Mao: The week that Changed the World*, New York: Random House, 2007; William Burr (ed.), *The Kissinger Transcripts: The Top-Secret Talks with Beijing and Moscow*, New York: The New Press, 1999.

14   Jung Chang and Jon Halliday, *Mao: The Unknown Story*, London: Jonathan Cape, 2005, p. 605. (『마오: 알려지지 않은 이야기들』, 황의방 외 옮김, 까치글방, 2006)

15   Barnouin and Yu, *Ten Years of Turbulence*, p. 229.

16   Peter Hannam and Susan V. Lawrence, 'Solving a Chinese Puzzle: Lin Biao's Final Days and Death, after Two Decades of Intrigue', *US News and World Report*, 23 Jan. 1994.

17   Qiu Jin, *The Culture of Power: The Lin Biao Incident in the Cultural Revolution*, Stanford: Stanford University Press, 1999, p. 161, 약간의 문체 변경이 있음.

18   사건 후 린더우더우가 한 자백에 의거함. 위의 책 pp. 173~174 참조.

19   위의 책, p. 173.

20   Hannam and Lawrence, 'Solving a Chinese Puzzle'.

21 Yan and Gao, *Turbulent Decade*, p. 334.

22 MacFarquhar and Schoenhals, *Mao's Last Revolution*, p. 353.

23 Cheng, *Life and Death in Shanghai*, p. 335.

24 Sun Youli and Dan Ling, *Engineering Communist China: One Man's Story*, New York: Algora Publishing, 2003, pp. 175~176.

25 Nanchu, *Red Sorrow*, p. 152.

26 Li Jianglin, interview, 26 June 2014.

27 Li, *The Private Life of Chairman Mao*, p. 538.

28 Hannam and Lawrence, 'Solving a Chinese Puzzle'.

20장 회복

1 Li, *The Private Life of Chairman Mao*, pp. 544~546; Milton and Milton, *The Wind Will Not Subside*, p. 348.

2 PRO, Michael J. Richardson, 'Local Colour', 10 Feb. 1972, FCO 21-969; Michael J. Richardson, 'Naming of Streets', 26 Jan. 1972, FCO 21-962.

3 Report on Shanghai, 7 March 1973, Guangdong, 296-A2.1-25, pp. 189-98; PRO, Michael J. Richardson, 'Naming of Streets', 26 Jan. 1972, FCO 21-962.

4 Shanghai, 9 Dec. 1969, B98-5-100, pp. 10~11; Shanghai, 17 Feb. 1971 and 12 Feb. 1972, B50-4-52, pp. 44 and 67.

5 Shanghai, 18 Dec. 1972, B123-8-677, p. 1.

6 Shanghai, 28 Dec. 1978, B1-8-11, pp. 17~19; Shanghai, 11 Jan. 1972, B246-2-730, pp. 54~55; Shanghai, 10 Dec. 1971, B326-1-49, p. 30.

7 Li, *The Private Life of Chairman Mao*, p. 564.

8 Talk on Government Administration, October 1972, Hubei, SZ91-3-143, pp. 44~61.

9 William Bundy, *A Tangled web: The Making of Foreign Policy in the Nixon Presidency*, New York: Hill & Wang, 1998.

10 Milton and Milton, *The Wind Will Not Subside*, p. 348; MacFarquhar and Schoenhals, *Mao's Last Revolution*, p. 339.

11 재조정된 철강 생산 목표량에 대해서는 Yu Qiuli, Telephone Conference, 8 Sept. 1972, Hubei, SZ91-3-143, pp. 1~16을 참조. 정전에 관해서는 Hubei, 1 Feb. 1973, SZ1-4-107, pp. 221~223.

12 Xie Shengxian, *Hei yu bai de jiyi: Cong wenxue qingnian dao 'wenge fan'* (Black and white memories: From literary youth to criminal of the Cultural Revolution), Hong Kong: Sanlian shudian, 2012, pp. 202~205.

13 Guangdong, 29 Sept. 197 5, 253-2-183, pp. 114~119; Report from the Bureau for Finance, 7 May 1975, 129-2-84, pp. 43~44; Shaanxi, 1975, 123-71-217, p. 23; Jan Wong, *Red China Blues: My Long March from Mao to Now*, New York: Doubleday, 1996, p. 42.

14 Letter from Transportation Supervisor to the Ministry of Transportation, Shaanxi, 26 Sept. 1975, 144-1-1225, pp. 234~235.

15 Gansu, 16 June 1972, 129-4-360, p. 2; Report from the Bureau for Finance, 7 May 1975, Gansu, 129-2-84, pp. 43~44.

16 Shaanxi, 1975, 123-71-217, p. 23.

17 Report on Trade by an Investigation Team from Shanghai, Shanghai, Oct. 1970, B123-8-344, pp. 17~19.

18 위의 책.

19 Guangdong, 5 Aug. 1968, 229-4-2, pp. 68~69; Zhang Man, interview with Zhang Shiming, Shuyang County, Jiangsu, 22 Nov. 2013.

20 Guangdong, 2 and 4 May 1973, 296-A2.1-25, pp. 151~158 and 166~169; Hebei, 13 April 1973, 919-3-100, pp. 44~45.

21 Milton and Milton, *The Wind Will Not Subside*, p. 366.

22 Report by the Ministry of Light Industry, 13 Dec. 1972, Hebei, 919-3-100, pp. 17~21; Report by the Ministry of Trade, 25 Aug. 1972, Hebei, 919-3-100, pp. 29~32.

23 PRO, 'Economic Situation in China', 1971, FCO 21-841 참조. Y. Y. Kueh, 'Mao and Agriculture in China's Industrialization: Three Antitheses in a 50-Year Perspective', *China Quarterly*, no. 187 (Sept. 2006), pp. 700~723도 참조.

24 Guangdong, 229-6-202, 26 June 1974, pp. 24~29; Kueh, 'Mao and Agriculture in China's Industrialization'의 지적에 따르면 외국 참관인들이 〈중국이 공업화로 가는 길〉이라며 농촌 공업을 지원하는 정책들을 널리 환영했

지만 사실상 이 정책들은 모두 1958년 대약진 운동 절정기에 벌여서 참극을 초
래한 〈토법고로〉 운동에서 발전된 것들이다.

25 Shaanxi, Dec. 1973, 123-71-55, p. 39.

26 Shaanxi, 3 and 24 Dec. 1975, 123-71-209, pp. 16~19 and 34; Shaanxi, 28
    April 1975, 123-71-204, pp. 104~105.

27 Report by Investigation Team of the Provincial Revolutionary Committee, 10
    April 1976, Shaanxi, 123-71-294, pp. 13~14; Shaanxi, 10 Dec. 1976, 123-
    71-304, pp. 1~22; Report by Bureau for Grain, 10 Jan. 1977, 123-71-294,
    pp. 9~11도 참조.

28 Report from the Bureau for Grain, 1 March 1975, Hebei, 997-7-44, pp. 5~8.

29 Shandong, 19 and 23 April 1973, A131-4-35, pp. 1~3 and 10; Shandong, 16
    Jan. and 3 March 1973, A131-4-37, pp. 12 and 17.

30 Hubei, 8 and 18 Jan., 28 March 1972, SZ75-6-77, pp. 47, 56 and 73.

31 Hubei, 15 March 1974, SZ75-6-194, pp. 5~7 and 20~21.

32 Shanghai, 10 Feb. 1973, B250-1-376, pp. 2~5; Zhejiang, 21 May 1976,
    J002-998-197606, p. 2.

33 Wong, *Red China Blues*, p. 49.

34 Chad J. Mitcham, *China's Economic Relations with the West and Japan,
    1949~79: Grain, Trade and Diplomacy*, New York: Routledge, 2005, p. 207.

35 Nicholas R. Lardy, *Agriculture in China's Modern Economic Development*,
    Cambridge: Cambridge University Press, 1983; Carl Riskin, *China's Political
    Economy: The Quest for Development since 1949*, Oxford: Oxford University
    Press, 1987; Report on Grain Conference in Beijing, 10 Nov. 1971, Shaanxi,
    123-71-35, pp. 11~12.

36 Gansu, 29 March 1972, 129-4-356, pp. 20~21.

37 Lardy, *Agriculture in China's Modern Economic Development*, p. 166.

38 Hubei, 3 May 1967, SZ115-2-826, p. 47; Hebei, 1973, 942-8-55, pp.
    63~64.

39 Guangdong, 24 Nov. 1973, 231-A1.3-8, pp. 122~129; Guangdong, 1 March
    1974, 231-A1.3-8, p. 66.

40 Guangdong, 25 March 1974, 231-A1.3-8, pp. 64~68.

41 Chang, *Wild Swans*, p. 558; Liu Zhongyi, *Cong chijiao yisheng dao Meiguo*

dafu (From barefoot doctor to American doctor), Shanghai: Shanghai renmin chubanshe, 1994, p. 25가 Fang Xiaoping, 'Barefoot Doctors in Chinese Villages: Medical Contestation, Structural Evolution, and Professional Formation, 1968~1983', doctoral dissertation, National University of Singapore, 2008, p. 117에 문체를 약간 바꾸어 인용됨.

42 Zhou, *How the Farmers Changed China*, p. 39.

43 Fang, 'Barefoot Doctors in Chinese Villages', pp. 146~158.

44 Shaanxi, 15 March 1975, 123-71-204, pp. 3~9.

45 Hubei, 20 Feb. 1974, SZ115-5-32 (서른 군데가 넘는 현을 조사한 보고서에 따르면 1500만 명 중 200만 명, 즉 일곱 명 중에 한 명 이상이 갑상선종을 앓았다). Hubei, SZ115-5-32, 19 July 1974, p. 94.

46 Fang, 'Barefoot Doctors in Chinese Villages', pp. 205~213.

47 Reports from the Bureau for Health, 31 March and 20 June 1972, Shandong, A188-1-3, pp. 108 and 149~152.

21장 조용한 혁명

1 Shaanxi, 24 Jan. 1975, 123-71-209, pp. 1~7.

2 Shaanxi, 6 Jan. 1975, 123-71-209, pp. 8~15.

3 Shaanxi, 6 Feb. 1975, 123-71-209, pp. 34~48.

4 David Zweig, *Agrarian Radicalism in China, 1968~1981*, Cambridge, MA: Harvard University Press, 1989, pp. 61~62. 공산당 용어로 이러한 조치들은 60조(條)라고 불렸다.

5 Huang Shu-min, *The Spiral Road: Change in a Chinese Village through the Eyes of a Communist Party Leader*, Boulder, CO: Westview Press, 1989, pp. 109~110. 명백한 유사성을 지닌 자료로 Zhou, *How the Farmers Changed China*, p. 55; Ralph Thaxton, *Catastrophe and Contention in Rural China: Mao's Great Leap Famine and the Origins of Righteous Resistance in Da Fo Village*, Cambridge: Cambridge University Press, 2008, p. 278도 참조. Daniel Kelliher, *Peasant Power in China: The Era of Rural Reform, 1979~1989*, New Haven, CT: Yale University Press, 1992도 참조.

6   Hunan, 7 July 1976, 146-2-61, pp. 81~84.

7   Thaxton, *Catastrophe and Contention in Rural China*, pp. 278~284.

8   중국어로 *jietian daohu*(借田到戶)이며 〈개별 가구에 땅을 빌려준다〉는 의미이
    다. Zhejiang, 8 Sept. 1971, J116-25-159, p. 155; Lynn T. White, *Unstately
    Power: Local Causes of China's Economic Reforms*, Armonk, NY: M. E.
    Sharpe, 1998, pp.120~121.

9   Guangdong, 1 Nov. 1975, 294-A2.14-6, p. 52.

10 Guangdong, 20 Dec. 1973, 296-A2.1-51, pp. 44~53; Guangdong, 20 March
    1974, 294-A2.13-8, pp. 1~28.

11 Guangdong, 20 Dec. 1973, 296-A2.1-51, pp. 44~53.

12 위의 책.

13 Report from Guangdong Provincial Revolutionary Committee, 26 Nov. 1973,
    Shandong, A47-2-247, pp. 37~9; Guangdong, 20 Dec. 1973, 296-A2.1-51,
    pp. 44~53.

14 Guangdong, 26 Sept. 1975, 253-2-183, pp. 95~99.

15 Report from the Ministry of Trade, 13 Dec. 1972, Hebei, 919-3-100, p. 37;
    소포의 내용물에 관해서는 Guangdong, 26 Sept. 1975, 253-2-183, pp. 95~99
    참조.

16 Chris Bramall, 'Origins of the Agricultural "Miracle": Some Evidence from
    Sichuan', *China Quarterly*, no. 143 (Sept. 1995), pp. 731~755.

17 Report by the Ministry of Light Industry, 13 Dec. 1972, Hebei, 919-3-100,
    pp. 17~21.

18 Guangdong, 20 March 1974, 294-A2.13-8, pp. 1~28.

19 위의 책.

20 White, *Unstately Power*, pp. 94 and 101.

21 위의 책, pp. 112~115.

22 위의 책, pp. 119~121.

23 좋은 예를 보려면 Thaxton, *Catastrophe and Contention in Rural China*, pp.
    286~291참조.

24 Shaanxi, 20 Aug. 1973, 123-71-70, pp. 1~6.

25 Hubei, 20 Oct. 1972, SZ75-6-77, p. 12; Hubei, 26 Nov. 1973, SZ75-6-107,
    pp. 58~59; Bonnin, *The Lost Generation*도 참조.

26 PRO, 'Letter from Embassy', 23 May 1973, FCO 21-1089, p. 2; Report from the Ministry of Public Security, 30 Aug. 1974, Shandong, A47-2-247, pp. 103~106.

27 Report from the State Council, 3 March 1974, Shandong, A47-2-247, pp.26~29.

28 Report from the Public Security Bureau, 20 Nov. 1973, Shandong, A1-8-24, pp. 45~46.

29 이 지시는 이후 수년 간 반복되었다. Order from State Council, 5 June 1973, Hebei, 919-3-100, pp. 14~15 참조; Report from the State Planning Committee, 25 July 1974, Shandong, A47-2-247, pp. 85~87; Shandong, 19 Aug. 1969, A47-21-100, pp. 38~39.

30 Sun and Ling, *Engineering Communist China*, pp. 191~194.

31 O. Arne Westad, 'The Great Transformation', in Niall Ferguson, Charles S. Maier, Erez Manela and Daniel J. Sargent (eds), *The Shock of the Global: The 1970s in Perspective*, Cambridge, MA: Harvard University Press, 2010, p. 79.

22장 제2의 사회

1 Dikötter, *The Tragedy of Liberation*, pp. 190, 199~203.

2 제2의 사회에 대한 생각은 엘레메르 한키스로부터 나온 것이고 나는 그가 쓴 'The "Second Society": Is There an Alternative Social Model Emerging in Contemporary Hungary?', *Social Research*, 55, nos 1~2 (Spring 1988), pp. 13~42에서 몇 부분을 다른 말로 바꾸어 표현했다. 나는 편집되지 않은 버전을 선호하는데 Wilson Center, Washington DC의 웹사이트에서 찾을 수 있다.

3 Wong, *Red China Blues*, p. 46.

4 Jiangsu, 17 April and 13 Oct. 1972, 4013-20-122, pp. 51, 163~4 and 181.

5 Hebei, 1973, 942-8-55, pp. 60~61.

6 Bureau for Education, 9 Oct. 1975, Shandong, A29-4-47, p. 61; Jiangsu, 3 June 1972, 4013-20-108, pp. 113~114.

7 Jiangsu, 25 Jan. 1975, 4013-20-106, pp. 1~3 and 38.

8 Bureau for Education, 15 May and 3 June 1975, Shandong, A29-4-47, pp.

75, 87 and 99; Report from the State Council, 6 Nov. 1978, Shanghai, B1-8-11, pp. 14~16; Hebei, 11 Dec. 1968, 919-1-148, n.p.

9   Chang, *Wild Swans*, pp. 476~477.

10   위의 책, p. 552; Liang and Shapiro, *Son of the Revolution*, pp. 201~202.

11   Li Jianglin, interview, 7 Sept. 2014; Chang, *Wild Swans*, pp. 593~594.

12   이 번역본들에 관해서는 Guo, Song and Zhou (eds), *The A to Z of the Chinese Cultural Revolution*, p. 107; Mark Gamsa, *The Chinese Translation of Russian Literature: Three Studies*, Leiden: Brill, 2008, p. 24 참조; Yang Jian, *Zhongguo zhiqing wenxue shi* (A literary history of educated youth), Beijing: Zhongguo gongren chubanshe, 2002, chs 4 to 6.

13   Guo, Song and Zhou (eds), *The A to Z of the Chinese Cultural Revolution*, pp. 98~99.

14   예로 Shandong, 30 May 1975, A1-8-59, p. 3 참조.

15   *The Heart of a Maiden (Shaonü zhi xin), also called Memoirs of Manna (Manna huiyilu)*; Yang Dongxiao, 'Wenge jinshu: "Shaonü zhi xin". Nage niandai de xingyuzui' (A book banned during the Cultural Revolution: 'The Heart of a Maiden'. The first pornographic novel hand-copied during the Cultural Revolution), *Renwu huabao*, no. 23 (2010), pp. 68~71 참조.

16   Gansu, 26 May 1970, 129-6-48, p. 100.

17   Gao, *Born Red*, p. 29.

18   Shanghai, 6 May 1974, B123-8-1044, pp. 4~9.

19   Ministry of Trade, 18 May 1966, Hebei, 999-4-761, pp. 116~124; Shaanxi, 27 Oct. and 20 Nov. 1970, 215-1-1844, pp. 50 and 53~59.

20   PRO, 'China News Summary', 25 Sept. 1974, FCO 21-1223.

21   PRO, 'Overt Intelligence Reports, January to April 1972', 1 June 1973, FCO 21-1089; PRO, 'Letter from Embassy', 10 May 1973, FCO 21-1089; Li Jianglin, interview 7 Sept. 2014.

22   Shanghai, 12 Jan. 1970, B246-2-5 54, p. 1.

23   PRO, Richard C. Samuel, 'Play Games Not War', 17 April 1972, FCO 21-969; M. J. Richardson, 'Local Colour', 3 Oct. and 6 Dec. 1972, FCO 21-969.

24   Wang Aihe, '*Wuming*: Art and Solidarity in a Peculiar Historical Context', in *Wuming (No Name) Painting Catalogue*, Hong Kong: Hong Kong University

Press, 2010, pp. 7~9; Wang Aihe, 'Wuming: An Underground Art Group during the Cultural Revolution', *Journal of Modern Chinese History*, 3, no. 2 (Dec. 2009), pp. 183~199도 참조. Julia F. Andrews, *Painters and Politics in the People's Republic of China, 1949~1979*, Berkeley: University of California Press, 1994; and Ellen Johnston Laing, *The Winking Owl: Art in the People's Republic of China*, Berkeley: University of California Press, 1988.

25 Hebei, 31 May 1969, 919-1-290, pp. 54~55.

26 Joseph Tse-Hei Lee, 'Watchman Nee and the Little Flock Movement in Maoist China', *Church History*, 74, no. 1 (March 2005), pp. 68~96; Chen-yang Kao, 'The Cultural Revolution and the Emergence of Pentecostal-style Protestantism in China', *Journal of Contemporary Religion*, 24, no. 2 (May 2009), pp. 171~188도 참조.

27 Gansu, 26 May 1974, 91-7-283, pp. 1~7.

28 Zhai, *Red Flower of China*, pp. 226~227; Barbara Mittler, '"Eight Stage Works for 800 Million People": The Great Proletarian Cultural Revolution in Music - A View from Revolutionary Opera', *Opera Quarterly*, 26, nos 2~3 (Spring 2010), pp. 377~401도 참조.

29 Report from the Ministry of Grain, 23 Jan. 1968, Hebei, 919-1-185, pp. 24~25; Report from the Public Security Bureau, 20 Nov. 1973, Shandong, A1-8-24, p. 46; Shaanxi, 25 April 1968, 194-1-1317, p. 59.

30 Liu, *Fengyu rensheng lu*, p. 40.

31 Chang, *Wild Swans*, p. 576. 문화 대혁명 시기 가족에 관해서는 Zang Xiaowei, *Children of the Cultural Revolution: Family Life and Political Behavior in Mao's China*, Boulder, CO: Westview Press, 2000도 참조.

32 Orlando Figes, *The Whisperers: Private Life in Stalin's Russia*, New York: Picador, 2007, p. 300. (『속삭이는 사회』, 김남섭 옮김, 교양인, 2013)

33 Chang, *Wild Swans*, p. 330.

34 Gansu, July 1975, 91-7-351, n.p.

35 장훙빙에 관한 가장 포괄적인 인터뷰와 연구는 Philippe Grangereau, 'Une Mère sur la conscience', *Libération*, 28 April 2013, pp. 5~7에 나온다.

36 Chang, *Wild Swans*, p. 574; Tan, *The Chinese Factor*, p. 157.

37 Zhuo Fei, *Yingzujie mingliu zai wenge de gushi* (Celebrities from the British

concession in Shanghai during the Cultural Revolution), Hong Kong: Mingbao chubanshe youxian gongsi, 2005, p. 249.

38 Yang, *Spider Eaters*, pp. 197 and 248~249.

39 Emily Honig, 'Socialist Sex: The Cultural Revolution Revisited', *Modern China*, 29, no. 2 (April 2003), pp. 143~175.

23장 반전

1 Gao, *Zhou Enlai*, p. 252.

2 Guo, Song and Zhou, *The A to Z of the Chinese Cultural Revolution*, p. 61; Yan and Gao, *Turbulent Decade*, p. 430.

3 PRO, 'Shanghai Attacks Blind Worship of Foreign Things', 2 Oct. 1974, FCO 21-1224.

4 Dong Guoqiang and Andrew G. Walder, 'Nanjing's "Second Cultural Revolution" of 1974', *China Quarterly*, no. 212 (Dec. 2012), pp. 893~918.

5 MacFarquhar and Schoenhals, *Mao's Last Revolution*, p. 366.

6 Gao, *Zhou Enlai*, pp. 259~263; PRO, R. F. Wye, 'Appearances at the National Day Reception', 4 Oct. 1974, FCO 21-1224.

7 Gao, *Zhou Enlai*, p. 264.

8 Li, *The Private Life of Chairman Mao*, p. 586; Terrill, *Madame Mao*, p. 279.

9 Zhejiang, 13 May 1975, J002-998-197509-2, pp. 1~6; Forster, *Rebellion and Factionalism in a Chinese Province*.

10 MacFarquhar and Schoenhals, *Mao's Last Revolution*, pp. 384~388; Dru Gladney, *Muslim Chinese: Ethnic Nationalism in the People's Republic*, Cambridge, MA: Harvard University Press, 1996, pp. 137~140.

11 MacFarquhar and Schoenhals, *Mao's Last Revolution*, pp. 393~397.

12 Li, *The Private Life of Chairman Mao*, p. 601; MacFarquhar and Schoenhals, *Mao's Last Revolution*, pp. 404~405.

13 Cheng, *Life and Death in Shanghai*, p. 459; MacFarquhar and Schoenhals, *Mao's Last Revolution*, pp. 409~411.

14 Cheng, *Life and Death in Shanghai*, p. 466; Tan, *The Chinese Factor*, p. 221.

15 MacFarquhar and Schoenhals, *Mao's Last Revolution*, p. 416; Wong, *Red China Blues*, p. 165.

16 Yan and Gao, *Turbulent Decade*, pp. 489~492.

17 위의 책, pp. 492~495.

18 Roger Garside, *Coming Alive: China after Mao*, London: Deutsch, 1981, pp. 115~128.

19 Li, *The Private Life of Chairman Mao* , p. 612; Yan and Gao, *Turbulent Decade*, pp. 497~499.

20 Tan, *The Chinese Factor*, p. 228; MacFarquhar and Schoenhals, *Mao's Last Revolution*, pp. 431~432.

21 Chang, *Wild Swans*, p. 647.

24장 후유증

1 James Palmer, *The Death of Mao: The Tangshan Earthquake and the Birth of the New China*, London: Faber & Faber, 2012, p. 236.

2 Report from the Chinese Academy of Science, 29 June 1974, Shandong, A47-2-247, pp. 76~79.

3 Palmer, *The Death of Mao*, p. 131.

4 위의 책, p. 132.

5 Tan, *The Chinese Factor*, p. 241.

6 Palmer, *The Death of Mao*, pp. 167~171.

7 Wong, *Red China Blues*, pp. 173~174.

8 Chang, *Wild Swans*, p. 651.

9 Jean Hong, interview, 7 Nov. 2012, Hong Kong; Rowena Xiaoqing He, 'Reading Havel in Beijing', *Wall Street Journal*, 29 Dec. 2011.

10 Ai Xiaoming interviewed by Zhang Tiezhi, 22 Dec. 2010, Guangzhou.

11 Wu Guoping interviewed by Dong Guoqiang, 1 Dec. 2013, Zongyang county, Anhui.

12 Shan, 'Becoming Loyal', p. 145; Wong, *Red China Blues*, p. 175; Tan, *The Chinese Factor*, p. 245.

13 Wong, *Red China Blues*, p. 177.

14 PRO, 'Confidential Wire', 25 Oct. 1976, FCO 21-1493.

15 Cheng, *Life and Death in Shanghai*, pp. 483~484; Garside, *Coming Alive*, p. 164.

16 Wong, *Red China Blues*, p. 181; Tan, *The Chinese Factor*, p. 251.

17 Wong, *Red China Blues*, pp. 188~189.

18 George Black and Robin Munro, *Black Hands of Beijing: Lives of Defiance in China's Democracy Movement*, London: Wiley, 1993, p. 50.

19 Tan, *The Chinese Factor*, p. 257; Potter, *From Leninist Discipline to Socialist Legalism*, p. 113.

20 Chang, *Wild Swans*, p. 656.

21 MacFarquhar and Schoenhals, *Mao's Last Revolution*, p. 457.

22 Yang Dali, *Calamity and Reform in China: State, Rural Society, and Institutional Change since the Great Leap Famine*, Stanford: Stanford University Press, 1996, pp. 147~149.

23 위의 책, p. 157.

24 White, *Unstately Power*, p. 96; Zhou, *How the Farmers Changed China*, p. 8.

25 Zhou, *How the Farmers Changed China*, pp. 231~234.

선별 참고 문헌

기록 보관소

중국 이외 지역 기록 보관소
PRO, Hong Kong — 공공 기록 보관소(홍콩)
PRO — 국립 기록 보관소(영국, 런던)

성(省) 기록 보관소
Gansu — 간쑤 성 기록 보관소(란저우)
91 간쑤 성 당 위원회
93 간쑤 성 당 위원회 선전부
96 간쑤 성 당 위원회 농촌 공작부
129 간쑤 성 혁명 위원회
144 간쑤 성 계획 위원회
180 간쑤 성 양식청
192 간쑤 성 상업청

Guangdong — 광둥 성 기록 보관소(광저우)
217 광둥 성 농촌부
231 광둥 성 노동 조합 연맹

235 광둥 성 인민 대표 대회
253 광둥 성 계획 위원회
314 광둥 성 교육청

879 허베이 성 위원회 농촌 공작부
919 허베이 성 혁명 위원회
921 허베이 성 생산부 위원회
925 허베이 성 농업 생산 위원회
926 허베이 성 재정 무역 위원회
940 허베이 성 계획 위원회
942 허베이 성 통계국
979 허베이 성 농업청
997 허베이 성 양식청
999 허베이 성 상업청

SZ1 후베이 성 당 위원회
SZ29 후베이 성 노동 조합 연맹
SZ34 후베이 성 인민 대표 대회
SZ75 후베이 성 양식청
SZ81 후베이 성 상업청
SZ90 후베이 성 공업청
SZ107 후베이 성 농업청
SZ115 후베이 성 위생청
SZ139 후베이 성 혁명 위원회

146 후난 성 당 위원회 농촌 공작부
163 후난 성 인민 대표 대회
182 후난 성 노동국
194 후난 성 양식국

Jiangsu — 장쑤 성 기록 보관소(난징)

4007 장쑤 성 민정청

4013 장쑤 성 교육청

4016 장쑤 성 문화청

4018 장쑤 성 위생청

4028 장쑤 성 건설청

4060 장쑤 성 양식청

Shaanxi — 산시 성 기록 보관소(시안)

123 산시 성 당 위원회

144 산시 성 교통청

194 산시 성 농업청

215 산시 성 상업청

Shandong — 산둥 성 기록 보관소(지난)

A1 산둥 성 당 위원회

A27 산둥 성 문화국

A29 산둥 성 교육청

A47 산둥 성 혁명 위원회

A103 산둥 성 통계국

A108 산둥 성 경제 위원회

A131 산둥 성 양식청

A147 산둥 성 민원국

Sichuan — 쓰촨 성 기록 보관소(청두)

JC1 쓰촨 성 당 위원회

Zhejiang — 저장 성 기록 보관소(항저우)

J116 저장 성 농업청

시(市) 기록 보관소

Nanjing — 난징 시 기록 보관소(장쑤 성, 난징)
4003 난징 시 당 위원회
5003 난징 시 인민 정부
5013 난징 시 노동국
5020 난징 시 경제 위원회
5023 난징 시 통계국
5038 난징 시 경공업국
6001 난징 시 노동 조합 연맹

Shanghai — 상하이 시 기록 보관소(상하이)
A36 상하이 시 당 위원회 공업 정치부
A38 상하이 시 당 위원회 공업 생산 위원회
B1 상하이 시 인민 정부
B3 상하이 시 인민 대표 대회 문화 교육 판공실
B6 상하이 시 인민 대표 대회 재정 양식 무역 판공실
B45 상하이 시 농업청
B 50 상하이 시 인민 대표 대회 기관 사무 관리국
B74 상하이 시 민병 지휘부
B92 상하이 시 라디오 방송국
B98 상하이 시 제2상업국
B104 상하이 시 재정국
B105 상하이 시 교육국
B109 상하이 시 물자국
B120 상하이 시 방공(防空) 판공실
B123 상하이 시 제1상업국
B127 상하이 시 노동국
B134 상하이 시 방직 공업국
B163 상하이 시 경공업국
B167 상하이 시 출판국
B168 상하이 시 민정국

B172 상하이 시 문화국
B173 상하이 시 기계 전기 공업국
B182 상하이 시 공상(工商) 감독 관리국
B227 상하이 시 혁명 위원회 임금 소조
B228 상하이 시 인민 정부 지식 청년 상산하향 판공실
B244 상하이 시 교육 위생 판공실
B246 상하이 시 인민 정부 경제 위원회
B248 상하이 시 인민 정부 재정 무역 판공실
B250 상하이 시 농업 위원회

출간된 문헌

Ahn, Byungjoon, *Chinese Politics and the Cultural Revolution: Dynamics of Policy Processes,* Seattle: University of Washington Press, 1976.

Andrews, Julia F., *Painters and Politics in the People's Republic of China, 1949~1979,* Berkeley: University of California Press, 1994.

Andrieu, Jacques, 'Les gardes rouges: Des rebelles sous influence', *Cultures et Conflits,* no. 18 (Summer 1995), pp. 2~25.

Andrieu, Jacques, 'Mais que se sont donc dit Mao et Malraux? Aux sources du maoïsme occidental', *Perspectives chinoises,* no. 37 (Sept. 1996), pp. 50~63.

Ba Yantai, *Nei Menggu wasu zainan shilu* (네이멍구의 계급 대오 정화 기록), Hohhot: Nei Menggu renquan xinxi zhongxin, 1999, self-published.

Baehr, Peter, 'China the Anomaly: Hannah Arendt, Totalitarianism, and the Maoist Regime', *European Journal of Political Theory,* 9, no. 3 (July 2010), pp. 267~286.

Barcata, Louis, *China in the Throes of the Cultural Revolution: An Eye Witness Report,* New York: Hart Publishing, 1968.

Barnouin, Barbara and Yu Changgen, *Ten Years of Turbulence: The Chinese Cultural Revolution,* London: Kegan Paul International, 1993.

Barnouin, Barbara and Yu Changgen, *Zhou Enlai: A Political Life,* Hong Kong: Chinese University of Hong Kong Press, 2009. (『저우언라이 평전』, 유상철 옮김, 베리타스북스, 2007)

Bickers, Robert and Ray Yep (eds), *May Days in Hong Kong: Riot and Emergency in 1967,* Hong Kong: Hong Kong University Press, 2009.

Black, George and Robin Munro, *Black Hands of Beijing: Lives of Defiance in China's Democracy Movement,* London: Wiley, 1993.

Bo Yibo, *Ruogan zhongda shijian yu juece de huigu* (몇 가지 중대한 사건과 결정에 관한 회고), Beijing: Zhonggong zongyang dangxiao chubanshe, 1993.

Bonnin, Michel, *The Lost Generation: The Rustication of China's Educated Youth (1968~1980),* Hong Kong: Chinese University of Hong Kong Press, 2013.

Boterbloem, Kees, *The Life and Times of Andrei Zhdanov, 1896~1948,* Montreal: McGill-Queen's Press, 2004.

Bramall, Chris, 'Origins of the Agricultural "Miracle": Some Evidence from Sichuan', *China Quarterly,* no. 143 (Sept. 1995), pp. 731~755.

Brown, Jeremy, 'Burning the Grassroots: Chen Boda and the Four Cleanups in Suburban Tianjin', *Copenhagen Journal of Asian Studies,* 26, no. 1 (2008), pp. 50~69.

Bu Weihua, 'Beijing hongweibing yundong dashi ji' (베이징의 홍위병 운동 연대기), *Beijing dangshi yanjiu,* no. 84 (1994), pp. 56~61.

Bu Weihua, *Zalan jiu shijie: Wenhua da geming de dongluan yu haojie* (구세계를 부수다: 문화 대혁명의 혼란과 대참사), Hong Kong: Chinese University of Hong Kong Press, 2008.

Bubenin, Vitaly, *Krovavi Sneg Damanskogo: Sobytiia 1966~1969 gg.,* Moscow: Granitsa, 2004.

Bundy, William, *A Tangled Web: The Making of Foreign Policy in the Nixon Presidency,* New York: Hill & Wang, 1998.

Burr, William (ed.), *The Kissinger Transcripts: The Top-Secret Talks with Beijing and Moscow,* New York: The New Press, 1999.

Byron, John and Robert Pack, *The Claws of the Dragon: Kang Sheng, the Evil Genius behind Mao and his Legacy of Terror in People's China,* New York: Simon & Schuster, 1992.

Chan, Anita, 'Dispelling Misconceptions about the Red Guard Movement: The Necessity to Re-Examine Cultural Revolution Factionalism and Periodization', *Journal of Contemporary China,* I, no. 1 (Sept. 1992), pp. 61~85.

Chan, Anita, 'Self-Deception as a Survival Technique: The Case of Yue Daiyun, *To the Storm - The Odyssey of a Revolutionary Chinese Woman',* *Australian Journal of Chinese Affairs,* nos 19~20 (Jan.~July 1988), pp. 345~358.

Chan, Anita, Stanley Rosen and Jonathan Unger, 'Students and Class Warfare: The Social Roots of the Red Guard Conflict in Guangzhou (Canton)', *China Quarterly,* no. 83 (Sept. 1980), pp. 397~446.

Chang Jung, *Wild Swans: Three Daughters of China,* Clearwater, FL: Touchstone, 2003. (『대륙의 딸』, 황의방 외 옮김, 까치글방, 2006)

Chang Jung and Jon Halliday, *Mao: The Unknown Story,* London: Jonathan Cape,

2005. (『마오: 알려지지 않은 이야기들』, 황의방 외 옮김, 까치글방, 2006)

Chang, Tony H., *China during the Cultural Revolution, 1966~1976: A Selected Bibliography of English Language Works,* Westport, CT: Greenwood, 1999.

Cheek, Timothy, *Propaganda and Culture in Mao's China: Deng Tuo and the Intelligentsia,* Oxford: Oxford University Press, 1997.

Chen Donglin, *Sanxian jianshe: Beizhan shiqi de xibu kaifa* (3선 건설: 전쟁 준비 시기의 서부 개발), Beijing: Zhonggong zhongyang dangxiao chubanshe, 2003.

Chen, Jack, *Inside the Cultural Revolution,* London: Sheldon, 1976.

Chen Jian, *Mao's China and the Cold war,* Chapel Hill: University of North Carolina Press, 2001.

Chen Jian, 'China, the Vietnam War and the Sino-American Rapprochement, 1968~1973', in Odd Arne Westad and Sophie Quinn-Judge (eds), *The Third Indochina war: Conflict between China, Vietnam and Cambodia, 1972~79,* London: Routledge, 2006, pp. 33~64.

Chen Ruoxi, *The Execution of Mayor Yin and Other Stories from the Great Proletarian Cultural Revolution,* revised edn, Bloomington: Indiana University Press, 2004.

Chen Yinan, *Qingchun wuhen: Yige Zaofanpai gongren de shinian wenge* (상처 없는 청춘: 어느 조반파 노동자의 문화 대혁명 경험), Hong Kong: Chinese University of Hong Kong Press, 2006. (『문화 대혁명, 또 다른 기억: 어느 조반파 노동자의 문혁 10년』, 그린비, 2008)

Cheng, Nien, *Life and Death in Shanghai,* New York: Penguin Books, 2008. (『생과 사』, 시사영어사, 1980)

Cheng, Tiejun and Mark Selden, 'The Construction of Spatial Hierarchies: China's *hukou* and *danwei* Systems', in Timothy Cheek and Tony Saich (eds), *New Perspectives on State Socialism in China,* Armonk, NY: M. E. Sharpe, 1997, pp. 23~50.

Cheng Yinghong, *Creating the 'New Man:' From Enlightenment Ideals to Socialist Realities,* Honolulu: University of Hawai'i Press, 2009.

Cheung, Gary, *Hong Kong's watershed: The 1967 Riots,* Hong Kong: Hong Kong University Press, 2009.

Chinese Propaganda Posters: From the Collection of Michael Wolf, Cologne:

Taschen, 2003.

Clark, Paul, *The Chinese Cultural Revolution: A History,* Cambridge: Cambridge University Press, 2008.

Cohen, Arthur A. , *The Communism of Mao Tse-tung,* Chicago: University of Chicago Press, 1964.

Cook, Alexander C. (ed.), *The Little Red Book: A Global History,* Cambridge: Cambridge University Press, 2014.

Cooper, John, *Colony in Conflict: The Hong Kong Disturbances, May 1967~January 1968,* Hong Kong: Swindon, 1970.

Cradock, Percy, *Experiences of China,* London: John Murray, 1994.

Dai Yushan, '"Siqing" dayuanan de zhenxiang: Du Yu Kaiguo "Tongcheng fengyu"' (〈사청〉에 관한 진실), *Zhengming,* Jan. 2007, pp. 82~83.

Dangdai Yunnan dashi jiyao (현대 윈난 성의 주요 사건 목록), Kunming: Dangdai Zhongguo chubanshe, 2007.

Diamant, Neil J., *Embattled Glory: Veterans, Military Families, and the Politics of Patriotism in China, 1949~2007,* Lanham, MD: Rowman & Littlefield, 2009.

Dikötter, Frank, *China before Mao: The Age of Openness,* Berkeley: University of California Press, 2008.

Dikötter, Frank, *Exotic Commodities: Modern Objects and Everyday Life in China,* New York: Columbia University Press, 2006.

Dikötter, Frank, *Mao's Great Famine: The History of China's Most Devastating Catastrophe, 1958~1962,* London: Bloomsbury, 2010. (『마오의 대기근』, 최파일 옮김, 열린책들, 2017)

Dikötter, Frank, *The Tragedy of Liberation: A History of the Chinese Revolution, 1945~1957,* London: Bloomsbury, 2013. (『해방의 비극』, 고기탁 옮김, 열린책들, 2016)

Ding Qun, 'Yuanyu biandi de Jiangsu qingcha "Wu Yao Liu" yundong' (장쑤 성의 5·16 분자 탄압 운동), *Wenshi jinghua,* no. 1 (2009).

Ding Shu, 'Fengyu rupan de suiyue: 1970 nian yida sanfan yundongjishi' (격동의 세월: 1970년의 일타삼반 운동), *Huanghuagangzazhi,* no. 5 (March 2003), pp. 69~80.

Ding Shu, 'Wenge zhong de "qingli jieji duiwu" yundong' (문화 대혁명 중 일어난

계급 대오 정화 운동), *Huaxia wenzhai zengkan,* no. 244, 14 Dec. 2004.

Ding Yizhuang, *Zhongguo zhiqing shi: Chulan, 1953~1968* (중국 지식청년 역사: 첫
번째 물결, 1953~1968), Beijing: Dangdai Zhongguo chubanshe, 2009.

Domenach, Jean-Luc, *L'Archipel oublié,* Paris: Fayard, 1992.

Dong Guoqiang and Andrew G. Walder, 'Factions in a Bureaucratic Setting: The
Origins of Cultural Revolution Conflict in Nanjing', *China Journal,* no. 65
(Jan. 2011), pp. 1~25.

Dong Guoqiang and Andrew G. Walder, 'From Truce to Dictatorship: Creating a
Revolutionary Committee in Jiangsu', *China Journal,* no. 68 (July 2012), pp.
1~31.

Dong Guoqiang and Andrew G. Walder, 'Local Politics in the Chinese Cultural
Revolution: Nanjing under Military Control' ,*Journal of Asian Studies,* 70, no.
2 (May 2011), pp. 425~447.

Dong Guoqiang and Andrew G. Walder, 'Nanjing's "Second Cultural
Revolution" of 1974', *China Quarterly,* no. 212 (Dec. 2012), pp. 893~918.

Dong Shengli, 'Guanyu Xi'an hongse kongbudui de koushu huiyi' (시안의 적색
테러단에 대한 구술 회상), *jiyi,* no. 10 (Dec. 2008), pp. 47~49.

Dunn, Walter S., *The Soviet Economy and the Red Army, 1930~1945,* Westport, CT:
Greenwood, 1995.

Dutton, Michael, 'Mango Mao: Infections of the Sacred', *Public Culture,* 16, no. 2
(Spring 2004), pp. 161~87.

Esherick, Joseph W, Paul G. Pickowicz and Andrew G. Walder, *China's Cultural
Revolution as History,* Stanford: Stanford University Press, 2006.

Faligot, Roger and Remi Kauifer, *The Chinese Secret Service,* New York: Morrow,
1989.

Fan Ka Wai, 'Epidemic Cerebrospinal Meningitis during the Cultural
Revolution', *Extreme-Orient, Extreme-Occident,* 37 (Sept. 2014), pp.
197~232.

Fang Xiaoping, *Barefoot Doctors and western Medicine in China,* New York:
University of Rochester Press, 2012.

Fenby, Jonathan, *Modern China: The Fall and Rise of a Great Power, 1850 to the
Present,* New York: Ecco, 2008.

Feng Jicai, *Ten Years of Madness: Oral Histories of China's Cultural Revolution*, San Francisco: China Books, 1996.

Figes, Orlando, *The Whisperers: Private Life in Stalin's Russia*, New York: Picador, 2007. (『속삭이는 사회』, 김남섭 옮김, 교양인, 2013)

Finnane, Antonia, *Changing Clothes in China: Fashion, History, Nation*, New York: Columbia University Press, 2008.

Fitzpatrick, Sheila (ed.), *Cultural Revolution in Russia, 1928~1931*, Bloomington: Indiana University Press, 1978.

Fokkema, Douwe W, *Report from Peking: Observation of a western Diplomat on the Cultural Revolution*, London: Hurst, 1972.

Forster, Keith, *Rebellion and Factionalism in a Chinese Province: Zhejiang, 1966~1976*, Armonk, NY: M. E. Sharpe, 1990.

Friedman, Edward, Paul G. Pickowicz and Mark Selden, *Revolution, Resistance and Reform in Village China*, New Haven, CT: Yale University Press, 2005.

Fu Guangming and Zheng Shi, *Taiping hu de jiyi: Lao She zhi si koushu shilu* (타이핑 호수의 기억: 라오서의 죽음에 관한 구술 증언 기록), Shenzhen: Haitian chubanshe, 2001.

Gamsa, Mark, *The Chinese Translation of Russian Literature: Three Studies*, Leiden: Brill, 2008.

Gao Hua, 'Zai Guizhou "siqing yundong" de beihou' (구이저우의 〈사청 운동〉 배경), *Ershiyi shiji*, no. 93 (Feb. 2006), pp. 75~89.

Gao Shuhua and Cheng Tiejun, *Nei Meng wenge fenglei: Yiwei zaofanpai lingxiu de koushu shi* (네이멍구의 문화 대혁명: 어느 조반파 지도자의 구술 역사), Carle Place, NY: Mingjing chubanshe, 2007.

Gao Wenqian, *Zhou Enlai: The Last Perfect Revolutionary*, New York: PublicAffairs, 2007.

Gao Yuan, *Born Red: A Chronicle of the Cultural Revolution*, Stanford: Stanford University Press, 1987.

Garside, Roger, *Coming Alive: China after Mao*, London: Deutsch, 1981.

Gladney, Dru, *Muslim Chinese: Ethnic Nationalism in the People's Republic*, Cambridge, MA: Harvard University Press, 1996.

Goldstein, Lyle J., 'Return to Zhenbao Island: Who Started Shooting and Why It

Matters', *China Quarterly,* no. 168 (Dec. 2001), pp. 985~997.

Gong Xiaoxia, 'Repressive Movements and the Politics of Victimization', doctoral dissertation, Harvard University, 1995.

Griffin, Nicholas, *Ping-Pong Diplomacy: The Secret History behind the Game that Changed the World,* New York: Scribner, 2014.

Guo Dehong and Lin Xiaobo (eds), *'Siqing' yundong qinli ji* (〈사청〉 운동 경험 수기), Beijing: Renmin chubanshe, 2008.

Guo Dehong and Lin Xiaobo, *Siqing yundong shilu* (〈사청〉 운동에 관한 진실한 기록), Hangzhou: Zhejiang renmin chubanshe, 2005.

Guo Faliang, *Guxiang, guren, gushi* (고향 마을, 고향 사람, 고향 이야기), Beijing: Beijing shidai nongchao wenhua fazhan gongsi, 2011.

Guo Jian, Yongyi Song and Yuan Zhou (eds), *The A to Z of the Chinese Cultural Revolution,* Lanham, MD: Scarecrow Press, 2009.

Guo Xuezhi, *China's Security State: Philosophy, Evolution, and Politics,* Cambridge: Cambridge University Press, 2012.

Grey, Anthony, *Hostage in Peking,* London: Weidenfeld & Nicholson, 1988.

Halberstam, David, *The Coldest Winter: America and the Korean war,* London: Macmillan, 2008. (『콜디스트 윈터』, 이은진, 정윤미 옮김, 살림, 2009)

Hankiss, Eiemer, 'The "Second Society": Is There an Alternative Social Model Emerging in Contemporary Hungary?', *Social Research,* 55, nos 1~2 (Spring 1988), pp. 13~42.

Hao Ping, 'Reassessing the Starting Point of the Cultural Revolution', *China Review International,* 3, no. 1 (Spring 1996), pp. 66~86.

Hao Shengxin, *Nanwang de suiyue* (Unforgettable years), Beijing: Beijing shidai nongchao wenhua fazhan gongsi, 2011.

Hoare, James, *Embassies in the East: The Story of the British Embassies in Japan, China and Korea from 1859 to the Present,* Richmond: Curzon Press, 1999.

Holm, David, 'The Strange Case of Liu Zhidan', *Australian Journal of Chinese Affairs,* no. 27 (Jan. 1992), pp. 77~96.

Honig, Emily, 'Socialist Sex: The Cultural Revolution Revisited', *Modern China,* 29, no. 2 (April 2003), pp. 143~175.

Hou Yonglu, *Nongmin riji: Yige nongmin de shengcun shilu* (어느 농부의 일기),

Beijing: Zhongguo qingnian chubanshe, 2006.

Howe, Christopher, 'Labour Organisation and Incentives in Industry before and after the Cultural Revolution', in Stuart Schram *Participation and Cultural Change in China,* London: Contemporary China Institute, 1973, pp. 233~256.

Hu Jinzhao, *wenren luonan ji* (지식인 고난 기록), self-published, 2011.

Hua Linshan, *Les Annees rouges,* Paris: Seuil, 1987.

Huang Shu-min, *The Spiral Road: Change in a Chinese Village through the Eyes of a Communist Party Leader,* Boulder, CO: Westview Press, 1989.

Huang Yanmin, 'Posijiu yundong de fazhan mailuo' (〈사구〉타파 운동의 발달 과정), *Ershiyi shiji,* no. 137 (June 2013), pp. 71~82.

Huang Zheng, *Liu Shaoqi de zuihou suiyue 1966~1969* (류사오치의 말년, 1966~1969), Beijing: Jiuzhou chubanshe, 2012.

Huang Zheng, *Liu Shaoqi yisheng* (류사오치: 일생), Beijing: Zhongyang wenxian chubanshe, 2003.

Huang Zheng, *wang Guangmei fangtan lu* (왕광메이와의 대담), Beijing: Zhongyang wenxian chubanshe, 2006.

Hunter, Neale, *Shanghai Journal: An Eyewitness Account of the Cultural Revolution,* New York: Praeger, 1969.

Ji Fengyuan, *Linguistic Engineering: Language and Politics in Mao's China,* Honolulu: University of Hawai'i Press, 2004.

Jiang Hongsheng, 'The Paris Commune in Shanghai: The Masses, the State, and Dynamics of "Continuous Revolution"', doctoral dissertation, Duke University, 2010.

Jiang Weiqing, *Qjshi nian zhengcheng: Jiang wtiqing huiyilu* (70년 여정: 장웨이칭 회고록), Nanjing: Jiangsu renmin chubanshe, 1996.

Jin Chongji (ed.), *Zhou Enlai zhuan, 1898~1949* (저우언라이 전기 1898~1949), Beijing: Zhongyang wenxian chubanshe, 1989.

Jin Chongji and Huang Zheng (eds), *Liu Shaoqi zhuan* (류사오치 전기), Beijing: Zhongyang wenxian chubanshe, 1998.

Jin Dalu, *Feichang yu zhengchang: Shanghai 'wenge'shiqi de shehui bianqian* (비범한 자들과 평범한 자들: 문화 대혁명 시기 상하이의 사회 변화), Shanghai: Shanghai cishu chubanshe, 2011.

Jin, Qiu, *The Culture of Power: The Lin Biao Incident in the Cultural Revolution,* Stanford: Stanford University Press, 1999.

Jong, Alice de, 'The Strange Story of Chairman Mao's Wonderful Gift', *China Information,* 9, no. 1 (Summer 1994), pp. 48~54.

Kang Zhengguo, *Confessions: An Innocent Life in Communist China,* New York: Norton, 2007.

Kao, Chen-yang, 'The Cultural Revolution and the Emergence of Pentecostal-style Protestantism in China', *Journal of Contemporary Religion,* 24, no. 2 (May 2009), pp. 171~188.

Kapitsa, Michael Stepanovitch, *Na raznykh parallelakh: Zapiski diplomata,* Moscow: Kniga i Biznes, 1996.

Kelliher, Daniel, *Peasant Power in China: The Era of Rural Reform, 1979~1989,* New Haven, CT: Yale University Press, 1992.

King, Richard (ed.), *Art in Turmoil: The Chinese Cultural Revolution, 1966~76,* Vancouver: University of British Columbia Press, 2010.

Kueh, Y. Y., 'Mao and Agriculture in China's Industrialization: Three Antitheses in a 50-Year Perspective', *China Quarterly,* no. 187 (Sept. 2006), pp. 700~723.

Lacouture, Jean, 'From the Vietnam War to an Indochina War', *Foreign Affairs,* July 1970, pp. 61, 7~28.

Ladany, Laszlo, *The Communist Party of China and Marxism, 1921~1985: A Self-Portrait,* London: Hurst, 1988.

Laing, Ellen Johnston, *The Winking Owl: Art in the People's Republic of China,* Berkeley: University of California Press, 1988.

Lardy, Nicholas R., *Agriculture in China's Modern Economic Development,* Cambridge: Cambridge University Press, 1983.

Law Kam-yee (ed.), *The Cultural Revolution Reconsidered: Beyond a Purge and a Holocaust,* London: Macmillan, 2002.

Lee, Hong Yung, 'The Radical Students in Kwangtung during the Cultural Revolution', *China Quarterly,* no. 64 (Dec. 1975), pp. 645~683.

Lee, Joseph Tse-Hei, 'Watchman Nee and the Little Flock Movement in Maoist China', *Church History,* 74, no. 1 (March 2005), pp. 68~96.

Leese, Daniel, *Mao Cult: Rhetoric and Ritual in China's Cultural Revolution,* Cambridge: Cambridge University Press, 2011.

Leys, Simon, *Broken Images: Essays on Chinese Culture and Politics,* New York: St Martin's Press, 1980.

Leys, Simon, *The Chairman's New Clothes: Mao and the Cultural Revolution,* New York: St Martin's Press, 1977.

Li Hua-yu, 'Instilling Stalinism in Chinese Party Members: Absorbing Stalin's Short Course in the 1950s', in Thomas P. Bernstein and Li Hua-yu (eds), *China Learns from the Soviet Union, 1949~Present,* Lanham, MD: Lexington Books, 2009, pp. 107~130.

Li Jie, 'Virtual Museums of Forbidden Memories: Hu Jie's Documentary Films on the Cultural Revolution', *Public Culture,* 21, no. 3 (Fall 2009), pp. 539~549.

Li Kwok-sing, *A Glossary of Political Terms of the People's Republic of China,* Hong Kong: Chinese University of Hong Kong Press, 1995.

Li Rui, *Lushan huiyi shilu* (루산 회의 실록), Zhengzhou: Henan renmin chubanshe, 1999.

Li Shihua, *Gongyong de mubei: Yige Zhongguoren de jiatingjishi* (공동 묘비: 어느 중국인 가족의 이야기), Carle Place, NY: Mingjing chubanshe, 2008.

Li Xun, *Da bengkui: Shanghai gongren zaofonpai xingwang shi* (상하이 조반파 노동자의 흥망사), Taipei: Shibao chubanshe, 1996.

Li Zhisui, *The Private Life of Chairman Mao: The Memoirs of Mao's Personal Physician,* New York: Random House, 1994. (『모택동의 사생활』, 손풍삼 옮김, 고려원, 1995)

Liang Heng and Judith Shapiro, *Son of the Revolution,* New York: Alfred A. Knopf, 1983.

Liang Xiaosheng, *Yige hongweibing de zibai* (어느 홍위병의 고백), Hong Kong: Tiandi tushu youxian gongsi, 1996.

Liao Yiwu, *God is Red: The Secret Story of How Christianity Survived and Flourished in Communist China,* New York: HarperCollins, 2011.

Ling, Ken, *The Revenge of Heaven,* New York: Ballantine, 1972.

Liu Guokai, *A Brief Analysis of the Cultural Revolution,* Armonk, NY: M. E.

Sharpe, 1987.

Liu Tong, 'Jieshi Zhongnanhai gaoceng zhengzhi de yiba yaoshi: Lin Biao biji de hengli yu yanjiu' (중난하이의 고위층 정치를 이해하는 열쇠: 린뱌오가 남긴 기록의 정리와 연구), paper presented at the International Conference on Chinese War and Revolution in the Twentieth Century, Shanghai Communications University, 8~9 Nov. 2008.

Liu Wenzhong, *Fengyu rensheng lu: Yige canji kuqiu xinsheng ji* (나의 험난한 인생 기록), Macau: Aomen chongshi wenhua, 2004.

Liu Xiaomeng, *Zhongguo zhiqing shi: Dachao, 1966~1980* (중국 지식청년 역사: 큰 물결, 1966~1980), Beijing: Zhongguo shehui kexue chubanshe, 1998.

Liu Zuneng, *Wo de gushi* (나의 이야기), Beijing: Beijing shidai nongchao wenhua fazhan gongsi, 2011.

Loh, Christine, *Underground Front: The Chinese Communist Party in Hong Kong*, Hong Kong: Hong Kong University Press, 2010.

Lu Hong, *Junbao neibu xiaoxi: 'Wenge' qinli shilu* (『해방군보』 내부자의 이야기), Hong Kong, Shidai guoji chubanshe, 2006.

Lü Xiuyuan, 'A Step toward Understanding Popular Violence in China's Cultural Revolution', *Pacific Affairs,* 67, no. 4 (Winter 1994~5), pp. 533~563.

Luo Bing, 'Mao Zedong fadongshejiao yundong dang'an jiemi' (기록 보관소를 통해 밝혀진 마오쩌둥의 사회주의 교육 운동 착수 비화), *Zhengming,* Feb. 2006, pp. 10~13.

Luo Ruiqing, *Commemorate the Victory over German Fascism! Carry the Struggle against us. Imperialism through to the End!,* Beijing: Foreign Languages Press, 1965.

Lüthi, Lorenz, 'The Vietnam War and China's Third-Line Defense Planning before the Cultural Revolution, 1964~1966', *journal of Cold war Studies, 10,* no. 1 (Winter 2008), pp. 26~51.

Ma Bo, *Xue yu tie* (피와 쇠), Beijing: Zhongguo shehui kexue chubanshe, 1998.

MacFarquhar, Roderick, *The Origins of the Cultural Revolution,* vol. I: *Contradictions among the People, 1956~1957,* London: Oxford University Press, 1974.

MacFarquhar, Roderick, *The Origins of the Cultural Revolution,* vol. 3, *The Coming of the Cataclysm, 1961~1966,* New York: Columbia University Press, 1997.

MacFarquhar, Roderick and Michael Schoenhals, *Mao's Last Revolution,* Cambridge, MA: Harvard University Press, 2006.

MacMillan, Margaret, *Nixon and Mao: The Week that Changed the World,* New York: Random House, 2007.

Mao Zedong, *jianguo yilai Mao Zedong wengao* (인민 공화국 수립 이후의 마오쩌둥 원고), Beijing: Zhongyang wenxian chubanshe, 1987~96.

Mao Zedong, *Mao Zedong waijiao wenxuan* (마오쩌둥 외교 문집), Beijing: Zhongyang wenxian chubanshe, 1994.

Marcuse, Jacques, *The Peking Papers: Leaves from the Notebook of a China Correspondent,* London: Arthur Barker, 1968.

Milton, David and Nancy D. Milton, *The Wind Will Not Subside: Years in Revolutionary China, 1964~1969,* New York: Pantheon Books, 1976.

Mitcham, Chad J., *China's Economic Relations with the West and Japan, 1949~79: Grain, Trade and Diplomacy,* New York: Routledge, 2005.

Mittler, Barbara, '"Eight Stage Works for 800 Million People": The Great Proletarian Cultural Revolution in Music — A View from Revolutionary Opera', *Opera Quarterly,* 26, nos 2~3 (Spring 2010), pp. 377~401.

Murck, Alfreda, 'Golden Mangoes: The Life Cycle of a Cultural Revolution Symbol', *Archives of Asian Art,* 57 (2007), pp. 1~21.

Murck, Alfreda (ed.), *Mao's Golden Mangoes and the Cultural Revolution,* Zurich: Scheidegger & Spiess, 2013.

Nanchu, *Red Sorrow: A Memoir,* New York: Arcade, 2001.

Nanjing shi dang'anguan (eds), *Nanjing wenhua da geming da shiji chugao* (문화 대혁명 시기 난징의 주요 사건), Nanjing: Nanjing shi dang'anguan, 1985.

Naughton, Barry, 'The Third Front: Defence Industrialization in the Chinese Interior', *China Quarterly,* no. 115 (Sept. 1988), pp. 351~386.

Nelsen, Harvey W, *Power and Insecurity: Beijing, Moscow and Washington, 1949~1988,* Boulder, CO: Lynne Rienner, 1989.

Oi, Jean c., *State and Peasant in Contemporary China: The Political Economy of Village Government,* Berkeley: University of California Press, 1989.

Ostermann, Christian E, 'East German Documents on the Border Conflict, *1969',*

Cold war International History Project Bulletin, nos 6~7 (Winter 1995), pp. 186~191.

Palmer, James, *The Death of Mao: The Tangshan Earthquake and the Birth of the New China,* London: Faber & Faber, 2012.

Pan, Philip, *Out of Mao's Shadow: The Struggle for the Soul of a New China,* Basingstoke: Picador, 2009.

Pan Yihong, *Tempered in the Revolutionary Furnace: China's Youth in the Rustication Movement,* Lanham, MD: Lexington Books, 2009.

Pang Laikwan, 'The Dialectics of Mao's Images: Monumentalism, Circulation and Power Effects', in Christian Henriot and Yeh Wen-hsin (eds), *Visualising China, 1845~1965: Moving and Still Images in Historical Narratives,* Leiden: Brill, 2013, Pp–407~438.

Pang Xianzhi, Guo Chaoren and Jin Chongji (eds), *Liu Shaoqi,* Beijing: Xinhua chubanshe, 1998.

Pang Xianzhi and Jin Chongji (eds), *Mao Zedong zhuan, 1949~1976* (A biography of Mao Zedong, 1949~1976), Beijing: Zhongyang wenxian chubanshe, 2003.

Pantsov, Alexander V. and Steven I. Levine, *Mao: The Real Story,* New York: Simon & Schuster, 2012.

Pasqualini, Jean, *Prisoner of Mao,* Harmondsworth: Penguin, 1973.

Perry, Elizabeth J., *Challenging the Mandate of Heaven: Social Protest and State Power in China,* Armonk, NY: M. E. Sharpe, 2002.

Perry, Elizabeth J., 'Shanghai's Strike Wave of 1951', *China Quarterly,* no. 137 (March 1994), pp. 1~27.

Perry, Elizabeth J. and Li Xun, *Proletarian Power: Shanghai in the Cultural Revolution,* Boulder, CO: Westview Press, 2000.

Potter, Pitman, *From Leninist Discipline to Socialist Legalism: Peng Zhen on Law and Political Authority in the PRC,* Stanford: Stanford University Press, 2003.

Qinghua daxue zhi (칭화 대학교 연감), Beijing: Qinghua daxue chubanshe, 2001.

Radchenko, Sergey, *Two Suns in the Heavens: The Sino-Soviet Struggle for Supremacy, 1962~1967,* Stanford: Stanford University Press, 2009.

Rees, E. A., *Iron Lazar: A Political Biography of Lazar Kaganovich,* London:

Anthem Press, 2012.

Riskin, Carl, *China's Political Economy: The Quest for Development since 1949,* Oxford: Oxford University Press, 1987.

Rittenberg, Sidney, *The Man Who Stayed Behind,* New York: Simon & Schuster, 1993.

Robinson, Thomas W, 'The Wuhan Incident: Local Strife and Provincial Rebellion during the Cultural Revolution', *China Quarterly,* no. 47 (July 1971), pp. 413~438.

Rosen, Stanley, *Red Guard Factionalism and the Cultural Revolution in Guangzhou,* Boulder, CO: Westview Press, 1982.

Salisbury, Harrison E., *The New Emperors: China in the Era of Mao and Deng,* Boston: Little, Brown, 1992.

Schoenhals, Michael, *China's Cultural Revolution, 1966~1969: Not a Dinner Party,* Armonk, NY: M. E. Sharpe, 1996.

Schoenhals, Michael, '"Why Don't We Arm the Left?" Mao's Culpability for the Cultural Revolution's "Great Chaos" of 1961', *China Quarterly,* no. 182 (June 2005), pp. 277~300.

Schrift, Melissa, *Biography of a Chairman Mao Badge: The Creation and Mass Consumption of a Personality Cult,* New Brunswick, NJ: Rutgers University Press, 2001.

Service, Robert, *Stalin: A Biography,* Basingstoke: Macmillan, 2004. (『스탈린 강철 권력』, 윤길순 옮김, 교양인, 2007)

Shakya, Tsering, *The Dragon in the Land of Snows,* New York: Columbia University Press, 1999.

Shan, Patrick Fuliang, 'Becoming Loyal: General Xu Shiyou and Maoist Regimentation', *American Journal of Chinese Studies,* 18, no. 2 (Fall 2011), pp. 133~150.

Shapiro, Judith, *Mao's war against Nature: Politics and the Environment in Revolutionary China,* New York: Cambridge University Press, 2001.

Shen Fuxiang, *Zhengrong suiyue: Shoudu gongren zaofanpai huiyilu* (굴곡진 세월: 조반파 노동자의 회고록), Hong Kong: Shidai guoji chuban youxian gongsi, 2010.

Shen Xiaoyun, 'The Revolutionary Committee Grows out of the Barrel of a Gun during the Great Proletarian Cultural Revolution: The Unknown Truth of "Armed Conflict" in Guangxi', *Modern China Studies,* 20, no. 1 (2013), pp. 141~182.

Sheng, Michael M., *Battling Western Imperialism: Mao, Stalin, and the United States,* Princeton: Princeton University Press, 1997.

Sheridan, Mary, 'The Emulation of Heroes', *China Quarterly,* no. 33 (March 1968), pp. 47~72.

Shevchenko, Arkady N., *Breaking with Moscow,* New York: Alfred A. Knopf, 1985.

Shirk, Susan L., *The Political Logic of Economic Reform in China,* Berkeley: University of California Press, 1993. (『중국경제개혁의 정치적 논리』, 최완규 옮김, 경남대학교 출판부, 1999)

Smith, Craig S., 'Mao's Buried Past: A Strange, Subterranean City', *New York Times,* 26 Nov. 2001.

Song Bolin, *Hongweibing xingshuailu: Qinghua fuzhong lao hongweibing shouji* (홍위병의 흥망: 칭화 대학교 부속 중학교의 노홍위병 수기), Hong Kong: Desai chuban youxian gongsi, 2006.

Song Liansheng, *Nongye xue Dazhai shimo* (다자이 본받기 운동의 전모), Wuhan: Hubei renmin chubanshe, 2005.

Song Yongyi, 'The Enduring Legacy of Blood Lineage Theory', *China Rights Forum,* no. 4 (2004), pp. 13~23.

Song Yongyi, *Les Massacres de la Révolution Culturelle,* Paris: Gallimard, 2009.

Song Yongyi, 'Bei yancang de lishi: Liu Shao dui "wenge" de dute gongxian' (숨겨진 역사: 류사오치가 문화 대혁명에 끼친 특별한 공헌), in Song Yongyi (ed.), *Wenhua da geming: Lishi zhenxiang he jiti jiyi* (문화 대혁명: 역사적 진실과 집단 기억), Hong Kong: Tianyuan shuwu, 2007, vol. 2, pp. 45~62.

Stalin, Josef, *History of the All-Union Communist Party: A Short Course,* New York: International Publishers, 1939.

Su Yang, *Collective Killings in Rural China during the Cultural Revolution,* Cambridge: Cambridge University Press, 2011.

Sun Qinghe, *Shengsi yitiao lu* (생과 사를 가르는 길), Beijing: Beijing shidai nongchao wenhua fazhan gongsi, 2012.

Sun Youli and Dan Ling, *Engineering Communist China: One Man's Story,* New York: Algora Publishing, 2003.

Tan Hecheng, *Xue de shenhua: Gongyuan 1967 nian Hunan Daoxian wenge da tusha jishi* (피의 신화: 문화 대혁명 시기 1967년 후난 성 다오 현 학살에 관한 역사적 기록), Hong Kong: Tianxingjian chubanshe, 2010.

Tan, Pamela, *The Chinese Factor: An Australian Chinese Woman's Life in China from 1950 to 1979,* Dural, New South Wales: Roseberg, 2008.

Tang, George Y., *Liangdairen de xuanze* (두 세대의 선택), Beijing: Beijing shidai nongchao wenhua fazhan gongsi, 2011.

Tannebaum, Gerald, 'How the Workers Took over their Wharves', *Eastern Horizon,* 6, no. 6 Ouly 1967), pp. 6~17.

Taubman, William, *Khrushchev: The Man and his Era,* London, Free Press, 2003.

Terrill, Ross, *Madame Mao: The White-Boned Demon,* Stanford: Stanford University Press, 1990.

Thaxton, Ralph, *Catastrophe and Contention in Rural China: Mao's Great Leap Famine and the Origins of Righteous Resistance in Da Fo Village,* Cambridge: Cambridge University Press, 2008.

Thurston, Anne E, *Enemies of the People,* New York: Knopf, 1987.

Tilt, Bryan, *The Struggle for Sustainability in Rural China: Environmental Values and Civil Society,* New York: Columbia University Press, 2009.

Tumen and Zhu Dongli, *Kang Sheng yu 'Neirendang' yuan'an* (〈네이멍구 인민당〉의 억울한 사건과 캉성), Beijing: Zhonggong zhongyang dangxiao chubanshe, 1995.

Tyler, Christian, *Wild West China: The Taming of Xinjiang,* London: John Murray, 2003.

Unger, Jonathan, 'The Cultural Revolution at the Grass Roots', *China Journal,* no. 57 Oan. 2007), pp. 109~137.

Unger, Jonathan, 'Cultural Revolution Conflict in the Villages', *China Quarterly,* no. 153 (March 1998), pp. 82~106.

Usov, Victor, 'The Secrets of Zhongnanhai: Who Wiretapped Mao Zedong, and How?', *Far Eastern Affairs,* no. 5 (May 2012) , pp. 129~139.

van der Heijden, Marien, Stefan R. Landsberger, Kuiyi Shen, *Chinese Posters: The IISH-Landsberger Collections,* München: Prestel, 2009.

Walder, Andrew G., *Fractured Rebellion: The Beijing Red Guard Movement,* Cambridge, MA: Harvard University Press, 2009.

Walder, Andrew G., 'Tan Lifu: A "Reactionary" Red Guard in Historical Perspective', *China Quarterly,* no. 180 (Dec. 2004), pp. 965~988.

Walder, Andrew G. and Yang Su, 'The Cultural Revolution in the Countryside: Scope, Timing and Human Impact', *China Quarterly,* no. 173 (March 2003), pp. 74~99.

Wang Aihe, *Wuming (No Name) Painting Catalogue,* Hong Kong: Hong Kong University Press, 2010.

Wang Aihe, 'Wuming: An Underground Art Group during the Cultural Revolution', *Journal of Modern Chinese History,* 3, no. 2 (Dec. 2009), pp. 183~199.

Wang Chenglin, *Chongqing 'zalan gong, jian, fa' qinli ji* (충칭의 법률 조직 파괴에 관한 개인 경험담), self-published, 2003.

Wang Duanyang, *Yige hongweibing de riji* (홍위병 일기), self-published, 2007.

Wang Guangyu, *Qingshi nanyin: Zuihou yici jiaodai* (피할 수 없는 역사: 내 마지막 고백), self-published, 2011.

Wang, Helen, *Chairman Mao Badges: Symbols and Slogan of the Cultural Revolution,* London: British Museum, 2008.

Wang Nianyi, *Da dongluan de niandai* (어지러운 시대), Zhengzhou: Henan renmin chubanshe, 1988.

Wang Rui, '"Anting shijian" de zai renshi he zai yanjiu' (안팅 사건 재검토), *Ershiyi shiji,* no. 55, 31 Oct. 2006.

Wang Shaoguang, *Failure of Charisma: The Cultural Revolution in Wuhan,* Oxford: Oxford University Press, 1995.

Wang Shengze, '"Wenge" fengbao zhong de Ye Fei shangjiang' (문화 대혁명 시기 예페이 장군), *Dangshi bolan,* no. 12 (Dec. 2008), pp. 41~46.

Wang Youqin, 'Finding a Place for the Victims: The Problem in Writing the History of the Cultural Revolution', *China Perspectives,* no. 4, 2007, pp. 65~74.

Wang Youqin, 'The Second Wave of Violent Persecution of Teachers: The Revolution of 1968', Presented at the 35th International Congress of Asian and North African Studies, Budapest, 7~12 July 1997.

Wang Youqin, 'Student Attacks against Teachers: The Revolution of 1966', *Issues and Studies*, 37, no. 2 (March 2001), pp. 29~79.

Watt, George, *China 'Spy'*, London: Johnson, 1972.

Wei Guoqing, 'Kazhan "siqing" yundong' (〈사청〉 운동 개시), in Guo Dehong and Lin Xiaobo (eds) , *'Siqing' yundong qinli ji* (〈사청〉 운동에 대한 개인 회고), Beijing: Renmin chubanshe, 2008, pp. 36~65.

Wei Xiaolan, '"Wo xin tianzonghui liang": Kang Sheng mishu tan "Sha Tao shijian"' (〈나는 하늘이 항상 맑으리라 믿는다〉: 캉성의 비서가 말하는 〈사타오 사건〉), *Bainianchao*, no. 9 (Sept. 2007), pp. 52~56.

Welch, Holmes, *Buddhism under Mao*, Cambridge, MA: Harvard University Press, 1972.

Welsh, Frank, *A History of Hong Kong*, London: HarperCollins, 1993.

Wen Dayong, *Hongweibing chanhui lu* (홍위병 참회록), Hong Kong: Mingbao chubanshe youxian gongsi, 2000.

Westad, O. Arne, 'The Great Transformation', in Niall Ferguson, Charles S. Maier, Erez Manela and Daniel J. Sargent (eds), *The Shock of the Global: The 1970s in Perspective*, Cambridge, MA: Harvard University Press, 2010, pp.65~79.

Westad, O. Arne and Sophie Quinn-Judge (eds), *The Third Indochina War: Conflict between China, Vietnam and Cambodia, 1972~79*, London: Routledge, 2006.

White, Lynn T., *Policies of Chaos: The Organizational Causes of Violence in China's Cultural Revolution*, Princeton: Princeton University Press, 1989.

White, Lynn T., *Unstately Power: Local Causes of China's Economic Reforms*, Armonk, NY: M. E. Sharpe, 1998.

Williams, Philip F. and Yenna Wu, *The Great Wall of Confinement: The Chinese Prison Camp through Contemporary Fiction and Reportage*, Berkeley: University of California Press, 2004.

Wilson, Verity, 'Dress and the Cultural Revolution', in Valerie Steele and John S.

Major (eds), *China Chic: East Meets west*, New Haven, CT: Yale University Press, 1999, pp. 167~186.

Wolin, Richard, *The Wind from the East: French Intellectuals, the Cultural Revolution, and the Legacy of the 1960s*, Princeton: Princeton University Press, 2010.

Wong, Frances, *China Bound and Unbound: History in the Making: An Early Returnee's Account*, Hong Kong: Hong Kong University Press, 2009.

Wong, Jan, *Red China Blues: My Long March from Mao to Now*, New York: Doubleday, 1996.

Woodward, Dennis, 'Rural Campaigns: Continuity and Change in the Chinese Countryside - The Early Post-Cultural Revolution Experience (1969~1972)', *Australian Journal of Chinese Affairs*, no. 6 (July 1981), pp. 97~124.

Wu, Harry, *Bitter Winds: A Memoir of my Years in China's Gulag*, New York: Wiley, 1993.

Wu, Harry Hongda, *Laogai: The Chinese Gulag*, Boulder, CO: Westview Press, 1992.

Wu Ningkun and Li Yikai, *A Single Tear: A Family's Persecution, Love, and Endurance in Communist China*, London: Hodder & Stoughton, 1993.

Wu, Tommy Jieqin, *A Sparrow's voice: Living through China's Turmoil in the 20th Century*, Shawnee Mission, KS: M.I.R. House International, 1999.

Wu, Yiching, *The Cultural Revolution at the Margins: Chinese Socialism in Crisis*, Cambridge, MA: Harvard University Press, 2014.

Wylie, Raymond E, 'Shanghai Dockers in the Cultural Revolution: The Interplay of Political and Economic Issues', in Christopher Howe (ed.), *Shanghai: Revolution and Development in an Asian Metropolis*, Cambridge: Cambridge University Press, 1981, pp. 91~124.

Xia Yafeng, 'China's Elite Politics and Sino-American Rapprochement, January 1969~February 1972', *Journal of Cold Studies*, 8, no. 4 (Fall 2006), pp. 3~28.

Xiao Donglian, *Qiusuo Zhongguo: wenge qian shinian shi* (중국 탐구: 문화 대혁명 이전 10년사), Beijing: Zhonggong dangshi chubanshe, 2011.

Xiao Mu, *Fengyu rensheng* (폭풍 같은 인생), New York: Cozy House Publisher,

2003.

Xie Chengnian, 'Wo qinli de "siqing" yundong naxie shi' (내가 겪은 〈사청〉 운동),
   wenshi tiandi, no. 6 (June 2012), pp. 8~12.

Xie Shengxian, *Hei yu bai de jiyi: Cong wenxue qingnian dao wenge fan'* (흑과 백의
   기억: 문학 청년에서 문화 대혁명 범죄자로), Hong Kong: Sanlian shudian,
   2012.

Xu Xiaodi, *Diandao suiyue* (격동의 세월), Beijing: Shenghuo, dushu, xinzhi
   sanlian shudian, 2012.

Xu Yong, 'Wei Guoqing extermine la faction du "22 Avril"', in Song Yongyi, *Les
   Massacres de la Révolution Culturelle,* Paris: Gallimard, 2009, pp. 249~278.

Xue Tingchen, *Wuhui rensheng* (후회 없는 인생), Beijing: Beijing shidai nongchao
   wenhua fazhan gongsi, 2011.

Yan Jiaqi and Gao Gao, *Turbulent Decade: A History of the Cultural Revolution,*
   Honolulu: University of Hawai'i Press, 1996.

Yan Lebin, *Wo suo jingli de nage shidai* (내가 경험한 시대), Beijing: Shidai wenhua
   chubanshe, 2012.

Yang Dongxiao, 'Wenge jinshu: "Shaonü zhi xin". Nage niandai de xingyuzui'
   (문화 대혁명의 금서: 〈아가씨의 마음〉. 문화 대혁명 시기에 손으로 베낀 최초의
   도색 소설), *Renwu huabao,* no. 23 (2010), pp. 68~71.

Yang Jian, *Zhongguo zhiqing wenxue shi* (지식 청년 문학사), Beijing: Zhongguo
   gongren chubanshe, 2002.

Yang Kuisong, 'The Sino-Soviet border clash of 1969: From Zhenbao Island to
   Sino-American *Rapprochement', Cold war History,* 1, no. 1 (Aug. 2000),
   pp.21~52.

Yang Lan, 'Memory and Revisionism: The Cultural Revolution on the Internet',
   in Ingo Co mils and Sarah Waters (eds), *Memories of 1968: International
   Perspectives,* Oxford: Peter Lang, 2010, pp. 249~279.

Yang, Rae, *Spider Eaters: A Memoir,* Berkeley: University of California Press,
   1997.

Yang Xiaokai, *Captive Spirits: Prisoners of the Cultural Revolution,* New York:
   Oxford University Press, 1997.

Yao Jin, *Yao Yilin baixi tan* (야오이린과 나눈 대화), Beijing: Zhonggong dangshi chubanshe, 2008.

Ye Qing, '"Wenge" shiqi Fujian qunzhong zuzhi yanjiu' (문화 대혁명 시기 푸젠 성의 대중 조직 연구), Fujian Normal University, doctoral dissertation, 2002.

Ye Tingxing, *My Name is Number* 4: *A True Story from the Cultural Revolution,* Basingstoke, NH: St. Martin's Griffin, 2008.

Ye Yonglie, *Chen Boda zhuan* (천보다 전기), Beijing: Zuojia chubanshe, 1993.

Ying Shanhong (ed.), *Yanzheng jinghan: Hunan Hengyang 'wenge' shishi* (후난 성 헝양에 관한 역사적 사실), self-published, 2002.

Yu Xiguang, *Weibei weigan wang youguo: 'Wenhua da geming' shangshu ji* (신분은 낮아도 나라를 염려한다: 문화 대혁명과 관련된 탄원서 모음집), Changsha: Hunan renmin chubanshe, 1989.

Yue Daiyun, *To the Storm: The Odyssey of a Revolutionary Chinese Woman,* Berkeley: University of California Press, 1985.

Zagoria, Donald, *Vietnam Triangle: Moscow, Peking, Hanoi,* New York: Pegasus, 1967.

Zang Xiaowei, *Children of the Cultural Revolution: Family Life and Political Behavior in Mao's China,* Boulder, CO: Westview Press, 2000.

Zhai Zhenhua, *Red Flower of China,* New York: Soho, 1992.

Zhang, Elya J., 'To be Somebody: Li Qinglin, Run-of-the-Mill Cultural Revolution Showstopper', in Joseph W Esherick, Paul G. Pickowicz and Andrew Walder (eds), *The Chinese Cultural Revolution as History,* Stanford: Stanford University Press, 2006, pp. 211~239.

Zhang Guanghua, *Zhenshi de huiyi* (진실한 기억), Beijing: Beijing shidai nongchao wenhua fazhan gongsi, 2010.

Zhang Suhua, *Bianju: Qjqianren dahui shimo* (7,000인 대회의 전말), Beijing: Zhongguo qingnian chubanshe, 2006.

Zheng Yi, *Scarlet Memorial: Tales of Cannibalism in Modern China,* Boulder, CO: Westview Press, 1996.

Zhou Chenghao, *Wangshi huiyi* (옛일의 기억), Beijing: Beijing shidai nongchao wenhua fazhan gongsi, 2011.

Zhou, Kate Xiao, *How the Farmers Changed China: Power of the People,* Boulder, CO: Westview Press, 1996.

Zhou Zehao, 'The Anti-Confucian Campaign during the Cultural Revolution, August 1966~January 1967', doctoral dissertation, University of Maryland, 2011.

Zhu Zhenghui and Jin Guangyao (eds), *Zhiqing buluo: Huangshang jiaoxia de 10,000 ge Shanghai ren* (지식 청년 부락: 황산에 유배된 상하이 학생 1만 명), Shanghai: Shanghai guji chubanshe, 2004.

Zhuo Fei, *Yingzujie mingliu zai wenge de gushi* (문화 대혁명 시기 상하이 영국 조계의 유명 인사들), Hong Kong: Mingbao chubanshe youxian gongsi, 2005.

Zweig, David, *Agrarian Radicalism in China, 1968~1981,* Cambridge, MA: Harvard University Press, 1989.

감사의 글

홍콩 연구자조국(硏究資助局)과 파리 국립 연구 재단의 공동 연구 보조금 A-HKU701/12 덕분에 이 책을 위해 필요한 조사를 할 수 있었기에 고마움을 전한다. 이 공동 연구 보조금은 홍콩 대학교와 프랑스 현대 중국 연구 센터에 속한 문화 대혁명 전문가들 간의 공동 작업을 지원하기 위해 조성되었고, 특히 장필립 베자, 미셸 보냉, 세바스티앙 베그, 왕아이허에게 감사한 마음을 전한다. 넬슨 추, 캐럴 응아 이 라우, 자드라스 리는 연구를 도와 문헌 자료들을 면밀히 검토하고 최종 원고의 미주를 확인해 주었다. 많은 사람이 초고를 읽어 주었고 의견을 주었다. 특히 게일 버로우스, 크리스토퍼 허턴, 프랑수아즈 콜런, 로버트 페컴, 프리실라 로버츠, 퍼트리샤 손턴, 앤드루 왈더, 린 화이트에게 감사한 마음을 전한다. 일반인의 회고록에 주목하게 해준 홍콩 중문 대학교 산하 중국 연구 복무 중심의 진 홍에게도 큰 도움을 받았다. 이야기와 제안, 자료를 너그러이 공유해 준 토니와 엘리자베스 블리션 부부, 데이비드 정 장, 토머스 두보이스, 낸시 허스트, 카를 거스, 궈젠, 궈쯔젠, 케네스 궈(링컨), 리샤오린, 로더릭 맥파쿼, 린 판, 제니퍼 루스, 이브 쑹, 쑹융이, 헬렌 쑨, 야오수핑, 데이비드 추이, 왕유친, 매슈 윌스, 우이칭, 제니퍼 주 스콧, 저우쩌하오, 주제밍에게 감사한다. 문화 대혁명을 연구하는 다른 동료들과 마찬가지로 나 역시 로더릭 맥파쿼에게 많은 신세를 졌다. 마오쩌둥 시대의 엘리트 정치에 관해 박식하고 우아한 필치로 쓴 그의 저서들, 특히 그와 마이클 쇼언홀스가 공동 집필한 『마오의 마지막 혁명』이 없었다면 이 책은 세상에 나올 수 없었다.

나는 중국 본토의 지인과 동료들에게도 도움을 받았지만 그들의 이름은 거론하지 않기로 했다. 지나치게 신중한 태도일 수도 있지만 지난 몇 년간 인민 공화국에서 전개된 상황을 볼 때 또다시 지나치게 조심하는 편이 낫다는 생각이 든다. 그럼에도 미주를 보면 출판은 어쩔 수 없이 해외에서 했지만 인민 공화국 내에서도 때때로 마오쩌둥 시대를 둘러싼 지극히 용감하고 훌륭한 연구가 이루어졌음을 알 수 있다.

문화 대혁명에 관한 자료를 디지털로 데이터베이스화하고 관리하는 데 많은 시간과 노력을 기울인 사람들에게도 감사를 표하고 싶다. 쑹융이의 팀은 모든 문서를 공들여 수집하여 문화 대혁명 데이터베이스를 구축했다. 우이칭의 웹사이트 프로젝트(difangwenge.org) 또한 문화 대혁명을 연구하는 사람들을 위한 소중한 개방 도서관 역할을 했다.

문화 대혁명에 관한 기억을 친절히 내게 공유해 준 사람들에게 특별한 감사를 드린다. 모든 인터뷰를 책에 인용하지는 못했지만 홍위병에 관련된 이야기들에서 빈번하게 사회적으로 무시당한 많은 흑오류를 포함하여 모든 계층에 속한 사람들의 기억은 이 서술적인 역사를 쓰는 동안 내 마음 한가운데를 차지하고 있었다.

편집자인 런던의 마이클 피시윅과 뉴욕의 조지 깁슨, 교열 담당자 피터 제임스를 비롯해 애나 심프슨, 마리골드 애트키, 로라 브룩과 블룸

스버리의 모든 팀원에게 신세를 졌다. 저작권 대리인인 뉴욕의 앤드루 와일리과 런던의 세라 칼판트과 제임스 풀런에게 고마움을 전한다. 사랑을 담아 아내 게일 버로우스에게 감사한다.

2015년 12월 홍콩에서

찾아보기

옮긴이 **고기탁** 한국외국어대학교 불어과를 졸업했으며, 펍헙 번역그룹에서 전업 번역가로 일한다. 옮긴 책으로는 『해방의 비극』, 『마오의 대기근』, 『독재자가 되는 법』, 『중국과 협상하기』, 『민주당의 착각과 오만』, 『야망의 시대』, 『부모와 다른 아이들』, 『이노베이터의 탄생』, 『사회 참여 예술이란 무엇인가』, 『공감의 진화』, 『멋지게 나이 드는 기술』, 『유혹하는 책 읽기』 등이 있다.

문화 대혁명

발행일   2017년 6월 20일 초판 1쇄
        2023년 2월 10일 초판 7쇄

지은이   프랑크 디쾨터
옮긴이   고기탁
발행인   홍예빈 · 홍유진
발행처   주식회사 열린책들

경기도 파주시 문발로 253 파주출판도시
전화 031-955-4000 팩스 031-955-4004
www.openbooks.co.kr

Copyright (C) 주식회사 열린책들, 2017, *Printed in Korea.*
ISBN 978-89-329-1843-3 03910

이 도서의 국립중앙도서관 출판예정도서목록(CIP)은 서지정보유통지원시스템 홈페이지(http://seoji.nl.go.kr)와 국가자료공동목록시스템(http://www.nl.go.kr/kolisnet)에서 이용하실 수 있습니다.(CIP제어번호 : CIP2017013288)